ARQUITETURA GREGA E ROMANA

ARQUITETURA GREGA E ROMANA

D. S. Robertson

Tradução Julio Fischer

Esta obra foi publicada originalmente em inglês com o título GREEK AND ROMAN ARCHITECTURE por Press Syndicate of the University of Cambridge, Cambridge, em 1929 (1ª ed.) e 1945 (2ª ed.)
Esta obra foi publicada anteriormente com o título A Handbook of Greek & Roman Architecture
Copyright © Cambridge University Press
Copyright © Livraria Martins Fontes Editora Ltda.
São Paulo, 1997, para a presente edição.

1ª edição 1997
2ª edição 2014
2ª tiragem 2022

Tradução
JULIO FISCHER

Revisão da tradução
Eduardo Pereira e Ferreira
Revisões
Luzia Aparecida dos Santos
Célia Regina Faria Menin
e, para os textos gregos, Marcos Julio
Produção gráfica
Geraldo Alves
Paginação
Moacir Katsumi Matsusaki
Capa
Erik Plácido

Dados Internacionais de Catalogação na Publicação (CIP)
(Câmara Brasileira do Livro, SP, Brasil)

Robertson, D. S., 1885-1961.
  Arquitetura grega e romana / D. S. Robertson ; tradução Julio Fischer. – 2ª ed. – São Paulo : Editora WMF Martins Fontes, 2014.

  Título original: Greek and Roman architecture
  Bibliografia.
  ISBN 978-85-7827-782-6

  1. Arquitetura – Grécia – História 2. Arquitetura – Roma – História I. Título.

	CDD-722.8
13-12640	-722.7

Índices para catálogo sistemático:
1. Arquitetura grega 722.8
2. Arquitetura romana 722.7

Todos os direitos desta edição reservados à
Editora WMF Martins Fontes Ltda.
Rua Prof. Laerte Ramos de Carvalho, 133 01325-030 São Paulo SP Brasil
Tel. (11) 3293-8150 e-mail: info@wmfmartinsfontes.com.br
http://www.wmfmartinsfontes.com.br

Índice

Lista de ilustrações VII
Prefácio à primeira edição XIX
Prefácio à segunda edição XXVII

    I. Fontes de informação. Materiais e métodos 1
   II. Creta minóica, Tróia e Grécia pré-micênica 9
  III. Grécia micênica e arquitetura homérica 33
  IV. A idade das trevas. Termos técnicos. Os primeiros templos 45
   V. O estilo dórico primitivo e seus protótipos em madeira 75
  VI. O estilo dórico do século VI 83
 VII. O estilo jônico arcaico 107
VIII. O estilo dórico do século V até a deflagração da Guerra do Peloponeso 125
  IX. O estilo jônico no século V, o dórico e o coríntio no final do século V e no IV 147
   X. O estilo jônico do século IV, o jônico, o dórico e o coríntio helenísticos 171
  XI. Teatros gregos e outras construções que não templos ou residências 189
 XII. Planejamento urbano grego e romano. Arquitetura etrusca e latina primitiva 215

XIII. Arquitetura devocional da República romana 239
XIV. Arquitetura devocional do Império Romano 249
XV. Construção romana. Arcos, abóbadas e cúpulas 271
XVI. Basílicas, teatros, anfiteatros e outros monumentos romanos 315
XVII. Habitações e palácios gregos e romanos 353

Apêndice I. Quadros cronológicos 383
II. Bibliografia 407
III. Glossário 447
Notas 467
Índice remissivo. 501

Lista de ilustrações
e suas fontes

A. TEXTO

Figura	Tema e Fonte	
1	Casa do período Minóico Médio I em Cameze, Creta	11
	Ἐφ. Ἀρχ. 1906, 119-20, Fig. 1.	
2 *a*	O Palácio de Cnosso, planta baixa geral da Seção Oeste	14
	Sir Arthur Evans, *The Palace of Minos*, II, parte II, 1928, Planta A.	
2 *b*	O Palácio de Cnosso, planta baixa geral da Seção Leste	15
	Ibid. Planta B.	
3	O Palácio de Cnosso, planta reconstituída do Sistema de Entrada e Piano Nobile [Pavimento Principal] da Seção Oeste	16
	Ibid. Planta C.	
4	Elevação reconstituída da Grande Escadaria, Cnosso...	19
	Sir Arthur Evans, *The Palace of Minos*, I, 1921, Fig. 247.	
5	Planta do Palácio de Festo	21
	Ann. della regia Scuola archeologica di Atene, I, 1914, p. 359, Fig. I.	
6	Afresco em miniatura de Cnosso mostrando santuário colunar	22

Cambridge Companion to Greek Studies, 3ª ed., 1916, p. 258, Fig. 22.

7 "Vaso dos Pugilistas" de Hagia Triada, Creta, com detalhe em escala maior 24
J. Durm, Die Baukunst der Griechen, 3ª ed., Leipzig, 1910, Fig. 37 [Handbuch der Architektur, Vol. 1].

8 Desenhos restaurados das Fachadas em Faiança de Cnosso 25
Sir Arthur Evans, The Palace of Minos, I, 1921, Fig. 224.

9 Parte da Segunda Cidade de Tróia (planta) 26
W. Dörpfeld, Troja und Ilion, Atenas, 1912, Fig. 23.

10 Corte de Tróia 28
Ibid. Fig. 63.

11 "Construção C" da Sexta Cidade de Tróia (planta) 29
Ibid. Fig. 16

12 "Mégarons" primitivos em Dimini e Sesclo, Tessália (plantas) 31
Chr. Tsountas, Αἱ προϊστ. Ἀκροπόλεις Διμηνίου καὶ Σέσκλου, Atenas, 1908, Figs. 9, 18.

13 Planta de Tirinto 35
G. Rodenwaldt, Tiryns, II, Atenas, 1912, Fig. I.

14 Friso de alabastro do Grande Mégaron, Tirinto, e outros fragmentos 38
H. Schliemann, Tiryns, 1886, Lâm. IV.

15 "Tesouro de Atreu", Micenas (planta e corte) 41
Annual of British School at Athens, XXV, 1921/23, Lâm. LVI.

16 Molduras do Erecteu 47
J. Durm, Die Baukunst der Griechen, 3ª ed., Leipzig, 1910, Fig. 306 [Handbuch der Architektur, Vol. I].

17 Ordem Dórica Típica: Ângulo do Templo de Zeus em Olímpia (reconstituição) 49
Olympia, die Ergebnisse: Die Baudenkmäler, Lâm. X.

18 Ordem Jônica Típica: Coluna do Templo de Atena Pólia, Priene (reconstituição) 54
Th. Wiegand e H. Schrader, Priene, Berlim, 1904, Fig. 57.

19 Ordem Jônica Típica: Entablamento do Templo de Atena Pólia, Priene (reconstituição) 55
Ibid. Fig. 74

20 Templo de Apolo, Termo, com ruínas mais antigas (planta) 63
Ἀρχ. Δελτ. I, 1915, p. 231.

21	"Templo A", Prínia (planta reconstituída)	68
	Ann. della regia Scuola archeologica di Atene, I, 1914, Fig. 43.	
22	Templo em Neandria (planta)	70
	R. Koldewey, *LI Programm zum Winckelmannsfeste*, 1891, Fig. 55.	
23	Capitel do templo de Neandria (reconstituição)	71
	Ibid. Fig. 62.	
24	Templo de Hera, Olímpia (planta)	76
	J. G. Frazer, *Pausania's Description of Greece*, III, 1898, p. 586.	
25	Coluna do Templo de Atena Pronaia, Delfos (reconstituição)	79
	Les Fouilles de Delphes, II, I, Lâm. XIII.	
26	Frontão de templo em Garitsa, Corcira (reconstituição)	84
	Desenho do dr. E. Buschor.	
27	"Templo C", Selinunte (planta reconstituída)	84
	J. Durm, *Die Baukunst der Griechen*, 3ª ed., Leipzig, 1910, Fig. 356 [*Handbuch der Architektur*, Vol. I].	
28	"Templo C", Selinunte (elevação reconstituída)	87
	R. Koldewey e O. Puchstein, *Die griechischen Tempel in Unteritalien und Sicilien*, Berlim, 1899, Fig. 71.	
29	"Templo F", Selinunte (elevação reconstituída)	88
	Ibid. Fig. 94.	
30	"Basílica", Pesto (planta reconstituída)	91
	Ibid. Fig. 15.	
30 a	"Basílica", Pesto (vista)	92
	Ibid. Fig. 14.	
31	"Templo de Ceres", Pesto (planta reconstituída)	93
	Ibid. Fig. 23.	
32	"Templo de Ceres", Pesto (vista parcialmente reconstituída)	94
	Ibid. Fig. 22.	
33	"Templo de Ceres", Pesto (capitel)	95
	Ibid. Fig. 20.	
34	Templo de Atena Pólia, Atenas (planta reconstituída, com Erecteu)	97
	J. G. Frazer, *Pausania's Description of Greece*, II, 1898, p. 333.	
35	Templo de Atena Pólia, Atenas, forma primitiva (elevação e corte do entablamento reconstituídos)	98
	Th. Wiegand, *Die archaische Porosarchitektur der Akropolis zu Athen*, Cassel e Leipzig, 1904, Fig. 24.	

36	Templo de Assos (Entablamento reconstituído)....... 100	

J. Durm, *Die Baukunst der Griechen*, 3ª ed., Leipzig, 1910, Fig. 236 [*Handbuch der Architektur*, Vol. I].

37	"Templo G (T)", Selinunte (planta)........................... 101	

R. Koldewey e O. Puchstein, *Die griechischen Tempel in Unteritalien und Sicilien*, Berlim, 1899, p. 124.

38	"Templo G (T)", Selinunte, colunas primitivas e posteriores (reconstituição) 103	

Ibid. Figs. 105, 106.

39	Templo de Ártemis do Século VI, Éfeso (planta reconstituída) 109	

D. G. Hogarth, *Excavations at Ephesus*, 1908, Lâm. XII.

40	Capitel normal do templo de Ártemis do século VI, Éfeso (reconstituição).. 110	

Ibid. Lâm. VI.

41	Capitel com motivo de roseta, do templo de Ártemis do século VI, Éfeso (reconstituição)...................... 111	

Ibid. Lâm. VII.

42	Base e tambor entalhado do templo de Ártemis do século VI, Éfeso (tal como anteriormente restaurados no Museu Britânico).. 112	

J. Durm, *Die Baukunst der Griechen*, 3ª ed., Leipzig, 1910, Fig. 301 [*Handbuch der Architektur*, Vol. I].

43	Templo de Hera, Samos (planta reconstituída)........ 114	

Th. Wiegand, *Abh. d. preuss. Akad. d. Wiss., Phil.-hist. Kl.* v, 1911, p. 24.

44	Templo de Hera, Samos, base de coluna................. 115	

J. Durm, *Die Baukunst der Griechen*, 3ª ed., Leipzig, 1910, Fig. 270a [*Handbuch der Architektur*, Vol. I] .

45	Templo de Apolo, Náucratis, detalhes e colunas (reconstituição) 117	

W. M. Flinders Petrie, *Naukratis*, I, 1886, Lâm. III.

46	Tesouro de Massália (?), Delfos (elevação reconstituída) 120	

Les Fouilles de Delphes, II, I, Lâm. XXVII.

47	Capitel do Trono de Apolo, Amicale (reconstituição).. 122	

Jahrb. d. deutsch. Arch. Inst. XXXIII, 1918, Lâm. IX.

48	Diagrama ilustrativo do problema do tríglifo angular... 127	

49	Partenon, Atenas (planta reconstituída) 135	
	Cambridge Companion to Greek Studies, 3ª ed., 1916, p. 269, Figs. 27*a*, 4*a*.	
50	Os Propileus, Atenas (planta reconstituída e completada) 140	
	W. Judeich, *Topographie von Athen*, Munique, 1905, Fig. 24.	
51	Coluna jônica dos Propileus, Atenas 144	
	F. C. Penrose, *Principles of Athenian Architecture*, 1851, Lâm. 32.	
52	Templo de Zeus Olímpio, Agrigento (planta) 145	
	R. Koldewey e O. Puchstein, *Die griechischen Tempel in Unteritalien und Sicilien*, Berlim, 1899, Fig. 136.	
53	Templo de Atena Nikê, Atenas (vista) 148	
	J. Durm, *Die Baukunst der Griechen*, 3ª ed., Leipzig, 1910, p. 335 [*Handbuch der Architektur*, Vol. I].	
54	Erecteu, Atenas (planta reconstituída) 151	
	G. P. Stevens e J. M. Paton, *The Erechtheum*, Cambridge, Mass, 1927, Lâm. I.	
55	Erecteu, Atenas (elevações leste e oeste, reconstituição) 152	
	Ibid. Lâm. XIII.	
56	Pórtico Norte de Erecteu, Atenas (reconstituição) ... 154	
	Ibid. Lâm. XXIV.	
57	Porta Norte do Erecteu, Atenas (reconstituição) 156	
	Ibid. Lâm. XXV.	
58	Templo de Apolo, Basse (planta) 160	
	J. G. Frazer, *Pausania's Description of Greece*, IV, 1898, p. 396.	
59	Colunas jônicas do Templo de Apolo, Basse (reconstituição) 162	
	C. R. Cockerell, *The Temples at Aegina and Bassae*, 1860, Lâm. XIII.	
59 *a*	Capitel coríntio, Templo de Apolo, Basse (reconstituição baseada em desenhos de Haller von Hallerstein) 163	
	Fotografia, Deutsch. arch. Inst.	
60	Templo de Atena Aléia, Tegéia (planta reconstituída) 167	
	C. Dugas, *Le Sanctuaire d'Aléa Athéna à Tégée*, Paris, 1924, Lâms. IX-XI.	
61	Capitel coríntio, Templo de Atena Aléia, Tegéia (reconstituição) 168	
	Ibid. Lâm. LXXVI.	
62	Capitel coríntio, Santuário de Filipe, Olímpia (reconstituição) 169	
	Olympia, die Ergebnisse: Die Baudenkmäler, Lâm. LXXXI.	

63	Capitel do Templo de Ártemis do século IV, Éfeso.	172
	J. T. Wood, *Discoveries at Ephesus*, 1877, p. 196.	
64	Templo de Atena Pólia, Priene (planta reconstituída).	173
	Th. Wiegand e H. Schrader, *Priene*, Berlim, 1904, Lâm. IX.	
65	Mausoléu, Halicarnasso (elevação reconstituída)	176
	F. Adler, *Das Mausoleum zu Halikarnassos*, Berlim, 1900, Lâm. IV.	
66	Templo de Apolo Didimeu, Mileto (planta reconstituída)	177
	Th. Wiegand, *Abh. d. preuss. Akad. d. Wiss.* I, 1923-4, Lâm. VIII.	
67	Templo de Ártemis Leucofriena, Magnésia (planta reconstituída)	180
	C. Humann, *Magnesia am Maeander*, Berlim, 1904, Fig. 30.	
68	Templo de Ártemis Leucofriena, Magnésia (elevação reconstituída)	181
	Ibid. Fig. 32.	
69	Capitel do Templo de Zeus Olímpio, Atenas	187
	F. C. Penrose, *Principles of Athenian Architecture*, 1851, Lâm. 39.	
70	Capitel do Propileu, Bouleutério, Mileto (reconstituição)	188
	Milet I, 2, Berlim, 1908, Lâm. XI.	
71	Teatro, Epidauro (planta reconstituída)	192
	W. Dörpfeld e E. Reisch, *Das griechische Theater*, Atenas, 1896, Fig. 50.	
72	*Skene* do teatro, Priene, forma primitiva (reconstituição)	194
	A. von Gerkan, *Das Theater von Priene* (Munique), Berlim-Viena, 1921, Lâm. XXXI.	
73	*Skene* do teatro, Priene, forma posterior (reconstituição)	194
	Ibid. Lâm. XXXII.	
74	Telestério, Elêusis (planta geral)	198
	F. Noack, *Eleusis*, Berlim e Lepzig, 1927, Lâm. 17.	
75	Telestério, Elêusis (planta baixa do projeto de Ictino, reconstituição)	199
	Ibid. Lâm. 9.	
76	Telestério, Elêusis (cortes reconstituídos do projeto de Ictino)	200
	Ibid. Lâm. 10.	
77	Tersílion, Megalópolis (planta)	203
	E. H. Benson, *Journ Hell. Studies*, XIII, 1892-3, Lâm. XXI.	

78	Eclesiastério, Priene (planta original, reconstituição).. 205	

78 Eclesiastério, Priene (planta original, reconstituição).. 205
   Th. Wiegand e H. Schrader, *Priene*, Berlim, 1904. Fig. 211.

79 Bouleutério, Mileto (projeto original, planta reconstituída) 207
   Milet, I, 2, Berlim, 1908, Fig. 53.

80 Bouleutério, Mileto (projeto original, corte reconstituído) 207
   Ibid. Lâm. V.

81 Salão Hipostilo, Delos (planta reconstituída) 210
   Exploration archéologique de Délos, Fasc. II (Complemento), Paris, 1914, Lâm. I.

82 Arsenal de Filo, Pireu (reconstituição de Dörpfeld) 213
   Mitt. d. deustch. arch. Inst., Ath. Abt. VIII, 1883, Lâm. VIII.

83 Priene (planta simplificada) 217
   A. von Gerkan, *Griechische Städteanlagen*, Berlim e Leipzig, 1924, Fig. 9.

84 Priene (planta da região central, reconstituição) 218
   Th. Wiegand e H. Schrader, *Priene*, Berlim, 1904, Lâm. II.

85 Arco ornamental, Priene (reconstituição) 220
   Ibid. Fig. 199.

86 Timgad (planta) 223
   A. Ballu, *Les Ruines de Timgad*, Paris, 1911.

87 Maquete em terracota de frontão etrusco, de Nemi.. 227
   G. Rizzo, *Bull. della commiss. archeologica*, 1910, p. 287.

88 Templo etrusco de Vitrúvio (planta reconstituída por Wiegand) 227
   La Glyptothèque Ny-Carlsberg, II, *Mon. Étr. et Égypt.*, Munique, 1904, Fig. I.

89 Templo etrusco de Vitrúvio (reconstituição de Wiegand) 228
   Ibid. Fig. 3.

90 Templo "dórico-coríntio", Pesto (planta reconstituída) 235
   R. Koldewey e O. Puchstein, *Die griechischen Tempel in Unteritalien und Sicilien*, Berlim, 1899, Fig. 32.

91 Templo "dórico-coríntio", Pesto (elevação reconstituída) 236
   Ibid. Fig. 31.

92 Templo de Apolo, Pompéia (planta) 241
   J. Overbeck, *Pompeji*, 4ª ed., Leipzig, 1884, Fig. 57.

93	Templo dórico, Cori 244	

93   Templo dórico, Cori 244
     R. Delbrück, *Hellenistische Bauten in Latium*, II, Estrasburgo, 1912, Lâm. XVI.

94   Capitel, Templo de Zeus, Ezânia 257
     Lebas-Reinach, *Voyage archéol. en Grèce et en Asie Mineure*, Paris, 1888, Architect., Lâm. 30*bis*.

95   Baalbek (planta geral) 261
     Th. Wiegand, *Baalbeck*, I, Berlim e Leipzig, 1921, Lâm. 14.

96   Baalbek, entablamento do Templo de Júpiter (reconstituição) 263
     Ibid. Lâm. 23.

97   Baalbek, pórtico de entrada (reconstituição) 265
     Ibid. Lâm. 41.

98   Templo em Termesso (reconstituição) 266
     Graf K. Lanckoroński, G. Niemann, and E. Petersen, *Städte Pamphyliens u Pisidiens*, II, Viena, 1892, Fig. 38.

99   Basílica em Shaqqa (reconstituição) 281
     Le Comte de Vogüé, *Syrie Centrale*, Paris, 1865-77, Lâm. 16.

100 Tabulário, Roma, corte da galeria 283
     R. Delbrück, *Hellenistische Bauten in Latium*, I, Estrasburgo, 1907, Fig. 30*a*.

101 Tabulário, Roma, fachada da galeria (reconstituição) 285
     Ibid. Fig. 31.

102 Palatino, Roma, planta de apartamentos públicos ... 287
     H. Jordan e C. Huelsen, *Topographie der Stadt Rom im Altertum*, I, 3, Berlim, 1907, Lâm. I.

103 "Basílica" subterrânea de Porta Maggiore, Roma (planta) 289
     G. Bendinelli, *Mon. Lincei*, XXXI, 1926, Lâm. 1.

104 Panteon, Roma (planta baixa e corte da parte central) 293
     G. T. Rivoira, *Roman Architecture*, Oxford, 1925, Figs. 138, 139.

105 Panteon, Roma (interior, mostrando arcos em tijolo nas paredes e cúpula) 295
     Ibid. Fig. 143.

106 Termas de Caracala (esboço e planta de parte do salão octogonal) 297
     Ibid. Fig. 203.

107 Vila de Adriano, Tívoli, vestíbulo da "Piazza d'Oro" (vista) 299
     J. Durm, *Die Baukunst der Römer*, 2ª ed., Leipzig, 1905, Fig. 317 [*Handbuch der Architektur*, Vol. II].

108	Cúpula do Mausoléu de Diocleciano, Espalato........ 303	

108 Cúpula do Mausoléu de Diocleciano, Espalato........ 303
E. Hébrard e J. Zeiller, *Spalato*, Paris, 1912, p. 89.

109 Santa Constância, Roma (planta).............................. 304
G. T. Rivoira, *Roman Architecture*, Oxford, 1925, Fig. 292.

110 Termas de Caracala, Roma (planta reconstituída).... 306
J. H. Middleton, *Remains of Ancient Rome*, II, 1892, Fig. 76.

111 Basílica Nova de Maxêncio, Roma (vista reconstituída) 309
J. Durm, *Die Baukunst der Römer*, 2ª ed., Leipzig, 1905, Fig. 702 [*Handbuch der Architektur*, Vol. II].

112 Templo Circular, Baalbek (planta reconstituída)...... 312
Th. Wiegand, *Baalbek*, II, Berlim e Leipzig, 1923, Fig. 130.

113 Basílica, Pompéia (planta) 317
J. Durm, *Die Baukunst der Römer*, 2ª ed., Leipzig, 1905, Fig. 703 [*Handbuch der Architektur*, Vol. II].

114 Pequeno Teatro, Pompéia (planta) 323
J. Overbeck, *Pompeji*, 4ª ed., Leipzig, 1884, Fig. 95.

115 Teatro, Aspendos (planta reconstituída)................... 326
Graf K. Lanckoroński, G. Niemann e E. Petersen, *Städte Pamphyliens u. Pisidiens*, I, Viena, 1890, Lâm. XXI.

116 Teatro, Aspendos, fachada posterior........................ 327
Ibid. Lâm. XXII.

117 Teatro, Aspendos, *scaenae frons* (reconstituição).... 328
Ibid. Lâm. XXIII.

118 Coliseu, Roma (planta reconstituída) 337
J. H. Middleton, *Remains of Ancient Rome*, II, 1892, Fig. 59.

118 *a* Coliseu, Roma (corte reconstituído)........................... 338
J. Durm, *Die Baukunst der Römer*, 2ª ed., Leipzig, 1905, Fig. 745 [*Handbuch der Architektur*, Vol. II].

119 Biblioteca, Éfeso (planta reconstituída) 342
W. Wilberg, *Jahreshefte d. Österr. arch. Inst.* XI, 1908, p. 120, Fig. 22.

120 Biblioteca, Éfeso (vista reconstituída)....................... 343
Ibid. p. 123, Fig. 25.

121 Porta Nigra, Trier (planta do pavimento térreo) 350
E. Krüger, *Die Trierer Römerbauten*, Trier, 1909, Fig. II.

122 Porta Nigra, Trier (planta do primeiro pavimento).. 350
Ibid. Fig. 12.

123 Casa em Disto, Eubéia (planta)................................. 354
Mitt. d. deutsch. arch. Inst., Ath. Abt. XXIV, 1899, p. 465, Fig. 5.

124 Casa XXXIII, Priene (planta reconstituída)............... 356
Th. Wiegand e H. Schrader, *Priene*, Berlim, 1904, Fig. 298.

125	Casa XXXIII, Priene (vista reconstituída) 356	

Ibid. Fig. 299.

126   "Casa do Cirurgião", Pompéia (planta) 361
         J. Overbeck. *Pompeji*, 4ª ed., Leipzig. 1884, Fig. 155.

127   Urna funerária em forma de casa, Chiusi 363
         J. Durm, *Die Baukunst der Römer*, 2ª ed., Leipzig, 1905, Fig. 43 [*Handbuch der Architektur*, Vol. II].

128   "Casa do Fauno", Pompéia (planta) 365
         J. Overbeck, *Pompeji*, 4ª ed., Leipzig, 1884, Fig. 176.

129   Casas na "Via di Diana", Óstia (reconstituição) 367
         G. Calza, *Mon. Lincei*, XXIII, 1916, col. 561, Fig. 9.

130   Casa na "Via dei Vigili", Óstia, parte central (reconstituição) 368
         Ibid. col. 593, Fig. 16.

131   Habitação rural, Boscoreale (planta) 370
         A. Mau, *Pompeji im Leben und Kunst*, 2ª ed., Leipzig, 1908, p. 356, Lâm. IV.

132   Planta de Silchester 373
         Archaeologia, LXI, Pt II, 1909, Lâm. 35.

133   Casa em Duma, planta e vista 374
         Le Comte de Vogüé, *Syrie Centrale*, Paris, 1865-77, Lâm. 12.

134   Vila de Adriano, Tívoli: "Piazza d'Oro" (planta) 375
         H. Winnefeld, *Die Villa des Hadrian bei Tivoli*, 1895, Lâm. VI.

135   Palácio de Diocleciano, Espalato (planta reconstituída) 377
         E. Hébrard e J. Zeiller, *Spalato*, Paris, 1912, p. 56.

B. LÂMINAS (a partir da página 274)

I *a*   Capitel de meia coluna do "Tesouro de Atreu", Micenas (tal como restaurado no Museu Britânico)
       Foto. Hellenic Society.

I *b, c*   Maquete em terracota do Templo de Hera em Argos, com restauro
       Foto. Arch. Inst. d. deutsch. Reiches.

II *a*   Templo primitivo de (Ártemis) Órtia, Esparta
       Foto. Hellenic Society.

II *b*   Capitel de Larissa, na Eólia
       Foto. Museu de Constantinopla.

III *a*   Tesouro de Sifnos, Delfos (réplica reconstituída)
         Foto. Alinari.
III *b*   Pórtico das Donzelas, Erecteu, Atenas
         Foto. Alinari.
IV *a*   Partenon, Atenas
         Foto do sr. M. Ziffo.
IV *b*   Os Propileus, Atenas
         Foto do sr. M. Ziffo.
V *a*   Capitel do Pórtico Norte do Erecteu, Atenas
         G. P. Stevens e J. M. Paton, *The Erechteum*, Cambridge, Mass., 1927, Lâm. XXXVI, 4.
V *b*   Capitel do Tholos no precinto de Atena Pronaia, Delfos (restaurado)
         Les Fouilles de Delphes, II, 4, 1925.
V *c*   Capitel não utilizado de Tholos, Epidauro
         Foto. Hellenic Society.
VI   Templo de Apolo Didimeu, fundos do pronaos
         Abh. d. preuss. Akad. d. Wiss., Phil-hist. Kl. I, 1991, Lâm. X.
VII   Eclesiastério, Priene
         Th. Wiegand e H. Schrader, *Priene*, Berlin, 1904, Lâm. XV.
VIII *a* Bouleutério, Mileto (vista reconstituída)
         Milet, I, 2, Berlin, 1908, Lâm. XIV.
VIII *b* Frontão de santuário etrusco de Vulci (restaurado)
         Foto. Giani.
IX *a*   Capitel do "Templo de Vesta", Tívoli (reconstituição)
         H. d'Espouy, *Fragments d'Architecture Antique*, I, Paris [1896], Lâm. 54.
IX *b*   Capitel "diagonal" de Pompéia (reconstituição)
         Ibid. Lâm. 102.
IX *c*   Capitel "compósito" do Arco de Tito, Roma (reconstituição)
         Ibid. Lâm. 11.
X *a*   Templo Circular às margens do Tibre, Roma
         Foto. Alinari.
X *b*   Templo da Fortuna Viril (?), Roma
         Foto. Alinari.
XI *a*   Khazna, Petra
         Sir A. B. W. Kennedy, *Petra*, 1925, Fig. 121.
XI *b*   Maison Carrée, Nîmes
         Foto. Roman Society.
XII *a*   Entablamento do Templo da Concórdia, Roma (parcialmente restaurado)
         Foto. Alinari.

XII *b*   Entablamento do Templo de Vespasiano, Roma (réplica parcialmente reconstituída)
Foto. Alinari.

XIII   Interior do "Templo de Baco", Baalbek (reconstituição)
Th. Wiegand, *Baalbek*, II, 1923, Lâm. 17.

XIV *a*   Ponte Fabrícia, Roma
Foto. Alinari.

XIV *b*   Pont du Gard, próximo a Nîmes
Foto. Levy e Neurdein, Paris.

XV   "Templo de Diana", Nîmes
Foto. Levy e Neurdein, Paris.

XVI *a*   Panteon, Roma
Foto. Alinari.

XVI *b*   Coliseu, Roma
Foto. Alinari.

XVII   Interior do Panteon, Roma (reconstituição)
C. E. Isabelle, *Les Édifices Circulaires et les Dômes*, Paris, 1855, Lâm. 18.

XVIII   Salão das Termas de Caracala (reconstituição)
G. A. Blouet, *Restauration des Thermes d'Antonin Caracalla à Rome*, Paris, 1828, Lâm. XV.

XIX *a*   Templo Circular, Baalbek
Th. Wiegand, *Baalbek*, II, 1923, Lâm. 60.

XIX *b*   Interior de Santa Constância, Roma
Foto. Alinari.

XX *a*   *Cavea* e *scaenae frons* de teatro, Orange
Foto. Levy e Neurdein, Paris.

XX *b*   Orange, fachada externa da *scaena* do teatro
Foto. Levy e Neurdein, Paris.

XXI *a*   Arco de Tibério, Orange
Foto. Levy e Neurdein, Paris.

XXI *b*   Porta Nigra, Trier
Foto fornecida pelo prof. dr. E. Krüger.

XXII *a, b* "Maison de la Colline", Delos (planta e corte, reconstituição)
Exploration archéologique de Délos, VIII, Paris, 1924, Lâms. XIV-XVII, XVIII.

XXIII*a, b* Urna funerária etrusca, talvez de Chiusi
Foto. fornecida pela R. Soprintendenza alle Antichità di Etruria

XXIV*a*   Palácio de Diocleciano, Espalato, átrio do vestíbulo
Foto. Roman Society

XXIV*b*   "Portão Áureo" do Palácio de Diocleciano, Espalato (reconstituição)
E. Hébrard e J. Zeiller, *Spalato*, Paris, 1912, p. 34.

Prefácio à primeira edição

O objetivo do presente livro é expor de maneira sucinta, mas clara, os principais fatos da história da arquitetura grega, etrusca e romana, dos tempos mais remotos à fundação de Constantinopla, até onde são conhecidos hoje. Ao lidar com este vasto tema, meu esforço foi o de manter o texto básico livre de detalhes capazes de confundir o leitor e dirigir a atenção para questões essenciais. Procurei, nesta parte do livro, apresentar uma descrição inteligível de um número limitado de construções importantes, ao passo que no Apêndice I tabulei cronologicamente, com comentários, aproximadamente 370 monumentos diferentes. Também aliviei o texto ao concentrar no Apêndice II praticamente toda informação bibliográfica e ao compilar um Glossário de termos técnicos antigos e modernos, que forma o Apêndice III. Todos esses apêndices contêm remissões detalhadas ao texto e às ilustrações, enquanto o índice remissivo abrange o livro todo, inclusive os apêndices. As dimensões que figuram nos apêndices e na maior parte das ilustrações são fornecidas com base no sistema métrico, de acordo com a prática geral das publicações científicas. Não medi esforços para ser fiel à verdade nesse particular, porém as discrepâncias entre as fontes idôneas e mesmo entre o texto e as lâminas de uma mesma obra por vezes são desconcertantes, e algumas dimensões somente poderiam ser calculadas mediante as escalas anexas às ilustrações*.

---

* Todas as medidas baseiam-se no sistema métrico. (N. do E.)

Ao montar a Bibliografia, não me satisfiz com uma simples relação de livros e artigos, mas procurei facilitar ao leitor a obtenção de informações adicionais acerca de contruções individuais, bem como acerca de aspectos importantes de estrutura e ornamentação.

Meu modelo foi o admirável *Register* com que von Duhn contribuiu, em 1892, para a segunda edição de *Baukunst der Griechen*, de Durm, sendo que a parte grega de minha listagem baseia-se parcialmente em um exemplar interfoliado dessa obra que utilizei por longos anos. É ocioso dizer que nenhum de meus Apêndices se pretende completo. O campo de seleção era de uma amplitude avassaladora e só me resta esperar que se julgue a utilidade geral desses Apêndices compensatória de suas imperfeições em termos de omissão e inclusão.

Tive oportunidade de conhecer de perto as principais construções e ruínas da Grécia, Itália e do Sul da França, mas meu conhecimento da arquitetura antiga deriva, principalmente, de um prolongado estudo de periódicos e monografias ingleses e estrangeiros, além das publicações especiais acerca dos sítios e monumentos importantes, que normalmente contêm valiosas compilações de material comparativo.

Minha incalculável dívida para com essas fontes pode ser expressa apenas em termos gerais. Não me considero um grande devedor de nenhum manual, à exceção daqueles de Josef Durm, *Die Baukunst der Griechen* (terceira edição, 1910) e *Die Baukunst der Etrusker: Die Baukunst der Römer* (segunda edição, 1905), além da obra de G. T. Rivoira, *Architettura Romana* (1921: tradução inglesa, 1925). A exemplo de todos os estudantes ingleses, também tenho minha dívida para com *The Architecture of Greece and Rome*, de W. J. Anderson e P. Spiers, cuja segunda edição (1907) foi praticamente minha iniciação ao tema: a terceira edição, sobremodo aprimorada, em dois volumes (revisada e reescrita na parte grega por W. B. Dinsmoor e na parte romana por T. Ashby), surgiu em 1927, quando meu original estava praticamente completo, mas não impresso, de modo que pude me valer dele na revisão final de meu texto. Ao considerar minha dívida para com obras de terceiros, não posso omitir o nome do dr. A. B. Cook, docente em Arqueologia Clássica da Universidade de Cambridge, de cujas conferências sobre arquitetura grega e romana fui um entusiasmado ouvinte mais de vinte anos atrás. Ele me ajudou generosamente em minhas primeiras tentativas de adquirir um conhecimento independente do tema e sempre me permitiu beber livremente de seu incomparável conhecimento dos vestígios materiais da Antigüidade Clássica.

É meu agradável dever prestar o mais caloroso agradecimento àqueles que me ajudaram das mais variadas formas na preparação deste livro. Meu colega, o sr. A. S. F. Gow, encontrou tempo para ler as provas na íntegra e fez várias sugestões da maior valia. O dr. R. A. Nicholson, professor de língua árabe de sir Thomas Adams na Universidade de Cambridge, forneceu-me, muito gentilmente, transcrições uniformes dos muitos topônimos árabes que encontrei em um emaranhado de grafias inglesas, francesas, alemãs e italianas. Minha esposa aliviou-me a maior parte do trabalho envolvido na preparação do Índice Remissivo e tanto o original como as provas devem muito às suas críticas e às de meus dois filhos.

Sou grato a uma série de estudiosos, sociedades de estudos e instituições públicas pela autorização para reproduzir desenhos e fotografias. Sir Arthur Evans generosamente concedeu-me reproduzir tudo quanto era de meu interesse em seu *Palace of Minos* (Figs. 2*a*, 2*b*, 3, 4, e 8 do presente livro), incluindo as novas plantas que apareceram em seu segundo volume, em 1928, enquanto o falecido sir Alexander B. W. Kennedy muito gentilmente emprestou-me o negativo da foto (Lâm. XI*a*) do Khazna que figura em sua obra, *Petra: its History and Monuments*, 1925. M. Albert Ballu autorizou-me reproduzir a planta de Timgad (Fig. 86) de seu trabalho *Ruines de Timgad*, 1911, e M. Charles Dugas concedeu idêntica autorização para as ilustrações (Figs. 60, 61) de seu *Sanctuaire d'Aléa Athéna à Tégée*, 1924. M. le Marquis de Vogüé concedeu-me utilizar ilustrações (Figs. 99, 133) do *Syrie Centrale*, 1865-1877, de autoria de seu pai. O prof. dr. W. Dörpfeld, com peculiar generosidade, deu-me carta branca para utilizar todos os seus desenhos publicados, enquanto o prof. dr. Th. Wiegand, diretor do Generalverwaltung der Staatlichen Museen, de

Berlim, autorizou-me o uso de todas as ilustrações cujos direitos de reprodução estão sob seu controle, tanto em sua posição privada como oficial, incluindo aquelas (Figs. 18, 19, 64, 67, 68, 70, 78, 79, 80, 84, 85, 95, 96, 97, 112, 124, 125, Lâms. VII, VIII*a*, XIII, XIX*a*) que figuram nas grandes publicações alemãs acerca de Mileto, Priene, Magnésia e Baalbek. Ele chegou a emprestar-me, com uma gentileza à qual não tenho palavras para agradecer, a única cópia existente da fotografia original do Eclesiastério de Priene (Lâm. VII), cujo negativo foi destruído durante a guerra em um ataque aéreo inglês. O prof. dr. E. Buschor permitiu-me gentilmente reproduzir seu desenho (Fig. 26) do frontão da Górgona, em Corcira, e o prof. Kurt Müller enviou-me uma fotografia da maquete do Templo de Hera em Argos (Lâm. I*b*, *c*), enquanto o dr. W. Wilberg autorizou-me reproduzir seus desenhos da biblioteca de Éfeso (Figs. 119, 120) no *Jahreshefte* do Instituto Arqueológico Austríaco. Devo também agradecer ao prof. dr. E Krüger, diretor do Museu Provincial de Trier, por conceder-me reproduzir dois desenhos (Figs. 121, 122) de seu *Trierer Römerbauten*, 1909, e por me fornecer uma fotografia (Lâm. XXI*b*) da Porta Nigra. O sr. M. Ziffo, de Atenas, permitiu-me utilizar suas fotografias do Partenon e dos Propileus (Lâms. IV*a*, *b*), e o diretor geral do Museu de Constantinopla enviou-me uma fotografia do capitel de Larissa na Eólia (Lâm. II*b*).

Os curadores do Museu Britânico permitiram-me reproduzir ilustrações (Figs. 39, 40, 41) da obra de Hogarth, *Excavations at Ephesus*, 1908; os Conselhos das Sociedades para a Promoção de Estudos Helênicos e Romanos e o Comitê Administrativo da Escola Britânica de Atenas autorizaram-me o uso de diversas fotografias (Lâms. I*a*, II*a*, V*c*, XI*b* e XXIV*a*), bem como ilustrações do *Journal of Hellenic Studies* (Fig. 77) e do *Annual of the British School at Athens* (Fig. 15). Os diretores da Cambridge University Press emprestaram-me duas ilustrações (Figs. 6 e 49) do *Cambridge Companion to Greek Studies* e os representantes da Editora Clarendon, de Oxford, autorizaram-me a reprodução das figs. 104, 105, 106 e 109 da obra de G. T. Rivoira, *Roman Architecture*, 1925. O Comitê da Sociedade dos Antiquários de Londres autorizou-me o uso da planta de Silchester (Fig. 132) publicada no vol.

PREFÁCIO À PRIMEIRA EDIÇÃO XXIII

LXI de *Archaeologia*, e o Comitê da Sociedade de Exploração do Egito autorizou-me a tomar emprestada uma ilustração (Fig. 45) da obra de Flinders Petrie, *Naukratis*, I, 1886. O Comitê de Publicações da Escola Americana de Atenas permitiu-me reproduzir diversas ilustrações (Figs. 54, 55, 56, 57 e Lâm. V*a*) do trabalho de Stevens e Paton, *The Erechtheum*, 1927. O Archaelogisches Institut des deutschen Reiches deu-me carta branca para utilizar seu *Jahrbuch* e seu *Mitteilungen*, bem como o *Programm zum Winckelmannsfeste*, do qual extraí as Figs. 22, 23, 47, 82, 123, 134 e as Lâms. I*b* e *c*. Eles despenderam também, generosamente, o maior empenho possível no sentido de garantir-me as fotografias reproduzidas nas Lâms. I*b* e *c*, e a Fig. 59*a*, enquanto a Preussiche Akademie der Wissenschaften não foi menos gentil ao permitir que eu me valesse de seu *Abhandlungen* para as ilustrações (Figs. 43, 66, Lâm. VI) dos templos de Samos e Didima. Devo ainda ao Österreiches archaeologisches Institut a autorização para utilizar dois desenhos (Figs. 119 e 120) de seu *Jahreshefte* e ao Lanckoroński'sche Zentralkanzlei de Viena por permitir-me o uso das Figs. 98, 115, 116 e 117 da obra de Lanckoroński, *Städte Pamphyliens und Pisidiens*, 1890 e 1892. A R. Accademia Nazionale dei Lincei autorizou-me reproduzir três ilustrações (Figs. 103, 129 e 130) de seu *Monumenti Antichi* e a R. Scuola archeologica italiana in Atene a utilizar duas ilustrações (Figs. 5, 21), publicadas originalmente em seu *Annuario*. A R. Soprintendenza alle Antichità di Etruria deu mostras de grande generosidade ao garantir-me as fotos de onde as Lâms. VIII*b* e XXIII foram extraídas. À Direzione del Bullettino della Commissione archeologica del Governatorato di Roma devo a inclusão da Fig. 87 e ao governo grego a da Fig. 20 do Ἀρχαιολογικὸν Δελτίον. A Sociedade Arqueológica de Atenas autorizou-me reproduzir a Fig. 1 do Ἐφημερὶς Ἀρχαιολογική e a Fig. 12 da obra de Tsountas, Ἀκροπόλεις Διμηνίου καὶ Σέσκλου, 1908.

Resta agradecer às seguintes editoras por gentilmente autorizarem a reprodução de ilustrações dos livros especificados: C. H. Beck'sche Verlagsbuchhandlung, Munique (Fig. 50: Judeich *Topographie von Athen*), A. C. Black & Co., Londres (Figs. 110, 118: Middleton *Remains of Ancient Rome*), E. de Boccard, Paris

XXIV ARQUITETURA GREGA E ROMANA

(Figs. 25, 46, 81, Lâms. V*b*, XXII: *Fouilles de Delphes e Exploration archéologique de Délos*), F. Bruckmann A. G., Munique (Figs. 88, 89: *Glypothèque Ny-Carlsberg*), Eleutherodakis, Atenas (Figs. 9, 10, 11, 13, 71: *Dörpfeld Troja und Ilion* e *Das griechische Theater*, Rodenwaldt *Tiryns*), Wilhelm Engelmann, Leipzig (Figs. 92, 114, 126, 128, 131: Overbeck *Pompeji* e Mau *Pompeji im Leben und Kunst*), Wilhelm Ernst & Sohn, Berlim (Fig. 65: Adler *Mausoleum zu Halikarnassos*), Établissement Firmin-Didot, Paris (Fig. 94: Lebas-Reinach *Voyage archéologique en Grèce et en Asie Mineure*), Th. G. Fisher, Leipzig (Fig. 35: Wiegand *Archaische Porosarchitektur der Akropolis zu Athen*), J. M. Gebhardt's Verlag, Leipzig (Figs. 7, 16, 27, 36, 42, 44, 53, 107, 111, 113, 127: Durm *Baukunst der Griechen* e *Baukunst der Etrusker: Baukunst der Römer = Handbuch der Architektur* Band I, Band II), Paul Geuthner, Paris (Figs. 60, 61: Dugas *Sanctuaire d'Aléa Athéna à Tégée*), Walter de Gruyter & Co., Berlim (Figs. 74, 75, 76, 83, 93, 100, 101: Noack *Eleusis*, von Gerkan *Griechische Städteanlangen*, Delbrück *Hellenistische Bauten in Latium*), Verlag B. Harz, Berlim e Viena (Figs. 72 e 73: von Gerkan *Das Theater von Priene*), Longmans, Green & Co., Londres (Fig. 63: Wood *Discoveries at Ephesus*), Macmillan & Co., Londres (Figs. 2*a*, 2*b*, 3, 4, 8, 24, 34, 58: Evans *Palace of Minos*, Frazer *Pausania's Description of Greece*), Ch. Massin & Co., Paris (Figs. 108, 135, Lâms. IX*a, b, c,* w XXIV*b*: Hébrard e Zeiller *Spalato*, d'Espouy *Fragments d'Architecture antique*), John Murray & Co., Londres (Fig. 14: Schliemann *Tiryns*), Verlagsbuchhandlung Julius Springer, Berlim (Figs. 17, 28, 29, 30, 30*a*, 31, 32, 33, 37, 38, 52, 62, 90, 91: Curtius e Adler: *Olympia: die Ergebnisse*, Koldewey e Puchstein *Die griechischen Tempel in Unteritalien und Sicilien*), Weidmannsche Buchhandlung, Berlin (Fig. 102: Jordan-Huelsen *Topographie der Stadt Rom im Altertum*); e também às seguintes companhias fotográficas pela autorização para reproduzir as Lâminas em que seus nomes estão apensos: Levy et Neurdein, Paris (Lâms. XIV*b*, XV, XX*a*, *b* e XXI*a*), Fratelli Alinari, Florença (Lâms. III*a, b,* X*a, b,* XII*a, b,* XIV*a*, XVI*a, b* e XIX*b*), e Giani, Florença (Lâm. VIII*b*).

Aproveito esta oportunidade para mencionar uma publicação recente não incluída em meu Apêndice Bibliográfico, a primeira parte (*Prehellenic and Early Greek*, de F. N. Pryce) do novo *Catalogue of Sculpture in the Department of Greek and Roman Antiquities of the British Museum*, 1928. Este deve ser consultado especialmente com respeito ao "Tesouro de Atreu" em Micenas, o templo de Creso em Éfeso e o templo de Apolo em Náucratis.

Por fim, devo expressar meu agradecimento mais sincero aos quadros da Cambridge University Press por seu infalível profissionalismo e cortesia.

D. S. ROBERTSON
Trinity College, Cambridge
Dezembro, 1928

Prefácio à segunda edição

A proposta de uma reimpressão chegou-me num momento em que as circunstâncias impediam uma completa reelaboração do texto nos moldes que eu tinha em mente havia tempos. Deixei, relutante, as ilustrações inalteradas, mas busquei revisar o texto todo e os Quadros Cronológicos à luz de pesquisas recentes. Fiz um grande número de modificações substanciais e justifiquei-as, onde necessário, por meio de notas de rodapé adicionais, destacadas por colchetes.

A Bibliografia era um problema difícil. As novas informações que acumulei, embora consideráveis, não estavam sistematizadas nem esgotavam o assunto e eu não poderia despender tempo, como fiz para a primeira edição, no exame de todas as publicações relevantes e na seleção daquelas mais importantes. Decidi, por fim, deixar a Bibliografia inalterada, salvo algumas correções e a inclusão de algumas obras mais antigas que erroneamente eu havia omitido, mas chamei a atenção para todas as publicações posteriores (pouco mais de uma centena) mencionadas em outras partes do livro, apondo um asterisco junto ao tema em questão e acrescentando uma remissão à página entre colchetes. Espero não haver negligenciado muita coisa relevante, mas os estudantes em nível avançado deverão compreender que essa nova relação bibliográfica está preponderantemente circunscrita a edifícios e temas discutidos no texto e que, quanto aos itens mencionados somente na Bibliografia e nos Quadros Cronológicos (e também quanto a alguns itens mencionados no texto, sobretudo nas partes referentes a Roma), será prudente consultar os periódicos dos últimos doze anos por conta própria.

As publicações seguintes parecem-me as mais valiosas do período, à parte aquelas que tratam de sítios e edifícios particulares: com referência à arquitetura grega, C. Weickert, *Typen der Archaischen Architektur in Griechenland und Kleinasien*, Augsburgo, 1929, e Lucy T. Shoe, *Profiles on Greek Mouldings* (Texto e Lâminas), Harvard, 1936 (ambos de valor inestimável, muito embora excluam, infelizmente, a Magna Grécia e a Sicília), Humfry Payne, *Necrocorinthia*, Oxford, 1931; com respeito à influência coríntia na arquitetura dórica primitiva e a estudos detalhados das métopas e revestimentos em terracota e à escultura em pedra dos templos em Corfu, Termo e alhures, E. Buschor, *Die Tondächer der Akropolis*, Berlim e Leipzig, 1929, W. Wrede, *Attische Mauern*, Atenas, 1933, W. Darsow, *Sizilische Dachterrakotten*, Berlim, 1938, e a segunda edição de *Topographie von Athen*, de W. Judeich, Munique, 1931; e com referência à arquitetura romana, S. B. Platner e T. Ashby, *A Topographical Dictionary of Ancient Rome*, Oxford, 1929.

Posso acrescentar que desde 1928 visitei duas vezes a Grécia, bem como a Sicília e o Sul da Itália, e examinei vários de seus principais monumentos.

Para concluir, devo agradecer àqueles que me ajudaram apontando imperfeições na primeira edição, sobretudo o prof. W. B. Dinsmoor, que publicou uma análise da mesma no *American Journal of Archaeology* em 1932, e meu colega, o sr. A. W. Lawrence, que sugeriu diversas correções e forneceu-me uma série de valiosas referências.

D. S. R.
Trinity College, Cambridge
Dezembro, 1940

Pós-escrito. Devo acrescentar meu mais caloroso agradecimento ao professor J. D. Beazley, que leu as provas da presente edição na íntegra e fez diversas correções e sugestões valiosas. Depois da impressão do livro, também recebi do professor A. J. B. Wace um relato preliminar acerca de importantes descobertas feitas por ele e pelo dr. Sp. Marinatos junto ao acervo micênico do Museu Nacional de Atenas, que trouxeram à luz novos elementos para a reconstituição da fachada do "Tesouro de Atreu" em Micenas (ver **33** *infra*). Uma detalhada resenha dessa descoberta (ilustrada) foi por mim enviada ao *Journal of Hellenic Studies*, enquanto outra análise deverá aparecer no *American Journal of Archaeology*, mas tenho permissão de ambos os estudiosos para utilizar o relato da maneira que for possível no presente livro.

A mais surpreendente novidade é a comprovação de que sobre o plinto quadrado que repousava no capitel de cada uma das grandes meias-colunas apoiava-se uma meia-coluna semelhante e de tamanho menor. Essas meias-colunas pequenas, que chegavam até a cornija que rematava a construção, eram lisas até uma altura de cinqüenta centímetros e providas, acima deste ponto, de entalhes ornamentais semelhante àqueles das meias colunas mais largas, mas que se desenvolvem em espiral e não em ziguezague. As meias-colunas pequenas traziam no topo de seus fustes colarinhos convexos com ornamentos em forma de contas de rosário, e é provável que as meias-colunas mais largas também apresentassem tais colarinhos. Os arranjos acima do lintel e o preenchimento do triângulo de descarga eram tais como sugerido em *B.S.A.* XXV, p. 342, a não ser pelo fato de que as faixas tríplices de espirais em pedra vermelha exibidas no *Catalogue of Sculpture* do Museu Britânico, I, i, 1928, fig. 22, provavelmente eram separadas por faixas simples de pedra vermelha; o restante da fachada parece ter sido decorada igualmente com faixas simples de pedra (em parte vermelhas, em parte variegadas), com faixas ornadas com rosetas e espirais entrelaçadas. Com respeito à posição das meias-colunas pequenas, Wace estabelece uma comparação com as pilastras dispostas de maneira semelhante na fachada do "Túmulo de Clitemnestra".

Será necessário comprovar tais descobertas no futuro através da comparação com as réplicas de fragmentos existentes em outros museus e por um reexame da própria fachada, porém sua interpretação preliminar parece convincente.

Segundo pós-escrito. Uma reimpressão proporcionou-me a oportunidade de efetuar algumas correções: ver especialmente **244** n. 34 e **252** n. 46. Também se pode chamar a atenção para três publicações que tive oportunidade de conhecer desde a publicação de minha segunda edição: (I) W. A. McDonald, *The Political Meeting Places of the Greeks*, Baltimore, 1943, que ilumina sobremodo alguns dos tópicos discutidos no Capítulo XI; (2) L. Kjellberg, *Larisa am Hermos*, que trata da localidade referida em meu livro como "Larissa, na Eólia". Desse livro, tive em mãos apenas o Vol. II, *Die Architektonischen Terrakotten* (em duas partes, Texto e Lâminas), editado, após a morte prematura de Kjellberg, por Å. Åkerström, Estocolmo, 1940. Trata-se de um trabalho importante para o estudo das terracotas primitivas da Ásia Menor e alhures: confirma-se ali a idéia (ver **195**) de que as terracotas arquitetônicas da Etrúria derivam, principalmente, de modelos da Eólia e da Jônia, influências transmitidas através da Fócia; e (3) A. Andrén, *Architectural Terracotas from Etrusco-Italic Temples* (Texto 1940, Lâminas 1939), editado em Lund.

CAPÍTULO I
Fontes de informação. Materiais e métodos

Dezoito séculos atrás, uma magnífica tradição arquitetônica dominava a Europa, a África e a Ásia, do Reno ao Saara, do Atlântico ao Eufrates. O objetivo do presente livro é investigar de forma sucinta as fontes dessa tradição e seu desenvolvimento até a fundação de Constantinopla no século IV da era cristã. A tradição era complexa. Muito antes da alvorada da História, os habitantes das regiões que circundam o Mediterrâneo já se dedicavam à construção, e sua maneira de construir era condicionada pelos materiais que se encontravam à sua volta, por suas necessidades específicas de segurança e conforto, por suas origens raciais e seus contatos. No Egito, sobretudo, e na Ásia ocidental, uma enorme quantidade de esplêndidos monumentos foi erguida milhares de anos antes da fundação do Império Romano. A arquitetura do mundo greco-romano foi afetada por um grande número de influências externas, por vezes de maneira profunda: no período clássico, porém, estas eram tributários que engrossavam aquela corrente principal que podemos remontar passo a passo até o momento em que esta quase se furta às nossas incursões, muito embora sua fonte seja ainda longínqua, situada cerca de sete séculos antes do nascimento de Cristo. A corrente não se perde num único canal. Nosso conhecimento mais recuado aponta-nos a existência de três escolas principais, obviamente afins, mas obviamente diferenciadas: a escola da Etrúria e do Lácio, a escola da Grécia propriamente dita, Itália meridional e Sicília, e a escola da Ásia Menor grega. Não seria despropositado começar desse ponto, porém as arquiteturas mais antigas da região mediterrânea são de um interesse fascinante e é certo que algumas de suas influências contribuíram para a formação da arquitetura clássica. As arquiteturas nativas do Egito e do Oriente Próximo não poderão ser discutidas aqui senão incidentalmente; contudo, este livro iniciará com um rápido esboço da mais remota arquitetura da região egéia, até o encerramento da era micênica, seguido por uma exposição dos esparsos vestígios que contribuem para que se transponha o período de trevas que se seguiu às invasões dóricas. As construções mais antigas da Itália serão tratadas sobretudo posteriormente, no contexto da arquitetura romana.

Algumas palavras preliminares fazem-se necessárias para indicar a natureza dos testemunhos em que o presente livro se baseia. Em primeiro lugar, e acima de tudo, temos os monumentos que chegaram até nós. Afora pontes, aquedutos, arcos do triunfo e teatros e anfiteatros a céu aberto, raras construções gregas ou romanas mantêm-se intactas na atualidade, mesmo superficialmente: o chamado Theseum, em Atenas, e a Maison Carrée, em Nîmes, são notáveis exceções. Somente alguns poucos exemplares, em sua maioria cobertos com materiais mais duráveis que a madeira, preservam as feições principais de sua forma interior, notadamente o Panteon de Roma. Essas afortunadas construções foram salvas, via de regra, por seu uso continuado no período medieval, normalmente como igrejas. Outras sobreviveram nos desertos da África e da Síria, abandonados quando do declínio da civilização romana. Bem mais numerosas são as construções das quais somente algumas partes se mantém em pé, principalmente grupos de colunas: esse tipo de ruína é encontrado num grande número de locais sobretudo na Ásia Menor, na Grécia, na Itália e na Sicília. Trata-se, em sua grande maioria, de templos, habitualmente construídos com materiais mais sólidos do que as estruturas civis ou domésticas, que foram preservados, até a adoção do cristianismo, por seu caráter sagrado. Na Idade Média, é verdade, muitos foram abandonados ao saqueador, que apenas poupava aquilo que não poderia aproveitar de modo conveniente. Por sorte, contudo, suas caracteristicas mais interessantes eram-lhe menos tentadoras. Os blocos retangulares que formavam as paredes eram fáceis de pôr abaixo e permitiam seu uso imediato; já as imponentes colunas, com sua pesada e elaborada superestrutura, eram ao mesmo tempo de arriscado manuseio e difícil utilização. O mármore, todavia, era sempre útil para o forno de cal.

A esses vestígios visíveis foi acrescido, especialmente na última centena de anos, um volume constantemente ampliado de testemunhos, resgatados via escavações, de um tipo particularmente valioso para a arquitetura devocional grega. Uma dúzia de fragmentos, com as dimensões das fundações, pode permitir a um investigador experimentado reconstituir com segurança as principais feições de um templo do qual nada restou acima do solo. Tais reconstituições, no entanto, sempre difíceis salvo no caso de templos, tornam-se cada vez menos seguras, mesmo no caso destes, à medida que vamos lidando com vestígios mais antigos. Até aproximadamente meados do século VI a.C. havia uma grande variedade local tanto na construção como na decoração. As partes superiores do arcaico "Templo de Ceres", em Pesto, por exemplo, estão preservadas o bastante para comprovar que teria sido impossível reconstituí-las corretamente com base em uma analogia com os monumentos contemporâneos. Quanto às partes superiores do célebre Templo de Hera, em Olímpia, salvo seu telhado, e ao aspecto geral do primitivo templo de Órtia em Esparta – um dos mais antigos que se conhece – praticamente nada podemos afirmar. Entretanto, é precisamente com relação a esses edifícios primitivos que é maior nossa dívida para com as escavações; por mais imperfeitos que sejam os novos elementos, é tudo de que dispomos e eles lançam uma luz de inestimável valor sobre a trajetória da arquitetura grega. Os testemunhos obtidos via escavações são também de suma importância para que possamos compreender os templos etruscos e latinos, ao passo que nosso conhecimento da arquitetura anterior ao ano 1.000 a.C. baseia-se quase totalmente em escavações dos últimos cinqüenta anos, especialmente no trabalho de Schliemann e seus sucessores em Micena, Tirinto e Tróia, e no de Evans e outros em Creta e nas ilhas do Egeu.

Comparativamente a esse material concreto, os testemunhos de autores e inscrições antigos, ainda que sobremodo úteis, são de importância menor. Dos escritores que abordaram a arquitetura sob um prisma técnico apenas um chegou até nós, Vitrúvio Pólio. O efeito do estudo de Vitrúvio sobre os arquitetos da Renascença foi, em alguns sentidos, pernicioso, mas, se fizermos um justo balanço de seus méritos e imperfeições, será forçoso reconhecer seu grande valor. Era um arquiteto praticante e seu conhecimento da matéria é bem mais profundo do que suas deficiências de expressão e o modo confuso como manipula suas fontes poderiam sugerir. Ele escreveu durante o império de Augusto, numa época em que os desenvolvimentos específios da arquitetura romana mal haviam começado, e sua perspectiva é fundamentalmente helenística. Seu conhecimento da arquitetura anterior ao século V a.C. é superficial e seu modo de considerá-la assemelha-se algo ao modo como sir Joshua Reynolds considerava os predecessores de Rafael. Vitrúvio, no entanto, preservou valiosas informações acerca dos templos etruscos, bem como acerca dos estágios primitivos daqueles métodos de construção romanos que levariam, no século seguinte, ao Palácio Flaviano no Palatino e, subseqüentemente, à cúpula do Panteon, às Termas de Caracala e à Basílica Nova de Maxêncio e Constantino[1].

Importantes informações arquitetônicas podem ser reunidas circunstancialmente a partir de escritores gregos e romanos de todas as épocas a partir de Homero. O mais rico acervo de informações é o manual de Pausânias, de valor inestimável, cujo autor visitou e descreveu as principais cidades e santuários da Grécia no século II d.C.. As inscrições[2] permitem-nos conhecer fatos interessantes acerca dos métodos de construção, pagamento de mão-de-obra e coisas do gênero; por vezes, ainda, como no caso do arsenal naval erguido no Pireu por Filo de Elêusis na segunda metade do século IV a.C., podemos reconstituir no papel, com base unicamente em testemunhos escritos, uma construção que não tenha deixado nenhum vestígio material. Devemos acrescentar a essas diversas fontes de informação antigas representações de edifícios em afrescos, pinturas de vasos, relevos, moedas e outras obras de arte, incluindo maquetes em pedra e terracota, bem como os rascunhos de antigos diletantes e os desenhos e descrições, de autoria de observadores medievais, renascentistas e modernos, de construções hoje avariadas, ou destruídas.

Os materiais empregados pelos construtores da região mediterrânea eram determinados, sobretudo, pela natureza geológica dos diversos distritos e pela abundância ou escassez de madeira. A pedra, a argila e a madeira são os materiais fundamentais, empregados em toda parte e em todos os tempos. A arte de moldar a argila em tijolos secos ao sol, freqüentemente combinados com uma estrutura de madeira, remonta praticamente às mais antigas idades que nosso conhecimento abrange. A argila cozida, por outro lado, embora de longa data familiar aos ceramistas, era raramente empregada na arquitetura – exceto para dutos e, por vezes, para pavimentação –, até o século VII a.C.. As telhas em terracota eram quase desconhecidas aos arquitetos do período pré-histórico, restringindo-se principalmente à era conhecida como "Heládico Antigo", na própria Grécia[3], e é provável que o tijolo cozido não era empregado para a construção ou o revestimento de paredes ou colunas antes do período de Alexandre Magno; um dos exemplos mais antigos é um palácio helenístico na Mesopotâmia[4], o antigo local de origem dessa técnica; o material é raro até a época de Augusto. Os tijolos secos ao sol normalmente assentavam sobre um soco de pedra e eram geralmente protegidos por um revestimento de cal. O concreto com cal era adotado para pavimentação em tempos pré-históricos e ulteriores, mas seu emprego como argamassa era excepcional, embora não ignorado, antes do período helenístico. As paredes de pedra bruta e ciclópicas[5] eram normalmente argamassadas com argila, enquanto as pedras lavradas dos tempos clássicos eram habitualmente unidas a seco, e reforçadas[6] por cavilhas e grampos metálicos, elementos cujo desenvolvimento gradual fornece um importante instrumento de datação. O desenvolvimento do concreto como material de construção será traçado em um capítulo posterior[7]; com raras exceções, essa técnica pertence aos períodos helenístico tardio e romano. As pedras empregadas com mais freqüência são os diversos calcários locais. A pedra bruta, argamassada com argila, foi utilizada desde os tempos mais remotos e é combinada com um revestimento de pedras cuidadosamente lavradas nas obras minóicas e até mesmo neolíticas; em Creta, as duas faces por vezes eram unidas com grampos de madeira. A pedra bruta não revestida era normalmente rebocada com cal. A cantaria de formato regular ocorre no período "Minóico Antigo" (a cronologia cretense está explicada no capítulo seguinte). O cascalho e mesmo a alvenaria de formato regular freqüentemente eram combinados, nas paredes minóicas e micênicas, com vigas de madeira, por vezes em uma completa estrutura de madeira. Os arquitetos cretenses e micênicos, assim como os gregos posteriores, utilizavam algumas vezes pedras especialmente rijas ou belas em posições de destaque ou proeminência, mas é raro o uso do mármore antes do século VI a.C. Na Itália, o uso do mármore era escasso antes da queda da República, tornando-se, depois, um mero verniz sobre o tijolo e o concreto.

É duvidoso se as colunas de pedra de seção circular ou poligonal eram empregadas na região egéia ou na Itália anteriormente ao século VII a.C., embora fossem comuns no Egito desde tempos muito remotos. Os cretenses utilizavam pilares quadrados de pedra, mas larga, embora não exclusivamente, em subsolos, e amiúde como sustentação para colunas de madeira em ambientes mais nobres situados acima. A coluna ou pilar de madeira sobre uma base elevada de pedra, para colunas normalmente circulares, era a típica forma minóica e micênica: as meias colunas de pedra nas fachadas de alguns túmulos em forma de colméia provavelmente são reproduções de modelos em madeira. As colunas de madeira também eram empregadas bem no início da arquitetura dórica, e a introdução de colunas de pedra no século VII a.C. talvez fosse uma imitação da prática imemorial do Egito[8]. Na Itália, e especialmente na Etrúria e no Lácio, a livre utilização da madeira, combinada com elaboradas ornamentações em terracota, perdurou por um tempo bem mais longo do que se verificou no leste do Adriático e desenvolveu-se em linhas originais.

Podemos encerrar esta breve introdução com algumas observações gerais de caráter especulativo acerca da relação da arquitetura grega com suas grandes predecessoras egípcia e oriental. Parece fora de dúvida que a arquitetura grega dos séculos VII e seguintes a.C. foi essencialmente um desenvolvimento direto de tradições locais e que a influência do Egito, nesse estágio, restringia-se essencialmente ao estímulo dado aos gregos no sentido de substituírem a madeira pela pedra e pelo tijolo seco ao sol. É verdade que a arquitetura grega foi inquestionavelmente afetada pelo grande influxo de arte estrangeira, sobretudo a asiática, verificado no século VII a.C. Tal influência, contudo, largamente difundida por objetos portáteis de luxo, como ânforas metálicas e bordaduras, provavelmente estava circunscrita a motivos decorativos; o capitel jônico é o elemento arquitetônico mais importante dentre aqueles que podem ser de origem oriental[9]. É provável que os modelos egípcios e asiáticos tenham tido um efeito sobre a arquitetura pré-histórica de Creta; é difícil, no entanto, definir a extensão dessas influências e é seguro que Creta nem sempre esteve na posição de aprendiz.

CAPÍTULO II
Creta minóica, Tróia e Grécia pré-micênica

Os gregos jamais esqueceram a altiva civilização que floresceu em seu país no II milênio a.C., mas seus vestígios concretos eram escassos e misteriosos, e coube ao comerciante alemão Heinrich Schliemann, na segunda metade do século XIX, investigar os mistérios de Tróia, Tirinto e Micenas, e provar que o mundo de Homero não era o sonho de um poeta. O primeiro resultado de seu trabalho foi confirmar o quadro homérico de uma Grécia dominada pela planície argiva, em conflito com o noroeste asiático dominado por Tróia. Os estudiosos deram à cultura recém-descoberta o nome de "micênica" e muitos consideravam a Argólida ou a Beócia seu lugar de origem. O próprio Schliemann intuíra a importância de Creta. Tinha o propósito de escavar Cnosso nas proximidades de sua costa setentrional, uma cidade associada por Homero e os escritores gregos ulteriores ao domínio de um grande rei marítimo, Minos, duas gerações antes da queda de Tróia. Embora seu instinto não tenha falhado, seu desejo não foi satisfeito e a descoberta do maravilhoso palácio de Cnosso estaria reservada a sir Arthur Evans. Sabemos hoje que a principal fonte da cultura "micênica" não foi nem a Argólida, nem a Beócia, mas sim Creta. Ali, e especialmente em Cnosso, encontramos um desenvolvimento quase ininterrupto desde o neolítico, profundamente influenciado de início pelo Egito e a Ásia, porém marcado por uma admirável originalidade. Na velha Grécia, os últimos estágios da cultura cretense foram impostos vigorosamente a uma civilização mais primitiva. As datas relativas de muitas dessas construções pré-históricas podem ser determinadas pelos testemunhos fornecidos pelas estratificações, sobretudo com a ajuda da cerâmica a elas relacionada; as datas absolutas dependem principalmente de contatos com o Egito e refletem as incertezas da cronologia egípcia. O fascinante problema do caráter racial dos cretenses primitivos transcende o alcance deste livro. Não podemos ler sua escrita e desconhecemos se eram gregos em algum sentido, mas seguramente influenciaram as origens da cultura grega. É possível lançar alguma luz sobre essas questões através dos recentes avanços na decifração dos registros hititas.

Cumpre-nos, neste ponto, dizer algo acerca da cronologia cretense, que se deve sobretudo a Evans, e de aceitação geral na atualidade. Nosso trabalho será facilitado se a combinarmos com a classificação similar elaborada por Wace e Blegen para a Grécia propriamente dita. As divisões de cada esquema cronológico são até certo ponto arbitrárias e as datas absolutas tornam-se progressivamente incertas à medida que nos aproximamos do período neolítico. Evans atribuiu à cultura cretense o nome de "minóica", inspirado pelo grande rei marítimo da tradição. Wace e Blegen escolheram o nome "heládico" para os estágios da cultura do continente, a fim de enfatizar sua independência com relação a Creta. Ambas as denominações têm sido criticadas, mas ambas são convenientes.

O quadro da página seguinte[1], no qual M.P., M.M. e M.R. significam Minóico Primitivo, Minóico Médio e Minóico Recente, e H.P. etc., Heládico Primitivo etc., apresenta em colunas paralelas as datas aproximadas a.C., o início de algumas das dinastias egípcias e o início dos períodos minóico e heládico.

Conhecemos as plantas baixas de algumas poucas residências cretenses do período neolítico; algumas delas estão situadas sob o palácio de Cnosso e exibem laterais retilíneas e cantos angulares. Isso é interessante, pois os blocos isolados que formavam os estágios primitivos do próprio palácio, embora retangulares em seu desenho geral, freqüentemente apresentavam cantos arredondados. Em geral, todavia, é escassa a arquitetura curvilí-

Datas a.C.	Dinastias egípcias	Períodos minóicos	Períodos heládico
3.000	1ª	M.P.I	H.P.I
2.800	4ª	M.P.II	—
2.400	7ª-10ª	M.P.III	H.P.II
2.200	11ª	M.M.I	H.P.III
2.000	12ª	M.M.II	H.M.
1.800	13ª-17ª (Hicsos)	M.M.III	—
1.600	18ª	M.R.I	H.R.I
1.500	—	—	H.R.II
1.400	—	M.R.III (em Cnosso, precedido pelo M.R.II)	H.R.III
1.100	21ª	Ocaso aproximado da civilização micênica Invasões dóricas	

nea em Creta, salvo por alguns túmulos e outras estruturas total ou parcialmente subterrâneas. A exceção mais notável é uma grande habitação oval do período M.M.², em Cameze, na província de Sitéia, (Fig. 1) de elaborada subdivisão interna e que tal-

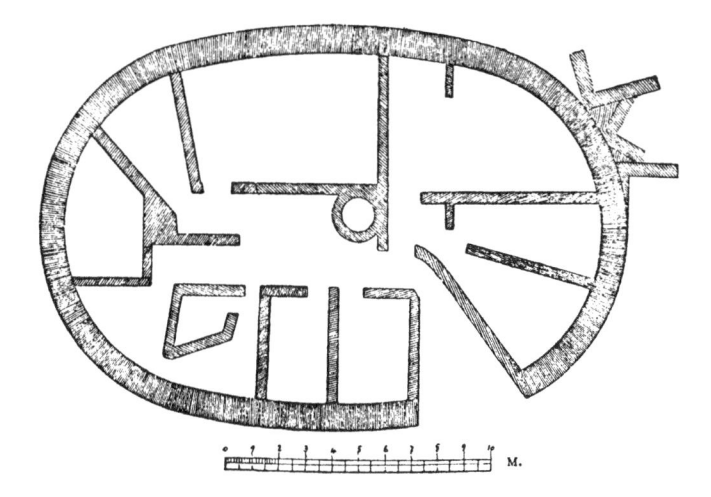

Fig. 1. Casa do período Minóico Médio I em Cameze, Creta

vez contivesse um pátio aberto; mas esse exemplo parece um desvio da norma, justificado pela topografia local. Outra característica notável das casas neolíticas de Creta é a presença de lareiras fixas, quase desconhecidas na arquitetura minóica.

Dentre o grande volume de edificações cretenses trazidas à luz no último quarto de século, muito poucas devem ser aqui selecionadas, e seria um despropósito negar a posição de primazia ao "Palácio de Minos". O edifício é tão vasto e complexo que apenas podemos nos propor a mais sumária descrição. As Figs. 2*a*, 2*b* e 3 apresentam[3] as mais recentes plantas do palácio publicadas, em seu estágio mais acabado, quando formava uma massa construída contínua que se desenvolvia em torno de um pátio interno retangular, o Pátio Central, que media aproximadamente 58 m no sentido norte-sul por aproximadamente 27 m no sentido leste-oeste. As Figs. 2*a* e 2*b* mostram o piso térreo dos setores ocidental e oriental do palácio e a Fig. 3, o primeiro piso ou "Piano Nobile" [do setor ocidental]. No período M.M.I, antes do qual dificilmente se pode estabelecer a história do edifício em questão[4], essa massa contínua era uma série de blocos isolados ou praticamente isolados, de laterais retas e, em muitos casos, cantos arredondados; talvez houvesse uma fortificação a oeste da entrada norte. Ao fim do M.M.III o palácio foi arruinado[5], provavelmente por um terremoto, e sofreu grandes modificações em sua resconstrução subseqüente, a qual teve início em um período de transição entre o M.M.III e o M.R.I. O Pátio Central cobre o cimo de uma colina, formada gradativamente, ela mesma, por gerações de assentamentos do neolítico e depois artificialmente aplainada; a encosta é mais íngreme nas direções leste e sul. O palácio não era desprotegido, mas estava longe de ser uma fortaleza inexpugnável como Tirinto ou Micenas. Era a residência de um rei marítimo, erguido para resistir a motins ou assaltos, mas indefesa se a frota naval estivesse perdida.

O acesso mais impressionante dava-se pelo sul, onde a estrada de Festo prolongava-se por um caminho elevado que permitia transpor um desfiladeiro de grande profundidade, e um magnífico pórtico em degraus subia pela encosta em direção ao canto sudoeste do palácio. O caminho elevado e o pórtico datam do M.M.I, tendo sido este acesso profundamente alterado pelo desastroso terremoto do M.M.III. A exemplo de todas as demais, essa estrada não conduzia diretamente ao pátio. Uma entrada tipicamente originária do período M.M., o Pórtico Oeste, abria-se de um pátio pavimentado situado na parte ocidental do palácio. Estava voltado para o norte[6] e consistia em uma *loggia* coberta, com sua face aberta dividida por uma única coluna de madeira apoiada em um simples disco de pedra liso. Ao fundo havia duas portas, uma para a sala do trono, guarnecida de uma guarita, a outra para o Corredor das Procissões, que se estendia ao sul do canto sudoeste do palácio e ali voltava-se para o leste. Esse prolongamento ao leste do Corredor das Procissões[7], mostrado na Fig. 3, dava acesso, através do Propileu Sul, ao pavimento superior do setor ocidental do palácio e era margeado ao sul por um terraço descoberto. Estava também diretamente ligado ao Pátio Central, e provavelmente havia escadarias ligando-o tanto ao Pórtico Sudoeste[8], na extremidade superior do pórtico em degraus que subia pela encosta a partir do desfiladeiro, como ao Pórtico Sul, mais a leste, que se tornou muito importante após o terremoto do M.M.III. O Corredor Sul, em um nível inferior, interligava os pórticos Sul e Sudoeste. O Propileu Sul, reformado ao fim do M.M.III, será descrito mais à frente. A totalidade dessa área do palácio apoiava-se em maciças subestruturas artificiais.

A face voltada para o mar era a face do perigo, e a entrada norte era fortificada, muito embora talvez não muito ostensivamente. O portão externo estava voltado para o oeste e conduzia a uma passagem que corria para o sul em direção ao Pátio Central. Essa entrada foi objeto de freqüentes reformas, mas era sempre defendida por torres e bastiões; ela atingia o pátio passando por sob a face leste da guarita do M.M.I, que no M.M.II deixou de ser isolada. Será preciso ignorar aqui as demais entradas, mas devemos chamar atenção para a Entrada do Canto Noroeste, que não figura nas plantas mais antigas e cuja existência parece segura, embora sua forma exata seja conjectural.

Páginas seguintes: Fig. 2*a*. O Palácio de Cnosso, Setor Ocidental. Fig. 2*b*. O Palácio de Cnosso, Setor Oriental. (Extraído de Evans, *The Palace of Minos*, vol. II, parte ii, Plantas A e B)

Plano A

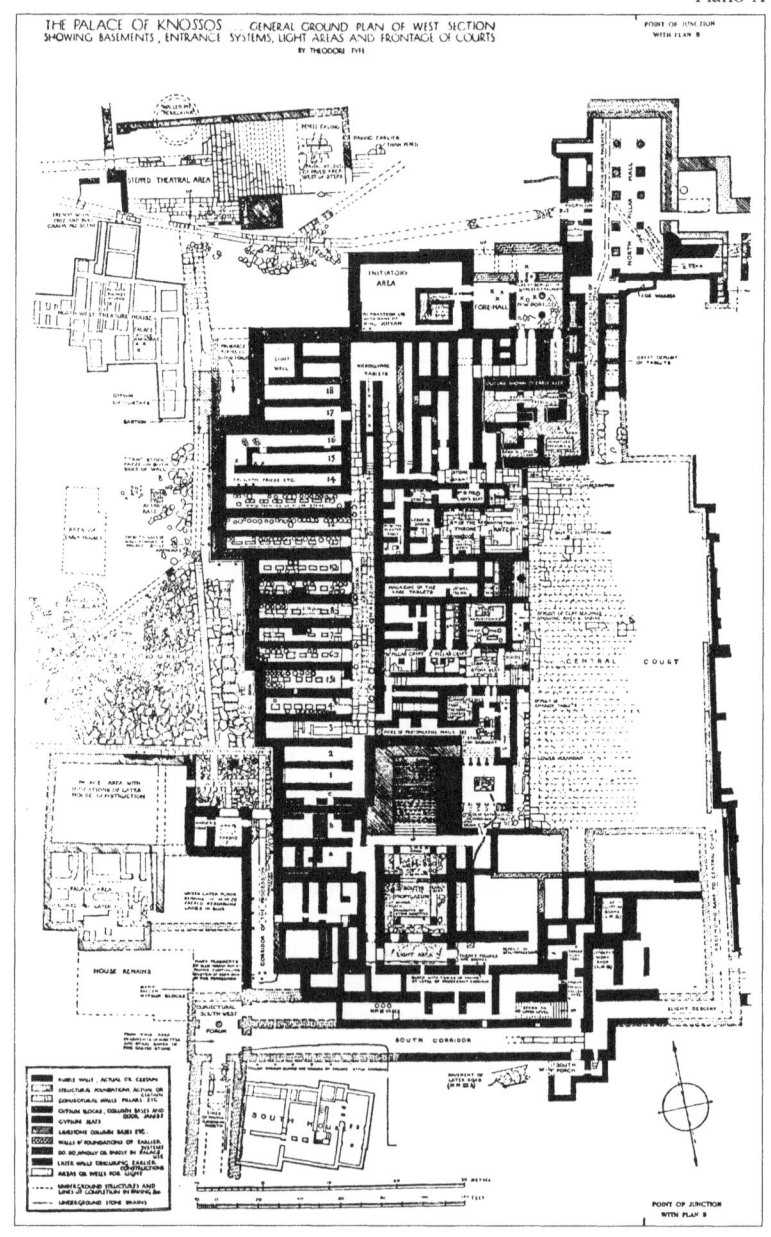

Plano B

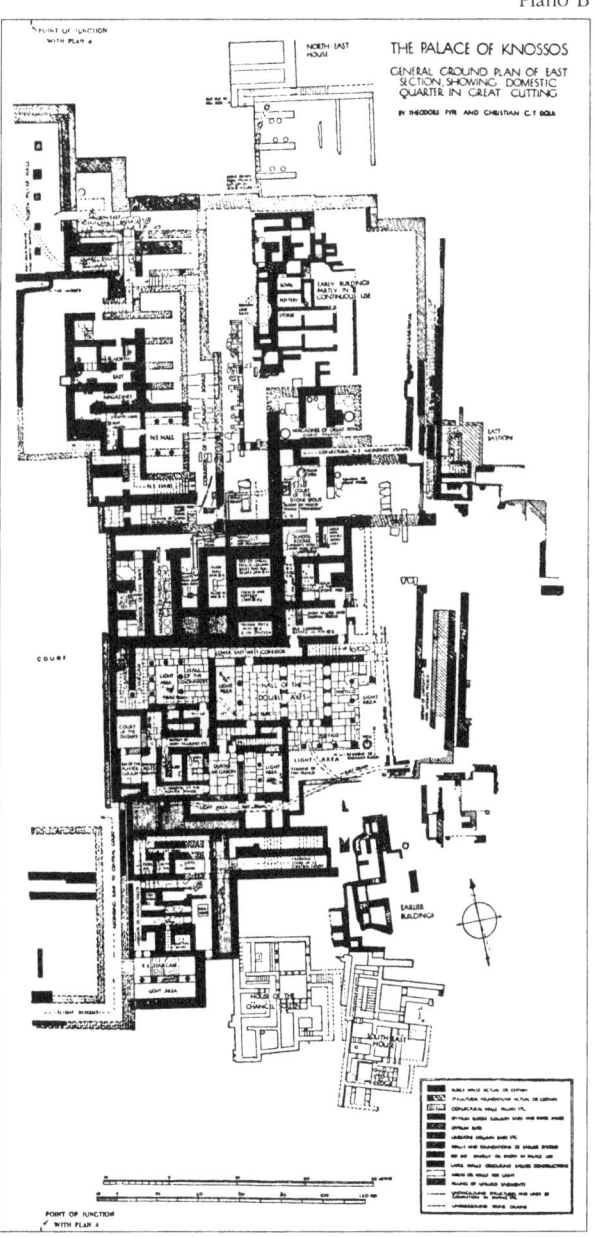

Plano C

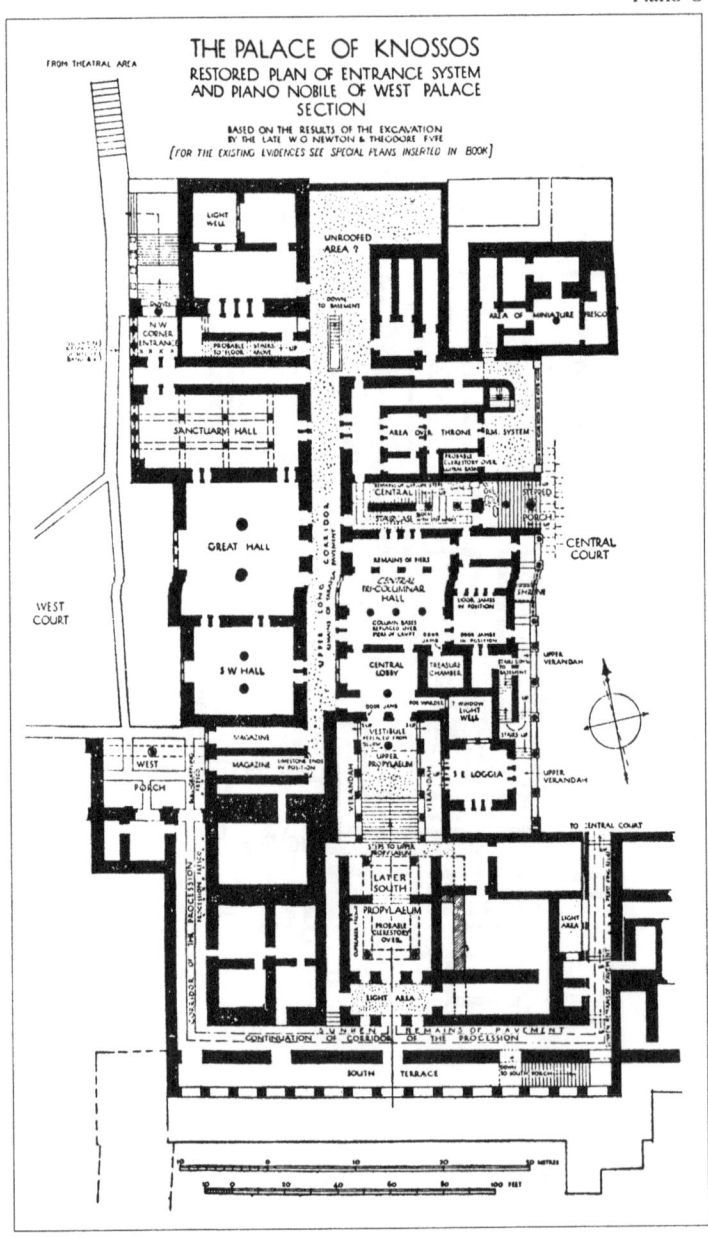

As construções situadas a oeste do Pátio Central, reformadas após o terremoto do M.M.III, eram divididas no piso térreo pelo Grande Corredor, que se estendia de norte a sul e acima do qual, no primeiro piso, corria uma passagem correspondente, provavelmente a céu aberto. A oeste do Grande Corredor estão situados, no piso térreo, uma série de depósitos, e a leste, a principal ala oficial, cujos ambientes inferiores tinham um caráter notadamente religioso. Sob o piso da longa galeria e dos depósitos, foi idealizada uma notável série de receptáculos escavados ou urnas funerárias de pedra, no M.M.III. No M.M.I essa ala consistia em três blocos mais ou menos isolados, mas tal repartição deixou de existir na reconstrução que se seguiu ao terremoto do M.M.III.

As características posteriores do setor ocidental do palácio devem ser descritas a seguir de maneira sucinta, com o auxílio das Figs. 2*a* e 3. A reconstituição do primeiro pavimento ou "Piano Nobile", na Fig. 3, baseia-se em investigações prolongadas das paredes e pilares do pavimento térreo e de porções escavadas do pavimento superior, muitos das quais se mantiveram sustentados por volumes de tijolo seco ao sol tombados de cima. Em geral, as novas contribuições desse período foram bem menos substanciais do que aquelas do período precedente. Os detalhes, é claro, são parcialmente hipotéticos. As características mais notáveis do piso térreo são o Propileu Sul e a Sala do Trono; no nível superior o interesse maior se prende aos grandes salões situados em cada lado do Grande Corredor e à disposição por meio da qual estes se comunicavam com o Propileu Sul e com o Pátio Central.

O Propileu Sul estava ligado, conforme já vimos, com o prolongamento do Corredor das Procissões na direção leste. Trata-se de um notável predecessor do tipo clássico do propileu grego, que consiste em dois pórticos abertos, cada qual contendo um par de colunas, a projetar-se externa e internamente da parede que contém o portão propriamente dito. Propileus de tipo semelhante, embora desprovidos de colunas, ocorrem num período

Página ao lado: Fig. 3. O Palácio de Cnosso. Planta reconstituída do Sistema de Entrada e Piano Nobile do Setor Ocidental. (Extraído de Evans, *The Palace of Minos*, vol. II, parte ii, Planta C)

ainda anterior, conforme se verá, na Segunda Cidade de Tróia e existem magníficos exemplos posteriores na acrópole de Tirinto. Os exemplos troiano e tirintoniano estão mais próximos do modelo grego no sentido de serem portões instalados em muros fortificados que separam áreas descobertas; o Propileu Sul de Cnosso, profundamente incrustado no palácio, constitui, na verdade, um elaborado saguão de entrada. A forma apresentada nas Figs. 2*a* e 3 data da reconstrução após o desastre do M.M.III. Tal como originalmente construído, após a catástrofe de menores proporções do M.M.II, o Propileu era consideravelmente mais largo, embora não diferente sob outros aspectos: é possível identificar nas plantas as paredes laterais originais, paralelas às posteriores a leste e a oeste. As bases das colunas do setor meridional eram ligeiramente ovais, com seu eixo maior alinhado com as paredes laterais. São exemplos de um tipo primitivo também encontrado em Festo. O par setentrional desapareceu, mas os vestígios de sua posição ainda se mantêm.

A Sala do Trono, na qual foi encontrado um trono na posição original, é precedida por uma antecâmara que se abria da parte norte do lado oeste do Pátio Central, e contém uma típica "Bacia Lustral" na base de um lance de escada. Ao sul dessa antecâmara existe uma grande abertura, com uma coluna central, de onde um lance de escadas conduzia, em sentido ascendente, à Escadaria Central, que se unia à extremidade norte do sistema de salões interligados com o Propileu Sul. Devemo-nos voltar, a seguir, para esse piso superior.

A leste do Grande Corredor Superior o principal elemento era o Salão Tricolunar, suficientemente explicado na Fig. 3. Este se comunicava com o sistema da entrada sul através do Saguão Central e o Propileu Superior, provido de colunas centrais simples e situado no topo de um lance de degraus, provavelmente ladeado por varandas colunadas. Na base da escada, ao fim de uma estreita passagem aberta, abria-se a parte norte do Propileu Sul. Os grandes salões a oeste do Grande Corredor também estão representados de modo satisfatório na Fig. 3.

A leste do pátio (Fig. 2*b*) a área central é a mais interessante. Essa Ala Residencial, sem dúvida acertadamente denominada,

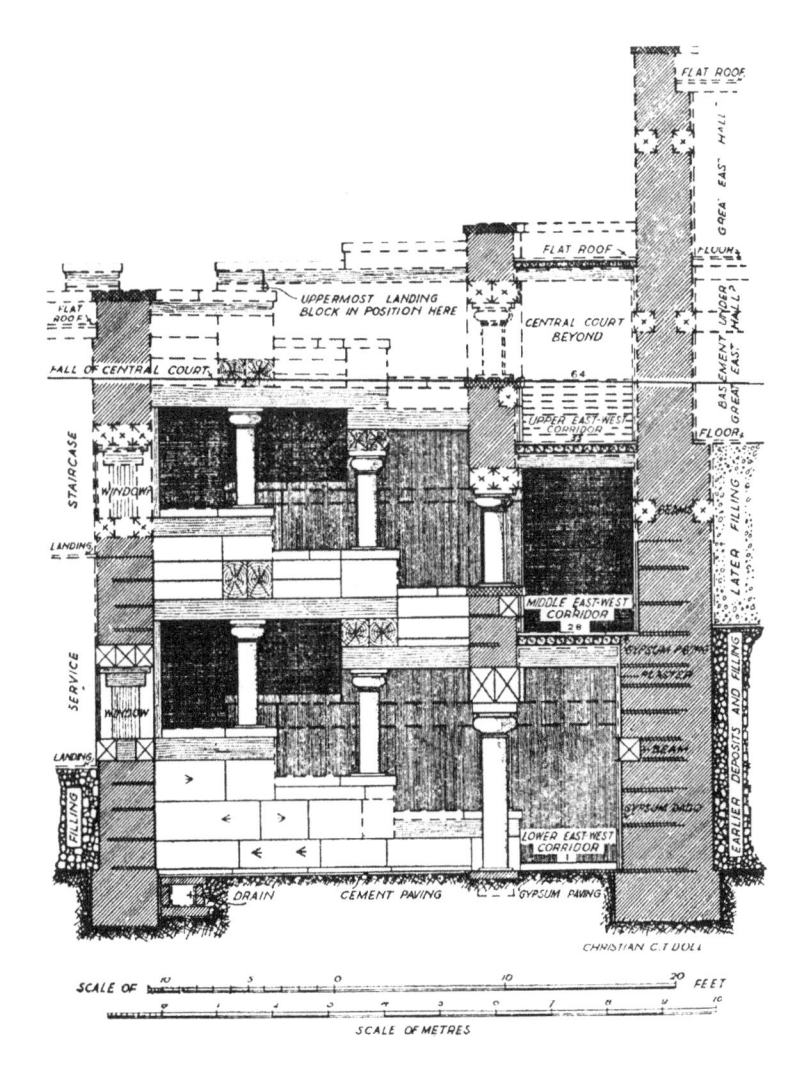

Fig. 4. Elevação reconstituída da Grande Escadaria, Cnosso.
(Extraído de Evans, *The Palace of Minos*, I, Fig. 247)

situa-se em um corte profundo datado do M.M.II e suas construções, embora modificadas no M.R., datam preponderantemente do M.M.III. O piso do pátio estava no nível do primeiro pavimento das construções e a queda de tijolos secos ao sol de pavimentos ainda mais elevados manteve o térreo e o primeiro pavimento esplendidamente preservados. Na extremidade noroeste da Ala Residencial erguia-se a Grande Escadaria, que conduzia, em uma série de voltas abruptas, ao nível do pátio e daí para os pisos superiores. Não há dúvida quanto a suas características gerais, mas seus suportes livres eram de madeira e a reconstituição de Doll (Fig. 4) inclui elementos duvidosos, particularmente quanto ao formato das colunas. A escadaria está situada ao fim de um corredor leste-oeste que delimita a Ala Residencial ao norte. Os ambientes do piso térreo dessa área eram quase idênticos, na planta, àqueles imediatamente acima dos mesmos. O ambiente mais elegante era o "Salão dos Duplos Eixos", uma típica estrutura cretense que difere acentuadamente dos salões do tipo "mégaron"[9] de Tróia e da Grécia antiga. É a sala de uma região de clima quente, flexível e adaptável, em que as correntes de ar não eram evitadas, mas provocadas. Em uma extremidade há um poço de iluminação – uma abertura que se eleva por toda a altura do edifício: é possível que tais poços fossem coroados por algum tipo de vedação, mas estavam parcialmente expostos às intempéries, razão pela qual eram construídos com materiais resistentes. Uma janela nesse poço iluminava o corredor leste-oeste. Duas colunas de madeira separavam o poço da parte central do ambiente, que tinha portas em ambos os lados. Cinco pilastras de madeira formavam quatro amplas aberturas entre essa parte e a ante-sala, igualmente espaçosa, que se comunicava através de sete aberturas semelhantes com uma colunata externa que dava para um terraço. As dimensões internas do salão como um todo, incluindo a ante-sala, são de aproximadamente 4,5 m por 16 m. Embora certamente houvesse cortinas ou portas de duas folhas entre as pilastras, nada poderia contrastar mais fortemente com os grandes salões de Tróia e da Argólida, que evitavam as correntes de ar e continham uma lareira central: os palácios cretenses certamente eram aquecidos por braseiros. Ao norte da Ala Residencial, as subestruturas indicam claramente a presença de um grande salão no nível superior dando para o Pátio Central.

Uma característica importante desses palácios é o uso de peristilos ou pátios enclaustrados. Encontramos um bom exemplo (93) no palácio de Festo (Fig. 5) e também em seu vizinho, o pequeno palácio de Hagia Triada. O palácio de Festo, que preserva um volume bem maior de elementos do M.M.III que o de Cnosso, contava com um esplêndido pórtico de entrada (67), com cerca de 13 m de largura, com onze largos degraus e uma coluna central única.

É impossível formar uma idéia conclusiva quanto ao aspecto externo desses palácios, mas os afrescos cretenses e as facha-

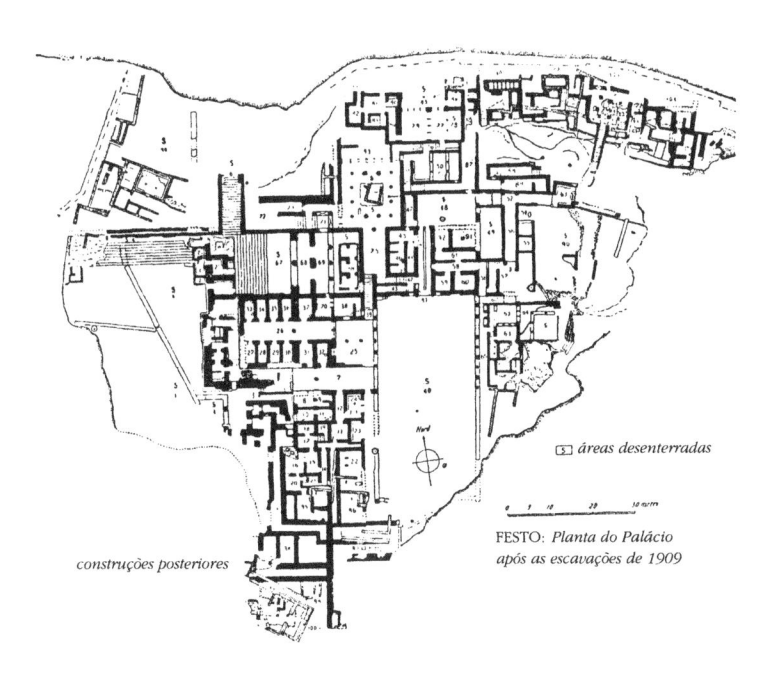

Fig. 5. Planta do Palácio de Festo

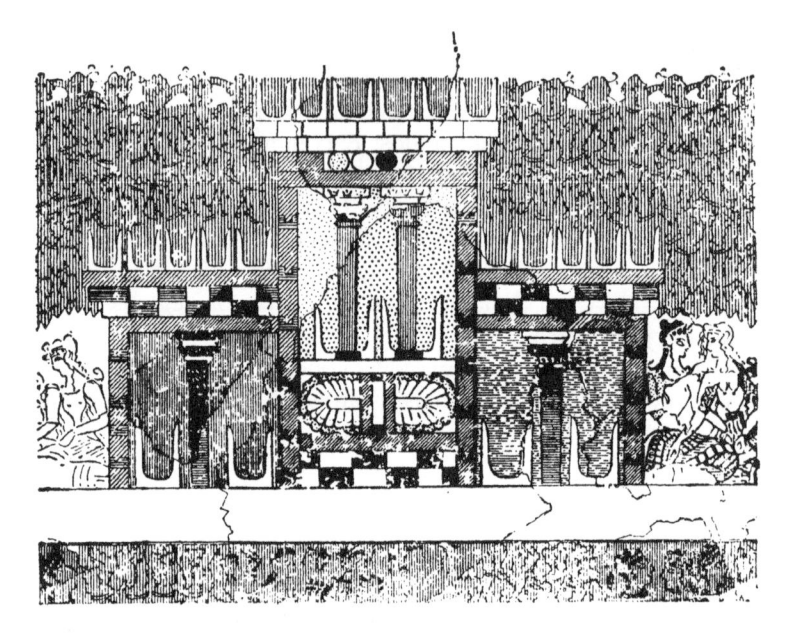

Fig. 6. Afresco em miniatura de Cnosso mostrando um santuário colunar

das das construções tumulares em forma de colméia de Micenas podem indicar-nos algo. A Fig. 6 mostra um dos mais importantes afrescos de Cnosso, a representação de um santuário por ocasião de uma cerimônia religiosa. Há claros indícios de que em Cnosso um santuário muito semelhante, assinalado nas Figs. 2*a* e 3, dava para o centro da parte ocidental do Pátio Central. O santuário tinha cerca de 5 m de largura e diferia daquele representado no afresco sobretudo no sentido de que enquanto no afresco o compartimento central elevado contém duas colunas e cada ala uma única coluna, no exemplo em pauta a disposição é inversa. Cumpre observar que o templo, no sentido que teria para os gregos posteriores, é desconhecido na arquitetura minóica[10]. Do ponto de vista arquitetônico, duas particularidades do afresco pedem uma observação especial: a forma das colunas, que certamente eram em madeira, e o ornamento que se vê abaixo do par central. O ornamento será discutido no capítulo seguinte quando tratarmos de Tirinto[11]. As colunas têm sido alvo de grande controvérsia, mas hoje se tem por certo que diversas colunas minóicas e micênicas, embora não todas, adelgavam-se como pernas de mesa, no sentido do capitel à base, numa inversão da prática clássica: o testemunho de algumas ruínas carbonizadas de colunas originais é por demais incerto para ser aproveitado, mas aquele dos afrescos, relevos e modelos em miniatura é conclusivo. O grau de adelgamento, todavia, tem sido exagerado por muitos escritores, quando, na verdade, era sempre suave. As meias colunas em mármore verde do "Tesouro de Atreu"[12] em Micenas podem agora ser estudadas livremente na reconstituição existente no Museu Britânico (Lâm. I*a*), que incorpora diversos fragmentos originais. Os capitéis lembram aqueles que se vêem nos afrescos e outras representações do mesmo período. Em geral esses capitéis são rematados por um bloco retangular, semelhante ao ábaco dórico[13], e contêm no mínimo uma grande moldura convexa em sua parte inferior. O ábaco habitualmente está separado desta por uma moldura côncava e pode haver outras molduras, tanto convexas quanto côncavas. É difícil duvidar da existência de um vínculo real entre essas colunas e aquelas do período dórico primitivo, especialmente quando observamos que os diversos métodos de decorar seus fustes incluem as caneluras, por vezes convexas, mas por vezes côncavas, como nos tipos clássicos. As meias colunas que ladeiam a entrada do "Túmulo de Clitemnestra" em Micenas contêm treze caneluras côncavas, o que significa vinte e seis em uma coluna livre; uma coluna de marfim em miniatura proveniente de Micenas apresenta vinte e quatro caneluras. Nas obras do período clássico, vinte e quatro é a regra no estilo jônico e também ocorre no dórico. Há outras formas de coluna representadas nas obras de arte minóicas: particularmente notáveis são aquelas que se vêem no "Vaso dos Pugilistas" de Hágia Triada, em esteatita (Fig. 7) e em outros objetos cretenses, que apresentavam um adelgamento no sentido ascendente e um curioso elemento de remate não compreendido completamente. Afora em algumas lâmpadas, pouco encontramos em Creta que possa lembrar os tipos egípcios de colunas. Há diversos fragmentos de cornijas de pedra de formação escalonada, como que exageradas arquitraves jônicas[14], o que parece ter sido uma caracte-

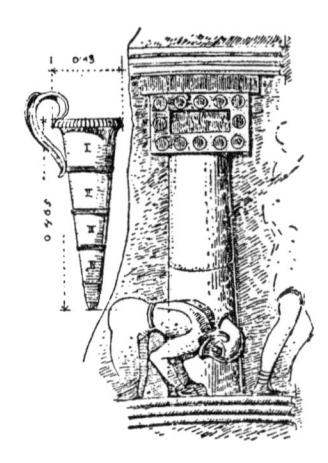

Fig. 7. "Vaso dos Pugilistas" de Hagia Triada, Creta, com detalhe em escala maior. (Extraído de *Handbuch der Architektur*, Vol. I, J. M. Gebhardt's Verlag, Leipzig, Alemanha)

rística típica. No que se refere às coberturas, a maior parte dos testemunhos indica a existência de terraços planos, como nas residências particulares a serem descritas agora, embora algumas jóias e túmulos sugiram que o telhado de duas águas não era desconhecido.

As plantas das moradias particulares cretenses apresentam grandes variações e há poucos testemunhos diretos quanto a seu aspecto externo; nesse sentido, porém, um documento histórico singular, encontrado em Cnosso, nos fornece uma noção clara. O documento, do qual dois exemplares são reproduzidos na Fig. 8 consiste em um certo número de pequenas placas de porcelana originalmente encaixadas em uma estrutura de madeira, talvez o tampo de uma caixa. Algumas representam água, vegetação, bodes, bois e figuras humanas cretenses e negras; a maioria são casas e torres, algumas vistas dos fundos, e o conjunto da cena representava uma cidade costeira fortificada, talvez durante um cerco. A data é o M.M.II e o desenho lembra aquele de um vaso posterior em prata encontrado em Micenas. As casas têm um aspecto estranhamente moderno. Portas e janelas são mostradas claramente e a coloração escarlate de algumas destas talvez represen-

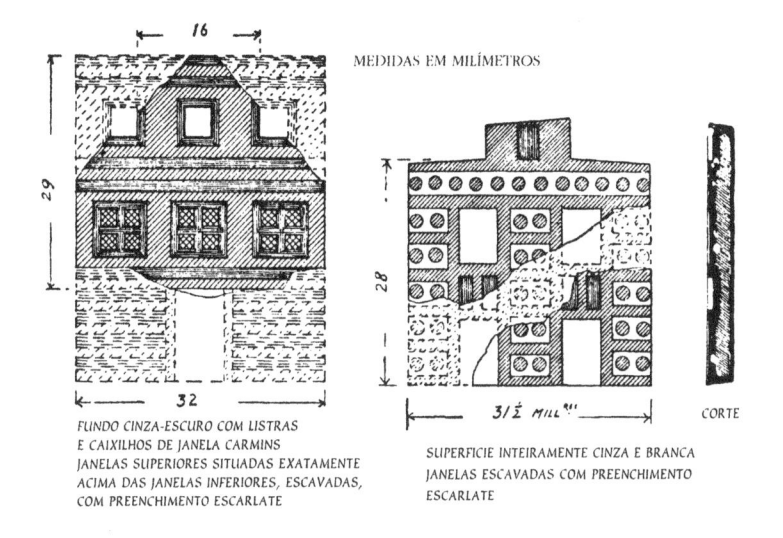

Fig. 8. Reconstituição em desenhos das Fachadas em Faiança de Cnosso.
(Extraído de Evans, *The Palace of Minos*, I, Fig. 24)

te a presença de persianas pintadas. Algumas paredes exibem grandes blocos de alvenaria encaixados, outras, pontas de vigas, nuas ou pintadas. As coberturas são do tipo terraço, embora algumas sejam ligeiramente curvas; muitas delas abrigam cubículos salientes, talvez aberturas para entrada de luz no topo de poços de iluminação.

Podemos observar, por fim, que os construtores cretenses, a exemplo dos pintores cretenses, eram engenhosos, extravagantes e imaginativos. Excelentes engenheiros sanitários, familiarizados com todos os artifícios de seu ofício, sempre prontos a substituir o cascalho, revestido com estuque ou verniz, por pedras sólidas, onde a segurança o permitia, eles nos surpreendem por sua modernidade, e mesmo por sua vulgaridade[15].

Não dispomos de espaço para discorrer aqui sobre a arquitetura pré-histórica das demais ilhas. Ela se assemelha à de Creta, muito embora se verifiquem influências continentais já no M.M., particularmente em Melos. Mas o salão do tipo mégaron[16] em sua configuração plena surge pela primeira vez em Melos, ao fim do M.R., provavelmente como uma importação do continente. É duvidoso que tenha chegado a criar raízes em Creta. Antes de passarmos à Grécia propriamente dita, porém, é preciso dizer uma palavra sobre Tróia, que se erguia na colina da localidade de Hissarlik, a sudeste da extremidade mediterrânea do Helesponto. A colina contém as ruínas de nove assentamentos sobrepostos, a mais antiga das quais data da Idade do Bronze e a mais recente é a Ílion de Augusto. De maior importância para nós são a segunda, que aparentemente foi destruída por volta do início do M.M.II, e a sexta, contemporânea ao M.R.III. Tróia mantinha

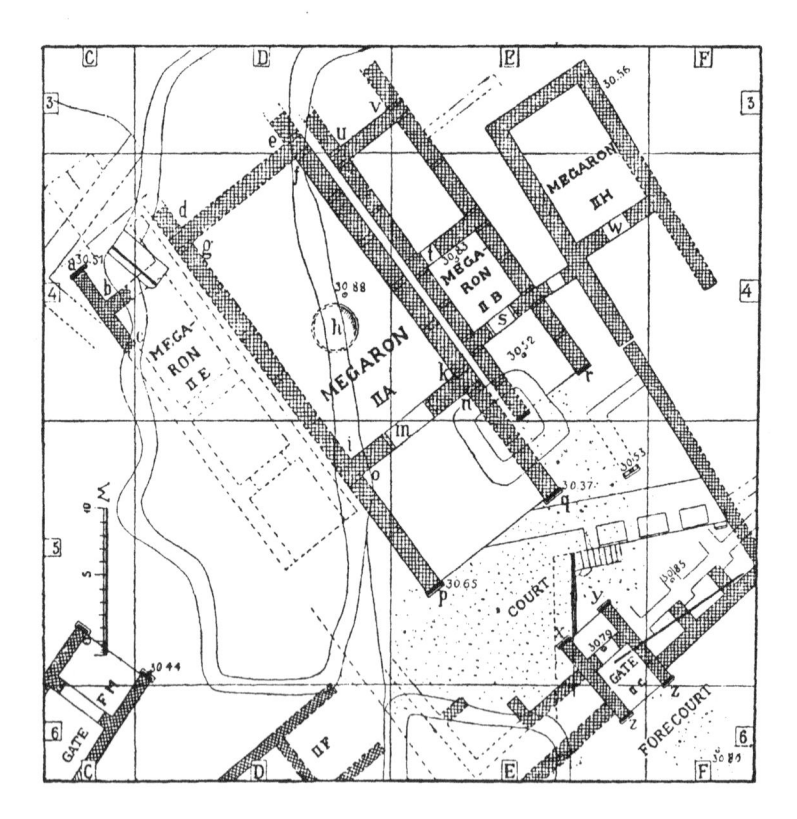

Fig. 9. Parte da Segunda Cidade de Tróia (escala em metros no quadrado C-5: alturas em metros acima do nível do mar)

amplos contatos exteriores, via marítima e terrestre, com a Europa e a Ásia, e é curioso encontrar aqui, na primeira e na segunda cidades, nítidos exemplos do salão do tipo mégaron. A planta da Fig. 9 mostra as principais construções da segunda cidade, isoladas do resto. Os mégarons, especialmente o maior, II*A*, de aproximadamente 10 m de largura e talvez cerca de 20 m de comprimento, se assemelha de perto àqueles dos palácios da Argólida: consistem em salões retangulares, com lareiras centrais, cujo acesso se dá por um pórtico aberto através de uma única porta, podendo existir também uma ante-sala, como em II*B*. Os falsos pórticos de pouca profundidade na parte posterior desses mégarons troianos destinavam-se provavelmente a proteger a parede dos fundos e não parece ter relação alguma com o opistódomo clássico[17]. Na segunda cidade utilizavam-se colunas de madeira apoiadas em bases de pedra. As extremidades das paredes laterais dos pórticos eram revestidas de madeira, visando à proteção de suas partes superiores, que eram de tijolo seco ao sol. Esses protótipos em madeira das antas clássicas[18] tornam a aparecer em Tirinto e Micenas, bem como no primitivo templo dórico de Hera em Olímpia. Outra característica comum à segunda cidade de Tróia, Tirinto e a Grécia clássica é o tipo de portal defensivo ou propileu[19] (II*C* na Fig. 9) nas paredes internas; os portões externos (*FM*, por exemplo) são semelhantes, mas abrigam uma câmera interna entre os pórticos.

A sexta cidade foi a predecessora imediata da Tróia de Homero, em grande parte reconstruída a partir de suas ruínas após destruição por um terremoto, pouco antes de 1.300 a.C. Essa cidade homérica ("VII*a*") seria incendiada um século mais tarde. Apenas o anel externo dessas duas cidades subsiste, pois os engenheiros romanos, como o mostra a Fig. 10, ao procurarem espaço para a implantação de uma arquitetura majestosa, aplainaram por completo o topo da colina; e ao honrar o berço de sua raça, por um estranho acaso, Augusto apagou para sempre as ruínas do palácio de Príamo, o que impediria a Schliemann, portanto, encontrar a legítima cidade homérica, que erroneamente o arqueólogo identificou com o segundo assentamento. A sexta cidade era uma maravilha: sua alvenaria tinha um acabamento excepcio-

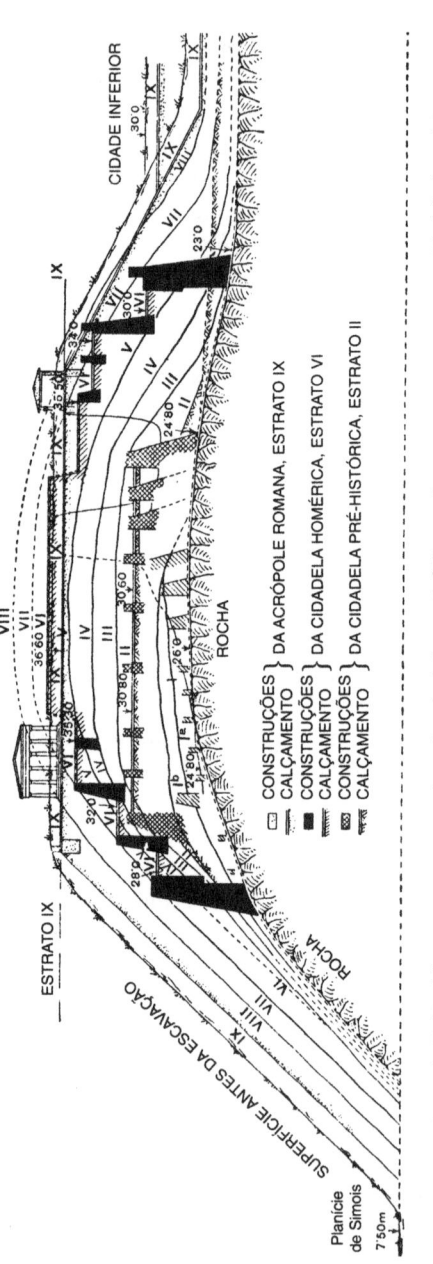

Fig. 10. Corte de Tróia (alturas em metros acima do nível do mar). [Blegen demonstrou agora que a cidadela homérica não corresponde ao Estrato VI, mas sim ao Estrato VIIa: ver **23** e Cap. II, n.c.]

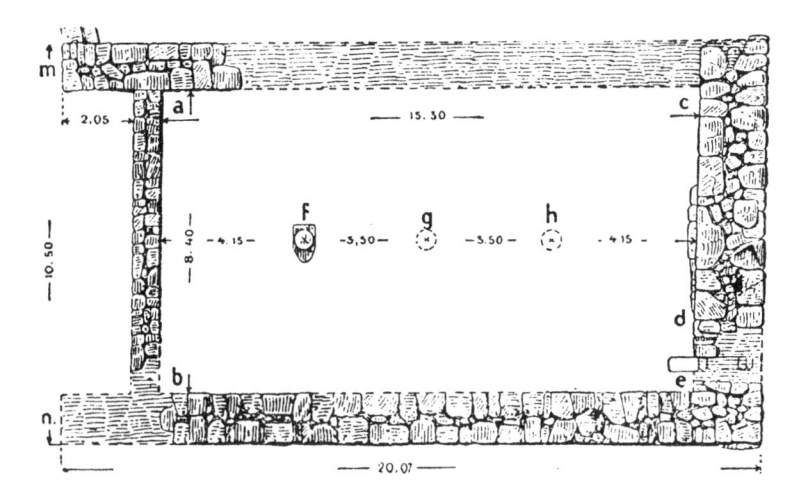

Fig. 11. "Construção C" na Sexta Cidade de Tróia (medidas em metros)

nal, enquanto seus muros e torres eram sólidos e habilmente projetados. A cidade foi construída em terraços concêntricos. Dentre as construções remanescentes, uma das mais impressionantes é a VI*C* (Fig. 11), um edifício cuja planta obedece a forma de um mégaron, com um pórtico de profundidade muito reduzida. Encontrou-se no lugar, na sala principal, uma base de coluna de pedra, que aparentemente integrava um conjunto de três ao longo do eixo central. Suas dimensões externas são de aproximadamente 10,30 m por 20 m[20].

Quando nos voltamos para a Grécia propriamente dita, encontramos uma série de estilos arquitetônicos pré-históricos bastante diversos daqueles de Creta. O neolítico se prolongou até um período tardio, especialmente no norte: a cultura da Primeira Idade Heládica do Bronze guardava afinidades com as ilhas Cíclades e Creta, e difundiu-se a partir do sul; nenhuma irresistível influência cretense atingiu o continente, todavia, até o período Heládico Médio, nem viria esta a conhecer um apogeu antes do Heládico Recente ou Era Micênica. Não é de surpreender, portanto, que encontremos nos palácios do Heládico Recente de Tirinto e Micenas importantes elementos não derivados de Creta.

As mais antigas construções encontradas na Grécia até o presente exibem uma grande variedade de formas. Uma camada estratificada do início da Idade do Bronze em Orcômeno, na Beócia, continha habitações circulares cuja parte inferior era de pedra, mas que aparentemente eram coroadas por pseudocúpulas convergentes de tijolo seco ao sol: algumas construções tinham uma largura interna de aproximadamente 6 m. Temos conhecimento de outras habitações primitivas circulares e, no período Heládico Primitivo, um misterioso edifício circular de construção elaborada, talvez um palácio, foi erguido no pináculo da acrópole de Tirinto, com um diâmetro externo de aproximadamente 27 m[21]. Aparentemente as construções circulares foram também reproduzidas em diversos vasos pré-históricos, embora seja arriscado extrair conclusões definitivas desse tipo de material.

Os túmulos da Era Micênica em forma de colméia serão discutidos no capítulo seguinte[22].

Também encontramos em várias regiões da Grécia, incluindo Olímpia e a acrópole de Tirinto[23], habitações curvilíneas na forma de uma pequena "ferradura" ou um "grampo de cabelo" alongado, com uma extremidade retilínea. Poucas, se houve alguma, são anteriores ao H.M. ou ao H.R. Algumas apresentam lados retilíneos com uma abside curvilínea, do tipo que persistiu até o período clássico. Em Orcômeno, essas habitações se localizam em um estrato entre construções circulares e retilíneas, mas a tentadora conclusão de que tal seqüência significa uma evolução local por certo é equivocada. As habitações retilíneas primitivas exibem uma grande variedade de plantas. O tipo mais interessante, encontrado preponderantemente na Tessália (Fig. 12) é uma variante do mégaron; os exemplares remanescentes são provavelmente posteriores àqueles de Tróia II, mas pertencem a uma cultura bem mais primitiva. Diferem do tipo troiano sobretudo pelo freqüente acréscimo de um ambiente interno atrás do salão principal e pelo fato de as lareiras amiúde não se localizarem no centro. Por vezes eram empregados mourões ou colunas de madeira nos pórticos e no interior, que não se apoiavam em discos de pedra, como nas construções minóicas e micênicas, mas eram encravados no solo como estacas. Tanto a origem como a influên-

CRETA MINÓICA, TRÓIA E GRÉCIA PRÉ-MICÊNICA   31

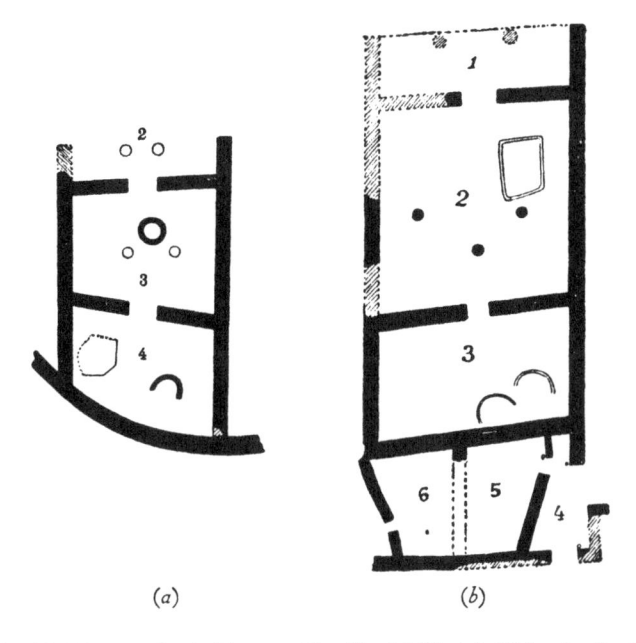

Fig. 12. "Megarons" primitivos em Tessália: (*a*) Dimini, (*b*) Sesclo. Em (*a*), sustentado por uma parede curvilínea, o salão 3 mede 6,35 m de largura, e seu comprimento varia de 4,20 m a 5,50 m: em (*b*) o salão 2 mede 8,25 m × 8,50 m

cia desses diferentes tipos deram margem a uma infinidade de especulações. No entender de Bulle[24] a forma da ferradura teria propiciado a passagem da forma curvilínea para a retilínea; Leroux[25] via na ferradura a origem da forma retilínea, mas considerava que a primeira originara-se não da cabana circular, mas da caverna com entrada protegida. Boethius[26] estabeleceu uma relação entre a ferradura e o guarda-fogo semicircular de galhos, ainda utilizado pelos selvagens e presente na Europa setentrional no período neolítico; considerava a forma retilínea essencialmente relacionada à madeira e que provavelmente teria se desenvolvido nas grandes florestas da Europa central. A planta do mégaron em sua configuração desenvolvida certamente já era conhecida na região báltica num período tão remoto como o fim da Idade do Bronze, e parece no mínimo provável que o salão do tipo mégaron tenha chegado igualmente à Grécia e a Tróia oriundo do norte[27] e se mantido, em Tirinto e Micenas, em oposição às tradições meridionais de Creta. O capítulo seguinte enfocará os grandes monumentos da Era Micênica.

CAPÍTULO III
Grécia micênica e arquitetura homérica

Pode-se admitir que o Período Micênico, ou Heládico Recente, tem início, assim como o Período Minóico Recente de Creta, aproximadamente em 1.600 a.C. Parece que, por essa data, dinastias poderosas já haviam despontado num grande número de cidades da Argólida e da Beócia; provavelmente, elas controlavam entre si a maior parte da região central e meridional da Grécia. A cultura dessas cidades assemelhava-se tão de perto de Creta que alguns estudiosos postulam a conquista e colonização cretenses. Tirinto e Micenas já eram lugares florescentes no período H.M., mas as ruínas de seus palácios datam quase exclusivamente do H.R., e pouco nos ocuparemos aqui com qualquer coisa anterior.

A grande fortaleza na colina de Micenas merece a primazia. Era a residência de Agamêmnon e o coração da confederação aquéia, e foi ali, em 1876, que os esforços de Schliemann se viram recompensados à altura pela primeira vez. A fortaleza não era uma cidade mas uma praça-forte: a residência real e a sede administrativa. O palácio posterior, erguido no início do H.R.III, jaz, como seu predecessor, no topo da colina, em uma série de terraços concêntricos. A ala residencial, no ponto mais elevado, foi quase destruída; pouco mais abaixo encontra-se um pátio aproximadamente quadrado que dava para diversos ambientes, incluindo o grande mégaron, ao qual voltaremos oportunamente.

Os acessos a esse pátio incluíam uma elegante escadaria em dois lances. O palácio continha alguns elementos flagrantemente cretenses, como pórticos de entrada com colunas centrais únicas e pilares retangulares nos subsolos. A extensa muralha de fortificação, que contorna a colina, e inclui o fortemente protegido Portão dos Leões, guarnecido de um "triângulo de descarga"[1] preenchido com uma lage entalhada acima do lintel, era contemporânea do palácio posterior, e os construtores se esmeraram para não destruir os célebres poços funerários pertencentes a uma dinastia anterior. É provável que o "Tesouro de Atreu" fosse o túmulo do rei que fez erguer essas fortificações; esses túmulos em forma de colméia, todavia, serão descritos mais adiante[2].

Tirinto está mais preservado e se presta melhor a uma abordagem detalhada aqui[3]. Uma cidadela real, assim como Micenas, está situada em um extenso cume de pedra calcária, artificialmente nivelado em três terraços. O palácio propriamente dito (Fig. 13) ocupava o terraço mais elevado, na direção sul. Na forma em que chegou até nós é preponderamente contemporâneo do palácio posterior de Micenas e, muito embora consideráveis vestígios de um palácio anterior tenham sido descobertos[4], tampouco este datava de um período mais antigo que o H.R.

Em seu estágio final, toda a extensão do cume era altamente fortificada e a muralha (se ignorarmos alguns pequenos postigos) era vazada em um único ponto, uma abertura estreita (α) ao leste. O acesso a essa abertura dava-se por uma longa rampa (Δ) dominada pela muralha da fortaleza e o indivíduo que transpunha a abertura ainda estava longe do núcleo do palácio. Para ganhar o terraço superior, ele deveria percorrer uma passagem de 9 m de largura entre os muros externo e interno, e bloqueada a certa altura por uma porta fortificada (Θ) semelhante à Porta dos Leões em Micenas. Em *e*, ele deveria atravessar um portal de madeira. Ao fim dessa passagem, ele ingressaria em um pequeno pátio e ainda estaria isolado por dois grandes portais, o Propilon Externo e o Interno (*h* e *k*), do verdadeiro pátio interno do palácio. Esses Propilons merecem atenção, pois são do tipo clássico familiar – dois pórticos abertos, cada qual com duas colunas e projetando-se externa e internamente da parede que abriga o

Fig. 13. Planta de Tirinto

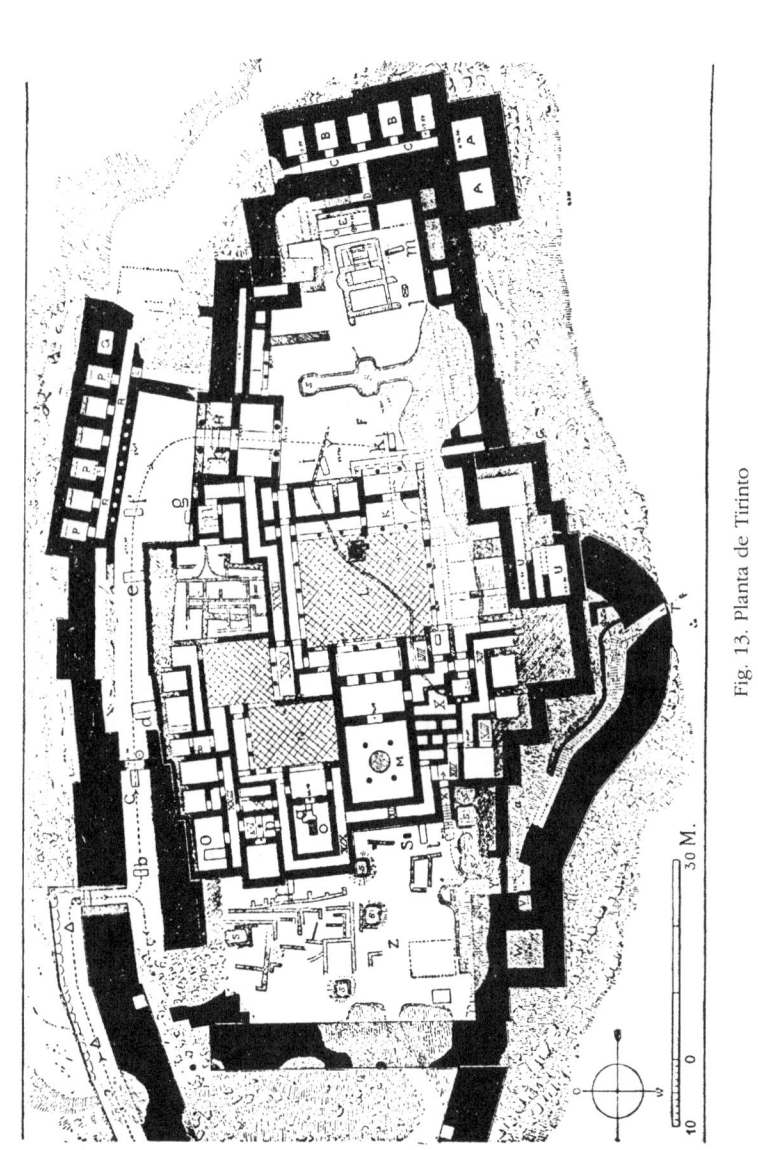

portal propriamente dito. Já se tem um prenúncio desse tipo em Tróia e no Propileu Sul de Cnosso, já descrito[5]. Em Tirinto, como em todas as edificações minóicas e micênicas, todas as colunas eram de madeira e apoiavam-se em discos de pedra elevados. Nem sempre os acessos haviam sido tão elaborados: no antigo palácio, o Propilon Externo era a porta que permitia a passagem direta através das fortificações, além de ser, então, tal como o indica a Fig. 13, bem mais maciço do que em sua versão posterior; nesse tempo, além disso, as fortificações restringiam-se ao terraço superior. O elaborado sistema de passagens e depósitos encobertos no interior das paredes também pertence ao palácio posterior.

O palácio divide-se em dois blocos distintos, apenas interligados por algumas passagens facilmente obstruídas. O primeiro pátio, que media cerca de 16 m x 20 m, era praticamente cercado por colunatas e abrigava um vasto mégaron (M). O desenho do palácio primitivo era muito diferente e não incluía um mégaron neste ponto. A ala interna, possivelmente reservada às mulheres, tinha dois pátios menores, um dos quais abrigava um mégaron menor (O). Esses dois mégarons formam, juntamente com aquele de Micenas, os mais notáveis exemplares conhecidos de seu tipo. O mégaron maior de Tirinto e o de Micenas contêm, ambos, uma antecâmara entre o pórtico e a sala principal. Em Tirinto, essa antecâmara estava separada do pórtico por pilares de madeira que determinavam três aberturas, cada uma das quais podia ser vedada por portas de madeira, enquanto uma única abertura, com aproximadamente 2 m de largura, vedada apenas por um cortinado, interligava a antecâmara com a sala principal, que media aproximadamente 9,5 m x 12 m. As partes superiores das paredes dos mégarons eram construídas em tijolos secos ao sol e sua superfície interna revestida inteiramente com estuque e decorada com afrescos. Os pisos eram de concreto, elaboradamente ornamentados, e todos os mégarons continham lareiras centrais. As extremidades das paredes laterais dos pórticos eram revestidas de madeira, como na Segunda Cidade de Tróia. É duvidoso se os telhados eram horizontais ou de duas águas: se horizontais, deviam ser iluminados por "lanternas". As dimensões das bases das colunas levaram à dedução de que, ao menos em Micenas, o pórtico era em dois pavimentos, a parte superior formando uma galeria. Se isto for verdadeiro, os mégarons deveriam assemelhar-se bem menos aos templos clássicos do que se poderia presumir em caso contrário. No espaçoso pátio de Tirinto, um altar circular, posteriormente tornando em quadrado, ficava em frente ao mégaron.

Em um dos lados do grande pórtico do mégaron de Tirinto encontrou-se, em sentido longitudinal, uma curiosa sucessão de sete blocos interligados de alabastro (Fig. 14), decorados de massa vítrea azul. Aparentemente, esses blocos apoiavam-se em uma viga encaixada em uma abertura entre o piso de concreto e a parede, e teriam sustentado um banco de madeira. Sem dúvida haveria um conjunto correspondente no lado oposto, mas ali uma estrutura posterior determinou sua remoção[6]. Sua semelhança com os tríglifos e métopas dóricos[7] é bastante notável; quatro dos blocos – os "tríglifos" – são oblongos em sentido vertical; as "métopas" são de mesma altura porém mais largas, e estão afixadas recuadamente com relação aos "tríglifos" nos quais estão encaixados. Os blocos são ornamentados com duas meias rosetas alongadas e com motivos internos, que se encontram sem se interceptarem. Há em outras partes, esquemas decorativos semelhantes, por exemplo no afresco de Cnosso já descrito (Fig. 6), abaixo de uma coluna, e num dado pintado no pátio e no pórtico do mégaron no palácio de Micenas; mas também foi empregado acima de colunas, como na fachada do "Tesouro de Atreu"[8], em um santuário de ouro em miniatura de Micenas e provavelmente em alguns exemplos de Cnosso[9]. Por vezes, a unidade decorativa é um "tríglifo" ladeado por duas meias "métopas", como em uma peça em massa vítrea de Menide, reproduzida na Fig. 14, mas, por vezes, a métopa forma uma unidade, como no santuário de ouro recém-mencionado, e em um fragmento de pintura mural de Orcômeno. Nesses exemplos, os "tríglifos" são decorados de diversas maneiras: alguns daqueles representados nos afrescos são quase seguramente em madeira. Essa variedade quanto à forma e posição é característica da liberdade que marca a decoração arquitetônica minóica e micênica. Não existe, até

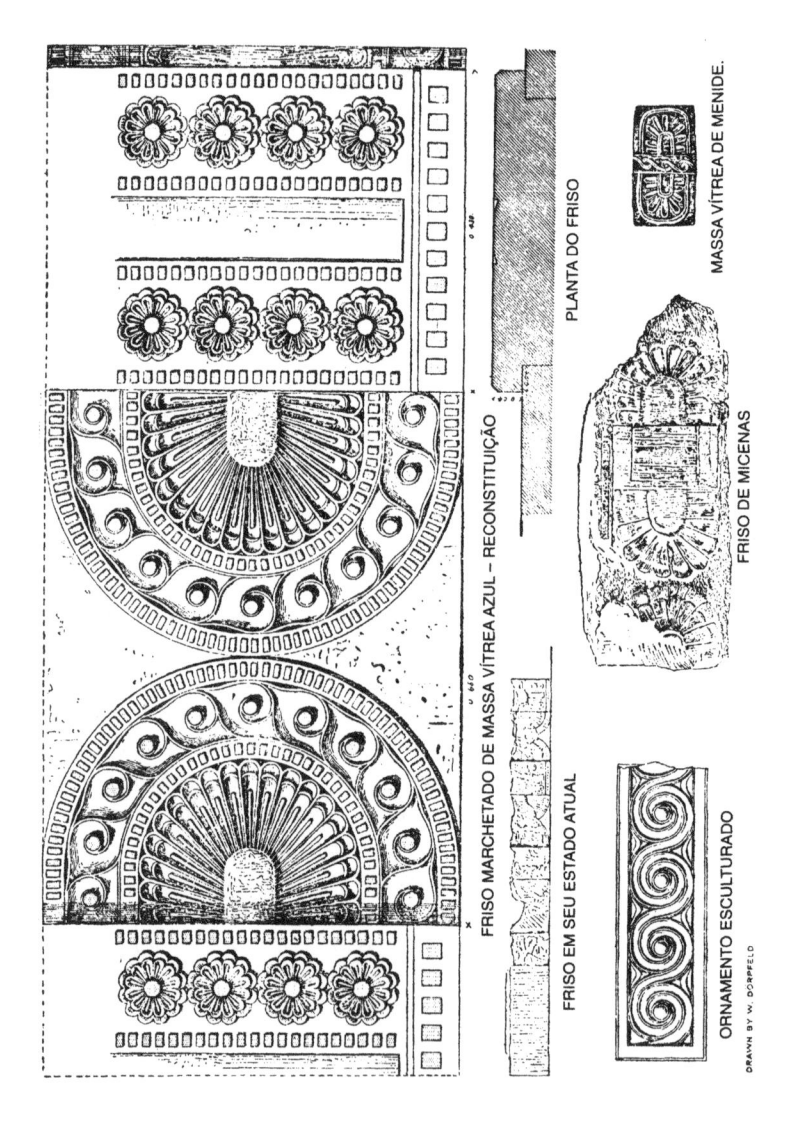

Fig. 14. Friso em alabastro do Grande Mégaron, Tirinto, com outros fragmentos; na reconstituição do friso em alabastro foram omitidas as partes superiores dos "tríglifos", em razão, unicamente, do desaparecimento da camada superficial

o momento, testemunho algum que comprove ser o friso dórico derivado desse antigo esquema ornamental, e a posição dos tríglifos dóricos aparentemente tem sua origem no método de construções, muito embora não seja impossível que as duas formas guardem algum vínculo histórico legítimo.

Dentre os ambientes menores de Tirinto, o de maior interesse é a sala de banhos, situada entre X e XII na Fig. 13. Seu piso consistia de um único bloco de calcário de vinte toneladas, com uma extremidade elevada e um suave declive na direção de um escoadouro situado em uma das quinas. O ambiente era revestido com painéis de madeira e os banhistas se utilizavam de banheiras de terracota.

Cumpre-nos considerar ainda os túmulos circulares em forma de colméia, ou tholos, as mais impressionantes dentre todas as ruínas da Grécia pré-histórica. São poucas as estruturas antigas comparáveis a eles em escala que permitem avaliar seu efeito interior. Constituem apenas um tipo dentre muitos, mas o espaço de que dispomos não permite uma discussão abrangente dos túmulos pré-históricos. Em Creta, determinadas necrópoles, em sua maior parte localizadas na planície de Messara, nas proximidades de Festo, se assemelhavam, na planta, aos túmulos do tipo tholos, mas eram construídos de maneira rudimentar e deveriam ser dotados de coberturas horizontais; não eram subterrâneos, muito embora a terra formasse montículos perto das fiadas inferiores; o acesso às entradas, emoldurado por três pedras, dava-se através de uma antecâmara dentro do solo. Datam eles do M.P. ou dos primórdios do M.M. e é incerto seu vínculo com os *tholoi* do continente. O Túmulo Real em Isopata, Creta, datado do M.M.III, tem planta retangular, com suas paredes mais longas convergindo como as laterais de um arco gótico, muito embora sem a adoção do princípio do arco. Os exemplares micênicos, o mais célebre dos quais é o "Tesouro de Atreu" (Fig. 15), provavelmente pertencem ao H.R.II e III[10]. Muitos foram escavados nos últimos anos, incluindo um em Orcômeno, na Beócia, visitado e muito admirado por Pausânias[11].

Os *tholoi* do continente eram seguramente túmulos da realeza e é pouco provável que mais de um, em média, fosse erguido para uma mesma dinastia em uma mesma geração. Em Micenas, aqueles do grupo mais antigo são de calcário bruto. Em seguida vem um grupo erguido em cantaria de calcário, com elementos de conglomerados mais rijos que não são, todavia, cortados com serra; é nesse grupo que aparecem, pela primeira vez, os "triângulos de descarga" por sobre os lintéis. O último grupo inclui o "Tesouro de Atreu". Esses túmulos mais recentes são construídos em cantaria de conglomerado talhada com serra. Na totalidade dos casos, a parte principal da sepultura era escavada em uma encosta, com o relevo original coincidindo aproximadamente com os lintéis das portas, que deviam ser arrastados encosta acima até sua posição exata. No último grupo enormes blocos eram utilizados; calculou-se que o peso do lintel interno do "Tesouro de Atreu", ainda hoje no lugar, ultrapassa uma centena de toneladas. Os topos das "cúpulas", construídas inteiramente em fiadas horizontais sobrepostas, com suas faces lavradas na curvatura apropriada, eram edificados a céu aberto, mas posteriormente cobertos com terra. O acesso às portas dava-se por um estreito "dromos", ou passagem, escavado na encosta.

A Fig. 15 apresenta um corte e a planta do "Tesouro de Atreu", que se explicam por si mesmos. O diâmetro interno da sala circular é de aproximadamente 14,5 m e a altura de aproximadamente 13 m. A câmara lateral provavelmente teria sido utilizada para abrigar os restos mortais mais antigos, desalojados por novos sepultamentos na sala circular. Tais câmaras não são comuns, embora um túmulo encontrado na Argólida, em Ásina, tenha mais de uma. As fachadas desse período eram decoradas de forma muito elaborada. A porta do "Tesouro de Atreu" era ladeada por meias colunas[12] de mármore verde (Lâm. I*a*), com suas partes superiores revestidas com placas de mármore vermelho, entalhadas com uma variedade de ornamentos incluindo rosetas, representações de pontas de vigas e o esquema "tríglifo-métopa"[13]. O triângulo de descarga acima do lintel seguramente era preenchido, como aquele do Portal dos Leões, por um placa leve entalhada, neste caso de mármore vermelho, embora as ruínas da fachada como um todo sejam por demais escassos para permitir qualquer reconstituição geral[14].

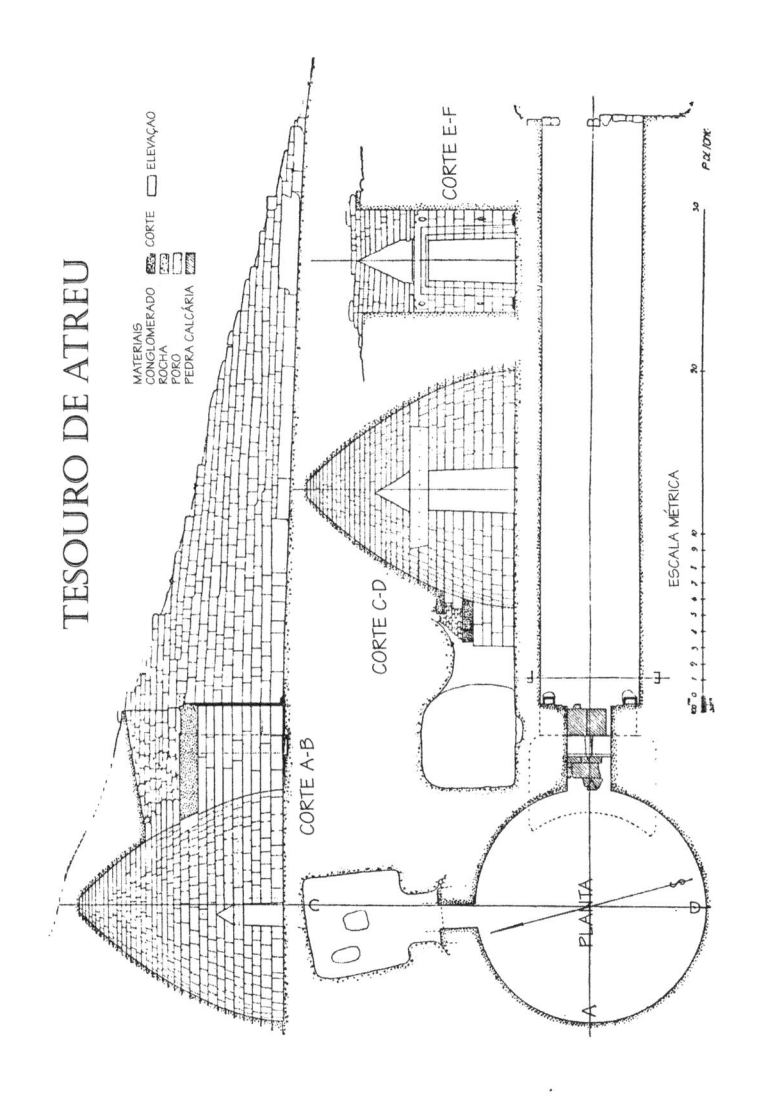

Fig. 15. "Tesouro de Atreu", Micenas

42. ARQUITETURA GREGA E ROMANA

Dentre os outros incontáveis sítios micênicos, um dos mais impressionantes é a fortaleza de Gla, na Beócia, que se ergue em um cume rochoso nas imediações da parte oriental do lago Copais. Era normalmente uma ilha, mas parece seguro que, nos tempos micênicos, tal como hoje, o lago tenha sido drenado artificialmente. A fortaleza era mais uma cidade do que um palácio, delimitada por uma enorme muralha. As edificações internas amontoam-se umas nas outras com vistas à resistência e defensibilidade, e não há nenhum mégaron normal. A cidade aparenta ter tido uma vida breve e um fim violento.

Antes de deixarmos a Era Micênica, devemos dizer uma palavra acerca da arquitetura mencionada na *Ilíada* e na *Odisséia*. A idéia que fazemos desta será necessariamente influenciada por nossa concepção da data e do caráter dos poemas homéricos, o que não cabe discutir aqui. Se, como parece provável, cada poema é substancialmente obra de um único poeta e ambos foram compostos na costa da Ásia Menor ou em suas imediações por volta do século IX a.C., ambos obviamente estão repletos de arcaísmos, os quais devem estender-se às suas descrições arquitetônicas. Grande parte dos leitores, todavia, terá a impressão de que em ambos os casos o poeta, ou poetas, visualizaram com grande nitidez determinados tipos arquitetônicos bem definidos. Não é fácil dizer com exatidão que tipos eram esses. A mais completa descrição possível de um edifício, quando não acompanhada por plantas, cortes e elevações, quase obrigatoriamente há de ser ambígua, e nem a *Ilíada*, nem a *Odisséia* apresentam qualquer descrição detalhada. Mesmo o palácio de Ulisses, o que é tratado de forma mais elaborada, é difícil de compreender. O poeta pressupõe uma intimidade geral com tais edifícios, emprega termos familiares em mais de uma acepção e se utiliza de diversos termos técnicos sem explicação. De modo geral, o palácio de Ulisses aparentemente se assemelhava às construções continentais do período H.R., muito embora não fosse uma fortaleza nos moldes de Tirinto ou Micenas. O palácio de Príamo, erguido em sua totalidade em pedra polida e que abrigava seus quinze filhos e doze genros, era mais grandioso, mas não podemos ter a pretensão de reconstruí-lo. À frente do palácio de Ulisses estende-se um pátio aberto ou αὐλή, cuja único portão de entrada era o meio exclusivo de comunicação entre o palácio e o mundo externo. Essa entrada era guarnecida de um pórtico e permanecia aberta durante o dia, mas podia ser fechada com portas duplas. O muro do αὐλή tinha uma crista de pedras e talvez fosse construído principalmente em tijolo seco ao sol; na parte interna do αὐλή havia barracões abertos (αἴθουσαι), e o pátio era utilizado como um terreiro de fazenda. No centro deste erguia-se um altar de Zeus Herqueu; podemos estabelecer uma comparação com o altar de Tirinto. A rústica habitação do criador de porcos Eumeu também tinha um αὐλή com chiqueiros e suas paredes eram de pedra bruta, encimadas por espinhos e reforçadas externamente com toras de carvalho: os aposentos de Aquiles durante o ataque a Tróia eram uma réplica em madeira de um palácio normal e ali o αὐλή era cercado por estacas. Mas devemos voltar a Ítaca. Opostamente ao portão externo, situa-se o μέγαρον no sentido mais estreito, mas aqui têm início nossas dificuldades. É quase indubitável que esse μέγαρον fosse um grande salão, nos moldes daqueles de Tirinto e Micenas, mas chegou-se a argumentar, sem que tal incorresse em algum conflito crasso com o texto, que se tratava de um segundo pátio, contornado por claustros. Caso se tratasse de um salão, o acesso aparentemente se dava pelo αὐλή através de uma porta nos fundos de um pórtico, e é possível que houvesse uma ante-sala. Tudo indica que ao longo de um dos lados do salão corria uma passagem (λαύρη), que interligava algumas câmaras internas, direta ou indiretamente, com o αὐλή. Em uma emergência, um homem poderia escapar do salão para o λαύρη através de um ὀρσοθύρη, aparentemente uma janela na parede do salão. A posição da ala reservada às mulheres é objeto de controvérsia. Elas podiam ficar isoladas com o trancamento de uma única porta, mas estavam muito próximas do salão: de seus aposentos, Penélope podia escutar ruídos altos vindos do salão, e algumas passagens quase sugerem que podia enxergar o que se passava ali. Havia diversas estruturas isoladas, incluindo o dormitório de Ulisses, supostamente circular, erguido em pedra ao redor de uma oliveira, que dava sustentação a seu leito, além de um θόλος inquestionavelmente circular, de função indeterminada, possivelmente idêntico ao dormitório. Determinadas passagens[15] sugerem que o salão era provido de um telhado de duas águas, tipo este que talvez esteja implícito em um símile[16] na *Ilíada*, mas os testemunhos não são conclusivos. Parte, ao menos, do telhado do palácio de Circe consistia em um terraço horizontal cujo acesso se dava por uma escadaria ou uma escada de mão[17], mas seria precipitado concluir que os dois palácios fossem de tipos fundamentalmente distintos.

Ambos os poemas fazem alusão a templos. Alguns talvez não passassem de meros santuários, como aqueles que Crise, o sacerdote, freqüentemente cobrira com festões para agradar a Apolo[18], porém outros eram nitidamente edifícios sólidos, muito embora talvez de dimensões modestas. Apenas quatro destes são mencionados, dois de Atena e dois de Apolo. Tróia possui um de cada; Atenas um de Atena; Pito a futura Delfos, um de Apolo. Aparentemente o templo ateniense fazia parte do "sólido palácio do Erecteu". O de Pito era oracular e possuía uma soleira de pedra. O templo de Atena em Tróia tinha portas que se podiam trancar e aparentemente abrigava uma imagem sentada[19]. Houve quem argumentasse que tal construção e estátua não podiam ter sido descritas antes do século VI a.C., mas trata-se de uma conclusão precipitada: podemos recordar a plataforma do antigo templo espartano[20], e a base da estátua do Templo de Ártemis, em Éfeso, que talvez pertençam ao século VII[21].

É impossível determinar até quando qualquer palácio minóico ou micênico subsistiu. Muitos sem dúvida desapareceram antes do ano 1.000 a.C. e poucos, se é que algum, podiam ser visíveis no tempo em que os mais antigos templos gregos remanescentes foram construídos, muito embora um templo dórico primitivo tenha sido construído, talvez, sobre as ruínas e ao nível do grande mégaron de Tirinto, utilizando-se de algumas de suas paredes e bases de colunas[22]. Algumas das fachadas tumulares talvez tenham subsistido, em todo caso, para influenciar os arquitetos do período arcaico.

O capítulo seguinte tratará dos vestígios arquitetônicos existentes da Idade das Trevas que se seguiu ao ocaso da civilização micênica.

CAPÍTULO IV

A idade das trevas. Termos técnicos. Os primeiros templos

O período a ser ora considerado é o mais obscuro da história grega. A tradição é escassa e hesitante, as ruínas das construções são parcas, obscuras e difíceis de ser datadas. Irrompe no século VII a.C. uma luz vaga e já nos primórdios do VI encontramo-nos em pleno caudal das influências dóricas e jônicas. A fim de poupar espaço, por conseguinte, será conveniente empregar determinados termos técnicos simples e nos assenhorearmos de um conhecimento prévio das principais características das ordens dórica e jônica comuns. A um breve relato de algumas das principais cornijas gregas se seguirá, portanto, um estudo de plantas baixas e descrições de uma coluna e um entablamento tipicamente dóricos e tipicamente jônicos, ou seja[1], de todas as partes situadas acima dos capitéis das colunas. Tais termos técnicos serão apresentados em suas formas atuais, que são mais convenientes do que qualquer reprodução pedante dos termos originais, gregos ou latinos: o leitor encontrará, no Apêndice III, um glossário selecionado, em ordem alfabética, que contém alguns dos principais termos da Antigüidade transmitidos por fontes idôneas.

O tema das molduras, embora sobremodo importante, deve ser tratado de forma bem abreviada[2]. Falando inicialmente dos perfis: à parte o filete chato, elas podem ser divididas entre aquelas de curvatura simples e as de curvatura dupla. As primeiras incluem as molduras de seção estritamente circular, como a rodela convexa lisa e algumas molduras semicilíndricas côncavas, bem como várias outras mais sutis, por exemplo aquelas encontradas em forma convexa no equino[3] do capitel dórico e côncava e convexa nos toros e cavidades da base de coluna jônica. Entre aquelas de dupla curvatura a mais comum na prática primitiva é a gola reversa, também chamada cima reversa[4], ou gola lésbia, também chamada cima lésbia, em que a metade projetada, normalmente a superior, apresenta um contorno convexo. A gola direita, também chamada cima direita, em que a metade projetada é côncava e que termina em um estreito filete retilíneo, era o perfil usual da sima ou calha dos templos a partir do final do século V a.C., mas é incomum anteriormente. Está intimamente associada ao "bico de falcão dórico", uma moldura comum de remate presente na ordem dórica ainda no século V a.C. e na verdade constitui com freqüência uma gola direita cuja curvatura superior, côncava, está oculta por uma projeção em forma de bico[5]; provavelmente o bico de falcão tenha sido introduzido nas calhas em terracota.

A maior parte dessas molduras tem seus ornamentos peculiares, quer apenas pintados, como usualmente na ordem dórica, quer também entalhados, como de hábito na jônica. A rodela[6] é decorada com o motivo da conta de rosário e, quando ornada assim, freqüentemente recebe o nome de astrágalo: o perfil do tipo "equino" ou "óvalo" é decorado com o motivo "óvalo-e-dardo"; a gola reversa é decorada com o motivo "folha-e-dardo" em forma de coração; o bico de falcão dórico é ornado com um simples padrão de folhas; as superfícies em gola direita e chatas ou ligeiramente côncavas são decoradas com lótus e palmetas, ou volutas de folhagem. Tanto o padrão óvalo-e-dardo como o de contas de rosário parecem ter origem em padrões folhados.

Todas essas molduras e ornatos estão representados em diversas ilustrações do presente livro. A Fig. 41 reproduz uma gola reversa primitiva, no padrão folha-e-dardo arcaico, presente no equino e no ábaco do capitel com motivo de roseta do templo efésio de Ártemis. O capitel em voluta do mesmo templo, apresentado na Fig. 40, ilustra o padrão arcaico óvalo-e-dardo. Formas não-áticas ligeiramente posteriores de ambas as molduras

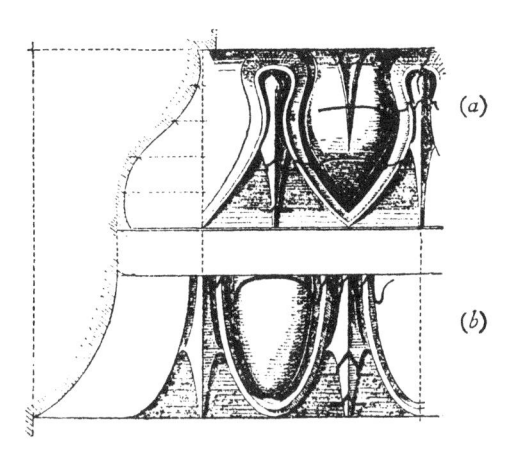

Fig. 16. (*a*) Folha-e-dardo; (*b*) óvalo-e-dardo, ambos do Erecteu (Extraído do *Handbuch der Architektur*, Vol. I. J. M. Gebhardt's Verlag, Leipzig, Alemanha)

são apresentadas na fachada reconstituída do Tesouro de Sifno, na Lâm. III*a* e naquela do Tesouro de Massália (?), na Fig. 46. A forma ática da gola reversa no século V, com um arqueamento convexo em forma oval nas laterais das folhas que compõem o padrão folha-e-dardo, está reproduzida na Fig. 16, do Erecteu, que também ilustra o padrão óvalo-e-dardo do século V. Essa modalidade arqueada do padrão folha-e-dardo não foi adotada na Ásia Menor; o tipo não-ático do século IV está reproduzido nas Figs. 18 e 19, no ábaco dos capitéis jônicos do templo de Atena Pólia em Priene; o equino desses capitéis e as molduras acima e abaixo dos dentículos são alguns dos vários exemplos do padrão óvalo-e-dardo não-ático do século IV. A sima ou calha da Fig. 19 ilustra a forma da gola direita. Os diversos estágios no desenvolvimento do padrão conta de rosário também podem ser contemplados nessa e em muitas outras ilustrações. O bico de falcão dórico pode ser visto como a moldura de remate, abaixo da calha, da cornija oblíqua do templo de Zeus em Olímpia, na Fig. 17.

No tocante às plantas baixas, pouco se tem a dizer aqui em antecipação à narrativa geral. O termo "cela" é aplicado quer ao conjunto do templo com exceção da colunata externa que o circunda, quer, num sentido mais restrito, a seu ambiente principal.

O pórtico ou ante-sala recebe o nome de pronaos e via de regra é aberto, caso este em que suas paredes laterais normalmente terminam em pilastras retangulares denominadas antas, de formas variadas e interessantes. As molduras de seus capitéis raramente apresentam grande semelhança com aquelas das colunas. Os capitéis das antas dóricas normalmente são rematadas com uma moldura em bico de falcão; na ordem jônica as molduras são, com freqüência, bastante elaboradas e ricas. Se o pórtico tem colunas, estas podem estar situadas quer entre as antas, quando são denominados *in antis*, quer diante delas, em arranjos diversos, ocasião em que são chamadas prostilas*. No caso de existência de uma divisão na parte posterior da cela, pode tratar-se tanto de um ádito – um santuário interno cujo acesso se dá através da cela – quanto de um pórtico aberto, o opistódomo, uma réplica do pronaos, normalmente sem portas em sua parede dos fundos; tais pórticos falsos são raros nas construções que não apresentam uma colunada circundante, muito embora existam alguns templos duplos desprovidos de colunatas externas e que apresentam um pórtico genuíno em cada extremidade. A posição geral da colunata externa ou períptero, convenientemente denominada de pteroma, fica evidenciada nas diversas plantas baixas e ilustrações do presente livro. Suas variantes serão discutidas à medida que nos defrontarmos com exemplos concretos. Sua altura equivalia exatamente à do edifício e era coberta pelo mesmo telhado. Em todos os períodos, a presença de tais colunatas perípteras esteve restrita aos templos, muito embora algumas residências fossem ocasionalmente circundadas de pequenas colunatas externas[7].

As Figs. 17, 18 e 19 apresentam ilustrações de uma coluna e um entablamento típicamente dóricos e tipicamente jônicos. A primeira (Fig. 17) é extraída do antigo templo de Zeus, em Olímpia, datado do século V a.C.[8], construído em conglomerado local e revestido, como quase sempre o eram os templos de pedra, com um delicado estuque de mármore. Diversos traços comuns à ordem dórica e jônica serão discutidos em conexão com esta figura.

---

* O pórtico em si, ou mesmo o templo, podem ser descritos como *in antis* ou prostilo.

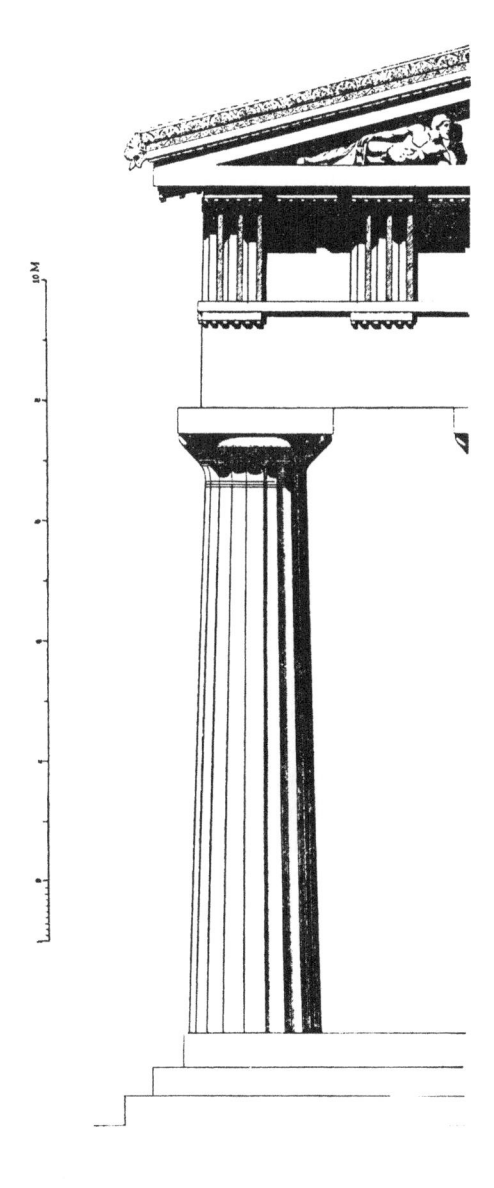

Fig. 17. Ordem dórica típica: Ângulo do Templo de Zeus em Olímpia
(reconstituição)

Acima do eutintério ou fiada de nivelamento encoberta ou precariamente visível, não reproduzida nesta ilustração e que interliga as fundações subterrâneas com a superestrutura visível, surgem três degraus, um número habitual porém não obrigatório, que, juntamente com a plataforma da qual constituem a extremidade[9], formam o crépido ou crepidoma, a base sólida de toda a estrutura. Nos grandes templos esses degraus eram demasiadamente altos para sua utilização prática, de modo que normalmente contava-se com um lance de degraus menores, com freqüência entre parapeitos[10], ou uma rampa de inclinação suave[11], ao menos junto à fachada principal do edifício. Até este ponto, não há diferença essencial alguma entre o estilo dórico e o jônico.

A coluna dórica origina-se diretamente da estilóbato, a parte externa do topo do crepidoma, desprovida de base. Seu fuste contém 20 caneluras[12], que normalmente se interceptam em extremidades bem pronunciadas ou cantos vivos, ao passo que na ordem jônica o número habitual é 24 e as concavidades quase invariavelmente são separadas por listras estreitas de superfície sem caneluras. Normalmente, como no presente caso, o fuste é composto por tambores separados aos quais eram aplicadas as caneluras depois de erguidas as colunas; as juntas aqui foram totalmente encobertas pelo estuque de mármore. A construção desses tambores será discutida no parágrafo seguinte. O fuste apresenta um adelgamento ou contractura no sentido da base para cima e esse adelgamento freqüentemente, como no presente caso, assume a forma de uma curva muito delicada, a êntase, da qual deveremos falar mais adiante[13]. Próximo ao topo do fuste é possível observar três sulcos entalhados no colarinho. Essa característica não é muito antiga e seu aspecto, no início do século VI a.C., prenuncia o abandono daquela moldura côncava na base do equino descrita abaixo. É significativo que alguns dos primeiros templos[14] tenham sido modernizados posteriormente através do duplo processo de preencher a moldura côncava com estuque e de acrescentar sulcos de colarinho. Os sulcos aparecem de início como um simples chanfro em uma face da junta entre o bloco que forma o capitel e inclui uma pequena porção do fuste – um método de construção quase invariável – e o topo do restante do fuste, tratamento este peculiar também às construções do século V, como o Partenon. Todavia, os sulcos foram freqüentemente multiplicados nos séculos VI e V: encontramo-los em número de quatro mais de uma vez no século VI, e três com freqüência no VI e no V, mesmo tão tardiamente como no templo de Apolo em Basse; dois é um número raro.

Os fustes monolíticos, em uma única peça exceto o bloco do capitel[15], são raros nas construções de grande porte, dóricas ou jônicas, entre o século VI a.C. e o período romano. As juntas entre tambor e tambor eram, de ordinário, firmemente engastadas por obra unicamente de um anel que contornava as bordas. A parte interna desse anel compreende uma superfície áspera, seguindo-se uma ligeira reentrância circular, com uma abertura profunda no centro para acomodar blocos de madeira, ou empólios, que continham as cavilhas de madeira, ou *poloi*, que interligavam os tambores. Tal sistema de engaste rígido unicamente nas bordas, chamado anatirose, era de uso corrente também nas juntas verticais e horizontais dos blocos retangulares que formavam as paredes. Os blocos de uma mesma fiada eram interligados por grampos metálicos e aqueles situados em fiadas diferentes por cavilhas metálicas, ambos normalmente de ferro batido, com a utilização também do chumbo derretido[16] para firmar tanto grampos como cavilhas no lugar. Um fino revestimento de argamassa de cal era por vezes acrescido a fim de garantir a compactação da junta. Pode-se acrescentar aqui que a construção "poligonal" – em que grandes pedras de contorno irregular eram encaixadas umas às outras com exatidão –, encontra-se principalmente nos séculos VI e V a.C., e sobretudo em muros de terraços e fortificações. O exemplo mais célebre é um muro de terraço de fins do século VI em Delfos e o mais antigo talvez o Telestério[17] de Elêusis, em seu estágio de fins do século VII, que é também um dos poucos exemplos de sua utilização em uma construção coberta. É um erro comum atribuir essa técnica difícil e onerosa à era micênica.

O capitel dórico, conforme já vimos, é quase sempre entalhado em um único bloco, que inclui uma pequena porção da parte superior do fuste até os anéis do colarinho. O capitel propriamente dito consiste em uma moldura convexa saliente, o equino, e um bloco quadrado de pequena altura, o ábaco. A parte inferior do equino é quase sempre, como no presente caso, decorada[18] com uma listra plana com concavidades horizontais entalhadas. As obras mais antigas normalmente exibem uma profunda moldura côncava na base do equino, sugestiva de tipos minóicos[19], porém essa característica desaparece por volta de meados do século VI a.C. Sobre o ábaco repousa a arquitrave ou epistilo, a principal viga em pedra ou mármore a correr de coluna a coluna; na ordem dórica a arquitrave é normalmente lisa, com faces frontais e posteriores verticais. Do ponto de vista estrutural[20], suas porções frontal e posterior consistem normalmente em blocos separados, dos quais aqueles situados na parte posterior são coletivamente denominados antitema; na parte frontal, um filete liso projetado, a tênia, forma sua extremidade superior. Acima da arquitrave vem o friso: este consiste, na parte frontal, de tríglifos e métopas alternadas, enquanto na parte posterior, que era visível, possui uma superfície lisa contínua, como aquela da arquitrave. Os tríglifos são blocos delgados, maiores na altura que na largura, divididos em três listras verticais lisas por dois entalhes completos e dois meios entalhes; os entalhes não atingem o cimo do tríglifo, que é ornado com um filete liso saliente. Abaixo de cada tríglifo, na face da arquitrave sob a tênia, encontra-se uma faixa lisa, a régua, de mesma largura que o tríglifo; da parte inferior da régua pendem seis cavilhas ou gotas de pedra. As métopas são de mesma altura que os tríglifos porém mais largas, de forma aproximadamente quadrada, e são encaixadas recuadamente em relação à superfície dos tríglifos; seu único ornamento, a não ser que tenham figuras entalhadas em relevo, é um filete plano projetado que corre por toda a sua parte superior. As métopas consistem normalmente em chapas delgadas encaixadas entre os tríglifos, e o conjunto do friso, assim como a arquitrave, possui um sólido antitema; os detalhes da construção, todavia, costumavam variar. Existe normalmente um tríglifo para cada coluna e um para cada intercolúnio. Acima do friso vem a cornija, uma série de pesados blocos salientes de modo a formar uma espécie de beiral contínuo de pedra. A face inferior visível apresenta uma inclinação em sentido descrescente que lembra aquele do telhado, embora nem sempre seja idêntica a este. A fim de evitar que o friso ficasse encoberto pela sombra, a cornija possui, abaixo de sua parte projetada (coroa), uma moldura baixa em talão cuja face vertical é contínua com a superfície dos tríglifos. A face inferior da coroa saliente é entalhada a fim de facilitar o escoamento da água da chuva e sua face superior é rematada com uma moldura, normalmente, como aqui, o bico de falcão dórico. A face inferior da coroa é ornada com mútulos, delgadas chapas retangulares e planas providas de dezoito gotas[21], como aquelas sob as réguas, em três fileiras; os espaços entre os mútulos recebem o nome de vias. Existe um mútulo acima de cada tríglifo e um acima de cada métopa; nas obras mais antigas, aqueles acima das métopas são por vezes mais estreitos[22] do que aqueles acima dos tríglifos. Nas construções dóricas não-perípteras, o friso que corre por sobre o pórtico normalmente, mas nem sempre[23], se prolonga pelas laterais; também a arquitrave, em teoria, usualmente se prolonga, mas, por estar rente à parede, dificilmente aparece, exceto pela presença da tênia e as réguas em seu topo. Era grande a variação dos elementos situados acima da cornija, e será mais conveniente adiar a consideração destes até que a coluna e o entamblamento jônicos, até a cornija, tenham sido descritos.

Podemos, portanto, nos voltar de pronto para as Figs. 18 e 19, extraídas do templo de Atena Pólia, em Priene, datado da segunda metade do século IV a.C. e inteiramente construído em mármore. A Fig. 18 mostra a base e o capitel de uma coluna, com a omissão do fuste por falta de espaço; cabe observar o diâmetro menor da parte superior, resultante do adelgamento. A Fig. 19 mostra uma extremidade do entablamento em um dos lados maiores: o frontão e a cornija inclinada não aparecem aqui. Nossa atenção deve concentrar-se por ora unicamente naquelas características que diferem do estilo dórico. Em primeiro lugar, as colunas repousam sobre bases emolduradas que, por sua vez, erguem-se normalmente sobre plintos quadrados que se assemelham ao ábaco dórico, muito embora esses plintos não sejam obrigatórios. As bases das colunas do templo de Priene exibem a forma efésica do antigo tipo asiático, normal na ordem jônica clássica, exce-

Fig. 18. Ordem jônica típica: Coluna do Templo de Atena Pólia, Priene (reconstituição)

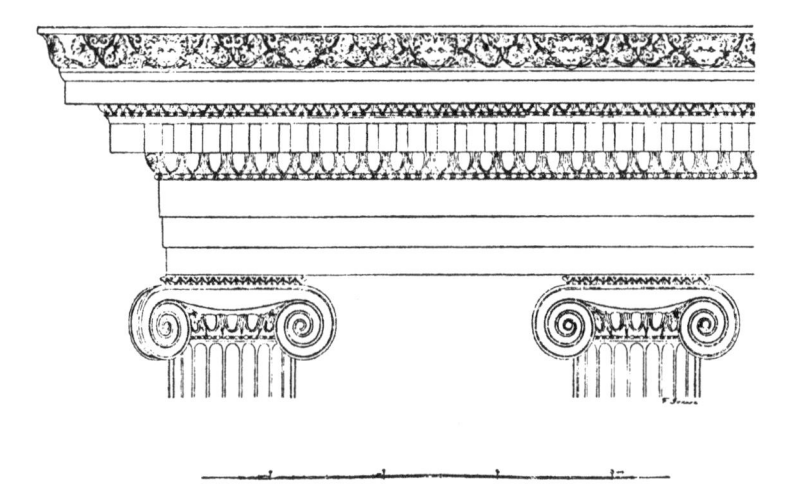

Fig. 19. Ordem jônica típica: entablamento do Templo de Atena Pólia, Priene (reconstituição)

to em Atenas nos séculos V e IV, até o período helenístico. Tal tipo consiste, na parte inferior, em um elemento formado por três conjuntos de molduras em rodela duplas separadas por duas molduras côncavas profundas, as escócias ou nacelas; o par inferior das rodelas é mais saliente que o par central. Acima desse elemento localiza-se o toro, uma grande moldura convexa, com caneluras horizontais; em Priene, excepcionalmente, a metade superior das caneluras é omitida. O tipo sâmio[24], que dificilmente terá perdurado para além do século V a.C., apresenta um único elemento côncavo e alto abaixo do toro convexo. O tipo ático[25], possivelmente derivado do sâmio, consiste em dois largos anéis de molduras convexas dos quais o superior apresenta um diâmetro menor que o inferior e, entre os dois anéis, uma moldura côncava saliente. Podem-se ver alguns exemplos nas Figs. 55 e 68. A extremidade inferior do fuste termina em uma rodela, acima da qual há um filete vertical, seguido por uma pronunciada curvatura voltada para dentro, a apófige do fuste; a forma geral das caneluras jônicas já foi descrita acima. No topo do fuste existe uma segunda apófige, mais estreita de curvatura e voltada agora em direção ao exterior, rematada por um filete plano e em seguida por uma rodela convexa, geralmente entalhada com o motivo de contas de rosário. Imediatamente acima desse medalhão quase sempre vem a junta entre o fuste e o capitel. O capitel jônico, ao contrário do dórico, apresenta vistas frontais e laterais muito diversas e destina-se a ser contemplado sobretudo a partir da parte frontal ou posterior. Ele nasce como uma moldura de topo chato cujo perfil se assemelha àquele do equino dórico e, portanto, adequadamente denominado equino; geralmente é entalhado com o motivo óvalo-e-dardo. Acima deste elemento encontra-se uma voluta, semelhante a uma almofada pousada sobre o equino, com suas extremidades livres enroladas formando espirais que pendem em cada lado do fuste. As faces frontal e posterior exibem um largo canal (*canalis*) côncavo[26] de pouca profundidade, margeado por pequenas molduras, entre o equino e o ábaco; esse canal avança em caracol pelas espirais das volutas, normalmente providas de olhos (*oculi*) em forma de botão no centro. Nas laterais, o equino é normalmente coberto e parcialmente absorvido pela face inferior do elemento em voluta, enquanto na frente, os cantos onde o equino desaparece por sob as volutas são freqüentemente – como no presente caso – encobertos por palmetas. O ábaco é usualmente de planta quadrada e tem geralmente, como aqui, o perfil em gola reversa, entalhado com o padrão de folhas lésbio. As laterais da voluta, denominadas pulvino ou "coxim", se assemelham a carretéis comprimidos na parte inferior e são decoradas de várias maneiras[27].

As colunas angulares de um pteroma ou pórtico jônico apresentavam um problema delicado, na medida em que deviam ser vistas de dois lados adjacentes. Aparentemente os exemplares mais antigos remanescentes ou registrados são aqueles das construções atenienses da segunda metade do século V a.C. Estes adotam a solução sempre encontrada nas obras posteriores, ilustrada nas Figs. 19, 53 e 56: cada uma das duas faces externas possui a forma comum da vista frontal e a voluta do canto, que tem dupla função, é encurvada numa inclinação de 45 graus. O ângulo interno, pouco visível, recebe tratamentos variados.

A arquitrave usualmente, como aqui, divide-se em três bandas, ou faixas, de alturas diferentes, cada qual a salientar-se ligeiramente em relação à inferior.

Nas obras primitivas, as faixas são freqüentemente omitidas, e quando havia, seriam apenas duas. Acima da faixa superior corre uma moldura em óvalo e dardo sobre um astrágalo, e acima deste, por sua vez, vêm os dentículos, uma fileira de pequenos elementos retangulares projetados, ligados à coroa, ou parte saliente da cornija[28], por uma moldura em óvalo-e-dardo acima de um astrágalo; por vezes são acrescidas outras molduras abaixo da cornija. A coroa é côncava na parte inferior e apresenta molduras de remate em sua face frontal. Uma alternativa aos dentículos é o friso jônico contínuo, usualmente esculpido. O primeiro testemunho dessa prática são os pequenos Tesouros[29], erigidos em Delfos pelas cidades jônicas no VI século a.C., e era um traço comum na arquitetura jônica do século V em Atenas. Não há nenhum caso comprovado de combinação de friso e dentículos anteriormente ao século IV a.C., e é provável que o friso contínuo não fosse utilizado antes do século III a.C. no entablamento de templos jônicos importantes na Ásia, os quais parecem, sem exceção, ter possuído dentículos.

É de estranhar que na Ásia o friso tenha demorado tanto a se estabelecer acima da arquitrave. Em outras posições, é possível encontrar anteriormente frisos tanto em pedra como em terracota nos templos gregos em Creta e na Ásia, por exemplo em Prinia[30], Creta, em Larissa[31], no noroeste da Ásia Menor, e em um templo muito antigo em Apolônia[32], na Trácia, no qual a decoração aparenta ser em estilo jônico: frisos em terracota são também característicos da primitiva arquitetura devocional etrusca[33] e latina, que se encontrava sob forte influência jônica. Ademais, os gregos asiáticos do período clássico tinham verdadeira adoração pelo friso contínuo. No templo dórico de Asso[34], datado do início do século VI a.C., bem como no Monumento às Nereidas[35] em Xantós, de fins do século V a.C., encontramos arquitraves esculpidas como frisos, enquanto no templo arcaico[36] de Ártemis em Éfeso, os tambores de coluna e as simas são usados como fundos para esculturas contínuas de figuras. Além disso, tanto o Monumento às Nereidas como o Mausoléu[37] de Halicarnasso, do século IV a.C., apresentavam diversos frisos nos pódios ou pedestais em que repousavam. O prestígio dos dentículos e a idéia de que eram incompatíveis com o friso contínuo devem ter sido muito acentuados. Provavelmente os dentículos e o friso representam a mesma parte de um protótipo em madeira[38], pequenas extremidades de caibros, aparentes no primeiro caso e revestidos com pranchas de madeira ou placas de terracota no segundo. Nas construções jônicas não-perípteras o friso ou os dentículos se estendem por todo o contorno; o mesmo acontece com a arquitrave, muito embora nas construções arcaicas por vezes tenha a altura reduzida[39], e encontramos com freqüência, abaixo da arquitrave, molduras e ornamentos de remate (a epicranite) ao longo das laterais, semelhantes àqueles dos capitéis das antas.

Podemos considerar agora os elementos, tanto na ordem dórica como na jônica, situados acima do nível da cornija horizontal. Até depois do século IV a.C., na ordem dórica mas não na jônica, a cornija oblíqua ou inclinada que corre acima da extremidade da empena ou do frontão de face vertical[40] usualmente difere da cornija horizontal em termos de altura e molduras e não apresenta mútulos em sua face inferior antes do período helenístico[41]. A ordem jônica desconhecia a presença de dentículos abaixo da cornija inclinada antes do fim do século III a.C.[42], porém a cornija inclinada era normalmente idêntica, na forma, à cornija horizontal. No IV século a.C., todavia, encontramos no templo de Atena Pólia em Priene, do qual são extraídas as Figs. 18 e 19, uma elaborada série de molduras abaixo da cornija inclinada, semelhantes, exceto pela ausência de dentículos, àquelas situadas entre a arquitrave e a cornija horizontal. Tal característica está ausente dos tesouros jônicos de Delfos do século VI a.C. e dos templos jônicos atenienses do século V a.C. Tanto na ordem dórica como na jônica, a cornija inclinada quase sempre é rematada por uma calha contínua, ou sima, nos tempos primitivos feita em terracota e, posteriormente, usualmente em mármore. Abaixo do frontão, a cornija horizontal prescindia da sima[43], mas freqüentemente apresentava uma ao longo das laterais do templo. Essa sima lateral era sempre provida de orifícios cuja finalidade era dar vazão às águas pluviais; tais orifícios eram normalmente mascarados por cabeças de leões, muito embora ocorram outras formas, inclusive cabeças de carneiros e gárgulas tubulares lisas. Tais orifícios freqüentemente eram localizados a intervalos regulares, porém nos primeiros templos dóricos era habitual a existência de uma única pingadeira em forma de cabeça de leão em cada ponta. Muitas vezes não havia sima ao longo das laterais e uma fileira de ornamentos verticais, denominados antefixas, era colocada ao longo da cornija; originalmente, essas antefixas disfarçavam as extremidades das "telhas de junção" que protegiam as juntas entre as "telhas de escoamento", ao passo que a sima era formada por uma curvatura para o alto nas extremidades das telhas de escoamento. As antefixas são combinadas com cabeças de leões sem orifícios dispostas nos quatro cantos do templo posterior de Afaia, em Egina, e no Partenon. As antefixas são raras na ordem jônica, exceto como[44] ornamentos no topo de uma sima, esquema que também se verifica na dórica. Os ornamentos denominados acrotérios eram usualmente colocados acima do conjunto de três vértices de cada frontão; nas obras mais antigas eram de terracota, mas posteriormente de pedra ou mármore e assentavam em blocos que se projetavam da cornija inclinada[45].

Chegamos agora às telhas, que assentavam, exceto nas fileiras inferiores acima da cornija, em um sistema de caibros de madeira e vigas mais leves suportados pelas vigas principais da cobertura. Eliminando algumas poucas exceções[46] obscuras, os telhados de duas águas aparentemente eram cobertos com palha ou telhas de madeira até aproximadamente 700 a.C., porém dessa data em diante encontramos um sistema de "telhas de escoamento" em terracota, cujas juntas são protegidas por "telhas de junção" de mesmo material. Em algumas construções mais antigas, mas talvez não as mais primitivas, tanto as telhas de escoamento como as de junção têm forma semicircular, qual dutos de drenagem abertos, as primeiras dispostas com a convacidade voltada para cima; o esquema usual e provavelmente o mais antigo era o de telhas de escoamento planas com saliências laterais, via de regra interligadas ou a se sobreporem de diversas maneiras engenhosas, e, por sobre as juntas, estreitas telhas de junção, com a concavidade voltada para baixo, mas normalmente, exceto na Sicília e na Itália, rematadas no alto como pequenos telhados de duas águas. Na cumeeira assentavam telhas de junção especiais, freqüentemente ornadas com palmetas. As telhas em terracota eram normalmente assentadas em argila. O século VI a.C. assistiria ao aparecimento de telhas de mármore, imitando as formas em terracota. De início, restringiam-se por vezes às fileiras inferiores, mas, a partir do século V a.C., substituíram praticamente por completo a terracota em todos os templos importantes, muito embora também se encontrem telhas de pedra, particularmente na Sicília e na Itália, onde o mármore era de difícil obtenção. As telhas de mármore apoiavam-se diretamente no madeirame.

Pode-se acrescentar aqui que nos templos perípteros dóricos e jônicos as traves principais do teto que interligam o pteroma à parte interna da construção repousam logo acima do nível do friso externo e logo acima do friso que corre por sobre a parede da cela propriamente dita, caso exista tal friso. É rara a existência desse friso na ordem jônica, enquanto na dórica se restringe usualmente às fachadas do pronaos e do opistódomo, não sendo encontrado quando a cela é desprovida de pórticos abertos. Uma característica comum nas paredes dos templos deve ser mencionada: a prática de instalar uma série de grandes placas, os ortostates, na face externa da parede, como uma espécie de dado abaixo das partes superiores construídas de forma mais convencional. Esse elemento é provavelmente um resquício do período do tijolo seco ao sol, quando somente os ortostates e seu revestimento posterior eram em pedra. Elaboradas molduras no rodapé de paredes, semelhantes a bases de colunas, são comuns na ordem jônica. As paredes externas da cela de um períptero normalmente apresentam molduras de remate, as epicranites, mais elaboradas na ordem jônica do que na dórica. Cabe acrescentar que alguns templos mais antigos[47] apresentavam frontões unicamente acima da fachada principal, enquanto na parte posterior o telhado tinha três águas, como os lados de uma pirâmide.

Embora muito tenha sido forçosamente negligenciado neste breve sumário, devemos dizer uma palavra, à guisa de conclusão, acerca de duas outras questões: o colorido e a iluminação dos templos helênicos. Já se apontou que os templos construídos com pedras de qualidade inferior eram usualmente revestidos com um delicado estuque de mármore; conseqüentemente, a superfície era quase sempre de mármore, embora freqüentemente uma simples película. Tal superfície era regularmente pintada pelo obscuro método "encáustico", que envolvia o aquecimento de cera, de cores vibrantes, sobretudo o vermelho e o azul, fato que deve ser sempre lembrado, muito embora os testemunhos raramente sejam suficientes para justificar algumas reconstituições modernas. Provavelmente havia no estilo dórico, via de regra, um leve colorido abaixo da tênia e das réguas no topo da arquitrave; os colarinhos do fuste e os anéis na base do equino freqüentemente eram coloridos de vermelho, embora provavelmente fosse excepcional a pintura do equino e do ábaco. Talvez os capitéis jônicos fossem habitualmente ornados com cores. Nos dóricos, a tênia, a face inferior da cornija, as superfícies planas das métopas e o tímpano do frontão eram com freqüência vermelhos, enquanto os tríglifos, réguas e mútulos eram azuis e as gotas recebiam tratamentos variados. Outras cores, incluindo o verde, o amarelo, o preto, o marrom e o dourado, provavelmente eram empregadas, especialmente para os delicados motivos que ornavam as molduras de cornijas e simas, bem como para a pintura não-realista das figuras esculpidas. Não há dúvida de que as construções jônicas eram pintadas no mínimo com o mesmo esplendor que as dóricas, talvez mais ricamente ainda, porém os testemunhos são escassos.

A iluminação dos templos tem sido alvo de muita discussão. Considerando que os tetos de madeira almofadadas eram provavelmente quase universais, presume-se que, afora as lâmpadas, a iluminação provinha, via de regra, apenas da porta, muito embora as janelas[48] não sejam de todo desconhecidas – não se deve esquecer a luminosidade do céu mediterrâneo. É possível que, em casos excepcionais, aberturas no teto permitissem a entrada de luz através das telhas translúcidas de mármore, e é muito ocasional a ocorrência de telhas providas de aberturas. Se partes da cobertura chegaram a ser subtraídas, tal pratica seguramente era rara[49].

É tempo de retornarmos dessas antecipações do período clássico para o vago alvorecer da legítima arquitetura grega. O mais indicado é iniciarmos pela Grécia propriamente dita e o Ocidente, a esfera do estilo dórico posterior, para depois passarmos às terras ao leste do Egeu, onde o jônico reinou em seguida. É na Grécia propriamente dita que encontramos as mais importantes construções pós-micênicas anteriores ao século VII a.C. conhecidas[50].

A mais antiga foi descoberta no santuário etólio de Termo, no qual encontramos (Fig. 20) uma série contínua de construções cujas datas abrangem desde o Heládico até o período helenístico tardio. O alvo capital de nosso interesse é uma construção denominada "Mégaron B", o qual não poderemos compreender, todavia, sem nos referirmos a seus predecessores, que transcendem estritamente os limites deste capítulo. Seus sucessores, um importante grupo de templos arcaicos, serão discutidos no capítulo seguinte[51]. Os vestígios mais remotos, de primitivas cabanas circulares, podem ser ignorados aqui. Em seguida vem um grupo de construções do H.M. ou H.R., parcialmente retilíneas e parcialmente do tipo "grampo de cabelo", mencionado em um capítulo anterior[52]. Todas foram construídas de pequenas pedras em suas partes inferiores, que sustentam paredes de madeira e barro, e cobertas com colmos; as paredes principais apresentavam uma inclinação para dentro e os telhados provavelmente eram curvos como abóbadas cilíndricas. A principal construção do tipo "grampo de cabelo" recebeu a denominação "Mégaron A". Seu eixo principal se estende aproximadamente na direção norte-sul e seu comprimento estava compreendido entre 21 m e 24,5 m. As paredes laterais correm retilineamente por um terço de sua extensão e então se curvam muito ligeiramente, até se encontrarem na pronunciada curvatura ao norte. O interior era cortado por paredes transversais que formavam um pórtico e duas câmaras internas; o pórtico em si era parcialmente vedado por uma parede que deixava uma abertura num dos cantos. Certamente o "Mégaron A" era uma residência ou um palácio.

O "Mégaron B", de aproximadamente 21 m de comprimento, é posterior ao grupo do "Mégaron A", e é possível provar que tenha tido vida longa. Seu mais recente escavador, Rhomaios, acredita que o arquiteto que o projetou tenha visto o "Mégaron A" em pé e que os arquitetos dos templos arcaicos tenham visto

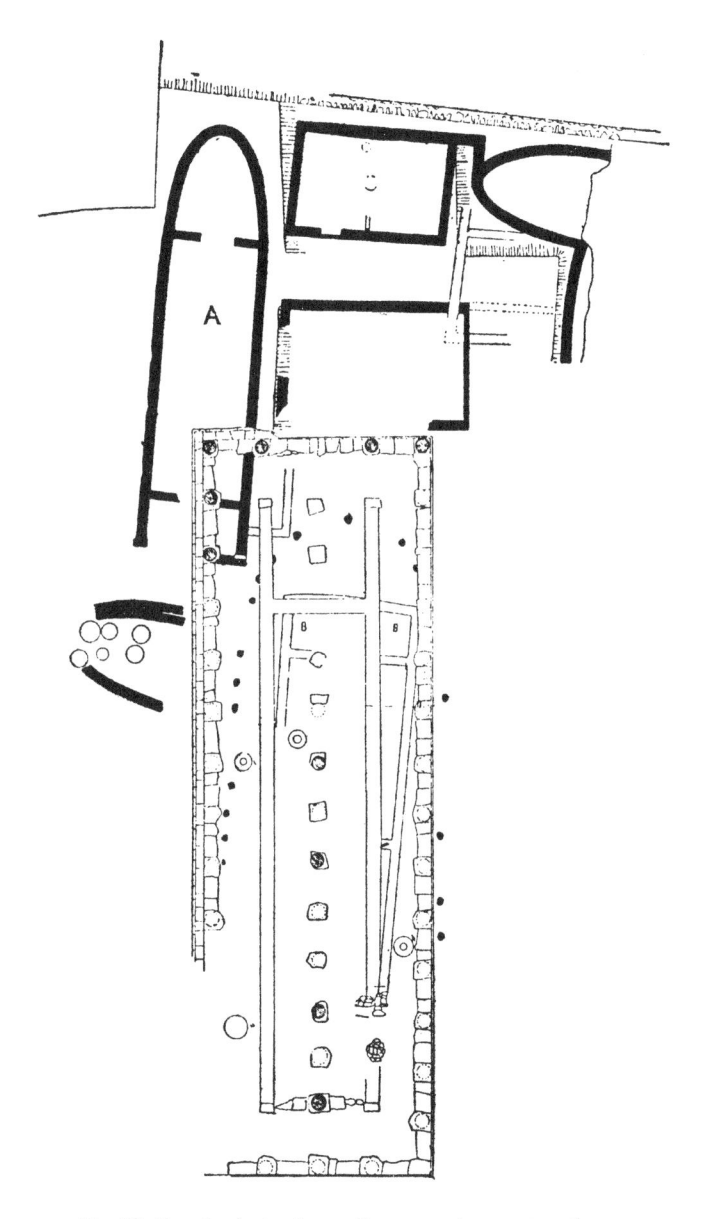

Fig. 20. Templo de Apolo em Termo e ruínas mais antigas

o "Mégaron B". É certo, em todo caso, que o "Mégaron B" revela fortes afinidades técnicas tanto com seus predecessores quanto com seus sucessores. Sua data de origem é, talvez, o século X a.C. À primeira vista, poderia passar por um templo arcaico; contemplado superficialmente, parece retilíneo e retangular, e é dividido por paredes transversais em três câmaras. Um exame mais criterioso, porém, revelou uma curvatura bastante acentuada na parede menor norte (sua orientação é semelhante à do "Mégaron A"), e uma curvatura mais sutil na parede leste; a parede oeste está destruída em sua maior parte. O pórtico assemelhava-se ao do "Mégaron A". Outra característica de grande interesse é a presença de 18 chapas delgadas de pedra dispostas em redor do "Mégaron B" e obviamente relacionadas a este. Certamente elas serviam de base para postes de madeira e formam o mais antigo exemplar grego de um períptero, desenho característico da arquitetura clássica. Dão a impressão de constituírem um acréscimo ulterior e estão dispostas de forma incomum, pois não são paralelas às paredes da construção, mas estão dispostas segundo uma curva elíptica que lembra a forma da extremidade norte do "Mégaron A". Na extremidade sul, todavia, a linha do edifício provavelmente era acompanhada, com a fileira de postes correndo retilineamente de leste a oeste. Alguns dos postes, ao menos, dão a impressão de terem sido retangulares e de estarem acomodados em aberturas formadas por pequenas pedras. O "Mégaron B" pode ter sido tanto uma residência como um templo, e não é impossível que tenha sido construído para ser a primeira e, com o passar do tempo, transformado no segundo[53]. Sobre suas ruínas, com uma orientação ligeiramente diferente, foi erguido o mais importante dos templos arcaicos, aquele consagrado a Apolo.

Menos impressionantes, mas não de menor importância, são as ruínas (Lâm. II*a*) do mais antigo templo consagrado à deusa Órtia (posteriormente identificada com Ártemis) em Esparta; aqui, pela primeira vez, lidamos indiscutivelmente com um templo. Com base nos testemunhos de suas estratificações, as ruínas foram datadas por Dawkins, seu escavador, como pertencentes ao final do século IX a.C., e dificilmente são posteriores ao VIII[54]. No século VII a.C. esse antigo templo foi dotado de telhas de escoamento, telhas de junção e antefixas semicirculares, e substituído por outra construção no século VI. Felizmente a orientação foi ligeiramente alterada e partes das antigas paredes oeste e sul sobreviveram, juntamente com uma fileira interior de pedras horizontais chatas, paralelas à parede sul. As partes inferiores das paredes eram de placas delgadas assentadas pelas extremidades sobre um alicerce de pedras brutas, enquanto as partes superiores eram de tijolos secos ao sol, que se decompuseram em terra vermelha. Na parede sul, a intervalos e em correspondência às pedras chatas da parte interna, vigas verticais de madeira foram instaladas em simples encaixes de pedra. Não há dúvida de que os postes simples ou colunas corriam ao longo da parte interna do templo e que as travessas do telhado apoiavam-se parcialmente nelas e parcialmente no madeirame das paredes laterais. A largura do templo é incerta, mas provavelmente haveria uma única fileira de colunas internas, caso em que a largura seria de aproximadamente 4,5 m. Uma plataforma de terra de aproximadamente 90 cm de largura, revestida com placas de pedra, ocupava a extremidade oeste. A forma original do telhado é desconhecida. A fileira central única sugerida para esse templo corresponde a um desenho conhecido na Idade do Bronze, na Tessália e em Tróia e Tirinto, e não é incomum em obras arcaicas, tanto dóricas como jônicas. O paralelo mais próximo que se pode estabelecer com segurança na arquitetura minóica é com o pórtico de uma única coluna. Poucos exemplos na Grécia podem alinhar-se com esse templo, ou "Mégaron B", muito embora um obscuro grupo de templos primitivos no precinto de Apolo Coríntio em Corona, próximo a Longá, na Messênia, talvez inclua algumas estruturas do século VIII[55].

Também podemos mencionar neste ponto uma pequena e interessante maquete em terracota, encontrada nas escavações do templo de Hera, em Argos, parte da qual está reproduzida na Lâm. I*b*, e que data aparentemente do século VIII a.C. A restauração reproduzida na Lâm. I*c* não é totalmente correta[56]. O edifício representado talvez constitua uma forma do templo de Hera na época: trata-se de uma construção de planta retangular, com um pórtico prostilo de apenas duas colunas, alinhado com as paredes laterais da cela, que se projetavam como antas muito pequenas para além da parede transversal onde estava situada a porta. As colunas se perderam nas maquetes, mas aparentemente estariam interligadas às antas, próximo a seu topo, por tirantes horizontais. Havia um telhado plano a projetar-se para além das paredes e outro acima, de grande inclinação, ligeiramente recuado, num arranjo que sugere a fusão de duas tradições. O telhado plano cobria o pórtico e havia um frontão em cada extremidade, o dianteiro contendo uma grande porta ou janela, mas o telhado inclinado não se estendia para além, como se pode ver em I*c*, das extremidades das paredes laterais da cela. Essas paredes laterais apresentam aberturas triangulares de ventilação. A pintura da maquete não é realista, mas podemos assumir que a construção era de tijolo seco ao sol sobre estrutura de madeira, com colunas de madeira e uma cobertura de colmo ou telhas de madeira. Esse tipo de pórtico, duas colunas de prostilo sustentando um frontão, é raro, mas não desconhecido. Existe um exemplar, datado da primeira metade do século VI a.C., no precinto de Deméter em Gagera, próximo a Selinunte, na Sicília, e outro em Súnio[57], além de ser encontrado na arquitetura devocional etrusco-latina, por exemplo no templo existente em Alatri[58].

Em Gonos, na Tessália, erguia-se um curioso templo arcaico de Atena, construído com pequenas pedras[59] numa planta era em forma de ferradura, com aproximadamente 9 m de comprimento e talvez ostentando duas colunas em seu pórtico. Dele restaram vestígios em terracota, incluindo métopas, cuja data foi situada entre os séculos VII e VI a.C. Foi reconstruído no século IV ou III a.C., obedecendo à mesma planta. Havia, provavelmente, uma construção semelhante na cidade vizinha de Homolion.

O Templo de Hera, em Olímpia, provavelmente foi erguido no século VII a.C. e teve predecessores, mas tanto a consideração deste como de algumas construções primitivas definidamente dóricas podem ser adiadas para o capítulo seguinte. Será conveniente, todavia, mencionar aqui um grupo de edifícios ligeiramente posteriores, pertencentes à região dórica, mas em que faltam traços caracteristicamente dóricos, e que foram, por conseguinte, classificados como "pré-dóricos"[60]. Um desses exemplares pertence aparentemente ao final do século VII, ao passo que alguns são do VI ou posteriores. Em seu aspecto externo, todos são retângulos simples cujo acesso se dá por uma única porta em um dos lados menores, e não ostentam colunas ou frisos. Os mais antigos são dois templos de Deméter sobrepostos em Gagera, próximo a Selinunte, na Sicília. O primeiro talvez tenha sido erguido pouco tempo depois da fundação de Selinunte, em 628 a.C.; seu sucessor, datado do início do século VI e que reproduziu suas linhas principais, de início era dividido internamente em três ambientes, cada qual tendo por acesso uma porta central, disposição esta posteriormente modificada. O edifício contava com um telhado de duas águas e frontões, mas os perfis das cornijas horizontal e inclinada são singulares e a junção destas nos vértices é tosca a ponto de sugerir que os construtores estavam habituados às coberturas planas. Há uma construção semelhante na acrópole de Selinunte e outra em Agrigento (a Ácragas grega), e a forma original do Tesouro da cidade siciliana de Gela, em Olímpia, que data do início do século VI, era ainda mais simples, consistindo apenas em uma sala retangular, com telhado de duas águas e frontões, cujo acesso talvez se desse por um dos lados menores. Nesse estágio, o Tesouro era ornado com um arranjo singularmente elaborado de cornijas moldadas, sima e antefixas em terracota pintada, incluindo o elemento bastante raro de uma sima na cornija horizontal acima do frontão[61]. Um pórtico dórico de cobertura plana, com seis colunas e duas meias colunas embutidas, foi acrescido a um dos lados maiores um século depois. Dois templos pequenos no monte Cotílio, próximo a Basse, na Arcádia, talvez pertencentes ao século VI a.C., se assemelham àqueles de Gagera. Cabe acrescentar que as celas de alguns dos principais templos perípteros primitivos da Sicília pertencem a esse tipo "pré-dórico", muito embora circundados pelo aparato dórico completo de colunas, friso e cornija[62]. Esse tipo de retângulo desprovido de pórtico não se restringe à região dórica, conforme mostrará a parte final do presente capítulo.

Podemos passar agora ao leste do Egeu, a começar por Creta, que contém alguns templos muito primitivos de excepcional interesse[63]. Os mais antigos são, provavelmente, duas estruturas

68   ARQUITETURA GREGA E ROMANA

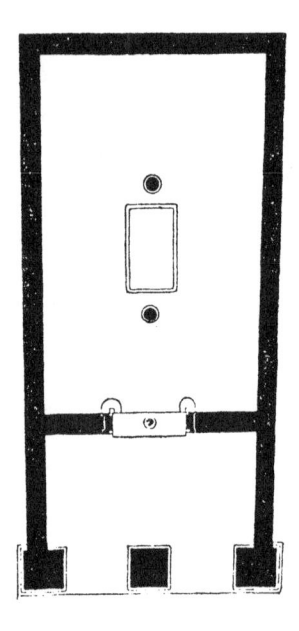

Fig. 21. "Templo A", Prínia (reconstituição)

retangulares descobertas por Pernier nas imediações do vilarejo de Prínia, nas ruínas de uma cidade fortificada erguida sobre um monte e que dominava a estrada que ligava Cnosso a Festo. Habitações particulares, datadas do período pós-minóico, exibem vestígios nitidamente minóicos. Ambos os templos podem ser datados do século VII a.C. O mais importante (Fig. 21) foi denominado "Templo A". Seu acesso se dava pelo leste, através de um pronaos provavelmente aberto e dotado de um único pilar central quadrado; o conjunto da construção media externamente algo em torno de 7,5 m por 15 m. Entre o pórtico e a cela havia uma única porta, ladeada na parte interna por discos semicirculares que serviriam de apoio para meias colunas ou batentes de madeira. No centro da cela encontrou-se um poço sacrifical bem construído e que continha ossos queimados, além de duas bases de pedra que provavelmente sustentavam colunas de madeira, uma anterior e outra posterior ao poço. Mais interessante que tudo, encontraram-se entre as ruínas numerosos fragmentos de esculturas arquitetônicas em pedra calcária. Algumas destas vieram de um friso com aproximadamente 90 cm de altura e ostentavam cavaleiros entalhados em relevo e vestígios de pintura. Outras pertenciam a duas "deusas" sentadas quase idênticas, cada qual repousando em uma espécie de arquitrave, e um dos lados de cada qual ostentava, entalhada, uma procissão de animais (num dos casos veados e, no outro, panteras); a superfície inferior de cada uma das arquitraves era ornada com uma deusa de pé em baixo-relevo. As figuras sentadas necessariamente ocupavam, portanto, uma posição elevada – Pernier localizou-as na parte superior da porta principal, uma defronte à outra, e apoiadas na parte inferior por uma simples coluna de madeira. O friso, a seu ver, estaria localizado na posição externa usual, por sobre uma arquitrave de madeira. Há vestígios de volutas, provavelmente acrotérios dos cantos dos telhados. Não foram encontradas telhas e Pernier presume que a cobertura fosse plana[64]. O "Templo B" é semelhante, porém planejado de forma menos regular e menos preservado. O acesso ao pórtico dava-se por uma porta central e havia um ambiente interno nos fundos. Existia um poço sacrifical como em "A", mas uma única pedra cônica atrás deste, que aparentemente não se trata de uma base de coluna. Para Pernier, não é muito certo que "B" fosse um templo.

O templo de Apolo Pítio em Gortino, na mesma região de Creta, é provavelmente não muito posterior e, apesar das alterações, podemos ter certeza quanto a sua forma original. Era quase quadrado (medindo aproximadamente 20 m de largura por 17 m de profundidade) e extremamente simples. Dois degraus corriam por toda a volta, sobre uma soleira baixa contínua, e uma porta única abria-se na parte central do lado leste. O material empregado era a pedra calcária local. As paredes eram construídas de maneira sólida e cuidadosa; sua face externa estava coberta com inscrições arcaicas, algumas das quais podem remontar ao século VII a.C. A face interna possivelmente era revestida com placas de bronze[65]: a única decoração remanescente consiste em duas pequenas saliências retangulares em cada extremidade da fachada, cada qual com uma moldura convexa em seu ângulo interno. Não há vestígio algum de colunas internas primitivas, mas, dadas as dimensões do edifício, parece seguro que havia. À direita da porta no lado interno existe um poço escavado provido de um tampo e disposto obliquamente com relação ao restante da construção. Por volta de 200 a.C. foi acrescido um pórtico guarnecido com seis meias colunas dóricas e, no século III a.C., a cela foi reconstruída por completo, a maior parte com os antigos materiais, uma abside situada na parede oeste foi eliminada e inseridas oito colunas coríntias distribuídas em duas fileiras.

Na Ásia Menor, as ruínas importantes mais antigas foram encontradas na Eólia, a extremidade noroeste da região. Encontramos aqui, pela primeira vez, colunas de pedra, telhas e simas de terracota, e nos apercebemos definitivamente no limiar dos estilos clássicos. O mais célebre desses edifícios é o templo (Fig. 22) escavado em 1889 por Koldewey, em Neandria. A cidade ergue-se sobre um monte rochoso, cerca de 48 quilômetros ao sul de Tróia. Sua antiga prosperidade não tardou em decair e, em fins do século IV a.C., Antígono arrastou os habitantes remanescentes, juntamente com os de muitas outras pequenas cidades, para sua recém-fundada Antigônia (posteriormente Alexandria) Troas. O templo já estava em pé quando Neandria foi reformada no século V a.C. e os testemunhos de seu interior sugerem que tenha sido erguido no século VII. Construído principalmente com sóli-

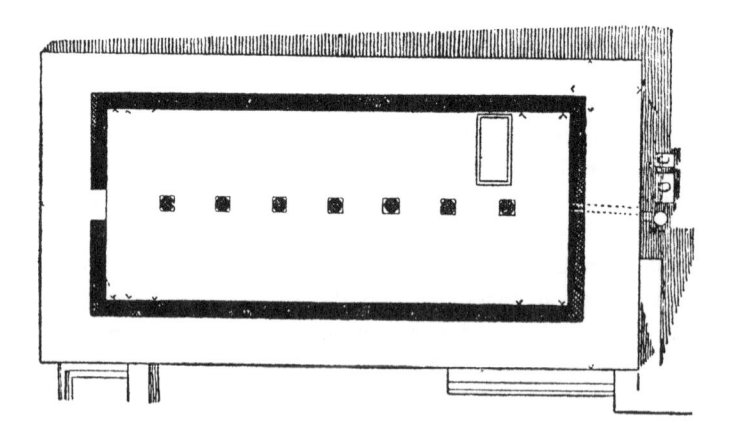

Fig. 22. Templo em Neandria

das pedras calcárias locais, repousa em uma espécie de base ou pódio elevado, sem degraus. O templo era um simples retângulo, com dimensões externas de aproximadamente 9 m por 21 m e cujo acesso se dava por uma única porta na fachada noroeste; o edifício estava orientado na direção noroeste-sudeste. Ao longo da parte central corria uma linha de sete colunas de pedra, sem base e sem caneluras, com um considerável adelgamento. O telhado era nitidamente de duas águas, pois tinha telhas, que eram muito arcaicas; as colunas sem dúvida sustentavam a viga de madeira da cumeeira do telhado. Os capitéis (Fig. 23) eram formados por três elementos principais; embora estes tenham sido encontrados separadamente, Koldewey quase com certeza estava correto ao combiná-los. A parte inferior compunha-se de um anel de folhas, em alguns casos firmemente talhadas por baixo,

Fig. 23. Capitel do templo de Neandria (reconstituição)

seguindo-se uma moldura convexa, também ornada com folhas, e, por fim, o elemento mais notável, uma voluta dupla, projetada, tal como o capitel jônico, a ser vista principalmente de frente ou de trás – neste caso, aliás, apenas de frente, o lado da porta, pois as partes posteriores são executadas de forma descurada. O elemento da voluta consiste em duas grandes espirais que se desenvolvem em sentido ascendente e que se distanciam do fuste, como se um bastão flexível se fendesse na extremidade e cada metade descrevesse uma curva para fora, formando uma espiral. O espaço entre as espirais é sólido e está decorado com um motivo semelhante a um leque; essa parte se eleva acima das espirais, formando uma superfície de apoio comparativamente pequena para a trave que vem acima. Capitéis muito semelhantes foram descobertos na vizinha ilha de Lesbos, especialmente nas ruínas de uma igreja em Columdado – o local onde ficava o templo do qual estes foram removidos, talvez o de Apolo Napaio, foi ultimamente identificado na antiga Nape. Todavia, os únicos capitéis já descobertos que se igualam e até mesmo sobrepujam aqueles de Neandria em termos de elaboração provêm de Larissa (Lâm. II*b*), igualmente no noroeste da Ásia Menor. O sítio do templo de Larissa foi recentemente encontrado e importantes terracotas arquitetônicas, inclusive frisos contínuos, puderam ser acrescidos aos capitéis[66]. As colunas de Columdado exibem fustes sem caneluras e bases simples, formadas por uma moldura convexa muito pequena apoiada em outra muito grande, ambas lisas.

A relação desse tipo de capitel, mais apropriadamente denominado "eólico"[67], com as formas asiáticas anteriores e jônicas posteriores é objeto de freqüentes discussões, sem que se tenha chegado ainda a um consenso. Devemos inicialmente formar uma imagem clara das diferenças entre esse tipo e o jônico propriamente dito. No jônico as volutas não se originam do fuste, mas todo o elemento da voluta é um coxim separável assentado sobre o fuste e o proeminente equino de topo chato separa do fuste o canal contínuo que une as duas espirais laterais. Se essa diferença implica ou não uma diversidade de origem é questão controversa. O equino pode representar a moldura em folhas que pende do alto nos exemplares de Neandria e Larissa; em alguns exemplares jônicos arcaicos ele assume uma forma semelhante. Também encontramos, nos capitéis de diversas colunas não-arquitetônicas de Atenas e Delos, métodos intermediários, entre o eólico e o jônico, de tratamento das volutas. É possível que a forma jônica clássica seja uma adaptação[68] do padrão jônico de decoração a um tipo especial de construção em madeira, o capitel tipo "consolo", tão comum nas modernas edificações em madeira – um bloco retangular (não quadrado)[69] de madeira colocado entre o topo de um suporte e as vigas. Por outro lado, alguns relevos hititas e iranianos exibem capitéis aparentemente semelhantes aos jônicos e talvez os tipos eólico e jônico sejam originalmente independentes[70]. As formas intermediárias de Atenas e Delos podem bem ser, em todo caso, uma fusão e não um estágio de uma linha evolutiva.

Quer tenha o capitel eólico dado origem ou não ao jônico, sua própria origem provavelmente deve ser encontrada nos tipos asiático e egípcio. Do ponto de vista decorativo, trata-se de uma simples variação do célebre padrão "palmeta" que os cretenses minóicos aparentemente tomaram de empréstimo ao Egito e que os gregos dos séculos VII e VI absorveram diretamente das fontes orientais. Determinadas pinturas e relevos do Egito e da Babilônia exibem capitéis que parecem guardar semelhança com o eólico. Em sua maior parte, na verdade, estes representam estruturas frágeis ou temporárias e há casos em que o artista talvez pretendesse reproduzir a vista lateral de um capitel circular ou de quatro faces; existem também, contudo, algumas meias colunas semi-arquitetônicas em túmulos de Chipre, cujos capitéis do tipo eólico, que revelam forte influência egípcia, e capitéis semelhantes, atribuídos ao século X a.C., foram encontrados em Megido, e outros em Samaria, e parece quase certo que a escola eólica inspirou-se no Oriente[71]. Os críticos buscaram atribuir a origem do capitel eólico a formas vegetais particulares e localizaram a adaptação original em Creta, na Ásia ou no Egito.

Encontramos na Ásia Menor do século VI a.C. o estilo jônico em seu pleno desenvolvimento; os capítulos que se seguem, porém, deverão ser dedicados ao dórico primitivo.

CAPÍTULO V
O estilo dórico primitivo e seus protótipos em madeira

Podemo-nos voltar agora para a mais interessante de todas as primitivas construções dóricas, o Templo de Hera, em Olímpia. Segundo a tradição registrada por Pausânias[1], foi erguido por Oxilo, o líder de uma invasão etólia da Élida ocorrida por volta de 1100 a.C. Dörpfeld, que escavou o templo, por muito tempo esteve inclinado a aceitar essa data com referência à parte principal da construção remanescente; desde o início, todavia, diversos arqueólogos consideraram impossível conciliar sua planta baixa altamente elaborada com uma antigüidade tão remota, ao passo que outros enfatizaram determinados objetos comparativamente tardios encontrados sob suas paredes. As escavações subseqüentes conduzidas por Dörpfeld e Buschor confirmaram que a construção remanescente pertence ao fim do século VII a.C.; mas parece, também, que se trata apenas da última de uma série de estruturas sobrepostas que teriam sido precedidas por um templo períptero, por sua vez o sucessor de outro não-períptero. O templo mais antigo, não-períptero, tinha uma planta exatamente igual à de seus sucessores, com a diferença de que se estendia menos na direção oeste. Depois de modificações substanciais, esse templo foi incendiado. O segundo templo foi erguido em um nível superior, e tudo indica que tenha antecipado todas as principais características da planta de seu sucessor. Esse templo, que talvez jamais tenha sido concluído, não foi destruído pelo fogo: o edifício remanescente é uma reconstrução deliberada. É provável que os três templos tenham sucedido rapidamente um ao outro, talvez no intervalo de um século; tudo indica que o local tenha sofrido freqüentes danos ocasionados por deslizamentos de terra do monte vizinho[2].

A construção existente (Fig. 24), a exemplo de seu predecessor imediato, é circundada por uma colunata períptera com seis colunas[3] em cada extremidade, e dezesseis ao longo das laterais, contando-se duas vezes, como sempre, as colunas situadas nos cantos. O templo propriamente dito é composto de pronaos, cela e o mais antigo opistódomo de que se tem notícia, e cada pórtico possui duas colunas entre antas, ou seja, trata-se de um distilo *in antis*. Embora tais características sejam surpreendentemente avançadas, os materiais e os métodos construtivos são os da era precedente. Até uma altura de cerca de 90 cm, as paredes são de primorosa alvenaria de pedra; acima desse nível eram de tijolos secos ao sol[4] e, conseqüentemente, as antas, como em Tróia[5] e Tirinto, eram revestidas de madeira. Além disso, originalmente as colunas eram em madeira. Isto nos é assegurado por dois dados: em primeiro lugar, Pausânias[6], no século II d.C., descobriu que uma das duas colunas do opistódomo era de carvalho; em segundo, as colunas remanescentes são uma extraordinária mistura que envolve desde o estilo e a técnica do século VII ou início do século VI a.C. às formas helenísticas ou romanas. É óbvio que foram erigidas gradativamente ao longo de vários séculos. Desde o

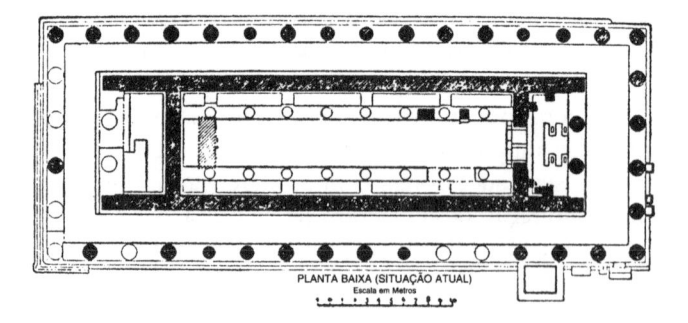

Fig. 24. Templo de Hera, Olímpia

início, todavia, devem ter existido colunas de alguma espécie e a única conclusão possível é que estas eram de madeira. No interior da cela, uma série de pequenas paredes, que talvez se elevassem à altura total do templo, projetavam-se originalmente para dentro, em ângulo reto com as paredes laterais, de sorte a formarem capelas laterais de pouca profundidade, posteriormente eliminadas. Essas paredes transversais correspondiam, em termos de posição, a colunas alternadas do pteroma – um tipo raro de correspondência nas obras antigas e provavelmente relacionada à técnica da madeira e do tijolo seco ao sol; isto lembra a correspondência entre o madeiramento de paredes e colunas existente no antigo templo de Esparta. É possível que as paredes transversais do Hereu terminassem em colunas embutidas, e é provável que houvesse originalmente uma coluna livre entre cada par de paredes laterais, correspondente às demais colunas do pteroma. Quando da remoção das paredes, provavelmente seu lugar foi ocupado por colunas livres. Nada sabemos acerca da arquitrave, friso ou cornija, que sem dúvida eram em madeira: o espaçamento entre as colunas[7] parece confirmar a idéia de que haveria um tríglifo e um friso de métopas. O telhado era de duas águas desde o início, pois chegaram até nós telhas e acrotérios em terracota de alguns dos tipos mais antigos que se conhece; também possuía um teto plano, segundo nos informa Pausânias[8]. As paredes internas projetadas e as colunas internas, ao contrário do pteroma, parecem ser legados da versão mais antiga do templo.

Alguns estudiosos recentes minimizaram a importância dos elementos em madeira do Templo de Hera, considerando-os cópias toscas de modelos em pedra. Parece preferível enfatizar a relação entre a Élida e a Etólia e considerar no Templo de Hera o descendente do "Mégaron B", e um elo essencial na cadeia do desenvolvimento dórico. A lenta substituição das colunas de pedra por colunas de madeira é estranha. É possível que, como sugere Dörpfeld, as colunas de madeira do templo períptero mais antigo tenham sido integralmente reaproveitadas. Presumivelmente, a nova voga se mostrou irresistível pouco depois da conclusão do templo remanescente e a modernização teve início praticamente de imediato, mas avançou com vagar, dada a falta de recursos. A maioria das colunas, todavia, parece arcaica. Estas diferem muito em estilo e construção, porém muitas estão agrupadas em grupos de duas ou três de formas idênticas, provavelmente ofertas de cidades ou indivíduos, realizadas de tempos em tempos. Não é inquestionável, obviamente, que o Templo de Hera de Olímpia tenha sido o primeiro templo dórico com colunas de pedra – é bem possível que tal passo tenha se dado mais para o leste, talvez na Argólida, e colunas de pedra podem ter aparecido ainda mais anteriormente em Creta, Chipre ou na Ásia Menor.

Este é um ponto propício para considerarmos se os elementos tipicamente dóricos – colunas e o friso de tríglifos – já existiam em sua versão de madeira ou se foram primeiro introduzidas em pedra. É difícil pôr em dúvida que se tratavam de formas tradicionais em madeira. Nada existe de semelhante ao friso de tríglifos em nenhuma arquitetura mais antiga, com a possível exceção, conforme vimos, da minóica e da micênica[9]. A coluna dórica realmente se assemelha, em determinados aspectos, a um raro tipo egípcio, do qual os exemplos mais conhecidos, embora não os mais antigos, se encontram em túmulos talhados na rocha em Beni-Hasan; e embora esse tipo não tenha sido utilizado no Egito após o século XVI a.C., não há dúvida de que alguns de seus exemplares estivessem visíveis no século VII, pois alguns o estão até hoje. Contudo, a coluna dórica na verdade se assemelha mais à micênica[10] e à minóica, e é inacreditável que uma forma nova e exótica lograsse se difundir tão rapidamente, sem diferenças essenciais, por todo o mundo grego ocidental. As colunas dóricas primitivas são freqüentemente grossas e pesadas, porém algumas dentre as mais antigas são extremamente delgadas e exibem capitéis bastante salientes, um tipo que lembra de perto certas colunas dóricas representadas em pinturas de vasos atenienses e que parecem de madeira. Os exemplares mais notáveis desse tipo delgado são as ruínas de doze colunas (Fig. 25) do santuário de Atena Pronaia em Delfos, supostamente originários de um templo perdido do século VII – são talvez os mais antigos elementos definidamente dóricos conhecidos e sua altura provável equivalia a aproximadamente 6,5 vezes seu diâmetro inferior, o que significa que eram aproximadamente tão delgadas como as célebres colunas do templo de Zeus em Neméia (ver **145**), datado do século IV a.C., muito embora com um adelgamento bem mais acentuado[11]. As formas do friso de tríglifos são em si mesmas, a exemplo dos dentículos jônicos, sugestivas de uma origem em madeira, especialmente as gotas das réguas e mútulos; os tríglifos provavelmente representam revestimentos ornamentais em madeira de pontas de vigas[12] e as métopas, os espaços abertos intermediários; a recente sugestão de que os tríglifos representam guarnições de ameias é menos plausível[13]. Em todo caso, eles foram provavelmente convencionados antes de sua conversão para a pedra. Foi sugerido também que a configuração períptera foi tomada de empréstimo ao Egito, muito embora seja lá extremamente rara e não guarde muita semelhança com os tipos gregos – o "Mégaron B" é um ancestral bem mais plausível.

Em seguida ao Templo de Hera de Olímpia[14], os templos ligados à tradição da madeira mais importantes são os de Termo, o maior dos quais, aquele dedicado a Apolo Termeu, foi erguido sobre as ruínas do "Mégaron B"[15]. Antes de descrevê-lo, contudo, devemos dizer uma palavra acerca de outras estruturas em madeira que, ao que se sabe, subsistiram até um período mais tardio, sobretudo no Peloponeso. Próximo ao templo de Zeus em Olímpia, Pausânias[16] contemplou uma coluna em madeira, deteriorada pelos anos, reforçada com faixas e ornada com uma inscrição poética; estava colocada abaixo de um dossel sustentado por quatro colunas e diziam tratar-se de uma relíquia do palácio de Enomau, destruído por um raio. Assim também, Manuel

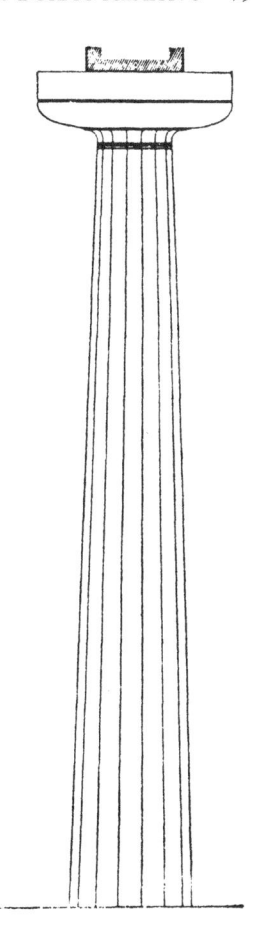

Fig. 25. Coluna do templo de Atena Pronaia, Delfos (reconstituição). (Extraído de *Les Fouilles de Delphes*, II, 1, Lâm. XIII)

Comeno reforçou com metal e honrou com um dístico piedoso a coluna de Constantino, danificada por um raio, em Constantinopla. Próximo a Olímpia, ainda, no mercado da Élida, Pausânias viu uma construção de pequena altura, semelhante a um templo, desprovida de paredes, com a cobertura sustentada por colunas entalhadas em carvalho – o túmulo, informou-lhe um sábio, de Oxilo, o fundador etólio do Templo de Hera. Ele menciona ainda um templo muito antigo de Poseidon Hípios[17], próximo a Mantinéia, na Arcádia, construído por Trofônio e Agamede com toras de carvalho encaixadas umas nas outras. Não chegou a vê-lo, pois o Imperador Adriano havia encerrado suas ruínas, perigosamente sagradas, em um templo maior; podemos compará-lo à Porciúncula em Santa Maria degli Angeli, em Assis, com a diferença de que era inacessível. Na colônia aquéia de Metaponto, no sul da Itália, havia um templo de Juno (Hera)[18] com colunas de troncos de videiras. Também temos conhecimento de alguns templos com paredes de tijolos secos ao sol, porém tal material não estava necessariamente associado à madeira.

 O templo períptero de Apolo Termeu (cinco[19] por quinze), que data de meados ou da segunda metade do século VII a.C., tem uma planta baixa notável (Fig. 20, p. 63). Era excepcionalmente estreito, mesmo para um templo arcaico, apresentava uma fileira central de colunas internas e media, no estilóbato, aproximadamente 12 m por 38 m. O acesso ao interior não se dava por um pórtico nem tampouco por uma porta aberta em uma parede sólida; em vez disso, a primeira da fileira interna de colunas erguia-se *in antis*, na abertura entre as paredes laterais da cela, com os vãos em cada um de seus lados vedados por portas de madeira. Havia um opistódomo, com o dobro da profundidade usual, uma única coluna *in antis* e uma outra na parte posterior. Mais interessante ainda são os dados referentes aos materiais e à construção. O santuário foi saqueado duas vezes no final do século III a.C. e as ruínas revelam indícios de uma restauração precipitada; é provável, porém, que as colunas fossem originalmente de madeira, gradativamente substituída, a exemplo de Olímpia, pela pedra. O material da parte superior das paredes é incerto: provavelmente não era pedra, mas possivelmente madeira. Provavel-

O ESTILO DÓRICO PRIMITIVO 81

mente o entablamento era de madeira até o final e havia métopas de terracota que evidentemente se encaixavam em tríglifos de madeira; as métopas eram pintadas com figuras de pessoas em um estilo arcaico, aparentemente por artistas coríntios, e devem ter-se mantido no lugar no período helenístico, pois uma delas foi repintada nessa época[20]. Havia também algumas antefixas bastante arcaicas e outras em um estilo posterior. Pode-se demonstrar, com base na forma das telhas de cobertura, que o templo contava com um único frontão[21], na fachada principal, ao passo que na fachada posterior o caimento do telhado prolongava-se até o beiral. O santuário continha dois ou três outros templos de construção similar, porém estes não foram até agora adequadamente divulgados; um dos templos possuía tríglifos em terracota[22], cada qual trabalhado, com uma métopa, uma única peça.

Em Cirene, Trípoli, encontrou-se um primitivo templo dórico períptero sob o templo posterior de Apolo. Em sua forma original, datada de aproximadamente 600 a.C., o templo consistia em uma cela sem pórtico, com um ádito interno, cercada por uma coluna períptera (seis por onze). As fundações eram muito rasas e as paredes, com aproximadamente 1,36 m de espessura, eram de pedra somente até uma altura de 76 cm, com o restante construído em tijolos secos ao sol, dos quais foram encontrados alguns vestígios. A largura interior da cela era de aproximadamente 7 m, o comprimento da cela propriamente dita, de aproximadamente 13 m e o do ádito, de aproximadamente 5,7 m. Havia duas fileiras de dezesseis colunas de pedra acaneladas sobre estilóbatos, em cada sala, cinco de cada lado na parte externa e duas de cada lado na interna, as quais sustentavam fileiras superiores de colunas menores em pedra. Foram encontrados fragmentos dos capitéis, bem como do entablamento, que, sabe-se hoje, era de pedra e incluía tríglifos, semelhantes àqueles do templo mais antigo de Afaia em Egina, e uma escultura no frontão. A galeria à direita continha, sob o piso, uma série de receptáculos revestidos em pedra, com tampos de pedra providos de ferrolhos, que lembram os depósitos de Cnosso[23]. A parte central da cela abrigava um poço circular de 60 a 90 cm de diâmetro e cerca de 30 cm de profundidade, que continha cinzas. Foram encontrados telhas e antefixas arcaicas e um belo acrotério de mármore, com a cabeça de uma górgona, foi acrescido no século V a.C. Esse templo não foi incendiado, mas entrou em decadência e, por volta de meados do século IV a.C., seu pteroma foi inteiramente reconstruído e a antiga cela revestida com nova camada de alvenaria. O templo reconstruído foi incendiado no século II d.C. e, na reconstrução que se seguiu, a distribuição interna da cela obedeceu ao sentido do pteroma[24].

Cumpre acrescentar que na arquitetura grega posterior, afora aquela da Etrúria e do Lácio, que serão abordadas no capítulo XII, as arquitraves parcial ou totalmente em madeira eram por vezes combinadas com colunas de pedra. O telhado e o teto da cela eram de madeira em todos os períodos, e assim também o eram os tetos das primitivas colunatas perípteras nas construções dóricas no oeste do Adriático e em Olímpia, até o século IV a.C.[25] A utilização, na mesma escola ocidental, da terracota para revestir[26] e proteger cornijas de pedra também aponta para os modelos em madeira.

CAPÍTULO VI
O estilo dórico do século VI

O número de templos e tesouros[1] dóricos arcaicos que nos legaram vestígios substanciais é muito grande e é impossível abordá-los exaustivamente. O Apêndice II apresenta listagens selecionadas e datadas destas e outras construções gregas e romanas. À parte aquelas já descritas, poucas podem ser localizadas com segurança em uma data anterior a 600 a.C. O templo primitivo de Atena Pronaia, em Delfos, provavelmente pertenceu ao final do século VII, mas somente suas colunas[2], já descritas, chegaram até nós. O templo de Afaia, em Egina, mais antigo, possuía capitéis semelhantes, mas somente podemos falar de sua planta em termos hipotéticos, enquanto um capitel extremamente arcaico descoberto em Tirinto certamente não pode ser atribuído ao templo[3], talvez construído sobre as ruínas do grande mégaron. Mais importante é o grande templo de Ártemis descoberto em 1910 em Garitsa, na ilha de Corfu, a antiga Corcira[4]. Embora tenha sofrido uma destruição quase completa, os vestígios eram suficientes para determinar suas dimensões aproximadas, de cerca de 21 m por 47 m no estilóbato, e para se deduzir que era um octastilo (com oito colunas em seus lados menores, em lugar de seis, o número mais usual) e "pseudodíptero" (ver **73**). O interesse maior da construção reside nas esplêndidas esculturas de seu frontão, uma imensa Górgona ladeada por panteras, com uma tímida introdução de cenas mitológicas nas laterais (Fig. 26). Deve

Fig. 26. Frontão do templo de Garitsa, Corcira (reconstituído pelo dr. E. Buschor: os espaços em branco correspondem à ausência de placas em cada extremidade)

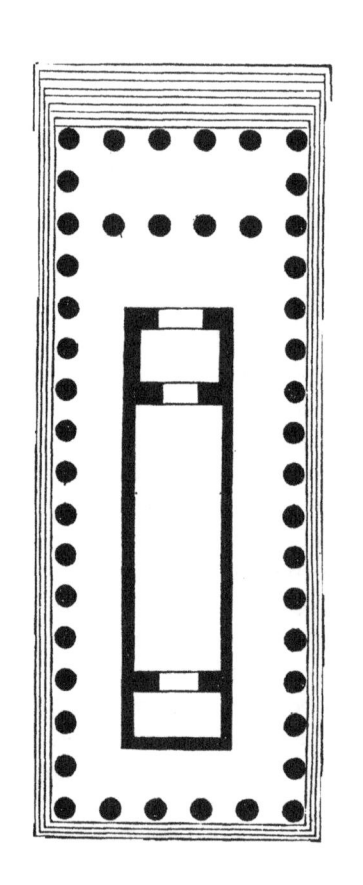

Fig. 27. "Templo C", Selinunte (reconstituição).
(Extraído do *Handbuch der Architektur*, Vol. I, J. M. Gebhardt's Verlag, Leipzig, Alemanha)

datar do início do século VI. Também foram encontrados fragmentos de relevos em pedra, atribuídos à segunda metade do século VII a.C., em meio aos escassos vestígios de um templo dórico construído por sobre o nível mais elevado das ruínas do palácio de Micenas e que, embora se imaginasse pertencerem ao frontão, trata-se provavelmente de métopas[5].

Diversos templos que subsistiram parcialmente, na Grécia propriamente dita e no Ocidente, devem pertencer aos primeiros anos do século VI a.C. Dentre os mais antigos encontram-se dois de Siracusa, o de Apolo ou Ártemis em Ortígia e o Templo de Zeus Olímpio, na margem direita do Anapo. Ambos eram perípteros e hexastilos, sendo que o segundo possuía dezessete colunas nas laterais (seis por dezessete). Jamais tal proporção é encontrada após o século VI a.C., e a tendência geral é de uma redução gradual no número de colunas laterais, até atingirmos o ideal do século IV e do período helenístico, de seis por onze – o número das colunas é, até certo ponto, mas não inteiramente, uma função das proporções gerais da cela. A seqüência, todavia, é bastante irregular, e podemos ver uma distribuição de seis por onze, conforme já vimos (ver **67**), no antiqüíssimo templo de Apolo em Cirene. A esses dois templos de Siracusa podem-se acrescentar o templo de Tarento, do qual somente duas colunas subsistem. Os três perderam seus entablamentos, o que é lastimável, pois o intercolúnio do templo de Ortígia suscita problemas de difícil solução no tocante a seu friso. Tamanha é a proximidade das colunas, sobretudo nas laterais, que dificilmente haveria espaço para o número normal de tríglifos e métopas, por mais que fossem comprimidos. Provavelmente havia tríglifos apenas sobre as colunas, interligados por grandes métopas oblongas, como em um edifício muito antigo de Delfos, cujos vestígios foram enterrados nas fundações do Tesouro de Sícion. Esse templo primitivo era tetrastilo e suas métopas apresentam relevos interessantes; é considerado[6] o mais antigo Tesouro de Siracusa, exatamente a cidade de que estamos tratando, mas provavelmente é sicioniano. Possivelmente, porém, o friso tenha sido omitido por completo em Ortígia, da mesma forma que no templo dórico arcaico posterior de Cadáquio ou Cardaque em Corfu, onde dificuldades semelhantes tiveram origem no fato de o intercolúnio apresentar uma extensão anormalmente grande[7].

Também ao século VI, mas talvez à sua segunda metade, pertence um dos mais grandiosos de todos os templos dóricos arcaicos, o célebre "Templo C" de Selinunte (Fig. 27). Tratava-se de um períptero (seis por dezessete) que media em torno de 24 m por 63 m na estilóbato. A altura da coluna equivalia aproximadamente a cinco diâmetros inferiores. Sua cela era do tipo antigo, desprovida de pórtico e dividida internamente em uma antecâmara, a cela propriamente dita e o ádito; todavia, seu arquiteto obteve o efeito de um pórtico interno por meio de um artifício também verificado no templo de Ortígia e no "Templo F", pouco posterior, de Selinunte. O artifício consiste em uma duplicação da fachada principal da colunata períptera através de uma segunda fileira de colunas exatamente similares e que intercepta as terceiras colunas, a partir das extremidades, das colunatas laterais. O resultado é uma variação do esquema períptero, muito embora as colunas dessa segunda fileira facilmente possam ser confundidas com aquelas de um pórtico prostilo pertencente à cela; o artifício está praticamente confinado à primitiva escola ocidental e constitui a maior aproximação do estilo dórico com os esquemas dípteros jônicos de Éfeso e Samos[8]. Em termos de detalhe, as características mais interessantes de C são as métopas esculturadas e os elementos decorativos em terracota pintada, que incluíam o revestimento de cornijas e uma sima vazada de formato pouco comum (Fig. 28). Uma cabeça de Górgona em terracota, com mais de 2,50 m de altura, da qual foram encontradas algumas lascas no sítio, certamente ornava a parte central de um frontão, mas sua origem foi atribuída a um templo mais antigo, que estaria por sob o atual Templo C. Koldewey e Puchstein defenderam a hipótese de que a cornija inclinada de C encontrava-se com a cornija horizontal a uma certa distância do ângulo da fachada, um desenho curioso para o qual foi descoberto um paralelo, desde então, no templo de Apolo Dafnéforo, em Erétria; quanto ao C, todavia, os testemunhos não são conclusivos[9]. Poderemos observar que a largura dos mútulos acima das métopas é inferior à metade daquelas situadas acima dos tríglifos, que estes têm quase a mesma

Fig. 28. "Templo C", Selinunte (reconstituição)

largura que as métopas e que estas não são quadradas, mas oblongas no sentido vertical. Todas estas são características arcaicas. Arcaicas são também as colunas, com seu fuste de contractura abrupta e seu equino curvo e de grande projeção, com uma profunda moldura encovada na base. Podemos observar os sulcos de colarinho[10], acrescidos em um período posterior, quando a concavidade foi preenchida com estuque.

Fig. 29. "Templo F", Selinunte (reconstituição)

Provavelmente os templos D e F de Selinunte são posteriores ao C. A principal peculiaridade de ambos os templos é a presença, em F, de uma parede-cortina de pedra, revestida de uma forma que sugere uma construção em madeira (Fig. 29), interligada às colunas do pteroma até aproximadamente metade da altura destas.

Cabe observar neste ponto que a colunata externa desses primitivos templos perípteros é tratada com uma liberdade desconhecida aos arquitetos dóricos ulteriores. Trata-se, em parte, de uma característica particularmente ocidental, decorrente da adaptação do esquema hexastilo, plenamente configurado, ao antigo tipo de cela desprovida de pórtico. A fachada hexastila é o complemento natural do pórtico comum *in antis*, que é a regra da Grécia propriamente dita mesmo nas obras mais antigas. As seis colunas correspondem respectivamente às colunas laterais do pteroma, às antas e às duas colunas do pórtico; e ali onde o número de colunas é ímpar, o mesmo se dá com as colunas da fachada do pteroma. O templo de Apolo[11] em Termo (Fig. 20) apresenta uma coluna no pórtico e cinco nas fachadas, enquanto a chamada "Basílica"[12] de Pesto (Fig. 30) apresenta três destas no pórtico e nove (não sete, pois é aproximadamente pseudodíptero) nas fachadas. Um dos resultados dessa correspondência é que nesses templos os pteromas laterais têm a largura aproximada de um ou dois intercolúnios. No caso das celas desprovidas de pórtico e dos tetos em madeira, nada havia para se determinar a posição das colunas do pteroma, mesmo nas fachadas, e os pteromas ocidentais primitivos tendem a se expandir para além da distância ortodoxa de aproximadamente a largura de um intercolúnio a partir das paredes da cela, mas, regra geral, não almejam e nem obtêm uma legítima "pseudodipteralidade", que é a exata *duplicação* da distância normal entre a cela e o pteroma, sem (como no caso dos dípteros) a inserção de uma segunda fileira de colunas no pteroma. No ocidente, com a introdução dos pórticos colunares, quer prostilos, quer *in antis*, começamos a observar uma maior regularidade nas fachadas, além de alguns exemplos de pseudodipteralidade, exata ou aproximada[13], mas isso afeta apenas o comprimento das colunatas laterais e, ainda num período tardio como o século V, na Grécia como no ocidente, a colunata frontal tende, na ordem dórica, a ser mais profunda que as laterais, por razões estéticas e práticas, ao passo que a colunata dos fundos por vezes se iguala àquela das laterais, por vezes à frontal, e algumas vezes apresenta uma profundidade intermediária. No século IV e mesmo depois, os pteromas frontal e posterior são normalmente quer[14] de mesma largura que aqueles das laterais, quer exatamente o dobro dessa largura, ou seja, pseudodípteros.

Nas obras mais antigas, tanto jônicas como dóricas, além disso, a distância entre colunas freqüentemente difere na parte dianteira e nas laterais, e tal diferença por vezes subsiste, de uma forma sutil, no século V, ocorrendo ocasionalmente até mesmo no IV; mas depois do VI, a norma na ordem dórica é uma equivalência aproximada ou absoluta de intercolúnios, exceto para as modificações impostas pelo problema[15] do tríglifo angular e exceto quanto ao alargamento ocasional do intercolúnio da parte central da fachada dianteira: tal equivalência é controlada até mesmo em meados do século VI a.C., no "Templo de Ceres", em Pesto. No estilo jônico primitivo, até onde nossos parcos testemunhos permitem concluir, os intercolúnios da parte frontal diminuem em extensão à medida que se aproximam dos vértices, porém são todos mais extensos que aqueles das laterais[16], ao menos na fachada principal, esquema este que também encontramos no estilo jônico posterior[17]; no dórico, de forma semelhante, os intercolúnios frontal e posterior freqüentemente são mais largos que os laterais, como é o caso do Templo de Hera de Olímpia, o templo de Ortígia, o Templo C de Selinunte e o templo grego de Pompéia, entre as construções mais antigas, e do templo de Corinto e das "Tavole Paladine" de Metaponto, da segunda metade do século VI, e, posteriormente, do templo de Afaia em Egina, templo de Zeus em Olímpia e o templo de Apolo em Basse. Encontramos o esquema inverso, todavia, nos primitivos templos D e F e no G, de transição, em Selinunte, bem como em duas importantes construções do século V, Templo de Zeus Olímpio, em Agrigento, e o "Templo de Poseidon", em Pesto. Em alguns casos as diferenças são sutis.

O ESTILO DÓRICO DO SÉCULO VI 91

Os dois mais antigos templos de Pesto – na costa ocidental da Itália, cerca de 80 quilômetros ao sul de Nápoles –, aos quais já se fez referência, são de um interesse realmente excepcional. O nome grego da cidade era Poseidônia, que era uma colônia da colônia aquéia de Síbaris. A construção mais antiga, conhecida como "Basílica" (Fig. 30), na verdade, ao que tudo indica, um templo dedicado a Poseidon[18], deve datar do início do século VI. Trata-se de um edifício extraordinário. Nada restou acima do nível das arquitraves, exceto parte do antitema da fiada do friso, mas o entablamento provavelmente era semelhante àquele, muito pouco usual, do "Templo de Ceres", ligeiramente posterior. A "Basílica" era um dos templos dotados de uma fileira central de colunas internas e possuía, segundo tem sido observado, um número ímpar de colunas tanto no pórtico (três *in antis*) quanto na fachada (nove), e era quase, mas não exatamente, pseudodíptero. Havia dezoito colunas nas laterais. O templo media cerca de 24 m por 54 m no estilóbato. As colunas internas eram tão grandes quanto aquelas do pteroma, o que é excepcional. As paredes da cela foram em sua maior parte saqueadas, e não é de surpreender que os primeiros estudiosos não conseguissem perceber que se tratava de um templo; todavia, seu grande altar foi descoberto, na posição habitual, opostamente à fachada principal. Havia, provavelmente, um ádito na parte posterior. As detalhadas pecu-

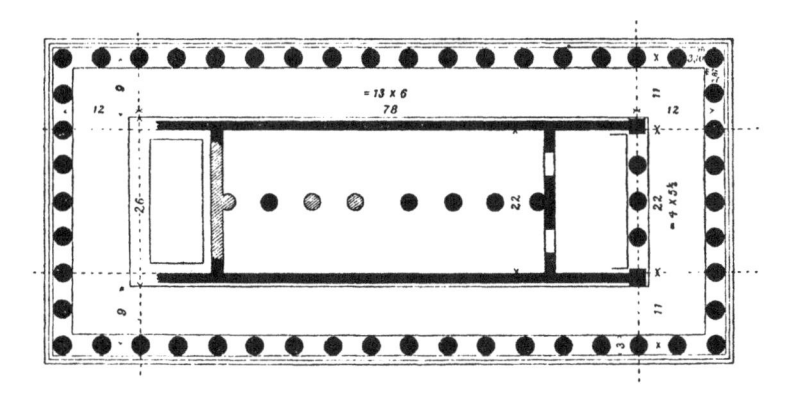

76

Fig. 30. "Basílica", Pesto (reconstituição)

Fig. 30*a*. "Basílica", Pesto, na direção L, entre a segunda e terceira colunas do N na parte O

liaridades de suas colunas (Fig. 30*a*) serão discutidas juntamente com aquelas do "Templo de Ceres"[19], algo mais comuns.

Essa segunda construção está comparativamente bem preservada, e é possível visualizar seu aspecto geral. A Fig. 31 nos mostra sua planta e a Fig. 32 o desenho de uma quina, parcialmente reconstruída de fato e um pouco mais reconstruída no papel, com base nos testemunhos fornecidos por fragmentos tombados[20]. O templo era hexastilo (seis por treze) e media aproximadamente 14,5 m por 33 m no estilóbato; havia provavelmente um pórtico tetrastilo prostilo na extremidade leste da cela, mas nenhum pórtico a oeste. Diz-se que uma base de coluna com molduras simples teria sido encontrada no pórtico: caso pertencesse à construção, talvez se trate de uma rara variante do estilo dórico ou talvez fossem jônicas as colunas do pórtico. Não havia colunas internas. A planta baixa era excepcionalmente meticulosa e regular. As colunas, como aquelas da "Basílica", adelgavam-se abruptamente formando uma acentuada curva, como naqueles desenhos deliberadamente exagerados que ampliam, para os embotados olhos modernos, a êntase, de difícil percepção, do Partenon. As extremidades superiores das caneluras em muitos casos apresentavam uma curvatura voltada para fora e projetada como uma moldura ornamental, acima da qual vinha freqüentemente uma moldura convexa lisa em rodela (como na ordem tos-

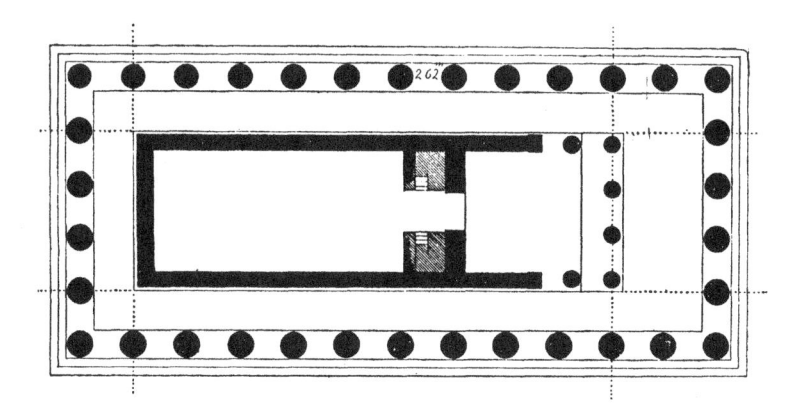

Fig. 31. "Templo de Ceres", Pesto (reconstituição). (Escala 1:300)

Fig. 32. "Templo de Ceres", Pesto (reconstituição parcial)

Fig. 33. "Templo de Ceres", Pesto

cana[21] e, por vezes, na jônica primitiva) e um listel sem caneluras, por vezes entalhado com ornatos delicados. Os capitéis de ambos os templos apresentavam a típica moldura arcaica côncava na base do equino, ocasionalmente preenchida com molduras de folhas entalhadas (Fig. 33); e na "Basílica", a parte inferior do equino era decorada por vezes com ornatos em baixo-relevo. Tal elaboração, que talvez denote uma influência jônica, é muito rara, exceto em Pesto, e está confinada alhures a colunas não-arquitetônicas que servem como pedestais. Tanto na "Basílica" como no "Templo de Ceres", a tênia da arquitrave foi substituída por uma elaborada moldura, com a omissão de réguas e gotas. O friso do "Templo de Ceres" era de construção singular[22]: grandes blocos apoiavam-se em balanço nos trechos da arquitrave acima das colunas e os tríglifos eram encaixados nesses blocos e, um sim outro não, mascaravam uma junta; as métopas eram formadas pela face aparente desses grandes blocos; o antitema era construído de forma semelhante, evitando-se, todavia, a exata correspondência nas juntas. O friso da "Basílica" não compartilhava dessas peculiaridades. A cornija do "Templo de Ceres" era mais estranha ainda. Desprovida de mútulos ou gotas, era decorada na parte inferior, todavia, com uma série de caixotões rebaixados e, em lugar de correr horizontalmente por toda a volta da construção, de sorte a formar, nos lados menores, o piso de um frontão encimado por uma cornija inclinada e isolada, ela se lançava abruptamente para o alto, depois de dobrar as quinas dos lados maiores, de modo que não havia cornija horizontal nas fachadas principais e nem um piso para o frontão. Uma pesada moldura, pouco comum na ordem dórica, corria horizontalmente por toda a volta do edifício, entre o friso e a cornija. É impossível contemplar esse templo fascinante e original sem uma ponta de decepção pelo fato de os arquitetos dóricos posteriores haverem negligenciado as experiências ousadas e concentrado seus talentos surpreendentes na elaboração de sutilezas[23].

Na Grécia continental, o grupo mais importante de construções dóricas primitivas que se conhece está relacionado à acrópole de Atenas. Somente as conhecemos por intermédio das escavações do século XIX, pois muitas foram parcial ou totalmente destruídas durante o século VI a.C. a fim de darem lugar a projetos mais ambiciosos, e quase todas as sobreviventes foram arrasadas e incendiadas pelas tropas de Xerxes. Grande quantidade de seus materiais de construção originais chegaram até nós, a maior parte enterrada nas amplas subestruturas do terraço do Partenon, que se encontravam num estágio bastante avançado antes da invasão persa, mas outra parte embutida na muralha norte da Acrópole.

Um único[24] alicerce importante foi encontrado, o do templo de Atena Pólia (Fig. 34), que estava situado junto ao Erecteu posterior. Os trabalhos de sucessivos estudiosos gradativamente desemaranharam do caos de fragmentos as partes pertencentes a esse templo, e hoje temos um considerável conhecimento de sua

O ESTILO DÓRICO DO SÉCULO VI   97

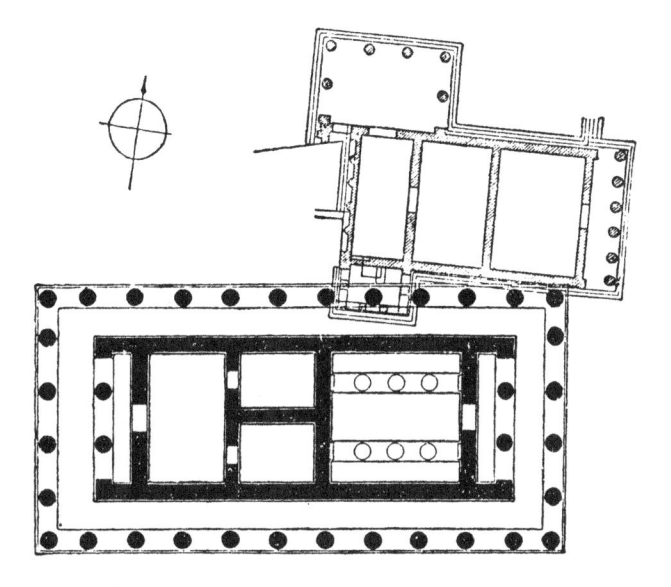

Fig. 34. Templo de Atena Pólia, Atenas (reconstituição), e Erecteu

estrutura e aspecto. O templo ocupava parte do sítio do palácio micênico dos antigos reis de Atenas, a "fortaleza do Erecteu" mencionada por Homero. Alguns vestígios desse palácio chegaram até nós, mas sua interpretação é duvidosa, e é possível que um templo mais primitivo tenha precedido aquele que vamos analisar. Esse templo foi originalmente erguido, a julgar por seu estilo, na primeira metade do século VI a.C. Não era períptero[25], e tinha um verdadeiro pórtico, distilo *in antis*, em cada extremidade, pois era um templo duplo e cada pórtico constituía um pronaos que dava acesso a uma parte da cela. Media aproximadamente 12 m por 33 m. A parte oeste consistia em uma cela atrás da qual havia dois áditos lado a lado, e a parte leste, em uma única cela, aparentemente com duas fileiras de colunas internas, três em cada fileira. Incluindo os pórticos, a construção media aproximadamente 100 pés áticos[26] de comprimento, razão pela qual foi identificado com o "Hekatompedon", ou "templo de 100 pés", conhecido tanto através da literatura como de inscrições, embora tal identificação[27] possa estar equivocada. A parte principal da construção era de poro, um calcário local pouco resistente, mas as fundações eram de pedras mais rígidas, enquanto as métopas, sima e telhas eram de mármore. Os capitéis (Fig. 35) eram bastante arcaicos e dois-terços dos mútulos estavam acima das métopas. O frontões continham esculturas em poro, das quais muito chegou até nós – uma delas exibia a célebre composição de Héracles debatendo-se com o Tritão de corpo de peixe, contrabalançado por um monstro amistoso com três cabeças e corpos humanos, e três caudas de serpente entrelaçadas. Os acrotérios ostentavam panteras e Górgonas, mas sua disposição exata é

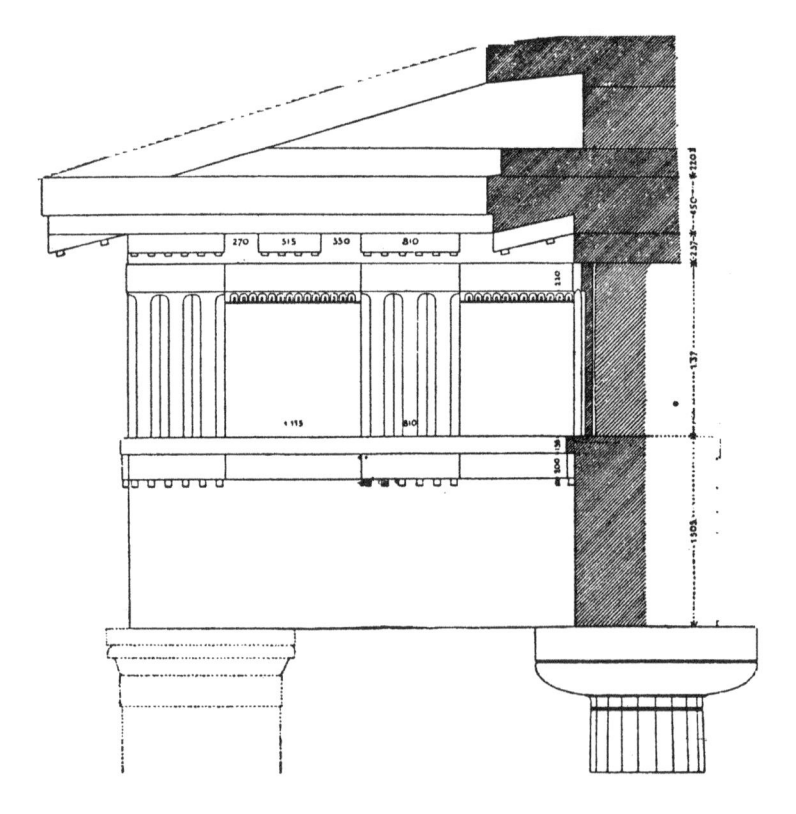

Fig. 35. Templo de Atena Pólia, Atenas, em sua forma mais antiga (vista e corte reconstituídos). (Medidas em metros e centímetros)

duvidosa. A escultura era vivamente colorida e havia muito ornamento entalhado e pintado, até mesmo na face inferior da cornija inclinada, onde se viam grous a voar, encantadoramente representados, como que vistos de baixo. As alterações feitas no templo de Pólia num período mais adiantado do século VI serão descritas[28] posteriormente.

Subsistem fragmentos de cerca de uma dúzia de edifícios arcaicos na acrópole de Atenas e em suas imediações, cujas datas abrangem desde o final do século VII ao último quartel do século VI. Um deles, talvez situado em parte do local posteriormente ocupado pelo Partenon, era provavelmente um templo ainda maior que o de Atena Pólia; mas esse edifício, bem como um seu possível predecessor curvilíneo, serão discutidos de forma mais adequada em um capítulo posterior[29], juntamente com o próprio Partenon. Dentre as outras construções, a mais curiosa era uma que contava com uma abside e talvez com um pórtico tristilo *in antis*, e que aparentemente teria subsistido até Péricles construir seus Propileus em meados do século V a.C.[30]

Duas construções mais arcaicas devem ser descritas antes de considerarmos o movimento que levou, na segunda metade do século VI, à cristalização da antiga liberdade no estilo "canônico" que culminaria nas obras-primas do século V. A primeira é o estranho templo de Asso, na Mísia, cerca de 40 milhas ao sul de Tróia. Trata-se do único exemplar importante do estilo dórico arcaico ao leste do Egeu. A cidade de Asso erguia-se em um promontório de grande altura, um pico do Ida, confrontando ao sul, na direção do golfo de Adramítia, a ilha de Lesbos, e o templo ocupava o ponto mais elevado. Sua planta era extremamente simples – um pronaos distilo *in antis* e uma única cela estreita, sem colunas internas, cercada por um pteroma, seis por treze. Media na estilóbato cerca de 14 m por 30 m. O material utilizado era uma pedra local excepcionalmente rija, não estucada, com a pintura aplicada diretamente na pedra. As colunas do pteroma (as do pronaos estão perdidas) são distintas e difíceis de datar, mas segundo a maioria dos critérios parecem muito arcaicas: são delgadas, mas isso, conforme vimos, pertence a um estilo primitivo conhecido; também são largamente espaçadas. A singularidade

Fig. 36. Templo de Assos (reconstituído). Medidas em metros. (Extraído do *Handbuch der Architektur*, Vol. I, J. M. Gebhardt's Verlag, Leipzig, Germany)

mais notável do templo é a presença de esculturas em relevo nas arquitraves (Fig. 36), tratadas aqui como um friso jônico; tais relevos provavelmente estavam confinados às fachadas e alguns vãos das laterais. As métopas também eram esculturadas, mas provavelmente o mesmo não se dava com os frontões. A datação do templo baseia-se parcialmente em características puramente arquitetônicas e parcialmente no estilo das esculturas. Trata-se de uma obra rudimentar e de caráter imitativo, presumivelmente o resultado de influências atenienses, o que torna o problema singularmente intrincado. A média dos pareceres especializados tende a localizá-lo na primeira metade do século VI, data esta provavelmente correta, embora algumas autoridades importantes situem-no entre 550 e 500 a.C.

Outra obra interessante do início do século VI é o "Tholos" arcaico de Delfos, uma construção períptera circular com um friso dórico – um elo entre a moradia circular pré-histórica e uma longa sucessão de fascinantes construções, a mais célebre das quais situada às margens do Tibre, em Roma[31].

Dentre as estruturas dóricas de transição pertencentes à segunda metade do século VI, talvez as mais importantes, no ocidente, sejam o "Templo de Hércules", em Agrigento, e o "Templo G", em Selinunte, enquanto na Grécia propriamente dita, o templo de Corinto, a reconstrução em forma de períptero do templo de Pólia, em Atenas, e o templo dos alcmeônidas em Delfos – todavia, o volume de material é atualmente de uma vastidão extrema.

O "Templo G", em Selinunte (antes chamado "T" e provavelmente um templo de Apolo) é de excepcional interesse (Fig. 37). Foi planejado em uma escala colossal e sua construção prolongou-se por tanto tempo que são grandes as diferenças de estilo, como em uma catedral medieval, entre suas partes mais antigas e mais recentes, o que é especialmente perceptível no pteroma. Único entre as construções dóricas arcaicas, é pseudo-díptero[32] em um sentido bastante estrito e é possível que o arquiteto almejasse, como certamente o almejavam os arquitetos do período helenístico, criar uma falsa aparência de dipteralidade. O Templo G é um dentre a meia dúzia de gigantes da arquitetura devocional grega. Tinha aproximadamente as mesmas dimensões, medidas na estilóbato, que as formas do templo efésio de Ártemis dos séculos VI e IV, a forma do Templo de Hera de Samos, do final do século VI, o Templo de Zeus Olímpio, em Agrigento, do século V, o Templo de Ártemis ou Cibele, em Sárdis, do século

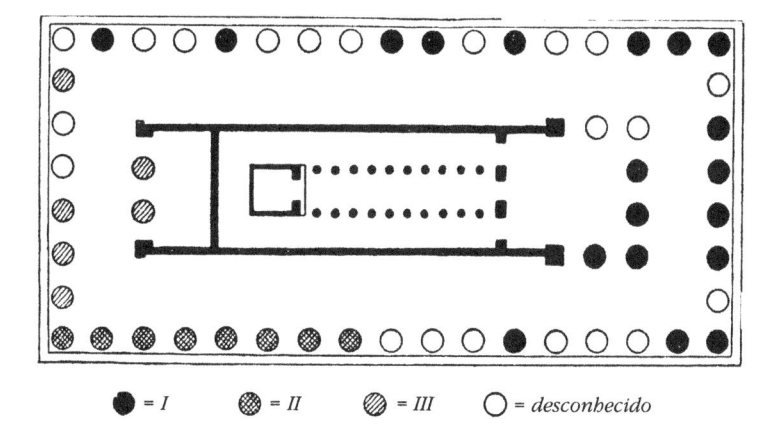

Fig. 37. "Templo G (T)", Selinunte

IV, e o templo helenístico de Apolo Didimeu, próximo a Mileto, cujas dimensões variavam de aproximadamente 48 m a 54,5 m por aproximadamente 13 m a 112 m. O Templo de Zeus Olímpio, de Atenas, planejado, talvez, como um díptero jônico por um tirano ateniense, levado adiante em estilo coríntio por um rei helenístico e concluído por um imperador romano, tinha o mesmo comprimento que esses edifícios, porém era mais estreito. Fala-se muito da megalomania de Roma: não nos devemos esquecer, no entanto, que nem em seus empreendimentos mais ousados os romanos planejaram um templo maior em termos de área do que estes e que os maiores templos antigos eram pequenos se comparados a algumas igrejas medievais e renascentistas. Devemos, porém, retornar ao Templo G, que media cerca de 50 m por 110 m. Aparentemente teria sido projetado para possuir um pórtico prostilo na face oriental, uma cela e um ádito fechado. O pteroma e o pórtico orientais, estritamente arcaicos, foram executados segundo a planta; no século V, porém, quando da construção da extremidade ocidental, a moda havia mudado e os novos arquitetos insistiram em erguer um opistódomo aberto, com duas colunas *in antis*, sobre as fundações do ádito. As necessidades religiosas foram atendidas pela construção de um pequeno santuário no interior da parte ocidental da naos. Encontramos compromissos algo semelhantes entre arte e religião no "Templo de Hércules", em Agrigento, e no templo de Afaia[33], em Egina, do início do século V. As colunas mais antigas e as mais recentes (Fig. 38) formam um admirável contraste: as primeiras são mais delgadas, com um equino projetado e profundamente côncavo na base. Encontramos essa mesma forma côncava em um tipo intermediário existente na parte oeste do pteroma sul, mas que não está presente nos capitéis do século V. Na planta (Fig. 37), as colunas mais antigas e as mais recentes estão assinaladas com os algarismos *I* e *III* respectivamente, e as do tipo intermediário, com *II*. O "Templo G" possui uma dupla fileira de colunas internas, comparativamente tão pequenas que é provável que sustentassem mais de uma fileira superior de colunas.

O templo de Apolo em Corinto, o templo reconstruído de Atena Pólia e o templo dos alcmeônidas em Delfos formam um

(a) (b)

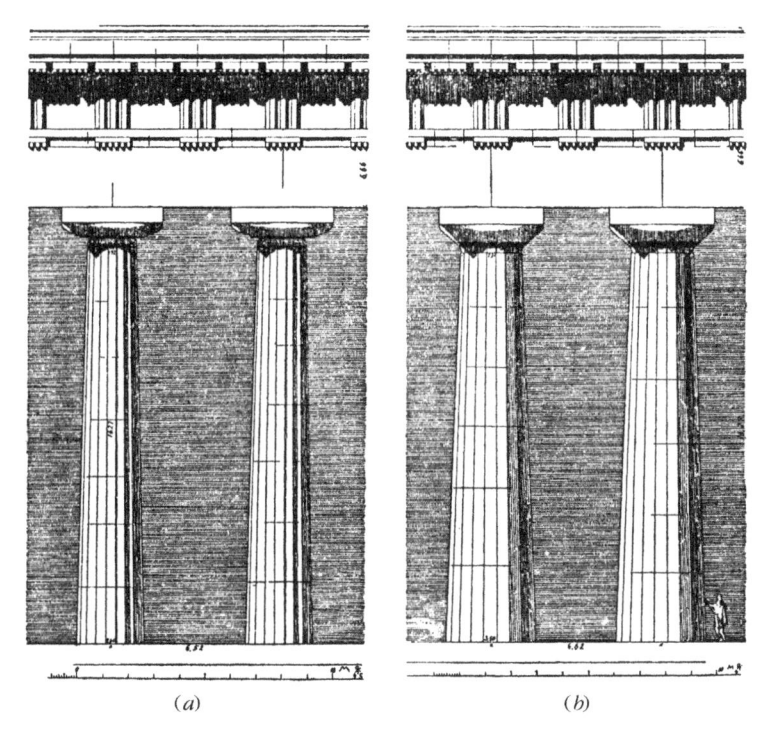

Fig. 38. "Templo G (T)", Selinunte: colunas (*a*) mais antigas, (*b*) mais recentes (reconstituídas)

grupo de estruturas perípteras hexastilas estreitamente relacionadas em termos de estilo. O templo coríntio é provavelmente o mais antigo dos três, mas até recentemente sua idade era muito exagerada e ele é por vezes situado nos quadros cronológicos dos templos dóricos como imediatamente posterior ao Templo de Hera de Olímpia. Suas colunas espessas e pesadas, de altura equivalente a cerca de $4^{1}/_{3}$ diâmetros inferiores, embora sugiram vagamente antiguidade, não são, na verdade, uma característica muito primitiva, e seus capitéis não podem datar de um período mais recuado que o século VI a.C. Os fustes das colunas são monolíticos, mas esse método de construção, embora primitivo, não desaparece até o século V a.C.[34] Havia dois pórticos *in antis*, provavelmente um pronaos e um opistódomo, além de um ádito atrás da cela. As colunas laterais somavam quinze e a construção media cerca de 21 m por 53 m na estilóbato. Do entablamento, apenas alguns frisos e terracotas chegaram até nós.

Bem maior é o conhecimento que temos acerca da forma de períptero do templo de Atena Pólia (seis por doze), muito embora sequer uma pedra haja restado acima de suas fundações. Provavelmente foi iniciado por Pisístrato em meados do século VI e concluído por seu filho Hiparco, vinte ou trinta anos mais tarde, e media aproximadamente 21 m por 43 m no estilóbato. Constituía, na maioria dos aspectos, uma típica estrutura primitiva canônica, desprovida das singularidades de seu predecessor, do qual somente as paredes sobreviveram à reconstrução. Foi construído em pedra calcária mais resistente, porém fazia quase idêntica economia no uso do mármore. A decoração dos frontões, todavia, era nesse material: o ornamento mais importante representava uma magnífica batalha entre deuses e gigantes, em cujo grupo central via-se Atena aniquilando um gigante. É possível que determinados fragmentos remanescentes de relevos em mármore tenha pertencido a um friso jônico contínuo que substituiu, quando da reconstrução, o antigo friso de tríglifos em derredor da cela; por mais atraente que possa parecer essa teoria (porquanto transforma esse templo em um modelo do Partenon), existem dificuldades técnicas, e muitos arqueólogos a rejeitam[35]. É provável que, em sua forma de períptero, esse templo contasse com pórticos jônicos tetrastilos prostilos, de modo que a Fig. 34 provavelmente deveria ser modificada nesse sentido. O destino desse velho templo depois de 479 a.C. é objeto de controvérsia. Dörpfeld sustenta que teria sido reformado às pressas, sem seu pteroma, quando da partida dos persas, e que assim permaneceu até a era cristã, bloqueando a fachada sul do Erecteu posterior, com seu encantador Pórtico das Donzelas. O interesse fundamental do problema reside em seu aspecto histórico, e é extremamente intrincado[36]. É provável que o antigo templo tenha sido efetivamente reconstruído, como pressupõe Dörpfeld, mas talvez destruído afinal por um incêndio (registrado por Xenofonte) em 406 a.C., imediatamente após a conclusão do Erecteu. Talvez vinculado à reconstrução desse templo pelos pisistrátidas, mas datado, provavelmente, do início do século V, temos a versão primitiva dos

Propileus da acrópole de Atenas: uma estrutura de mármore simples e elegante que consistia, em essência, de dois pórticos dóricos distilos *in antis*, à frente e na retaguarda de um grande portão na muralha da fortaleza.

O templo construído pelos alcmeônidas em Delfos adquire particular interesse devido a seu vínculo com a política ateniense, e por referências à sua construção tanto por Píndaro como por Heródoto. Caiu em ruínas, talvez devido às chuvas e afundamentos, e foi reconstruído entre 370 e 330 a.C., mas sua localização em um estreito terraço artificial em um santuário situado em uma encosta repleta de monumentos forçou os arquitetos posteriores a seguirem de perto as linhas da construção anterior. Os escavadores franceses estabeleceram os principais fatos acerca do templo do século VI. Seu predecessor, tradicionalmente o quarto templo, foi incendiado em 548 a.C., na noite da queda do grande benfeitor de Delfos, Creso, da Lídia, e logo teve início a nova construção. Tratava-se de um hexastilo (seis por quinze), medindo aproximadamente 24 m por 59 m no estilóbato, originalmente projetado para ser inteiramente em pedra calcária, exceto os degraus, os ortostates, a cornija e as telhas de junção, que deveriam ser em mármore. Em 513 a.C., os alcmeônidas, exilados de Atenas, se puseram à testa da obra e arrecadaram fama e admiração por empregarem o mármore além do que previa seu contrato, ou seja, também na arquitrave, no friso e no frontão da extremidade leste, e nas duas colunas do pórtico leste. Não há a menor comprovação arqueológica de que qualquer uma das colunas do pteroma alguma vez tenha sido em mármore, mas este foi utilizado nos ornamentos da porta leste e no piso e nas colunas internas. São estes os fatos que justificam a declaração de Heródoto (v, 62) συγκειμένου σφι πωρίνου λίθου ποιέειν τὸν νηόν, Παρίου τὰ ἔμπροσθε αὐτοῦ ἐξεποίησαν: "embora seu contrato se resumisse à construção do templo em poro, eles empregaram mármore de Páros no acabamento da fachada". O templo foi concluído em 205 a.C.

Outra construção dórica do século VI de sumo interesse – a Sala dos Mistérios, de Elêusis – será descrita mais adiante[37], enquanto algumas obras dóricas do fim do século VI que revelam uma forte influência jônica serão mencionadas no fim do capítulo seguinte.

CAPÍTULO VII
O estilo jônico arcaico

O templo de Assos já nos transportou para além da Europa, e chega o momento de nos voltarmos para os principais exemplares remanescentes do estilo jônico, o autêntico estilo da Grécia asiática. Contamos com consideráveis vestígios de dois imensos templos de primeira linha, o de Ártemis, de Éfeso, e o de Hera, de Samos, além de vestígios do que talvez fosse uma imitação interrompida destes iniciada na época dos pisistrátidas, em Atenas; também em Samos encontram-se ruínas de uma grande construção períptera, contemporânea da forma díptera primitiva do templo de Hera. Temos também um conhecimento quase completo de um tesouro jônico em Delfos, o de Sifno, e importantes elementos de outros três no mesmo precinto ou em suas proximidades. Em Delos e outras ilhas contamos com vestígios mais escassos de pequenas construções do mesmo tipo e de algumas em escala consideravelmente maior, como por exemplo um templo não-períptero em Naxos, aparentemente jamais concluído, que media em torno de 12,5 m por 34,5 m. Do porto comercial grego de Náucratis, no delta do Nilo, temos alguns fragmentos muito específicos. Muito pouco se tem no Oriente; a forma mais primitiva do templo jônico[1] em Locros Epizefíria, no sul da Itália, aparentemente não nos legou detalhes arquitetônicos.

Somos afortunados por contarmos com tantos elementos do penúltimo e último estágios do templo efésio de Ártemis, pois em ambos esses estágios os arquitetos foram pioneiros e sua obra serviu de modelo. Não estamos tratando, no presente capítulo, do templo do século IV, que sobreviveu até o ocaso do paganismo, mas de seu predecessor imediato, que Creso da Lídia (segundo o provam a tradição e as inscrições) ajudara a erguer antes de sua derrota para Ciro, da Pérsia, em 546 a.C. Essa construção normalmente é denominada templo de Creso – denominação criticada, mas conveniente demais para a abandonarmos. O edifício foi incendiado no século IV a.C., mas suas fundações e uma pequena parte de sua superestrutura foram mantidos como uma subestrutura para o novo templo, cujo piso foi elevado cerca de 2 metros. Esse aumento de altura exigiu o acréscimo de degraus por toda a volta, e para sustentar essa extensão, implantou-se uma pequena pilastra de pedra calcária defronte a cada coluna do pteroma e entre elas foi afixada boa parte dos detalhes decorativos do templo incendiado. Nosso conhecimento remonta a um período mais recuado que o do templo de Creso, pois as escavações mais recentes, conduzidas por Hogarth, revelaram três estruturas sucessivas mais antigas. A mais primitiva (talvez do século VII) consistia em uma base de estátua que encobria um maravilhoso depósito subterrâneo de moedas, ornamentos e objetos em marfim – essa base continuou, até o final, a sustentar a estátua principal da deusa no centro exato dos templos posteriores. Defronte a essa base havia uma plataforma separada, talvez para um altar. Posteriormente essas estruturas foram reunidas e ampliadas, mas não sabemos em que ponto um templo genuíno foi erguido inicialmente, pois não temos vestígio algum de nenhuma superestrutura mais antiga que a do templo de Creso[2]. O templo estava enterrado bem fundo: mesmo o piso em ruínas do templo do século IV encontra-se 4,5 m abaixo do solo aluvial. As sondagens mais profundas envolveram difíceis operações de bombeamento.

O templo de Creso propriamente dito foi um empreendimento de monta, executado com uma liberdade e uma variedade que lembram a arquitetura medieval. O degrau superior media mais de 54,5 m por aproximadamente 109 m e a cela era circundada por um pteroma duplo formado por enormes colunas – a fileira exterior compunha-se de oito[3] nas fachadas e vinte ao longo das laterais. O eixo, como de hábito, corria na direção leste-oeste, mas o acesso, contrariando a norma, dava-se pelo oeste[4]. As colunas eram de mármore maciço, mas o cerne das paredes, revestidas também com mármore, era em calcário. Havia um profundo pronaos *in antis*, que provavelmente continha oito colunas em quatro pares e haveria ainda ou um ádito ou um opistódomo. É provável que existissem colunas internas, mas sua localização é hipotética: Plínio, o Velho[5], afirma que havia um total de 127 colunas, mas é possível que tal fosse verdadeiro apenas no caso do templo do século IV. A planta da Fig. 39 reproduz a tentativa de Henderson de tomar por base os dados fornecidos por Plínio. Quanto à aparência do conjunto, é impossível formarmos uma idéia adequada, uma vez que nos faltam dados essenciais. Desconhecemos a altura das colunas e praticamente nada conhecemos acerca do entablamento, à parte algumas lascas da cornija e da moldura em óvalo-e-dardo sobre a qual repousava, exceto a sima de mármore, que era um imenso parapeito, decorado em relevo como um friso e provida de gárgulas em forma de cabeças de leão. O ângulo do frontão foi deduzido com base unicamente em um fragmento duvidoso. É possível que não houvesse friso, mas, neste caso, provavelmente haveria dentículos. As arquitraves (totalmente perdidas) precisavam cobrir[6] enormes vãos. Se o intercolúnio central das fachadas frontal e posterior (a exemplo

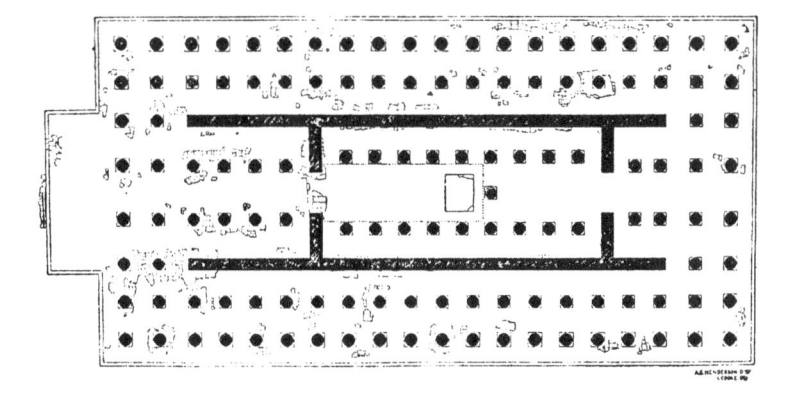

Fig. 39. Templo de Ártemis, Éfeso (reconstituição), século VI

ELEVAÇÃO

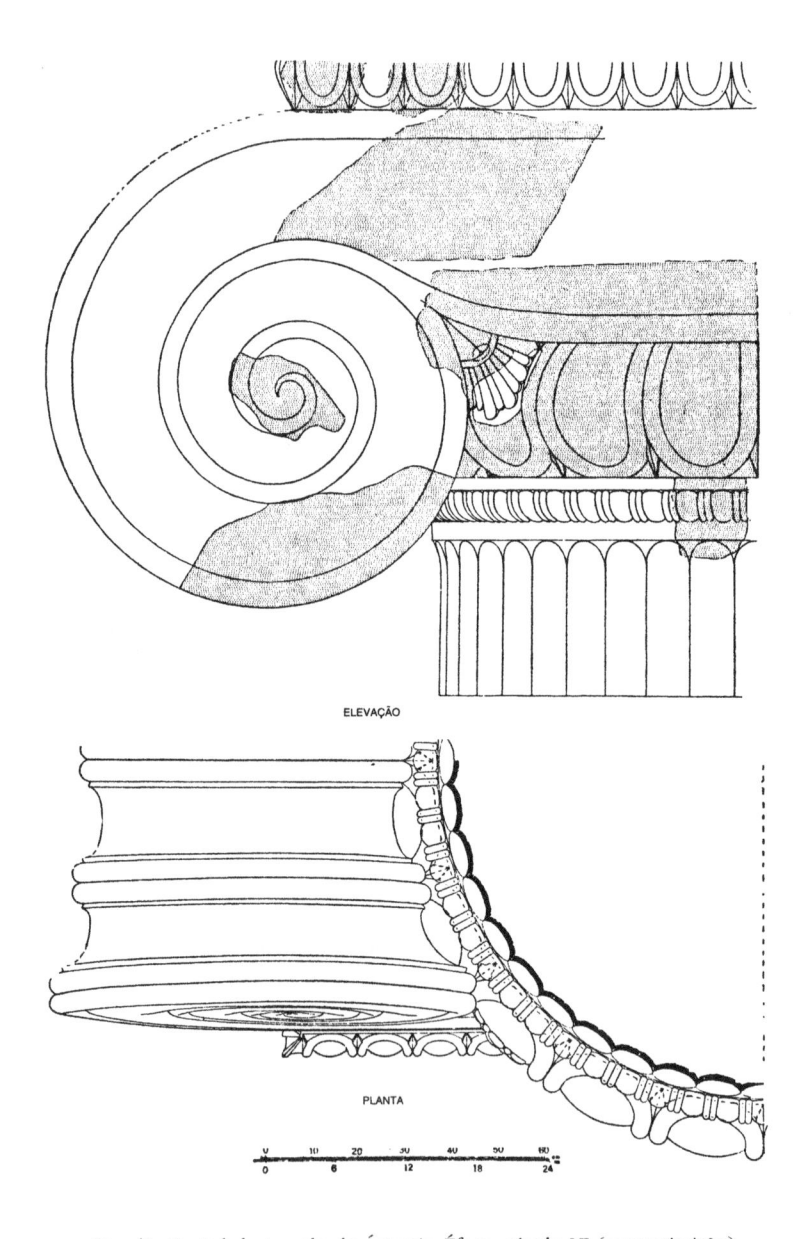

PLANTA

Fig. 40. Capitel do templo de Ártemis, Éfeso, século VI (reconstituição)

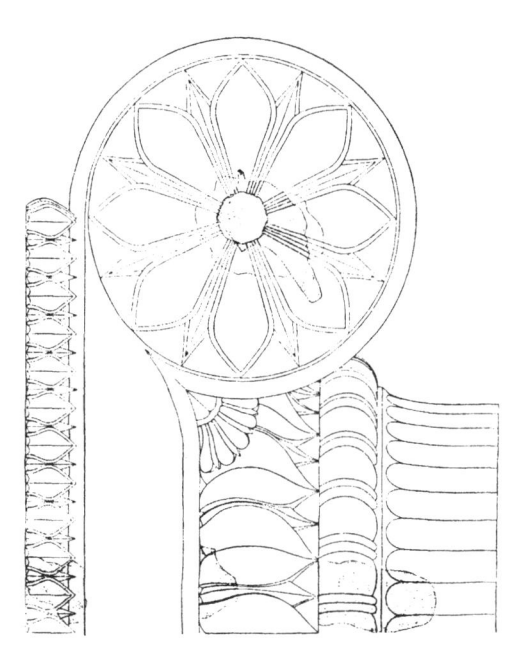

Fig. 41. Capitel do templo de Ártemis, Éfeso, século VI (reconstituição)

de Samos) era maior que os outros, a distância entre as colunas centrais de eixo a eixo devia ser de aproximadamente 8,5 m e o vão livre, de mais de 6,5 m – em todo caso, as dimensões deviam se aproximar desses números; nas laterais, a distância interaxial era de aproximadamente 5,15 m. Exceto no que diz respeito à altura, muito conhecemos acerca das colunas. As bases (Fig. 42) revelam um estágio primitivo daquela forma do tipo asiático[7], que posteriormente se tornaria ortodoxa, salvo em Atenas, isto é, apoiadas em plintos quadrados. Os capitéis tinham, em sua maior parte (Fig. 40), a mesma forma geral dos capitéis clássicos, dos quais diferiam principalmente na ampla saliência voluta, no fato de possuírem no canal uma superfície convexa, na ausência de um botão ou "olho" no centro da espiral, na forma oblonga do ábaco e no caráter geral arcaico tanto dos perfis quanto dos entalhes ornamentais das molduras. Em determinados capitéis (Fig. 41) as espirais das volutas foram substituídas por rosetas, enquanto em algumas colunas o óvalo-e-dardo do ábaco e o toro convexo da base foram substituídos por molduras lésbias com ornatos em folha – provavelmente as mesmas colunas que ostentavam rosetas. É provável que essas colunas fossem variações excepcionais do padrão tradicional. Os fustes possuíam de 40 a 48 caneluras rasas, por vezes alternadamente largas e estreitas, com bordos vivos bem marcados, ao estilo dórico. Algumas colunas exibiam figuras em relevo entalhadas em seus tambores da base (Fig. 42)[8]; havia também alguns pedestais quadrados, entalhados de modo semelhante. Há registros dos nomes de vários arquitetos, mas é obscura a sua relação com as diferentes épocas.

Fig. 42. Base e tambor entalhado do templo de Ártemis, Éfeso, do século VI (segundo anteriormente reconstituídos no Museu Britânico). (Extraído do *Handbuch der Architektur*, Vol. I, J. M. Gebhardt's Verlag, Leipzig, Alemanha)

O templo de Hera de Samos era igualmente célebre e, sob certos aspectos, está mais bem preservado, embora ainda não tenha sido publicado na íntegra. Heródoto[9] identifica Reco de Samos, que esteve a serviço de Creso, como seu primeiro arquiteto, e parece sugerir que o templo original ainda estava em pé no seu tempo. Pausânias[10], todavia, registra um incêndio persa, após o qual o santuário continuava sendo uma maravilha para os olhos. Escavações recentes comprovaram que o templo de Reco foi incendiado e que teve início uma completa reconstrução, cerca de 40 m a oeste, provavelmente conduzida por Polícrates, na segunda metade do século VI. Boa parte dos detalhes do templo mais antigo foi recuperada das fundações posteriores – assemelha-se à construção posterior, mas é menor e mais harmonioso[11]. O templo posterior (Fig. 43), que media por volta de 54 m por 111 m no estilóbato, é do mesmo tipo geral que o templo de Ártemis; era díptero nas laterais, tríptero nas extremidades, e tinha 133 colunas, dez das quais situadas no pronaos. A fileira externa tinha vinte colunas por oito, à exceção da face posterior, onde havia nove colunas em cada fileira, nitidamente um recurso para reduzir o vão livre das arquitraves; na parte da frente o espaçamento era graduado a partir do centro, com a medida interaxial maior de aproximadamente 8,5 m. A cela tinha cerca de 23 m de largura e jamais contou com um telhado propriamente dito, embora seu predecessor menor aparentemente tivesse um. É possível distinguir duas datas entre as colunas: as dez do pronaos e as doze à sua frente são anteriores, e apenas suas bases e capitéis eram de mármore; as restantes, que parecem helenísticas, também apresentavam fustes de mármore e o trabalho jamais chegou a ser efetivamente concluído. Os fustes do primeiro templo eram semelhantes àqueles do templo de Ártemis erguido por Creso, enquanto os do templo posterior apresentavam as caneluras jônicas habituais; muitos, todavia, não chegaram a receber caneluras. Alguns, ao menos, apresentavam um estreito colarinho liso, separado do equino do capitel por um filete. As formas dos capitéis assemelhavam-se àqueles ortodoxos de Éfeso, exceto em que as volutas se projetavam tanto que caíam a grande distância do equino, o qual fazia parte, estruturalmente, do fuste, com um en-

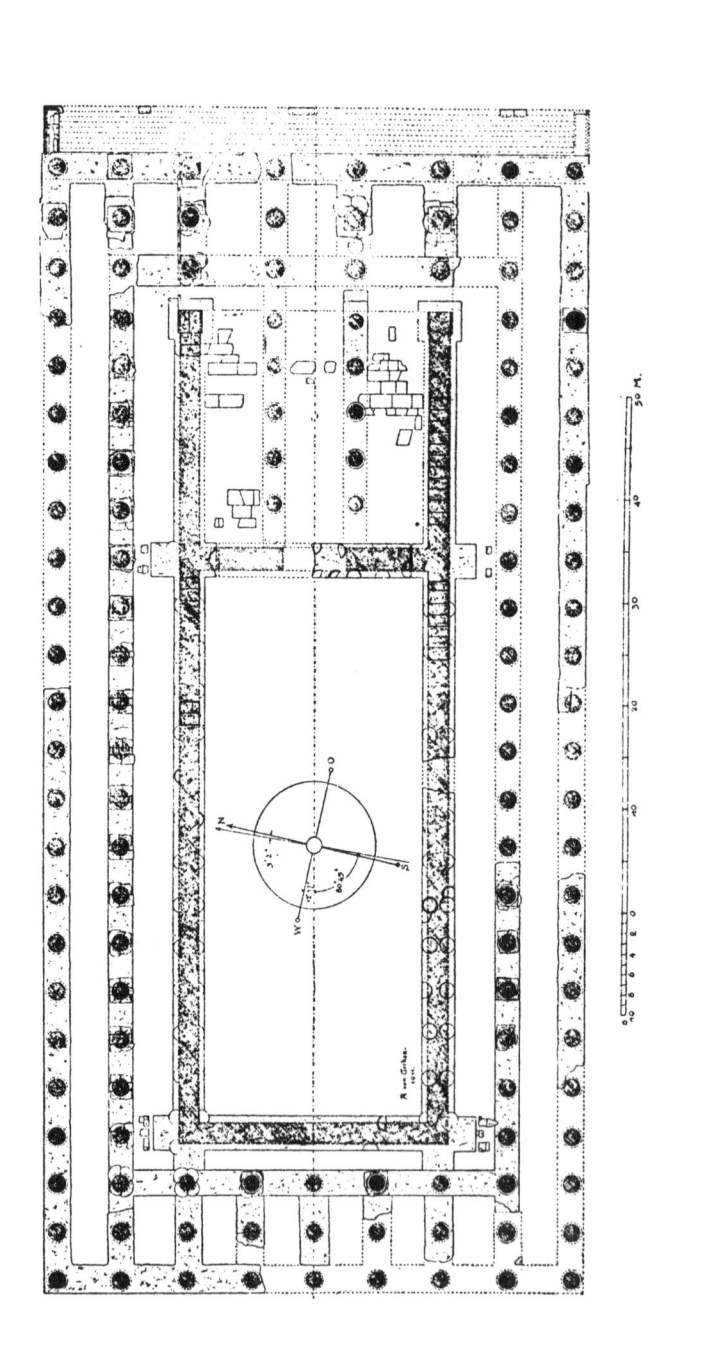

Fig. 43. Templo de Hera, Samos (reconstituição)

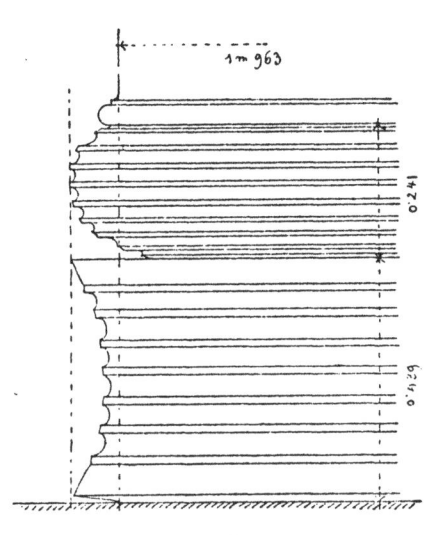

Fig. 44. Base de coluna do Templo de Hera, Samos. (Extraído do *Handbuch der Architektur*, Vol. I, J. M. Gebhardt's Verlag, Leipzig, Alemanha)

caixe preciso *acima* do mesmo, um fenômeno raro[12], pois normalmente o equino tem somente uma existência parcial ou teórica abaixo das espirais sobrependentes, entalhadas no mesmo bloco. As bases (Fig. 44) já foram mencionadas como possíveis inspiradoras do tipo ático[13]. Pouco foi publicado com respeito ao entablamento.

Se corretamente interpretado, o períptero independente conhecido como "Construção Sul", em Samos, já mencionado, era bastante estranho. Foi construído por Reco, media aproximadamente 7,5 m por 15 m no estilóbato e seria um períptero (provavelmente 9 por 18), não fosse a completa omissão das nove colunas da fachada. Existia um pronaos de grande profundidade e uma única fileira central de colunas internas no pronaos e na cela. Buschor intuía que fosse um Odeom ou Auditório Musical[14].

Os templos de Náucratis merecem uma descrição especial. As fundações remanescentes consistem principalmente em simples retângulos desprovidos de pórticos, com ou sem divisões internas; um deles, porém, (aquele dos Dióscuros), possuía um pórtico de pouca profundidade separado da cela por pilares livres e embutidos, num esquema semelhante àquele do templo de Atena Nikê, em Atenas[15]. Eram todos construídos em tijolos secos ao sol revestidos com argamassa; além dos Dióscuros, também Hera e Afrodite possuíam templos identificáveis, enquanto os poucos detalhes arquitetônicos remanescentes parecem pertencer, sem exceção, a um templo desaparecido dedicado a Apolo. Os fragmentos se enquadram em dois grupos, o mais antigo dos quais, em pedra calcária, reproduzido na Fig. 45, talvez pertença ao início do século VI e inclui-se entre os mais antigos elementos puramente jônicos encontrados; o grupo mais recente, de mármore, não pode ser discutido aqui. Em algumas das colunas mais antigas, um largo colarinho ornado com um padrão de lótus em baixo-relevo adornava a parte superior do fuste – entre o topo das caneluras e o astrágalo de remate, de largura fora do comum e que sustentava um imenso equino em óvalo-e-dardo – exibindo uma forma pendente, arcaica, que faz lembrar a moldura de Neandria. Acima deste, Petrie reconstituiu uma pesada moldura convexa. As espirais, tal como em Samos, caíam a grande distância do equino, porém o único fragmento da voluta encontrado foi destruído por nativos antes que pudesse ser fotografado. Tais colarinhos ornamentais são raros mas não excepcionais. Ocorrem também (conforme vimos) nos capitéis dóricos arcaicos de Pesto[16]; no âmbito jônico são encontrados em Locros, no Erecteu de Atenas, no monumento às Nereidas em Xantós, na Lícia, e em obras romanas. Verifica-se a ocorrência de colarinhos não-decorados em Samos, e os exemplares jônicos podem talvez ser tratados como pertencentes ao grupo sâmio, distino da escola de Éfeso, mais influente. As porções inferiores da coluna de Náucratis, se corretamente reconstituídas, eram estranhas: a base não diferia daquelas de Samos, muito embora apresentasse molduras volumosas e um tanto incomuns, mas entre a base e o fuste vêem-se dois elementos cônicos lisos, o inferior com um ligeiro adelgamento e o superior com um mais acentuado. O efeito é o de um fuste delgado artificialmente adaptado a uma base projetada para um fuste mais grosso, como em algumas das colunas furtadas das primeiras igrejas cristãs.

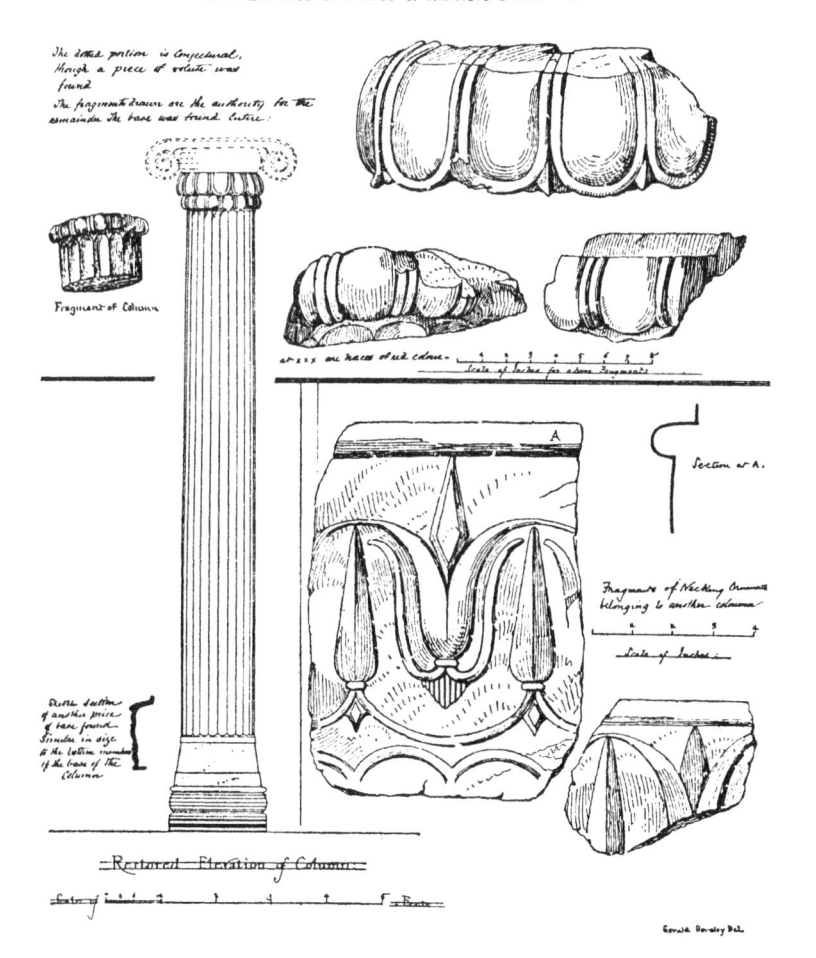

Fig. 45. Templo de Apolo, Náucratis

O tesouro de Sifno, em Delfos[17] (Lâm. IIIa) é de longe, para todos os efeitos, a construção jônica arcaica mais bem preservada, muito embora pouca coisa além de suas fundações se mantenham *in situ*. É também a mais familiar aos turistas do norte, uma vez que uma réplica reconstituída de sua fachada reconstituída, imperfeita em termos de detalhe, porém não equivocada em essência, foi, por longo tempo, uma presença marcante na pinacoteca do Louvre. Era uma dentre quatro construções délficas similares, todas em mármore, três delas localizadas no grande santuário e uma no precinto de Atena Pronaia (a moderna Marmaria), ligeiramente afastada a leste. As quatro são distilos *in antis*, mas dividem-se em dois grupos, diferenciados pelo caráter de seus apoios livres. Nos tesouros de Cnido e Sifno as colunas foram substituídas por figuras femininas do familiar tipo arcaico conhecido como *kore* ou donzela: as figuras femininas utilizadas com essa função eram conhecidas na antigüidade como cariátides. Os outros dois, talvez os de Clazômenas e Massália (a moderna Marselha), apresentavam colunas com bases jônicas, mas caneluras dóricas e capitéis com motivo de palmas ligeiramente semelhantes a um tipo egípcio bastante conhecido. É de lamentar que de cada par o mais recente esteja mais bem preservado, uma vez que ao menos o de Sifno, em que pese todo seu encanto, tem como defeito um excesso de elaboração, numa tentativa quase vulgar de ofuscar uma obra-prima mais antiga e mais simples. Os tesouros de Sifno e Massália mediam, cada qual, cerca de 6 m por 8,5 m. É nessas pequenas construções, desprovidas, todavia, do capitel jônico, que deparamos pela primeira vez com os caracteres proeminentes da ordem jônica, notadamente as molduras de rodapé ao longo das paredes, consolos, o friso contínuo esculturado e a profusão de ornatos entalhados. No tesouro de Sifno, um grande astrágalo corria por toda a parte externa da base das paredes, bem como pela parte interna do pórtico; o de Massália apresentava, neste local, uma grande moldura convexa, com sulcos horizontais, exatamente como o elemento situado no topo de uma base jônica asiática. Os consolos – suportes em forma de volutas – são empregados para dar sustentação aos lintéis das portas. Poucos elementos decorativos da arquitetura antiga conheceram êxito mais prolongado, e é possível que este seja mais familiar como o suporte da ornamentação da lareira vitoriana em mármore. Esses consolos primitivos, no entanto, apresentam uma única torcedura em espiral, na parte inferior, enquanto os consolos clássicos normalmente têm[18] duas torceduras, em direções opostas. Não se observa a presença de dentículos nesses tesouros, fato este cujo significado já foi apontado[19]. O tesouro de Sifno, ao menos, ostentava frontões esculturados, o que é raro no estilo jônico; as esculturas são tratadas de forma curiosa, em relevo na parte inferior e livres na parte superior. A arquitrave era lisa, como no estilo dórico, não dividida em faixas[20] e com a altura reduzida ao longo das laterais. Os dois pares de cariátides erguiam-se sobre pedestais com molduras e ambas traziam elaborados capitéis entre as cabeças e as arquitraves. Em cada caso, se ignorarmos algumas molduras menores, um elemento cilíndrico (*polos*), com figuras em relevo, era encimado por uma espécie de equino bastante saliente, e este por um ábaco; em todos, o equino era entalhado. Todos esses entalhes, todavia, eram mais vívidos no tesouro de Sifno, especialmente no equino, onde o escultor mais antigo satisfez-se com um padrão de folhas abrindo-se em leque, enquanto o posterior, de maneira um tanto imprópria, talhou em alto relevo dois leões trucidando um cervo. Quanto ao resto, uma fotografia da reconstituição francesa do tesouro de Sifno (Lâm. III*a*) deve falar por si mesma. Suas principais imperfeições comprováveis, reveladas por investigações ulteriores, são as seguintes: (1) a posição do astrágalo ao rés do chão, que deveria percorrer a parte interna do pórtico; (2) a inclusão de alguns detalhes pertencentes ao tesouro de Massália; (3) a exagerada pouca altura das antas e cariátides, além da excessiva delgadeza das antas; (4) o exagero na pouca altura e na estreiteza da porta, que, na verdade, era emoldurada pelo mesmo padrão decorativo em todos os quatro lados, incluindo o rodapé. Os dois outros tesouros eram, em geral, muito semelhantes, mas apenas o de Massália está bem preservado, ou permite ser associado a fundações definidas – talvez tenha-se convertido, em uma época posterior, no tesouro de Roma. Somente as colunas precisam ser discutidas aqui. Eram providas de típicas bases

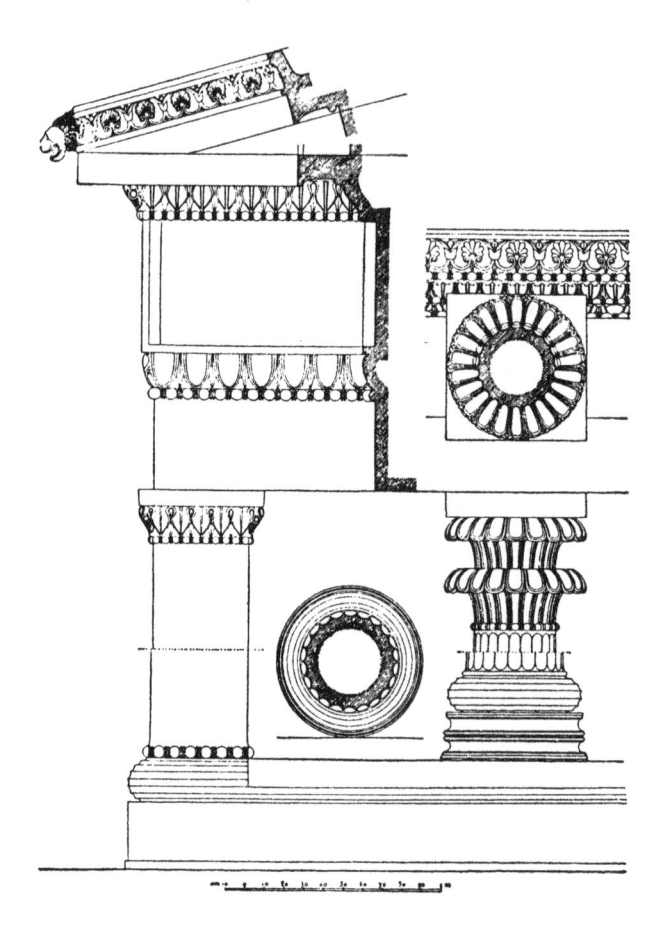

Fig. 46. Tesouro de Massália (?), Delfos (reconstituição): inclui representações do capitel e entablamento vistos de baixo, e da base vista de cima. (Extraído de *Les Fouilles de Delphes*, II, I, Lâm. XXVII)

áticas de tipo efésio, mas seus capitéis eram do tipo muito raro reproduzido na Fig. 46; a forma dupla foi rejeitada por alguns críticos altamente gabaritados, mas é oficialmente considerada correta. O tipo[21] provavelmente deriva, de forma indireta, do Egito, via modificações asiáticas.

No que tange às datas desses tesouros, tudo indica que os

dois mais antigos, os de Cnido e Clazômenas, datam de aproximadamente meados do século VI e os de Sifno e Massália, da segunda metade do mesmo século.

O grande templo de Zeus Olímpio, abaixo da acrópole de Atenas, foi iniciado no período da tirania, provavelmente por Hiparco, filho de Pisístrato. É provável, mas não certo, que tenha sido projetado como uma estrutura jônica, semelhante à segunda versão do templo de Hera sâmio, díptero nas laterais, tríptero nas extremidades, e medindo aproximadamente 43 m por 107 m no estilóbato; foi concluído segundo essas linhas gerais, embora com colunas coríntias, nos períodos helenístico e romano. Tão pouco do estágio pisistrátido chegou até nós – tão pouco chegou a ser construído – que não nos devemos deter neste ponto; o templo exigirá nossa atenção renovada em um capítulo posterior[22]. É significativo sobretudo como manifestação da corrente jônica que se introduzia com vigor em águas dóricas às vésperas das invasões persas. O mais notável exemplo desse movimento é o Trono de Apolo em Amicle, próximo a Esparta, mas antes devemos dizer algumas palavras acerca das notáveis construções de Locros Epizefíria no sul da Itália, que, juntamente com aquelas de sua colônia, Hipônio[23], formam um grupo jônico isolado nesse solo dórico. O templo mais bem preservado, o de Marasa, foi reconstruído diversas vezes, e tanto os fatos a ele relacionados como as datas são controversos. Aparentemente, teria sido, de início, um retângulo não-períptero medindo aproximadamente 8,5 m por 26 m, com um ádito fechado de pouca profundidade e um pórtico também de pouca profundidade, talvez com um pilar central retangular[24]. A cela possuía uma fileira central de cinco colunas. Posteriormente essa estrutura foi alterada para assumir um caráter mais normal, e a ela acrescentou-se uma colunata externa períptera. Num período mais adiantado ainda todo o templo foi reconstruído, com uma mudança de orientação – manteve-se períptero e provavelmente apresentava sete colunas por dezessete; media, no estilóbato, cerca de 19 m por 45,5 m. A técnica é de uma excelência singular e poderia sugerir uma data bem adiantada do século V a.C., no entanto os fragmentos da superestrutura dificilmente podem ser muito posteriores ao fim do

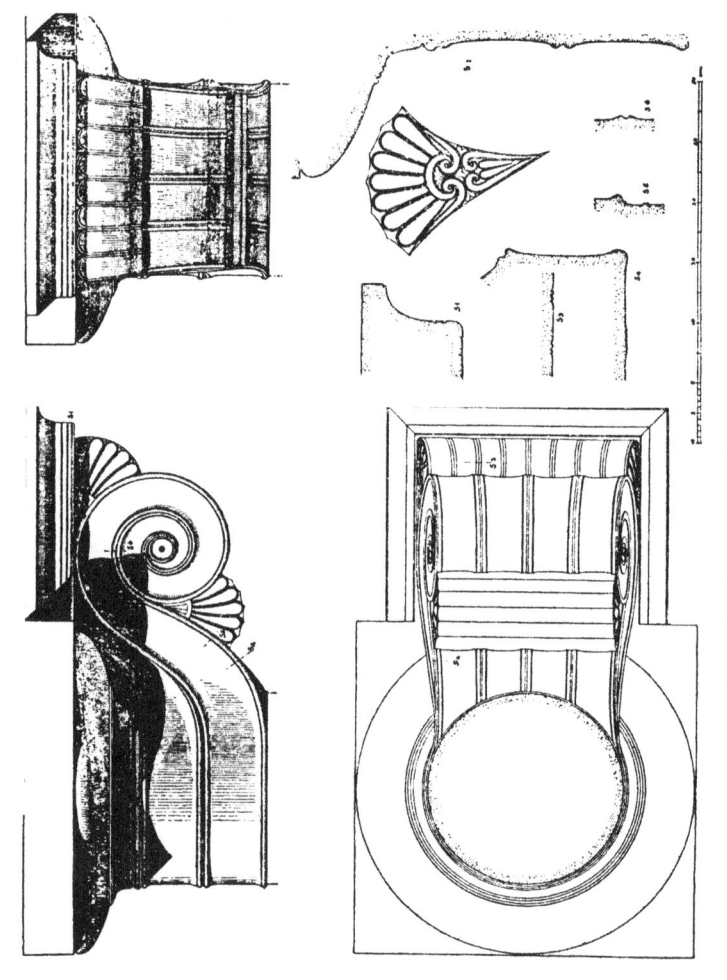

Fig. 47. Capitel do Trono de Apolo, Amicle (reconstituição)

século VI; podem pertencer, todavia, ao menos em parte, à estrutura períptera mais antiga. Incluem-se fragmentos de colunas, dentículos, lajotas de pedra e conjuntos esculturais, provavelmente dos acrotérios, que parecem datar de meados do século V. As colunas se assemelham àquelas do templo de Hera de Samos. As bases apresentam um toro com caneluras horizontais, acima de um elemento grande, ligeiramente côncavo, e liso. Os fustes exibem colarinhos com motivos de lótus e palmetas, os capitéis têm canais convexos e um vértice curioso de onde a voluta inicia a queda[25]. Não existe ábaco verdadeiro, mas uma moldura em óvalo-e-dardo corre acima do volume das volutas nas laterais. Também existem em Locros vestígios de, no mínimo, dois templos perípteros, porém o mais importante destes, com mais de 20 m de largura, situado por sob a Casa Marafioti, revela fortes influências jônicas, possui cinco ranhuras em lugar de três, das vias entre os mútulos pendem romãs[26] e a parte superior da cornija é decorada com um elaborado padrão de folhas entalhado.

O Trono de Apolo em Amicle, descrito por Pausânias (III, 18, 9 ss.) era uma estrutura elaborada, coberta com estatuária, que sustentava uma antiga estátua colossal em bronze de caráter muito primitivo. O Trono está precariamente preservado e sua reconstituição é tão incerta que não pode ser discutida aqui; foi construído por um grego oriental, Baticles de Magnésia, provavelmente na segunda metade do século VI a.C. Digna de atenção aqui é somente a inusitada fusão de capitéis dóricos e consolos jônicos, ilustrada na Fig. 47.

É tentador especular sobre como devia ter se desenvolvido a arquitetura grega, se as tradições dórica e jônica tivessem conhecido uma fusão real e frutífera ao início do século V. Na verdade, Amicle permaneceu uma encantadora excentricidade. Para a tradição dórica, enquanto estilo grandioso e monumental, pouco restaria além de um único e glorioso século, seguido de uma inelutável derrota.

CAPÍTULO VIII
O estilo dórico do século V até a deflagração da Guerra do Peloponeso

No V século a.C., a arquitetura devocional dórica atingiu seu ponto culminante. Produziu algumas das obras-primas mundiais, porém logo se viu assediada por um insolúvel problema matemático que determinadas mudanças de gosto acentuaram gradativamente. Conheceu ainda um florescimento no século IV, mas seu período áureo havia passado e, depois de Alexandre, o Grande, razões políticas e estéticas combinaram-se para conferir à tradição jônica, mais opulenta e maleável, a supremacia que conservou até o momento em que sua derivação coríntia se tornou, sob a égide romana, senhora do mundo.

Cumpre definir neste ponto, da forma mais abreviada possível, a natureza do problema matemático que representou o anátema a perseguir a tradição dórica, e indicar os expedientes pelos quais os arquitetos buscaram contornar-lhe os efeitos. Não é um problema de fácil explicação e é, com freqüência, erroneamente formulado. O cerne do problema reside no friso e tem pouca ou nenhuma importância, exceto em construções perípteras ou prostilas retangulares do tipo templo. Não se manifestava em absoluto nos perípteros circulares. Desde os tempos mais recuados duas regras foram estritamente observadas nas construções retangulares perípteras e prostilas. A primeira, a Regra *a*, dizia respeito à necessária existência de um tríglifo acima de cada coluna e outro acima de cada intercolúnio; as exceções a essa regra, no caso dos templos, são tão raras que podem ser negligenciadas até o período helenístico. A segunda, a Regra *b*, que não tem exceções, é a seguinte: a cada um dos quatro vértices[1] do friso, os dois tríglifos situados acima de cada uma das colunas angulares devem estar interligados, ou seja, não se pode ter no vértice um par de métopas ou meias métopas. Essas duas regras eram praticamente inquebráveis e não conflitavam entre si. Havia, porém, uma terceira regra, e aqui começavam as dificuldades. A Regra *c* rezava que todo tríglifo situado acima de uma coluna ou intercolúnio deveria estar colocado exatamente acima do centro de tal coluna ou intercolúnio. É impossível conciliar a Regra *c* com a Regra *b*, a menos que a largura da face do tríglifo seja idêntica à profundidade ou espessura (da face frontal à posterior) da arquitrave. Este é o ponto de mais difícil compreensão, mas os diagramas fornecidos (Fig. 48) deverão esclarecê-lo. É preciso compreender que a face do tríglifo encontra-se normalmente no mesmo plano vertical que a face da arquitrave, com as métopas em recuo, e que, em seu eixo maior, a arquitrave está centrada sobre as colunas que lhe dão sustentação.

O Diagrama 1 mostra (de forma esquemática) a superfície superior da arquitrave apoiada no ábaco da coluna angular e as extremidades ocultas do ábaco representadas pelas linhas pontilhadas. É importante observar que as dimensões do ábaco não têm a menor relação com o problema. A fim de deixar claro este ponto, vêem-se (apenas em 1) duas dimensões alternativas do ábaco. As barras pretas representam dois tríglifos adjacentes do friso que repousa sobre a arquitrave. Estão representados aqui com uma largura (assinalado com a letra T) idêntica à profundidade da arquitrave (assinadada com a letra A), e é óbvio que obedecem tanto à Regra *b* como à Regra *c*. Estão exatamente centrados acima da coluna e não há descontinuidade alguma na quina externa. Os diagramas 2 e 3 mostram, ambos, o efeito da utilização de tríglifos mais estreitos – a título de conveniência, esses tríglifos foram desenhados, em cada exemplo, com exatamente a *metade* da profundidade da arquitrave, mas é idêntico o problema sempre que o tríglifo é, seja em que medida for, mais estrei-

O ESTILO DÓRICO DO SÉCULO V   127

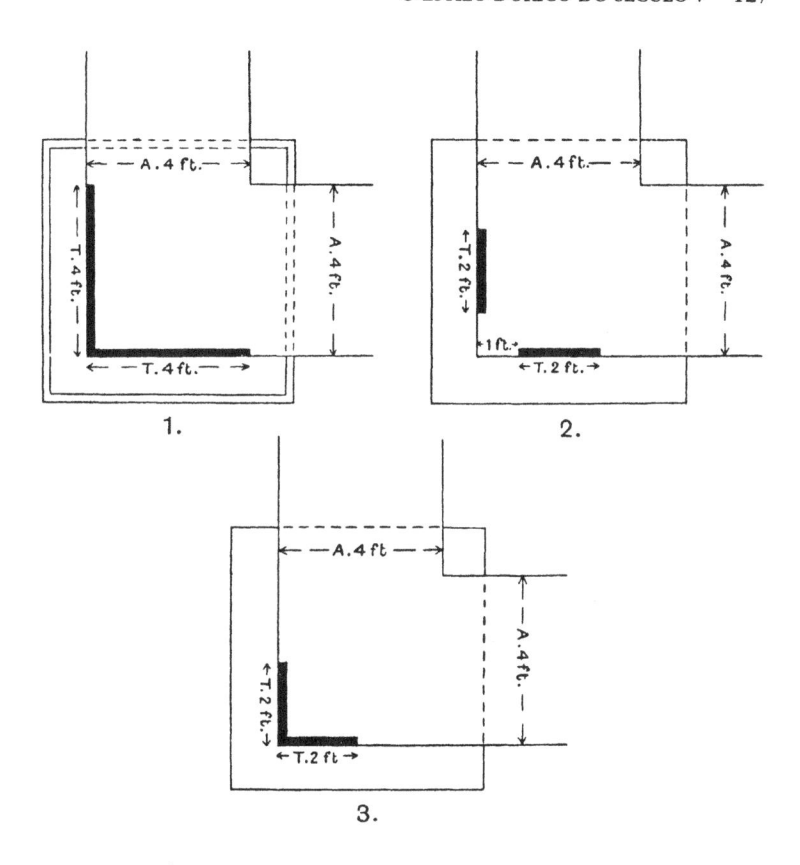

Fig. 48. Diagrama ilustrativo do problema do tríglifo angular

to que a arquitrave. Temos, em 2, o cumprimento da Regra *c*: os tríglifos estão exatamente centrados na coluna, mas há uma flagrante violação à Regra *b*, já que se verifica uma descontinuidade entre os tríglifos na quina. No diagrama 3, em que os tríglifos têm a mesma dimensão que em 2, a Regra *b* foi obedecida, tal como, na verdade, sempre o foi: a descontinuidade foi preenchida, porém com o abandono da Regra *c*, uma vez que os tríglifos angulares não mais se encontram centrados na coluna angular. Koldewey[2] idealizou uma fórmula conveniente, capaz de fixar na memória o problema todo: $\frac{A-T}{2}$. Isso significa simplesmente que, quando a largura da face do tríglifo (T) é menor que a profundidade da arquitrave (A), cada tríglifo angular deve ser afastado em relação à posição exigida pela Regra *c* (acima do centro da coluna angular) em *metade* da diferença entre as duas medidas, A e T. A pertinência de tal ficará clara mediante um exame dos Diagramas 2 e 3. Se A tiver 4 pés e T, 2 pés, os tríglifos verdadeiramente centrados de 2 devem ser afastados (em 3) em 1 pé $\left(=\frac{4-2}{2}\right)$, de modo a se encontrarem no vértice.

É óbvio que qualquer deslocamento do tríglifo angular compromete a regularidade de todo o desenho do friso e devemos considerar agora quando e por que esse problema se tornou agudo e de que modo foi enfrentado. Jamais A é menor que T, mas em vários dos frisos dóricos mais antigos T é aproximadamente igual a A – sempre menor, mas com freqüência tão ligeiramente que nenhuma real dificuldade se apresenta. No Templo C de Selinunte, por exemplo, a medida $\frac{A-T}{2}$ é de cerca de 14 centímetros apenas, no templo D, de cerca de 5 centímetros apenas, ao passo que ocorrem variações maiores do que estas por toda parte em ambas as construções, resultantes de simples imprecisões no acabamento. Por várias razões, todavia, esse estado de coisas não podia perdurar. O desenvolvimento estilístico seguia seu curso inevitável, governado por uma combinação de considerações estruturais e estéticas por demais sutis para uma análise confiável, até que, no século V a.C., um determinado padrão geral de proporções foi considerado adequado, o qual, apesar de algumas variações individuais, previa, em todos os casos, um tríglifo de largura consideravelmente menor que a profundidade da arquitrave. A medida $\frac{A-T}{2}$ adquiria agora um número preocupante, ao passo que a precisão no acabamento e a sensibilidade na observação tornavam todas as irregularidades cada vez mais perceptíveis. A irregularidade apenas poderia ser removida igualando-se A e T, e havia uma única maneira de consegui-lo: pela redução da espessura – a profundidade da face frontal à posterior – da arquitrave e do friso relativamente a todas as demais partes da elevação. Tal artifício era impossível por razões estruturais. A redução da profundidade da arquitrave envolveria automaticamente uma redução idêntica na profundidade do friso como um todo, com o conseqüente enfraquecimento e adelgamento do volume como um todo, que sustentava, nas fachadas, não apenas as cornijas, como também os frontões e suas pesadas esculturas em pedra ou mármore. Essa mudança na espessura do entablamento teria um resultado estético direto, pois redundaria na redução da área total do retângulo formado pela parte superior do templo, sem afetar-lhe a altura, e seria impossível adaptar as colunas a essa mudança, exceto tornando-as proporcionalmente mais delgadas, ou reduzindo sua altura relativa. Com efeito, apesar das patentes desvantagens sob o ponto de vista desse problema particular, os arquitetos do século V tenderam, com efeito, a tornar suas arquitraves mais espessas (relativamente ao diâmetro superior da coluna) que a maioria de seus predecessores ou sucessores. Pode-se indagar por que a largura dos tríglifos não podia ser ampliada, relativamente à profundidade da arquitrave, sem alterar as proporções do restante da elevação. A razão era de ordem puramente estética, mas nem por isso menos decisiva. Tornara-se agora uma regra, ditada pelo gosto, que os tríglifos devessem ser verticalmente oblongos, de proporções mais ou menos fixas, e que as métopas deveriam ser aproximadamente quadradas; além disso, era (como sempre) uma regra fundamental que os tríglifos e métopas tivessem obrigatoriamente a mesma altura. Por conseguinte, cada aumento na largura dos tríglifos representava um aumento automático na altura destes, e o mesmo se dava com a altura, e portanto a largura, das métopas quadradas; em contrapartida, quanto mais largas as métopas, maior a distância entre os tríglifos e quanto maior a distância entre os tríglifos maior a distância entre os eixos das colunas do pteroma acima dos quais estavam centrados. Seria possível, obviamente, aumentar a *dimensão* das colunas sem afetar-lhes as medidas interaxiais e, uma vez que tais modificações são relativas e não absolutas, estamos de volta ao ponto de partida, exceto quanto à profundidade da arquitrave (que implica a profundidade do friso), que não deve, *ex hypothesi*, ser ampliada, pois tal seria a contradição de todo o nosso objetivo. Promovemos o aumento de *to-*

das as proporções relativamente à profundidade da arquitrave e do friso; em outras palavras, tornamos a promover, na verdade, a redução da profundidade da arquitrave e do friso relativamente a *todas* as demais partes da elevação.

A irregularidade da medida $\frac{A-T}{2}$ era, portanto, irremovível, todavia era possível torná-la menos patente por meio de uma distribuição, e devemos explicar agora de que modo os arquitetos gregos lograram distribuir tal irregularidade. No século VI a.C., ela era por vezes abertamente assumida e confinada ao único ponto naturalmente afetado, a métopa angular. No "Templo de Ceres", em Pesto, de construção esmerada, o tríglifo angular fora devidamente deslocado, ao passo que todos os demais tríglifos estavam centrados com precisão – assim, a medida total $\frac{A-T}{2}$, neste caso cerca de 28 centímetros, recaía sobre a métopa angular, perceptivelmente mais larga que todas as demais. No templo de Zeus Olímpio de Agrigento, erguido na primeira metade do século V, há evidências[3] de que o tríglifo contíguo àquele acima da coluna angular estava colocado exatamente a meia-distância entre os tríglifos vizinhos, dentre os quais aquele acima da coluna angular estava devidamente deslocado em direção ao vértice, enquanto o outro estava centrado acima de sua coluna; conseqüentemente, o tríglifo contíguo ao angular não estava centrado acima de seu intercolúnio e cada uma das duas métopas mais próximas ao vértice eram mais largas que o normal em *metade* de $\frac{A-T}{2}$, enquanto o restante tinha largura normal. Os arquitetos do século V, entretanto, raramente contentavam-se em fazer malabarismos apenas com os tríglifos. Eles deram o passo bem mais drástico de modificar a planta baixa do templo, reduzindo o intercolúnio angular ("contração simples") e por vezes também, embora em grau menor, o intercolúnio contíguo ao angular ("contração dupla"). Tais contrações, todavia, embora auxiliadas em vários casos[4] pela inclinação da coluna angular para dentro, jamais eram grandes o bastante para solucionar o problema, e fazia-se necessário ainda deslocar dois ou mesmo mais tríglifos. Em um dos exemplos mais sutis desses métodos, o "Templo da Concórdia", em Agrigento, que data da segunda metade do século V a.C., encontramos nas fachadas três diferentes larguras entre as dez métopas e três diferentes distâncias entre os cinco intercolúnios; além disso, o espaçamento desigual das colunas reflete-se aqui na junção com o estilóbato e até a quarta fiada do alicerce subterrâneo. Não é de surpreender que o problema do tríglifo tenha sufocado a tradição dórica. Quem há de censurar os arquitetos dos séculos IV e III que (segundo nos informa Vitrúvio[5]) declaravam que por essa razão, e unicamente essa, o estilo arquitetônico dórico, a despeito de sua reconhecida beleza e dignidade, não era próprio à construção de templos? Os homens não se submetem eternamente aos grilhões que lhes são transmitidos. Os arquitetos helenísticos, com efeito, tiveram êxito em eliminar um obstáculo estilístico – a impossibilidade de alargar os intercolúnios sem ampliar automaticamente a altura do friso. Conseguiram isso através da introdução sistemática de dois ou três tríglifos para cada intercolúnio – um artifício ocasionalmente empregado mesmo no século V para vãos de largura excepcional[6], por exemplo no intercolúnio central dos Propileus atenienses. Lograram, assim, reduzir efetivamente a altura do entablamento, ao mesmo tempo em que ampliaram a distância entre as colunas, forjando, assim, uma nova e atraente versão do estilo dórico. A mudança, contudo, não trouxe o menor alento ao problema do tríglifo angular, e esse novo estilo dórico raramente foi empregado em estruturas perípteras ou prostilas. No encantador templo prostilo de Cori, no Lácio[7], erigido no tempo de Sila, o problema é tão incômodo como sempre e, durante o Império Romano[8], a tradição dórica praticamente desapareceu no âmbito da construção de templos. Cumpre acrescentar que Vitrúvio aconselha o uso de meias-métopas nos vértices, mas tratava-se provavelmente da solução acadêmica de algum teórico helenista e raramente, ou nunca, foi adotada na antigüidade, muito embora seja comum nas obras renascentistas e modernas. Curioso é observar, nesse sentido, que em alguns importantes templos jônicos do século IV, por exemplo o de Ártemis, em Sárdis, o espaçamento das colunas no frontispício não era igual, mas ia diminuindo do centro em direção às extremidades, a exemplo do que se verificava nas grandes construções do século VI a.C. É difícil perceber por que razão arquitetos que admitiam tal arranjo teriam se oposto ao intercolúnio irregular no estilo dórico. A explicação, aparentemente, é a de que a objeção fundamental era quanto à descentralização apresentada pelo do tríglifo angular, característica que não encontra paralelo no estilo jônico, uma vez que os dentículos, bem menores e mais numerosos, não indicam nenhuma relação claramente definida com as colunas que estão abaixo. Ademais, em alguns dos mais elaborados templos do século IV, como o de Atena, em Priene, cujo arquiteto, Píteo, é um dos primeiros opositores à tradição dórica relacionados por Vitrúvio, os intercolúnios da fachada eram exatamente iguais – e esta era a regra no estilo jônico helenístico, exceto quanto ao intercolúnio central, habitualmente maior que o restante.

A contração dos intercolúnios angulares, com uma surpreendente exceção[9], o templo de Hera de Olímpia, não aparece antes da segunda metade do século VI a.C., quando é encontrada no "Templo de Hércules", em Agrigento, no templo de Corinto e na forma períptera do templo ateniense de Pólia. No templo de Hera a contração é dupla nas fachadas, e simples nas laterais; cabe lembrar, porém, que o alargamento do intercolúnio central não é desconhecido no estilo dórico primitivo e que é absolutamente impossível, em uma fachada hexastila primitiva, distinguir a contração simples, combinada com tal alargamento, da contração dupla – é impossível deduzirmos, a partir dos intercolúnios laterais, nas obras arcaicas, a largura *normal* dos intercolúnios das fachadas, e estamos livres para considerar normais tanto o intercolúnio central quanto os dois que lhe são contíguos. De resto, a contração dupla está praticamente confinada às obras do século V na Sicília. No templo G de Selinunte e nos demais templos acima mencionados, encontramos a contração simples, e restrita às fachadas, onde as dificuldades estéticas seriam mais agudas. A contração simples nos quatro lados ocorre no século VI e é a regra no V; normalmente encontramos a contração dupla em todos os quatro lados, o que se verifica no templo de Atena (a Catedral) de Siracusa, no templo de Segesta e no "Templo da Concórdia", de Agrigento. No "Templo de Poseidon", em Pesto, a contração simples das fachadas aparece combinada com uma contração dupla nas laterais.

Talvez se imagine que tenhamos dedicado um espaço excessivo a este problema técnico. Nenhuma apologia se faz necessária, pois tal problema representou o mal que viria a minar a tradição dórica; na arquitetura do século V, no entanto, ele se mantém praticamente mascarado e não vai mais atrapalhar a nossa contemplação dessa gloriosa florescência. Os sutis refinamentos em termos de curvatura e inclinação, características peculiares desse século, serão descritos e discutidos de forma mais conveniente em conexão com o Partenon. Podemos selecionar, dentre o grande volume de material dórico do século V, três edifícios notáveis para uma consideração especial: o Partenon e os Propileus, de Atenas, e o templo de Zeus Olímpio, ou "Templo dos Gigantes", em Agrigento. Não dispomos de espaço para comentar aqui o belo templo de Afaia, em Egina, que data de aproximadamente 490 a.C., e o templo de Zeus em Olímpia (cerca de 460 a.C.), um exemplo precoce de obra tipicamente clássica. Uma característica do primeiro já foi mencionada[10] e uma das colunas e o entablamento do segundo já foram usados[11] para ilustrar as características gerais da ordem dórica. Será suficiente acrescentar aqui que os dois talvez sejam os únicos – entre os vários que possuem duas fileiras de colunas internas em dois lances – em que há indícios da presença de galerias de madeira sobre o que podemos chamar as "naves laterais"; no caso do templo de Afaia os indícios são arqueológicos e conclusivos, mas no de Zeus dependemos de Pausânias[12], e não podemos afiançar que o arranjo mencionado fizesse parte do desenho original.

O Partenon é o mais belo dos templos gregos e, não fosse um lamentável desastre ocorrido em fins do século XVII, também poderia ser o mais bem conservado. Foi utilizado como igreja, depois mesquita e, apesar de profundas modificações internas, manteve-se coberto e quase perfeito até 1687, quando uma bomba veneziana fez detonar a pólvora ali armazenada por uma guarnição turca. Toda a parte central foi pelos ares, transformando-se, a partir de então, em ruínas. Suas condições e aparentes perspectivas no início do século XIX, quando a Grécia ainda fazia parte da Turquia, justificavam largamente que Lord Elgin transportasse para a Inglaterra boa parte dos frisos e praticamente tudo quanto restara das esculturas que ornavam os frontões.

A maior parte do templo não assenta sobre uma topografia natural[13]. Ao sul do antigo templo de Atena Pólia, a massa rochosa da acrópole inicialmente se eleva e apresenta, em seguida, um rápido declive. É provável que um terraço artificial houvesse permitido o uso de parte dessa encosta para construções no século VI a.C. e, com base em certos entalhes ainda perceptíveis na rocha, Buschor[14] defendeu com habilidade a hipótese de que esse terraço sustentaria um templo de muito grandes dimensões. Os entalhes e outros testemunhos sugerem que o templo seria inicialmente em forma de ferradura, com um único frontão, mas que teria sido reconstruído mais tarde com um desenho totalmente retangular. É a esse templo que Buschor atribui certos volumosos vestígios arquitetônicos e de frontões (e não ao templo de Pólia), mencionados no capítulo VI[15]. Heberdey atribuiu, conjecturalmente, a maior parte desses vestígios a um hipotético Propilon de face única. A teoria de Buschor é mais atraente, embora dificilmente se possa comprová-la: presume ele que tal templo contasse inicialmente exatos 100 pés áticos de comprimento e que este, e não o templo de Pólia, fosse o tradicional "Hekatompedon". É certo, em todo caso, que o caráter do local foi completamente modificado nos últimos anos do século VI a.C., ou nos primórdios do V. Uma extensa e resistente subestrutura em alvenaria de pedra calcária foi construída então a fim de sustentar o novo templo, bem maior, efetivamente iniciado antes da invasão persa. Seus restos identificáveis são todos em mármore, exceção feita ao degrau na base do crepidoma, em pedra calcária resistente, de Cara. O templo não ocupava toda área disponível. Vários críticos supõem que a subestrutura se destinasse de início, conforme se tornou posteriormente, a funcionar como um alicerce oculto, mascarado ao sul por um terraço de terra, e postulam, conseqüentemente, a existência de um projeto abandonado prevendo a existência de um templo em pedra calcária que cobriria a totalidade de seu terreno. Heberdey, todavia, sugeriu a hipótese, mais plausível, de que a subestrutura fosse projetada como um pódio visível que se elevaria bem acima da cota sul do terreno, com o objetivo, desde o início, de servir de base a um templo de mármore que não ocuparia sua superfície total. É certo que esse

O ESTILO DÓRICO DO SÉCULO V 135

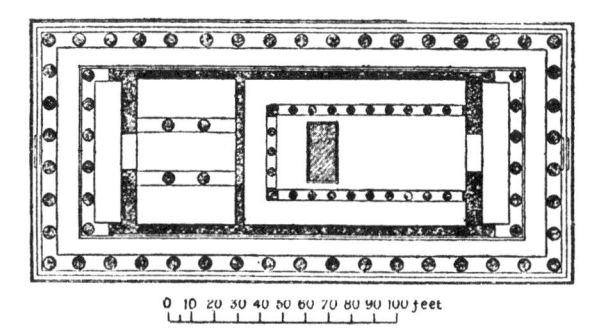

Fig. 49. O Partenon, Atenas (reconstituição)
(Escala em pés ingleses)

templo de mármore foi planejado como um hexastilo dórico (seis por dezesseis), medindo aproximadamente 23,5 m por 67 m no estilóbato, com um pórtico tetrastilo prostilo nas extremidades; teria, contudo, apenas alguns poucos pés de altura quando os persas saquearam a acrópole e suas ruínas ficaram abandonadas até o tempo de Péricles[16]. A construção existente foi iniciada em 477 a.C. Registros indicam Calícrates e Ictino como arquitetos; conta-se que o escultor Fídias teria exercido a função de supervisor geral de todas as construções do período de Péricles, mas é provável que fosse Ictino o legítimo projetista. O novo templo (Fig. 49 e Lâm. IV*a*) não era tão extenso (no sentido leste-oeste) quanto a subestrutura, mas seu comprimento e largura eram maiores que os de seu predecessor de mármore. Suas dimensões são de pouco mais que 30 m por aproximadamente 70 m no estilóbato. Exceto pelo madeirame do telhado, os grampos e cavilhas, era inteiramente em mármore, inclusive as telhas. Os tambores inacabados de mármore do templo anterior foram parcialmente reutilizados. O pteroma era octastilo (oito por dezessete), com um teto de mármore em caixotões. As colunas tinham aproximadamente 10,5 m de altura, o equivalente a cerca de 5,5 diâmetros inferiores. A cela era dividida (tal como a do templo de Pólia) em dois setores não-comunicantes, cada um deles com acesso através de um pórtico hexastilo prostilo com as paredes-das-antas de pequena altura. Ao leste estendia-se um grande salão com 100 pés áticos de comprimento que abrigava a gigantesca estátua de Atena Pártenos, em ouro e marfim, de autoria de Fídias e que era cercado em três lados por uma estreita colunata dórica em dois lances, que talvez sustentasse um teto liso de madeira abaixo do madeirame do telhado de duas águas. A sala atrás do pórtico oeste (o "Partenon" em um sentido mais estreito) era bem menos profunda. Seu telhado ou teto era diretamente sustentado por quatro grandes colunas, provavelmente jônicas[17]. Além Dessas colunas hipotéticas, o templo possuía diversas pequenas características jônicas, uma delas de fundamental importância – um friso contínuo que corria por sobre os pórticos prostilos e por todo o topo da parede da cela. Já vimos que essa característica talvez tenha sido antecipada na forma períptera do templo de Pólia[18] e a mesma torna a aparecer, de forma incompleta, em três outros templos atenienses do século V, o "Teseum" e os templos de Nêmesis, em Ramno, e o de Poseidon, em Súnio[19]. O espaço de que dispomos impede qualquer descrição desses magníficos relevos e das esculturas que ornavam as métopas e os frontões. Cumpre acrescentar que as incomparáveis proporções do Partenon desafiam uma análise aritmética simples – talvez seja mais viável explicá-las em termos geométricos.

Já se apontou o Partenon como o exemplo supremo daquelas sutilezas de curvatura e inclinação (habitualmente denominadas "refinamentos") que melhor expressa a singular e austera perfeição da arquitetura grega. Tais sutilezas foram por vezes negadas ou desconsideradas, como não-intencionais. É certo que alguns dos supostos exemplos dessa perfeição talvez sejam o resultado de negligência ou alterações posteriores nos materiais de construção, enquanto outros são atestados apenas por fotografias de credibilidade duvidosa. É certo, porém, que em diversas construções, e especialmente nas obras atenienses do século V, diversas linhas que à primeira vista aparentam ser perfeitamente retilíneas e exatamente perpendiculares ou horizontais, na verdade são ligeiramente curvas ou inclinadas e que a espessura de colunas aparentemente idênticas apresenta uma sutil variação baseada em princípios claramente definidos. A melhor prova disso tudo é o Partenon, porquanto é construído em mármore e seu alicerce repousa na rocha. Não há sombra de desmoronamento e as alterações decorrentes da violência humana são facilmente reconhecíveis. Ademais, o templo vem sendo examinado com extraordinária profundidade. Tampouco constituem essas sutilezas um delírio moderno, pois Vitrúvio as especifica, baseado em gabaritadas fontes gregas. Os templos do século V ocasionalmente se ressentem da falta de tais sutilezas, mas nos devemos lembrar que seu planejamento e execução eram laboriosos, e nem sempre era possível levá-los a bom termo. Devemos usar também nosso bom senso. Quando os estudiosos discutem pequenas frações de polegada, caímos no absurdo; mesmo o Partenon apresenta diversas consideráveis irregularidades não-planejadas. Os quatro vértices de seu estilóbato não estão perfeitamente nivelados entre si e verificam-se notáveis falhas de execução na arquitrave, friso e cornija.

Os refinamentos têm início no crepidoma, ou mesmo em suas fundações. O estilóbato normalmente apresenta um caimento em direção às quatro quinas, de modo que sua superfície de certa forma assemelha-se à de um carpete afixado apenas nos vértices e soerguido do piso por um tirante. É rara a ocorrência dessa "curvatura horizontal" antes do século V, embora se verifique na parte frontal e posterior do templo de Corinto (não apenas no estilóbato, mas nos entalhes existentes na rocha abaixo das fundações), e em alguns outros casos, notadamente o primitivo Partenon. É desconhecida no Ocidente até o século V. Não se tem registro de sua presença na tradição jônica antes do século IV, mas talvez por mera casualidade, pois é recomendada por Vitrúvio. No Partenon e no "Teseum", ao menos o estilóbato não é efetivamente recurvo, mas consiste em uma série de segmentos retos, parte da circunferência de um imenso polígono irregular. No estilóbato do Partenon, a elevação atinge aproximadamente 7 centímetros nos lados menores e cerca de 10 centímetros nos maiores[20].

Podemos passar, a seguir, para as colunas. Já dissemos que todas as colunas gregas apresentam um "adelgamento" – no século VI, contudo, o perfil do fuste dórico, embora não vertical, normalmente é retilíneo; quanto ao dórico não temos evidências suficientes. Em alguns templos ocidentais primevos, contudo, sobretudo em Pesto e Metaponto, encontramos o perfil de adelgamento acentuadamente curvo – ambas as cidades eram colônias aquéias e essa êntase, como os gregos a chamavam, talvez fosse uma invenção aquéia. Na Grécia propriamente dita, é incerto se ela ocorre antes do século V, quando era sempre sutil, e mais sutil ainda, quando ocorre, no jônico[21] do que no dórico. Na arquitetura grega a êntase está sempre subordinada ao adelgamento, embora nas obras helenísticas a parte inferior da coluna por vezes tenha forma cilíndrica; a "forma do charuto", na qual o diâmetro realmente se alarga perto da meia-altura, é desconhecida nas obras gregas, ao menos antes do período romano. A curvatura nas obras gregas é normalmente uma hipérbole contínua, porém os romanos adotaram a parábola e outras formas, e ocasionalmente forjaram o encontro de duas curvas diferentes. Outro refinamento aplicado às colunas é o alargamento das quatro colunas angulares do pteroma. Todos esses expedientes são recomendados por Vitrúvio. Outros pontos devem ser apreendidos de forma sucinta. Os principais são a inclinação[22] de todas as colunas do pteroma em direção às paredes da cela, as das extremidades com uma dupla inclinação, e a obliqüidade para trás das principais superfícies verticais, incluindo as paredes da cela, até o nível dos capitéis. Vitrúvio[23] prescreve, para o conjunto do entablamento, uma obliqüidade para a frente[24], e as investigações mais recentes parecem indicar que o Partenon obedece a essa regra, embora normalmente se afirme que a prática do século V estendeu a obliqüidade para trás até o topo do friso, confinando os ressaltos à cornija e às antefixas. No Partenon e nos Propileus, as faces das antas apresentam uma inclinação para a frente. Essas várias inclinações são empregadas de forma diferente em templos diferentes. Quando o estilóbato é recurvo, a prática usual, e talvez universal, é repetir a curva (como também recomenda Vitrúvio), na arquitrave, friso e cornija. Alguns templos também exibem curvas *em planta*, usualmente convexas, mas ocasionalmente côncavas. É provável, todavia, que estas se devam a negligência na execução.

   A explicação desses refinamentos nada tem de trivial. Os mestres de Vitrúvio, provavelmente arquitetos jônicos dos séculos IV e III a.C., acreditavam que sua finalidade fosse a correção das ilusões de óptica; sem essas correções o estilóbato daria a impressão de estar afundando, o entablamento pareceria ceder e as colunas angulares pareceriam delgadas quando observadas contra o céu. Ictino escreveu um livro sobre o Partenon e a teoria óptica pode ter surgido já no século V; isto não quer dizer, contudo, que a teoria seja verdadeira e as autoridades modernas têm contestado os fatos científicos[25]. É provável que os diferentes refinamentos tenham origens básicas diversas: a curvatura do estilóbato talvez visasse à drenagem[26], a inclinação de paredes e colunas e o alargamento das colunas angulares talvez visassem à resistência, e a êntase, à beleza. É possível que na mente dos homens que adotaram esses recursos de forma tão refinada no século V, tanto a teoria óptica como a rejeição da retilineidade mecânica tenham desempenhado seu papel. Para aquele que contempla o Partenon mesmo em suas condições atuais, a elasticidade e a vida que emanam dessas sutilezas imperceptíveis constituem uma revelação. Pouco importa se seu segredo fundamental não fosse acessível nem mesmo a Ictino.

118

O chamado "Teseum", de Atenas (provavelmente um templo de Hefesto) é notável como o mais bem preservado, externamente, dentre todos os templos dóricos. Talvez seja ligeiramente anterior ao Partenon, com o qual, em uma escala menor, se assemelha bastante[27]. Mede cerca de 14 m por 31,5 m no estilóbato, com colunas de aproximadamente 5,8 m de altura. Há um friso jônico esculturado em cada extremidade da cela. É delimitado a oeste pela parede posterior da cela, enquanto a leste tanto a arquitrave como o friso do pórtico da cela se estendem ao longo do pteroma e interceptam os elementos correspondentes do entablamento externo em ângulos retos, exatamente acima da penúltima coluna em cada lado.

Os Propileus constituem para nós, sob determinados aspectos, as mais interessantes e impressionantes dentre todas as construções áticas do século V, e eram muito admiradas na antigüidade. Foram projetados pelo arquiteto Mnesicles e erguidos principalmente entre 437 e 432 a.C., com mármore do monte Pentélico. Localizados na única posição possível, o acesso oeste da acrópole, tomavam completamente a área dos primitivos Propileus[28]. Em essência, foi mantida a planta tradicional – um pórtico coberto a projetar-se das faces externa e interna de um portão que se abre em um muro; o desenho, contudo, ganhou em complexidade pelo acréscimo de alas e pela elaboração dos próprios pórticos. Os projetos jamais foram executados na íntegra, em parte devido ao conservadorismo religioso, que rejeitava o sacrifício de antigos santuários em nome do simples esplendor, em parte devido ao desgaste financeiro acarretado pela Guerra do Peloponeso. Foi executado o suficiente, no entanto, para indicar os propósitos do arquiteto, permitindo que as linhas principais do projeto original fossem resgatadas, sobretudo pelas observações de Dörpfeld. Dinsmoor de longa data se dedica a um profundo estudo da construção e diversas publicações avulsas esclarecedoras deram uma prova da monografia que vem prometendo. Um rápido exame da planta (Fig. 50) e de uma fotografia (Lâm. IV*b*) nos revelará as características principais. Ao fim do sinuoso caminho que levava ao alto da escarpada encosta oeste, o visitante se defrontava com uma fachada dórica hexastila coroada por um frontão. Erguia-se sobre uma plataforma de quatro degraus, exceto entre as duas colunas centrais, por onde passava o caminho – o inter-

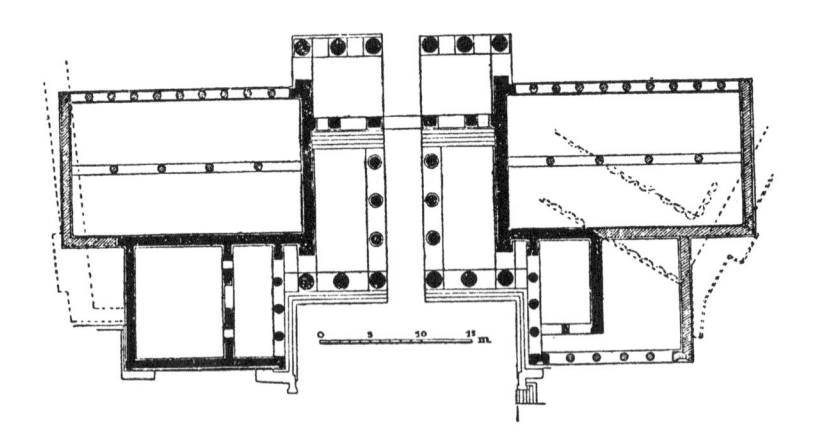

Fig. 50. Propileus, Atenas (reconstituídos e completados segundo o suposto desenho original)

colúnio desse trecho era maior que o restante e continha dois tríglifos. A fachada era a de um imenso pórtico prostilo; imediatamente atrás de cada coluna angular havia uma anta que formava, em cada caso, a extremidade de uma parede lateral, comum aos pórticos externo e interno. O visitante que atravessasse o intercolúnio central, chegaria ao caminho que conduzia para o alto, margeado, à direita e à esquerda, por duas plataformas (o verdadeiro piso do pórtico externo), em cada uma das quais erguiam-se três colunas jônicas que sustentavam uma arquitrave de mármore, no mesmo nível do friso de tríglifos da fachada externa. Essas duas arquitraves contribuíam para sustentar um sistema de vigas e caixotões de mármore, decorados com estrelas douradas sobre um fundo azul, que cobriam a totalidade do pórtico. Esse teto de mármore, e outro semelhante no pórtico interno, continuavam sem paralelo ainda no tempo de Pausânias. Ao fundo do pórtico externo uma sólida parede corria transversalmente à estrutura; o caminho passava por dentro dela através de um grande portão com cerca de 7 m de altura e aproximadamente 4,25 m de largura, enquanto a largura total do pórtico era de aproximadamente 18 m. O visitante que preferisse galgar os degraus da fachada oeste e atravessar um dos intercolúnios externos, encontrar-se-ia em uma das plataformas elevadas já mencionadas, entre as colunas jônicas e as paredes laterais. À frente dele, a grande parede transversal tinha duas portas, uma maior e outra menor, no topo de um lance de cinco degraus, o último destes em pedra calcária preta de Elêusis. Havia, portanto, quatro portas para pedestres, além do portão central. Para além da parede transversal ficava o pórtico interno, exatamente igual ao externo, exceto por sua profundidade bem menor e por não ostentar colunas internas; a profundidade do pórtico externo, desde a face da anta até a parede transversal, era de três a quatro vezes maior que a medida correspondente do pórtico interno. A fachada do pórtico interno tinha dimensões quase idênticas àquelas do pórtico externo[29] e, uma vez que seu estilóbato situava-se em um nível entre 1,5 m e 1,8 m mais elevado, verificava-se aproximadamente a mesma diferença de nível entre as duas partes do telhado. Conseqüentemente, o pórtico interno tinha um frontão na parte de trás, que se apoiava na parede transversal existente entre os dois pórticos; a cornija inclinada desse frontão era completa, porém a cornija horizontal e o tímpano eram parcialmente mascarados pelo telhado do pórtico externo. Toda essa desajeitada junção era pouco visível e, caso o projeto tivesse sido executado na íntegra, dificilmente seria visível de qualquer ângulo. A parte da parede do portão inteiramente encoberta entre o telhado do pórtico externo e o teto do interno era aliviada por uma larga abertura[30], a fim de reduzir a pressão sobre o lintel do portão central. Também foram tomadas precauções no sentido de aliviar a pressão sobre a arquitrave acima do intercolúnio central no pórtico leste e, sem dúvida, igualmente no oeste, embora faltem evidências disso. O friso era construído segundo o mesmo princípio de balanço daquele do "Templo de Ceres"[31], em Pesto. Quanto às estruturas suplementares que ladeavam os pórticos, apenas uma foi executada na íntegra, a ala noroeste, que o visitante podia avistar no alto, à esquerda, ao se aproximar do pórtico externo. Tratava-se de uma construção retangular, em ângulo reto com relação ao pórtico, cujos próprios degraus e estilóbato eram contínuos com aqueles do pórtico. Sua planta assemelhava-se à de um templo e era provido de um pórtico com três colunas dóricas *in antis*, que se comunicava com seu ambiente principal através de uma porta e duas janelas; contudo, não tinha frontão (seu telhado baixo era de três águas) e estava interligado à parede norte do pórtico oeste. Tudo indica que fosse uma galeria de quadros. A ala sudoeste obedecia basicamente ao mesmo desenho, com a diferença de que talvez aqui a parede oeste seria substituída por uma colunata aberta[32], de modo a permitir um fácil acesso ao bastião e ao templo de Atena Nikê. Na verdade, todavia, essa ala foi profundamente reduzida, embora a parte executada esteja aproximadamente em equilíbrio com a ala noroeste; alguns detalhes dão a impressão de pretender lembrar ao espectador o desapontamento do arquiteto. Não há dúvida de que também haviam sido planejados dois salões maiores ladeando o pórtico leste. A parede sul do salão nordeste e a parede norte da parede sudeste teriam sido formadas pelas paredes norte e sul da construção central, enquanto boa parte de suas paredes oeste teriam sido formadas pelas paredes leste das alas noroeste e sudoeste. Talvez uma fileira aberta de colunas dóricas permitisse o livre acesso a cada um desses salões a partir da acrópole, ao passo que a meio-caminho para trás, uma fileira de colunas jônicas mais espaçadas auxiliaria a sustentação do telhado, cujo caimento provavelmente se daria no sentido oeste-leste. Nenhum salão jamais chegou a ser construído, mas foram feitos os preparativos para a instalação das vigas e caibros do telhado do salão norte.

As colunas jônicas dos Propileus (Fig. 51) talvez sejam as mais belas do mundo. As bases são do tipo jônico-ático, com apenas o toro horizontalmente entalhado e uma moldura côncava adicional na parte inferior, que estruturalmente, no entanto, integra o estilóbato[33]. Talvez seja esta a mais antiga forma da base ática – uma simples *duplicação* do antigo tipo sâmio[34]. Os capitéis são simples e austeros, com um canal ligeiramente côncavo; o equino é baixo o suficiente, relativamente às volutas, para permitir a formação de uma linha de elegante curvatura em direção ao limite inferior do canal, e às palmetas colocadas nas quinas não é permitido invadir o equino. A tendência geral[35] na evolução do capitel jônico era no sentido de seu encolhimento tanto em altura como em largura, de modo que o olho da voluta, no presente caso bastante afastado da perpendicular do fuste e bem acima da horizontal da base do equino, se aproximasse ou tocasse o ponto de intersecção dessas linhas. As arquitraves que se apoiavam sobre essas colunas jônicas eram reforçadas por barras de ferro.

Podemos considerar, por fim[36], uma das construções dóricas mais estranhas, o templo de Zeus Olímpio, ou "Templo dos Gigantes", em Agrigento, a Ácragas helênica (Fig. 52). Foi provavelmente iniciado pelo tirano Téron após a fragorosa derrota cartaginesa de Himera, em 480 a.C., e ainda não fora concluído quando, a seu turno, os cartagineses saquearam Agrigento em 405 a.C. A cidade jamais tornou a ser próspera o bastante para concluir a obra. O templo adquiriu fama na antigüidade e o historiador siciliano Deodoro deixou-nos um breve relato de suas condições no século I a.C. Infelizmente sua descrição pouco acrescenta ao testemunho das próprias ruínas e muitas dúvidas cercam as feições do edifício. Aparentemente, as últimas porções em pé teriam

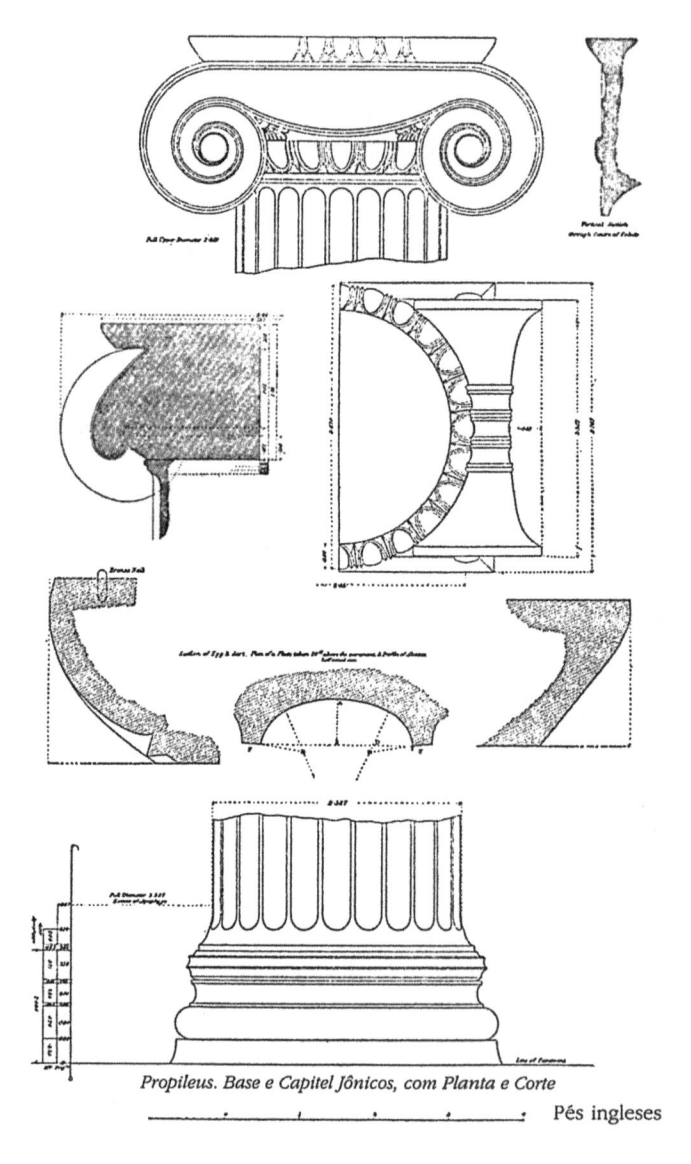

Fig. 51. Coluna jônica dos Propileus, Atenas

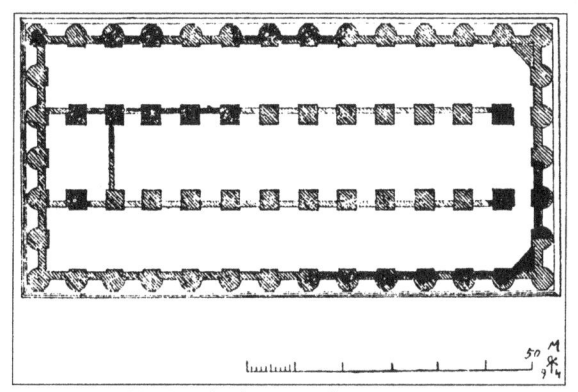

Fig. 52. Templo de Zeus Olímpio, Agrigento

ruído em 1401 d.C., mas provavelmente as ruínas seriam suficientes para permitir uma reconstituição convincente no papel, não tivessem sido sistematicamente escavadas e aproveitadas para a construção de um ancoradouro no século XVIII. Mesmo na atualidade, é provável que uma escavação em profundidade, com exaustivas observações e medições, pudesse esclarecer diversos pontos nebulosos. Os dados relatados a seguir não são contestados. Medido no estilóbato, o edifício é um dos maiores de todos os templos gregos ou romanos (mais de 51 m por mais de 110 m) e suas reais dimensões eram ainda maiores do que sugere a asserção, uma vez que era pseudoperíptero. As colunas do pteroma estavam embutidas em uma parede-cortina contínua, constituindo, na verdade, meias colunas, às quais correspondiam pilastras retangulares na face interna da parede-cortina; as quatro colunas angulares eram três-quartos de colunas e não possuíam pilastras internas. Dessas colunas embutidas, catorze estavam situadas nas laterais e, estranhamente, sete nas fachadas, embora houvesse uma fileira dupla, não uma única, de apoios internos. Ao rés do chão da parede-cortina em sua face externa, bem como ao longo da parte inferior das colunas embutidas, corria um conjunto elaborado de molduras horizontais, de tal modo que essas colunas parecem, à primeira vista, possuir bases emolduradas, ligeiramente semelhantes àquelas do tipo jônico-ático primitivo. Certamente havia uma arquitrave, um friso de tríglifos e uma cornija horizontal, porém todos estes, a exemplo das colunas, eram construídos em pequenos blocos e a arquitrave apoiava-se parcialmente na parede-cortina. Neste ponto, todavia, podemos praticamente afirmar que terminam as certezas. Sabemos que o interior dividia-se em três partes quase idênticas (uma nave e duas alas ligeiramente mais estreitas) por duas fileiras de doze pilares quadrados cuja posição correspondia à das pilastras da parede-cortina; sabemos também que, em cada fileira, esses pilares de seção quadrada estavam, por sua vez, embutidos em uma parede-cortina e que na extremidade oeste uma parede juntava-se, ou juntava-se parcialmente, aos penúltimos pilares das duas fileiras; desconhecemos, porém, a que altura elevavam-se os pilares ou as paredes. Também sabemos, com base nos vestígios existentes e em registros do final da Idade Média, que a estrutura incluía colossais figuras masculinas e femininas, com cerca de 7,5 m de altura, com os braços voltados para trás acima do pescoço. Cada qual era construída de doze ou treze fiadas de pedra. É incerto, porém, o local onde tais figuras estavam situadas, embora haja razões para se imaginar que estivessem colocadas em um ponto elevado. A maior parte dos estudiosos situou-as no interior da construção, em algum lugar sobre os pilares internos, porém as investigações mais recentes reforçam a proposição de Koldewey e Puchstein de que se erguiam em uma saliência na parede-cortina externa e ajudavam a sustentar a arquitrave, que talvez recebesse um reforço adicional, como aquelas dos Propileus atenienses[37], através de uma barra de ferro. Admite-se normalmente que os construtores originais planejassem cobrir toda a estrutura, como Deodoro parece sugerir, mas é possível que se pretendesse, desde o início, que a nave central fosse a céu aberto. Pace, que adota essa teoria "hipetral", presume ainda que a configuração interna era como a do átrio[38] de uma habitação romana, com o caimento dos telhados voltados para o interior, entre a cornija externa e um entablamento sustentado pelos pilares internos, e que não haveria nenhum frontão. Essa teoria é mais engenhosa que plausível, mas é preciso admitir que a falta de testemunhos concretos na atualidade torna toda e qualquer reconstituição um trabalho meramente especulativo.

CAPÍTULO IX
O estilo jônico no século V, o dórico e o coríntio no final do século V e no IV

Vimos no capítulo anterior que, embora o estilo jônico tenha afetado a tradição dórica ateniense do século V, sua influência foi secundária; durante o mesmo período, todavia, a prática iniciada pelos tiranos de erguer construções francamente jônicas em Atenas não foi abandonada. Dos exemplos que chegaram até nós, o mais antigo provavelmente é o célebre pequeno templo de Atena Nikê, freqüentemente chamado "Nikê Apteros", situado em um bastião artificial que se projeta da ala sudoeste dos Propileus de Mnesicles. É sabido que o arquiteto Calícrates foi incumbido de erguer um templo naquele local pouco depois de 450 a.C., mas recentemente comprovou-se que o bastião em que assenta o templo existente foi construído posteriormente às fundações de Mnesicles e provavelmente o templo não é tão antigo quanto a parte principal dos Propileus. As tentativas de distinguir dois períodos em sua arquitetura e esculturas soam fantasiosas. Foi descoberto um altar anterior no nível térreo original. O templo, construído em mármore, se manteve em pé até fins do século XVII, quando os turcos demoliram-no para construir uma bateria, porém a maioria de suas partes permaneceu no local e o edifício foi reconstruído em 1835, com uma série de pequenos erros, mas nenhuma incorreção substancial (Fig. 53)[1]. A planta era extremamente simples: havia uma única cela, tetrastila anfiprostila, com um crepidoma de três degraus. Media cerca de 5,6 m por

Fig. 53. Templo de Atena Niké, Atenas (Durm).
(Extraído do *Handbuch der Architektur*, Vol. I, J. M. Gebhardt's Verlag, Leipzig, Alemanha)

8,2 m no estilóbato. As antas são pilastras embutidas dispostas nos quatro vértices da cela, e as molduras de suas bases e capitéis correm por toda a extensão das paredes da cela. A parede dos fundos não tem portas; a parede frontal, a leste, foi substituída por dois pilares isolados, idênticos às antas na forma[2]. Na extremidade leste as antas eram interligadas às colunas angulares e aos pilares adjacentes por uma treliça metálica, de sorte a tornar-se o pórtico, para fins de facilidade de acesso, distilo *in antis*. As colunas monolíticas são de um tipo simples e austero. Os capitéis assemelham-se de perto àqueles dos Propileus, mas as bases são uma interessante forma primitiva do ático-jônico: sua moldura côncava, muito grande e rasa, bem como o pequeno toro inferior sugerem o modo como a forma ática pode ter-se desenvolvido a partir da sâmia[3]. A arquitrave era em três faixas e havia um friso esculturado, mas nenhum dentículo[4]. Provavelmente um pouco mais antigo que o templo de Nikê era um templo semelhante em mármore, talvez o Santuário da Mãe dos Deuses, ou Métron, em Agrae, que ficou de pé na margem sul do Ilisso até o final do século XVIII, mas que foi sendo destruído desde então, exceto por alguns ladrilhos de seu friso, recentemente identificados e hoje distribuídos entre os museus de Atenas, Viena e Berlim. Por sorte, foi satisfatoriamente publicado por Stuart e Revett em 1762[5].

Cumpre mencionar aqui também uma obra jônica ateniense por certo anterior a ambos esses templos, a Colunata Ateniense, em Delfos, que se estendia à frente do muro poligonal de sustentação do terraço do templo. As colunas monolíticas, que talvez tivessem predecessores de madeira, eram tão largamente espaçadas que o entablamento deve ter sido sempre em madeira. Nada restou da construção, por certo, a não ser os fustes engastados a suas bases, embora um capitel tenha sido, com alguma reserva, associado aos mesmos. As bases são notáveis. Existe uma moldura normal, acanelada e convexa, abaixo do fuste, mas sob ela vem um único elemento liso cuja forma se assemelha à de uma campana.

Chegamos, em seguida, ao Erecteu, situado na acrópole de Atenas. Possivelmente foi iniciado por volta de 421 a.C.[6], sendo retomados os trabalhos, ao cabo de um prolongado período de abandono, por volta de 409 a.C., e concluído cerca de três anos mais tarde. Um incêndio parece tê-lo danificado pouco após sua conclusão, mas foi logo reparado. Foi atingido pelo fogo e submetido a restaurações no período romano, além de haver sido seriamente alterado e danificado na Idade Média, sendo, porém, cuidadosa e habilmente reconstruído.

No que toca ao acabamento jamais esse templo foi superado. Era profusamente decorado, com ornatos entalhados e através do calculado contraste entre o negrume do calcário eleusiano e o mármore branco, do qual já vimos um exemplo nos Propileus. A elaboração dos colarinhos das colunas e dos capitéis praticamente não encontra paralelos e foi rejeitada pelo gosto geral dos séculos seguintes. Tudo indica que as colunas tenham sido copiadas no Monumento às Nereidas[7], na Lícia, um quarto de século após sua conclusão, mas o próximo exemplo inquestionável de sua influência sobre o projeto estritamente arquitetônico é encontrado no templo circular[8] de Roma e Augusto, erguido a cerca de 100 metros do próprio Erecteu. Se seus belos modelos tivessem desaparecido, possivelmente essas cópias seriam condenadas pelos críticos modernos como exemplos da extravagância romana; é bem verdade que muito se perdeu na imitação.

A planta do Erecteu[9] (Fig. 54) seria incompreensível se desconhecêssemos que o edifício foi projetado para congregar, em uma única estrutura, um certo número de santuários antigos. Ainda assim, sua configuração é estranha, e Dörpfeld sustenta que aqui, tal como no caso dos Propileus, o que vemos é uma obra mutilada, limitada pela escassez de recursos ou a superstição; mas essa teoria, à qual devemos retornar, não conta com uma ampla aceitação. O arquiteto dispunha de uma topografia extremamente irregular e os sacerdotes locais vedavam medidas drásticas como aquelas adotadas na área do Partenon. O terreno apresentava declives ao norte e ao oeste. É provável que tenha ocorrido algum nivelamento e emparedamento dos diversos santuários nos anos que se seguiram às guerras persas, mas não se pode afiançar que quaisquer construções cobertas tenham precedido o Erecteu[10]. Para parte externa do novo templo (vistas do leste e do oeste, reconstituídas, na Fig. 55), o arquiteto adotou

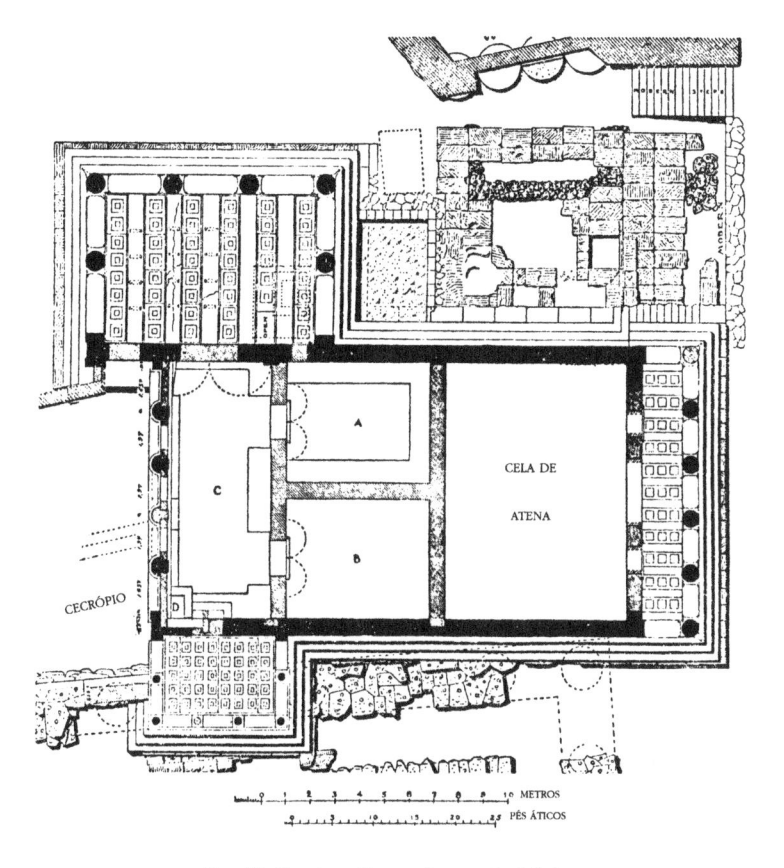

O ESTILO JÔNICO SÉC. V, DÓRICO E CORÍNTIO SÉCS. V E IV   151

Fig. 54. Erecteu, Atenas (reconstituição)
(Escalas em metros e pés áticos de 0,328 m)

dois níveis distintos, separados por mais de 3,20 m. Os setores leste e sul situavam-se no nível superior, não muito abaixo daquele do Partenon. Esse nível foi determinado em parte pelas subestruturas remanescentes do antigo templo de Pólia, enquanto a parede e o pórtico sul do Erecteu sobrepunham-se[11] às fundações de seu pteroma norte destruído. O nível superior foi prolongado, na forma de um terraço elevado, a uma certa distância na direção oeste a partir da face sul do novo templo e também ao norte, a partir de sua face leste, até a muralha da acrópole. Nenhu-

ELEVAÇÃO LESTE
[RECONSTITUIÇÃO]

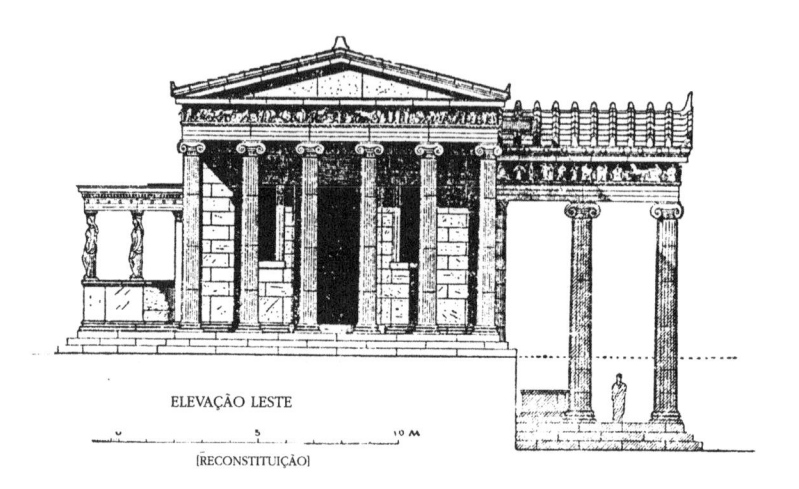

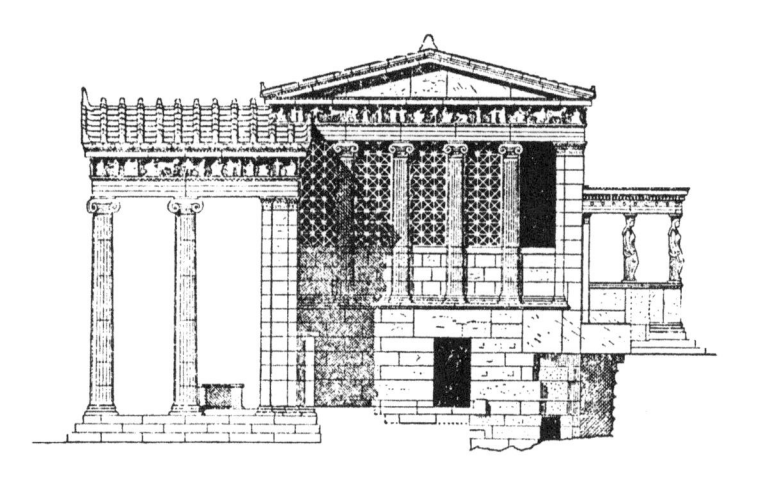

ELEVAÇÃO OESTE
PÉS INGLESES   PÉS ÁTICOS
[RECONSTITUIÇÃO]

Fig. 55. Erecteu, Atenas (reconstituição)
(Escalas em metros, pés ingleses e pés áticos de 0,328 m)

ma escadaria externa interligava os dois níveis na parte sudoeste, mas no nordeste estes eram interligados por um grande lance de escadas em mármore que se estendia, a exemplo do terraço, desde o templo até a muralha da acrópole. Externamente, o corpo do templo consistia em uma estrutura retangular simples disposta no sentido leste-oeste, cujo acesso se dava pelo leste através de um pórtico prostilo que cobria a totalidade da largura do edifício. Esse pórtico consistia em seis colunas jônicas dispostas em uma única fileira, com aproximadamente 6,7 m de altura, com antas que eram meramente pilastras embutidas; era rematado por arquitrave, friso e frontão, e o telhado prolongava-se de forma contínua por toda a extensão do edifício; havia uma janela em cada lado da porta leste. As peculiaridades da planta manifestam-se em parte no tratamento da fachada oeste, em parte pelo acréscimo de dois outros pórticos, em posições incomuns, nas extremidades ocidentais dos lados norte e sul, respectivamente.

O interior do templo[12], até onde se pode apurar, era dividido em dois setores principais por uma parede transversal que corria de norte a sul, em um ponto mais próximo da extremidade leste que da oeste; a divisão leste situava-se no nível superior e a oeste, no inferior. A divisão oeste, a seu turno, era dividida em duas partes por uma segunda parede transversal, mais próxima de sua extremidade oeste que da leste; essa parede lateral, contudo, não se elevava por toda a altura do edifício. É provável que uma parede de mesma altura dividisse a porção leste da seção oeste em duas câmaras cujo acesso se dava por entradas isoladas; essa parede está representada na Fig. 54. Os pórticos norte e sul conduziam, cada qual, à câmara estreita no extremo oeste do interior. O pórtico norte (Fig. 56), assemelhava-se de perto ao pórtico leste, exceto pelo fato de suas seis colunas jônicas, que sustentavam um entablamento e um frontão, não estarem dispostas em uma fileira única: quatro delas estavam colocadas à frente, com uma situada atrás de cada coluna angular, uma configuração habitual de um prostilo. Embora essas colunas fossem cerca de 1 m mais altas que aquelas da parte leste, tal acréscimo em altura correspondia a apenas um terço do desnível topográfico, e a cumeeira do pórtico norte encontrava-se com a parede

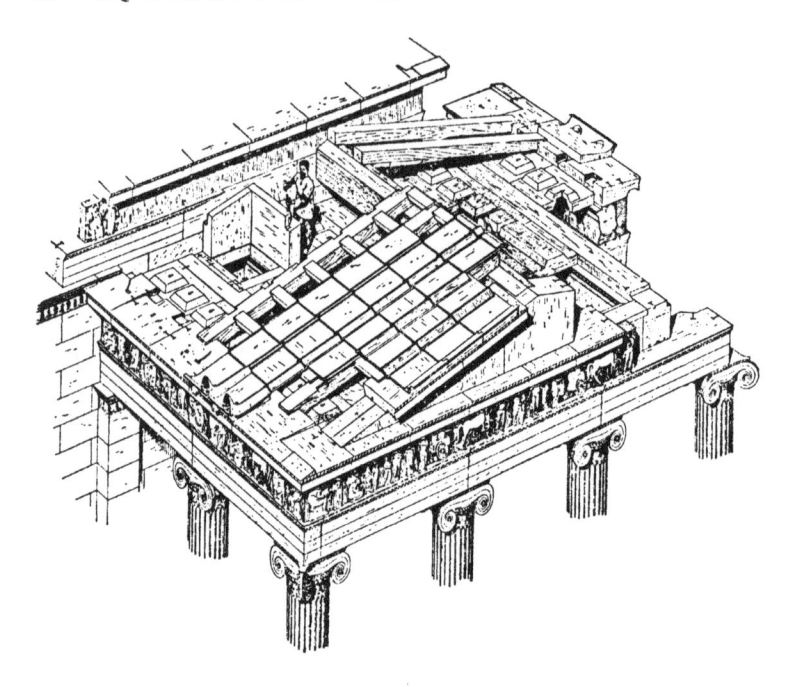

Fig. 56. Pórtico norte do Erecteu (reconstituição, mostrando a estrutura do telhado)

norte do edifício principal imediatamente abaixo da cornija deste. A altura das colunas dos pórticos norte e leste[13] é de aproximadamente 9,5 vezes seu diâmetro inferior. O traço mais desconcertante é o seguinte: o pórtico norte avançava cerca de 2,7 m para além da parede externa oeste do edifício principal e um pequeno corredor desobstruído na extremidade de sua parede dos fundos conduzia diretamente ao precinto aberto de Pandroso, situado a oeste do templo. Há indícios de que a parede externa oeste[14] do edifício principal tenha sido inicialmente planejada para estar situada 2 pés áticos mais a oeste de sua posição efetiva, porém mesmo que a planta não tivesse sofrido tal alteração, haveria ainda uma sobreposição de 2 m. Na extremidade oposta, sul, da divisão mais a oeste do templo erguia-se, no nível superior, o célebre Pórtico das Donzelas, que continha uma escadaria privada[15] cujo acesso dava-se pelo canto nordeste e que conduzia ao nível inferior da parte interna. Esse pequeno pórtico (Lâm. III*b*) não se elevava à mesma altura que a parede do templo. Consistia em um entablamento baixo e sem frisos sustentado por seis cariátides espaçadas da mesma forma que as colunas do pórtico norte, todas assentadas em um pedestal alto e contínuo. Seguramente o projeto original previa um espaçamento ligeiramente maior entre as cariátides; os limites do pórtico provavelmente teriam correspondido, tal como hoje, à parede externa oeste e à parede transversal oeste, que estariam 1 pé ático mais afastadas do que efetivamente estão atualmente.

A fachada oeste (Fig. 55) representava um problema de difícil solução para o arquiteto. A arquitrave, o friso e a cornija corriam por toda a extensão do edifício e sustentavam um frontão no oeste; todos esses elementos correspondiam àqueles da fachada leste, onde assentavam em colunas cujas bases estavam situadas mais de 3 m acima do nível do solo da parte oeste. Era esteticamente impraticável instalar do oeste colunas 3 m mais altas que aquelas no leste. A solução mais simples seria a exata reprodução do pórtico leste, erguendo-se as colunas sobre uma plataforma de 3 m de altura cujo topo coincidiria com o nível do terreno ao sul e ao leste, mas tal solução resultaria ineficaz, dada a grande proximidade do pórtico norte no nível inferior, de modo que o arquiteto recorreu a uma solução intermediária. Tratou as quinas da parede oeste como pilastras (tal como as antas da extremidade leste) e entre elas distribuiu quatro colunas[16] embutidas até um determinado ponto em uma parede baixa, mas livres acima deste ponto, os seis suportes apoiados em uma saliência localizada a uma certa altura da parede oeste. É provável que os espaços entre essas colunas fossem vedados com gradis de madeira, exceto aquele mais ao sul, que ficaria aberto. Essas pilastras e colunas eram, na verdade, consideravelmente menores inclusive do que aquelas do pórtico leste. Na parede situada abaixo da saliência havia uma porta absolutamente lisa no nível mais baixo do terreno. O pórtico norte ostentava uma porta magnífica (Fig. 57) emoldurada em mármore; encontramos molduras algo semelhantes na arquitetura jônica mais antiga, por exemplo nos tesouros délficos. O lintel da porta é uma restauração romana.

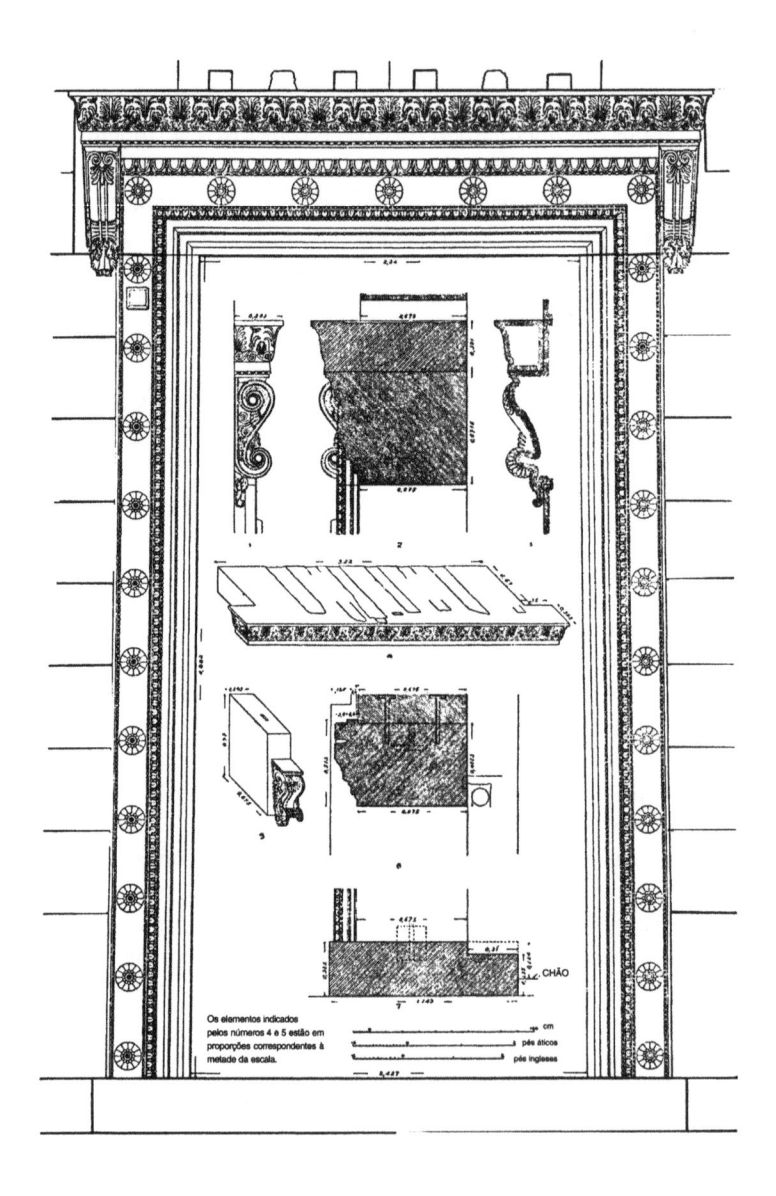

Fig. 57. Porta norte do Erecteu (reconstituição)

O ESTILO JÔNICO SÉC. V, DÓRICO E CORÍNTIO SÉCS. V E IV   157

Um traço curioso do pórtico norte, de significado puramente religioso, é a abertura instalada no canto sudeste do teto e do telhado, acima de uma abertura no piso que se comunicava com uma pequena cripta. Podemos ver esse elemento na Fig. 56.

É impossível discutirmos aqui em detalhe a teoria de Dörpfeld – ele sustenta que o arquiteto planejara uma ala oeste que se estenderia a oeste do eixo central do pórtico norte tanto quanto o edifício principal ora se estende ao leste, e em exata correspondência com este, de modo que o Pórtico das Donzelas estaria situado no centro do lado sul. Do ponto de vista estético o desenho sugerido não é satisfatório de todo, mas sua teoria não deixa de ser uma especulação brilhante e é possível que esteja correta.

Diversas características arquitetônicas do Erecteu exigem menção, mas devem ser tratadas de maneira sucinta. As colunas dos dois grandes pórticos apresentam poucas diferenças, exceto em tamanho, mas, enquanto aquelas do pórtico norte apresentam uma êntase[17] muito sutil, as do pórtico norte não apresentam êntase alguma. As bases são do tipo ático. Os fustes apresentavam colarinhos ornados com um padrão de lótus e palmetas. Os capitéis (Lâm. V*a*) diferiam do tipo normal sobretudo pela introdução de uma moldura convexa adicional, ornada com uma tira trançada, acima do equino, e pela curiosa multiplicação das nervuras em espiral na face das volutas: a junta do capitel, tal como em Samos[18], situava-se acima do equino. Defendem alguns que tais características refletem a velha tradição jônica, o que é bastante provável, em vista das inquestionáveis semelhanças com os capitéis de Samos, Náucratis e Locros, mas as evidências são insatisfeitórias, a menos que consideremos o Monumento às Nereidas anterior ao Erecteu. As cariátides, em todo caso, parecem inspiradas por modelos mais antigos, provavelmente via Delfos. Foi utilizada, no friso, pedra eleusiana negra como fundo para figuras de mármore em relevo. Contudo, uma vez que tais figuras de mármore eram coloridas e uma vez que em todos os relevos de mármore o fundo recebia costumeiramente uma coloração escura, tal experiência teria se afigurado menos surpreendente para os gregos do que para nós. Uma característica interessante da decoração do Erecteu é o uso do ornamento com o motivo do acanto, talvez pela primeira vez em uma obra arquitetônica de vulto, com a provável exceção dos acrotérios do Partenon. Esse elemento decorativo surge pela primeira vez no final do século V e seus efeitos tiveram longo alcance: sua presença aqui é uma prévia do capitel coríntio.

O Erecteu é uma construção pouco satisfatória. Tolhido, como Mnesicles, por imposições religiosas, o arquiteto perdeu a esperança de produzir um todo harmonioso. Concentrou seu interesse nos detalhes e criou uma exagerada profusão de ornamentos desconhecida desde o século VI. Sua obra constitui o aspecto arquitetônico da derrocada geral daquela tradição de austero comedimento que a personalidade de Péricles dotara de uma esplêndida porém artificial sobrevida. Cabe acrescentar que alguns arqueólogos sustentam ter sido o próprio Mnesicles o primeiro arquiteto do Erecteu, mas dificilmente pode-se acreditar nisto[19].

Embora uma obra da Ásia Menor, o Monumento às Nereidas, inteiramente removido por Fellows de Xantós, na Lícia, para o Museu Britânico, exige menção neste ponto, uma vez que sua relação com o Erecteu tem sido interpretada das mais variadas formas. Tratava-se de um opulento túmulo de mármore, em forma de um pequeno templo tetrastilo (quatro por seis), tendo por base um pódio alto, e cuja área, na parte superior, era de aproximadamente 6,7 m por 10 m. Havia um pronaos e um opistódomo, mas nenhuma coluna no pórtico. No pódio, havia dois frisos de alturas diferentes e esculturas em relevo nos frontões, mas não havia friso entre a arquitrave e os dentículos acentuadamente projetados; em compensação, a arquitrave, como em Asso, foi tratada como um friso entalhado – uma notável confirmação da hipótese de que os primeiros arquitetos jônicos consideravam impossível combinar dentículos com um friso esculturado acima da arquitrave. Entre as colunas erguiam-se estátuas de figuras femininas. O estilo geral aponta fortemente para o fim do século V a.C. ou início do IV, e será portanto imprudente presumir que os capitéis não tenham sofrido influência por parte daqueles do Erecteu, com os quais se assemelham estreitamente, muito embora não se possa ignorar a possibilidade de independência; as bases são do tipo efésio[20].

O Partenon e os Propileus marcaram a culminância do estilo dórico, muito embora as obras dóricas do final do século V e do século IV sejam de grande beleza e importância. Antes de considerarmos os templos dóricos desse período erguidos na velha Grécia, que têm um interesse especial por fornecerem os primeiros exemplares do capitel coríntio, algo deve ser dito acerca daqueles construídos na Sicília e no sul da Itália.

Um bom exemplo[21], usualmente situado cronologicamente em uma data posterior à do Partenon, é o chamado "Templo de Poseidon", em Pesto, uma estrutura hexastila (seis por catorze) medindo cerca de 24 m por 60 m no estilóbato, mas que pode perfeitamente pertencer, antes, à primeira metade do século V. A construção é notável sobretudo por seu bom estado de preservação e pelo fato de parte da pequena fileira superior de colunas internas ainda se conservar em sua posição original. Mais interessante ainda é o templo inacabado de Segesta, na Sicília (também seis por catorze), que mede cerca de 23 m por 57 m no estilóbato. Se é que a cela chegou a ter suas paredes erguidas, estas foram pilhadas por completo, mas a colunata externa, com seu entablamento, chegou até nós quase intacta[22]. Podemos ver e manusear as bossagens deixadas para a guindagem dos blocos, as faixas de proteção em pedra deixadas nos vértices mais delicados e as colunas ainda sem caneluras. Trata-se de uma construção planejada com muito esmero e que rivaliza com o Partenon na sutileza de seus refinamentos. Outra construção das mais esmeradas é o "Templo da Concórdia" em Agrigento (seis por treze) já mencionado[23]. Ambos esses templos sicilianos podem ser situados na segunda metade do século V.

Voltando à Grécia propriamente dita, devemos falar em primeiro lugar do templo dórico de Apolo Epícuro, em Basse, próximo a Figaléia, na Arcádia (Fig. 58), que apresentava não apenas dez colunas jônicas embutidas, como também um dos primeiros capitéis coríntios da história mundial. Poucos elementos arquitetônicos conheceram um êxito tão prolongado e é um raro privilégio contemplar um dos primeiros ancestrais de uma posteridade tão extensa. Na verdade, esse capitel de valor inestimável desapareceu, a não ser por fragmentos mínimos; antes de sua destrui-

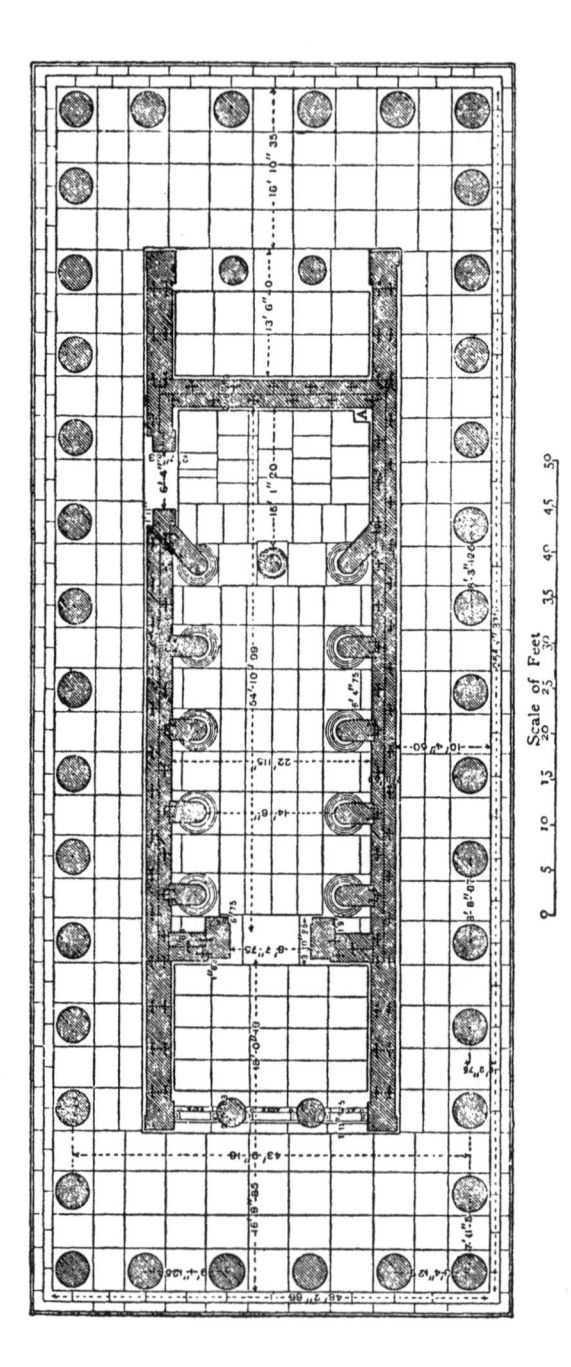

Fig. 58. Templo de Apolo, Basse (Escala em pés ingleses)

ção, todavia, foi desenhado por habilidosos arquitetos, o que nos permite descrevê-los com segurança. O templo estava situado em um santuário isolado na montanha. Relegado ao esquecimento nos tempos medievais, foi acidentalmente redescoberto em 1765 e escavado meio século mais tarde. Fragmentos de suas esculturas e sua arquitetura encontram-se atualmente no Museu Britânico. Pausânias, que conheceu e admirava o templo, assevera que Ictino, o arquiteto do Partenon, o construíra após a grande peste de 430 a.C., porém o estilo das esculturas do friso apontam, antes[24], para as últimas décadas do século V a.C.

Seu aspecto externo não apresenta nenhuma peculiaridade notável. Tratava-se de um períptero dórico (seis por quinze) que media no estilóbato cerca de 14,5 m por 38 m, com a cela situada tão recuadamente com relação às extremidades que a coluna era, ali, pseudodíptera. A cela propriamente dita tinha um pronaos e um opistódomo profundos, cada qual distilo *in antis*. Contudo, a orientação não era usual, pois o acesso se dava pelo norte, e a distribuição interna era anormal. A cela era dividida em duas partes desiguais[25] que, todavia, não constituíam dois recintos claramente isolados. A parte mais interna e menor, ou ádito, apresentava uma porta lateral em sua parede leste. O restante da cela era cercado por colunas embutidas, afixadas a pequenas paredes que se projetavam das paredes laterais. Havia cinco dessas pequenas paredes salientes em cada lado, todas formando ângulos retos com as paredes laterais, exceto as duas da extremidade sul, próximo ao ádito, que se inclinavam para o norte em um ângulo de 45 graus. No intervalo entre esse último par erguia-se uma única coluna isolada, que demarcava a linha divisória entre a cela propriamente dita e o ádito. As colunas embutidas[26] sustentavam, todas, capitéis jônicos de um tipo peculiar, enquanto a coluna livre isolada era, quase seguramente, coríntia. As colunas internas traziam em sua arquitrave um friso jônico entalhado, voltado para o interior, que dificilmente seria visível caso, segundo parece provável, essa parte do templo fosse coberta. A orientação incomum talvez deva ser explicada pelo relevo do terreno[27], e já fora adotada em um templo mais antigo, que foi substituído pela estrutura remanescente. As necessidades religiosas eram satisfeitas pela porta na parede leste do ádito, opostamente à qual, e voltada para o leste, talvez estivesse colocada a estátua devocional.

As bases das colunas jônicas (Fig. 59) eram bem pouco ortodoxas: os fustes possuíam uma apófige muito larga e uma variante projetada da rodela normal, abaixo da qual havia um elemento côncavo de grande altura, com uma longa curvatura para fora, e outro elemento semelhante porém estreito abaixo deste; a base da coluna coríntia era diferente e mais complicada, mas também incomum.

Os capitéis jônicos (atualmente perdidos, salvo por alguns fragmentos e desenhos) eram de um tipo raro. Não possuíam um equino normal; os olhos das volutas apresentavam uma proximidade incomum, enquanto a linha superior do canal que unia as espirais inclinava-se para o alto descrevendo uma curva acentuada. No tocante ao ábaco os vestígios são objeto de controvérsia, e possivelmente havia dois tipos diferentes. Além disso, havia volutas isoladas[28] também na parte frontal das faces laterais, com a junção nos vértices obtida, tal como nos capitéis angulares comuns, através da projeção das faces adjacentes em um ângulo de

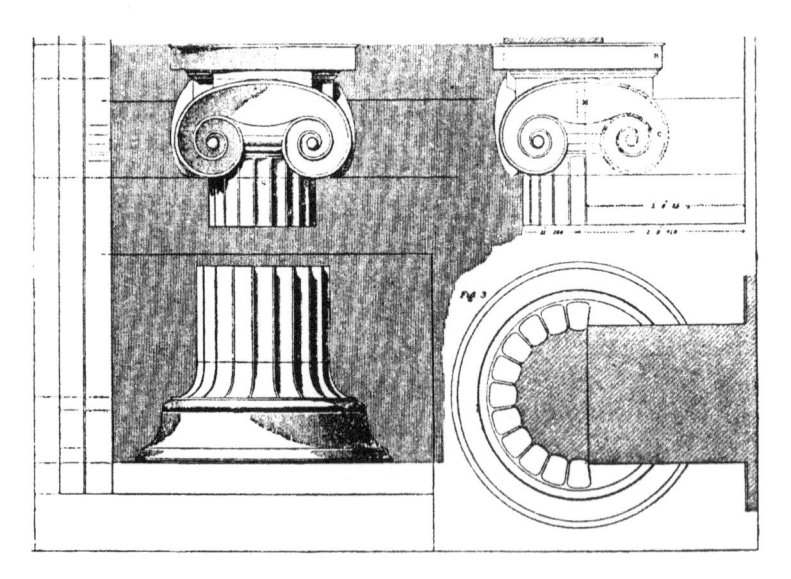

Fig. 59. Colunas jônicas do Templo de Apolo, Basse (reconstituição de Cockerell)

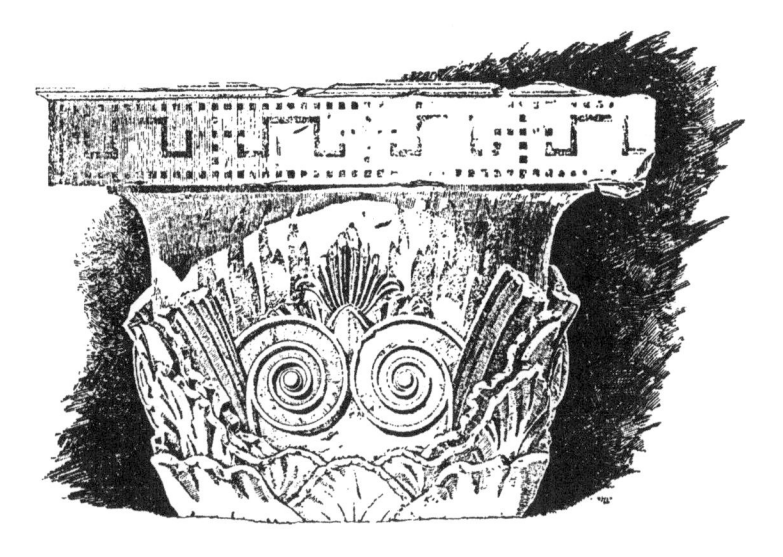

Fig. 59a. Capitel coríntio, Templo de Apolo, Basse (Reconstituição baseada nos desenhos de Haller von Hallerstein)

45 graus. Os capitéis antecipam, assim, o capitel jônico quadrifacetado[29] ou "diagonal" adotado nos períodos helenístico e romano, ele próprio o precursor da ordem "compósita"[30], inventada no século I d.C. e sobremodo popular junto aos arquitetos renascentistas. A impressão que se tem é que o arquiteto estava ansioso por conferir a essas colunas um caráter especial como demonstram as terminações de lingüetas de parede, e evitar a utilização automática de tipos de colunas livres convencionais[31].

Nosso conhecimento do capitel coríntio baseia-se em diversas ilustrações de valor desigual. As melhores, de longe, são aquelas elaboradas durante a escavação conduzida por Haller von Hallerstein, nas quais se baseia a ilustração apresentada aqui (Fig. 59a)[32]. Ele difere do tipo posterior comum principalmente nos seguintes aspectos: (1) o anel de folhas entalhadas na parte inferior é muito baixo, de modo que boa parte da campana fica exposta, embora fosse ornada com folhas pintadas; (2) as espirais internas são grandes; (3) as linhas principais de todas as espirais não são ornamentadas; (4) a grande palmeta entre as espirais internas está inteiramente situada na campana; (5) o ábaco, embora com os habituais lados côncavos, era quase liso (exceto por ornamentos pintados), e pesado. A tendência geral dos exemplares posteriores[33] é a seguinte: (1) as folhas trepam pela campana e são alternadamente baixas e altas, de sorte a formarem, efetivamente, duas fileiras; (2) as espirais internas são menores, embora sejam mais longas suas linhas principais; (3) normalmente as linhas das espirais externa e interna de cada lado em cada face emergem de um elemento com caneluras denominado caulículo; (4) a palmeta sobe em direção ao ábaco e tende a assumir outras formas, deixando pender, freqüentemente, um estame delgado que chega até as folhas; (5) o ábaco é mais leve e possui molduras mais elaboradas. As folhas sob as espirais angulares merecem atenção: nas obras posteriores, estas se convertem em uma bainha originada no caulículo; em Basse as espirais angulares estavam todas mutiladas quando foi encontrado o capitel e sua forma exata é motivo de controvérsia. Cumpre acrescentar que há indícios de que as folhas do capitel de Basse não eram acantos normais – um observador comparou-as com folhas nenúfares. Apesar de todas essas marcas de individualidade, o capitel é inquestionavelmente coríntio. A origem da forma é incerta. O desenho da campana lembra os capitéis do tesouro de Massália em Delfos, enquanto as espirais angulares podem ter-se originado tanto do capital jônico angular como ao tipo "eólico" de Neandria; deve-se atribuir algum peso também ao uso de espirais angulares nos capitéis jônicos arcaicos de antas e pilares não-estruturais; talvez o anel de folhas de acanto tenha sido sugerido pelos colarinhos do Erecteu e seus predecessores. A tradição associa o capitel coríntio ao metalurgista Calímaco, e suas formas delicadas sugerem modelos metálicos; podemos observar que em algumas construções sírias[34] da era romana toda a ornamentação dos capitéis coríntios de fato era forjada em metal. O sucesso posterior do capitel coríntio provavelmente se deveu, ao menos em parte, à insatisfação com o tradicional capitel jônico angular, que fora sempre uma tediosa anomalia. O tipo jônico quadrifacetado "diagonal" era uma patente concessão e os romanos demonstraram bom senso ao elegerem o coríntio, mais espontâneo, como o de sua preferência. Contudo, a história primitiva do capitel coríntio não sugere que a insatisfação com o capitel jônico angular tenha desempenhado algum papel relevante em sua invenção.

Será conveniente falarmos neste ponto de outros capitéis coríntios pioneiros que se conhecem. Uma curiosa experiência com uma rica decoração em acanto, uma coluna de 9 m em Delfos, que assentavam três donzelas postadas dorso-a-dorso a sustentar um trípode foi situada aproximadamente na mesma data que o templo de Basse, mas provavelmente foi construída no início da segunda metade do século IV a.C. Não se tratava de uma coluna estrutural, mas seu espírito tem muito em comum com o estilo coríntio primitivo, do qual os exemplos seguintes em termos cronológicos são, provavelmente, um conjunto de capitéis de colunas embutidas situadas na parte interna de uma construção circular, externamente um períptero dórico de vinte colunas, que se erguia no precinto de Atena Pronaia (o terraço de Marmária), em Delfos. Essa construção, não posterior ao início do século IV a.C., e talvez pertencente aos últimos anos do V, é quase seguramente aquele "tholos de Delfos" que Teodoro da Fócia, sem dúvida seu arquiteto, descreve em um livro mencionado por Vitrúvio[35]. O diâmetro do estilóbato era de aproximadamente 13,5 m. Possivelmente não seja um acaso que o arquiteto fosse um jônio, pois aqui, a exemplo de várias obras dóricas do século IV a.C. – o tholos de Epidauro e os templos de Tegéia e Neméia, por exemplo –, vemos um novo espírito tomar conta das formas tradicionais e sentimos o ocaso de uma escola encantadora, em que a força e a sutileza do estilo dórico são transfiguradas pela graça e a delicadeza do jônico. Mas, da mesma forma como ao final do século VI a tradição dórica se rebelara na Europa contra os primórdios de uma fusão com o estilo jônico, também ao final do IV, quando o centro da riqueza e do poder havia se transferido para a Ásia, a tradição jônica reafirmou seu antigo prestígio. Não podemos contemplar as encantadoras colunatas dóricas das moradias helenísticas, ou os atraentes templos tardios como o de Cori, no Lácio, sem lamentar que tal promessa tenha sido esmagada pelo fulgor ostentatório do jônico, tão precocemente acometido pela falta de substância e pela vulgaridade. É estranho que em sua última manifestação de vigor o estilo monumental dórico tenha desenvolvido, como refinamento de decoração interior, uma forma de capitel destinada, em mãos romanas, a dominar o mundo. Devemos, porém, retornar ao tholos délfico.

As colunas coríntias, provavelmente em número de dez, erguiam-se em um pódio emoldurado no interior da cela e eram apenas ligeiramente embutidas. Os capitéis, dos quais se vê uma reconstituição na Lâm. V*b*, estão mal preservados individualmente, porém suas características principais foram recuperadas com segurança. Guardam eles uma forte semelhança com o pioneiro de Basse. Boa parte da campana ficava descoberta e havia uma grande palmeta, inteiramente abaixo do ábaco. Havia grandes pares de espirais internas, situadas a pouca altura, como em Basse, porém tudo leva a crer que não se originassem, da maneira usual, do duplo anel das folhas de acanto que circundava a base do capitel, mas tornavam a se encaracolar para terminar nas espirais angulares abaixo do ábaco. Tal desenho é, aliás, desconhecido no estilo coríntio grego, mas se assemelha àquele do capitel de pilar arcaico tardio encontrado em Mégara Hibléia, na Sicília[36]; exemplares posteriores em terracota de capitéis de pilar semelhantes foram encontrados em Olímpia.

Entre os capitéis coríntios primitivos, os exemplares seguintes, em termos cronológicos são, provavelmente, aqueles do templo de Atena Aléia em Tegéia, criados pelo grande escultor Escopa, talvez no segundo quartel do século IV; um templo anterior foi incendiado em 395 a.C. Esse templo (Fig. 60) embora mal preservado, foi escavado e publicado com muito esmero, e constitui o melhor exemplo do estilo dórico do século IV. Era, na planta, um períptero simples provido de pronaos e opistódomo, ambos distilos *in antis*, e tinha proporções excepcionalmente estreitas para seu período, com seis colunas por catorze no pteroma; media no estilóbato cerca de 19 m por 47,5 m. As colunas, com cerca de 9,5 m de altura, eram admiravelmente delgadas para o padrão dórico – a altura correspondia a pouco mais que seis diâmetros inferiores –, e o perfil do equino perdera praticamente qualquer vestígio de sua tradicional curvatura. Uma característica inusitada era uma porta lateral que conduzia para o interior da cela a par-

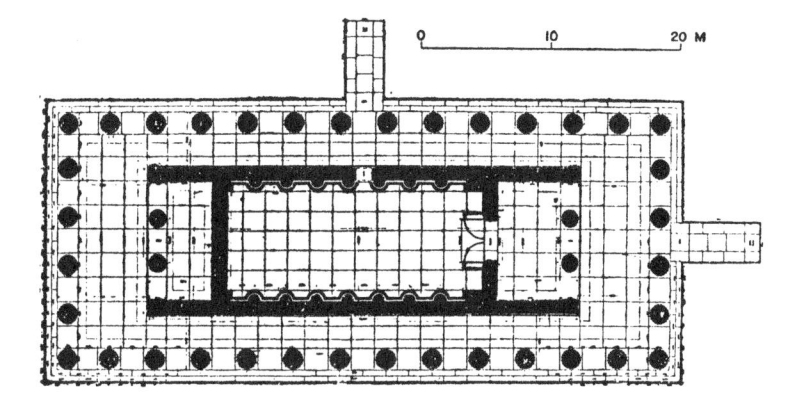

Fig. 60. Templo de Atena Aléia, Tegéia (reconstituição). (Extraído de C. Dugas, *Le Sanctuaire d'Aléa Athéna à Tégée*, Librairie Orientaliste Paul Geuthner, Paris)

tir da colunata períptera norte. O interior da cela assemelhava-se àquele de Basse, exceto em que as colunas internas estavam embutidas na parede da cela e eram todas coríntias. Havia catorze destas, além de quatro pilastras nas quinas; uma delicada moldura de rodapé, de característica jônica, corria por toda a parede e contornava os pés das colunas embutidas e das pilastras. As bases das meias colunas assemelhavam-se algo àquelas das meias colunas jônicas de Basse. Os capitéis baixo e acachapados, dos quais se vê uma reconstituição na Fig. 61, impressionam bastante. Havia, na base da campana, uma dupla fileira de folhas ásperas de acanto. As espirais angulares originavam-se de uma bainha ou caulículo com caneluras, rematado por uma folha de acanto, do tipo que se tornaria ortodoxo, mas que surge aqui pela primeira vez. O espaço entre as espirais angulares, no entanto, fugia bastante do normal: em lugar de espirais internas e uma palmeta central, encontramos uma única e grande folha de acanto que alcança a parte inferior do ábaco.

Temos, em seguida, um conjunto de belíssimos capitéis (Lâm. V*c*), talvez os mais encantadores jamais projetados, pertencentes ao interior de outra construção circular, o tholos de Epidauro, erguido entre 360 e 330 a.C. por Políclito, o Jovem, um arquiteto-escultor como Escopa. Provavelmente esse tholos destina-

Fig. 61. Capitel coríntio, Templo de Atena Aléia, Tegéia (reconstituição). (Extraído de C. Dugas, *Le Sanctuaire d'Aléa Athêna à Tégée*, Librairie Orientaliste, Paul Geuthner, Paris)

va-se a ofuscar aquele de Delfos; era maior e mais elaborado, muito embora de resultado não tão satisfatório, e seu diâmetro no estilóbato era de aproximadamente 32,5 m. Tratava-se de um períptero dórico de 26 colunas externas, mas suas 14 colunas coríntias internas eram livres. Noventa centímetros abaixo do nível antigo foi encontrado enterrado um capitel coríntio não utilizado, um estranho e encantador legado para a posteridade. O espírito desses capitéis difere do de seus predecessores conhecidos em Basse, Delfos e Tegéia – Políclito almejava não a força e a simplicidade, mas a delicadeza e a graciosidade. Poderemos observar que são, no conjunto, mais normais do que quaisquer capitéis descritos até o momento. Sua principal peculiaridade remanescente é a independência e a simplicidade das linhas que formavam as espirais; tal característica, já abandonada em Tegéia, sobreviveu em alguns tipos helenísticos da Síria e do Egito, bem como no importante grupo[37] que floresceu na Sicília e na Itália até o último século da república romana. Contudo, o tratamento global tem, em Epidauro, uma vida e um frescor jamais resgatados posteriormente.

O ESTILO JÔNICO SÉC. V, DÓRICO E CORÍNTIO SÉCS. V E IV 169

Outro importante conjunto de capitéis jônicos é aquele formado pelas seis colunas embutidas que contornavam a cela vazia porém inacessível, cerca de 2 m de diâmetro, do célebre pequeno monumento circular erigido em Atenas por Lisícrates em 334 a.C. para comemorar a vitória de um coro que havia patrocinado. Sob vários aspectos, esses capitéis extremamente floridos são menos ortodoxos que aqueles de Epidauro, porém as espirais externas e internas nascem juntas de bainhas isoladas de folhagem, à maneira dos exemplares posteriores, embora não de um caulículo com caneluras como em Tegéia. O caulículo reaparece nas meias colunas internas de outro períptero circular ainda, com aproximadamente o mesmo diâmetro que o do tholos délfico, o Filipeu de Olímpia, erguido pouco depois de 338 a.C., em honra a Filipe da Macedônia, por ele próprio ou por seu filho, Alexandre. Ali, as dezoito colunas externas eram jônicas. Os capitéis do Filipeu (Fig. 62) eram quase ortodoxos, com uma importante exceção: as espirais internas e a palmeta ou flor foram omitidas, como em Tegéia, e a campana foi recoberta com um certo número de folhas entalhadas, altas e verticais, semelhantes àquelas pintadas sobre a campana do capitel de Basse.

Cabe acrescentar que o Filipeu e o monumento de Lisícrates possuem entablamentos jônicos que se incluem entre os mais

Fig. 62. Capitel coríntio, Filipeu, Olímpia (reconstituição)

antigos exemplos remanescentes da combinação de friso e dentículos[38]; podemos arriscar o palpite de que tal passo tenha sido dado primeiramente na Grécia propriamente dita, onde a tradição jônica era uma importação.

É tempo de retornarmos ao dórico do século IV, mas pouco há que ser acrescentado ao que já foi exposto. Uma das obras de maiores proporções do período, o sexto templo de Apolo, em Delfos, que reproduzia, ao menos em suas linhas gerais, o desenho de seu predecessor do século VI[39], encontra-se em um estado precário demais para uma discussão proveitosa aqui. O templo de Zeus em Neméia, do qual três colunas ainda se mantêm em pé, foi evidentemente influenciado pelo templo de Tegéia e talvez constitua um trabalho posterior do mesmo arquiteto; as colunas exageram a delgadeza de seus modelos, com uma altura pouco superior a 6,5 diâmetros inferiores. Outros encantadores templos dóricos do século IV, para os quais não temos espaço para descrever, são os templos de Asclépio e Ártemis, em Epidauro, e o Santuário da Mãe dos Deuses, ou Métron, de Olímpia.

Uma importante estrutura arcádia do mesmo período, o Tersílion, ou plenário da liga arcádia, dotado de um pórtico dórico prostilo de catorze colunas, será descrito, juntamente com outras construções que não templos, tesouros ou Propileus, em um capítulo subseqüente[40]. Na Ásia, um templo dórico períptero de caráter simples e grave, o templo de Atena Pólia Nikéfora, em Pérgamo (seis por dez), é normalmente situado no século IV a.C., com base no tipo de letra de determinadas inscrições dedicatórias, mas, embora provavelmente seja mais antigo que a maior parte das construções da cidade, é duvidoso que possa ser anterior a 300 a.C. Havia dois tríglifos para cada intercolúnio, uma característica usualmente helenística, enquanto as colunas exibiam caneluras apenas em uma faixa estreita abaixo do equino.

Antes que possamos acompanhar o dórico pelo período helenístico adentro, devemos retornar às grandes construções jônicas da Ásia do século IV, que tão profunda influência exerceram sobre a imaginação de Roma:

ad claras Asiae volemus urbes.

CAPÍTULO X
O estilo jônico do século IV, o jônico, o dórico e o coríntio helenísticos

O estilo jônico tardio é encabeçado pelo templo de "Diana dos Efésios", do século IV, construído em mármore, a exemplo da maior parte dos demais descritos no presente capítulo. A construção substituiu a estrutura de Creso, destruída pelo fogo, segundo a tradição predominante, em 356 a.C. Eusébio registra, realmente, um incêndio em 395 a.C., mas embora a data de 356 esteja em suspeita sincronia com o nascimento de Alexandre, o Grande, e embora seja mais fácil conciliar a data anterior com as datas conhecidas de alguns outros templos asiáticos, a referência de Aristóteles[1] a um recente e devastador incêndio do templo, corrobora a tradição corrente. A planta do novo templo de Ártemis foi moldada estreitamente com base naquela de seu predecessor[2], embora o piso tenha sido elevado em 2 m e a plataforma fosse circundada por um grande lance de escadas. O novo templo, tal como o antigo, possuía alguns tambores de coluna esculturados e alguns pedestais quadrados entalhados de forma similar. A posição de todos esses elementos é hipotética, mas sem dúvida eram proeminentes e provavelmente estariam situados na extremidade oeste. Talvez a melhor solução seja aquela proposta por Lethaby – cada coluna da fileira frontal do pteroma apoiava-se em um pedestal entalhado, ao passo que cada coluna da segunda fileira tinha, na parte inferior, seu tambor entalhado, com uma base e um plinto. Outras configurações, todavia, são plausíveis: é possível, por exemplo[3], que *todos* os tambores entalhados se apoiassem em pedestais quadrados ou que os pedestais estivessem confinados ao pórtico ou pórticos, como presumem alguns críticos modernos, com base em uma analogia um tanto frágil com o templo de Ártemis em Sardis[4]. Plínio[5] afirma que havia trinta e seis colunas esculturadas, e provavelmente se refere ao templo mais recente. Os esparsos elementos remanescentes dessa construção (em sua maior parte no Museu Britânico hoje) são insuperáveis em termos de robustez e grandiosidade. Os capitéis (Fig. 63), embora menos convencionais no tratamento, podem figurar lado a lado com as obras-primas de Mnesicles, e é esplêndido o relevo decorativo da grande sima em sua combinação de delicadeza e força.

O templo de Atena Pólia em Priene[6] (Fig. 64) já foi utilizado para ilustrar o típico estilo jônico. Pode-se acrescentar aqui que foi dedicado por Alexandre, o Grande, e que Vitrúvio assevera ter sido erguido por Píteo, o arquiteto do Mausoléu[7]. Tratava-se de um períptero hexastilo simples, com onze colunas nas laterais, medindo aproximadamente 19,5 m por 37 m no estilóbato. Possuía um pronaos profundo, a exemplo da maior parte dos templos asiáticos, bem como um opistódomo, cada qual distilo *in antis*.

Fig. 63. Capitel do templo de Ártemis, Éfeso, século IV a.C.

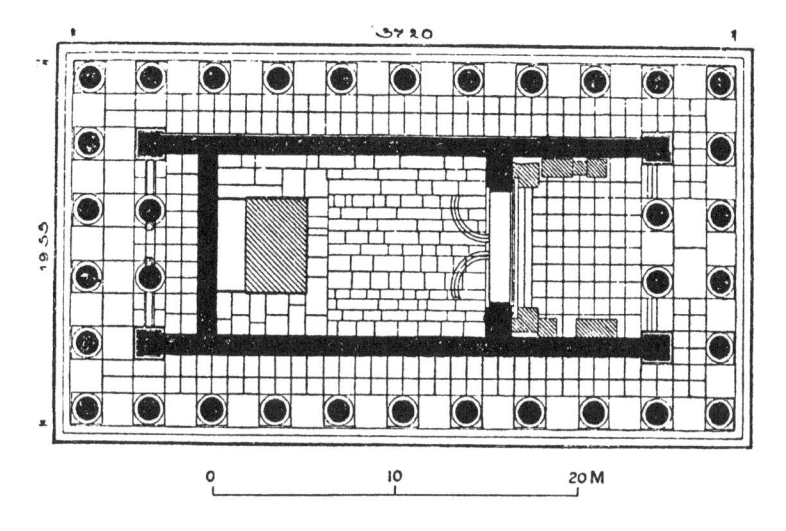

Fig. 64. Templo de Atena Pólia, Priene (reconstituição)

A questão das proporções é sempre difícil e enganosa, mas esse templo exemplifica bem o caráter geral do desenho do século IV e no período helenístico. Aparentemente o arquiteto tinha por meta uma proporção entre profundidade e largura próxima a 2:1. Matematicamente, é inexeqüível criar um estilóbato exatamente nessa proporção sem abandonar o princípio da igualdade de todos os intercolúnios, mas o esquema de um períptero de seis por onze (no qual o número de *intercolúnios* nas laterais é o dobro daquele das fachadas frontal e posterior) oferece uma das maiores aproximações a essa relação. Muitas das principais dimensões do templo de Priene são múltiplos quase exatos do chamado pé "ático" e romano[8] de 0,295 ou 0,296 metros, aproximadamente 1/3 de polegada menor que o pé inglês. O diâmetro inferior das colunas não está (como no esquema de Vitrúvio[9]) relacionado a essa medida e com o "módulo", ou unidade de medida, uma vez que o arquiteto optou pelo método incompatível de fazer os plintos, ligeiramente mais largos, que sustentam as bases das colunas com uma largura correspondente a um número exato de pés gregos – no caso, seis – e também com uma largura idêntica aos espaços que os separam. Os eixos das colunas distam, portanto, doze pés[10] entre si e a extremidade do estilóbato está dividida em quadrados com seis pés de lado, alternadamente livres e ocupados por um plinto. Os bordos externos dos plintos são quase contínuos com o bordo do estilóbato, que mede, conseqüentemente, pouco mais que vinte e uma vezes seis pés nas laterais, em correspondência aos onze plintos e dez espaços, e pouco mais que onze vezes seis pés nas fachadas frontal e posterior, ou seja, uma proporção de 21:11. A cela, em sua acepção mais ampla, exatamente alinhada com as colunas do pteroma nas fachadas e nas laterais, tem 100 pés de comprimento, se excluirmos a projeção de 1 pé da base da anta em cada extremidade, enquanto o comprimento interno da cela propriamente dita é de 50 pés. A altura das colunas equivalia, provavelmente, a nove vezes seu diâmetro inferior, cerca de 40 pés. Não foi detectado nesse templo nenhum "refinamento" afora a êntase, embora o estilóbato apresente um ligeiro declive para fora nos quatro lados, supostamente para fins de drenagem.

Outro importante templo do século IV é o de Ártemis ou Cibele, em Sárdis, a antiga capital da Lídia. Um templo arcaico, sucessor de um edifício lídio, foi incendiado na revolta jônica de 499 a.C. A parte principal do edifício remanescente, excepcionalmente bem conservado e que mede cerca de 47 m por 101 m no estilóbato, data do final do século IV a.C., embora existam elementos romanos; há, contudo, quem defenda a hipótese de que parte das fundações datam do século V e que algumas colunas desse período teriam sido reutilizadas, o que, no entanto, é duvidoso. Os capitéis atribuídos a esse período anterior exibem ornatos florais no canal acima do equino e em um dos casos os óvalos da moldura em óvalo-e-língua foram entalhados com palmetas, uma característica extremamente rara, que encontra paralelo em obras arcaicas de Fanai e alhures em Quios[11]. O templo do século IV era pseudodíptero (oito por vinte), provavelmente o exemplar jônico mais remoto desse esquema, mas seu efeito era adulterado pelo fato de os profundos pórticos prostilos se prolongarem até uma distância inferior a 1 intercolúnio da colunata períptera. Esses pórticos eram tetrastilos, com uma coluna adicional entre as antas e as colunas angulares. O par central, em cada extremidade, erguia-se sobre pedestais quadrados que apresentavam listras em bruto destinadas a ser entalhadas; as colunas apoiadas nesses pedestais eram menores que o restante e foram estas que se presumiu datarem do século V. Os imensos espaços retangulares, de cerca de 13,5 m por 17,5 m, delimitados pelos pórticos, talvez não fossem cobertos. As colunas perípteras que corriam pelas fachadas apresentavam um espaçamento desigual, o central sendo o mais largo e o restante apresentando um decréscimo gradual, e todos eles mais largos que aqueles das laterais. Talvez se possa admitir tal esquema de espaçamento também em Éfeso, porém não é encontrado em Priene e parece ter desaparecido no período helenístico.

Outra construção do século IV pode ser ainda incluída aqui, embora não se trate de um templo: o célebre Mausoléu de Halicarnasso. Este, tal como o templo de Atena em Priene, foi erigido e descrito pelo arquiteto Pítio, mas todos os seus escritos desapareceram. As dimensões fornecidas por Plínio, o Velho, são adulteradas e de difícil compreensão e, embora boa parte da construção tenha chegado até nós, sua restauração é ainda alvo de discussões ferrenhas. Tratava-se do túmulo de Mausolo de Cária, e foi concluído por sua viúva, Artemísia, pouco depois de 335 a.C. Suas esculturas decorativas eram muito famosas, porém sua construção era igualmente admirada. Consistia, por certo, em uma estrutura semelhante à de um templo sobre uma base de grande altura, a sustentar uma pirâmide encimada pela figura de um auriga a conduzir seu carro. É provável que a base fosse retangular, que o estilóbato medisse 30,5 m por 24 m e que houvesse uma cela com um pteroma de trinta e seis colunas jônicas, nove por onze. A pirâmide provavelmente tinha pouca altura e talvez seu perfil fosse curvo. O estilo lembra de perto o do templo de Priene. Havia três frisos esculpidos, talvez dois na base e um na parede da cela; aparentemente o segundo estava dividido em faixas isoladas, entre as pilastras correspondentes às colunas; entre a arquitrave e os dentículos quase seguramente não havia friso. A reconstituição aqui apresentada (Fig. 65) é de autoria de Adler – embora duvidosa em determinados pontos, por exemplo na colcação de um friso acima da arquitrave, provavelmente está correta em suas linhas principais[12].

Fig. 65. Mausoléu, Halicarnasso (reconstituição por Adler)

É difícil determinar o aspecto original desses imponentes edifícios do século IV. Seu esplendor é inquestionável, mas parece provável que, com a possível exceção de Éfeso, fossem desinteressantes e pouco vigorosos. Podemos perceber, em algumas construções dos séculos seguintes, o início definido da ostentação e da vulgaridade, embora mantenham freqüentemente um padrão bastante elevado de excelência técnica.

Podemos considerar primeiramente o gigantesco templo oracular de Apolo Didimeu próximo a Mileto (Fig. 66 e Lâm. VI),

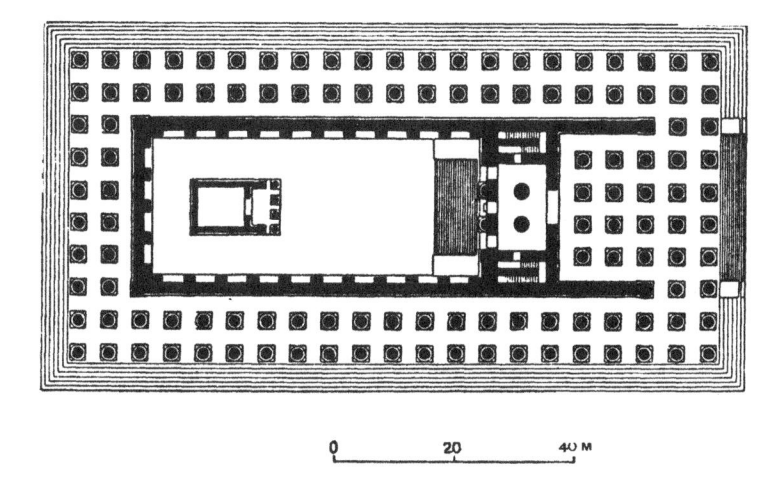

Fig. 66. Templo de Apolo Didimeu, Mileto (reconstituição)

que media cerca de 51 m por 109 m no estilóbato. Seu predecessor foi incendiado em 494 a.C., ao tempo da tomada de Mileto dramatizada por Frínico, e que lhe valeu a imposição de uma multa. O local ficou deserto até a expulsão dos persas de Mileto por Alexandre, o Grande, em 333 a.C. O oráculo foi imediatamente ressuscitado, porém parte alguma do novo templo parece pertencer ao século IV, com a possível exceção do naísco, ou santuário interno. A porção principal da obra pertence aos dois séculos seguintes, e a construção arrastou-se até o período da Roma imperial.

Apesar de incêndios e terremotos, três colunas ainda se mantêm em pé. Duas delas sustentam uma parte da arquitrave e parte do friso; sua altura, cerca de 19,5 m, equivale a aproximadamente dez diâmetros inferiores. Sucessivas expedições francesas e alemãs lograram por fim escavar o sítio por completo, com gostos vultosos; as partes inferiores do templo estão maravilhosamente preservadas. Trata-se de um díptero (dez por vinte-e-um na fileira externa) com um profundo pronaos a leste, tetrastilo *in antis*, porém com dois outros conjuntos de quatro colunas atrás da fileira dianteira. Atrás do pronaos, e em um nível mais elevado, encontra-se um "recinto intermediário" de pouca profundidade, cujo teto era sustentado por duas colunas e cujo acesso não se dava diretamente do pronaos, muito embora uma imensa porta interligasse ambos, uma vez que a soleira dessa porta (Lâm. VI) era um bloco de mármore de cerca de 8 m de comprimento, cerca de 2,10 m de largura e cerca de 1,5 m de altura, desprovido de qualquer degrau intermediário – sem dúvida os oráculos eram proclamados da porta aos visitantes postados abaixo. O núcleo da parte interna era ocupado por um grande pátio a céu aberto, cujo piso está situado mais de 4 m abaixo do nível do pronaos e que abrigava a fonte sagrada e o naísco que guardava o Apolo em bronze de Canaco, uma primitiva obra sicioniana recuperada de Ecbatana por Seleuco Nicator. Um esplêndido lance de escadas interligava o "recinto intermediáro" com o pátio, através de três portas; o pronaos, contudo, apenas dava acesso ao pátio por duas passagens em declive, com pisos estriados, nas quais se entrava através de pequenas portas e que davam, embaixo, para dois ambientes retangulares de cobertura plana localizados no pátio a cada lado da grande escadaria. Essas passagens, de aproximadamente 1,2 m de largura e mais de 2,5 m de altura e cujo acesso se dava através de arcos, eram cobertos por abóbadas cilíndricas em mármore, também em declive, passavam por sob um par de belas escadarias de mármore, conduzindo do "recinto intermediário" às partes superiores do edifício. A parede interna do pátio era ladeada por pilastras com feições do estilo jônico tardio, apoiadas em um dado cujo bordo superior ficava no mesmo nível que o piso do "recinto intermediário". O naísco situava-se na extremidade mais afastada do pátio e consistia em um encantador templo jônico tetrastilo prostilo, medindo cerca de 8,5 m por 14,5 m em seu degrau superior. Trata-se de um exemplo precoce da combinação de friso e dentículos; o friso é muito baixo e está decorado com um padrão de lótus-e-palmetas. Os elementos mais recentes do templo de Apolo Didimeu parecem ser o friso externo e algumas das colunas do pteroma, especialmente aquelas da extremidade leste (provavelmente erguidas no período imperial romano), providas de bases e capitéis de uma extravagância anormal. À parte estas, todas as colunas são jônicas ortodoxas, com bases asiáticas, à exceção de duas meias colunas coríntias entre as portas dos fundos do "recinto intermediário", defronte aos degraus.

As limitações de espaço impossibilitam que se fale de quaisquer outros templos jônicos posteriores, salvo aqueles construídos por Hermógenes, cuja fama deve-se menos a seus méritos intrínsecos do que à crença geral de que seu arquiteto tenha sido o principal modelo e mestre de Vitrúvio e, portanto, de certa forma, o oráculo da Europa renascentista. Duas de suas principais obras – as únicas mencionadas por Vitrúvio – foram exploradas nos tempos modernos: o templo de Dioniso, em Teos, e o de Ártemis Leucofriena, em Magnésia, no Meandro. Sabemos, por intermédio do próprio Vitrúvio[13], que Hermógenes deixou descrições por escrito desses dois templos. É certo que contava com admiradores na Roma de Augusto, pois Estrabão[14], contemporâneo de Vitrúvio, considerava seu Artemísio de Magnésia superior àquele de Éfeso por suas qualidades artísticas mais refinadas. Também se deduz, com base no extravagante louvor de Vitrúvio[15], que C. Mucius, que ergueu para Mário um templo de Honos e Virtus, foi um de seus seguidores, mas esta é uma simples conjectura, pois seu estilo deixou poucos vestígios materiais na arquitetura romana. Sabemos, atualmente, que Hermógenes pertence à segunda metade do século II a.C.[16]

Vitrúvio deixa claro que segue Hermógenes em sua descrição (III, 3, 8) do tipo octastilo pseudodíptero de templo, o qual, erroneamente, considera uma invenção de Hermógenes e que deveria possuir quinze colunas nas laterais. Também atribui a Hermógenes o "eustilo" ou sistema "adequado" de espaçamento entre colunas, que não se restringe às construções octastilas (III, 3, 6). Sem dúvida obteve suas informações do livro ou livros de Hermógenes dedicados aos templos de Magnésia e Téos. O termo "eustilo" é de origem obscura, supostamente cunhado pelo próprio Hermógenes para descrever o que talvez fosse uma inovação em uma classificação acadêmica anterior referente ao espaçamento entre colunas, que pouca relação guarda com a prática arquitetônica antiga. Os termos de tal classificação eram o picnostilo, em que os espaços intercolunares[17] equivalem a 1,5 vezes o diâmetro inferior, o sistilo, em que a proporção é 2, e o diastilo, em que é 3, sendo denominado areostilo qualquer espaçamento mais largo. O eustilo é uma modificação do sistilo e um termo-médio exato entre o picnostilo e o diastilo, ou seja, 2¼ diâmetros inferiores, além de possuir a característica adicional – em verdade nada inédita – de um alargamento do intercolúnio central de cada fachada, que deveria ser diastilo. A altura das colunas no eustilo é idêntica àquela no sistilo, ou seja, 9,5 diâmetros inferiores, com 10 no picnostilo, 8,5 no diastilo e 8 no areostilo.

Vitrúvio não relaciona sua descrição da cela jônica ideal ao nome de Hermógenes. A descrição é confusa, mas talvez sua fonte grega prescrevesse que a largura da cela deveria equivaler a 1/3 de seu comprimento total e que, desse comprimento, a cela propriamente dita deveria ocupar 3/7, o pronaos e o opistódomo 2/7 cada qual, sendo interaxiais todas as medidas (para colunas assim como para paredes).

Nenhum dos grandes templos de Hermógenes observa inteiramente esses preceitos de proporção na planta baixa. O templo de Magnésia (Figs. 67 e 68) era estritamente pseudodíptero[18],

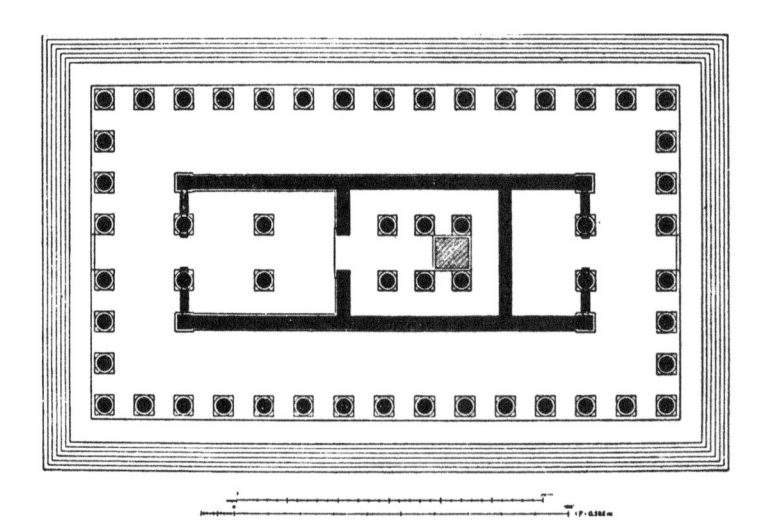

Fig. 67. Templo de Ártemis Leucofriena, Magnésia (reconstituição).
(Escalas em metros e pés gregos de 0,328 m)

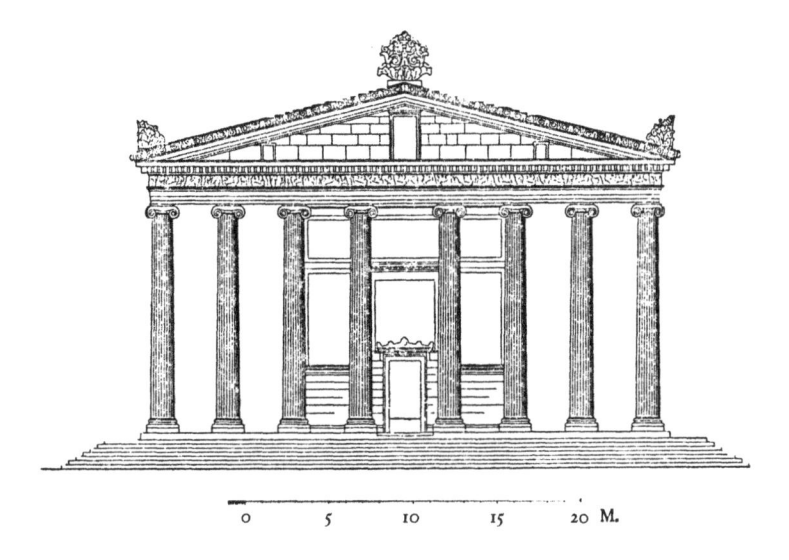

Fig. 68. Templo de Ártemis Leucofriena, Magnésia (reconstituição)

oito por quinze, com os intercolúnios centrais das fachadas mais largos que os restantes; todavia, o espaçamento entre colunas não era eustilo, porém ligeiramente mais estreito que um espaçamento sistilo. Na verdade, Hermógenes obedeceu aqui ao método de Priene[19], com espaços entre plintos e interplintos de 6 pés gregos cada, exceto em que os espaços centrais das fachadas correspondem a 10 pés. O templo de Teos, por outro lado, que era hexastilo e não pseudodíptero, era eustilo, exceto quanto aos intervalos centrais das fachadas, que não foram alargados. Quanto ao resto, será mais conveniente falarmos quase exclusivamente de Magnésia, o único edifício adequadamente publicado.

Em Magnésia (em que todas as dimensões certamente são interaxiais), a largura da cela correspondia a 1/3 de seu comprimento, como provavelmente o prescrevia a fonte de Vitrúvio, mas a proporção entre pronaos, cela e opistódomo era de 2:2:1, em lugar de 2:3:2. Cabe acrescentar que, em Magnésia, todas as principais dimensões interaxiais eram múltiplos de 4 pés e a maior parte correspondia a múltiplos de 12 pés, que é a dimensão interaxial do pteroma, com a cela (no sentido mais amplo) equivalente a 120 por 40 pés, enquanto os comprimentos do pronaos e da cela são de 48 pés e o do opistódomo, 24 pés. Encontramos uma extrema regularidade também no espaçamento das colunas internas, conforme se pode ver pela planta, aspecto que, porém, não podemos discutir aqui em detalhe.

Poderemos constatar, com base em tudo isso, que os esquemas adotados nas plantas baixas dos templos de Magnésia e Teos guardam no mínimo alguma semelhança geral com aqueles enunciados por Vitrúvio, ao passo que, no tocante ao entablamento, Hermógenes parece, antes, seguir a prática dos arquitetos do século IV, especialmente aquela adotada no templo de Apolo Pítio em Priene. É verdade que nos templos de Magnésia e em Teos, assim como em Vitrúvio, um friso corria por sobre a arquitrave e que a construção dedicada a Apolo Pítio quase certamente não incluía essa característica; mas enquanto o friso de Vitrúvio possui 5/8 da altura total do entablamento, o de Magnésia[20] é de apenas 5/12. Tanto em Magnésia como em Teos, os capitéis são de um tipo tardio, com o olho da voluta[21] situado logo acima e ligeiramente fora do ponto em que a linha horizontal do topo do equino interceptaria a linha perpendicular do diâmetro superior do fuste. Afirma-se geralmente que esse tipo assemelha-se de perto ao capitel jônico ideal descrito por Vitrúvio, mas a interpretação de suas palavras (III, 5, 5 ss.) oferece dificuldades. Seja como for, tal semelhança não seria uma prova suficiente da influência de Hermógenes, uma vez que o tipo hermogeneano era o resultado natural de uma evolução anterior e surge, plenamente desenvolvido, no século IV a.C., no Filipeu[22] de Olímpia.

Nossa conclusão geral deve ser a de que, exceto nos pontos particulares referentes ao espaçamento eustilo e à planta pseudodíptera, não há razão convincente para atribuirmos a Hermógenes a origem de qualquer uma das regras enunciadas por Vitrúvio, e que na questão das proporções da coluna e do entablamento jônicos tal atribuição torna-se inexeqüível, a não ser que se parta da improvável hipótese[23] de que teria Hermógenes adicionado, ao relato dos templos que construiu, o desenho muito diverso de um templo ideal que jamais lhe fora dado construir.

Uma interessante caracterísca[24] do templo de Magnésia é a presença, no tímpano de cada frontão, de uma porta grande e duas pequenas, sem dúvida destinadas a aliviar a carga sobre as arquitraves do pteroma, princípio este que vamos encontrar já nos túmulos circulares e na porta dos Leões, em Micenas, e que conhecerá outros desenvolvimentos nas obras romanas[25]. Cumpre observar ainda que a base ática de coluna marca aqui uma de suas primeiras aparições a leste do Egeu, tendo sido também utilizada em Teos.

Talvez seja este o lugar mais indicado para mencionar, antes de passarmos aos estilos dórico e coríntio helenísticos, uma importante construção religiosa do século II a.C., o Grande Altar de Pérgamo. Essa estrutura, da qual todas as partes aparentes eram em mármore, é célebre sobretudo por seus notáveis relevos, muito embora possua também algum interesse arquitetônico. Foi erguido em sua maior parte, muito provavelmente, pelo rei Eumenes II, que reinou de 197 a 159 a.C., mas talvez a obra tenha sido continuada por seu irmão e sucessor Atalo II, que reinou até 138 a.C. O altar propriamente dito, do qual nada chegou até nós salvo alguns detalhes da ornamentação, erguia-se em um imenso pódio cujo topo encontrava-se cerca de 5,50 m acima do nível do terreno. Medido ao longo do pé dos três ou quatro degraus que corriam por toda sua base, o pódio tinha cerca de 36,5 m de largura por cerca de 34 m de comprimento. Nas faces sul, leste e norte o topo do pódio era cercado por uma parede sólida em cujo interior erguia-se um claustro de curiosos pilares retangulares, com colunas três-quartos embutidas na frente e atrás; provavelmente esses pilares foram erguidos por Atalo II, porém jamais concluídos. Tudo indica que no oeste o pódio era cortado por um lance de mais de vinte degraus com aproximadamente 21 m de largura, que descia a uma profundidade de 9 m. A parede sólida não se prolongava pela plataforma no topo da escadaria, mas desviava-se, como as laterais de um pórtico aberto, até as extremidades das duas lingüetas do pódio que ladeavam a escadaria ao norte e ao sul. Uma série de colunas jônicas corria por toda a face externa do pódio, externamente à parede sólida nas faces sul, leste e norte e descrevendo um contorno pelas faces internas das duas lingüetas projetadas do pódio. Parece seguro[26] que tanto essa série de colunas comuns como os pilares de duas colunas do claustro interno também corriam pela face oeste do pódio no topo do lance de escadas, com um alargamento do intercolúnio central.

As colunas externas sustentavam um entablamento desprovido de friso, com dentículos, e eram interligadas por um teto em caixotões com a parede sólida e, ao longo da fachada oeste, com os pilares já mencionados. O grande friso, que ostentava uma batalha entre deuses e gigantes, situava-se na face externa do pódio, abaixo das colunas; apoiava-se em um elaborado pedestal contínuo e era rematado por dentículos e cornija. A face interna da parede sólida também era decorada com relevos.

Os edifícios dóricos do período helenístico, o qual podemos, convenientemente, considerar iniciar-se com o século III a.C., devem ser considerados sucintamente a seguir. A característica mais notável do período é a multiplicação dos tríglifos, com o aparecimento de dois ou mais – freqüentemente, mas não sempre –, acima do mesmo intercolúnio. Talvez fosse um resultado indireto de outras causas, especialmente a tendência para um largo espaçamento entre as colunas e o desejo de entablamentos mais baixos, o que determinava que os tríglifos e métopas fossem mais estreitos, uma vez que a altura do friso condicionava sua profundidade. A coluna dórica também tendia a tornar-se ainda mais delgada do que no século IV, devido à influência contínua do estilo jônico. Os capitéis dóricos exibem grande variedade. No final do século IV e no III, tal como no início do IV, era comum que o equino apresentasse um perfil bastante reto, mas normalmente com uma considerável projeção. Exemplos desse tipo reto são comuns nos templos e pórticos helenísticos de Pérgamo e nos peristilos residenciais do mesmo período em Delos e Pompéia. Do século II em diante não será incomum, sobretudo em colunas embutidas, encontrar a influência do capitel jônico, o equino consistindo em uma simples moldura de perfil quarto-de-círculo, por vezes entalhado com o motivo óvalo-e-dardo. O Bouleutério[27] de Mileto, construído entre 175 e 164 a.C., fornece bons exemplos desse tipo, tanto lisos como entalhados. Ambos os tipos são encontrados no estilo dórico romano[28] e renascentista. Muitas vezes os entablamentos dóricos exibem algumas feições jônicas, mas sobretudo em construções que não templos e raramente antes do século II a.C.; temos, por exemplo, a presença de dentículos entre o friso de tríglifos e a cornija no Bouleutério de Mileto.

É possível estudar o estilo dórico helenístico a contento na grande publicação alemã das escavações de Pérgamo, na Ásia Menor, onde havia diversos templos nesse estilo, muito embora nenhum deles de grande importância. Bom exemplo é o templo de Hera Basiléia, cuja data pode ser determinada com grande aproximação graças a uma inscrição na arquitrave: foi dedicado por Atalo II, que reinou de 159 a 138 a.C. Tratava-se de uma pequena estrutura tetrastila prostila, com cerca de 7,30 m por 12 m, que dava, na face sul, para um terraço acima do Ginásio Superior; sua parte norte localizava-se em um corte na encosta, do qual estava separado por uma passagem estreita. Conseqüentemente, apenas a fachada era importante e apenas essa parte era em mármore; sua importância era enfatizada ainda pelo lance de escada que conduzia da parte inferior ao terraço, pois tal lance era contínuo com os três degraus mais largos pertencentes propriamente ao templo, dentre os quais os dois inferiores recuavam apenas a uma pequena distância em cada lateral; o efeito assemelhava-se ao de um templo situado em um pódio elevado.

As características mais notáveis de seu desenho são a delgadeza das colunas (que se alçavam a mais de 7,5 diâmetros inferiores) e a pouca altura da arquitrave, equivalente a pouco mais que dois-terços da altura do friso, por sua vez perceptivelmente baixo e com dois tríglifos em cada intercolúnio. Os fustes das colunas eram polígonos de vinte lados com nenhuma canelura, um traço comum em Pérgamo, embora confinado usualmente à parte inferior do fuste. Os capitéis desapareceram, mas podemos presumir com segurança, tomando por base alguns exemplos contemporâneos, que tanto o equino como o ábaco fossem extremamente baixos. A cornija inclinada era provida de mútulos com gotas. Temos vários indícios aqui de influência jônica nos detalhes de molduras, bem como nas proporções gerais, mas não há sombra de intromissão de características marcadamente jônicas como bases de colunas ou dentículos.

Pouco precisa ser dito acerca dos templos coríntios helenísticos[29]. O capitel era tratado livremente nesse período, que assistiu ao desenvolvimento de diversas escolas locais; aquela da Sicília e da Itália será discutida em um ponto mais adiante[30]. Os arquitetos da Roma imperial via de regra adotavam como sua base aquele tipo canônico infinitamente reproduzido desde a Renascença, muito embora freqüentemente o enriquecessem e elaborassem; possivelmente seu predomínio[31] tenha começado com a iniciativa de Sila em ornar o templo de Júpiter Capitolino[32] com colunas roubadas do templo de Zeus Olímpio de Atenas, ao qual nos devemos voltar agora.

Talvez tenha sido esse magnífico edifício a sudeste da acrópole de Atenas, que media aproximadamente 41 m por 107,5 m no estilóbato, o primeiro templo coríntio[33] em escala monumental. O rei selêucida Antíoco Epífane da Síria retomou, na primeira metade do século II a.C., com ligeiras modificações, o projeto abandonado[34] dos pisistrátidas, díptero nas laterais, tríptero nas extremidades. Muito surpreendentemente, seu arquiteto foi um certo Cossútio[35], cidadão romano de nascimento mas certamente não um romano. Segundo Vitrúvio, deu ao templo a mesma altura que as arquitraves; sabemos, através de outras fontes, que o edifício foi concluído por Adriano e temos alguns indícios de intervenções na era de Augusto. A altura das colunas é de aproximadamente 17,3 m, o equivalente a cerca de 8³⁄₄ diâmetros inferiores; elas são muito mais delgadas que boa parte dos exemplares coríntios romanos, que chegam a 10 no século I d.C. e ultrapassam 11 no século II. Parte dos capitéis remanescentes parece pertencer ao período de Cossútio, parte ao período de Augusto e parte ao de Adriano. A Fig. 69 reproduz o desenho de Penrose de um capitel aparentemente originário da época de Augusto, que exibe todos os traços essenciais do tipo coríntio romano ortodoxo, ainda que excepcionalmente pouco gracioso e austero; a campana é alta, o ábaco se projeta discretamente e as folhas simples estão afixadas à campana; o caulículo estriado é largo e forte. Trata-se do único capitel satisfatoriamente publicado e os pontos em

Fig. 69. Capitel do Templo de Zeus Olímpio, Atenas (Penrose)

que difere do cossutiano não são de grande importância. Os capitéis (Fig. 70) do Propilon do Bouleutério milésio[36], uma obra do mesmo Antíoco, são semelhantes, salvo em que as espirais internas e a flor do ábaco são insignificantes, e que boa parte da campana é desprovida de ornatos. Vitrúvio prescreve um tipo bastante semelhante, exceto ao postular que o anel inferior de folhas de acanto, a parte visível da segunda fileira e o espaço remanescente, ou "região das volutas", abaixo do ábaco, devem ser de mesma altura[37], um esquema que se aplica aproximadamente ao tipo italiano, mas desconhecido nos capitéis ortodoxos até o século II d.C., e sempre raro. A zona folhada superior quase sempre é mais baixa que as outras duas; a relação entre estas é variável, embora a região das volutas seja normalmente a de maior altura.

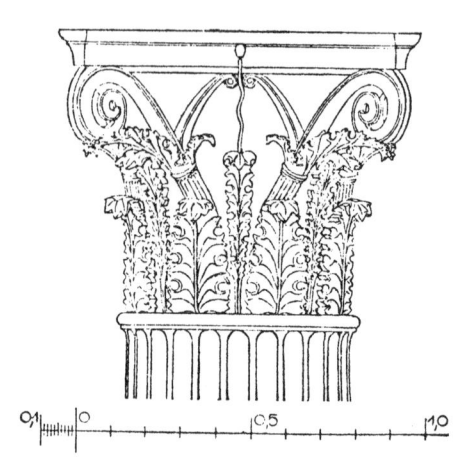

Fig. 70. Mileto, capitel do Propilon do Bouleutério (reconstituição)

Possivelmente Vitrúvio estivesse observando a regra esquemática de algum teórico helenístico.

O estilo coríntio era normalmente uma variação do jônico. Vitrúvio[38] considera igualmente admissíveis os entablamentos dóricos e por vezes encontramos essa combinação, tanto no período helenístico como no romano, mas provavelmente deve ser tratada como uma excentricidade comparável à combinação de entablamentos dóricos e colunas jônicas, prática condenada por Vitrúvio[39]. Aparentemente teria gozado de uma particular popularidade[40] no período de Augusto, o que talvez possa justificar a concepção de Vitrúvio.

CAPÍTULO XI
Teatros gregos e outras construções que não templos ou residências

Antes de passarmos à arquitetura primitiva etrusca e romana, devemo-nos dedicar a um rápido exame dos principais edifícios gregos do século VI ao século II a.C. cuja planta difere marcadamente daquela do templo comum. Alguns já foram descritos e a simples menção deve bastar para os diversos tipos de estoas ou pórticos, freqüentemente de grande largura e profundidade, construídos em todos os períodos. As casas e palácios gregos e romanos serão discutidos conjuntamente mais adiante[1]. Antes de considerarmos as diversas estruturas a céu aberto utilizadas pelos gregos para reuniões públicas, das quais as de maior importância eram seus teatros, podemos examinar alguns edifícios públicos cobertos primitivos de caráter notável.

A planta do edifício usualmente denominado Bouleutério, ou Sede do Conselho, em Olímpia, constitui um elo notável com o passado, mas deve-se admitir que sua identificação é controversa e obscura a função de suas partes. Compunha-se, em sua forma final, de duas alas quase idênticas e uma construção central menor, porém as três partes são estruturas separadas, aparentemente de épocas diferentes: a ala norte presumivelmente datada do século VI a.C., a sul do século V e a construção central, com maior incerteza, do período helenístico. É claro, no entanto, que as alas norte e sul têm por finalidade equilibrar uma à outra e que a segunda, embora em sua forma atual date de um período posterior, tem uma planta mais primitiva. Cada qual consistia de um salão retangular orientado na direção leste-oeste e aberto na face leste, exceto por três colunas entre as antas que rematavam suas paredes laterais. Não havia pórtico atrás das colunas. A face leste de cada ala consistia em uma abside recurva, separada do ambiente principal por uma parede transversal, e ao longo do eixo central de cada uma corria uma fileira de colunas interiores; mas enquanto a ala norte era efetivamente retangular, salvo por sua abside, a ala sul era uma elipse delicada, cujas paredes laterais apresentavam uma ligeira curvatura por toda a sua extensão. Cada ala tinha, na parte externa, cerca de 14 m de largura por cerca de 30,5 m de comprimento, e aparentemente cada qual contava com um entablamento dórico ortodoxo por todo o seu perímetro. A construção central era quadrada, com cerca de 14,3 m de lado, e de características obscuras; talvez datasse do período desta uma colunata jônica de pouca altura que corria pela frente dos três edifícios, conferindo-lhes uma certa unidade artificial.

Outra construção pouco usual, não posterior ao início do século V, é a Lesque ou agremiação dos cnídios em Delfos, uma sala retangular simples medindo, externamente, cerca de 9,4 m por cerca de 18,5 m, cujo acesso dava-se provavelmente por uma porta situada no meio de um dos lados maiores. Oito pilares internos de madeira, sobre bases de pedra calcária, parecem ter dividido seu interior em um espaço central e uma passagem circundante; a face interna das paredes era ornada com pinturas de autoria de Polignoto. Havia, talvez, uma cobertura completa, com algum tipo de clerestório para fins de iluminação.

Podemo-nos voltar agora para as estruturas não-cobertas. Pouco é preciso dizer acerca dos locais de reunião a céu aberto de caráter puramente político. Será bastante mencionar a Pnice, em Atenas, em que uma bema, ou tribuna, e alguns assentos foram entalhados na rocha da colina, porém a maior parte dos cidadãos ficava em pé, ou se sentava, em um terreno artificialmente aplainado e elevado com o auxílio de um terraço[2]. Os teatros representam um problema mais sério.

O assunto é daqueles diante dos quais até os mais corajosos podem recuar, tão obscuros são os testemunhos materiais e tão denso o emaranhado de controvérsia que o cerca[3]. A controvérsia refere-se principalmente à *skene*[4], a estrutura colocada de frente para a platéia no fundo da orquestra e, acima de tudo, com a questão da existência ou não de um palco elevado. Não possuímos, na verdade, nenhum conhecimento adequado acerca da forma da *skene* anteriormente à segunda metade do século IV a.C.; no tocante ao período anterior dependemos de um equilíbrio entre considerações não-conclusivas. Em diversos casos a *skene* foi repetidamente reconstruída e sua forma original é irrecuperável. Contamos, no entanto, com um conhecimento suficiente acerca de alguns exemplares helenísticos, mas, antes de mergulhar nessas águas turbulentas, podemos dizer uma palavra sobre as partes menos contestáveis do teatro, o auditório e a orquestra. Existem registros literários que atestam a existência, desde tempos remotos, de arquibancadas de madeira destinadas aos espectadores e conta-se que um desastre ocorrido em uma estrutura dessas no início do século V teria induzido os atenienses a conferir à platéia uma forma mais permanente. De início, porém, tudo leva a crer que as encostas naturais tenham sido utilizadas na medida do possível, artificialmente uniformizadas de modo a formarem diversos patamares e reforçadas com muros de arrimo, sobretudo na frente. A forma mais antiga do teatro ateniense a que se pode remontar aparentemente tinha sua arquibancada entalhada na encosta em uma série de linhas retas, o que sugere o uso de assentos de madeira, porém estes eram normalmente dispostos em linhas curvilíneas e tendiam a ocupar uma área ligeiramente maior que um semicírculo completo. Ao menos do século IV em diante, grande atenção foi dedicada às propriedades acústicas do auditório e diversos artifícios foram empregados para ampliar sua ressonância.

Há casos, por exemplo no teatro de Epidauro, datado do século IV a.C., em que um anel de pedra, quase rente ao solo, circundava por completo a orquestra, a qual, nas tragédias assim como nas comédias, era sem dúvida ocupada pelo coro; o centro da orquestra, algumas vezes pelo menos, era ocupado por um altar. A *skene* era separada do auditório por duas passagens abertas (os *parodoi*), uma de cada lado e que davam acesso à orquestra a partir do exterior. A *skene* propriamente dita era uma construção retangular, por vezes – mas não em regra –, mais larga que o diâmetro da orquestra, e em geral dividida internamente em três ou mais ambientes. Tinha usualmente – mas não se pode afirmar que sempre –, dois andares; um pequeno bastidor, o parascênio, freqüentemente se projetava para a frente em cada uma de suas extremidades, sobretudo na Grécia propriamente dita e no Ocidente, elementos que viriam a desaparecer no curso do período helenístico. Cabe acrescentar aqui que, em Atenas[5], o auditório remanescente é, em essência, obra de Licurgo, executada próximo ao final do século IV a.C., porém há vestígios de um projeto pericleano inacabado; pouco se conhece com segurança acerca da *skene* de Licurgo, exceto que era dotada de parascênios.

O belo teatro de Epidauro (Fig. 71) foi construído por Policlito, o Jovem, na segunda metade do século IV a.C.; seu desenho é inventivo, com diversas correspondências sutis de dimensões e algumas engenhosas variações da configuração habitual. A pla-

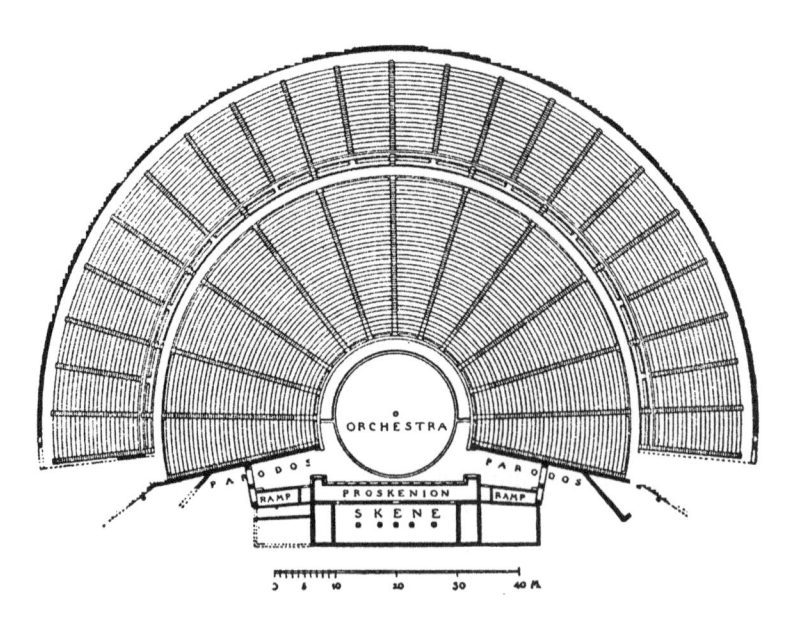

Fig. 71. Teatro de Epidauro (reconstituição)

téia, por exemplo, está disposta em dois declives distintos, a parte superior mais íngreme, e, muito embora a orquestra propriamente dita seja delimitada, conforme vimos, por um anel circular de pedra, somente os dois-terços centrais da platéia têm seus limites inferiores estritamente concêntricos com esse anel, enquanto os setores mais próximos à *skene* em cada lado ganham em conforto pelo fato de obedecerem a uma curva ligeiramente mais aberta. Embora em ruínas, é possível reconstituir a *skene* com segurança. Sua data é alvo de controvérsia. Vários estudiosos atribuem o todo existente à estrutura original. Se tal for verdadeiro, temos aqui o mais remoto exemplar de um importante elemento que devemos discutir agora, o *proscênio*; parece provável, no entanto, que, em Epidauro[6], ao menos o proscênio constitui uma inovação helenística.

O proscênio era uma estrutura de pedra que consistia em uma fileira de colunas livres, ou uma fileira de pilares com colunas embutidas (em qualquer caso normalmente dóricas, embora jônicas em Epidauro) que se erguiam em um estilóbato de pequena altura e 2 ou 3 metros, ou pouco mais, à frente da parede da *skene*; os pilares com colunas embutidas, como em Epidauro, parecem ser o tipo mais antigo. Esses suportes sustentavam um entablamento normal – arquitrave, friso e cornija – e estavam ligados à *skene* por vigas de pedra ou madeira, normalmente cobertas por uma plataforma de pranchas horizontais de madeira. O nível dessa plataforma (usualmente entre 2,5 e 3,6 m acima do solo) era, no caso das *skenai* de dois pavimentos, idêntico ao do piso do pavimento superior. Os espaços entre os pilares ou colunas eram preenchidos com painéis removíveis de madeira, exceto no espaço central e eventualmente em outros dois, que continham portas. Aparentemente, o piso superior da *skene*, visível à platéia por sobre o topo do proscênio, era plano e simples, via de regra. É possível que[7] anteriormente aos de pedra fossem utilizados proscênios de madeira, mas não há testemunhos suficientes que estabeleçam tal hipótese como um fato.

Qual era a função do proscênio? Vitrúvio afirma que seu telhado era o palco sobre o qual se movimentavam os atores, e os testemunhos arqueológicos praticamente não deixam dúvidas de que tal é verdadeiro para o período helenístico tardio (do século II a.C. em diante). Dörpfeld de longa data sustenta que o proscênio nada mais foi, em todos os tempos, que um fundo para os atores que se movimentavam na orquestra, muito embora seu telhado pudesse ser utilizado nas ocasiões em se fazia necessário que determinado ator surgisse em um nível mais elevado que o dos demais; em sua forma radical, todavia, essa idéia dificilmente se sustém. A questão está exemplificada de maneira excelente no pequeno teatro de Priene[8] (Figs. 72 e 73), bem preservado e que mereceu meticulosos estudos por parte de von Gerkan. Se examinarmos a *skene* tal como esta se configurava na segunda metade do século II a.C., verificaremos que o proscênio foi recua-

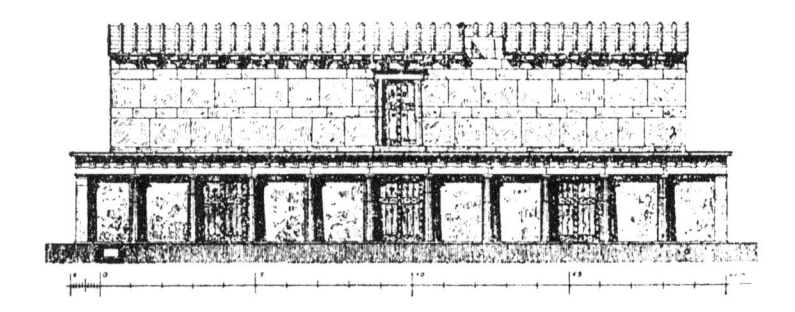

Fig. 72. *Skene* do teatro de Priene em sua forma mais antiga (reconstituição). (Extraído de A. v. Gerkan, *Das Theater von Priene*, Verlag B. Harz, Berlim-Viena)

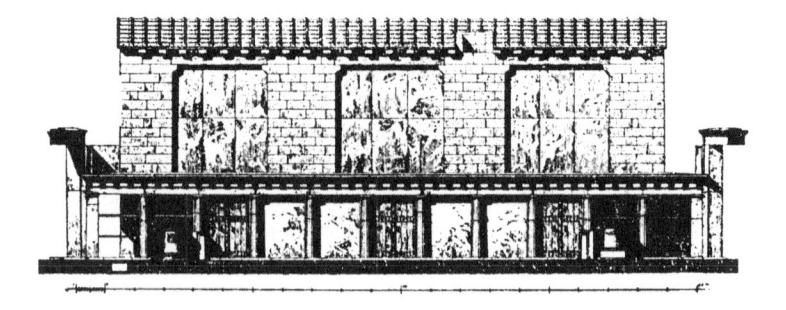

Fig. 73. *Skene* do teatro de Priente, forma posterior (reconstituição). (Extraído de A. v. Gerkan, *Das Theater von Priene*, Verlag B. Harz, Berlim-Viena)

do então a uma pequena distância em torno das duas extremidades frontais da *skene* e que o bordo de seu topo era protegido, nesses pontos, por um parapeito de pedra. Cada qual das pequenas plataformas laterais assim formadas comunicava-se com a parte interna do pavimento superior da *skene* por uma porta na parede lateral desta; e na face oeste um lance de degraus de pedra, em contato com a parede da *skene*, interligava a pequena plataforma ao solo. Além disso, a parede frontal do piso superior da *skene* era provida de três aberturas que se elevavam até o teto e tão largas que as porções de parede entre elas eram pouco mais que pilares. Parece claro que nessa data a cobertura do proscênio funcionava como um palco sobre o qual se movimentavam os atores; as grandes aberturas possibilitavam uma diversidade de efeitos cênicos, enquanto as portas laterais permitiam que os atores atingissem o palco por ambos os lados.

168

É natural admitir que esse proscênio tenha funcionado como uma forma de palco desde o início, mas a história anterior da estrutura, tal como van Gerkan a interpreta, lança dúvidas sobre essa hipótese. Sua conclusão pode ser sintetizada da maneira que se segue. Por mais de uma centena de anos (desde a construção do teatro, em aproximadamente 300 a.C., até perto de meados do século II), o telhado do proscênio teria sido relativamente inacessível. As portas laterais da parede superior da *skene*, o recuo do proscênio em torno das extremidades, a escadaria de pedra na parte oeste e as três grandes aberturas na parede frontal – tudo isso são inovações. Originalmente, os únicos acessos à cobertura do proscênio seriam uma pequena porta no centro da fachada superior da *skene* e uma escada de madeira atrás da parte projetada do proscênio (pois era sempre projetada) na extremidade oeste. Tais conclusões não são definitivas, mas parece provável que von Gerkan tenha razão ao concluir que, ao menos em Priene, houve um momento específico, em meados do século II a.C., em que o proscênio teve sua função alterada. Até esse momento tratava-se de um fundo e a partir de então converteu-se em um palco. Von Gerkan inclina-se a generalizar essa conclusão para a maior parte dos teatros da Grécia propriamente dita e da Ásia Menor, e parece provável, mais seguro, que esteja correto. Encontramos, nos diferentes teatros, métodos diferentes de permitir o acesso ao topo do proscênio. Alguns se assemelham de perto àqueles adotados em Priene; em outros casos – em Epidauro, por exemplo –, as laterais do proscênio eram interligadas ao solo através de rampas, ou portas laterais abriam-se para seu telhado dos bastidores projetados da *skene*. As datas desses arranjos via de regra são incertas, mas é duvidoso que qualquer uma delas seja anterior à remodelação do teatro de Priene. Os que sustentam haver sido o proscênio invariavelmente um palco atribuem grande importância ao fato de que sua cobertura consistia sempre em uma plataforma plana de madeira. Contudo, uma vez que diversas peças gregas envolviam a presença de atores em mais de um nível, o fato não é muito surpreendente. Um telhado de pedra seria pesado e dispendioso, enquanto o uso de telhas se mostraria inconveniente. Deve-se lembrar, ainda, que os teatros eram utilizados para reuniões públicas e diversas outras finalidades além da representação de tragédias e comédias.

Tem sido impossível, no espaço de que dispomos[9], ir além da menção a algumas características marcantes dos elementos estritamente arquitetônicos; uma discussão das indicações intrínsecas fornecidas pelos textos teatrais remanescentes está fora de questão aqui. Devemos enfatizar novamente, para concluir, que os testemunhos arqueológicos de que dispomos na prática dificilmente nos remetem a um período anterior ao da Comédia Nova; contudo, as probabilidades pendem claramente em sentido contrário à existência de um palco elevado no teatro ateniense do século V a.C.

Podemos passar agora para uma interessante série de estruturas cobertas que guardam uma semelhança geral com o local de reunião a céu aberto ou o teatro a céu aberto[10]. A mais antiga parece ser a segunda[11] forma do Telestério, ou Sala de Iniciação, em Elêusis, erguido próximo ao término da tirania pisistrátida, na segunda metade do século VI a.C. Talvez tenha sido este o primeiro edifício grego destinado a abrigar sob o mesmo teto um grande número de pessoas reunidas para ver e ouvir algo que ali era encenado; o imperativo caráter secreto dos Mistérios foi sem dúvida a origem dessa importante inovação. O sistema de cobertura tem paralelos egípcios e persas. O Telestério compunha-se, em todos os tempos, de um salão retangular, quase quadrado, com arquibancadas dispostas ao longo das paredes e com seu telhado sustentado por uma floresta de colunas localizadas nos pontos de intersecção de linhas imaginárias paralelas aos quatro lados. A Fig. 74 mostra a planta das ruínas existentes, a forma mais recente representada pelas partes totalmente em preto. O lado superior da planta está orientado aproximadamente para o oeste[12]; ali o terreno apresenta um aclive acentuado e consiste em uma sólida massa rochosa. A construção pisistrátida pode ser vista no canto noroeste, as paredes representadas em contorno e a posição das colunas como contornos quadrados. Nesse estágio, a parte interna media cerca de 25,2 m em cada lado e havia vinte e cinco colunas internas, cinco em cada direção, provavelmente jônicas e elevando-se até o vigamento do telhado. As telhas de cobertura eram em mármore e a iluminação provavelmente era central, assim como por certo seria mais tarde. Havia um pórtico dórico prostilo, talvez de nove colunas, ao longo de toda a fachada leste. Esse edifício foi danificado, porém não destruído, pelos persas, e, ao fim de alguns anos, teve início um projeto novo e muito mais espaçoso, provavelmente sob a égide de Címon. Essa versão envolvia um grande corte na rocha a oeste. Haveria quarenta e nove colunas internas (sete por sete), mas o projeto jamais foi concluído, talvez devido à queda de Címon em 461 a.C. Foram preparados os locais para as três fileiras de colunas ao norte e para as três colunas no canto sudoeste, vinte e quatro colunas no conjunto, dezoito das quais podem ser vistas na Fig. 74, onde estão representadas como contornos circulares, algumas dentro de contornos quadrados. Nesse estágio, o edifício pisistrátida deve ter sido substituído por algum tipo de estrutura temporária. Péricles retomou o projeto de Címon e o confiou a Ictino[13], que provavelmente acabara de concluir o Partenon. Tudo indica que Ictino tenha aceito o desenho cimoniano no tocante às paredes externas, mas que planejou uma configuração interna nova e arrojada, reduzindo o número de colunas internas para vinte, distribuídas em cinco fileiras de quatro. Planejou igualmente um pteroma externo, de mesma altura que o edifício, em todos os la-

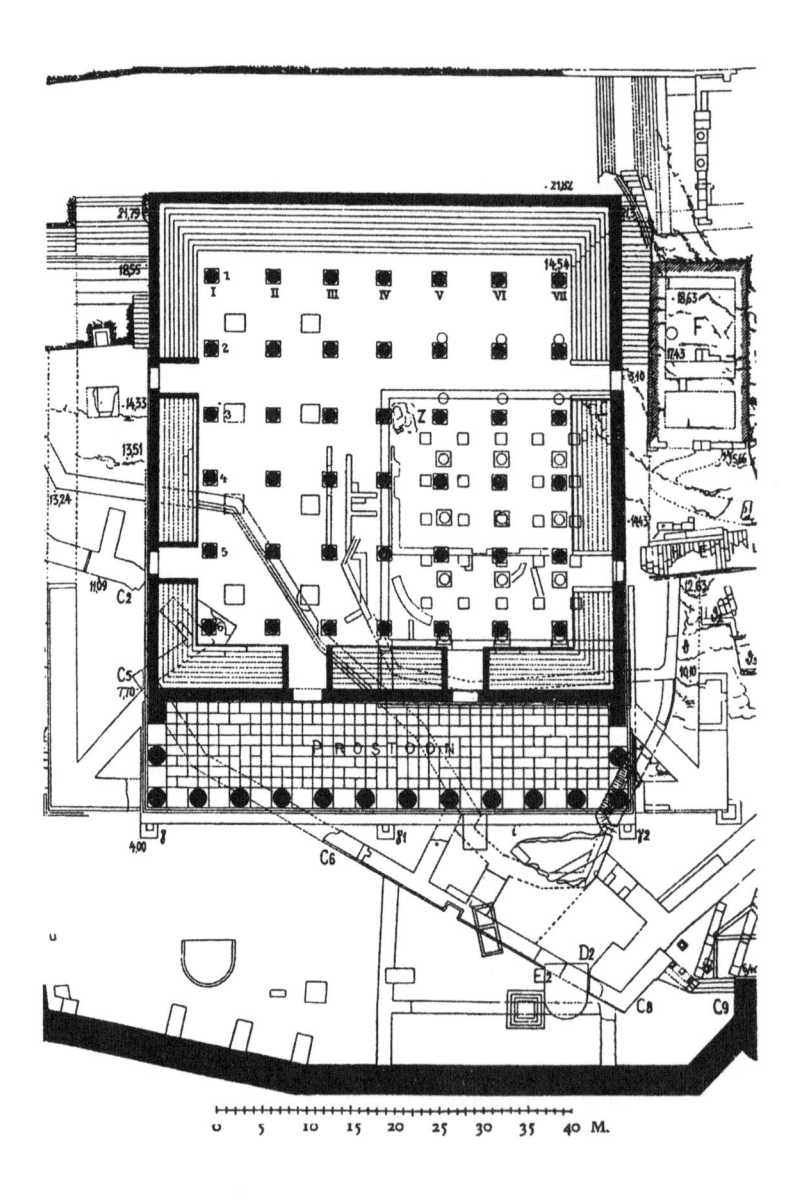

Fig. 74. Telestério, Elêusis: planta geral dos elementos remanescentes (Norte à direita, aproximadamente)

dos com exceção do oeste. Na Fig. 74, as posições das oito colunas mais ao sul, as únicas que chegaram a ser executadas, aparecem como contornos quadrados e as únicas partes das fundações do pteroma efetivamente implantadas, a nordeste e sudeste, também são representadas em contorno; mas será conveniente passarmos agora às Figs. 75 e 76, que exibem a brilhante reconstituição por Noack desse grande projeto, abandonado, tal como seu predecessor, mediante a queda do estadista que o patrocinava. Um terraço chegou a ser entalhado na rocha a oeste, tal como Címon talvez houvesse planejado, e, em sua face oeste, provavelmente havia uma parede com janelas; essa parede provavelmen-

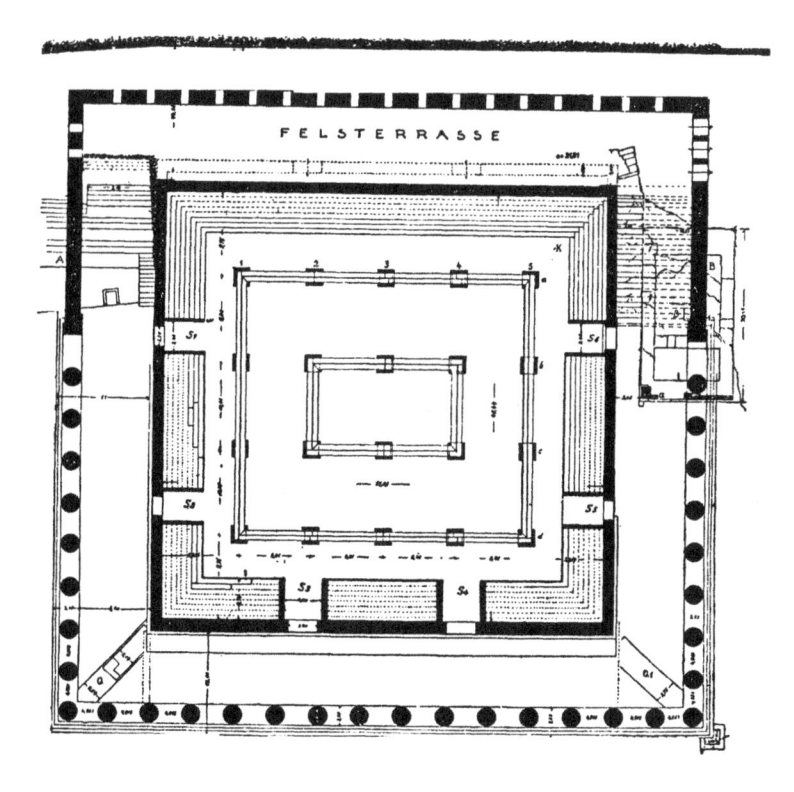

Fig. 75. Telestério, Elêusis: planta baixa do desenho de Ictino, em reconstituição hipotética

Fig. 76. Telestério, Elêusis: desenho de Ictino, em reconstituição hipotética. (*a*) *acima*: corte leste-oeste, com indicações adicionais do projeto efetivamente implantado, incluindo o pórtico de Filo. (*b*) *abaixo*: corte norte-sul, com indicações adicionais da metade direita (norte) do esquema de cobertura efetivamente implantado, bem como de uma das colunas internas posteriores (x). Abaixo de cada ilustração vemos uma comparação entre o espaçamento das colunas de Ictino e aquele do projeto *anterior* (cimoniano), com dimensões interaxiais.

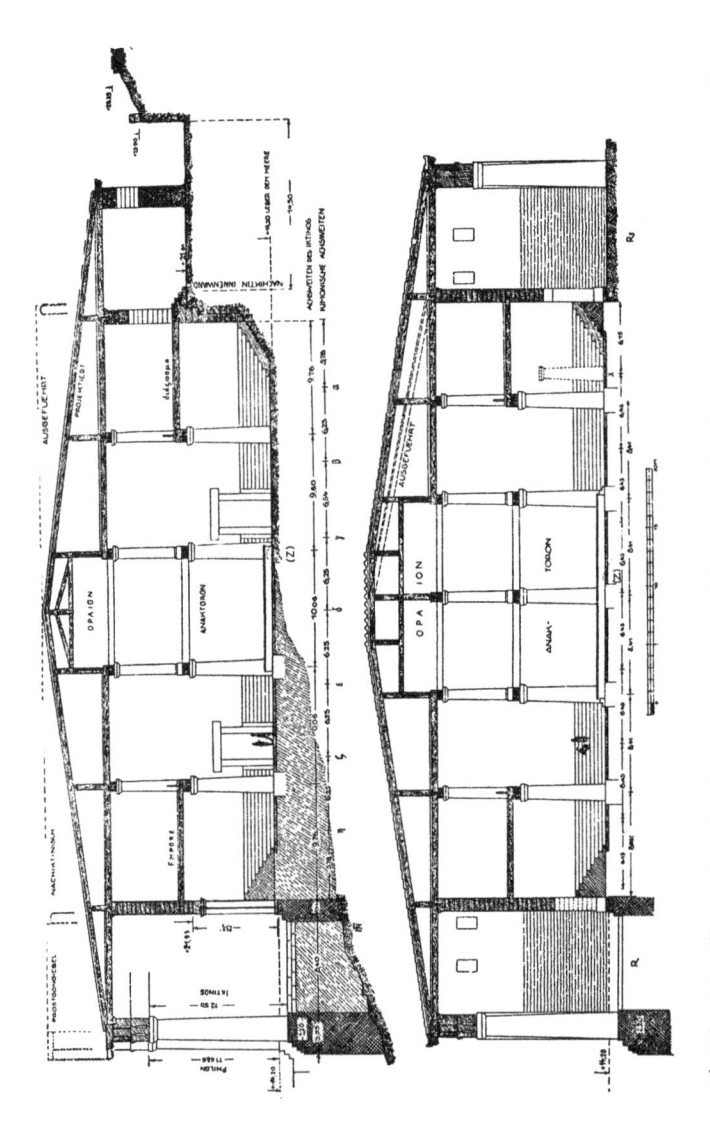

te se voltava para o leste em ambas as extremidades, para terminar em antas alinhadas com as colunas do pteroma; entre essas paredes e o salão, um grande lance ascendente de escadas em cada lado conduziria até o terraço. A configuração do telhado obviamente é hipotética, mas o desenho de Noack é plausível: ele presume que o telhado tenha tido uma forma piramidal; o retângulo central (o anáctoron) seria inteiramente vedado e iluminado pelo alto por telhas vazadas, normalmente cobertas, mas abertas e temporariamente fechadas com cortinas antes das celebrações dos Mistérios. Os dramas rituais, como a procura de Perséfone, provavelmente se desenrolariam à luz de tochas no espaço em torno do anáctoron, e seu clímax consistiria no impacto da luz matinal a se derramar a partir do centro repentinamente descortinado. Deve-se acrescentar que os assentos eram tão estreitos que os espectadores deveriam se colocar em pé sobre eles e que provavelmente haveria galerias de madeira acima dos assentos do nível térreo. Quando da queda de Péricles, as obras aparentemente foram passadas ao encargo de três novos arquitetos, mencionados por Plutarco, que retomaram as linhas gerais do traçado de Címon. O projeto desses arquitetos foi mantido quando da reconstrução do Telestério em seguida a um incêndio ocorrido no século II d.C., que poupou trechos da parede externa por eles implantada, indicada em preto na Fig. 74. Abandonaram o pteroma externo, deram ao edifício um telhado normal de duas águas[14], a cumeeira disposta na direção leste-oeste, e situaram quarenta e duas colunas na parte interna, sete por seis, além de ampliarem o salão na direção oeste, através de um aprofundamento no entalhe da rocha. As dimensões internas eram agora de aproximadamente 51,5 m em cada direção. Foram mantidos os arranjos referentes à cobertura e à iluminação com as devidas modificações. A "lanterna" (*opaion*) central dessa configuração é mencionada por Plutarco (*Péricles*, 13). Por volta de meados do século IV a.C., teve início a construção de um grande pórtico dórico, de doze colunas (inicialmente projetado com treze) com uma adicional em cada lado, o qual foi concluído por Filo de Elêusis próximo ao final do mesmo século e que sobreviveu à restauração romana, muito embora as colunas jamais tenham sido plenamente caneladas. As arquitraves internas devem ter sempre sido em madeira[15].

Por muito tempo se presumiu, com base em testemunhos literários, que o Odeom, ou Auditório Musical de Péricles, contíguo ao Teatro de Dioniso em Atenas, fosse um edifício circular, porém recentes escavações provaram tratar-se de uma grande construção retangular, ligeiramente semelhante ao Telestério. Embora a parede sul tenha desaparecido, é provável que fosse um quadrado com pouco mais de 61 m de lado e contivesse cerca de oitenta colunas (talvez nove por nove), dispostas da mesma forma que em Elêusis[16]. Plutarco descreve o edifício com "muitos assentos e muitas colunas no interior" e o tipo enfadonho em Teofrasto indagava com freqüência: "Quantas colunas existem no Odeom?" A construção de Péricles era em grande parte de madeira e conta-se que sua cobertura cônica ou piramidal teria sido copiada da tenda de Xerxes. O edifício original foi incendiado durante a I Guerra Mitridática, em 86 a.C., mas não tardou em ser reconstruído, obedecendo à mesma planta, por Ariobarzane II da Capadócia. Nessa reconstrução, embora talvez não antes, as colunas eram de pedra. É possível que houvesse um teto plano e galerias, mas o piso era horizontal, exceto quanto às arquibancadas construídas junto às paredes externas. A entrada principal aparentemente era um Propileu situado na parede oeste. O edifício destinava-se principalmente para abrigar competições musicais.

Encontramos uma notável modificação desse esquema geral no Tersílion (Fig. 77), ou Sede da Assembléia da recém-criada Liga Arcádia, erguido em Megalópolis, sua ascendente capital, pouco depois da derrota espartana em Leuctra, em 371 a.C. No início da era cristã a cidade estava quase deserta e Pausânias[17] conheceu apenas as ruínas do Tersílion, mas as investigações modernas conseguiram determinar as feições principais de sua planta. Tal como o Odeom de Péricles, estava localizado contiguamente a um teatro, mas a relação entre as duas estruturas é obscura demais para que possamos discuti-la aqui. A sala era retangular, porém maior na largura que na profundidade. Mede 66 m de leste a oeste por 52 m de norte a sul. Em termos de projeto é bem mais adequado que o Tersílion e o Odeom para as necessidades de uma assem-

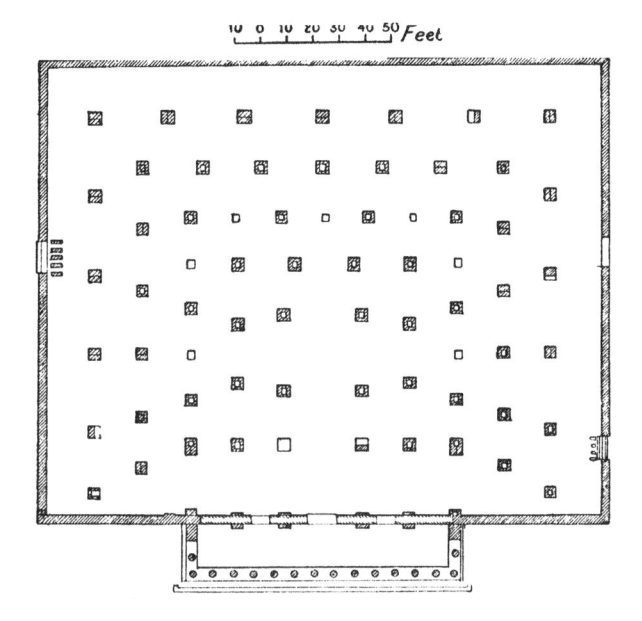

Fig. 77. Tersílion, Megalópolis

bléia numerosa. Os oradores se colocavam em um espaço plano eqüidistante das paredes leste, norte e oeste, mas consideravelmente mais próximo da sul, e todas as colunas internas, exceto aquelas ao sul desse espaço, estavam situadas nos pontos em que as linhas que se irradiavam do seu centro interceptariam uma série de cinco retângulos cada vez menores circunscritos no edifício. A obstrução ocasionada pelas colunas era, assim, reduzida a um mínimo, enquanto as portas estavam localizadas nos pontos cegos da parede externa em que a visão do centro ficava obstruída por uma sucessão de colunas. Possivelmente os assentos se localizavam em fileiras paralelas aos lados leste, norte e oeste, apresentando um declive em direção ao centro a partir de cada uma dessas três direções, mas alguns indícios sugerem que o piso apresentasse um declive circular uniforme como aquele da platéia de um teatro. É possível que os assentos fossem elevados por meio de uma estrutura de madeira. O espaçamento entre as colunas nos cinco retângulos difere consideravelmente, sendo que aquelas da fileira central (de início as de maior espaçamento) foram transformadas nas de espaçamento menor em alguma data posterior; o vão interaxial original, 10,3 m, foi, sem dúvida, considerado muito extenso. As colunas eram em pedra e provavelmente dóricas. Sabemos que o telhado era revestido com telhas, mas nosso conhecimento de sua estrutura não vai além disso. Diversos esquemas de clerestórios foram sugeridos. São duvidosos o significado da distribuição das colunas na parte sul da sala e a natureza de sua distribuição interna. Havia um grande pórtico dórico externo ao sul, de frente para o teatro, mas este não ocupava a extensão total da fachada; tinha dezesseis colunas, catorze na frente e uma atrás de cada coluna angular, e estava originalmente separado do corpo do edifício por apenas quatro pilares com espaços abertos entre si. A influência do teatro no Tersílion ultrapassa aquela do local de reuniões do tipo existente na Pnice.

Dos edifícios posteriores desse tipo geral, comuns no período helenístico, bastará aqui descrevermos dois, o Eclesiastério de Priene, erigido na virada entre os séculos III e II a.C., e o Bouleutério de Mileto, construído cerca de trinta anos mais tarde. Em ambos esses edifícios a semelhança com o teatro é mais marcante do que em qualquer estrutura coberta anterior[18].

O Eclesiastério[19], ou Sede da Assembléia Popular de Priene (Figs. 78 e 84 e Lâm. VII), com capacidade para abrigar em torno de 700 pessoas, é notável por duas características isoladas: o grande vão de sua cobertura de madeira e a utilização do arco em posição de destaque em uma de suas paredes. Tratava-se de uma estrutura quase quadrada medindo externamente cerca de 20 m de lado, confinada por outras construções na encosta sul de um monte; limitava-se ao leste com o Pritaneu e ao sul um pátio estreito separava-o da parte posterior da colunata elevada do mercado. A oeste corria uma estreita viela escarpada e apenas ao norte o edifício estava voltado para uma rua importante, por sua vez longe de ser larga. Muito embora fosse magnífico o trabalho de alvenaria, a ausência de colunas externas e de alguma entrada importante sugerem que a preocupação maior do arquiteto estava voltada para a comodidade prática e o efeito interior. Os as-

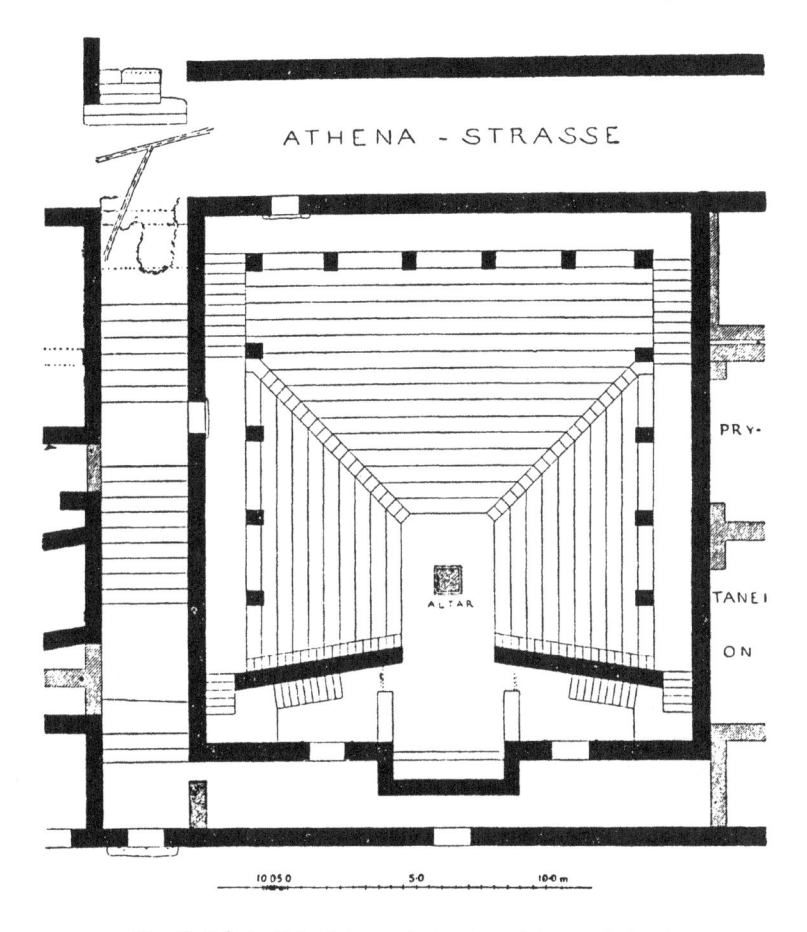

Fig. 78. Eclesiastério, Priene; planta original (reconstituição)

sentos de pedra estão dispostos de uma forma muito semelhante à do Tersílion, mas com o aproveitamento do declive natural; o espaço retangular que corresponde à orquestra de um teatro está localizado no extremo sul da sala. Atrás da fileira superior da arquibancada uma passagem com piso de mármore percorria três lados do edifício, com as diferenças de nível habilmente ajustadas por lances de escada; entre essa passagem e a arquibancada erguiam-se catorze pilares destinados a reduzir o vão do telhado.

A arquibancada não se estendia até a parede externa sul do edifício, mas era delimitada nessa direção por duas paredes internas ligeiramente oblíquas, que criavam saguões ou antecâmaras isoladas do corpo da sala e que continham escadas que conduziam à passagem superior. Esses saguões comunicavam-se através de portas com o pátio estreito existente ao sul, por sua vez interligado de forma semelhante com o pórtico norte do mercado. O espaço "orquestral" estendia-se até a parede externa sul, provida ali (Lâm. VII) de uma janela arqueada semicircular com cerca de 4,4 m de vão, um fenômeno sem presentes[20] no mundo grego. O arco era construído em blocos separados de tamanho uniforme e sua face externa possuía duas faixas e elaboradas molduras na parte superior, claramente inspiradas na arquitrave jônica. Cobria toda a largura do espaço orquestral e nascia diretamente da superfície de uma fiada ligeiramente projetada que percorria a construção acima dos ortostates. A parte inferior de seu fecho devia estar situada a aproximadamente 3,3 m do piso. A janela abria-se para uma alcova retangular de pouca profundidade (que continha um banco de pedra) com paredes baixas e a céu aberto. É possível que houvesse outras janelas arqueadas a uma altura maior das paredes.

Nada sabemos acerca da estrutura do telhado, mas é possível que tenha sido empregada a armação triangular auto-sustentante (ausente, conforme veremos, do repertório de Filo, mas talvez conhecido de Vitrúvio[21]), pois o vão livre correspondia a algo em torno de 14 m. É quase segura a existência de um telhado: quando escavado, o local estava coberto de madeira queimada e telhas quebradas e, muito embora tais elementos na verdade pertencessem a uma restauração posterior, depois que o vão fora reduzido por uma mudança na posição dos pilares, dificilmente podemos duvidar de que esse telhado ulterior tivesse um predecessor.

Talvez seja o Bouleutério, ou Sede do Conselho de Mileto[22] (Figs. 79 e 80 e Lâm. VIII*a*), o mais admirável edifício helenístico conhecido. Quando escavado, seu estado era extremamente precário, mas estudos meticulosos determinaram suas feições principais. A construção era a parte dominante de um projeto intricado, pois formava uma das extremidades de um grande pátio en-

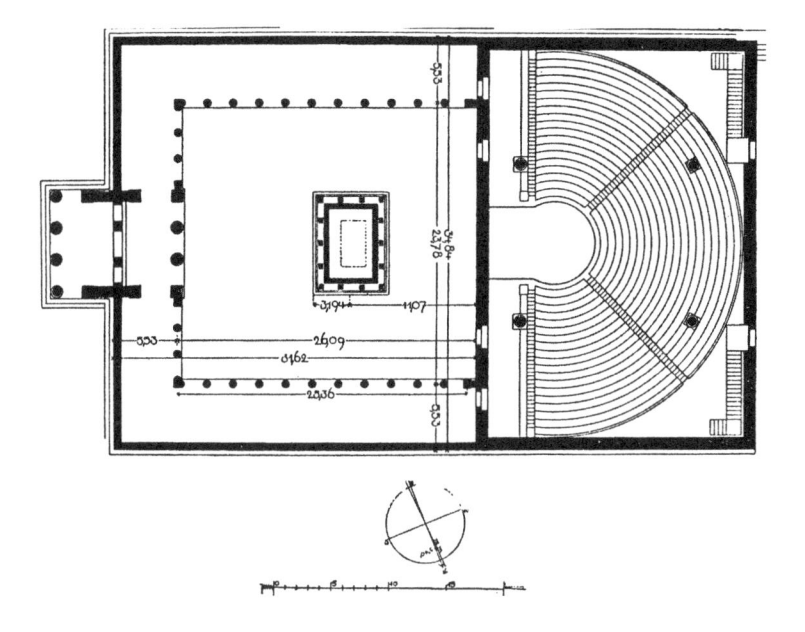

Fig. 79. Bouleutério, Mileto; configuração original (reconstituição)

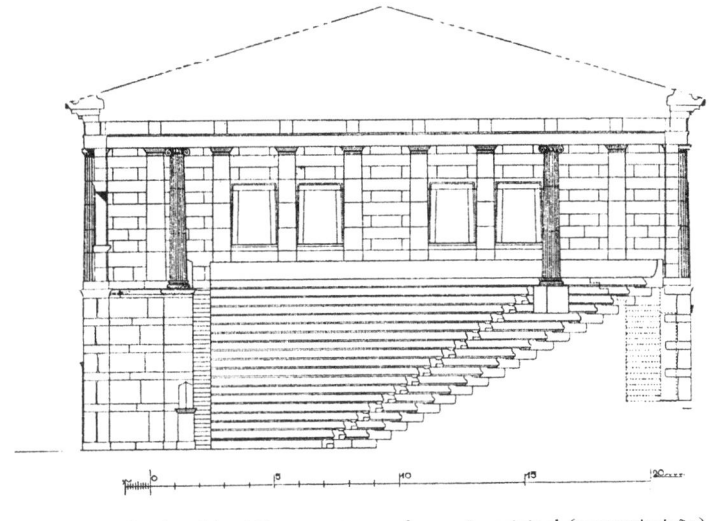

Fig. 80. Bouleutério, Mileto; corte, configuração original (reconstituição)

claustrado que cercava um túmulo elaborado; no lado oposto, o acesso ao pátio dava-se por um imponente propilon. A data é conhecida através de uma inscrição: o edifício foi erguido entre 175 e 164 a.C., pelo mesmo Antíoco Epífane que trabalhou no templo de Zeus Olímpio em Atenas. O propilon e o túmulo possuem capitéis coríntios, já mostrados anteriormente[23], valiosos enquanto exemplares antigo. O Bouleutério em si compunha-se, externamente, de uma estrutura retangular com um dos lados maiores, voltado para o pátio, que ficava a leste; tinha dois pavimentos, dos quais o inferior fora tratado como um pódio simples e o superior como um templo pseudoperíptero, com frontões ao norte e ao sul; media externamente cerca de 24,3 m por 34,6 m. As colunas, dóricas, eram todas embutidas, com as angulares substituídas por pilastras quadradas; incluindo essas pilastras, o pteroma embutido possuía dez colunas por catorze. As proporções gerais, todavia, eram bem distribuídas com relação à altura total da estrutura e o efeito produzido era o de uma construção única. Seis dos treze intercolúnios no leste e quatro dos nove em cada um dos lados norte e sul continham janelas, e o restante era ornado com escudos em relevo. Não havia janelas no oeste. Internamente, o edifício era simplesmente um teatro voltado para o pátio. As arquibancadas, curvilíneas e que ocupavam mais que um semicírculo, apoiavam-se em uma sólida subestrutura separada da parede leste por um corredor com cerca de 2,20 m de largura. A última fileira da arquibancada provavelmente estava no mesmo nível que o estilóbato das colunas embutidas na parte externa. O corredor, cujo acesso a partir do pátio dava-se por meio de quatro portas, estava situado no mesmo nível que o espaço orquestral, com aproximadamente 7 m de diâmetro, e não era separado deste por nenhum tipo de barreira; em uma data posterior foi construído alguma espécie de palco baixo no corredor defronte à orquestra. Nos fundos do edifício, duas portas davam para escadarias que conduziam até uma plataforma ou galeria no mesmo nível que a parte superior da arquibancada. Havia espaço para abrigar entre 1200 e 1500 pessoas sentadas. Após uma restauração tardia, o telhado passou a ser sustentado por um certo número de suportes de madeira, mas tudo indica que inicialmente se apoiasse em quatro colunas jônicas que se erguiam sobre pedestais retangulares cujos topos estavam no mesmo nível que o topo das arquibancadas, o que, no entanto, não é definitivamente seguro. A arquitetura dórica da parte externa revela uma acentuada influência jônica. As colunas são, efetivamente, desprovidas de bases, mas o equino é entalhado, à maneira jônica, no perfil óvalo-e-dardo, e há dentículos[24] entre o friso de tríglifos e a cornija.

Outro edifício público do período helenístico merece particular atenção, dada sua semelhança com basílica romana – um tipo[25] cujo nome sugere uma origem greco-oriental, mas que não foi encontrado fora da Itália dos tempos pré-imperiais. Trata-se do "Salão Hipostilo" de Delos, cuja data presumível é aproximadamente 210 a.C. – um quarto de século anterior à da mais antiga basílica de que se tem notícia, a Basílica Pórcia, em Roma, e uma centena de anos anterior à da mais antiga remanescente, a de Pompéia.

O salão délio, descrito em inscrições como uma estoa, ou pórtico, era um grande edifício retangular em pedra, no qual se empregou o mármore somente nos estilóbatos, plintos, bases e capitéis. A Fig. 81 mostra a planta reconstituída nos diferentes níveis dos capitéis das colunatas. Seu eixo maior corria na direção leste-oeste, e media internamente cerca de 33 m por 55 m. Tinha um único pavimento; as paredes leste, norte e oeste aparentemente eram inteiriças, mas a parede sul era aberta, salvo por uma pequena extensão em cada extremidade. A abertura abrigava quinze colunas dóricas do tipo delgado helenístico, com capitéis baixos; as caneluras, de grande profundidade, eram jônicas e não se encontravam em cantos vivos pronunciados; provavelmente o terço inferior do fuste era liso. Um entablamento dórico politríglifo corria por toda a volta do edifício. A parte interna abrigava quarenta e quatro colunas, que se poderiam descrever como distribuídas em cinco fileiras de nove, com a omissão da coluna central da fileira central; contudo, o esquema era claramente o de retângulos concêntricos. As vinte e quatro colunas do retângulo externo eram dóricas, semelhantes àquelas da entrada porém mais largas; as dezesseis colunas do retângulo seguinte, ain-

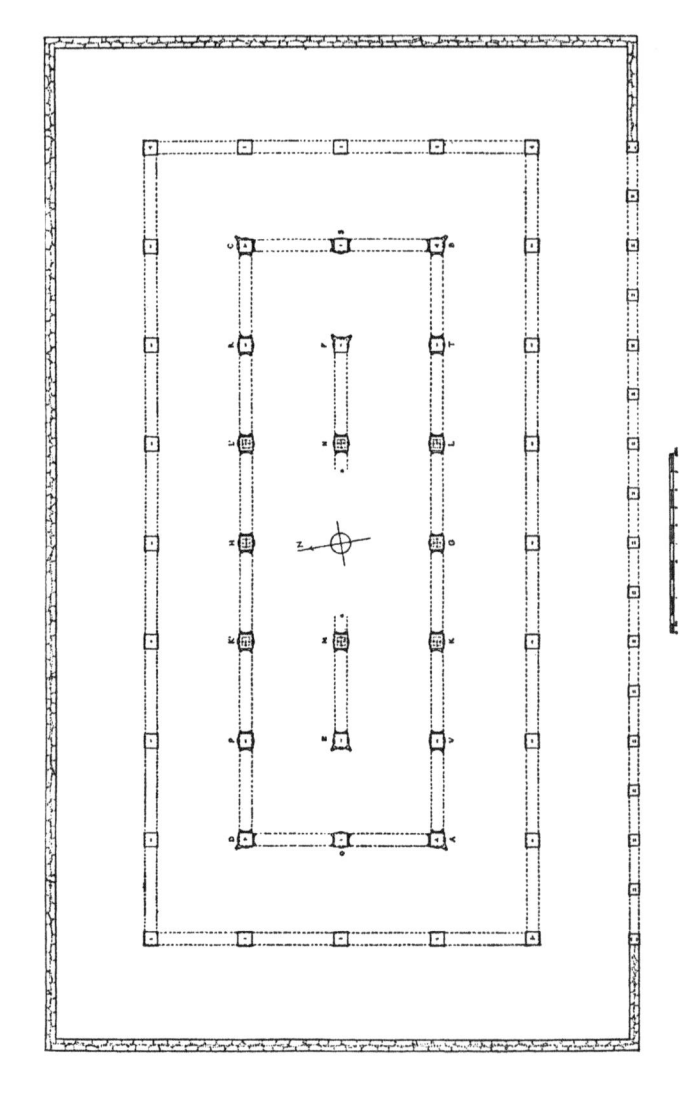

Fig. 81. Salão Hipostilo, Delos; planta reconstituída em diferentes níveis de capitéis colunares. (Extraído de *Exploration archéologique de Délos*, Fasc. II (Complément), E. de Boccard, Paris, 1914)

da mais altas, eram jônicas. Dentro desse retângulo interno erguiam-se quatro colunas jônicas, de mesma altura que o restante, em uma única fileira, com um espaço livre de dois intercolúnios normais ao centro. As colunas jônicas apresentavam, todas, bases de simplicidade fora do comum, que consistiam simplesmente em um grande toro com filete e apófige normais na parte inferior do fuste sem caneluras. Os capitéis, do tipo helenístico, são simplesmente esboçados: as volutas são discos lisos e não há nenhuma moldura em óvalo-e-dardo no equino, a menos que a pintura suprisse tais omissões. Podemos observar na Fig. 81 que dois capitéis (*E* e *F*, que correspondem aqui às colunas das extremidades da fileira central) apresentavam a rara forma de colunas angulares duplas, com volutas de três faces. Parece seguro que as oito colunas em torno do espaço central (*K'*, *M*, *K*, *G*, *L*, *N*, *L'* e *H*) sustentavam pilastras jônicas quadradas, das quais foram encontrados vestígios, e que essas pilastras faziam parte de uma lanterna para a iluminação do interior; os detalhes da cobertura, no entanto, são puramente hipotéticos.

Podemos considerar a seguir um edifício público, do século IV a.C., que nos é conhecido de uma forma bastante invulgar – o arsenal erguido no Pireu por Filo de Elêusis para armazenar a equipagem da frota naval ateniense. Sua construção teve início no crepúsculo do poderio ateniense, menos de dez anos antes de Queronéia; e antes que se completassem dez anos de sua conclusão, a batalha naval de Amorgos aniquilaria para sempre as esperanças nascidas com a morte de Alexandre. O arsenal foi destruído por Sila e desconhecemos a existência sequer de uma pedra de sua estrutura; mas possuímos uma inscrição[26] que fornece suas especificações com extraordinária minúcia. O edifício, construído principalmente em pedra calcária local, era de proporções muito estreitas, com 121 m de comprimento por 16,7 m de largura[27] externamente, paredes com 76 cm de espessura, delimitado por ortostates ligeiramente mais espessos, e com 8,20 m de altura até o topo do friso de tríglifos que contornava a construção sob uma cornija horizontal; em cada extremidade havia um frontão com uma cornija inclinada. Não havia colunas externas nem pórticos abertos. Em cada extremidade havia duas portas, distantes 61 cm entre si, com 2,7 m de largura e 4,7 m de altura, emolduradas em mármore e encimadas por cornijas. Essas portas gêmeas davam para antecâmaras gêmeas, com cobertura de mármore, que se projetavam para o interior e através das quais se entrava no recinto principal. Este se dividia em nave central e naves laterais por duas fileiras de trinta e cinco colunas ou pilares quadrados de pedra com 9,1 m de altura e bastante delgados; os capitéis de mármore tinham apenas 30 m de altura, o que exclui a possibilidade de que fossem coríntios, mas que não define se eram dóricos ou jônicos. A cada intercolúnio correspondia uma janela, de 91 cm de altura e 61 cm de largura, além de três janelas em cada extremidade. Paredes baixas com portas gradeadas separavam a passagem central das naves laterais, que quase seguramente eram divididas em dois pavimentos por uma galeria contínua de madeira, aberta na frente, embora a interpretação desse trecho da inscrição seja controversa. Os detalhes mais interessantes referem-se ao telhado, do qual apresentamos aqui a reconstituição de Dörpfeld (Fig. 82): era de um tipo pesado, com uso farto de material, mas que devia ser bastante impressionante. Era revestido externamente com telhas coríntias, afixadas com argila sobre uma armação de madeira, que encontrava apoios diretos e contínuos nas paredes externas, em arquitraves de madeira que interligavam os capitéis colunares por toda a extensão do edifício e, por fim, em uma cumeeira central[28]. Tal cumeeira era sustentada indiretamente pelas colunas, através de uma série de blocos de madeira localizados sobre os centros de uma série de travessões que interligavam cada par de colunas de um lado a outro do espaço central. As arquitraves e os travessões tinham 76 cm de espessura, com aproximadamente a mesma altura, e cada arquitrave de madeira cobria dois intercolúnios, uma extensão superior a 6 m.

O célebre Faro ou farol de Alexandria, construído por Sóstrato de Cnido para o primeiro ou o segundo Ptolomeu no início do século III a.C., é conhecido acima de tudo por intermédio de descrições e obscuras representações em moedas e relevos. Era considerado uma das maravilhas do mundo e perdurou em condições satisfatórias, a despeito de alguns danos no período de Jú-

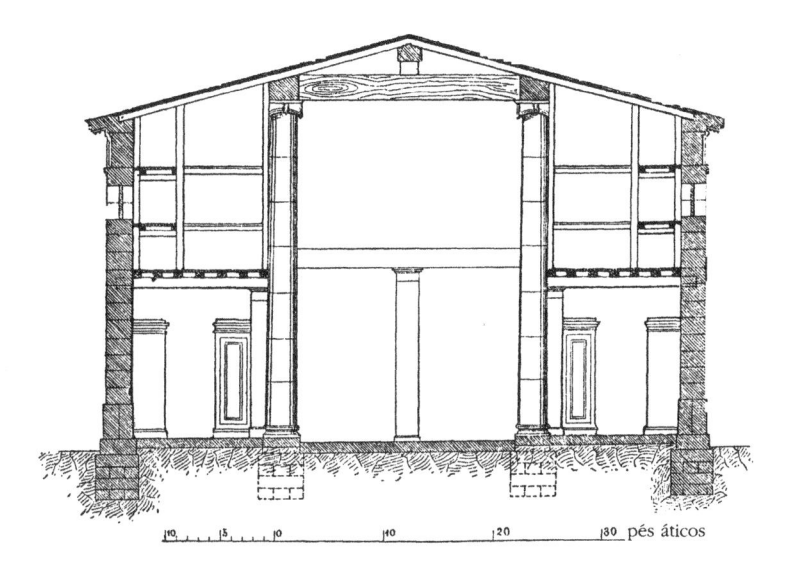

Fig. 82. Arsenal de Filo, Pireu (reconstituição de Dörpfeld). (Escala em pés áticos)

lio César, até o século VIII d.C., após o qual sofreria diversas demolições e reconstruções, mas subsistiu sob alguma forma até o século XIV d.C. e grande parte do conhecimento que temos a seu respeito deriva de fontes árabes medievais. Na Idade Média, e provavelmente desde o início, compunha-se de três pavimentos, cada qual com um ligeiro declive e recuados com relação ao de baixo; o interior era quadrado, o seguinte octogonal e o terceiro redondo, sendo que ao menos o inferior provavelmente jamais sofreu alterações sensíveis. O topo era ocupado pelo farol propriamente dito, sobre o qual pouco se conhece; talvez consistisse em uma estrutura quadrada coberta, com quatro arcos abertos, e o combustível original pode ter sido a nafta ou o petróleo. É possível que houvesse um grande refletor de bronze. O farol era provavelmente coroado por uma colossal estátua de Ísis em bronze. Há convincentes indícios de que o quadrado da base do pavimento inferior media aproximadamente 30 m de lado, e a altura total da estrutura no século XII d.C. ultrapassava os 133 m[29]. O Faro foi freqüentemente imitado na antigüidade, notadamente em

Óstia pelo imperador Cláudio, e talvez tenha influenciado a forma do minarete muçulmano.

Por fim, uma simples menção deve bastar aqui quanto a dois tipos[30] de estrutura grega cuja importância é menos arquitetônica do que social, o ginásio, ou palestra, e a pista de corrida. O ginásio era o local de encontro para a prática de atividades atléticas. Sua forma característica era a de um certo número de pórticos e salas em torno de um espaço retangular aberto, freqüentemente cercado por uma colunata do tipo claustro; exerceu alguma influência sobre as Termas romanas[31]. A pista de corrida (estádio para homens, hipódromo para eqüinos) guardava uma semelhança geral com o teatro, embora fosse, evidentemente, comprido e estreito. Utilizavam-se o tanto quanto possível as encostas naturais para apoiar as arquibancadas; nos tempos mais antigos uma das extremidades era arredondada, posteriormente ambas. O hipódromo conheceria sua derivação mais esplendorosa no circo romano.

CAPÍTULO XII
Planejamento urbano grego e romano. Arquitetura etrusca e latina primitiva

É tempo de voltarmo-nos para a Itália central; contudo, podemos nos deter neste ponto para comparar os métodos gregos e italianos de planejamento urbano[1], bem como para considerar determinadas diferenças gerais entre os objetivos arquitetônicos da Grécia e de Roma.

Devemos compreender desde o início que nenhum estudo acerca do planejamento urbano antigo pode pretender esgotar o assunto e ser conclusivo. Poucas cidades foram totalmente exploradas e, na maioria destas, apenas seu último estágio de desenvolvimento é conhecido diretamente. Se nos confinarmos aos vestígios concretos, nos veremos forçados, até o período imperial romano, à generalização com base em um número muito escasso de sítios. Antes do século V, salvo por alguns assentamentos pré-históricos, nosso conhecimento é sobremodo limitado, e mesmo o conhecimento bem mais amplo que possuímos acerca das cidades romanas baseia-se principalmente, embora não exclusivamente, em províncias distantes como a Bretanha, a África e a Síria. É extenso o volume de testemunhos literários valiosos, mas seu aproveitamento é difícil.

É provável que, ao menos até os séculos VII ou VI, a maior parte das cidades existentes na Grécia e na Ásia Menor fossem desenvolvimentos irregulares, com poucas características fixas, exceto uma ágora ou mercado aberto. Era comum a existência de uma fortificação situada no alto de uma colina, ou acrópole, em muitos casos o local de um palácio micênico, fortificação que servia, em tempos remotos, como castelo ou refúgio para os cidadãos. Continha santuários e templos, e poderia ser o baluarte de um tirano, mas situava-se, via de regra, externamente à região habitada. As únicas construções notáveis nas cidades eram os templos. Estes ocupavam locais tradicionalmente santificados e erguiam-se em precintos fechados de dimensões e formatos variáveis, mas nada indica que as ruas e os espaços públicos fossem projetados para isolá-los ou realçá-los. Muitas cidades gregas não eram muradas antes no século VI a.C., e muitas permaneceram abertas até o período helenístico – Esparta é o exemplo mais conhecido, porém não o único. Na Grécia propriamente dita, mesmo nos séculos V e IV, as muralhas das cidades eram construídas em grande parte de tijolos secos ao sol e madeira; a fortificação com planejamento científico dificilmente tem início antes do século IV e é característica sobretudo das cidades helenísticas ao leste do Egeu.

187 Na literatura antiga, o planejamento urbano geométrico aparece associado ao nome de Hipodamo de Mileto, que projetou, para Péricles, a colônia pan-helênica de Turi, no sul da Itália, em 443 a.C. e reformou o Pireu, a cidade portuária de Atenas, por volta da mesma época. A tradição de que também tenha planejado a nova cidade de Rodes, em 408 a.C., quase certamente é falsa; é provável que ele tenha nascido por volta do final do século VI. Investigações arqueológicas revelaram que sua cidade natal, Mileto, destruída pelos persas em 494 a.C., foi planejada segundo linhas geométricas após a vitória grega em Mícale quinze anos mais tarde. Pode-se deduzir que Hipodamo tenha aprendido o ofício de seus antecessores e recebido o indevido crédito de haver introduzido uma idéia desconhecida em Atenas. É bem possível que tenha incluído seus próprios aprimoramentos, porém é impossível determiná-los; Aristóteles registra que sua afetação pessoal irritava os atenienses e se dá ao trabalho de refutar suas incursões pelo terreno da teoria política. É possível que Hipodamo associasse tal planejamento urbano à matemática abstrata, mas provavelmente esta se introduziu como um artifício prático no momento em que novos sítios urbanos eram repartidos pelos colonizadores jônicos do século VI. Pouco plausíveis são as sugestões de que a idéia tenha sido tomada de empréstimo da Itália ou do Oriente.

Era difícil aplicar esquemas geométricos às regiões centrais das cidades existentes, e há poucos indícios de tal haussmanização antes do período romano. A partir da época de Alexandre, o Grande, contudo, diversas antigas cidades foram refundadas em locais mais defensáveis ou mais convenientes, e uma profusão de Alexandrias, Selêucias e Antioquias brotou em solos virgens ou urbanos. Os mais importantes destes centros quase seguramente eram hipodamianos, e temos, em Priene, um exemplo bem explorado de refundação durante o período de Alexandre. Apresentamos aqui duas ilustrações (Figs. 83 e 84), a primeira uma representação simplificada de toda a área e a segunda uma planta mais

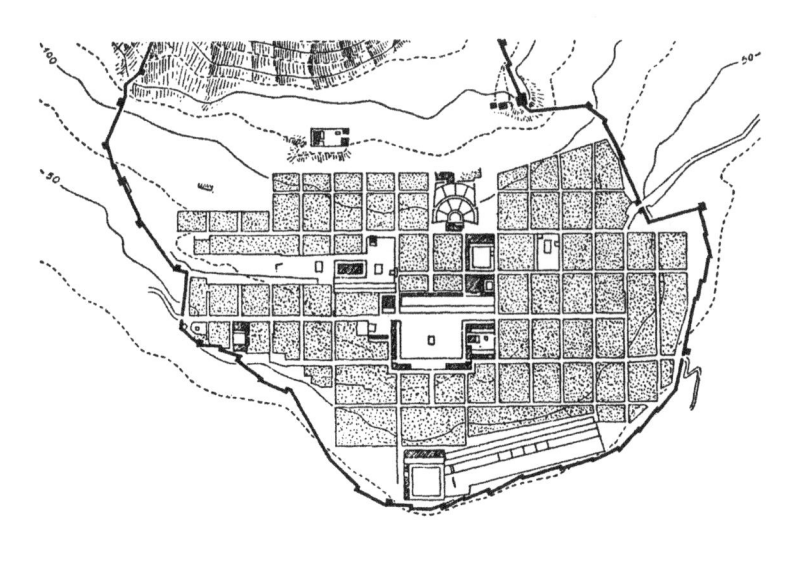

Fig. 83. Priene, planta simplificada

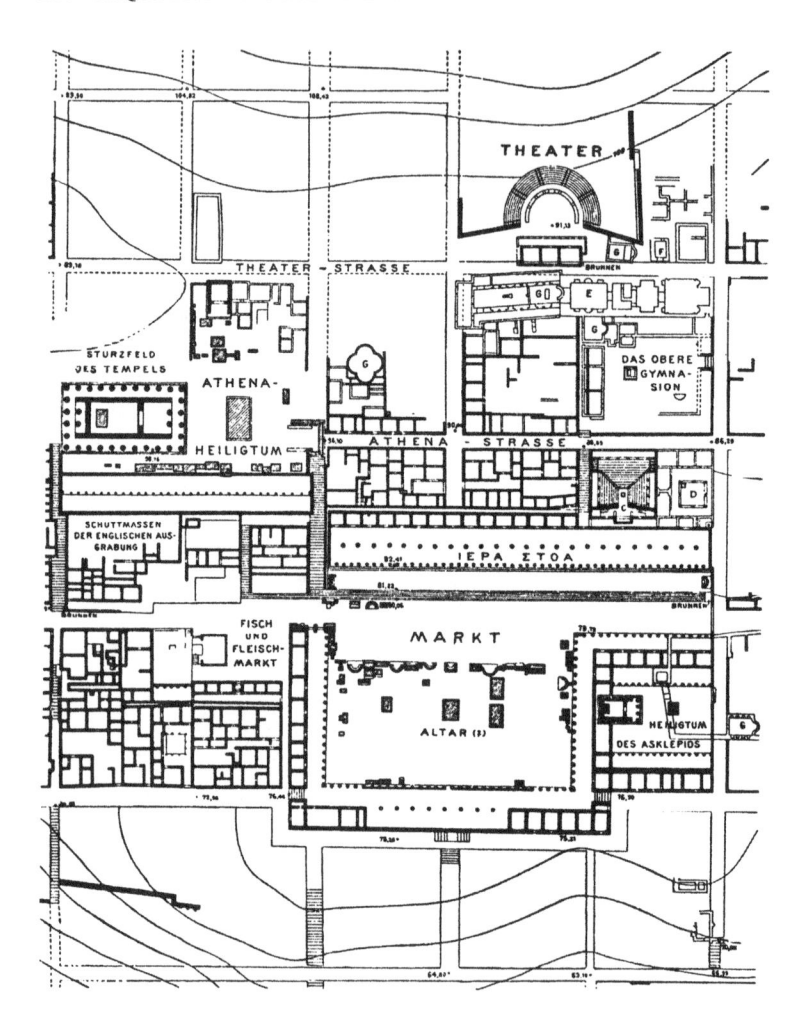

Fig. 84. Priene, planta da área central (reconstituição)

detalhada da parte central. A cidade foi erguida na face sul de um pico com um declive ao sul, ao leste e a oeste. Priene era uma pequena mas próspera cidade comercial com cerca de quatro mil habitantes. Sua população jamais passou desse limite e, embora não estivesse totalmente deserta antes do século XIII d.C., sua construção original era de tal modo sólida e satisfatória que o desenho original jamais foi apagado.

Suas características mais notáveis podem ser sintetizadas da forma como se segue. (1) Os muros são típicos da ciência militar do período helenístico. Obedecem posições defensáveis e delimitam uma grande área jamais destinada à habitação, incluindo uma colina rochosa acima da cidade, separada das montanhas mais distantes por uma depressão. O monte era de difícil acesso e não continha construção alguma; pode ser vagamente denominado a acrópole. Os muros e torres, bem como grande parte da cidade, exibiam uma primorosa alvenaria; eram totalmente alicerçados na rocha e as torres, em consonância com a norma militar grega, não eram engastadas à muralha, que era provida de portões em arco. Tais portões eram simples na planta, mas, em outros exemplares, como as fortificações de Mantinéia e Messena no Peloponeso, datadas do século IV, o princípio de um pátio intermediário entre os portões interno e externo é desenvolvido com variedade e engenho. (2) As ruas correm exatamente pelas direções norte-sul e leste-oeste. (3) Há uma via principal, no sentido leste-oeste, com o dobro da largura média (cerca de 7 m contra cerca de 3,5 m), que corre desde a porta oeste, passando pela parte norte da ágora, localizada no centro; a porta leste está localizada mais ao norte, devido à configuração do terreno. Cabe observar que o grande pórtico ao norte da ágora (indicado pela legenda IEPA ΣTOA na Fig. 84) foi implantado no século II a.C., em substituição a um pórtico mais simples que não se prolongava mais ao leste que a própria ágora. Pertence ao mesmo período a extensão para o leste do pórtico leste da ágora e um grande arco semicircular (Fig. 85) que unia os dois novos pórticos. Esse arco compunha-se, na maior parte de sua extensão, de um simples anel de pedra suspenso no ar; os blocos desse trecho eram de tamanho uniforme, aproximadamente 60 cm de altura, espessura e largura superior, com redução para aproximadamente 42,5 cm na parte de baixo. Tratava-se de um elemento puramente ornamental, desprovido de soleira ou portas e com ambas as faces ornadas nos moldes de uma arquitrave jônica. Tal arco ornamental é uma particularidade digna de nota nesse período remoto. (4) Não há nenhuma

220 ARQUITETURA GREGA E ROMANA

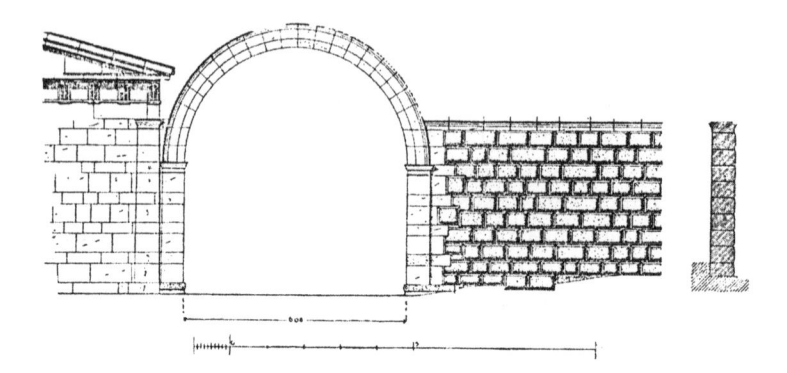

Fig. 85. Arco ornamental, Priene (reconstituição)

rua de destacada importância na direção norte-sul, muito embora aquela a oeste do teatro seja ligeiramente mais larga que a média e se dirija para o centro da ágora. (5) Parece improvável que o cruzamento dessas duas vias constituísse a base da planta da cidade. (6) A essência do traçado é a equivalência dos quarteirões situados entre as ruas, cuja área aproximada é de 160 por 120 pés gregos de 0,295 m (cerca de 47 m por 35 m); a maioria desses quarteirões divide-se de maneira uniforme em quatro residências, com meias-paredes comuns, embora várias residências possuam metade desse tamanho, no sistema de oito por quarteirão. As residências serão descritas posteriormente[2]. (7) Os edifícios públicos, incluindo templos e espaços abertos, estão subordinados ao traçado das ruas, sendo um ou mais quarteirões sacrificados em função dos mesmos; nenhuma construção importante se localiza na ágora ou defronte a ela.

Escavações recentes acusaram a grande semelhança entre a cidade de Doura-Europos, junto ao Eufrates, ao norte de Palmira, e Priene. Foi fundada por volta do final do século IV a.C., provavelmente pelo general de Alexandre, Seleuco[3], o primeiro da dinastia selêucida. Uma trama de ruas paralelas que corriam nos sentidos noroeste-sudeste e noroeste-sudeste dividiam-na em quarteirões retangulares que mediam cerca de 99,5 m por cerca de 40 m (uma proporção de cinco para dois). Todas as ruas tinham cerca de 4,5 m de largura, à exceção de uma, aproximadamente no centro, com o dobro dessa largura. Essa rua de 9 m de largura partia de uma importante porta na parte sudoeste das muralhas e se estendia até um desfiladeiro a nordeste, onde possivelmente era interceptada por um pórtico; não havia ruas similares em ângulos retos com esta. As muralhas, assim como em Priene, seguiam uma linha defensável do terreno e corriam a uma grande distância das residências em todos os lados, exceto no sudoeste, e delimitavam uma cidadela isolada.

Há uma consonância de todas essas características com aquilo que conhecemos acerca de outras cidades gregas geométricas, que também concordam com os testemunhos literários acerca dos métodos de Hipodamo. A cidade de Turi, segundo Deodoro Sículo[4], foi planejada com quatro ruas principais orientadas em uma determinada direção e três na outra; ele não sugere a existência de duas vias quaisquer que dominassem a planta.

São poucas as indicações que temos acerca do planejamento urbano primitivo na Itália, porém os traçados geométricos aparecem nos assentamentos da Idade do Bronze conhecidos como *terremare*, e posteriormente na cidade etrusca de Marzabotto, próxima a Bolonha, talvez construída no século V a.C. A região sudoeste de Pompéia, que abriga o fórum e os principais edifícios públicos, talvez se baseie na interseção de duas ruas importantes, e as ruas Estabiana e Nolana formam uma notável interseção nas proximidades do centro da cidade. É uma questão controversa determinar qual dessas vias pertence ao núcleo original, mas provavelmente a área do fórum constitui uma expansão posterior.

Não há dúvidas de que um sistema de duas vias principais que se entrecruzam, orientadas nos sentidos norte-sul e leste-oeste, e inscritas em uma área murada quadrada ou retangular era tradicional nos acampamentos militares e fortalezas romanas, e que diversas cidades romanas se desenvolveram a partir de tais assentamentos. Existem, ademais, alguns testemunhos literários e inscricionais do estabelecimento de novas cidades segundo esse traçado, que possuía um caráter religioso e provavelmente se originara na Etrúria, muito embora os vestígios remanescentes da maioria das cidades etruscas[5] sejam pouco esclarecedores nesse aspecto. A via principal no sentido norte-sul recebia o nome de cardo, e a via principal no sentido leste-oeste, decumano; um espaço vazio, ou pomério, de largura predeterminada, separava das muralhas as casas mais periféricas. Nos acampamentos, o pretório ou quartel-general, que dominava o todo, situava-se nas proximidades do cruzamento central, e bloqueava um dos acessos principais.

A mais antiga cidade em que esse traçado ainda permite ser reconstituído claramente é Óstia, o porto de Roma. Seu núcleo era um acampamento ou cidadela fundado no final do século IV a.C., e que consistia em um retângulo medindo cerca de 132 m por cerca de 119 m, com quatro portões, além de um cardo e um decumano, ambos os quais mantiveram sua importância quando da expansão da cidade nos períodos republicano e imperial. O decumano, em particular, foi prolongado de modo a formar a principal via de circulação da cidade ampliada, enquanto o fórum era uma expansão da parte sul do cardo; todavia, embora a parte da cidade nova situada a norte do decumano prolongado contasse com um sistema de vias retilíneas que se interceptaram em ângulos retos, não existia verdadeiramente um cardo, enquanto a área ao sul era irregular, da mesma forma como os novos muros da cidade.

Na época do Império, diversos acampamentos eram quase cidades, como aquele nas proximidades de Lambises, no norte da África, erguido no século II d.C. e reformado no III. Dentre as cidades propriamente ditas implantadas nessa mesma época, com cardo e decumano, podemos mencionar Timgad (Tamugadi), no norte da África (Fig. 86), e Silchester (Caleva Atrebatum) na Grã-Bretanha (Fig. 132). Na maioria dos casos, tais cidades eram provavelmente projetadas como quadrados ou retângulos murados, porém freqüentemente se expandiam de forma aleatória, como foi o caso de Óstia, e eram posteriormente cercadas por muralhas de traçado irregular.

A relação entre o esquema romano e aquele popularizado por Hipodamo tem sido alvo de grande controvérsia, mas é possível que tenham sido criações independentes. Não há grandes indícios de um cruzamento central dominante na Grécia ou no Oriente Próximo antes da era cristã, quando a influência romana

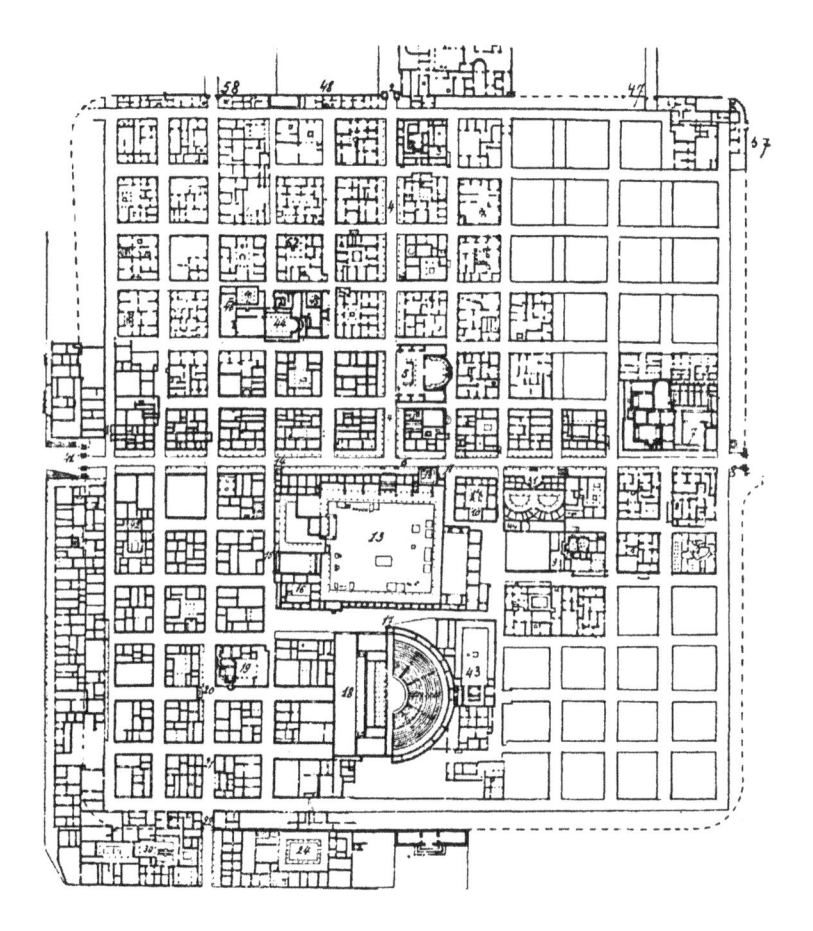

Fig. 86. Timgad (Tamugadi). Planta

é provável ou segura. A cidade na acrópole de Selinunte, talvez implantada no final do século V a.C., possuía duas ruas mais largas que o restante e que se entrecruzavam em ângulos retos, muito embora não no ponto central de sua área bastante irregular; enquanto Estrabão[6] afirma que Nicéia, na Frígia, provavelmente planejada no início do período helenístico, era uma cidade quadrada situada numa planície, com ruas em ângulos retos, e que de uma determinada pedra situada no centro⁷ do ginásio era possível avistar os quatro portões da cidade. Quando em solo grego, porém, tais esquemas se afiguram simples variações do esquema de Hipodamo, sem nenhuma confirmação especial conferida pela tradição.

Parece provável que os traçados gregos e italianos, quer independentes ou não, tinham na origem finalidades semelhantes, planejados, acima de tudo, para promover uma partição igualitária dos novos sítios urbanos, embora o cruzamento entre cardo e decumano tenha emprestado à cidade italiana um impulso inicial em direção à centralização e o planejamento axial. Aparentemente, os gregos do período clássico, conforme já vimos, não subordinavam suas ruas ou mercados aos edifícios dominantes, axialmente localizados. Para eles, cada edifício era um fim em si mesmo e bastava-lhes que o mesmo fosse belo e acessível; não almejavam, até onde podemos julgar, vistas panorâmicas e efeitos centralizados. É verdade que tais efeitos seriam inexeqüíveis na atmosfera de cerrada competição de Delfos e Olímpia, e difíceis de serem alcançados nas antigas cidades espontâneas da Grécia pré-helenística. Na Atenas do século V, os magníficos Propileus de Mnesicles, com seus salões simétricos de grandes proporções, antecipavam e sobrepujavam a visão romana, mas Mnesicles se veria tolhido e frustrado, e aparentemente o período helenístico apegou-se, em seu alvorecer, a tradições mais simples. Quer tenham os arquitetos da Ásia Menor e da Síria sido atraídos aos ideais do planejamento axial e da simetria mecânica no período helenístico posterior ou não, na Itália esses ideais já estavam bem disseminados antes do estabelecimento do Império. Estão implícitos na planta do templo etrusco, acessível apenas pela frente e no qual tudo é sacrificado em nome da fachada, e expressos na Pompéia pré-romana, onde o templo⁸ de Júpiter domina o fórum colunado. Os ideais encontram sua expressão mais acabada em obras tardias como as Termas⁹ e os fóruns imperiais¹⁰ de Roma e nos grandes pátios de Baalbek¹¹, em que a prática italiana foi reforçada pela concentração de poder despótico e pelas tradições teocráticas do Egito e do Oriente. No Ocidente, a Idade Média retomou inconscientemente o antigo método grego, ao passo que a Renascença reviveu conscientemente o ideal romano, que rege o mundo no presente. Trajano teria se sentido em casa na Piazza di San Pietro ou na Place de la Concorde, locais que haveriam de intrigar e afligir um ateniense comum do século V; Mnesicles os teria compreendido, mas talvez lhe causassem um calafrio.

A presente digressão terminou por afastar-nos do exame das construções italianas primitivas. Pouco conhecemos acerca de suas fases mais antigas, à exceção de algumas plantas baixas residenciais representadas em tumbas e urnas funerárias. Estas[12] serão tratadas sumariamente mais adiante; por ora nosso interesse está voltado exclusivamente para a arquitetura devocional primitiva da Etrúria, do Lácio e da Campânia, uma das mais encantadoras manifestações da arte antiga. Que os etruscos fossem imigrantes asiáticos é um fato extremamente provável, embora sua chegada à Itália seguramente nos remeta a um período alguns séculos anterior à data dos mais antigos vestígios da arquitetura devocional etrusca ou latina, que podem ser situados no segundo quartel do século VI a.C. A decoração desses templos primitivos é esmagadoramente grega e é duvidoso que qualquer uma de suas peculiaridades estruturais reflita a tradição asiática.

Se excluirmos alguns templos de pedra em estilo puramente grego, como aquele do século VI a.C. em Pompéia, os templos primitivos da Campânia, do Lácio e da Etrúria pertencem a um único tipo geral, ainda que com diferenciações locais, e podem ser reunidos sob a classificação de italianos. Eram, em sua maioria, construídos de madeira e tijolos secos ao sol, com a utilização de pedras no máximo para as paredes e colunas, porém jamais para os entablamentos, estes invariavelmente em madeira, embora livremente protegidos com terracota pintada. Vários desses templos erguiam-se em um pódio elevado, com escadas em apenas uma das fachadas, característica rara na Grécia, possivelmente de origem asiática e seguramente herdada por Roma via tradição italiana. As plantas baixas guardavam uma semelhança geral com aquelas da Grécia, com algumas notáveis peculiaridades. Podemos examinar inicialmente as decorações em terracota e os indícios fornecidos por estas quanto às formas do entablamento e da cobertura; constituem, com freqüência, os únicos vestígios remanescentes de templos e, com mais freqüência ainda, os únicos datáveis. Essas terracotas dividem-se principalmente em dois grupos cronológicos, o primeiro dos quais tem início por volta de 560 a.C. e termina aproximadamente um século mais tarde. O segundo é helenístico, sendo que existe um hiato entre a primeira metade do século V e meados do IV, não compreendido na íntegra, mas possivelmente relacionado à batalha de Cumas em 474 a.C., quando o patrono de Píndaro, Hiéron de Siracusa, desmantelou a força naval etrusca e aniquilou o mais temível rival de Roma na Itália central. A fase helenística perdurou até os primeiros anos do século II a.C., quando toda essa tradição primitiva de madeira submergiu ao influxo da arquitetura plenamente desenvolvida do mundo helenístico. Sua decoração exibiu, do início ao fim, um caráter quase totalmente grego, muito embora executada no local e aplicada de diversas maneiras; devia tratar-se do trabalho de artistas gregos e seus discípulos diretos ou indiretos. Os paralelos mais próximos às fases mais antigas foram encontrados no noroeste da Ásia Menor e em alguns dos templos primitivos da Creta oriental. Nesse período, a inspiração artística era, quase com certeza, predominantemente jônica. Cabe lembrar que os fócios fundaram Marselha no início do século VI e exploraram o Mediterrâneo até Gibraltar; devemos, contudo, admitir influência coríntia, da qual existem testemunhos literários e arqueológicos.

Antes de passarmos à descrição dos vestígios materiais, mais conveniente será expor o que se conhece, a partir de outras fontes, das formas de estruturas em madeira às quais esses vestígios estavam afixados. Os melhores testemunhos são encontrados em certas[13] pequenas maquetes antigas encontradas na Itália (Fig. 87), as quais podem ser complementadas pelas declarações de Vitrúvio, talvez baseadas em templos remanescentes, sobretudo o grande templo de Ceres Liber e Libera, próximo ao Circo Máximo, que, tudo indica[14], ele teria conhecido antes de sua destruição pelo fogo em 31 a.C. Não dispomos de espaço para discutir aqui os intricados detalhes da linguagem de Vitrúvio[15]: uma breve exposição do que parece ser a interpretação mais correta deverá bastar, ilustrada pelas reconstituições de Wiegand (Figs. 88

Fig. 87. Pequena maquete em terracota de frontão etrusco, originária de Nemi

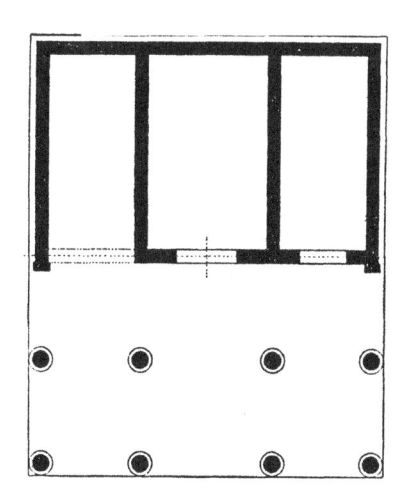

Fig. 88. Templo etrusco de Vitrúvio (reconstituição de Wiegand). (Extraído de *La Glyptothèque Ny-Carlsberg*, F. Bruckmann, Munique, 1896-1912)

e 89). As colunas do pórtico eram largamente espaçadas, como poderíamos prever, enquanto as arquitraves (*trabes compactiles*) eram compostas de duas vigas dispostas lado a lado, cavilhadas e grampeadas, porém com espaço para a passagem de ar. Sobre as arquitraves que interligavam as colunas angulares com as an-

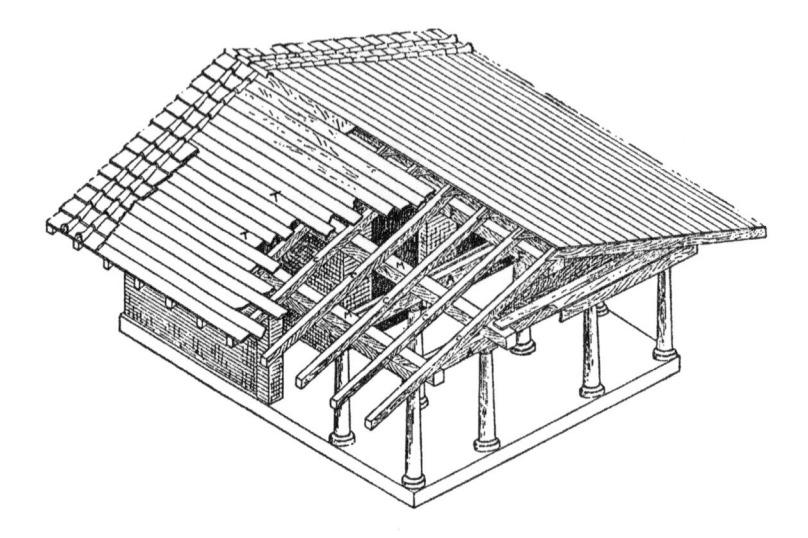

Fig. 89. Templo etrusco de Vitrúvio (reconstituição de Wiegand). *A* = trabes compactiles; *M* = mutuli; *C* = canterii; *F* = columen; *T* = templa. (Extraído de *La Glyptothèque Ny-Carlsberg*, F. Bruckmann, Munique, 1896-1912)

tas assentava um segundo grupo de vigas, denominadas *mutuli*, que corriam por toda a extensão do topo das paredes da cela e também se projetavam para a frente na parte dianteira a uma distância equivalente a um quarto da altura das colunas. Sobre a arquitrave dianteira[16] erguia-se o tímpano, de madeira ou de materiais mais sólidos, porém são obscuros os detalhes de sua construção. A cumeeira (*columen*) do telhado de duas águas apoiava-se na parte dianteira sobre o tímpano e se projetava para a frente a uma distância equivalente àquela que se projetavam os *mutuli*; a cobertura de telhas, que assentava em um sistema de caibros (*canterii*) e tábuas (*templa*), prolongava-se até as extremidades dos *mutuli* e dos *columen*, forjando, assim, um frontão de grande profundidade. Nosso conhecimento acerca da natureza do piso do frontão baseia-se sobretudo em maquetes antigas, que revelam que o mesmo era originalmente tratado como uma parte do telhado, com telhas planas e de junção, além de antefixas na parte dianteira, uma configuração surpreendente. Na maquete de Nemi, as extremidades dos *mutuli* e do *columen* dão a impressão de estarem revestidas com relevos em terracota, talvez mencionados por Vitrúvio como antepagmenta. O telhado apresentava também uma grande projeção lateral, como revelam as maquetes; Vitrúvio aparentemente assevera que a projeção (um prolongamento do declive da cobertura) deveria corresponder a um quarto da distância total do telhado ao beiral. Poderemos observar a inexistência de tríglifos ou métopas, mas que os *mutuli*, ao menos ao longo das laterais, correspondiam ao friso jônico liso; não se pode determinar com segurança se havia um elemento correspondente no frontispício. Nas laterais, os *mutuli* eram largamente encobertos pelo beiral; o grau em que isso se dava dependia da inclinação do telhado, sobre o qual Vitrúvio nada declara e que é variável nas maquetes.

Consideremos agora o mais antigo grupo de vestígios em terracota. Incluem-se neles telhas de remate a formar uma espécie de sima ou calha elevada acima do frontão; placas contínuas de frisos[17], algumas destinadas a ser cravadas em vigas e outras para serem afixadas às paredes da cela; simas e antefixas oriundas dos beirais laterais; acrotérios; revestimentos em terracota para vigas de madeira; lajotas verticais, elaboradamente ornamentadas e perfuradas, que formam nitidamente um painel contínuo, embora não seja claro se formavam um parapeito adicional por sobre a sima do frontão ou se ornavam a cumeeira do telhado; e, por fim, cortinas suspensas de terracota presas às extremidades das telhas dos beirais e pintadas em ambas as faces. Cabe acrescentar que as telhas da fileira mais baixa possuíam pinturas decorativas em suas superfícies inferiores. É impossível atestar com segurança a existência dos revestimentos de vigas, o painel de lajotas e cortinas[18], exceto quanto ao final do período mais antigo, entre 510 e 460 a.C. A forma mais comum entre essas terracotas é uma pesada moldura convexa no rodapé (encovada e preenchida por uma haste contínua de chumbo), uma listra canelada na parte superior, com uma curvatura para a frente, e, entre estes, uma larga faixa de relevos, inicialmente decorada com cenas de procissões, combates ou festejos. Posteriormente, os temas humanos posteriores via de regra estão ausentes desses relevos, mas, em compensação, encontramos excelentes grupos de terracotas nos acrotérios e antefixas; um tipo comum é o grupo formado por um sátiro e uma mênade em diversas combinações. As figuras em terracota são por vezes localizadas na parte superior dos frontões, voltadas para cima, em direção ao pináculo; a maior parte das figuras é agora mitológica, porém o espectro é limitado. Há indícios de que os pisos dos frontões fossem tratados tal como nas maquetes, e dificilmente as figuras que ornamentam os frontões serão anteriores ao período helenístico, muito embora grandes e magníficos conjuntos de estátuas em terracota tenham sido criados na Etrúria nos tempos arcaicos. O período helenístico incluía alguns arcaísmos, mas o ornamento vegetal de cunho naturalista tornou-se comum e a mitologia grega era utilizada livremente. Freqüentemente o antigo frontão cedia lugar a uma forma de profundidade menor que abrigava estátuas de terracota de linhas gregas. A principal influência talvez viesse agora da Campânia grega. Podemos ver aqui (Lâm. VIII*b*) uma reconstituição, existente no Museu Arqueológico de Florença, do frontão de um santuário etrusco de Vulci, que, embora datado do século III a.C., conserva ainda a configuração arcaica.

Antes de passarmos às construções efetivas será conveniente descrever em mais detalhe a planta do Templo Toscano (Fig. 88), o ideal de Vitrúvio, proveitoso enquanto parâmetro de comparação. Os vestígios existentes com freqüência são obscuros, pois os materiais eram frágeis – até mesmo a pedra empregada era muitas vezes perecível – e diversos templos foram repetidas vezes reformados. Vitrúvio descreve um templo com uma cela tríplice, que consistia em três celas reunidas e dispostas lado a lado. Sua área total, incluindo o pórtico, é aproximadamente quadrada, numa proporção entre comprimento e largura próxima de cinco para seis. A área está dividida, entre as duas extremidades frontal e posterior, em duas metades, correspondentes (*a*) ao pórtico e (*b*) à cela tríplice. O ambiente central da cela ocupa dois quintos da largura disponível. O pórtico é um tetrastilo prostilo, com colunas espaçadas de modo a corresponderem com as paredes que dividem as celas; a meia-distância para trás existem outras duas ou quatro colunas (a questão é obscura). Vitrúvio admite a substituição das celas laterais por *alae* ou "alas". Isso provavelmente significa a continuação das colunas do pórtico lateral, à maneira de um pteroma, até o limite posterior da única cela remanescente, mas não por toda a volta – provavelmente a parede dos fundos da cela única se estendia por toda a largura do pórtico, uma planta[19] efetivamente encontrada. Alguns, no entanto, sustentam que as alas não passavam de celas laterais com a parte frontal aberta em lugar de uma parede frontal provida de uma porta, concepção adotada por Wiegand na Fig. 88. A origem desse tipo tríplice, freqüentemente encontrado, era certamente religiosa, porém o efeito estético em nada era menos grandioso. Dali se originaram os templos "de fachada solene, baixos e amplos" de Vitrúvio, que não deixaram de exercer sua influência sobre a arquitetura romana e européia.

As plantas baixas dos templos conhecidos freqüentemente se assemelham àquelas da Grécia arcaica – uma cela retangular simples com um pórtico na frente, normalmente prostilo; a cela pode conter divisões internas, mas não se pode atestar com segurança a existência de pórticos na parte posterior. Podemos encontrar plantas largas e estreitas, das quais as largas talvez sejam as mais antigas. Não se pode ter certeza de que templo algum fosse um períptero completo. Como exemplo incontestável do tipo com cela única podemos tomar, a despeito de sua data mais recente, o templo de Alétrio, no Lácio, a moderna Alatri, que constitui a base da restauração algo incorreta existente nos jardins da Vila Júlia em Roma. Os abundantes vestígios em terracota pertencem a um mesmo período, o século III a.C. Esse templo possuía um profundo pórtico prostilo, de apenas duas colunas, opostamente às antas, um tipo[20], conforme vimos, raro mas não desconhecido na Grécia. A posição da parede transversal onde estava situada a porta, a alguma distância atrás das antas, talvez seja uma característica mais recente.

Mais claramente representativas da construção primitiva são as duas formas sucessivas do templo de Mater Matuta em Sátrico, ambas arcaicas. A primeira foi construída por volta de 550 a.C., a segunda a substituiu meio século mais tarde e perdurou até os tempos romanos. A primeira consistia em uma pequena construção com pórtico prostilo e um pteroma parcial ou completo; a segunda, que deixou vestígios abundantes, era maior, orientada em sentido diverso, porém de planta semelhante. Do tipo de cela tríplice restaram vários exemplos, inclusive o templo de Apolo em Veii e dois templos em Marzabotto, nas proximidades de Bolonha; um exemplar de visitação fácil é o de Fiesole, cujas ruínas datam do século I a.C. Descreveremos aqui uma única construção, o Capitólio de Signia, no Lácio. A alvenaria de pedra e a planta desse templo foram situados no início do século V, período ao qual pertence a maior parte das terracotas, muito embora a ornamentação tenha sido reformada cerca de duzentos anos mais tarde e, novamente, no século I ou II a.C. Sua planta se aproxima daquela descrita por Vitrúvio. A construção assenta em um pódio com cerca de 3 m de altura e sua entrada, a exemplo da maioria dos templos etruscos, estava localizada no sul. O pórtico ocupava quase exatamente metade da área total, que media aproximadamente 26 m por 41 m, um desenho que, tal como a orientação, é provavelmente uma herança das regras do antigo *templum* etrusco, que não era um edifício, mas um espaço retangular aberto, elaboradamente demarcado, utilizado para observações celestes. Havia uma cela tríplice, com a divisão central mais larga que as demais, embora não no grau prescrito por Vitrúvio. As colunas do pórtico estavam distribuídas como em Vitrúvio, salvo pela existência de três fileiras de quatro colunas, perfazendo um total de doze; o pódio, as paredes e as colunas eram em pedra, mas o entablamento foi sempre em madeira e terracota.

As subestruturas remanescentes do templo capitolino de Roma datam de sua fundação no final do século VI e do testemunho das mesmas, aliado a descrições antigas, fica claro que se trata, mais ou menos, de um templo triplo vitruviano. Sofreu um incêndio[21] em 83 a.C., e vários outros subseqüentemente, mas conservou até o fim diversas feições toscanas. Tudo indica que tivesse cerca de 56 m de largura por cerca de 61 m de profundidade e que contasse com um pórtico prostilo de dezoito colunas, distribuídas em três fileiras de seis, com uma fileira de colunas ao longo das laterais que interceptava as extensões laterais da parede dos fundos. O cume do frontão ostentava uma célebre quadriga esculpida em terracota, criação de um artista etrusco. Vitrúvio indica que após sua primeira reconstrução o templo conservou arquitraves de madeira, mas após sua última reconstrução registrada, empreendida por Domiciano ao final do século I d.C., o entablamento seguramente era em mármore.

São escassos os testemunhos acerca das formas das colunas etruscas, mas é possível que a mais usual fosse uma variante da dórica. Normalmente a coluna inteira, ou então seu fuste, eram em madeira, por vezes revestida com terracota; já as bases, capitéis e fustes eram freqüentemente de pedra. Vitrúvio prescreve um tipo de coluna toscana que difere de sua coluna dórica sobretudo pela ausência de caneluras e da êntase –, embora apresente um adelgamento –, e pela presença de uma base, composta, a partir de sua parte superior e em sentido descendente, de uma pequena moldura convexa, uma grande moldura convexa e um plinto circular ou disco, tudo indica, de lados verticais; a altura do plinto equivale à das duas molduras e a altura total dos três equivale à metade do diâmetro inferior do fuste; existe uma nervura próxima ao topo do fuste e aparentemente o capitel não apresenta ânulos no equino e a moldura no ábaco que Vitrúvio relaciona ao estilo dórico. Não se conhece nenhuma antiga coluna toscana exatamente com esta forma, embora haja uma semelhança geral da mesma com boa parte dos exemplares remanescentes. O templo de Signia possuía colunas de pedra sem caneluras com um adelgamento e êntase acentuados, porém nenhum capitel ou base foram encontrados. Encontraram-se bases com molduras convexas em plintos cilíndricos em Orvieto, Alatri, Alba Fucens, no Monte Albano e alhures, e diversos capitéis conhecidos, reais ou retratados, se assemelham aos tipos dóricos arcaicos, especialmente aqueles dos templos de Pesto, onde, vale lembrar, os fustes apresentavam um acentuado adelgamento, êntase e nervuras, em muitos casos, abaixo do colarinho. Uma coluna inteiramente em pedra, provavelmente etrusca, descoberta embutida em uma parede em Pompéia, foi situada no século VI a.C. Ela se apóia em um bloco quadrado de pedra e tem um plinto cilíndrico, mas nenhuma moldura entre este e o fuste, e nenhuma nervura no colarinho; o fuste, sem canelura, tem uma êntase exagerada do tipo "charuto", a parte mais larga situada a aproximadamente meia-altura. Foram encontradas partes de um capitel em terracota com ábaco cilíndrico e de uma base de terracota com uma moldura saliente, juntamente com lascas de revestimento de fustes em terracota, no sítio do templo de Apolo em Falerii Veteres. Podemos nos arriscar a concluir que as colunas etruscas primitivas derivavam do estilo dórico arcaico, antes de sua cristalização na arquitetura de pedra do século VI; contudo, não devemos excluir a possibilidade de influências gregas indiretas, especialmente através de Cartago.

Algumas pinturas e relevos, especialmente em monumentos funerários, também revelam uma familiaridade com as colunas jônicas e coríntias, bem como com o friso de tríglifos, mas parecem datar do período helenístico. Uma exceção deve ser feita para um tipo de capitel semelhante ao "eólico" de Neandria, quadrifacetado, encontrado em monumentos concretos e seguramente uma forma antiga na Itália, talvez tomada de empréstimo aos fenícios ou cartagineses, embora influenciada mais tarde pela ordem coríntia; por vezes apresenta cabeças ou bustos humanos a se projetar de cada face, mas possivelmente a origem destes seja helenística. O principal exemplo desse tipo é o templo "dórico-coríntio" de Pesto (Figs. 90 e 91), que servirá de ilustração da fusão entre influências etruscas e helenísticas na Itália e na Sicília. As ruínas dessa construção sem paralelos foram descobertas em 1830, quando foi batizada de "Templo da Paz". A planta é etrusca, com um pórtico profundo e colunatas laterais, mas sem colunas na parte posterior. O edifício erguia-se em um pódio, com escadas apenas na parte dianteira e media cerca de 13,5 m por 21 m no estilóbato. Os capitéis e as bases são igualmente heterodoxos. O entablamento é dórico com elementos jônicos, da mesma forma que o do Bouleutério de Mileto; existem tríglifos e métopas, mas também dentículos, e os mútulos fogem do normal. A data é incerta. Alguns imaginaram tratar-se de uma obra primitiva da colônia romana fundada em 273 a.C., porém o mais provável, talvez, é que pertença ao século seguinte.

Podemos acrescentar, ao templo de Pesto, um edifício bem mais próximo a Roma, o templo de Gabii, que possivelmente po-

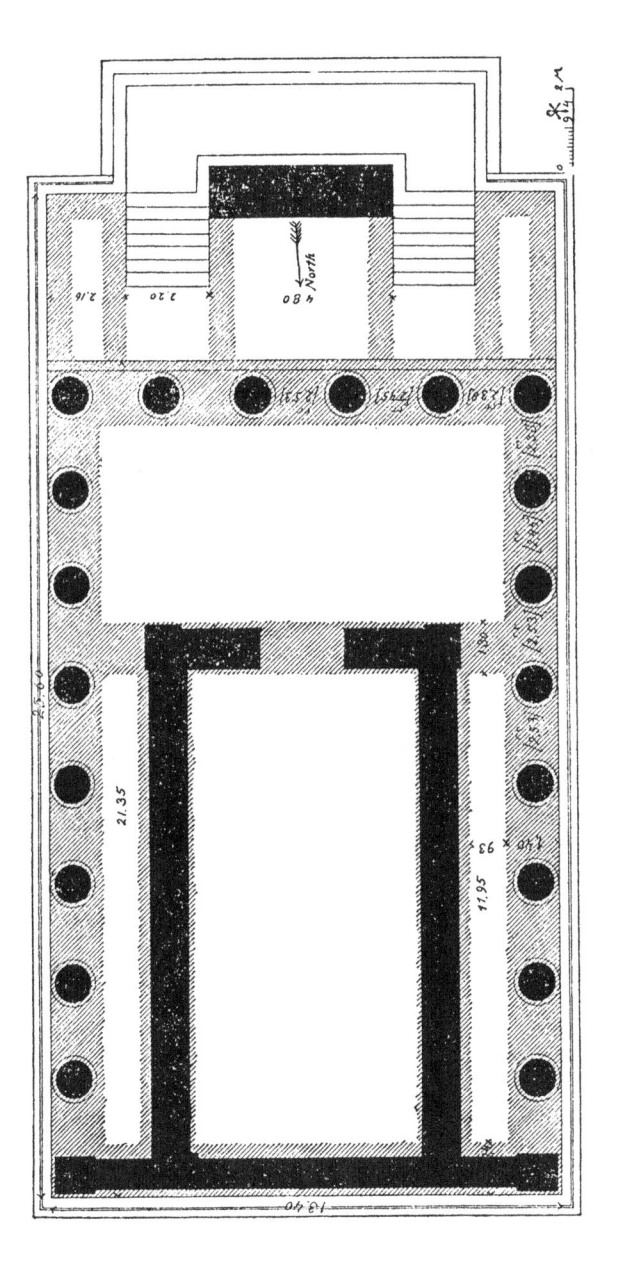

Fig. 90. Templo "dórico-coríntio", Pesto (reconstituição)

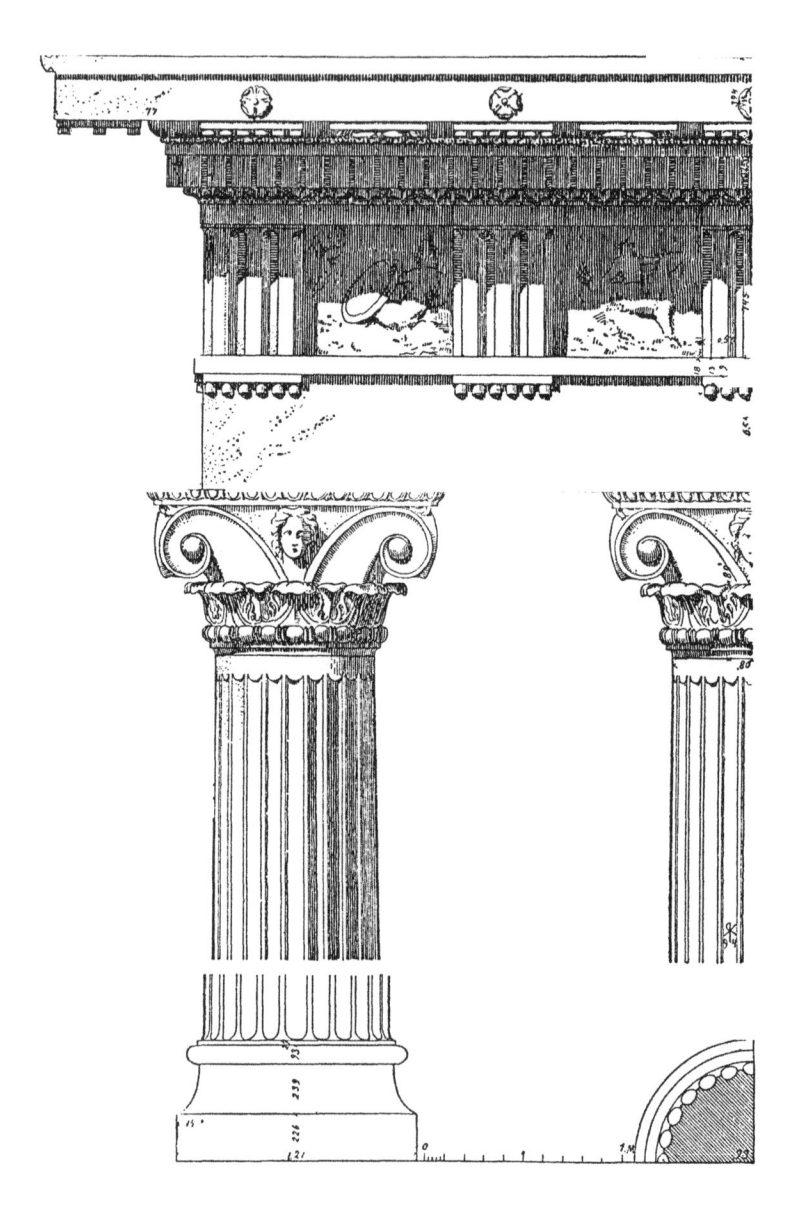

Fig. 91. Templo "dórico-coríntio", Pesto (reconstituição)

de remontar ao final do século III a.C. Ocupava a parte central de um espaçoso precinto murado, cercado por colunatas dóricas, exceto por um teatro encravado no declive do terreno ao sul. A cela, bem preservada e construída de tufo local, com aproximadamente 8,2 m por 13,5 m na parte interna, ergue-se sobre um pódio com escadas ao sul. A plataforma do pódio mede cerca de 17,6 m por 23,7 m. Em termos da configuração geral assemelha-se ao templo de Pesto – um períptero, exceto na parte posterior, em que as colunatas laterais encontram-se com os prolongamentos da parede dos fundos da cela. Aparentemente as colunas eram em número de seis por sete, dispostas de modo a formarem um pórtico profundo à frente da cela, na qual se entrava através de uma porta lisa. As colunas caneladas não eram dóricas, mas seu caráter é obscuro. O entablamento provavelmente era em madeira e existem lascas de decoração em terracota que, tudo indica, pertencem ao final do século II ou início do século I a.C.

CAPÍTULO XIII
Arquitetura devocional da República romana

Devemo-nos voltar agora definitivamente para Roma. É preciso compreender de pronto que é desapontadoramente exíguo nosso conhecimento acerca da arquitetura romana, e largamente incerta sua cronologia. Horácio afiançava aos romanos que os pecados cometidos por seus antepassados continuariam a afligi-los até que houvessem restaurado por completo os templos arruinados dos deuses e, sob a égide de Augusto, esse trabalho foi conscienciosamente posto em prática. A arquitetura romana é, de qualquer modo, difícil de datar, especialmente no período republicano e no início do império: imitativa e eclética, reflete uma dúzia de influências diferentes. A crescente familiaridade com os métodos e materiais, aliada a um estudo mais aprofundado dos estilos e ornamentos, vem gradativamente desfazendo a névoa, mas existem ainda grandes discordâncias entre os estudiosos gabaritados. Por imperfeitos que sejam os testemunhos, apontam para a conclusão de que a antiga escola etrusco-latina absorveu duas vagas sucessivas de influência grega tardia, a primeira oriunda principalmente do sul da Itália e da Sicília, no século III a.C., a segunda oriunda da Grécia, Ásia Menor, Síria e Egito, nos dois séculos subseqüentes. Essas datas refletem os fatos históricos da expansão romana para o sul e para o oeste nas Guerras Púnicas, e para o leste em seguida à queda de Cartago. É fundamental, ao se falar sobre a arquitetura romana, lembrar que, mesmo no Império, a arquitetura, em especial do leste grego, era helenística na raiz e que o domínio político de Roma não determinou nenhum rompimento súbito em seu desenvolvimento. Ao mesmo tempo, é certo que a centralização do governo teve uma influência enorme e que a cidade de Roma era o manancial não apenas de novos métodos construtivos, como também de diversas tendências em termos de ornamento e projeto, que nitidamente se irradiaram da capital para as províncias, sobretudo no Ocidente. A maioria dos arquitetos talvez tivesse sangue grego, mas os engenheiros, que, discretamente, revolucionaram os ideais da arquitetura, talvez fossem predominantemente romanos.

As obras mais originais do final da República e do início do Império raramente são templos, mas será conveniente preparar o terreno através de um esboço preliminar da trajetória geral da arquitetura romana comum no âmbito dessa classe de edifícios.

Pouco restou dos templos mais antigos da cidade de Roma além de suas subestruturas, que, embora importantes para a história da técnica, têm para nós apenas um interesse genérico. Um dos principais, o templo Capitolino, já foi descrito[1]. À parte obras de engenharia, é difícil apontar qualquer edifício bem preservado em Roma ou em suas proximidades que permita ser datado com segurança em um período anterior ao ano 100 a.C. Já vimos[2] que Gabii talvez seja uma exceção e alguns dos templos que vamos mencionar a seguir são por vezes situados no século II a.C.; na falta de elementos estritamente romanos, contudo, devemos freqüentemente nos voltar para uma cidade italiana bastante ao sul de Roma e bem mais próxima às influências gregas diretas – a cidade soterrada de Pompéia. Sua basílica do século II será descrita mais adiante[3]; por ora, somente um de seus templos deve ser considerado, o de Apolo (Fig. 92), conhecido até 1882 como o templo de Vênus. Provavelmente teria sido construído no final do século II a.C., mas foi substancialmente restaurado entre o terremoto de 63 d.C. e a aniquiladora erupção de dezesseis anos mais tarde. Tal como o templo de Gabii, localizava-se em um pátio enclaustrado, com originalmente dois pavimentos. A colunata do claustro possuía inicialmente capitéis jônicos quadrifacetados[4], coroados por uma arquitrave baixa e um friso alto de tríglifos, po-

ARQUITETURA DEVOCIONAL DA REPÚBLICA ROMANA 241

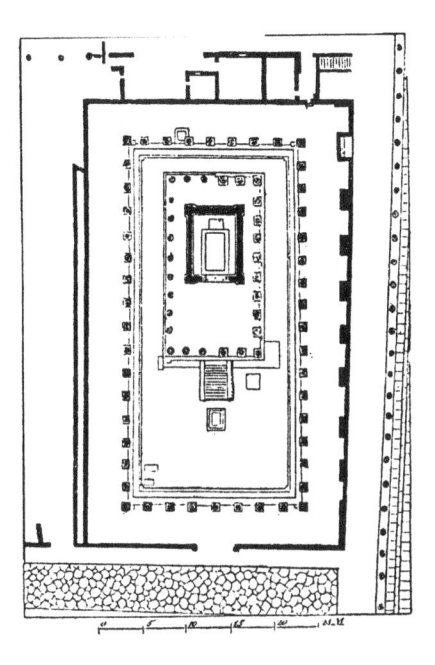

Fig. 92. Templo de Apolo, Pompéia

rém, após o terremoto, foi totalmente convertido para o estilo coríntio, através da utilização livre da escultura e do estuque. A planta do templo difere daquela de Gabii principalmente pelo fato de que no presente caso a colunata períptera corre também pela parte posterior. Com esse passo adicional no sentido da helenização, chegamos aos principais elementos das plantas mais comuns aos templos romanos. As colunas da fachada principal, embora efetivamente partes de um anel períptero contínuo, dão a impressão de ser, na verdade, as colunas de um pórtico prostilo toscano expandido. O restante da colunata é supérfluo e apresentará, ulteriormente, uma constante tendência em reduzir-se a uma série pseudoperíptera de meias colunas embutidas (como na Maison Carrée[5], de Nîmes), ou mesmo a uma série de pilastras (como no templo de Cori[6], no Lácio). Tal tendência foi estimulada pelo caráter geral do planejamento urbano romano. Os arquitetos romanos gostavam de localizar seus templos no eixo de um espaço retangular cuja entrada situava-se no centro do lado oposto. Tal esquema, combinado com o pórtico e o pódio etruscos, fatalmente reduziria a importância das vistas laterais e posteriores. As colunas do templo de Pompéia eram coríntias, porém seus capitéis foram forçosamente transformados, após o terremoto, do antigo tipo helenístico italiano[7] para a forma ortodoxa então estabelecida. O entablamento de pedra praticamente desapareceu.

Dentre os poucos templos geralmente situados no século I a.C., os seguintes serão descritos agora: inicialmente, o antiquado templo dórico ou toscano existente abaixo de S. Nicola in Carcere, em Roma; em seguida, o templo dórico tardio, mais ortodoxo, em Cori; em seguida, representando o antiquado estilo coríntio, o templo circular de Tívoli e, representando o coríntio ortodoxo, aquele próximo ao Tibre, em Roma; por fim, representando o estilo jônico ortodoxo, o templo da "Fortuna Viril", em Roma. O estilo jônico antiquado será descrito independentemente de qualquer templo.

O templo dórico abaixo de S. Nicola in Carcere é um entre três existentes lado a lado (os outros são jônicos) parcialmente cobertos e parcialmente absorvidos por essa igreja na região do mercado de hortaliças da Roma antiga. Nada é visível exceto a extremidade norte de seu pódio e partes de cinco colunas perípteras com seu entablamento, porém os estudiosos renascentistas registraram a existência, outrora, de um vão de porta em mármore. A planta é hipotética, mas as colunas e o entablamento são interessantes. Os fustes não têm caneluras, apresentam adelgamento mas não êntase, e têm em torno de sete diâmetros de altura; existe no fuste uma faixa lisa ligeiramente mais espessa, imediatamente abaixo do equino, de aproximadamente mesma altura que a do capitel acima deste. O equino, de pouca altura, tem um perfil aproximadamente retilíneo e é completamente liso; devemos, todavia, admitir a possibilidade de ornatos esculturais em estuque que teriam sido perdidos. Possivelmente esses fustes e o entablamento denotem uma influência etrusca. A arquitrave é lisa, encimada por uma espécie de tênia, e o friso é igualmente liso e não exibe feição dórica alguma; a cornija também foge ao normal e parece revelar algumas afinidades etruscas. Trata-se, claramente, de um templo antiquado, seja qual for sua data real. Delbrück tende a situá-lo, com base no estilo, no século II a.C. Tenney Frank, no entanto, assevera que todas as partes visíveis do templo são em travertino, o que torna impossível datá-lo em um período tão recuado, uma vez que esse admirável material (do qual também o Coliseu e a Basílica de S. Pedro foram construídos) era desconhecido até meados do século II a.C. e empregado com parcimônia nos cem anos seguintes. Em parte por essa razão, ele identifica o templo com aquele de Spes, tal como reconstruído após um incêndio em 31 a.C. e, no tocante ao conservantismo da construção, estabelece um paralelo com o templo toscano de Hércules, construído por Pompeu junto ao Circo Máximo, que Vitrúvio compara àqueles de Júpiter Capitolino e de Ceres Liber e Libera. É desejável uma certa dose de ceticismo na questão de se identificar e datar pedras pertencentes a edifícios, mas o fato de tais formas arquitetônicas não comprovarem uma data muito recuada está estabelecido pelo pequeno prostilo "Augusteum" erigido entre 40 e 50 d.C. por Q. Verânio em Sidima, na Lícia, quando governador daquela província. Esse templo tem colunas dóricas lisas desprovidas de bases, uma arquitrave sem tênia e um friso liso desprovido de tríglifos, com um perfil convexo coríntio.

A data do templo dórico de Cori, a antiga Cora (Fig. 93), não é contestada. Ele pertence ao início do século I a.C. e é um dos templos republicanos mais bem conservados. A planta é inteiramente toscana: o edifício ergue-se sobre um pódio, cujo único acesso é um lance de escadas ao sul, e possui um pórtico profundo tetrastilo prostilo, com duas colunas entre cada uma das colunas angulares e a parede da cela. Media aproximadamente 7,6 m por 14 m, até a parte frontal do pórtico. O acesso à cela se dá através de uma porta central e não existem antas, mas havia pilastras nos quatro vértices, alinhadas com as colunas laterais do pórtico, e outras duas em cada lado e nos fundos; tal configuração nos é revelada por desenhos renascentistas, porém a maior parte das laterais e do fundo da cela atualmente está desaparecida; a cela não era certamente tão profunda quanto o pórtico. Excessivamente delgadas para serem dóricas, as colunas têm altura

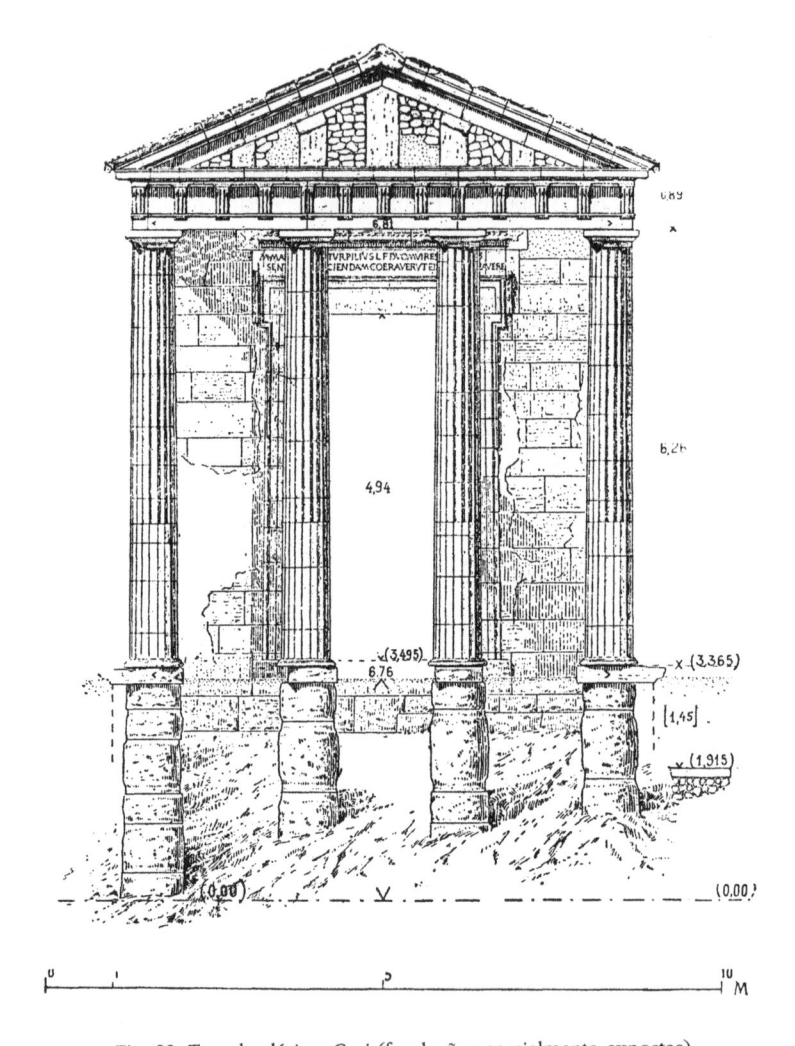

Fig. 93. Templo dórico, Cori (fundações parcialmente expostas)

equivalente a 8²/₃ diâmetros inferiores, proporção que ocorre no estilo jônico romano, muito embora o mais usual seja uma proporção de 9 ou 10. Apresentam um ligeiro adelgamento e êntase, e têm bases simples, que consistem em uma única moldura convexa abaixo de uma apófige considerável, um tipo talvez toscano, mas por certo também helenístico[8], freqüentemente encontrado em obras romanas. Os dois-terços superiores do fuste apresentam dezoito caneluras dóricas; abaixo dessa marca tem-se um polígono de dezoito faces. Essa prática de canelamento parcial conta, como vimos, com precedentes helenísticos, e é comum nas obras romanas e renascentistas[9]. Existe uma faixa lisa abaixo do capitel, o qual possui um equino e um ábaco muito baixos. A arquitrave baixa é dórica e corre, juntamente com o friso de tríglifos, por toda a extensão do edifício. Há três tríglifos (em um único caso, quatro) para cada intercolúnio. As linhas do pórtico são ligeiramente côncavas na planta, mas isso provavelmente é acidental, da mesma forma que a irregularidade dos tríglifos.

É grande a semelhança desse templo com o de Hera Basiléia, em Pérgamo[10], mas, em termos de detalhes, parece mais revelar a influência do sul da Itália e da Sicília do que da Ásia Menor.

O "Templo de Vesta" de Tívoli, de forma circular, com aproximadamente 14 m de diâmetro, encontra-se em parte muito bem conservado e exemplifica primorosamente a forma da ordem coríntia dominante na Itália até o período de Sila. A construção assenta em um pódio, com escadas apenas defronte à porta. O material empregado é o concreto, para o corpo do pódio e as paredes, tufo para as fundações e travertino para colunas, porta, armações de janelas e outras partes expostas, uma mistura de materiais condizente com a primeira parte do século I a.C. As únicas colunas existentes eram as dezoito externas, dez das quais foram preservadas; elas sustentam uma arquitrave helenística normal, friso e cornija, que era interligada nas extremidades à parede da cela por placas de travertino, entalhada na parte inferior com dois anéis concêntricos de painéis contendo rosetas elaboradas. O friso era ornado com cabeças de boi, interligadas por pesadas guirlandas, um motivo helenístico – do período de Augusto em diante tais cabeças de boi eram normalmente caveiras[11]. As colunas, cerca de 7 m de altura, possuem bases jônico-áticas e dezoito caneluras jônicas; sua altura equivale a aproximadamente 10,5 diâmetros inferiores; nas colunas coríntio-romanas posteriores a altura normalmente oscila entre 9 e 10 diâmetros inferiores; cabe lembrar que as colunas do templo helenístico[12] de Zeus Olímpio em Atenas tinham altura inferior a 9 diâmetros inferiores. Os capitéis (Lâm. IX*a*) diferem do tipo canônico sob vários aspectos. As espirais externa e interna erguem-se paralelas e independentemente do anel de folhas; todas são espessas e sólidas, sendo que a externa apresenta uma curiosa forma achatada, combinada com uma saliência espiralada. Uma grande flor se destaca da parte superior da campana, ocupando a mesma posição que a palmeta no capitel pioneiro de Basse; as folhas de acanto são detalhadas, ricas e bem delineadas. Esse tipo conheceu uma prevalência em Pompéia até o século I a.C. e talvez tenha chegado na Itália a partir da Sicília, onde é particularmente comum, embora seja encontrado na Grécia e no Egito helenístico. Ocorre em pontos tão ao norte como Aquiléia, nas proximidades de Trieste. Trata-se claramente de um ramo independente do tronco original. Os capitéis de Tívoli foram imitados por sir John Soane, ao final do século XVIII, na fachada do *Bank of England*, onde podem ser convenientemente comparados com os capitéis ortodoxos do edifício da Real Bolsa de Valores – mostram-se aprazíveis aos olhares fartos dos milhares de réplicas de seu primo afortunado. É possível, embora improvável, que o templo fosse coberto por uma cúpula delgada e baixa de concreto.

Ao passarmos de Tívoli para o templo períptero circular às margens do Tibre, em Roma (Lâm. X*a*), encontramo-nos em plena corrente da pura tradição grega. O templo, atualmente a igreja de Santa Maria del Sole, talvez (como sugere Hülsen) tenha sido dedicado a Portuno, que, segundo se sabe, possuía um templo nessas imediações. O pódio é inteiramente contornado por degraus, à maneira grega; havia vinte colunas externas, uma das quais desapareceu. O corpo do pódio é construído em tufo, mas todo o restante é em mármore grego. É grande a controvérsia quanto à data. Tenney Frank, por exemplo, inclina-se a localizar o corpo do pódio na primeira metade do século II a.C., mas o restante ao início do Império, e poucos arqueólogos acreditam ser as partes visíveis anteriores a Augusto. Delbrück, no entanto, recusa-se a dissociar o pódio da superestrutura e situa o conjunto, com reservas, no século II a.C., data em que, segundo reza a tradição, foram erigidos os primeiros templos de mármore em Roma. Quanto ao estilo, as colunas pertencem à escola ortodoxa encontrada no templo de Zeus Olímpio de Atenas, embora alguns críticos identifiquem nelas características que apontam para uma data no final da República ou início do Império. A perda completa do entablamento torna a determinação cronológica uma empresa excepcionalmente arriscada. A construção não revela, seguramente, o menor vestígio de tradição italiana.

Próximo a esse templo encontra-se uma estrutura de pequenas dimensões, tetrastila prostila em estilo jônico, que pode ser visto na Lâm. X*b*, preservada como a igreja de Santa Maria Egizíaca. Normalmente é chamada de o templo da Fortuna Viril, talvez corretamente. O pórtico foi murado na Idade Média, mas posteriormente reaberto. O edifício é excepcionalmente perfeito e constitui um primoroso exemplo de construção pseudoperíptera romana. Ergue-se em um pódio com degraus apenas na parte dianteira. O pórtico, com seis colunas livres, ocupa um-terço do comprimento e há doze colunas embutidas. É um exemplo daquela economia na qual Roma rivalizava com a Creta minóica; o corpo do pódio é em concreto revestido de travertino, material de que também são feitas as colunas livres e as quatro embutidas nas quinas. Essa mesma pedra resistente é empregada em todas as bases e capitéis, bem como em todo o entablamento do pórtico, à exceção do tímpano, mas todo o restante é em tufo macio de Anio. Salvo pelo entablamento da cela, nenhum elemento entalhado ou exposto é deste material menos rígido. Os capitéis são do tipo helenístico tardio[13] usual, com os olhos das volutas situados nos pontos de intersecção entre a horizontal do topo do equino e a perpendicular do diâmetro superior do fuste. Esse tipo foi predominante na Roma imperial, embora freqüentemente na forma helenística italiana "diagonal" quadrifacetada[14], em voga em Pompéia, e que jamais foi abandonada, contribuindo para o surgimento do capitel "compósito"[15], tão apreciado por Wren. Reproduzimos aqui (Lâm. IX*b*) o exemplar de um capitel "diagonal" originário de uma casa em Pompéia. Não contamos com indicação externa alguma quanto à data desse templo, porém os estudiosos de materiais e os estudiosos de estilos concordam em situá-lo em meados ou na segunda metade do século I a.C.

Podemos também considerar aqui o templo de Júpiter, que domina a extremidade norte do fórum de Pompéia, voltado para o sul, pois provavelmente a maior parte pertence, em sua forma atual, ao início do século I a.C. Marcadamente toscano em termos da planta, conta com um pódio de aproximadamente 3 m de altura e um pórtico hexastilo prostilo de profundidade equivalente a quatro intercolúnios, com doze colunas livres; as formas, contudo, eram puramente gregas, enquanto os capitéis coríntios do pórtico se assemelhavam bastante àqueles do templo ateniense de Zeus Olímpio, antes que o gosto posterior tornasse-os mais floridos. A cela continha duas fileiras de colunas jônicas internas, próximas às paredes laterais e que talvez sustentassem uma série coríntia superior. Sobre um pedestal tríplice localizado em sua extremidade mais afastada erguiam-se estátuas de Júpiter, Juno e Minerva. As paredes internas eram pintadas de modo a imitar o verniz de mármore, um método característico da data acima mencionada. Excluindo as escadas, o templo mede cerca de 15 m por 30 m. O exame das fundações[16] revelou que um templo mais antigo, cerca de 3 m menor na direção sul, precedeu a construção existente. O pódio, em sua maior parte construído para o templo mais antigo, consiste, na maior porção daquele comprimento, de três corredores paralelos, de largura entre 3,3 m e 3,6 m, com abóbadas cilíndricas[17] de concreto. Parece fora de dúvida que esse templo anterior continha um pórtico tetrastilo prostilo em dois vãos, provavelmente com oito colunas no total; assim sendo, seu entablamento devia ser em madeira.

CAPÍTULO XIV
Arquitetura devocional do Império Romano

Chegamos agora à era de Augusto e, deste ponto em diante, é mais indicado considerarmos separadamente a arquitetura devocional (*a*) na Itália, Europa Ocidental e norte da África, (*b*) na Grécia propriamente dita e (*c*) no Oriente. O limite em todos os casos será o século IV d.C., mas o exame de alguns templos ficará reservado para quando tratarmos dos métodos construtivos dos romanos. Devemo-nos despedir aqui do toscano e do dórico[1], encontrados daqui para frente quase exclusivamente em construções seculares e, em sua maior parte, como colunas ou pilastras embutidas. O estilo jônico também torna-se raro na arquitetura devocional e praticamente todos os templos descritos a partir daqui são mais ou menos coríntios ortodoxos. É preciso compreender claramente que não se está buscando nada além da mais sucinta seleção de exemplares típicos.

Entre os templos augustianos, nenhum exemplo melhor pode ser encontrado que a Maison Carrée, de Nîmes (Colonia Augusta Nemausus), no sul da França: não há dúvidas quanto a sua data e sua conservação externa é excelente. Seu estilo parece puramente romano, muito embora no tocante ao requinte de acabamento fique atrás de alguns exemplares de Roma, onde os relevos decorativos em mármore alcançaram, na era de Augusto, uma esplêndida pureza e refinamento.

A Maison Carrée (Lâm. XI*b*) é um pequeno templo coríntio, pseudoperíptero e hexastilo, que se ergue em um pódio. Anteriormente, o pódio localizava-se em uma plataforma cujo acesso se dava por três lances de escadas e que era contornado por elaborados pórticos, mas é possível que tais complementos pertençam a um período posterior. A planta é tipicamente no estilo romano-toscano helenizado. Há um profundo pórtico prostilo ao norte, três nítidos vãos em cada lado, e a configuração equivale àquela de um templo períptero, seis por onze – das quais oito das onze em cada lateral e as seis embutidas na parte posterior. O templo mede aproximadamente 13,4 m por 26 m, até a parte frontal das colunas do pórtico. O material utilizado é uma pedra calcária local de boa qualidade. As colunas, de aproximadamente 9,1 m de altura, são ortodoxas, com capitéis ricamente entalhados que apresentam uma grande variação na liberdade de tratamento. Os ábacos mostram um exemplo primitivo da faixa de folículos delgados com a qual os romanos gostavam de decorar essa parte do capitel, especialmente durante o primeiro século do Império; trata-se, talvez, de um resíduo da tradição toscana. Acima desse ornamento vem uma delicada moldura em óvalo-e-dardo, cuja presença nesse local é tipicamente augustiana. A arquitrave é em três faixas separadas por uma moldura em contas de rosário e coroadas por uma grande moldura em óvalo-e-dardo. O friso é um magnífico exemplo do rico porém monótono motivo do "arabesco romano", mas foi deixado liso na fachada principal para abrigar uma inscrição em letras de bronze. Uma moldura lésbia de tipo romano interliga o friso com os dentículos, acima dos quais há uma faixa lisa e um óvalo-e-dardo abaixo daquela série de consolos ou modilhões que os romanos costumavam instalar abaixo da cornija. Os consolos são aqui de um tipo primitivo, no qual a saliência maior está voltada para fora, e sua decoração é comparativamente simples[2]. A data está determinada pelos vestígios de inscrições no friso e na arquitrave frontais; as letras de bronze desapareceram, mas os orifícios dos pregos permanecem. Em 1758, Séguier decifrou os termos C. CAESARI. AVGVSTI. F. COS. L. CAESARI. AVGVSTI. F. COS. DESIGNATO. PRINCIPIBVS. IVVENTVTIS; as duas últimas palavras estão situadas na arquitrave. Os príncipes são netos de Augusto por parte de Júlia e Agripa. Gaio foi cônsul no ano I d.C. e morreu em 3 d.C., enquanto Lúcio morreu em 2 d.C., de modo que a inscrição data do ano 1 ou 2 d.C. Um século mais tarde, no entanto, Pelet concluiu que a primeira letra não era C, mas M, que os príncipes mencionados eram Marco Aurélio e Lúcio Vero e que o edifício era uma obra de meados do século II d.C. Sua teoria encontrou ampla aceitação, mas, em 1919, Espérandieu conseguiu distinguir duas inscrições sucessivas (uma possibilidade da qual Séguier suspeitara), solucionando, assim, o problema. A primeira ocupava unicamente o friso e consistia em M AGRIPPA L F COS III IMP TRIBUN POTEST III COL AVG NEM DAT, um registro do oferecimento do templo à colônia de Nîmes[3], com a data exata de 16 a.C. No que se refere à segunda inscrição, Espérandieu confirma Séguier e presume que a população de Nîmes teria rededicado o templo como uma deferência a Augusto – Agripa morreu em 12 a.C. Espérandieu também acredita haver vestígios de ainda uma terceira dedicatória, talvez feita por Tibério após sua ascensão em 14 d.C. O templo talvez tenha se convertido no Capitólio de Nîmes. É impossível traçar aqui sua história posterior. Foi agredido, a exemplo de muitos edifícios clássicos com cobertura de madeira, pela introdução de abóbadas, mas, por milagre, jamais veio abaixo.

A Maison Carrée é uma dentre um grande número de pequenas edificações semelhantes da era augustiana. Entre as de melhor estado de conservação estão o templo de Augusto e Lívia em Viena[4] e o de Augusto em Pola, na Dalmácia, ambos com pódios por base. O primeiro é hexastilo, tal como a Maison Carrée, porém sua planta é mais toscana, mostrando uma ligeira modificação em relação ao tipo encontrado no templo coríntio-dórico em Pesto; existem seis colunas livres em cada lado da cela, seguidas por duas pilastras quadradas interligadas por uma parede que intercepta em ângulos retos a parede dos fundos, contínua, do edifício. A parede frontal da cela está no mesmo nível que a quarta coluna a partir da frente em cada lado, de sorte que o efeito é de um pórtico de três vãos, tal como na Maison Carrée. Em termos de estilo, esse templo é mais simples que a Maison Carrée e seu friso é liso; assemelha-se ao templo de Assis, talvez um pouco mais antigo e com uma planta hexastila prostila puramente grega. O templo de Pola apresenta um pórtico tetrastilo prostilo com colunas coríntias sem caneluras, dois vãos de profundidade e pilastras coríntias caneladas nos quatro vértices. Mede cerca de 7,9 m por 17,3 m até a parte frontal das colunas do pórtico. A riqueza do friso se assemelha àquela da Maison Carrée. A construção data aproximadamente do início da era cristã.

Dentre os templos construídos ou reconstruídos na cidade de Roma durante o principado de Augusto, os mais interessantes são os templos da Concórdia e dos Dióscuros no Fórum Romano e o de Marte Ultor, ou Marte Vingador, no novo Fórum de Augusto. O Templo da Concórdia foi dedicado por Camilo, no início do século IV a.C., para comemorar o fim do conflito entre patrícios e plebeus. Foi restaurado, segundo determinação do Senado, por Lúcio Opímio, para comemorar a cínica concórdia obtida com a morte de Caio Graco em 121 a.C., e reconstruído por Tibério, durante o principado de Augusto, entre 7 a.C. e 10 d.C. Os restos do templo (alguns dos quais ainda em pé) aparentemente não revelam o menor vestígio de uma restauração efetuada, segundo registros, em fins do Império. A planta do templo augustiano era pouco comum, embora não excepcional, e resultava simplesmente das imposições do espaço. A cela era um retângulo de proporções normais, medindo aproximadamente 25 m por 45 m, mas o pórtico hexastilo prostilo, com cerca de 17 m de largura e cerca de 14 m de profundidade, estava localizado no meio de um dos lados maiores. O conjunto do templo situava-se a aproximadamente 6 m acima do nível da rua. O interior era decorado com mármores suntuosos e abrigava estátuas de grande valor; tinha colunas internas apoiadas em um dado ao longo das paredes, dos quais alguns excelentes fragmentos chegaram até nós. As colunas do pórtico e o friso se perderam, contudo fragmentos magníficos da arquitrave e cornija (Lâm. XII*a*) foram recuperados através de escavações. Os belos consolos, de contorno a partir daqui ortodoxo, e o baixo-relevo que ornamenta a sima, merecem especial atenção. É difícil encontrar esse refinamento no tratamento de superfícies na Roma dos períodos seguintes, exceto durante o reflorescimento classicista ocorrido durante os principados de Trajano e Adriano. De modo geral, o Império caminhava em direção aos entalhes profundos e os fortes efeitos de luz e sombra, embora por vezes encontremos, no período de Diocleciano e Constantino, uma tosca retomada de antigos ideais.

Do templo dos Dióscuros, entre a Basília Julia e o Átrio das Vestais, três colunas ainda estão em pé, além de um segmento completo do entablamento. Esses edifícios do século V foram reconstruídos por Tibério e consagrados no ano VI d.C., período ao qual provavelmente pertencem os vestígios remanescentes, embora por vezes tenham sido relacionados a uma reconstrução posterior, na era de Trajano ou Adriano. Os capitéis são extraordinariamente belos; seu motivo de espirais internas engatadas ocorre também alhures, no grande templo de Baalbek, na Síria, por exemplo, e foi muitas vezes imitado, notadamente por James Gibb, por exemplo em St. Martin's in the Fields, em Londres, e na Sede do Senado de Cambridge. O entablamento é tipicamente augustiano. A planta era curiosa: octastila e integralmente períptera (oito por onze), com a cela recuada de modo a produzir o efeito de um pórtico de três vãos; as seis colunas internas da fileira frontal, contudo, estão interligadas à cela por outras duas colunas e formam, assim, em planta, uma espécie de pórtico hexastilo prostilo. Havia um pódio com altura de 6,7 m, que aparentemente continha recintos cujo acesso se dava por portas localizadas abaixo de cada espaço intercolunar. Excluindo os degraus, o templo media aproximadamente 29 m por 40 m.

Do templo augustiano de Marte Ultor restam ainda em pé três belas colunas com sua arquitrave; o pódio vem sendo escavado nos últimos tempos. O pteroma não passava pela parte posterior da cela, que era delimitada por uma imensa parede[5] erguida por Augusto a fim de separar seu fórum do miserável casario vizinho. A cela terminava em uma abside coberta por uma meia-cúpula em concreto.

É preciso examinar rapidamente os templos posteriores da Itália e do Ocidente. Na busca por exemplares típicos, dificilmente será necessário ir além daqueles erigidos na cidade de Roma; e, dentre estes, alguns dos mais interessantes, como o Panteon[6], devem ser deixados para um capítulo subseqüente.

O templo de Vespasiano, do qual três colunas subsistem, localizava-se em um espaço restrito, sobre um pódio, contra a base do Tabulário; tinha uma cela aproximadamente quadrada e um pórtico hexastilo prostilo com suas colunas avançadas até a beira dos degraus que lhe davam acesso. Foi iniciado por Tito, mas consagrado por Domiciano e restaurado por Sétimo Severo. Tudo indica que as partes remanescentes de maior interesse sejam originais, especialmente os belos friso e cornija (Lâm. XII*b*), aos quais poderá ser elucidativo comparar aqueles do templo da Concórdia. A fotografia é da réplica parcialmente reconstituída por Valadier, que escavou o templo em 1811 e 1812. Os ornatos abaixo e acima do friso e o tratamento dos dardos entre os óvalos como pontas-de-lança acima dos dentículos, situam-se entre as feições[7] caracteristicamente pós-augustianas, enquanto o primor na execução leva praticamente à exclusão de qualquer data posterior a Adriano. Trata-se, na verdade, de uma construção tipicamente flaviana. O templo media cerca de 18 m por 28 m no estilóbato.

Não é muito precário o estado de conservação do templo de Antonino e Faustina, convertido desde cedo em uma igreja. Ainda estão em pé até o nível do friso e, em determinados pontos até o da cornija, a totalidade do pórtico hexastilo prostilo, com três vãos de profundidade, e boa parte das paredes da cela; um frontão barroco foi acrescido à face dianteira da cela no início do século XVII. Medido até a frente das colunas do pórtico, as dimensões do templo são de aproximadamente 21 m por 37 m. As colunas são monólitos sem caneluras de *cipollino* (mármore branco-e-verde proveniente da Eubéia) e formam um dos mais antigos exemplares remanescentes desse tipo caracteristicamente romano. Seus capitéis são coríntios, sem nenhum interesse especial; o friso está decorado com um monótono padrão de grifos e candelabros. O templo foi originalmente dedicado pelo Senado a Faustina, a Velha, esposa de Antônio Pio, por ocasião de sua morte em 141 d.C.

O templo de Saturno é um dos mais antigos da Roma republicana, dedicado em 498 a.C., e muito pouco de sua estrutura (em *cappellaccio*, pedra local de baixa qualidade, logo abandonada) está incorporado em seu pódio remanescente, de travertino, que data, aparentemente, da restauração empreendida por Planco em 42 a.C. A superestrutura, no entanto, um dos elementos mais proeminentes do Fórum, pertence, em sua forma atual, ao século III ou IV d.C., e trata-se de um trabalho medíocre, o esforço agonizante de um estilo que não mais expressava o gosto da época. As colunas, parcialmente monolíticas, têm fustes de granito; algumas se encontram de cabeça para baixo e os capitéis são jônicos quadrifacetados, de tosco acabamento. Existem, todavia, porções de trabalho decorativo de mais qualidade incorporados à estrutura, juntamente com imitações posteriores.

É impossível examinarmos aqui a arquitetura devocional do resto da Europa Ocidental. Seu interesse peculiar[8] é limitado, mas é preciso dizer uma palavra acerca daquela no norte da África; onde eram populares os frontões de grande altura, dando espaço para as longas inscrições, tão caras àquela população loquaz. Particularmente notável é o "Templo de Minerva" em Tebessa (Teveste), do século III d.C., em que a arquitrave e o friso foram ornados com pilastras e uma cornija adicional foi inserida abaixo do friso. A verdadeira cornija e os frontões estão desaparecidos; o friso, na fachada principal, não foi ornamentado, a fim de abrigar uma inscrição. Medido até a frente do pórtico tetrastilo prostilo, as dimensões são de aproximadamente 9 m por 15,2 m. Outro templo do mesmo século em Taugzut, ou Tigzirt (Rusucuru) era precedido por um pátio cujas paredes laterais eram prolongamentos daquelas da cela; o conjunto formava um retângulo de aproximadamente 6,3 m por 13,7 m na parte externa. A cela tinha internamente cerca de 1,56 m². Ao fim de sete degraus erguiam-se duas colunas com estranhos capitéis compósitos[9] que não sustentavam nenhuma arquitrave verdadeira, mas uma parede sólida, que tinha uma cornija a aproximadamente 1,8 m acima dos capitéis e outra no topo; entre 30 e 60 cm mais acima provavelmente havia frontões. Não encontramos, aqui ou em Tebessa, uma grande demonstração de bom gosto, mas um desafio tão ousado à tradição tem um certo interesse.

Na Grécia propriamente dita, a arquitetura devocional nos tempos de Império é principalmente imitativa e monótona – a tradição helênica estava ruindo. Talvez a obra mais interessante seja o pequeno templo circular de Roma e Augusto na acrópole de Atenas, há muito desaparecido; provavelmente era desprovido de cela, mas contava com um anel de nove colunas jônicas cujos capitéis foram copiados daqueles do Erecteu.

Mais importante é a Ásia Menor. A tradição era predominantemente helenística, muito embora algumas construções acusem claramente a influência de Roma[10]; no entanto, a tradição se mantinha em pleno vigor, como o atestam inúmeros edifícios originais e encantadores, e as formas antigas eram com freqüência empregadas com arrojo, como na fachada leste do templo de Apolo Didimeu, do início do Império[11], com seus fantásticos capitéis e bases. Deve bastar-nos aqui mencionar uma única e notável obra dos primórdios da era imperial, o templo de Zeus em Ezânia, na Frígia. Provam as inscrições que não é posterior a aproximadamente 125 d.C., e sugerem não ser muito anterior; imaginou-se que seria pré-romano, mas sua ornamentação[12] confirma as evidências externas que o remetem ao período de Adriano. Erguia-se em um imenso terraço retangular e era pseudodíptero, salvo nas extremidades, onde era pseudotríptero, com duas fileiras de colunas perípteras e espaço atrás para uma terceira. O estilóbato media cerca de 21,5 m por cerca de 36,5 m e havia oito colunas por quinze na fileira externa. A planta era simples, mas havia uma câmara abobadada abaixo da cela, cujo acesso se dava por uma escadaria do opistódomo. Alguns dos capitéis são notáveis. Os do pteroma eram jônicos de proporções helenísticas, o equino situado entre o nível dos olhos das volutas e o do topo de sua primeira curva; já aqueles dos pórticos (Fig. 94) eram quadrifacetados e apresentavam, ainda, um colarinho ornado com uma única fileira de grandes folhas de ornato de acanto. O espaço entre essas folhas e o equino é preenchido, em cada face do capitel, com um padrão de espirais que nascem de um ornato de acanto. Em seu caráter, esses capitéis são variações ou precursores do tipo compósito, tão popular a partir do Renascimento e que consiste, essencialmente, em uma mistura do tipo jônico quadrifacetado e do coríntio em proporções diversas. A invenção data provavelmente da era de Augusto, mas talvez os exemplares

Fig. 94. Capitel do templo de Zeus, Ezânia. (Extraído de Lebas-Reinach, *Voyage Archéologique en Grèce et en Asie-Mineure*, Firmin-Didot et Cie, Paris, 1888)

mais antigos precisamente datáveis devam ser encontrados no Coliseu de Roma, consagrado em 80 d.C., e no Arco de Tito (Lâm. IXc), ligeiramente posterior; ambos apresentam uma dupla fileira de folhas de acanto, o que lhes confere um aspecto mais coríntio. Possivelmente os exemplares da Porta Norte da Ágora de Mileto são mais antigos que qualquer outro encontrado em Roma, mas datam, sem dúvida, do período imperial. Existem diversos e curiosos exemplos posteriores curiosos, e o tipo foi sempre tratado com liberdade.

Encontramos, na Síria e Palestina, poucos edifícios gregos ou semigregos anteriores ao principado de Augusto. Alguns templos parcialmente gregos e outras construções no Hauran, no sul de Damasco, exibem elementos orientais na planta e na decoração, especialmente aquelas de Araq al Amir, Suaida e Si. Datadas dos séculos I e II d.C., são construções sobremodo interessantes, mas seria impossível, em um esboço tão sucinto como este, abordá-las de maneira adequada.

Em Suaida e Si os elementos orientais certamente se devem aos nabateanos, um povo árabe cujo reino, centralizado em Petra, nas montanhas entre o mar Morto e Ácaba, ocupava, por volta do início da era cristã, uma extensão de 800 quilômetros, desde Mada in Salih, no Hijaz até além de Damasco. Em Petra propriamente dita esse povo deixou abundantes vestígios, mas poucos dos edifícios isolados do local datam de um período mais antigo que o da anexação de Trajano, ocorrida em 105 d.C. Centenas de suas fachadas de cavernas entalhadas em rocha, todavia, são anteriores à era cristã, sendo que as mais antigas revelam influências puramente egípcias ou mesopotâmicas. Por volta dos séculos II ou I a.C., as colunas e os entablamentos gregos começam a aparecer combinados com características mais antigas. Não há necessidade de descrevê-los aqui, mas é impossível ignorar uma surpreendente série de cerca de vinte e cinco fachadas elaboradas e quase puramente clássicas, entalhadas na rocha, das quais a mais célebre é a chamada Khazna (Lâm. XIa), com aproximadamente 24,5 m de largura e 39,5 m de altura até o topo da urna da construção circular; existem numerosas câmaras internas, a maior das quais mede cerca de 12 m em todas as direções. As colunas do pavimento inferior têm altura superior a 12,5 m e aquelas que estão acima, altura superior a 8,8 m. Diversos críticos recentes situam essa construção, e as demais do mesmo grupo, no século I a.C. e identificam nelas um reflexo da arquitetura selêucida posterior de Antioquia, mas existem razões para se rejeitar essa teoria. Em Mada in Salih encontramos praticamente todos os tipos de fachada existentes em Petra, muitas das quais datadas, segundo inscrições, do século I d.C.; porém esse elaborado tipo clássico está ausente. É verdade que Mada in Salih dista muito dos centros gregos e que monumentos como o Khazna devem ter sido entalhados por obreiros de origem estrangeira, mas é natural concluir que tais monumentos são posteriores àqueles de Mada in Salih. Além disso, embora alguns detalhes do Khazna tenham sido considerados pré-romanos, o efeito barroco geral encontra paralelos mais fortes com obras da era de Trajano ou posteriores, como a fachada da Biblioteca de Éfeso (Fig. 120) ou o Templo Circular de Baalbek (Lâm. XIX*a*). O túmulo de Hamrat em Suaida, no Hauran, um edifício nabateano puramente grego, datado, segundo sua inscrição, da primeira metade do século I a.C., distingue-se marcadamente do Khazna. É notável pela simplicidade e o comedimento, consistindo em uma massa quadrada com cerca de 8,8 ou 9 m de lado em planta, coroada por uma pirâmide e cercada por vinte colunas dóricas embutidas, de aproximadamente 4,5 m de altura, e com um entablamento dórico. Ainda menos possível é comparar o Khazna com os templos nabateanos semi-orientais, algo posteriores, de Suaida e Si[13].

Deve-se acrescentar que existem numerosos túmulos clássicos nas proximidades de Jerusalém, em sua maioria entalhados na rocha, cujas datas têm sido igualmente debatidas; é duvidoso, porém, que algum seja anterior ao século I d.C.

Devemos, portanto, retornar ao tema específico do presente capítulo, a arquitetura do período imperial. Os monumentos sírios mais notáveis são aqueles de Palmira e Baalbek.

Palmira, a moderna Tadmor, situada num oásis do deserto sírio, entre Damasco e o Eufrates, ganhou fama no século III d.C., quando Odenato e Zenóbia converteram momentaneamente a cidade em capital do Oriente Próximo, embora fosse próspera muito antes, sendo que estudiosos recentes situam seu templo principal no início do século I d.C. O traçado geral da cidade, com suas ruas colunadas, será objeto de menção mais adiante. Por ora, nossa preocupação reside unicamente no Templo de Bel, normalmente conhecido como "Templo do Sol"[14], construção pseudodíptera, oito por quinze, com pronaos e opistódomo, ambos distilos *in antis*. As colunas são coríntias, mas apenas as campanas lisas dos capitéis são em pedra, enquanto os ornatos, desaparecidos, eram em bronze dourado. A leste situava-se um recinto fechado de grandes proporções, tendo a construção de suas paredes e Propileus coberto, aparentemente, o período de Augusto a Trajano. Pouco após a consecução do templo, sua planta foi completamente modificada pelo emparedamento do pronau e do opistódomo, bem como a abertura de uma porta na parede leste da cela. Embora não localizada no centro do templo, essa porta coincide com o eixo dos Propileus. Removeu-se uma das colunas do pteroma e foram erguidos na parte externa pilares com colunas embutidas junto às colunas à direita e à esquerda desse vão; uma grande porta externa foi erguida entre esse pilares, alinhada com as colunas do pteroma, agora evidentemente interligadas por alguma espécie de muro ou parede, que não deixou vestígios, e o espaço acima dessa porta, até a arquitrave do pteroma, foi preenchido com alvenaria. Na mesma época, as paredes da cela foram providas de janelas[15].

Baalbek, a antiga Heliópolis, está situada no vale entre o Líbano e a cordilheira do Antilíbano. É dominada por um complexo monumental (Fig. 95), que tem por base em um imenso pátio retangular com um adro hexagonal, ambos artificialmente elevados do nível do solo. O templo principal, o de Júpiter Ótimo Máximo Heliopolitano[16], está localizado em uma plataforma ainda mais alta, no centro do lado oeste do grande pátio. As subestruturas visíveis incluem o célebre "trilito" na parte posterior, uma fileira de três blocos de pedra perfeitamente encaixados, a 6 m acima do nível do chão, cada qual medindo cerca de 19 m por 3,6 m por 3,3 m. É comum esse tipo de construção megalítica em Baalbek; deve tratar-se de uma tradição nativa, mas elemento algum

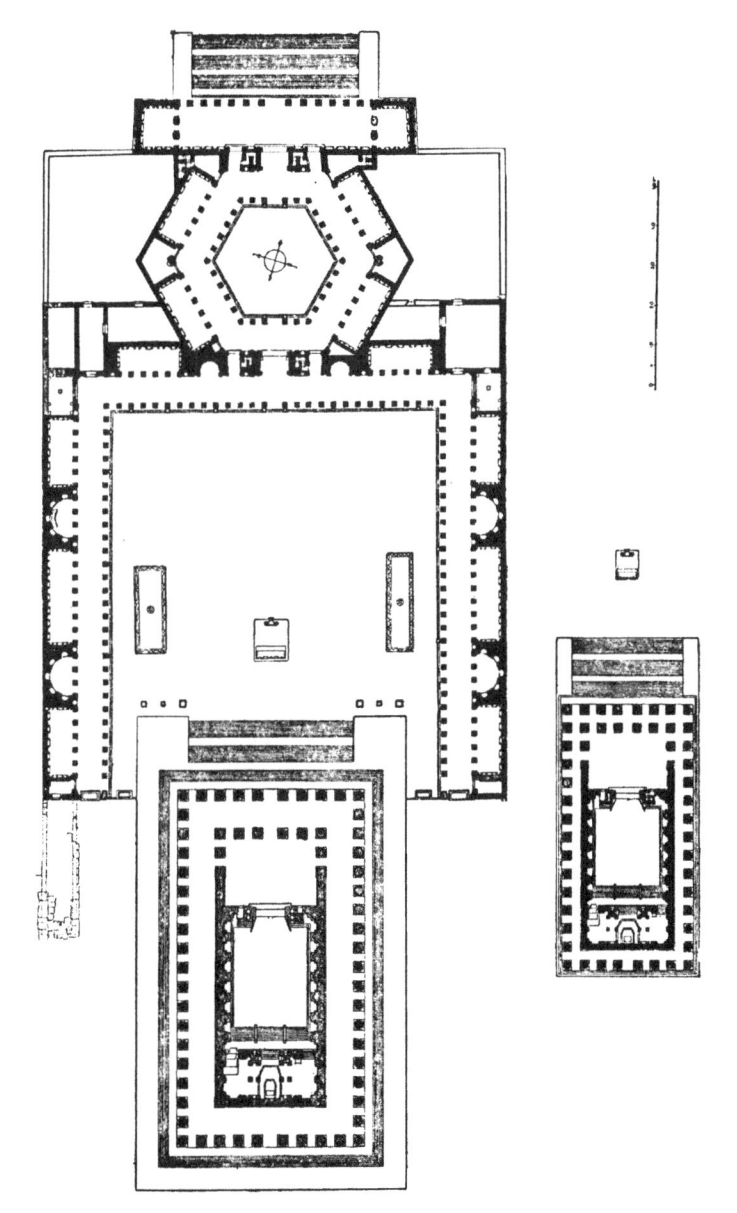

Fig. 95. Baalbek, planta geral (partes remanescentes impressas em preto). O templo maior é o de Júpiter, e o menor, de Baco (?).

da obra parece pré-romano. O material de quase todas as construções de Baalbek é uma resistente pedra calcária local.

O templo propriamente dito, cujo acesso se dava por um largo lance de escadas, era provavelmente pseudodíptero, mas a cela desapareceu por completo e sua reconstituição hipotética baseia-se, acima de tudo, no pressuposto de que tenha sido copiado de perto no "Templo de Baco" posterior, situado a pouca distância do primeiro[17]. Mede cerca de 51,5 m por 91,5 m no estilóbato e era decastilo (dez por dezenove). Boa parte do pteroma ainda se encontra em pé, incluindo seis colunas na parte sul com um entablamento contínuo (Fig. 96). As colunas são coríntias e sem caneluras; têm, incluindo bases e capitéis, cerca de 20 m de altura. A proporção entre a altura e o diâmetro inferior é de 9,5 para 1, com a base, incluindo o plinto, equivalente a 0,5 diâmetro inferior, o fuste a 8 diâmetros e o capitel a 1 diâmetro. O friso é ornado com um padrão de consolos ou mísulas verticais, que sustentam a parte dianteira de um animal, alternadamente um leão e um touro, interligados por guirlandas suspensas em relevo. Há cinco consolos para cada intercolúnio. Cada qual é uma voluta independente que repousa em uma folha de acanto; a parte dianteira se assemelha ao coxim de um capitel jônico. Acima do friso vêm, sucessivamente, uma moldura convexa com uma listra trançada, dentículos, consolos horizontais, a cornija e a sima.

João Malalas, um cidadão natural da Antioquia do século VI, atribui a fundação do grande templo a Antonino Pio, em meados do século II d.C., porém o meticuloso estudo das formas, uniformemente simples e grandiosas, persuadiu a maior parte dos pesquisadores recentes de que o início da construção do templo data da mesma época que a colônia romana fundada por Augusto e que o mesmo foi substancialmente concluído ao tempo de Nero. Diversas características sugerem a era de Augusto. As formas dos capitéis, alguns dos quais apresentam espirais internas interligadas, o tratamento das molduras, sobretudo o óvalo-e-dardo, a forma dos consolos horizontais e o padrão-chave abaixo da sima, todos apontam nessa direção. Mesmo o friso fantástico, que lembra os trabalhos persas do século V a.C., encontra seus paralelos mais próximos em construções helenísticas da Ásia Menor e De-

Fig. 96. Baalbek, entablamento do templo de Júpiter (reconstituição)

los. As mais evidentes dessas características foram copiadas de perto em obras posteriores na própria Baalbek, mas o tratamento denuncia a diferença de datas.

Tudo indica que os pátios e toda sua decoração pertencem ao século II d.C., muito embora algum desenho semelhante provavelmente fizesse parte do projeto original. O pátio retangular abrigava o grande altar e duas bacias d'água. Tem por base um quadrado de aproximadamente 103 m de lado, mas em todos os lados, com exceção do oeste, onde o templo ocupa a maior parte da largura e avança uma grande distância pátio adentro, esse espaço foi logo ampliado por êxedras, semicirculares ou retangulares, separadas do pátio por colunas e reduzidas por um pórtico colunar aberto que corria de forma contínua ao longo dos três lados. Todas as colunas do pátio eram coríntias e sem caneluras. As êxedras eram ricamente decoradas com pilastras e nichos, e aquelas semicirculares apresentavam meias-cúpulas de pedra. Os pórticos e êxedras repousavam em duas galerias paralelas, cobertas por abóbadas cilíndricas em pedra e cujos pisos estavam em mesmo nível que o terreno circundante. O adro hexagonal era formado exatamente pelos mesmos elementos, e era delimitado a leste e a oeste por portões tríplices, o mais interno diretamente ladeado por torres. Externamente, no alto de uma grande escadaria, localizava-se um pórtico (Fig. 97) de doze colunas, maiores que aquelas existentes no interior dos pátios; o pórtico era ladeado por torres ainda maiores e suas seis colunas centrais sustentavam um frontão, com o entablamento horizontal cobrindo toda a largura. As seis colunas dos pórticos leste e oeste na parte interna do adro hexagonal também sustentavam frontões, da mesma forma que as oito colunas centrais do pórtico leste do pátio retangular. Em todos os quatro casos o intercolúnio central era mais largo que o restante e é provável que, em cada um deles, esse intercolúnio fosse transposto por um arco aparente. Tal hipótese seguramente é correta no que se refere ao pórtico leste do pátio retangular. Aqui, e provavelmente no pórtico externo, todo o entablamento horizontal acompanhava ininterruptamente a curva do arco; nos pórticos menores do adro hexagonal é possível que o entablamento horizontal apresentasse uma descontinuidade,

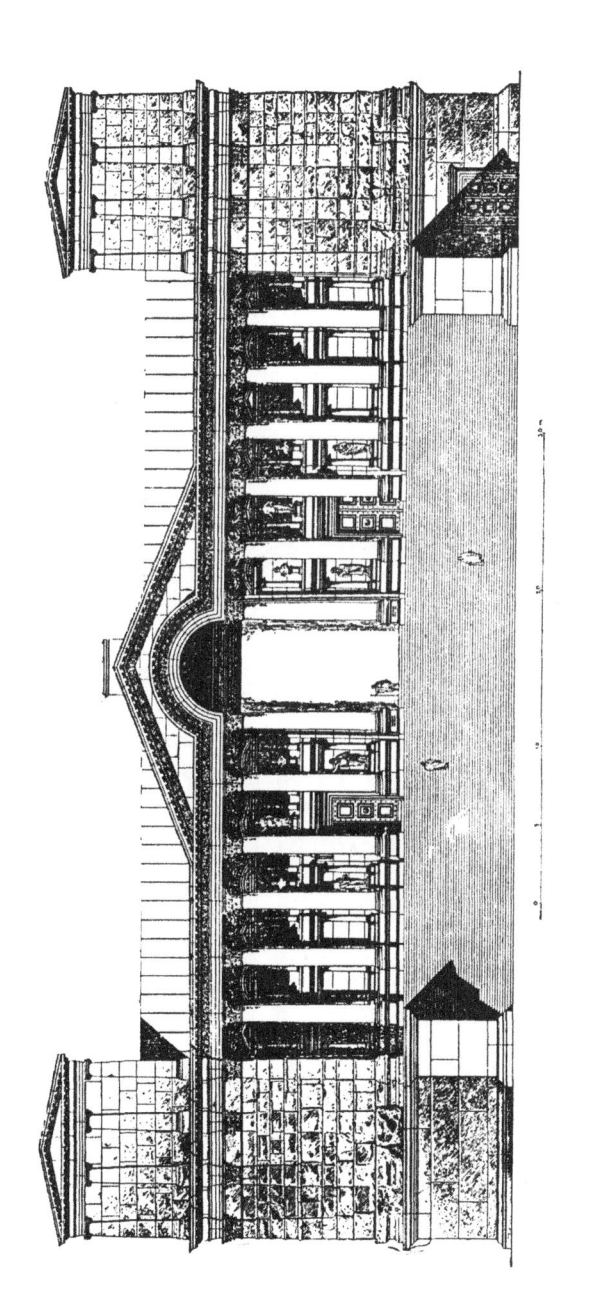

Fig. 97. Baalbek, pórtico de entrada (reconstituição)

transposta por um arco horizontal de bordos mais estreitos. Ambos os métodos eram comuns na Ásia do período imperial, mas somente um exemplar parece anterior[18] ao século II d.C. Tal utilização do arco era uma nova solução para o problema enfrentado pelos micênicos com o "triângulo de descarga", por Mnesicles[19] com um artifício do tipo viga em balanço, e por Hermógenes[20] com uma porta no tímpano; envolvia o arqueamento desse trecho da cobertura do pórtico. O segundo método está ilustrado por um templo do II século d.C. em Termesso, na Pisídia (Fig. 98). A diferença entre os métodos é irrelevante, salvo na medida em que a familiaridade com o primeiro destes preparou o espírito dos homens para aceitar a arrojada experiência de fazer com

Fig. 98. Templo em Termesso (reconstituição)

que os arcos nascessem diretamente das colunas, solução da qual temos um exemplo notável no palácio de Diocleciano[21] em Espalato, do início do século IV d.C. De fato, como freqüentemente é apontado, tal prática foi por vezes prefigurada antes de 79 d.C., em peristilos domiciliares de Pompéia, mas o complexo de Espalato mostra uma de suas primeiras aparições em uma escala monumental.

O "Templo de Baco"[22], de proporções mais modestas e situado paralelamente ao templo maior, na parte externa do pátio retangular ao sul, talvez tenha sido iniciado em meados do século I a.C., mas boa parte de sua decoração pertence aparentemente ao II. Trata-se de um templo inferior ao seu vizinho não apenas nas dimensões (embora sua área equivalha aproximadamente à do Partenon e sua altura seja bem maior), como também em termos de magnificência e delicadeza; seu estado de conservação, todavia, é muito melhor e a cela merece uma descrição detalhada, uma vez que nenhum exemplar melhor do interior de um templo romano chegou até nós. A construção assentava em um pódio e media cerca de 33,5 m por cerca de 65 m no estilóbato. Era um períptero (oito por quinze), com um profundo pórtico hexastilo prostilo. As colunas do pteroma, 17,3 m de altura, não tinham caneluras, enquanto aquelas do pórtico menor eram caneladas; ambos os grupos eram coríntios. As colunas e o entablamento eram, em igual medida, copiados de perto do templo maior, porém as flores do ábaco foram tratadas com uma originalidade e uma variedade góticas. O intercolúnio central das fachadas era largo, mas aliviado não por um arco e sim por uma janela no tímpano; o teto em pedra do pteroma era ligeiramente côncavo, ornado por caixotões e entalhado da forma mais elaborada. Uma imensa porta conduzia para o interior da cela, com um lintel ligeiramente arqueado composto por três blocos, algo surpreendente nessa era megalítica. No interior da cela (Lâm. XIII), duas torres com escadarias ladeavam a entrada. Sobre um pódio ao longo de cada parede lateral erguiam-se pilastras com capitéis coríntios, às quais estavam afixadas meias colunas coríntias com caneluras; os capitéis chatos e circulares eram interligados de maneira curiosa. Entre as pilastras existiam elementos decorativos em dois níveis, o inferior composto por amplos nichos arqueados e o superior por nichos encimados por frontões, ou edículas, mais estreitos. Acima das pilastras principais se estendia todo um entablamento embutido que avançava para a frente por sobre as meias-colunas. Acima desse entablamento vinha um teto plano de madeira; pode-se demonstrar ser falsa a antiga hipótese de que a cela fosse abobadada. Havia quartos-de-coluna duplos nos vértices junto ao pórtico e seis meias-colunas completas em cada lado; em seguida à última destas, a cerca de três-quartos da distância até a cela, tinha início uma plataforma, que avançava por toda a extensão da cela, no topo de nove degraus. Após uma outra repetição dos nichos intercolunares encontramos, de cada lado, uma pilastra muito larga, depois da qual um lance de degraus conduzia a uma plataforma ainda mais elevada, sob a qual existia uma cripta abobadada. Da pilastra mais a leste duas menores afixadas a cada uma das pilastras largas, todo o entablamento superior voltava-se em direção ao interior, em ângulos retos, para interceptar os únicos grandes suportes livres do templo – dois sólidos pilares situados em mesmo nível que aqueles embutidos nas paredes da cela, e à mesma distância das paredes norte e sul, respectivamente, que as colunas embutidas guardavam entre si; a partir de cada um desses pilares o entablamento voltava-se para o oeste em ângulos retos e interceptava uma pilastra na parede oeste da cela; também corria, embutido, por toda a parte oeste da cela. A aproximadamente meia-altura, cada qual dos pilares livres era interligado à pilastra da parede por um arco aberto, apoiado em curiosos capitéis compósitos, e acima desses arcos encontrava-se uma edícula aberta; sob o arco norte uma porta dava acesso, através de uma escadaria, para a cripta. A decoração da parte oeste da cela consistia principalmente em uma repetição embutida do esquema desses arcos e edículas abertos. Entre os pilares livres situavam-se pedestais decorados com relevos dionisíacos, que sem dúvida sustentavam as colunas de um santuário interno coberto, recuando até a parede oeste da cela. Provavelmente a estátua devocional erguia-se em um nicho dessa parede, mas o tempo e os cristãos primitivos tornaram hipotéticos os detalhes de todos esses arranjos. A cobertura de madeira do templo deixou notáveis vestígios do mais alto interesse.

O terceiro templo de Baalbek, estrutura circular com uma cúpula de pedra, será discutido no capítulo seguinte.

Pouco espaço nos resta para falarmos acerca dos templos menores da Síria, que conservaram um elevado grau de comedimento grego. Em sua maior parte, não exibem duas características romanas comuns, os profundos pórticos toscanos[23] e os consolos abaixo da cornija, e fazem uso freqüente dos entablamentos arqueados e dos nichos decorativos. A terminação desses nichos tende a exibir uma forma de concha, cujas linhas normalmente se irradiam da parte inferior para o alto, a exemplo do que se verifica também na Ásia Menor. Na Itália, onde ocorrem durante e após o período de Augusto, irradiam-se preponderantemente para baixo[24].

Um único exemplar deve bastar-nos aqui, o templo ocidental em Atil no Hauran, datado de 211 d.C. Erguia-se em um pódio encovado, emoldurado na parte superior e inferior, que continha arcos de sustentação para o piso da cela. O pódio, ligeiramente maior que o templo, media aproximadamente 9,4 m por 11,2 m. A fachada possuía duas colunas coríntias entre antas com capitéis coríntios. A meio-caminho em direção ao fundo a cela era transposta por um arco semicircular com um topo triangular, sem dúvida de inclinação idêntica à do frontão, que se perdeu; provavelmente o telhado era de placas de pedra. O entablamento, arqueado acima do intercolúnio central, possuía uma arquitrave ornada com um padrão de meandros e um friso adornado por um arabesco contínuo; a cornija desapareceu. A parede dianteira da cela era ricamente decorada com nichos e a porta, ladeada por pilastras elaboradas.

É impossível falarmos de maneira abrangente acerca da arquitetura do período imperial no Egito, uma vez que grande parte dela tinha um caráter egípcio, da mesma forma como sempre o fora a dos Ptolomeus, de modo que tais obras formam, na verdade, um epílogo na história da arte egípcia. Deverá bastar-nos mencionar aqui um curioso templo clássico, o de Augusto na ilha de File. Tratava-se de uma estrutura simples, notável unicamente por sua combinação de colunas e pilastras coríntias com friso e cornija dóricos; a arquitrave era em degraus, porém apresentava tênia, réguas e gotas. Outro exemplar dessa combinação datado do período de Augusto é o arco de Aosta, no noroeste da Itália, enquanto os Propileus Internos de Ápio Cláudio Pulcro, em Elêusis[25], nos oferecem um exemplo do final do período republicano (49 a.C.).

CAPÍTULO XV
Construção romana.
Arcos, abóbadas e cúpulas

Mais interessante que o desenvolvimento e a decadência da tradição decorativa helenística na arquitetura devocional do Império Romano é o desenvolvimento simultâneo de novas técnicas construtivas.

Foram os romanos os primeiros construtores da Europa, talvez os primeiros no mundo, a reconhecer completamente as vantagens do arco, da abóbada e da cúpula. Tanto o arco como a abóbada cilíndrica já eram utilizados de longa data no Egito e na Mesopotâmia e, ao menos na Mesopotâmia, foram empregados com grande arrojo e com um legítimo conhecimento de seus valores estruturais e estéticos. A história primitiva da cúpula é mais obscura, porém tudo indica que já se construíssem cúpulas de argila desde tempos muito remotos no Oriente Próximo, embora talvez não em grande escala. Porém os gregos – embora desde cedo em contato com o Nilo e não isolados do Eufrates – aparentemente não tiveram, nem mesmo com as conquistas de Alexandre, nenhum interesse marcante por tais métodos estrangeiros. É lícito presumir que a construção de estruturas arqueadas fosse ainda praticada na Mesopotâmia no período helenístico, da mesma forma que o tijolo cozido[1] seguramente era utilizado, mas os testemunhos diretos parecem insuficientes. A descrição dos Jardins Suspensos da Babilônia por Estrabão[2], com pilastras, arcos e abóbadas, todos de tijolo cozido e argamassa betuminosa, foi relacionada a uma suposta[3] reconstrução helenística, uma hipótese não comprovada. Menos ainda se pode afirmar que a construção de estruturas arqueadas em uma escala importante fosse praticada em centros ocidentais sírios como Antioquia; à parte as coberturas de alvenaria dos passadiços do templo de Apolo Didimeu[4] e de alguns escassos sepulcros helenísticos, poucos são os indícios de que na Síria ou na Ásia Menor o uso da abóbada tenha-se difundido antes que os arquitetos romanos implantassem-na ali. Não podemos nos esquecer de nossa profunda ignorância acerca da Síria selêucida, mas é difícil acreditar que algum arquiteto helenístico se ocupasse intensamente com o desenvolvimento das estruturas arqueadas. É verdade que o arco conheceu algum progresso na Ásia Menor nesse período. Foi utilizado em Acarnânia, no noroeste da Grécia, em portões municipais normalmente atribuídos ao século V a.C., e alhures, em posições de menor importância no século IV, mas seu aparecimento nos portões de Priene por volta de 300 a.C., marca uma época, pois jamais até então, ao que se tem notícia, recebeu tal proeminência em uma cidade grega de elevados padrões arquitetônicos. Sua utilização, no século seguinte, na parede do Eclesiastério[5] da mesma cidade, é ainda mais notável, mas nada indica que nos tempos pré-romanos a construção arqueada, em algum domínio grego, rivalizasse seriamente com os métodos mais antigos[6]. Na Itália, o arco e a abóbada genuína talvez ocorressem em valas de drenagem e túmulos já na virada dos séculos VI e V a.C., embora os célebres portões arqueados da Etrúria[7] datem, ao menos em sua maior parte, de um período mais adiantado, o século III a.C.

Até este ponto, referimo-nos à abóbada e à cúpula simplesmente como recursos construtivos; resta considerar agora os materiais de que eram construídas. As abóbadas egípcias, com poucas exceções, eram de tijolo seco ao sol; as mais antigas abóbadas em pedra que ali se conhecem datam de aproximadamente 700 a.C. Na Mesopotâmia, as abóbadas eram sempre de tijolos, secos ao sol ou cozidos. Podemos pôr em dúvida se a abóbada ou a cúpula teriam conhecido algum desenvolvimento substancial em mãos romanas caso o único material de que dispusessem fosse a pedra lavrada, assentada a seco ou argamassada. Os problemas referentes à lavragem da pedra suscitados pelas mais elementares variações nas abóbadas cilíndricas e cúpulas simples talvez despertasse o fascínio dos gregos, e houve, de fato, alguns belos experimentos por parte de alguns construtores helenísticos de túmulos em Pérgamo; tais refinamentos, no entanto, não atraíam os engenheiros romanos e, em suas construções de abóbadas em pedra, normalmente se esmeravam em evitá-los. Tampouco o tijolo cozido teria-se mostrado muito mais versátil. Encontraram, porém, no concreto, um material ideal. Era barato, uma vez que seus principais componentes eram encontrados em abundância na Itália; era econômico, pois aproveitava tudo quanto era desperdiçado pelo pedreiro, tinha uma resistência incomparável e contornava todas as dificuldades relacionadas à lavragem.

É possível que o concreto romano tenha sido influenciado pela técnica da "pisé" (socagem de camadas de terra), sobre a qual existem algumas referências literárias, mas desenvolveu-se sobretudo, provavelmente, a partir de uma técnica antiga e largamente difundida – o uso, entre os revestimentos sólidos de pedras, de uma mistura de pedras brutas e argila. A novidade fundamental é a substituição da argila pela argamassa de cal, normalmente fabricada, nas obras romanas de maior qualidade, com cinzas vulcânicas. Raramente, ou jamais, o concreto romano era feito de simples argamassa de cal e tampouco era misturado com seu agregado de antemão: o método era o de depositar camadas de lascas de pedras (*caementa*) ou tijolos e cobrir cada camada, uma vez depositada, com argamassa líquida, que permeava e solidificava o todo. A mistura era de tal modo resistente que o revestimento externo podia ser omitido ou reduzido a uma simples aplicação de pedras ou tijolos à superfície. Os gregos por vezes se utilizavam da cal como argamassa, tanto em tempos pré-históricos como históricos, porém jamais o material desempenhou um papel destacado em sua arquitetura. Raramente misturavam-na ao cascalho como material de construção; quando o faziam, especialmente no período helenístico, normalmente utilizavam uma quantidade muito reduzida de cal e eram forçados a empregar revestimentos bastante sólidos de pedra, retangulares ou poligonais. O gesso era utilizado de maneira semelhante no Egito e na

Fenícia, e Teofrasto conhecia e exaltava suas qualidades como argamassa, porém, uma vez considerados todos os predecessores[8], deve-se admitir que o concreto, tal como os romanos o utilizaram do século II a.C. em diante, constituía, na verdade, um material novo e revolucionário. Moldado na forma de arcos, abóbadas e domos, rapidamente se solidificava em uma massa rígida, livre de muitas das tensões e empuxos internos que afligem os construtores de estruturas similares em pedra ou tijolo. A principal dificuldade residia no processo efetivo de edificação[9], quando o material ainda se encontrava sob forma líquida ou semilíquida. Nas paredes verticais que empregavam alvenaria sólida como revestimento, a argamassa era aplicada tão logo cada fiada sucessiva de pedra se encontrava em posição, e uma fina camada de pura argamassa úmida era utilizada para unir as sucessivas camadas de concreto. Os revestimentos menos sólidos eram reunidos em camadas com uma argamassa muito rígida; o núcleo principal do concreto era então depositado entre as duas faces de uma armação temporária de tábuas de madeira, e quando esta era removida, despejava-se uma fina mistura que permeava a massa, solidificando-a por completo. Os arcos, abóbadas e cúpulas eram menos simples e nosso conhecimento acerca dos métodos empregados é basicamente hipotético. O cimbre de madeira evidentemente se fazia necessário. Com o concreto, assim como com a alvenaria, os romanos sem dúvida procuraram utilizar o mínimo de madeira possível, mas o grau em que se viram capazes de dispensar seu uso foi certamente exagerado. Excessiva importância tem sido atribuída, em particular, a um curioso sistema de nervuras de tijolo[10] embutidas em abóbadas de concreto, que surge aproximadamente no final do século I d.C. e tornou-se comum a partir de então em Roma e na Itália central. Afirma-se com freqüência que essas nervuras eram construídas com auxílio de cimbres leves, antes que tivesse início a construção do restante da abóbada, e formavam uma espécie de estrutura para a sustentação das tábuas de madeira durante o resto do processo. É altamente duvidoso, no entanto, em vista da irregularidade de sua forma e da profundidade a que penetram o concreto, que servissem a tal finalidade. Talvez sua função fosse, antes, a de impri-

LÂMINA I

(*a*) Capitel de meia-coluna do "Tesouro de Atreu", Micenas (reconstituição)

(*c*) Maquete em terracota do templo de Hera, em Argos (reconstituição)

(*b*) Maquete em terracota do templo de Hera, em Argos

LÂMINA II

(*a*) Templo primitivo de (Ártemis) Órtia, em Esparta

(*b*) Capitel de Larissa, na Eólia

LÂMINA III

[Foto. Alinari]

(a) Tesouro de Sifno em Delfos (réplica reconstituída); a esfinge em primeiro plano não tem relação alguma com o Tesouro

[Foto. Alinari]

(b) Erecteu de Atenas, Pórtico das Donzelas (parcialmente restaurado; a cariátide escura é uma réplica em terracota, atualmente substituída por uma réplica em mármore)

LÂMINA IV

(a) O Partenon, Atenas, vista do oeste.

(b) Os Propileus, Atenas, vista do sudoeste

LÂMINA V

(*a*) Capitel do Pórtico Norte do Erecteu, Atenas

(*b*) Capitel do Tholos do precinto de Atena Pronaia, Delfos (restauração). (Extraído de *Les Fouilles de Delphes*, 11, 4)

(*c*) Capitel não utilizado de Tholos, Epidauro

LÂMINA VI

Parte posterior do pronau do Didimeu (templo de Apolo Didimeu), mostrando grande porta

LÂMINA VII

Eclesiastério. Priene

LÂMINA VIII

(*a*) Bouleutério, Mileto (reconstituição)

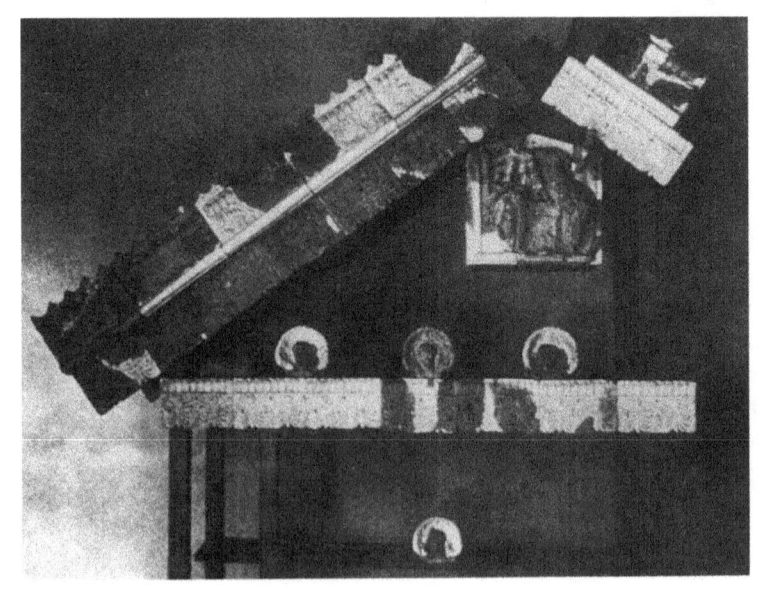

[Foto. Giani]
(*b*) Frontão de santuário etrusco de Vulci (reconstituição)

LÂMINA IX

(b) Capitel "diagonal" de Pompéia (reconstituição)

(c) Capitel "compósito", Arco de Tito, Roma (reconstituição)

(a) Capitel do "Templo de Vesta", Tívoli (reconstituição)

LÁMINA X

(b) Templo da Fortuna Viril (?), Roma

[Foto. Alinari]

(a) Templo Circular junto ao Tibre, Roma

[Foto. Alinari]

LÁMINA XI

(*a*) Khazna, Petra

(*b*) Maison Carrée, Nîmes

LÂMINA XII

(a) Entablamento do Templo da Concórdia, Roma (reconstituição parcial) [Foto. Alinari]

(b) Entablamento do Templo de Vespasiano, Roma (réplica, reconstituição parcial) [Foto. Alinari]

LÂMINA XIII

"Templo de Baco", Baalbek (reconstituição)

LÂMINA XIV

[Foto. Alinari]
(*a*) Ponte Fabrícia, Roma

[Foto. Levy e Neurdein, Paris]
(*b*) Pont du Gard, próxima a Nîmes

LÂMINA XV

[Foto. Levy e Neurdein, Paris]

"Templo de Diana", Nîmes

LÂMINA XVI

(*a*) Panteon, Roma

[Foto. Alinari]

(*b*) Coliseu, Roma

[Foto. Alinari]

LÂMINA XVII

Panteon, Roma (reconstituição)

LÂMINA XVIII

Salão das Termas de Caracala, Roma (reconstituição)

LÂMINA XIX

(a) Templo Circular, Baalbek

(b) Santa Constância, Roma

[Foto. Alinari]

LÂMINA XX

[Foto. Levy e Neurdein, Paris]
(*a*) *Cavea* e *scaenae frons* de teatro, Orange

[Foto. Levy e Neurdein, Paris]
(*b*) Fachada externa de *scaena* de teatro, Orange

LÂMINA XXI

[Foto. Levy e Neurdein, Paris]

(*a*) Arco de Tibério, Orange

(*b*) Porta Nigra, Trier

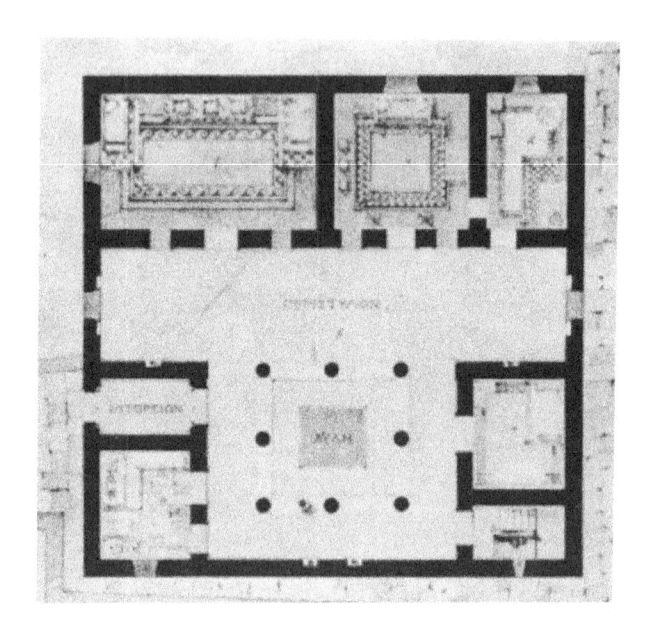

LÂMINA XXII

(a)

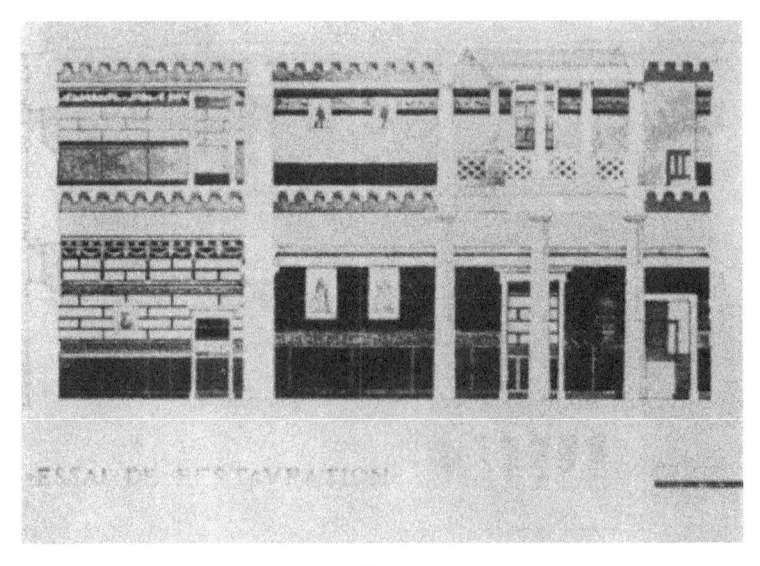

(b)
"Maison de la Colline", Delos: (a) planta reconstituída; (b) corte reconstituído.
(Extraído de *Exploration archéologique de Délos*, VIII, Lâms. XVI-XVII, XVIII)

LÂMINA XXIII

(a)

(b)
Urna etrusca, talvez de Chiusi, vistas lateral e frontal

LÂMINA XXIV

(*a*) Palácio de Diocleciano, Espalato, átrio do vestíbulo ("Piazza del Duomo")

(*b*) "Portão Áureo" do Palácio de Diocleciano, Espalato
(reconstituição – desenho de Hébrard)

mir uma consistência ao concreto durante o processo de solidificação, bem como concentrar e canalizar as tensões e empuxos exercidos pela massa semilíquida. Regra geral, nada indica que tivessem alguma função efetiva depois da solidificação do concreto, embora ocasionalmente fossem tratadas, à maneira gótica, como a estrutura da abóbada ou, ao menos, o revestimento de tal estrutura, com a trama intermediária tornada deliberadamente mais leve pela aplicação de orifícios decorativos e a utilização de materiais de preenchimento menos sólidos, incluindo ânforas vazias. Os romanos não costumavam assumir riscos e proviam de elaborados contrafortes as impostas de suas abóbadas, embora em muitos casos a soberba qualidade de sua argamassa de cal provavelmente tornasse supérflua tal resistência permanente quando o concreto finalmente estivesse solidificado[11].

Deve-se acrescentar que o intradorso das abóbadas por vezes era revestido com uma camada simples ou dupla de ladrilhos chatos aplicados à sua superfície. Houve quem defendesse a hipótese de que esses ladrilhos formavam originalmente uma concha montada acima de um cimbre leve de madeira e que essa concha aglutinava-se formando uma massa auto-suportante antes que o peso total do concreto, que exigiria um cimbre mais resistente, fosse sobreposto. É duvidoso, porém, que esses ladrilhos pudessem desempenhar tal função e talvez o mais provável é que se destinassem, como sugere Cozzo, a facilitar a aplicação dos ornamentos de estuque. Todos esses métodos serão exemplificados mais adiante no livro, quando tratarmos de monumentos específicos.

Os exemplos importantes mais antigos do uso do concreto na cidade de Roma são os pódios ou plataformas dos templos da Concórdia e dos Dióscuros. Ambos datam do final do século II a.C. e acusam uma técnica um tanto pobre. Em um período mais recuado do mesmo século começamos a encontrar em Pompéia sólidas paredes de cal e pedregulho, revestidas externamente com pedras de formato irregular, um sistema denominado *opus incertum* por Vitrúvio. Os pontos aparentes, como quinas e batentes de portas, eram em blocos de pedra. No século I, os pequenos blocos de revestimento tornaram-se mais regulares (padrão quase-reticulado), mas o célebre padrão reticulado – blocos piramidais de base quadrada assentados com a ponta voltada para dentro, à maneira de um diamante – é raro anteriormente à era de Augusto[12], da qual é particularmente característica, muito embora se mantivesse em uso até o século II d.C. O uso de tijolos cozidos para quinas e batentes de portas é introduzido em Pompéia juntamente com o padrão quase-reticulado na primeira metade do século I a.C., mas aparecem um pouco antes como o material das colunas da Basílica[13] e em algumas outras colunas na cidade.

Tal é interessante tendo em vista que o mais antigo exemplar conhecido de tijolo cozido em um edifício grego é sobremodo semelhante. Trata-se de um palácio helenístico[14] em Nipur, na Mesopotâmia, provavelmente datado do início do século III a.C., grego no estilo, mas que possui colunas de tijolo cozido, em consonância com a antiga prática mesopotâmica. Tais fatos reforçam a hipótese de que tijolo cozido tenha-se introduzido no mundo greco-romano a partir da Mesopotâmia; pode-se encontrá-lo por vezes no sul da Itália ao final do período helenístico. Obviamente já se utilizavam tijolos muito antes desse período na Itália, assim como na Grécia, mas estes eram secos ao sol ou por vezes ligeiramente cozidos, como no caso das muralhas de Arezzo (Arécio), na Etrúria, mencionadas por Vitrúvio e[15] recentemente descobertas.

O uso de tijolos cozidos para o revestimento de paredes, afora os pontos aparentes, dificilmente terá início antes da era augustiana, mas ganha crescente popularidade durante o Império. Até o principado de Nero, meados do século I d.C., tais tijolos normalmente consistiam em ladrilhos quebrados e alisados em uma das faces com o uso da serra; a partir de então eram normalmente fabricados para aquela finalidade, na forma de um triângulo reto. Nos dois casos eles eram assentados com a ponta voltada para dentro, como os blocos do padrão reticulado. Por volta da mesma época, ou pouco mais tarde, encontramos fiadas de amarração compostas por ladrilhos grandes, os *bipedales*, que mediam dois pés romanos de lado, atravessando a intervalos toda a espessura da parede. As mudanças gradativas no caráter da argamassa, do material empregado como agregado e do tijolo vêm sendo estudadas nos últimos anos de forma muito diligente e fornecem uma critério de valor incalculável para a datação dos edifícios imperiais, especialmente em Roma; os detalhes, todavia, são por demais técnicos para serem aqui discutidos. Alguns dos fenômenos refletem acontecimentos históricos; nos anos que se seguiram ao incêndio provocado por Nero em 64 d.C., por exemplo, o concreto está repleto de fragmentos de edifícios incendiados.

Cumpre acrescentar que era comum, desde os primórdios, revestir todos os edifícios importantes com estuque, freqüentemente pintado com cores vibrantes, de modo que nem externa nem internamente, onde com freqüência utilizava-se o verniz de mármore, as superfícies de pedregulho ou tijolos costumavam ficar à mostra[16].

Antes de falarmos em detalhe acerca das construções específicas aqui selecionadas para ilustrar o desenvolvimento da construção de estruturas arqueadas em concreto, podemos atentar para alguns exemplos proeminentes do uso de arcos e abóbadas de alvenaria do final do período republicano e início do Império; vários outros serão mencionados incidentalmente em pontos mais adiantados. Cabe observar que os arcos romanos normalmente eram retos, mas, de resto quase sempre de curvatura circular, embora nem sempre formando um semicírculo completo; porém ocasionalmente as cúpulas e abóbadas se utilizam de outras curvas, mas não na forma gótica pontuda.

Encontramos, no século II a.C., uma atividade sem precedentes voltada para a construção de arrojados arcos de alvenaria nas pontes e aquedutos de Roma. A Ponte Emília, da qual subsiste um fragmento na "Ponte Rotto", foi erguida em 179 a.C., mas os pegões da construção original provavelmente sustentavam uma via de circulação em madeira. Em 142 a.C. era provida de uma arcada, porém as mais antigas porções remanescentes datam, ao que tudo indica, de uma reconstrução durante o período de Augusto. Mais antigos ainda que os arcos originais da Ponte Emília são aquelas que restaram do Aqueduto Márcio (Aqua Marcia), de 9,5 km, construído em 144 a.C. O vão de seus arcos é de aproximadamente 5,5 m. O empreendimento exemplifica o critério e a economia romana na escolha de materiais, pois foram aqui utilizadas, pela primeira vez, tufos vulcânicos de especial resistência, do Anio e de Gabii, para os pegões, os arcos e o duto, este teve as juntas preenchidas ainda com uma densa argamassa de cal e terracota socada, mas o preenchimento entre os arcos era com tufos de qualidade inferior. Os mais antigos arcos de pontes que chegaram até nós (com grandes modificações) são aqueles da Ponte Múlvia (Ponte Molle), de 109 a.C., através da qual a Via Flamínia atravessava o Tibre, situada cerca de 3 km ao norte de Roma. Essa ponte, bem como a Ponte Fabrícia (Lâm. XIV*a*), de 62 a.C. e em excelente estado de conservação, nas quais foi usado o travertino, muito embora com parcimônia, podem ser consideradas típicas de sua categoria. Em ambos os casos, além dos arcos principais que interligam os pegões, foram situados pequenos arcos nos próprios pegões, para economizar material e reduzir o peso. Os vãos eram muito extensos: os da Ponte Múlvia têm aproximadamente 18 m e os da Ponte Fabrícia aproximadamente 24,5 m. Conhecemos, por intermédio de Vitrúvio, algo acerca dos diferentes métodos utilizados no preparo do leito do rio para a ereção dos pegões, mas não podemos discuti-los aqui. Em várias dessas obras, e notadamente na Aqua Marcia, os arcos estão recuados com relação aos pegões, de modo a permitir a sustentação do cimbre de madeira sem a necessidade de estrutura de sustentação na parte de baixo. É comum esse tipo de solução nas edificações romanas que se utilizam do arco e muitas vezes aparecem habilmente combinadas com as formas decorativas tradicionais. Podemos ver um exemplo notável da economia romana de cimbres na célebre Pont du Gard[17] (Lâm. XIV*b*), a grande ponte, com altura de aproximadamente 48,5 m, que sustentava o aqueduto de Nîmes, em sua maior parte subterrâneo, na travessia ao vale do rio Gard ou Gardon, e que cuja construção talvez date do século I d.C.[18]. Aqui, cada vão é composto por um certo número de arcos paralelos[19] simplesmente justapostos sem que estejam engatados; uma única estrutura de madeira, extensa o suficiente para sustentar um desses arcos, poderia bastar, assim, para todo o trabalho de construção. O método, encontrado em outras edificações romanas na Gália, foi imitado nas pontes medievais de Avignon e alhures; embora implicasse alguma perda em termos de resistência, o tempo justificou a economia.

Grande número de pontes e aquedutos da era imperial chegou até nós; situam-se entre as mais atraentes construções de Roma, já que estão singularmente livres de ornatos supérfluos, além de exibirem normalmente elegantes proporções. Os pegões de qualquer estrutura isolada são predominantemente de tamanho uniforme, embora freqüentemente situados, por questões práticas, a distâncias irregulares. Uma vez que os arcos são todos de curvatura circular e o nível dos topos dos arcos deve ser aproximadamente o mesmo[20], os arcos se originam necessariamente dos pegões em alturas diferentes, e suas curvas correspondem a diferentes porções de uma circunferência, chegando a formar um semicírculo completo; por vezes, um único arco se origina em um ponto mais elevado de um de seus pegões do que do outro. Ocasionalmente eram incluídos arcos decorativos ao longo da via de circulação de uma ponte, tanto um em cada extremidade, quanto um único no meio. Um dos arcos romanos mais extensos remanescentes é o vão único, de aproximadamente 35,5 m, da ponte existente na Pont Saint-Martin, entre Ivréia e Aosta. A magnífica ponte de seis arcos sobre o Tajo, em Alcântara, Espanha, erguida durante o império de Trajano, foi parcialmente arruinada durante as guerras peninsulares e carlistas, mas reformada e em grande parte reconstruída em 1860. Seus dois arcos centrais possuem, cada qual, um vão de aproximadamente 26,4 m.

O restante deste capítulo tratará mais da construção de estruturas arqueadas em concreto do que da construção em alvenaria. Assim sendo, será conveniente mencionar, neste ponto, um notável exemplo romano desse tipo de construção em pedra[21], o chamado "Templo de Diana", em Nîmes. O ambiente central desse edifício (Lâm. XV), que dificilmente poderia ter sido um templo, é coberto por uma abóbada cilíndrica em grande parte ainda preservada e cujo arcabouço é formado por um conjunto de sólidas nervuras de pedra colocadas a uma certa distância entre si; os espaços entre estas são preenchidos com placas mais estreitas acomodadas em entalhes nas partes superiores das nervuras. As paredes laterais contêm nichos profundos, encimados alternadamente por frontões triangulares e curvilíneos. Entre esses nichos havia colunas embutidas com capitéis compósitos que aparentemente sustentariam um entablamento completo e contínuo, projetado, incluindo arquitrave, friso, dentículos e cornija; no entanto, várias dessas colunas na verdade desapareceram, sem que fosse afetada a estabilidade do entablamento. As sólidas nervuras originam-se acima das colunas e suas superfícies dianteiras se projetam até a face vertical da arquitrave, embora estejam recuadas com relação à cornija. O peso da cobertura, portanto, está cientificamente concentrado sobre as partes sólidas da parede, com ao menos alguma colaboração em potencial por parte das colunas. O empuxo era compensado em cada lado por uma abóbada cilíndrica mais baixa que cobria, em ambos os casos, uma sala lateral estreia, invisíveis do exterior; cada uma dessas salas tinha sua abóbada cilíndrica disposta em três seções horizontais, cada qual situada em um nível mais elevado que a anterior, para acomodar uma escadaria que levava, em cada lado, até uma arcada aberta, os pavimentos superiores das alas laterais[22]; o empuxo era finalmente absorvido pelas espessas paredes externas dessas duas salas laterais. Algumas pontes e aquedutos romanos apresentam métodos algo semelhantes.

Talvez seja esta também a ocasião mais indicada para dizer algo acerca dos notáveis sistemas de cobertura em pedra encontrados em edificações sírias do período imperial romano, sobretudo no Hauran, a leste e a norte do mar da Galiléia, até Alepo. Formam um grupo de caráter tão especial, a prolongar-se ininterruptamente pela arquitetura cristã dos séculos V, VI e VII, que é impossível dar a elas aqui um tratamento adequado. Algumas residências particulares serão mencionadas mais adiante[23]; deverá bastar-nos aqui descrever um notável exemplar primitivo, a basílica (Fig. 99) existente em Shaqqa, no Hauran, datada presumivelmente do último quartel do século II d.C. Tratava-se de uma estrutura quase quadrada, em pedra, medindo na parte interna cerca de 19,7 m de largura por cerca de 18,2 m de profundidade. Havia provavelmente um pórtico colunar na extremidade leste e, em cada extremidade, três portas, das quais a central era bem mais larga. O interior era dividido em nave central e naves late-

Fig. 99. Basílica de Shaqqa (reconstituição)

rais por sete pilares quadrados livres de cada lado; a largura da nave central, incluindo os pilares, era de aproximadamente 9,7 m. Cada par de pilares livres era interligado por um grande arco semicircular de um lado a outro da nave central, enquanto arcos semicirculares menores, originados de um ponto mais abaixo, transpunham as naves laterais, interligando os pilares livres com longos pilares embutidos que se projetavam das paredes laterais. Cada grupo de arcos transversais sustinha uma sólida parede de pedra que corria por toda a largura do edifício, e sobre essas sete paredes transversais, bem como sobre as paredes externas da construção, repousava um telhado plano de lajotas de pedra, coberto por um terraço de argila e circundado por parapeitos. Logo acima dos arcos da nave lateral, em cada lado, lajotas de pedra interligavam as paredes tranversais, formando o piso de uma galeria também sustentada na frente por uma série de pequenos arcos, um para cada vão, paralelos às paredes laterais da construção. Os vãos das galerias eram interligados uns com os outros por uma série superior de arcos que perfuravam as paredes transversais. Nesse edifício, o empuxo dos arcos transversais é grandemente absorvido pelos longos pilares embutidos nas transversais, que são, na verdade, contrafortes internos, embora por vezes se encontrem contrafortes externos, semelhantes aos de uma construção romanesca; por exemplo, no palácio da mesma cidade, Shaqqa, datado do século III d.C., em que absorvem o empuxo de uma série de dez arcos transversais isolados que sustentam o teto plano em pedra de uma grande sala por intermédio de paredes laterais, tal como na basílica.

No tocante às estruturas arqueadas[24] de concreto em grande escala, um dos mais antigos monumentos remanescentes é o Tabulário, ou Arquivo do Estado, de Roma, concluído em 78 a.C. e que se localizava no espaço entre o Capitólio e o Arx, no extremo oeste do Fórum. Tinha um contorno irregular e cobria uma área total de aproximadamente 70 m por 44 m. Seus recintos mais imponentes davam para o oeste, no nível mais elevado do monte Capitolino, e foram reformados ou destruídos, mas as partes inferiores, voltadas para o Fórum e parcialmente cortadas na rocha, estão bem preservadas internamente e é possível reconstituir boa parte de sua decoração externa. Acima de um grande muro de sustentação em alvenaria, reforçada com concreto e que possui um talude ou inclinação para cima e para trás acentuado, corria um passadiço que interligava os extremos norte e sul da construção e que era oculto por um prolongamento da parede de sustentação, mas iluminado através de pequenas janelas externas situadas nas extremidades de alcovas arqueadas. Acima deste nível corria uma galeria aberta, ou, antes, uma série de compartimentos, separados uns dos outros e da parte externa por pilastras interligadas por arcos de pedra. Acima desses arcos uma fiada projetada percorria toda a extensão interna de cada compartimento e acima dessa fiada, recuada com relação à linha das paredes, existia uma abóbada de aresta em concreto e de formato incomum (Fig. 100). Era formada pela intersecção de duas abóbadas cuja curvatura não era, como de costume, semicircular, mas tinha

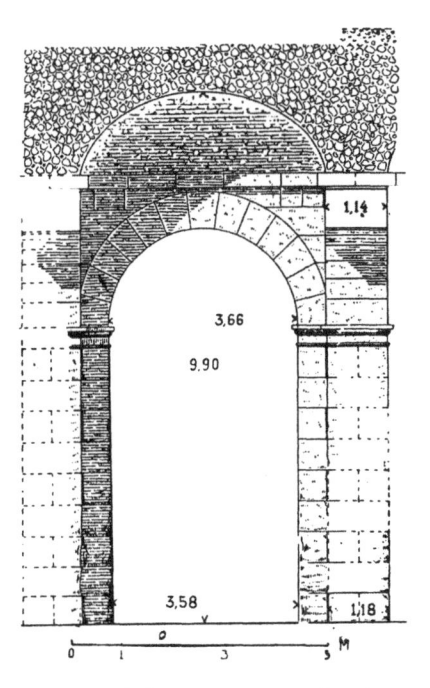

Fig. 100. Tabulário, Roma: corte da galeria

a forma de segmentos de círculo ligeiramente achatados. O retângulo assim coberto não era exatamente quadrado, medindo pouco menos que 4,5 m de comprimento e pouco menos que 4,8 m de largura. As arestas originadas nas quatro quinas desaparecem antes de atingir o topo. Existem outros ambientes com abóbadas em concreto, alguns dos quais dão para a galeria, além de uma escadaria retilínea de sessenta e seis degraus que se elevava desde o nível do fórum, abaixo das galerias, e que é coberta não por uma abóbada de aclive contínuo, recurso geralmente evitado pelos arquitetos romanos, mas por uma seqüência de segmentos escalonados de abóbadas cilíndricas em concreto[25]. O saguão de entrada para essa escadaria possuía um arco reto de alvenaria como lintel, encimado por um arco semicircular de descarga, mas o espaço entre os arcos era preenchido com alvenaria[26]. As pilastras situadas à frente da galeria aberta eram ornadas com colunas dóricas embutidas (Fig. 101), semelhantes àquelas de Cori[27], com um entablamento embutido; a arquitrave foi construída, como de hábito nas obras romanas, com base no princípio do arco reto[28]. Trata-se de um exemplo precoce daquele divórcio entre função e ornamentação, em parte decorrente da introdução de novos métodos estruturais, o que é característico da arquitetura romana[29]; também os arquitetos modernos foram levados a adotar recursos semelhantes ao lidarem com o aço e o concreto armado. Cumpre observar, ao mesmo tempo, que os romanos normalmente tinham o cuidado de situar colunas embutidas naqueles pontos de uma parede que exigiam uma resistência adicional, de sorte que estas tinham uma função, embora nem sempre aquela sugerida por sua forma. De modo semelhante, os nichos decorativos normalmente serviam para aliviar o peso de paredes de menor importância e para economizar material[30]. Acima da colunata dórica do Tabulário erguia-se outra, coríntia, de caráter elaborado, mas que parece datar do final do século I d.C.

Os edifícios remanescentes descritos no presente capítulo tinham uma variedade de serventias, mas, com exceções importantes, foi em dois tipos principais de construção, os estabelecimentos de banho (termas) e os palácios, que os romanos desenvolveram a ciência de cobrir grandes espaços com materiais à pro-

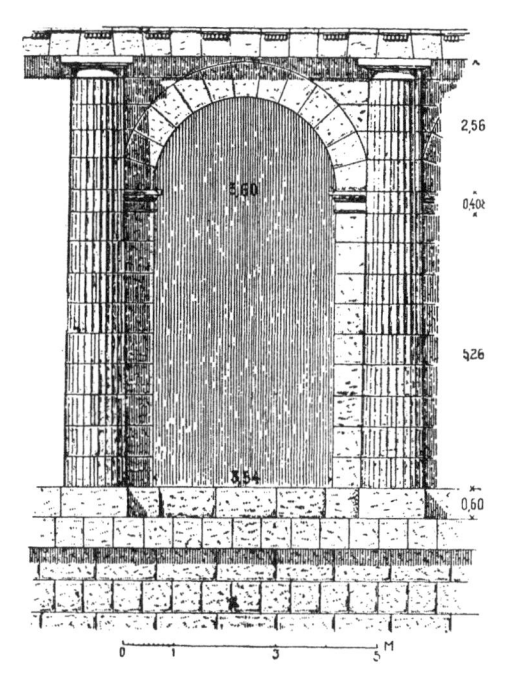

Fig. 101. Tabulário, Roma: fachada da galeria (reconstituição)

va de fogo. Cumpre afirmar, neste ponto, que a concepção de Strzygowski de que o desenvolvimento de abóbadas e cúpulas no início do Império deveu-se acima de tudo a correntes de influência oriental, aparentemente não encontra respaldo nos monumentos remanescentes; bem mais sensato é considerar tal desenvolvimento, como Rivoira, o reflexo da experimentação progressivamente ousada dos engenheiros romanos.

Podemos começar pelas Termas Estabianas de Pompéia, que datam do século II a.C., muito embora tenham sido alteradas em épocas posteriores. Antes de descrever suas estruturas arqueadas, podemos enumerar resumidamente as características comuns a todas as termas, públicas ou particulares[31]; embora variem enormemente em termos de distribuição e elaboração, seus componentes são sempre os mesmos. Consistem em uma série de ambientes progressivamente mais quentes, o frigidário, com um tanque de água fria, o morno tepidário e o quente caldário, normalmente contendo dois tanques de água quente. Poderia haver também um vestiário, o apoditério, e uma sauna seca, o lacônico, habitualmente circular. As termas públicas costumavam abrigar uma palestra aberta, destinada a exercícios, normalmente circundada por uma colunata e dotada de uma piscina. Até o século I a.C., a calefação dos ambientes dava-se através de braseiros, porém a invenção, no início desse século, dos pisos vazados, e posteriormente de paredes vazadas, tornou possível um sistema mais conveniente de calefação através do ar quente proveniente de fornalhas. Nas Termas Estabianas essas novas invenções foram introduzidas como um aprimoramento. A cobertura das Termas Estabianas pode ser exemplificada através da abóbada cilíndrica do apoditério, que sobreviveu ao terremoto de 63 d.C., e à erupção de dezesseis anos depois. Mede internamente 6,7 m por 11,2 m. Uma cornija simples percorre toda a volta das paredes abaixo da origem da abóbada, que é provida de duas pequenas aberturas; existe uma janela em uma das duas paredes situadas nos extremos, na luneta entre a cornija e o teto. Mais notável é a cobertura do frigidário. A sala é externamente quadrada, mas internamente circular, exceto em que cada quina possui um nicho recurvo, cujo acesso se dá através de um arco, e coberto por uma meia-cúpula. Uma cornija percorria toda a parede circular acima desses arcos, sobre a qual repousava uma cúpula cônica com pouco menos de 6 m de diâmetro, de perfis externo e interno retilíneos. Essa cúpula não terminava em um ponto, mas em uma grande abertura circular – uma prefiguração do Panteon de Adriano. O piso era revestido de mármore e predominantemente ocupado por uma banheira em degraus. A decoração interna era encantadoramente imaginativa: as paredes revestidas de estuque estavam pintadas como um jardim, com árvores, pássaros, estátuas e fontes, encimado por um céu azul que se prolongava pela cúpula, onde era cravejado com estrelas douradas. Todas as formas arqueadas dessas termas eram em[32] concreto. Com a possível exceção daquela do templo circular de Tívoli[33], trata-se da mais antiga cúpula romana conhecida. O frigidário das termas si-

CONSTRUÇÃO ROMANA. ARCOS, ABÓBADAS E CÚPULAS   287

tuadas nas proximidades do fórum de Pompéia, erguidas no início do século I a.C., eram exatamente do mesmo tipo. Esse formato, que lembra o de uma casa para secagem de lúpulo, dificilmente torna a aparecer na arquitetura romana, embora Wren tenha-o adotado para a parte central da cúpula sobre a Catedral de São Paulo.

O edifício romano considerado o primeiro a ostentar uma abóbada cilíndrica[34] realmente colossal é o palácio de Domiciano no Palatino, em Roma, construído pelo arquiteto Rabírio, supostamente um romano, perto do final do século I d.C. Dos visíveis privativos desse palácio, a que pertence a maioria dos vestígios aparentes no Palatino, falaremos rapidamente mais adiante[35]. Por ora, nosso interesse reside unicamente em parte da ala pública, que ocupava um grande espaço retangular (Fig. 102), ao sul da Area Palatina aberta. Consistia em um jardim cercado por colunatas internas e delimitado a norte e a sul por duas grandes construções, bem como por ambientes menores a leste e a oeste. O conjunto da estrutura contava com uma colunada externa nas faces norte e oeste. Quanto ao bloco sul, na parte superior da Fig. 102, não dispomos de espaço para descrevê-lo aqui: seu ambiente central (*k*) provavelmente constituía o triclínio, ou salão de banquetes. O bloco norte, na parte inferior da Fig. 102, dividia-se em três partes dispostas lado a lado, sendo a oeste (*g*) e a central (*f*) as mais importantes. A central, mais espaçosa, era prova-

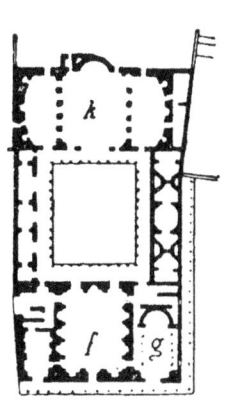

Fig. 102. Palatino, Roma: apartamentos públicos

velmente a sala do trono do imperador, destinada a impressionar os visitantes com o fausto de Roma. As paredes de enorme espessura (3 m de uma face a outra) eram de tal modo divididas por nichos que se pode considerá-las estruturalmente formadas por dezesseis imensas pilastras, quatro nas extremidades e seis nas laterais; haveremos de deparar repetidamente com esquemas semelhantes nas obras romanas. Imagina-se que o conjunto desse retângulo de grandes proporções fosse coberto por uma abóbada cilíndrica de concreto. O vão é de aproximadamente 32 m. O perigo do empuxo exercido pela abóbada sobre as paredes seria amenizado, tal como no "Templo de Diana", em Nîmes[36], pela presença de salas laterais mais estreitas, que em tempos posteriores foram reforçadas. É difícil visualizar a aparência interna desse edifício, caso fosse abobadado, pois o que chegou até nós é a ruína de seu arcabouço de tijolo e concreto, ao qual foi aplicada uma decoração de verniz de mármore, colunas, estátuas e estuque decorado. Na verdade, porém, a decoração dos salões romanos era de importância subsidiária; a arquitetura, praticamente pela primeira vez, lidava agora livremente com os efeitos espaciais interiores.

Podemos passar, a seguir, para um edifício de caráter bastante diverso, a pequena "basílica" subterrânea descoberta em 1917 nas proximidades da Porta Maggiore, em Roma. Essa estrutura singular (Fig. 103), sem dúvida o local de reunião de uma seita mística, foi construída através do derramamento de concreto em cavidades escavadas no solo. Tomando por base suas características técnicas, é possível situá-la com segurança no século I d.C. A construção mede cerca de 12 m por 9,10 m e consiste em uma nave dividida por seis pilastras retangulares, três de cada lado, interligadas por arcos a partir das naves laterais mais baixas. As naves central e laterais são cobertas por abóbadas cilíndricas e a central desemboca no oeste em uma abside coberta por uma meia-cúpula. A única porta existente, na extremidade leste, dá para um vestíbulo quadrado, de onde partia um extenso passadiço abobadado[37] que conduzia até o nível superior, térreo. Partindo do telhado do vestíbulo um poço para permitir a entrada de ar e iluminação, com uma janela que dava para a nave, corria

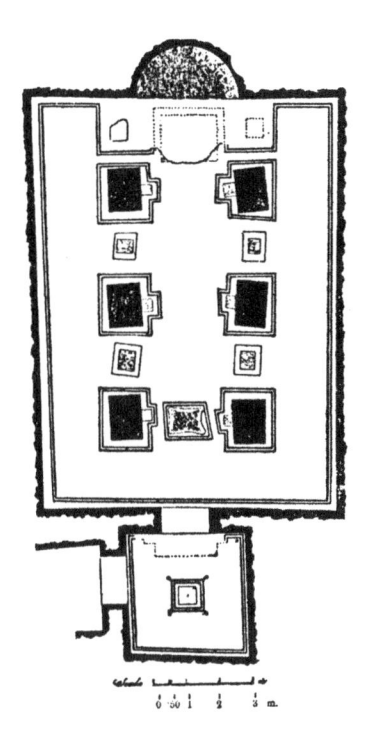

Fig. 103. "Basílica" subterrânea da Porta Maggiore, Roma

até a superfície superior; havia também poços de ventilação a partir do corredor. A iluminação principal provinha de lâmpadas suspensas desde a cobertura. O interior era ricamente ornado com pinturas e estuque, mas não dispomos de espaço para discutir os problemas estéticos e religiosos que apresentam. Há razões para se imaginar que a seita instalada na basílica teria sido energicamente eliminada pouco após a conclusão desta, e que todas as peças de mármore tenham sido então removidas. Uma hipótese plausível relaciona essa catástrofe com a queda e o suicídio do ex-governador da África, Estatílio Tauro, lançado ao opróbrio pelo imperador Cláudio em 53 d.C. Foi acusado de corrupção administrativa, porém Tácito[38] afirma que o verdadeiro impacto da acusação eram "superstições mágicas". É provável que a basílica estivesse localizada nas propriedades desse patrício eminente, as quais, segundo se conta, teriam sido cobiçadas pela imperatriz Agripina. Obviamente a construção não era uma basílica[39] na acepção usual do termo, mas sua planta guarda alguma semelhança com aquelas da basílica civil romana e da basílica da cristandade primeva. Ela sugere a possibilidade de que o tão debatido problema da origem daquele tipo cristão de basílica possa encontrar uma resposta na existência anterior de locais de reunião semelhantes pertencentes a seitas pagãs secretas[40]; há outros testemunhos do predomínio da abside nos templos místicos.

Em seguida a esse estranho monumento, podemo-nos voltar para uma das obras mais célebres e gloriosas da arquitetura antiga, a mais antiga construção coberta importante do mundo, ainda intacta, o Panteon de Roma. A história desse templo sob vários aspectos é obscura, mas dificilmente pode haver dúvida quanto à data do bloco principal. Apesar de duas inscrições, uma no friso de seu pórtico colunar, que afirma que o ministro de Augusto, Agripa, ergueu-o em 27 a.C., e outra, acrescentada abaixo e que registra uma restauração empreendida por Sétimo Severo e Caracala em 202 d.C., é praticamente seguro, com base nos timbres[41] gravados nos tijolos, que tudo afora esse pórtico colunar, ao menos, é substancialmente obra de Adriano, do primeiro quartel do século II d.C. A história do pórtico, situado na parte norte da construção, é uma questão mais difícil, porém menos importante. Externamente (Lâm. XVIa), o edifício, em sua origem revestido com estuque branco, tem o aspecto, na maior parte de seu perímetro, de uma enorme massa circular, algo semelhante a um gasômetro de tijolos, coroada por uma cornija e dividida por duas cornijas inferiores em três fatias, sendo a inferior a de maior altura. Acima da cornija superior encontra-se uma cúpula externamente chata, cuja porção inferior exibe uma série de grandes degraus. Da parte norte projeta-se o pórtico prostilo, que consiste em dezesseis colunas coríntias, 11,5 m de altura, com fustes de granito sem caneluras e capitéis de mármore. As colunas estão distribuídas em um fileira dianteira de oito e interligadas com o bloco principal por quatro outros pares, dispostos em ângulos retos com relação à fileira frontal, atrás das duas colunas angulares e atrás das duas antepenúltimas colunas com relação às quinas. As colunas externas sustentam um entablamento normal com um frontão bastante íngreme e de bem pouca profundidade. O nível da cornija horizontal do pórtico colunar situa-se entre aqueles das cornijas inferior e intermediária da parede circular. A cobertura do pórtico era sustentada por uma estrutura triangular de bronze, até ser derretida para se converter em canhões três séculos atrás.

O pórtico não intercepta diretamente a parte circular do templo, denominada, com toda propriedade, rotunda. Existe, entre ambos, uma sólida estrutura projetada, de mesmo material e data que a parte principal do templo. Sua largura é idêntica à do pórtico colunar e sua altura corresponde àquela da parede da rotunda, à qual está encaixada na parte posterior, embora seja retangular na parte dianteira. Aparentemente parte do projeto original, essa estrutura, contudo, não está engastada à parede da rotunda, em todo caso, em suas partes superiores, supostamente porque o arquiteto, por uma questão de conveniência no processo de construção, preferiu tratar a rotunda como uma unidade autônoma. A sólida estrutura projetada apresenta uma abertura central em arco, de grande largura e altura, que conduz à única porta do templo, e um nicho semicircular bem mais baixo, em cada lado. A cornija mais elevada da rotunda se prolonga pela parte superior do pórtico sólido, e a cornija imediatamente abaixo também, até o ponto em que se intercepta o telhado de duas águas do pórtico colunar; essa cornija serve como limite inferior de um frontão embutido, encimado por uma cornija inclinada de mesmo desenho. Esse frontão embutido, cujo pináculo foi destruído, tem os lados um pouco menos íngremes que os daquele, igualmente largo, do pórtico colunar, e está situado, conforme vimos, em um nível mais elevado. O conjunto do entablamento do pórtico colunar, incluindo sua cornija, é sustentado por pilastras distribuídas ao longo das paredes laterais do pórtico sólido até a parede da rotunda, onde termina; a cornija inferior da parede da rotuna também termina ao interceptar o pórtico sólido.

O desenho acima descrito tem um caráter estranho e houve quem sugerisse haver o arquiteto de Adriano planejado a projeção sólida sem a intenção de instalar um pórtico colunar à sua frente. Tal hipótese baseia-se principalmente no resultado de algumas escavações[42] empreendidas em 1892 e 1893 com o propósito de comprovar que parte das fundações do pórtico colunar era posterior àquelas do restante do edifício; deduziu-se que o pórtico colunar teria sido acrescentado em alguma data entre os principados de Adriano e Sétimo Severo. Tal conclusão gerava grandes dificuldades e um recente reexame[43] dos fatos descobertos em 1892 e 1893 lançou sérias dúvidas quanto à sua validade. Além disso, investigações mais cuidadosas acerca da junção entre o pórtico colunar e a estrutura projetada revelaram ser quase impossível considerá-los não-contemporâneos, e praticamente não deixaram dúvidas de que um pórtico colunar existiu desde o início. A conclusão de que em sua forma atual o Panteon é, na íntegra, obra da época adriânica parece irresistível, muito embora exista a possibilidade de que algo da construção de Agripa tenha sido reutilizado no pórtico colunar.

É preciso acrescentar que Cozzo avança bem mais longe em sua crítica à concepção predominante. Embora atribua a rotunda, conforme vimos, ao projeto original de Agripa, considera a projeção sólida e o pórtico um mesmo acréscimo posterior, talvez da época de Sétimo Severo, no local de uma construção bem isolada e anterior a Agripa. A entrada original, a seu ver, localizava-se no outro lado da rotunda, ao sul, e sustenta que um espaçoso salão, ainda parcialmente preservado e que quase intercepta a rotunda naquele lado, mas que não aparece na Fig. 104, constituía o vestíbulo original e o local onde estavam originalmente as colunas do pórtico remanescente. É quase seguro que, ao menos no fim do período imperial, esse salão fosse parte das Termas de Agripa, cuja parte principal situava-se mais ao sul, porém Cozzo assevera que teria sido transferido do Panteon para as Termas ao tempo em que foi aberta a nova entrada ao norte da rotunda. Essa ousada teoria, sustentada por diversos argumentos referentes a detalhes, talvez pudesse ser adaptada de modo a permitir datar-se a rotunda do período de Adriano, mas, ainda assim, parece pouco provável que venha a conquistar uma aceitação geral.

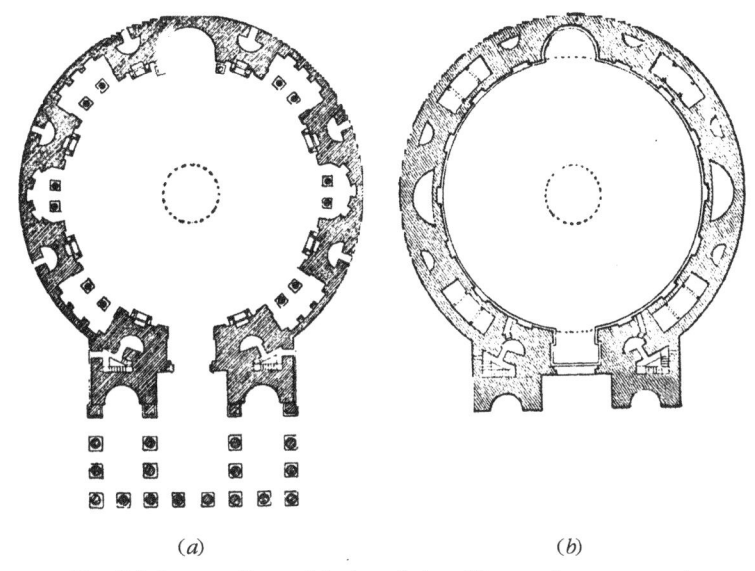

CONSTRUÇÃO ROMANA. ARCOS, ABÓBADAS E CÚPULAS 293

(a) (b)

Fig. 104. Panteon, Roma: (a) planta baixa, (b) corte da parte central

Na parte interna do edifício (Lâm. XVII) a parede circular vertical é dividida através da ornamentação em duas fatias, sendo a inferior a de maior altura. Uma série de colunas e pilastras coríntias situadas ao nível do chão sustentam um entablamento completo, apenas interrompido na entrada e em um nicho exatamente oposto a esta, acima do qual corre uma faixa lisa de parede, diversificada pela presença alternada de painéis e nichos retangulares encimados por frontões embutidos. Acima destes corre uma cornija, acima da qual se origina a cúpula, de 42,8 m de diâmetro interno; sua superfície interna, revestida de concreto, é ornamentada, na maior parte de sua altura, com caixotões escalonados embutidos, habilmente projetados de modo a exagerarem a perspectiva; sua decoração original está perdida. No topo encontra-se uma abertura circular, de cerca de 9 m de diâmetro, inteiramente aberta para o céu e ainda hoje orlada por um original anel de bronze ornamentado.

Parece óbvio, à primeira vista, que abaixo do nível do entablamento das colunas coríntias a parede principal não é sólida e contínua: consiste, na verdade, como o mostra a planta (Fig. 104), de oito imensas pilastras, separadas por nichos de tal profundidade que as paredes detrás destes, alternadamente retas e curvas, devem ser tidas como meras cortinas, praticamente sem importância estrutural. Exceto na entrada, coberta por uma abóbada cilíndrica, que ocupa o lugar de um nicho, e no nicho diretamente oposto, ambos coroados por arcos aparentes, a parede sobreposta parece apoiar-se agora diretamente no entablamento sustentado pelas colunas coríntias, distribuídas aos pares em cada nicho, porém um exame da estrutura revelou (Fig. 105) que todas as pilastras estão interligadas por arcos de tijolo que nascem pouco acima do nível desse entablamento. Atualmente estes se encontram mascarados no interior das paredes, mas toda essa parte sofreu repetidas reformas e não há certeza quanto ao desenho original; o tijolo, é óbvio, jamais foi deixado aparente. Duas paredes verticais, situadas em posição radial à circunferência do edifício, dividiam a parte superior da abertura existente sob cada um desses arcos em três compartimentos; tais paredes estão alinhadas com as colunas, enquanto arcos existentes em suas partes inferiores concentram sua carga sobre o entablamento acima das colunas e sobre a parede externa do edifício. Havia igualmente um cuidado, através da adoção de pequenos arcos ocultos, no sentido de concentrar nas colunas a carga das paredes que preenchiam os espaços entre os arcos principais e o entablamento. Aos arcos principais que cobriam os nichos também se juntavam arcos segmentares colocados nas pilastras sólidas.

As paredes, abaixo da cúpula, são inteiramente revestidas de tijolo e os arcos acima dos nichos seguramente corriam como abóbadas cilíndricas através das paredes, mas tudo indica que o restante do aparelho fosse um revestimento comum para uma estrutura de concreto. As pilastras, como se vê na planta, eram parcialmente vazadas, e também ali existia um elaborado sistema de arcos de descarga. A estrutura da cúpula já é mais problemática. Seu intradorso aparente não passa de uma película de concreto especialmente leve, e essa estrutura seguramente era revestida interna e externamente com tijolos planos ligeiramente inclinados para dentro, com grandes tijolos de amarração a certos intervalos. Embora se afirme com freqüência que o material empregado era unicamente o tijolo, parece mais provável que este constituísse um simples revestimento para um núcleo de concreto. A cúpula, tal como as paredes, tem um sistema de arcos de descarga, mas o conhecimento que se tem deles é imperfeito. Seguramente havia um arco na parte mais inferior da cúpula, acima de cada qual dos grandes nichos, que correspondia àqueles da parte superior da parede vertical, recém-descritos; contudo, esses arcos

Fig. 105. Panteon, Roma, com os arcos de tijolo nas paredes e cúpula

existentes na cúpula⁴⁴ não eram, como os de baixo, interligados entre si por arcos segmentares acima das pilastras. O tijolo que revestia a cúpula não era vertical, mas inclinava-se menos para a frente do que a superfície de concreto, que se torna mais espessa à medida que ganha altura a partir da base. Acima dos arcos já mencionados quase tudo é obscuro, e é possível demonstrar serem fantasiosos os elaborados esquemas de arcos de descarga publicados por Piranesi e outros. O modo como a cúpula foi efetivamente erigida pode apenas ser imaginado, embora as dificuldades técnicas de tal construção sejam por vezes exageradas.

A estrutura desse edifício esplêndido é sobremodo interessante, mas é pouco provável que aqueles que pisam ali pela primeira vez concentrem a atenção em seus problemas de engenharia, pois seu desenho simples é de uma nobreza irresistível. O agradável efeito do interior talvez se deva, em parte, ao fato de o diâmetro interno da cúpula ser equivalente à sua altura total a partir do piso. O esquema de iluminação a partir de uma única abertura central é extremamente eficaz e a experiência demonstra ser desprezível o inconveniente das chuvas em um edifício de proporções tão colossais.

Com exceção das coberturas cônicas dos frigidários das termas de Pompéia, todas as cúpulas mencionadas até aqui estavam situadas sobre ambientes perfeitamente circulares, cujas paredes externas ofereciam um suporte imediato e natural; além disso, esses frigidários contavam com uma parede interna circular, igualmente vantajosa. Bem mais difícil é apoiar uma cúpula sobre uma estrutura internamente quadrada, e a única solução satisfatória para o problema é a adoção, nos quatro cantos, de "pendentes" triangulares, que formam, neles mesmos, partes de uma esfera. A função dos pendentes é criar para a cúpula uma resistente base circular. É possível fazer com que a curvatura da cúpula seja contínua àquela dos pendentes, todavia o mais usual, para se obter uma altura adicional, é que a cúpula apresente uma curvatura diversa. Tal é a solução adotada, por exemplo, na Basílica de Santa Sofia, em Constantinopla. Na Basílica de São Pedro, em Roma, e suas descendentes, um tambor cilíndrico separa a cúpula da parte superior dos pendentes. São muitas as soluções menos sofisticadas para o problema: em construções de pequeno porte, é possível, por exemplo, converter o topo do quadrado em um octógono através de blocos localizados transversalmente aos vértices e, a seguir, caso se queira, em um polígono, permitindo então que a circunferência da cúpula repouse sobre o octógono ou polígono[45]. Resultado idêntico pode ser obtido nos edifícios de proporções maiores através da instalação de "trompas" nos cantos. Tais soluções já estão prefiguradas nas "cúpulas" misuladas de alguns túmulos etruscos e ocorrem em obras do período imperial, sobretudo na Síria, mas os arquitetos romanos não tardaram em tatear o caminho para o pendente e, em alguns casos muito raros, por pouco não chegaram nele; por exemplo em uma sala do palácio de Domiciano no Palatino e em alguns túmulos. Seus pendentes, contudo, eram projetados com pouco engenho: não havia um entendimento claro de que deveriam constituir segmentos de uma superfície esférica e eram por vezes chatos e por

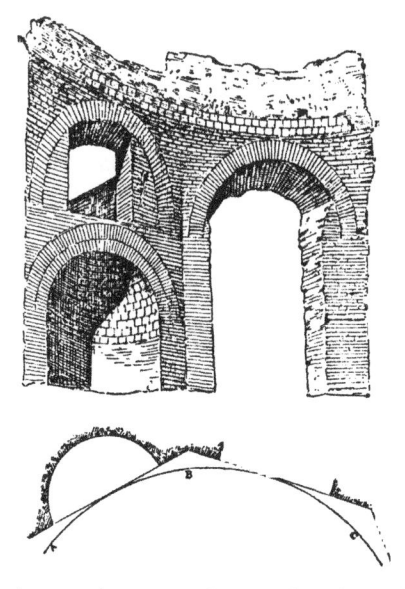

Fig. 106. Termas de Caracala, Roma: esboço e planta baixa de parte do salão octogonal. A linha *ABC* mostra a projeção da cúpula entre os pontos *m* e *n*

vezes prolongavam, até uma certa altura, o ângulo reentrante das paredes de que se originavam. Provavelmente o exemplar romano mais bem-sucedido seja aquele encontrado (Fig. 106) em dois salões cupulares, correspondentes e octogonais (externamente quadrados), das Termas de Caracala[46], descritas mais adiante no presente capítulo, em que os pendentes formam a transição do octógono para a circunferência da cúpula; mesmo neste caso, porém, a pronunciada angulação das paredes se prolonga a uma certa altura do pendente. Na verdade, o método não foi completamente compreendido ou sistematicamente explorado nas construções importantes até o Período Bizantino. Não há testemunho indiscutível de que fosse conhecido em um período mais recuado em alguma parte do Oriente.

A vila de Adriano, nas proximidades de Tívoli, a antiga Tibur, distante cerca de 24 km de Roma, da qual falaremos mais no último capítulo, abrigava diversos experimentos importantes na construção de cúpulas, vagamente contemporâneas ao Panteon. Uma das cúpulas mais bem preservadas é aquela existente no vestíbulo (Fig. 107) da "Piazza d'Oro", a estrutura assinalada com a letra *K* na parte esquerda da Fig. 134, que, sob vários aspectos, incluindo a abertura central no topo, se assemelha à do Panteon, embora seja muito menor, com um diâmetro interno, excluindo os nichos, de aproximadamente 10 m. Suas paredes, tal como as do Panteon, consistem essencialmente em oito pilastras, sobre as quais se concentra a carga, com as porções intermediárias de parede reduzidas, na maior parte de sua altura, a nichos alternadamente curvos e retangulares. Mas enquanto no Panteon essa construção se encontra externamente embutida em uma única parede circular, aqui os fundos dos nichos revelam externamente sua forma interna e o edifício assume o aspecto de uma espécie de octógono, com os lados alternadamente retilíneos e curvos, entre os quais as pilastras apresentam contrafortes igualmente pujantes, interligados no alto por uma série de arcos externos. Internamente, as pilastras são interligadas por arcos situados por sobre os nichos, acima dos quais, na parte inferior da cúpula, se localiza uma série superior de nichos semicirculares menores. A forma da cúpula enfatiza ainda mais o desenho octogonal, uma

Fig. 107. Vila de Adriano, Tívoli: vestíbulo da "Piazza d'Oro". (Extraído do *Handbuch der Architektur*, Vol. II, J. M. Gebhardt's Verlag, Leipzig, Alemanha)

vez que consiste em oito segmentos côncavos separados por arestas reentrantes, que se originam de blocos de travertino. A parte interna do edifício abrigava originalmente, nos ângulos reentrantes, uma série de colunas livres que aparentemente sustinham os blocos situados sob as arestas, mas cuja importância estrutural provavelmente era pouca ou nenhuma.

Essa cúpula é um belo exemplo de economia e inventividade, e mostra sua estrutura real com uma franqueza revolucionária. Mas está longe de ser um exemplar único: o Serapeu, na mesma vila, tinha uma cúpula bastante semelhante e há outros exemplos contemporâneos e posteriores. O chamado Templo de Minerva Médica, um ninfeu talvez interligado aos Jardins Licinianos, em Roma, erguido em meados do século III d.C., é uma estrutura em que assenta uma cúpula de aproximadamente 24,5 m de diâmetro, apoiada em dez pilastras reforçadas por contrafortes externos. As pilastras ao nível do chão são separadas por recessos, a maior parte dos quais delimitada por paredes curvas semelhantes a absides; a parte superior da parede vertical é provida de grandes janelas localizadas entre as pilastras. A cúpula, externamente escalonada, tem uma estrutura composta por dez nervuras de tijolo em correspondência com as pilastras e os contrafortes. Dois contrafortes especiais, de proporções bastante grandes, foram instalados junto às pilastras defronte à entrada, talvez em razão de uma ameaça de desmoronamento à época da construção.

As Termas de Caracala, erguidas no início do século III d.C., tinham diversas cúpulas além daquelas já mencionadas. A maior delas, de cerca de 35 m de diâmetro, cobria o caldário ou lacônico, um grande recinto circular (assinalado com o número 9 na Fig. 110), preservado muito precariamente, que se projetava da parte sul do bloco principal das instalações balneárias propriamente ditas. Apoiava-se, como usualmente, em oito pilastras, interligadas aqui por meio de arcos situados acima de janelas, imediatamente abaixo da cúpula, e também por uma segunda série de arcos mais abaixo, um esquema que conferia às aberturas superiores uma certa semelhança aparente com um trifório romanesco. As faces internas das pilastras eram curvas, mas os arcos eram todos planos e a transição para a circunferência da cúpula era obtida por meio de toscos pendentivos. O intradorso da cúpula era revestido com ladrilhos chatos, uma característica já discutida[47], e seu peso era reduzido pela inserção de recipientes ocos, o primeiro exemplo importante[48] de um método que seria desenvolvido cientificamente no início do Período Bizantino, especialmente em Ravena.

Há uma cúpula notável no Mausoléu de Diocleciano[49], em seu célebre palácio situado em Espalato (Salona), na costa dálmata, que será descrito mais adiante[50], erguido por volta do início do século IV d.C. A construção, visível na planta do palácio, Fig. 135, está bem preservada, a despeito de algumas alterações drásticas decorrentes de sua transformação em uma catedral. O edifício é externamente octogonal, com cada lado do octógono medindo aproximadamente 8 m de comprimento. Ergue-se sobre um pódio de aproximadamente 3,3 m de altura, sob o qual se encontra uma cripta cupular. Circundava-o externamente um conjunto de 24 colunas coríntias, algumas das quais foram removidas; têm cerca de 6,4 m de altura, incluindo os pedestais isolados em que se apóiam; os capitéis daquelas situadas nos vértices do octógono foram curiosamente adaptadas à sua posição, apresentando ábacos pentafacetados. Essas colunas sustinham uma meia-água revestida de telhas; havia um pórtico tetrastilo, destruído, no entanto, durante a Idade Média para dar lugar a um campanário e cujos detalhes são obscuros. As colunas externas são predominantemente de granito, porém algumas são de mármore e, entre estas, duas têm caneluras, uma característica rara em Espalato; podemos identificar aqui, bem como em outras partes do palácio, a adaptação de elementos preexistentes provindos de edificações mais antigas, mas o empréstimo revela moderação e bom gosto. As paredes da cela, construídas em alvenaria sem o uso de argamassa, têm aproximadamente 3 m de espessura, mas são reduzidas através de oito profundos nichos internos – alternadamente retangulares e curvos –, ao esquema habitual de oito grandes pilastras; a porta dá para um dos nichos retangulares. O diâmetro interno, afora os nichos, é de aproximadamente 13 m. Entre os nichos, oito colunas coríntias de granito, de cerca de 9 m de altura, erguem-se junto à parede e sustentam partes projetadas de um entablamento embutido. Acima destes, erguem-se sobre a cornija oito colunas semelhantes, porém muito menores, alternadamente de granito e porfirito. Essas colunas são desprovidas de bases e seus capitéis são alternadamente coríntios e compósitos; seu entablamento segue as mesmas linhas que aquele que se encontra abaixo; imediatamente abaixo desse entablamento superior, um largo friso entalhado percorre toda a extensão da parede interna. Devido à sua projeção, essas colunas não contribuem para sustentar a cúpula semicircular, que nasce aproximadamente 1,2 m acima do topo da cornija superior.

A estrutura da cúpula (Fig. 108), cujo ápice interno encontra-se a aproximadamente 21,5 m acima do piso, é muito interessante. Consiste em uma casca dupla de tijolos, com largas juntas de argamassa, cada casca com cerca de 30 cm de espessura. Os tijolos da casca interna estão dispostos, na base, em doze grandes arcos semicirculares. Entre – e por um amplo cinturão acima destes – são distribuídos em uma rede de pequenos segmentos de arco, que sugerem as escamas de um peixe, na qual cada tijolo forma parte de um arco; porém, abaixo dos arcos semicirculares e na parte superior da cúpula, os tijolos estão dispostos em fiadas horizontais comuns. Esse complicado sistema não se prolonga até a casca externa. A cúpula foi expandida externamente, através do uso de concreto leve, de modo a formar uma pirâmide octogonal, e sem dúvida possuía ladrilhos de terracota ou bronze; os ladrilhos atuais são modernos. Foi sugerida a existência, originalmente, de uma abertura central, porém o mais provável é que a iluminação proviesse unicamente de um arco de descarga vazado, situado acima do lintel da porta. Tudo indica que a cúpula fosse ornada na parte interna com mosaicos, tal como seguramente o era o vestíbulo circular[51] do palácio propriamente dito.

A cúpula do Mausoléu de Santa Constância, em Roma (Fig. 109 e Lâm. XIX*b*), ainda hoje em pé, nos leva bem ao limite cronológico ao qual o presente livro está confinado, pois talvez seja posterior a Constantino[52] e seguramente não lhe é anterior. Seu grande interesse reside no fato de aqui, pela primeira vez, a cúpula hemisférica, de cerca de 11 m de diâmetro, repousar sobre um tambor sustentado por uma arcada de colunas. O ápice da

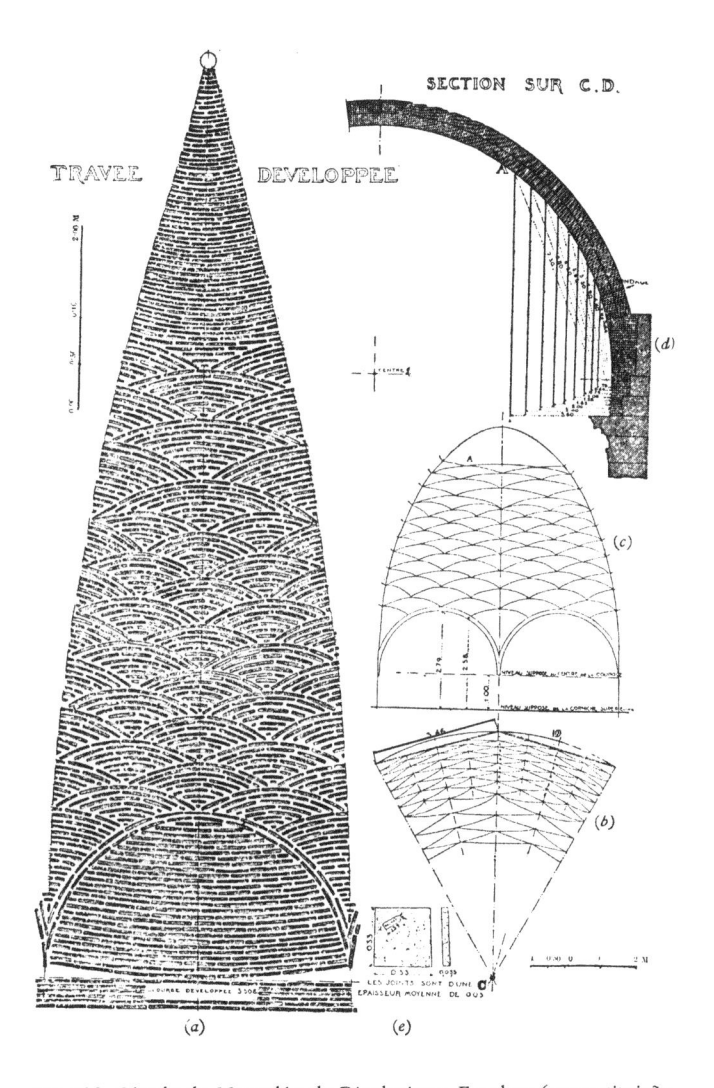

Fig. 108. Cúpula do Mausoléu de Diocleciano, Espalato (reconstituição desenhada por Hébrard)
(*a*) Elevação real de 1/12 do interior: (escala em metros à esquerda)
(*b*) Planta mostrando 1/6 do interior
(*c*) Corte mostrando o mesmo
(*d*) Corte ao longo da linha *C-D* em (*b*)
(*e*) Um tijolo da cúpula

(escala em metros à direita)

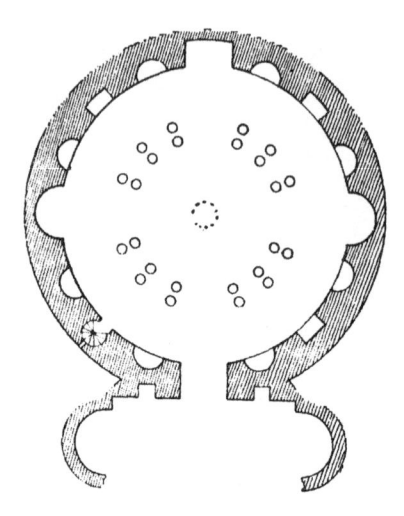

Fig. 109. Santa Constância, Roma

coluna encontra-se a aproximadamente 19 m acima do piso. Essas colunas estão distribuídas em doze pares, aquelas de cada par muito próximas entre si; sua posição obedece à direção dos raios da circunferência, e sustentam uma parte isolada de entablamento completo. Essas doze partes de entablamento estão interligadas por arcos abertos existentes na parede sólida que sustenta o tambor sobre o qual repousa a cúpula; a espessura dessa parede equivale ao comprimento (cerca de 1,52 m) do segmento da arquitrave em cada parte do entablamento. O empuxo que a cúpula poderia exercer sobre o tambor é neutralizado por uma abóbada cilíndrica quase contínua que interliga a parede sustentada pelas colunas, em um ponto imediatamente acima do topo de seus arcos, com uma parede externa com aproximadamente 3 m de espessura; o diâmetro do espaço delimitado pela parede externa é de aproximadamente 22 m. O tambor se elevava como um clerestório aparente com doze janelas arqueadas, bem acima da cobertura dessa abóbada cilíndrica que cobre essa galeria. A porta era mascarada por um vestíbulo com extremidades absidais, e a parede externa era contínua extremamente, mas dividia-se internamente pela porta e por três grandes nichos em quatro partes.

As colunas estão agrupadas em quatro partes correspondentes, com os arcos situados opostamente à porta e os grandes nichos mais largos que os demais; cada uma das quatro partes da parede contém três nichos menores. A cúpula propriamente dita lembra, em termos do formato, aquela do Panteon, e tinha originalmente uma abertura central. Foi construída em concreto com nervuras de tijolo e ladrilhos de amarração colocados a intervalos.

Os grandes estabelecimentos públicos de banho do Império, conhecidos como *Thermae*, exibiam alguns dos mais ousados avanços da construção romana de estruturas arqueadas. Os mais antigos foram construídos por Agripa entre 25 e 12 a.C., mas os dois mais bem preservados são os de Caracala e os de Diocleciano; é provável que as Termas de Nero, e as de Trajano mais ainda, obras de Apolodoro de Damasco, tenham estabelecido o modelo geral seguido pelos arquitetos ulteriores. As Termas de Caracala foram predominantemente construídas por este imperador, que governou de 211 a 217 d.C., mas foram concluídas por Alexandre Severo, cerca de vinte anos após sua morte. Os elementos essenciais dessa imensa estrutura (Fig. 110) são aqueles de qualquer terma romana, porém amplamente elaborados. O edifício principal se situa na direção do extremo norte de uma subestrutura quadrada, de cerca de 6 m de altura e 327,5 m de lado, partes da qual continham câmaras abobadadas utilizadas para caldeiras e outras finalidades. O conjunto da subestrutura, parcialmente à vista nos jardins, era cercado por um muro. A entrada principal localizava-se no centro da face norte. Ao sul, atrás dos jardins, encontravam-se um estádio e os reservatórios, os quais eram alimentados pelo aqueduto Márcio. Projeções recurvas, ou êxedras, nas faces leste e oeste, abrigavam construções subsidiárias como bibliotecas e os dois salões octogonais já mencionados.

O edifício principal era um complexo engenhoso mas mecanicamente simétrico de recintos fechados e espaços abertos, de alturas variadas, alguns com mais de um pavimento; a exata destinação de muitos deles é hipotética. Já foi dito o bastante acerca das cúpulas nessa construção[53]; de importância no mínimo idêntica é o desenvolvimento das abóbadas de aresta, do qual ela serve como ilustração. Os exemplos secundários poderão ser igno-

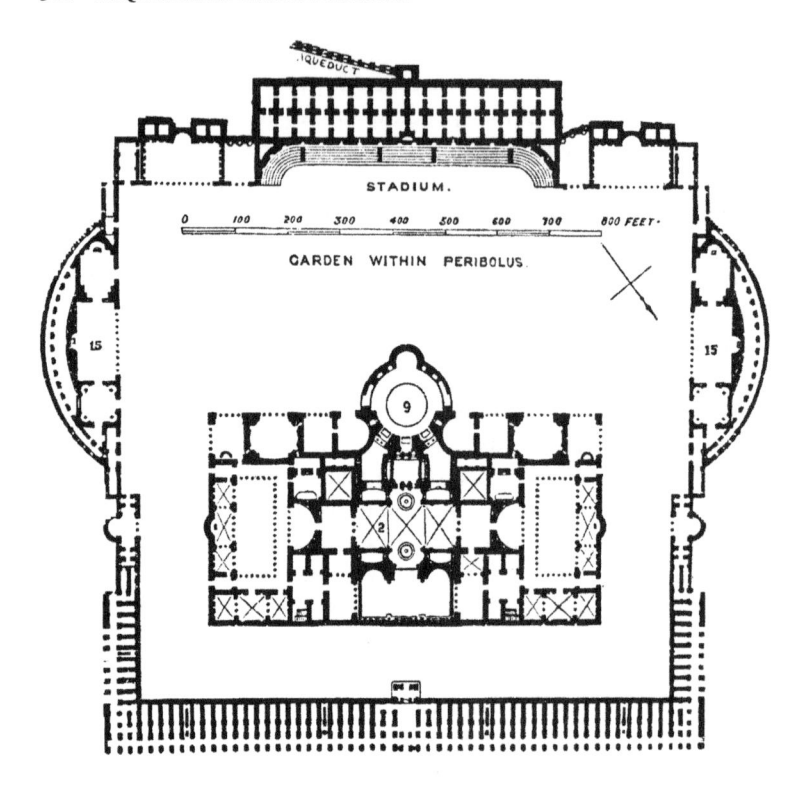

Fig. 110. Termas de Caracala, Roma (reconstituição): o norte situa-se aproximadamente na parte de baixo

rados em favor do grande salão retangular (2 na Fig. 110) que formava o elemento central e dominante de todo o bloco. Freqüentemente é identificado como o tepidário, ou sala de aquecimento moderado, mas não se vê ali nenhuma instalação de calefação, e constituía, com mais probabilidade, o apoditério ou vestiário. Suas dimensões internas são de aproximadamente 51,5 m por 25 m. Os apoios principais de sua cobertura de concreto eram oito grandes pilastras, tal como em tantos outros edifícios romanos, dispostas em duas fileiras paralelas e interligadas por oito arcos, três em cada lado e um em cada extremo, e que se elevavam até o topo da abóbada de arestas, que era em três vãos. Os detalhes da parte superior do salão são largamente hipotéticos, mas não há dúvidas quanto ao acerto geral da reconstituição que figura na Lâm. XVIII. Para fins de descrição, todavia, mais conveniente será passarmos de imediato a um espaço que lhe corresponde estreitamente, o salão principal das Termas de Diocleciano, erguido nos primeiros anos do século IV d.C., que sobreviveu à Idade Média substancialmente intacto e que, entre 1560 e 1570, foi convertido por Michelangelo, com diversas alterações, na igreja de Santa Maria degli Angeli. O piso foi erguido cerca de 2,10 m acima do nível original e as colunas foram dotadas de bases falsas, catastróficas para as proporções do edifício; no século XVIII o caldário cupular foi incorporado, de forma insensata, à igreja. A cobertura desse grande salão, que mede aproximadamente 60,5 m por 24,5 m, repousa, como aquela das Termas de Caracala, em oito imensas pilastras e consiste em três vãos de uma abóbada quadripartida, com resistentes nervuras de tijolo ao longo das arestas, interligadas por uma trama leve preenchida por tufo e pedra-pomes. Na verdade, a abóbada aparenta originar-se do entablamento, que se projeta por sobre oito imensas colunas monolíticas de granito egípcio, de cerca de 15 m de altura e 1,5 m de diâmetro, e não há um consenso entre as autoridades modernas quanto ao grau em que tais colunas contribuíam para absorver a carga da abóbada, neste e em outros exemplares romanos semelhantes. Não há dúvidas de que na Basílica Nova, a ser descrita pouco adiante, a remoção de colunas, distribuídas de forma semelhante, não acarretou, ao menos em nenhum dos casos, o desmoronamento das abóbadas, que aparentemente se converteram em uma massa monolítica incorporada às pilastras junto às quais estavam situadas as colunas; é possível, no entanto, que a remoção ou destruição de tais colunas tenha acelerado o desmoronamento de no mínimo algumas dessas estruturas arqueadas, por exemplo, aqueles do grande salão das Termas de Caracala. Seja como for, seria precipitado presumir, ainda que as colunas não tivessem função alguma, que elas também fossem planejadas para não ter função alguma. O estudo recente e penetrante da cúpula da Catedral de São Paulo, em Londres, revela o quão difícil para um arquiteto é predizer quais serão efetivamente todas as tensões e empuxos a que estará submetida uma estrutura coberta por uma cúpula ou abóbada. Que os romanos estivessem aparelhados para enfrentar empuxos temerários em seus grandes espaços com cobertura arqueada é amplamente claro na construção de seus elaborados contrafortes, alguns dos quais devem ser descritos agora; de modo algum se pode afiançar que contavam com que tais esforços desaparecessem tão logo o volume todo estivesse finalmente solidificado.

As oito pilastras da grande sala eram interligadas no alto, ao longo dos quatro lados do retângulo, por arcos de mesma altura que as abóbadas, bem como por uma série inferior de arcos, que davam, assim nas laterais como nas extremidades do salão, em uma série de ambientes interligados e de menor altura; desses ambientes, ao menos aqueles situados nas laterais podem ser considerados partes do mesmo todo, sendo comparáveis aos vãos da nave lateral de uma catedral. O espaço intermediário entre os arcos superiores e inferiores era preenchido por um clerestório com janelas muito amplas, cada qual dividida por meio de fasquias verticais, ou mainéis, em três luzes. Os empuxos previstos eram elaboradamente absorvidos. Os três ambientes de cada nave lateral eram separados por grandes paredes, onde se abriam grandes portas em arco, paredes estas que atuavam como contrafortes junto às pilastras principais. Cada recinto lateral era coberto por uma abóbada cilíndrica própria, em ângulo reto com os eixos principais do salão, de modo que não havia carga sobre suas paredes externas. As paredes-contrafortes prolongavam-se para o alto acima da cobertura dos recintos laterais até encontrar com a linha de origem das nervuras diagonais da abóbada principal. Seu acabamento era diferente nos dois lados, mas as partes visíveis de ambos os conjuntos, acima das coberturas das naves laterais, eram vazadas com arcos, conferindo-lhes o aspecto, não fantasioso de todo, de contrafortes suspensos. Tampouco se satisfez o arquiteto com a resistência dessas grandes paredes, pois, em cada caso, foi instalado um contraforte adicional junto à face externa das mesmas; alguns desses contrafortes externos tinham a função adicional de torres de escadaria. As faces frontal e posterior do grande salão e das naves laterais eram reforçadas

CONSTRUÇÃO ROMANA. ARCOS, ABÓBADAS E CÚPULAS 309

pela justaposição de salas de menor altura com abóbadas de aresta nervuradas. A excelência científica de todo esse arranjo ofusca o interesse na decoração, cuja maior parte desapareceu mas que, sem dúvida, era de grande riqueza e esplendor.

Ainda que em ruínas, talvez seja a Basílica Nova de Maxêncio[54] (Fig. 111), concluída por Constantino após 313 d.C., o mais impressionante de todos os monumentos romanos. Mais ampla que os grandes salões das termas, não diferia destas, porém, em nenhum aspecto importante, exceto por estar isolada do complexo de ambientes até então associados a uma tal estrutura. O acréscimo de proporção diz respeito quase exclusivamente ao comprimento, bem como à largura das naves laterais, uma vez que a na-

Fig. 111. Basílica Nova de Maxêncio, Roma (reconstituída por Durm). *No alto à direita*: fragmento de estrutura arqueada com impressões de telhas planas. (Extraído do *Handbuch der Architektur*, Vol. II, J. M. Gebhardt's Verlag, Leipzig, Alemanha)

ve central não era muito mais larga que as dos salões das Termas de Caracala e Diocleciano, possuindo pouco mais de 24,5 m. A maior largura das naves laterais, relativamente à nave central, tinha uma razão estrutural. Em uma construção isolada, o uso de contrafortes adicionais, como aqueles do salão de Diocleciano, resultaria em efeito desagradável esteticamente, fazendo-se necessário, portanto, conferir às paredes entre os vãos das naves laterais um comprimento suficiente para que resistissem sozinhas ao empuxo previsto da abóbada principal. Essas paredes se assemelham de perto àquelas do salão de Diocleciano, com arcos entre os vãos e acima da cobertura das naves laterais; tinham topos oblíquos, como aquelas no lado sudoeste daquele salão. Também a abóbada principal era construída de forma semelhante, com nervuras de tijolo e uma trama mais leve, e parecia originar-se de colunas monolíticas; seu ponto mais elevado situava-se a 34,6 m acima do chão. As abóbadas cilíndricas das naves laterais possuíam nervuras de tijolo entremeadas por tijolos profundamente encaixotados. As paredes externas das naves laterais eram vazadas por duas fileiras de aberturas em arco, três por vão em cada fileira; as aberturas inferiores eram portas situadas no nível do chão, e restringiam-se aos lados maiores, enquanto as superiores eram janelas que corriam por toda a volta da construção. Havia também imensas janelas de clerestório nas lunetas de cada vão da nave, e janelas similares nas extremidades. Na face leste havia um vestíbulo estreito, cuja altura aproximada correspondia à metade daquela das paredes das naves laterais, com uma cobertura de concreto; apresentava uma abertura em arco em cada extremo e outras cinco a leste, e comunicava-se com o interior por meio de cinco portas. A presença desse vestíbulo contribuía algo para reforçar a parede leste, e idêntica função era desempenhada na face oeste por uma abside, de largura quase idêntica à da nave central. Constantino deitou fora a unidade do projeto, transpondo a entrada principal para a face sul, mais conveniente, onde acrescentou um pórtico colunar, e instalando uma segunda abside no vão central da ala lateral norte. A Basílica Nova, indestrutível pelo fogo, era uma obra-prima de simplicidade e grandeza. Sua particularidade menos eficaz era a separação dos vãos das naves laterais, embora as portas arqueadas entre elas minimizassem os inconvenientes. A construção se conservou por centenas de anos, apesar de negligências para com seus materiais. Estava substancialmente intacto no século VII, quando o papa Honório I removeu as placas de bronze que protegiam o exterior da cobertura, porém quatro séculos mais tarde estava em ruínas. Somente a nave lateral norte ainda se mantém em pé, com parte do início da abóbada central[55].

Outro exemplo notável de construção romana posterior de estruturas arqueadas[56] é o templo de Vênus e Roma, imediatamente a leste da Basílica Nova. Foi originalmente projetado pelo imperador Adriano, mas a superestrutura remanescente data do período de Maxêncio, que, segundo consta, restaurou a construção após um incêndio, embora sua plataforma de concreto, que mede 144 m por 99,4 m e era cercada por uma colunata, seja original. A parte principal do templo consiste em duas celas cobertas por abóbadas cilíndricas, com paredes externas de grande espessura. Cada cela termina em uma abside, com ambas absides localizadas no centro, unidas por suas faces posteriores, mas ocultas pela continuidade das paredes externas. Externamente, o templo era normal, pseudodíptero, com colunas coríntias de mármore, dez por vinte. É de mesma ordem de grandeza que os mais amplos templos gregos, medindo no estilóbato cerca de 47,5 m por 104,5 m.

Os romanos raramente construíam cúpulas inteiramente em alvenaria; o melhor exemplar é aquele do curioso templo circular situado em Baalbek (Fig. 112 e Lâm. XIX*a*) já mencionado[57]. Os detalhes de sua ornamentação se assemelham àqueles do "Templo de Baco" e dos Propileus do grande templo, mas parecem datar, em grande parte, de um período bem mais adiantado, o início do século III d.C. O conjunto da estrutura foi situado cronologicamente no principado do imperador Filipe, o Árabe, em uma de cujas moedas imagina-se estar representada, porém Weigand recentemente formulou a hipótese de que o traçado geral e parte da decoração remontem ao início do século II d.C. A cúpula ruiu por terra, mas resta dela o suficiente para evidenciar que foi deixada, tal como vários outros elementos do templo, em es-

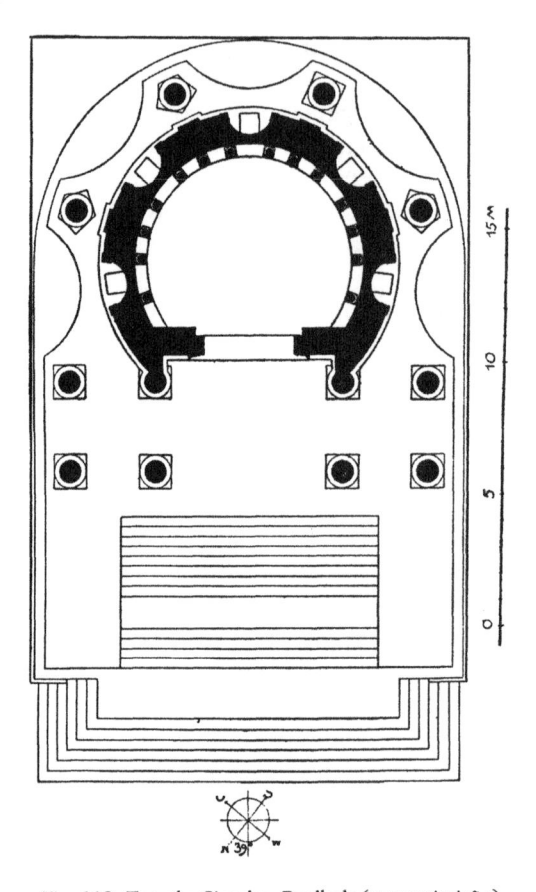

Fig. 112. Templo Circular, Baalbek (reconstituição)

tado inacabado. A planta tem por base um engenhoso traçado geométrico, que não pode ser explicado aqui. A exemplo de outras tantas construções romanas, uma larga parcela da parede consiste essencialmente em um anel de pilares unidos por delgadas paredes-cortina, pois existem cinco profundos nichos semicirculares na parte externa, embora ocupem tão-somente a metade da parede, que tem pouco menos de 1,2 m de espessura. Uma parede retilínea ao norte, onde está situada a porta, elimina uma grande parte da circunferência. O edifício tem por base um pódio retangular, de cerca de 2,9 m de altura, e apresenta um pórtico prostilo retangular, mais largo que a cela e que consiste em duas fileiras paralelas de quatro colunas cada, o par central da fileira posterior embutido de modo a formar as antas de um pórtico de pouca profundidade à frente da parede retilínea ao norte. Há também quatro colunas coríntias, com capitéis coríntios pentafacetados, dispostos à maneira de um pteroma ao redor da cela circular; o entablamento é desenhado segundo uma série de laços côncavos, cujas partes centrais se apóiam na parede da cela acima dos nichos. Essas partes de entablamento constituem, na verdade, arcos horizontais, dispostos de maneira tal a transmitir qualquer empuxo que a cúpula possa exercer sobre as partes mais frágeis das paredes para os pesados volumes de alvenaria que repousavam sobre as colunas. É desconhecida a configuração exata do pórtico, mas a largura do intercolúnio central sugere o uso de alguma forma de arco. É possível que o arquiteto pretendesse dotar a estrutura toda de uma cobertura única de madeira, que se assemelharia àquela de uma construção retangular absidal, mas tudo leva a crer que esta jamais tenha sido executada na íntegra. O diâmetro interno da cela é de aproximadamente 9 m.

O efeito da construção, em seu conjunto, é surpreendentemente barroco. Há muito de aprazível, para um olhar livre de preconceitos, em seu arrojado desafio às convenções; seu desenho é bem mais elaborado que os da média dos templos grecoromanos.

Podemos concluir o presente capítulo[58] com algumas palavras acerca de um notável tipo de estrutura romana, o sólido Mausoléu circular, derivado das grandes construções tumulares erguidas pelos etruscos a partir do século VII a.C. Os túmulos etruscos chegavam a ter por vezes 48,5 m de diâmetro; eram predominantemente de terra, mas apoiavam-se em um tambor redondo entalhado na rocha ou de alvenaria e formavam internamente uma estrutura alveolar de câmaras e galerias. Um dos mais célebres exemplares romanos é o túmulo de Cecília Metela, na Via Ápia, datado do principado de Augusto e que tinha por base um pódio quadrado. Mais importantes são os mausoléus de Augusto e Adriano. Sabe-se, com base em descrições antigas, que o de Augusto, de cerca de 85 m de diâmetro, era ornamentado com árvores e coroado pela estátua do Imperador. Internamente, era reforçado por anéis e paredes de concreto formando suporte dispostos em posição radial, entre as quais se localizavam as câmaras, algumas cobertas por abóbadas cilíndricas, outras sem cobertura, mas predominantemente preenchidas com terra, recurso ideado para neutralizar os esforços da terra e da alvenaria sobreposta. A magnífica parede externa, revestida em travertino e que sustinha um entablamento dórico, tinha 5,15 m de espessura e se elevava a grande altura.

O mausoléu de Adriano, famoso como o Castelo de Santo Ângelo, era do mesmo tipo geral, mas o tambor circular erguia-se de um pódio quadrado (cerca de 86,4 m de lado), tal como no túmulo de Cecília Metela; é provável, no entanto, que o acréscimo desse pódio tenha sido uma idéia posterior, surgida durante os trabalhos de construção. Havia um jardim no grande tambor, acima do qual se erguia, em uma base quadrada, uma estrutura circular de diâmetro bem mais reduzido, provavelmente coroada por uma quadriga. Sua altura provável era de aproximadamente 55 m.

CAPÍTULO XVI
Basílicas, teatros, anfiteatros e outros monumentos romanos

Bastante se discorreu até aqui, tendo em vista os limites deste livro, acerca da construção romana em geral e de dois importantes tipos de edifícios romanos, os templos e as termas públicas. Quanto aos vários outros tipos, apenas os mais relevantes poderão ser aqui descritos, e o presente capítulo enfocará especialmente as basílicas, os teatros, anfiteatros e arcos monumentais[1]. Destes, os teatros e anfiteatros, em particular, permitem trazer à luz vários outros aspectos da construção romana.

Já se apontou[2] a inexistência de edificações helenísticas rigorosamente comparáveis a uma basílica na Grécia ou Ásia Menor; existe, contudo, uma grande variedade de tipos de basílica e poucas exibem características tão notáveis a ponto de sua existência causar necessariamente grande surpresa. Diversas basílicas apresentam o sistema de iluminação através de clerestórios, em que a altura das naves laterais, tal como em uma igreja gótica, é inferior à da nave central. Já mencionamos alguns exemplos desse sistema, especialmente a Basílica Nova[3], e a misteriosa construção nas proximidades da Porta Maggiore[4], que sem dúvida seria iluminada dessa forma não fosse subterrânea; contudo, não se pode considerar tal sistema um traço essencial desse tipo de edifício, uma vez que está ausente do mais antigo exemplar conhecido, o de Pompéia, que será descrito a seguir, embora essa construção tivesse naves laterais, bem como de diversos outros, posteriores, como os de Timgad e Trier, salões retangulares simples ou absidais totalmente desprovidos de colunas internas. Leroux[5] classificou as basílicas em duas categorias, a grega e a oriental, a primeira com a entrada situada, tal como nos templos, em uma das extremidades mais estreitas, e normalmente dividida por intermédio de colunas em nave central e laterais, a segunda com a entrada situada em um dos lados maiores e normalmente provida de colunas internas distribuídas em um ou mais retângulos concêntricos. A classificação é conveniente, mas sua importância, controversa; a basílica de Pompéia combina as diferenças de ambos os tipos, enquanto é possível encontrar a disposição "oriental" dos suportes internos na Agremiação dos Cnídios, em Delfos, e também, de forma quase completa, na cela do Partenon.

Dificilmente se poderá forjar alguma definição geral da basílica mais abrangente do que esta: trata-se de um salão coberto, via de regra retangular ou absidal, e freqüentemente provido de colunas internas, destinado a finalidades bastante próximas àquelas do fórum (ao qual normalmente é contíguo), a saber, o intercurso geral, social e comercial, bem como a audição de processos jurídicos; para esta última finalidade, existe, usualmente, uma estrutura especial, a tribuna, colocada em uma das extremidades, a ser ocupada pelo magistrado dirigente. Comparada ao fórum, tem a desvantagem de ser menos espaçosa e a vantagem de estar protegida do vento e da chuva. Mesmo essa ampla definição talvez seja demasiado particular, pois é possível que a basílica de Pompéia fosse predominantemente a céu aberto. A construção desse tipo de salão constituía um evidente aprimoramento com relação às colunatas tradicionais da ágora grega e talvez tenha sido iniciada nas cidades helênicas do sul da Itália, embora a denominação sugira, antes, algum dos reinos helenísticos, como o Egito ou a Síria. Já vimos[6] que o Salão Hipostilo de Delos, erguido em aproximadamente 210 a.C., prenuncia consideravelmente o tipo "oriental".

A mais antiga basílica de que se tem notícia é a Basílica Pórcia, construída em Roma por Catão, o Velho, em 184 a.C. Esta tinha três irmãs na cidade antes do fim do século II a.C. e, por volta do século I d.C., aparentemente a presença das basílicas era

BASÍLICAS E OUTROS MONUMENTOS ROMANOS 317

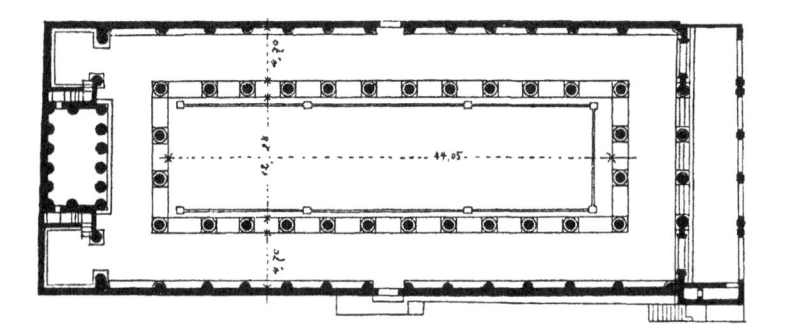

Fig. 113. Basílica, Pompéia (medidas em metros). (Extraído do *Handbuch der Architektur*, Vol. II, J. M. Gebhardt's Verlag, Leipzig, Alemanha)

quase obrigatória em cidades com alguma pretensão de importância.

Tomando por base considerações estilísticas, a basílica de Pompéia (Fig. 113) se afigura uma construção datada de cerca de um quarto de século antes que Sila houvesse implantado a colônia romana em 80 a.C.; seu limite cronológico inferior está determinado pelo fato de um certo C. Pumídio Dípilo ter riscado ali seu nome em 3 de outubro de 78 a.C. Talvez o edifício seja inspirado em protótipos napolitanos, porém suas medidas baseiam-se não em um pé grego, mas osco; é possível que devamos buscar seu modelo nas basílicas romanas do século II, desaparecidas, soberanas na Itália muito antes da implantação da colônia de Pompéia. Que se tratava de uma basílica é seguro, pois diversos circunstantes rabiscaram a palavra na parede externa ao lado de uma das entradas. Estava orientada no sentido leste-oeste, media cerca de 54,5 m por cerca de 24 m, e era dividida por 28 colunas grandes de tijolo em um espaço central e um corredor circundante. Parece seguro, dada a dimensão de seu diâmetro, que essas colunas não sustentavam uma fileira superior, como também parece seguro que as paredes externas se elevavam à mesma altura que as colunas, de sorte que não haveria um clerestório. Essas paredes possuíam, em sua face interna, colunas embutidas até parte da altura das mesmas e, acima disso, porções de parede alternadamente vazadas por janelas e espaços abertos abrigando grupos de pequenas colunas. É controverso se o espaço central era ou não coberto: talvez o conjunto da construção contasse com um telhado de duas águas em madeira, com um teto plano, porém muitos sustentam, atualmente[7], que a parte central era a céu aberto. A entrada principal estava situada na face menor, voltada para o leste, e consistia em cinco portas separadas por pilastras e colunas; havia ali um pequeno átrio, entre a basílica e a colunata, no extremo sudoeste do fórum. Havia também uma porta no meio de cada fachada maior. A face oeste abrigava uma tribuna em dois pavimentos, o inferior parcialmente subterrâneo. A tribuna erguia-se à plena altura do edifício, enquanto ao norte e ao sul da mesma situavam-se dois recintos mais baixos, um de cada lado. O material das paredes era o pedregulho de lava e a cal, com a utilização, porém, de alvenaria de tufo para as pilastras, batentes de portas e quinas. O conjunto era revestido de estuque e decorado internamente no chamado estilo "incrustado", uma imitação plástica em estuque do verniz de mármore, característico do século II a.C. As colunas de tijolo, igualmente revestidas de estuque, já foram mencionadas[8].

A basílica mais antiga seguinte da qual boa parte se conserva é a Basílica Emília, situada a noroeste do Fórum Romano; mas embora sua planta aparentemente date do fim do período republicano, o edifício foi escavado e publicado de forma tão imperfeita que será mais elucidativo descrever a Basílica Júlia, semelhante embora posterior, situada no lado oposto do Fórum. A construção original, erguida por Júlio César, não chegou até nós. Augusto a reconstruiu a partir de uma nova planta, que provavelmente correspondia, em essência, àquela das ruínas hoje existentes, muito embora a obra cujos vestígios se vêem hoje pareça em sua maior parte posterior aos subseqüentes incêndios ocorridos no final do século III d.C. A planta consiste em um grande espaço central, medindo aproximadamente 16 m por 81,5 m, com naves laterais duplas nos quatro lados, separadas do espaço central e entre si por pilares quadrados com pilastras embutidas. O retângulo mede, no todo, aproximadamente 48,5 m por 100 m. Os elementos remanescentes datam, provavelmente, da época de Diocleciano, o final do século III d.C. Os pilares eram interligados por abóbadas de aresta em concreto. Não havia paredes externas contínuas: uma terceira fileira de pilares ocupava o lugar destas, de modo que a planta se assemelha àquela de um templo tríptero desprovido de cela. Havia provavelmente um segundo pavimento, de desenho similar, exceto por sobre o espaço central, e talvez um clerestório com janelas por sobre a fileira mais interna de pilares; a parede do clerestório sustentava as vigas transversas de uma cobertura de madeira, talvez mascarada por um teto plano; possivelmente, porém, o espaço central era descoberto. Na parte sul, mais afastada do fórum, uma fileira de recintos com no mínimo dois pavimentos de altura interligava-se à fileira externa de pilares.

Dentre as basílicas posteriores, aquela de Maxêncio e Constantino já foi descrita[9]. A basílica de Timgad, no norte africano, visível à direita do fórum (13) na Fig. 86, e que media cerca de 16 m por 33 m, tinha uma de suas faces maiores ao lado do fórum, a partir da qual se dava o acesso ao edifício através de duas portas, mas era planejada internamente a partir do eixo maior, considerando que uma das extremidades menores abrigava uma tribuna elevada e a outra, três nichos, dois quadrados e um circular. Não havia colunas internas e a cobertura era em madeira. Uma série de recintos, tal como na Basílica Júlia, abriam-se no lado oposto ao fórum. A data é o início do século II d.C.

Uma notável basílica posterior é a de Trier ou Trèves (Augusta Treverorum) às margens do Mosela, preservada de maneira esplêndida e em uso, atualmente, como igreja, tendo sobrevivido ao longo da Idade Média como um palácio residencial. É provável que tenha sido erguida por Constantino no início do século IV d.C. Trata-se de um simples salão retangular com cobertura em madeira, de cerca de 27,6 m de largura internamente e quase duas vezes essa medida de comprimento, com o acréscimo de uma abside semicircular, não tão larga quanto a nave central e com aproximadamente 13 m de profundidade. Não existem divisões internas, mas a abside está separada da nave por um grande "arco de capela-mor" e seu piso é mais elevado. As paredes muito espessas são de concreto revestido de tijolo e apresentam duas fileiras de grandes janelas em arco, nove em cada fileira nos lados maiores e quatro em uma fileira na abside. Entre as janelas as paredes são reforçadas por pilastras-contrafortes, com mais de 27 m de altura, interligadas no alto por arcos semicirculares. A fachada sul é inteiramente moderna, mas sem dúvida era a entrada principal, precedida por um pórtico colunar; existe também uma pequena porta no extremo norte de cada lado maior e imediatamente ao norte de cada uma destas uma escadaria em caracol, iluminada por diminutas janelas que se abriam na espessura da parede. Existem nichos internos ao redor da abside. O piso era vazado e aquecido por ar quente.

A cúria, ou local de reunião dos senadores e conselheiros municipais, era usualmente um simples salão retangular, desprovido de colunas internas, por vezes abrigando um nicho ou uma abside na extremidade oposta à porta. Outras construções semelhantes relacionadas à administração civil freqüentemente eram localizadas ao lado da cúria.

Devemos passar agora aos teatros e anfiteatros romanos. São numerosos os exemplos remanescentes e nada podemos pretender aqui senão um esboço geral, ilustrado por alguns exemplares importantes.

O teatro romano, a exemplo do drama romano, tinha origem grega, mas, nos exemplares mais antigos que se conhecem, bem como na descrição de Vitrúvio, difere sob vários aspectos de todos os teatros gregos dos períodos clássico ou helenístico conhecidos. Será conveniente relacionar logo as principais diferenças.

O teatro grego consistia, conforme vimos[10], de duas partes nitidamente separadas: um auditório elevado, que em planta excedia algo a forma de um semicírculo, e uma construção cênica, ou *skene*, de altura bem menor; a curvatura da arquibancada no nível mais baixo, que circundava a orquestra, podia ser completada, ou quase completada, de modo a formar um círculo, sem interceptar a fachada da *skene* ou mesmo do proscênio ligeiramente projetado, quando havia um. No teatro romano o auditório, ou *cavea*, semicircular, estava ligado à construção cênica como uma estrutura única, de sorte que era necessária a existência de passagens arqueadas que permitissem o acesso à orquestra no ponto de junção e sobre as quais normalmente eram localizados "camarotes" destinados aos espectadores proeminentes. As paredes da construção cênica, ou *scaena*, se elevavam à altura do topo da *cavea*. O palco, ou púlpito, projetava-se a uma tal distância do proscênio que a orquestra se viu reduzida a um semicírculo; além disso, enquanto o proscênio era alto o suficiente para permitir que os atores passassem por debaixo dele para pisar a orquestra e sua fachada fosse tratada como uma colunata, vedada unicamente por painéis e portas de madeira, o palco era baixo e via de regra tinha ao fundo uma sólida parede, embora esta por vezes fosse vazada por portas que davam acesso ao espaço inferior, sobretudo quando o piso do palco era revestido com tábuas de madeira. Nos teatros romanos a orquestra fazia parte do auditório; era normalmente disposta em amplos degraus para a acomodação de cadeiras móveis para os espectadores notáveis, e abrigava, por vezes, tanques decorativos. A *skene* com seu proscênio não costumavam ultrapassar o diâmetro da orquestra, mas o palco normalmente apresentava o dobro de seu comprimento, enquanto a *scaena* era, com freqüência, ainda mais extensa. A parede posterior da *skene* propriamente dita tinha um desenho simples, mas a parede situada no fundo do palco romano, a *scaenae frons*, ou fachada cênica, via de regra era decorada com um elaborado padrão de colunas e nichos em duas ou mais fileiras. Por fim, embora os romanos, assim como os gregos, tivessem preferência pelo aproveitamento de encostas para a localização de seus teatros, muitas vezes se viam forçados, sobretudo nas grandes cidades, a erguê-los em terrenos planos, prática esta que conduziu a importantes desenvolvimentos em termos da estrutura da *cavea*.

A origem dessas peculiaridades romanas é hipotética. Nem todas são o resultado de uma evolução direta no desenho do teatro helenístico. Num período já tão adiantado como o século II a.C., muito tempo depois que as adaptações de peças gregas houvessem sido encenadas pela primeira vez em Roma, o Grande Teatro de Pompéia foi erguido segundo uma planta puramente grega, e parece plausível que um teatro essencialmente grego tenha sido erguido em Esparta no período de Augusto – em parte alguma deparamos com uma transição autêntica. Do final do período republicano em diante, vários teatros antigos situados na Itália, Sicília, Grécia e Ásia, incluindo o Grande Teatro de Pompéia, foram total ou parcialmente romanizados, o que invariavelmente significava uma drástica remodelação. Há muitos anos se admite que é preciso buscar a solução do problema no longo período em que os teatros romanos eram construídos unicamente em madeira, bem como na influência, sobre a arquitetura teatral, das farsas, populares no sul da Itália, dos flíacos gregos e da atelana osca, largamente encenadas em Roma. Quanto aos flíacos, contamos com o testemunho das pinturas em vasos, em que se vêem atores em um palco de madeira, por vezes elevado, por vezes baixo. Com respeito ao período da construção de teatros romanos em madeira tudo de que dispomos são registros literários dos mais escassos, mas tudo indica que por muito tempo a arquitetura teatral romana tenha-se limitado a um palco de madeira diante do qual os espectadores permaneciam em pé. A iniciativa de um censor em construir um teatro permanente de madeira em 150 a.C. foi detida pelo Senado, que se recusou a autorizar o uso de assentos, muito embora se tenha notícia de peças encenadas mesmo anteriormente, no Circo, às quais os espectadores podiam assistir sentados. Em 58 a.C., no entanto, o edil M. Escauro foi autorizado a construir um teatro em madeira de esplendor sem precedentes e, três anos mais tarde, Pompeu, conta-se que inspirado pela beleza do teatro grego de Mitilene, deu a Roma seu primeiro teatro em pedra. Vitrúvio[11] menciona a construção de diversos teatros de madeira a cada ano em Roma, mas não fornece detalhe algum, exceto que possuíam *tabulationes complures*, "abundantes entabuamentos" ou "diversos pisos".

O mais antigo teatro remanescente projetado e construído sob um governo estritamente romano é o Pequeno Teatro de Pompéia, uma obra primitiva da colônia romana implantada por Sila em 80 a.C. Trata-se de uma estrutura retangular (Fig. 114), sem dúvida coberta por um telhado, segundo o testemunha uma inscrição. Fiechter[12] sustenta, com perspicácia, que o edifício fornece a chave para o caráter da arquitetura teatral romana e, por essa e outras razões, merece uma descrição detalhada. Em planta, consiste simplesmente em um pequeno teatro, de tipo generi-

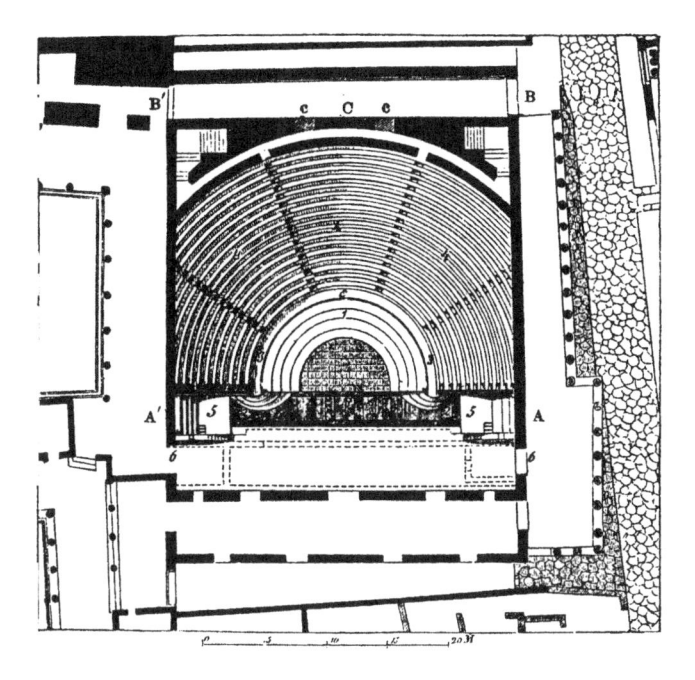

Fig. 114. Pequeno Teatro, Pompéia

camente romano, encaixado em um retângulo de paredes em pedra de altura uniforme através do método procrustiano de amputar aquelas partes da *cavea* que normalmente se projetariam para além dos limites do palco. A *cavea*, que se apóia em uma subestrutura sólida, tem a forma curvilínea habitual e os espaços livres deixados por essa curva nos dois vértices posteriores foram aproveitados para abrigar escadarias, cujo acesso se dava através de portas (*c, c*) a partir de um corredor abobadado (*C*) posterior, cujo acesso, por sua vez, dava-se através de duas portas (*B, B'*). O espaço entre a *cavea* e o palco era maior do que na maioria dos teatros romanos, embora a orquestra fosse de caráter puramente romano, dotada de quatro amplos degraus circulares (1) para assentos móveis. Havia entradas laterais ou *parodoi* arqueados (*A, A'*), acima das quais se localizavam plataformas (5,5), com três fileiras de assentos cada uma, para servirem de camarotes. O palco era baixo e profundo, e prolongava-se até as paredes externas em cada lado. Era possível ter acesso a ele a partir do exterior em cada extremidade (6, 6) e havia três portas importantes e duas pequenas em sua parede dos fundos, a *scaenae frons*, cuja decoração consistia simplesmente em pinturas; atrás da *scaenae frons* localizava-se um recinto profundo, a *scaena*, de mesma largura e talvez mesma altura que o edifício. As partes superiores da estrutura se perderam, mas é provável que houvesse janelas abaixo do telhado. A parte principal do teatro, excluindo a *scaena* atrás da *scaena frons*, é quase um quadrado com cerca de 29 m de lado internamente. A profundidade interna da *scaena* é de cerca de 4 m, enquanto a *cavea* tinha capacidade para abrigar por volta de 1.500 pessoas[13].

A configuração desse teatro obviamente é fruto de um ajuste entre um salão retangular e um teatro curvilíneo. Fiechter supõe que, por trás dessa configuração, há uma tradição de teatros retangulares em madeira, com arquibancadas retilíneas dispostas paralelamente ao palco. A teoria é atraente, uma vez que explicaria a prática romana de interligar *cavea* e *scaena* em uma mesma estrutura; todavia, os testemunhos são tão escassos que no momento deve ser considerada uma hipótese. Não temos provas de que os teatros romanos de madeira fossem quer retangulares quer cobertos, e não se deve esquecer que a acomodação de um auditório curvilíneo em uma construção retangular tem um precedente no Bouleutério de Mileto[14], do início do século II a.C., e talvez também no Tersílion de Megalópolis[15], do século IV a.C. Há diversos outros exemplares desse tipo de teatro romano coberto: o de Aosta, no norte da Itália, datado, talvez, dos últimos anos da República, difere daquele de Pompéia por possuir uma parede dos fundos curvilínea, paralela às arquibancadas da *cavea*. Alguns exemplares posteriores são muito pequenos, por exemplo, dois em Pisídia, um em Termesso com capacidade para 600 pessoas, e outro em Cretópolis, com capacidade para 200. Todos possuíam plantas as mais simples possíveis: o maior contava com paredes de alvenaria, de cerca de 90 cm de espessura, e media aproximadamente 22,5 m em cada lado internamente. Esse gênero de teatro pequeno, destinado a música e recitações, recebia freqüentemente a denominação de Odeom, mas o termo tem pouca conotação técnica. Basta lembrar o Odeom de Péricles, em Atenas[16], e apontar o célebre Odeom de Herodes Ático na mesma cidade, quase seguramente um teatro romano comum, com um auditório a céu aberto.

Não dispomos de espaço para empreender uma descrição dos principais teatros romanos remanescentes em ordem cronológica. Melhor será começar por um entre os mais perfeitos de todos, o de Aspendos, na Ásia Menor, e então relacionar, por meio de comparação com alguns outros – em especial o de Orange, próximo a Avignon, na França, o melhor preservado da Europa –, algumas das características peculiares às várias regiões do Império Romano.

Aspendos está situada próxima à foz do rio Eurímedon, em Panfília, na costa sul da Ásia Menor. Provam-no inscrições que o teatro (Fig. 115), inteiramente de alvenaria, foi construído por volta de meados ou na segunda metade do século II d.C. A *cavea* foi escavada em uma encosta, mas o caráter do teatro é quase inteiramente romano, embora a curvatura da arquibancada ultrapasse ligeiramente um semicírculo. A *cavea*, cujo diâmetro é de aproximadamente 95 m, era, a exemplo de vários outros teatros romanos, contornada por uma passagem coberta na parte superior, a qual foi reformada na antigüidade. A *cavea* tinha capacidade para acomodar cerca de 7.000 pessoas, e era possível colocar outras 500 na orquestra. O palco, com pouco mais que 1,5 m de altura e cerca de 7 m de profundidade, tinha um piso de madeira. A *scaena* se eleva à mesma altura que a *cavea*, à qual estava interligada. Não se estende por toda a largura da *cavea*, com cujo lado retilíneo está interligada através de paredes laterais projetadas, as versuras, imediatamente abaixo das duas extremidades da grande passagem, ou precintio, que dividiam a platéia em dois níveis. A *scaena* tinha altura de 22,8 m, largura aproximada de 62 m, e o espaço entre suas paredes frontal e posterior, por volta de 4 m. Cada uma de suas extremidades abrigava uma escadaria, com sete janelas retangulares ao fundo, que conduzia aos pavimentos superiores, em número de dois, embora todas as divisões internas tenham desaparecido na atualidade. A parede dos

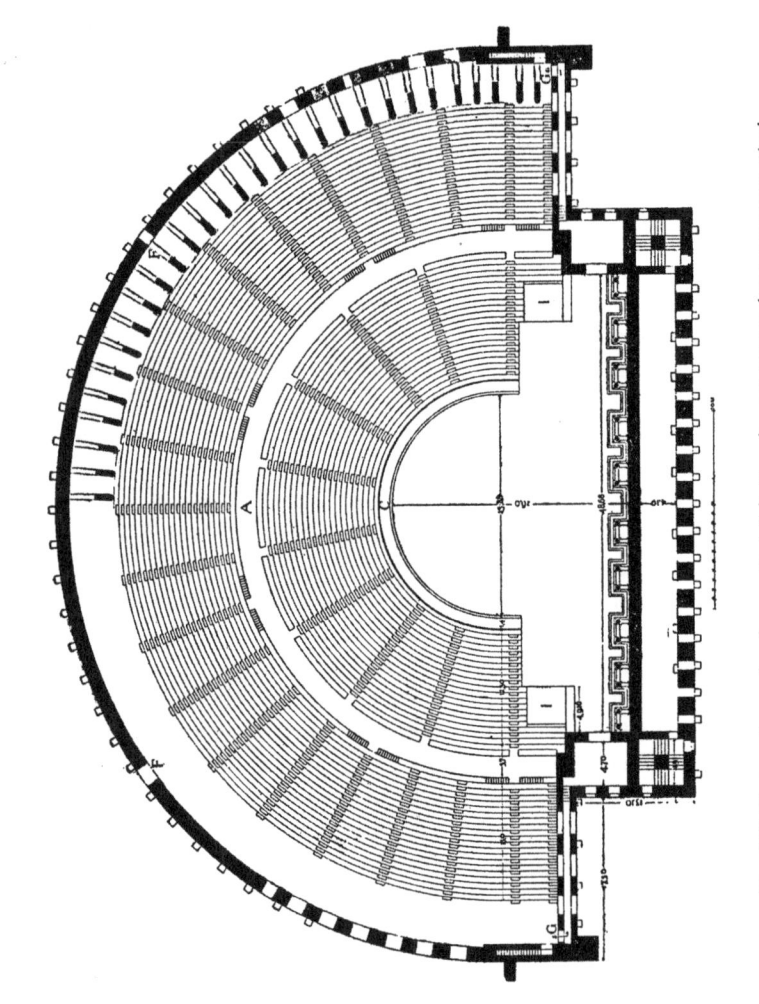

Fig. 115. Teatro, Aspendos (reconstituição). Paredes representadas no mesmo nível da passagem que contorna o topo da *cavea*

Fig. 116. Teatro, Aspendos: parede externa da *scaena* (pouco mais da metade é visível; a tabuleta com inscrições acima das portas da direita é moderno)

fundos, da qual se pode ver pouco mais da metade na Fig. 116, tinha cinco portas no nível do chão, que iam diminuindo em tamanho a partir da intermediária, e seis janelas. Em seguida vinha um importante pavimento, com nove janelas retangulares, embutidas em grandes aberturas em arco com a finalidade de ampliar a altura aparente das janelas. Esse pavimento era ornado por uma série de pilastras a sustentar uma arquitrave contínua, que se prolonga, por sobre cada abertura, em forma de arco. O pavimento seguinte apresenta o mesmo número de janelas simples, seguindo-se então duas fileiras de consolos projetados, nove em cada fileira, o conjunto superior provido de orifícios circulares, o inferior contendo reentrâncias circulares na superfície. Entre as duas fileiras existe uma série de aberturas quadradas parecendo janelas[17]. A função desses consolos e aberturas será discutida tão logo o restante da *scaena* tenha sido descrito.

A *scaenae frons*, ou parede frontal da *scaena*, se encontra em bom estado de conservação – há vestígios de verniz de mármore e é possível reconstituir com segurança a maior parte dos detalhes que se perderam (Fig. 117). Cinco portas, em exata correspondência com aquelas situadas na parede traseira, conduziam ao palco, e havia duas fileiras sobrepostas de decoração, ca-

Fig. 117. Teatro, Aspendos: *scaenae frons* (reconstituição)

da qual formada por dez pares de colunas livres, as inferiores provavelmente de mármore e as superiores de granito; nenhum capitel chegou até nós. Em cada fileira, cada par de colunas sustentava uma parte de um entablamento completo, incluindo arquitrave, friso e cornija; esse entablamento prolongava-se para trás em ângulos retos com relação à parede e ali continuava em forma embutida. Na fileira superior, cada seção de entablamento livre era encimada por um frontão. Aquelas situadas nas extremidades externas tinham meios-frontões, com cornijas inclinadas abruptamente, interrompidas nas laterais; os três pares seguintes, em cada lado, exibiam frontões sucessivamente curvo, reto e curvo. Os dois pares em cada lado do centro ostentavam meios-frontões retos, como aqueles nas extremidades externas, mas o esquema todo era harmonizado por prolongamentos embutidos das cornijas inclinadas desses meios-frontões centrais na face da *scaenae frons*, formando, juntamente com o entablamento embutido abaixo, um grande e completo frontão central, cujo tímpano era ornado com esculturas em relevo. Todos os frontões exibiam estátuas à maneira de acrotérios laterais e havia nichos com esculturas entre os pares de colunas, além de três janelas no primeiro pavimento. As versuras, ou paredes laterais que delimitavam o palco, praticamente não eram adornadas, embora cada uma contivesse duas janelas; a parte superior de cada parede lateral apresenta um recesso que marca o perfil de uma cobertura de madeira sobre o palco, com um declive no sentido da platéia para a *scaenae frons*. Suas vigas principais evidentemente assentavam em uma série de pilastras semelhantes a ameias (elevadas de maneira irregular no período pós-clássico) que coroavam a *scaenae frons*, de onde se prolongavam por sobre a *scaena* até sua parede posterior, com a qual se encontravam no nível das aberturas entre as duas fileiras de consolos já mencionadas. Tudo indica que essas aberturas servissem ao duplo propósito de suster uma estrutura para afixar as pontas das vigas e de fazer escoar as águas pluviais para fora do edifício. É necessário admitir também a existência de uma cobertura inferior, ou teto, de construção mais leve e declive mais acentuado, que se encontrava com a *scaenae frons* acima do pináculo do frontão embutido central, mas abaixo dos pilares toscos que serviam de apoio às vigas principais. Certamente os consolos da parede dos fundos acomodavam postes de madeira; consolos semelhantes foram instalados por toda a extensão da *cavea* e sua finalidade deve ter sido a de sustentar um velário por sobre a platéia. Tais conclusões são reforçadas por indícios ainda mais evidentes no teatro de Orange, a Arausio romana, ao qual devemos agora nos voltar.

Esse teatro freqüentemente é considerado contemporâneo ao de Aspendos, todavia remonta provavelmente, ao menos em suas feições principais, a um período mais recuado, o século I d.C., embora seja posterior ao teatro vizinho de Arles, iniciado durante o governo de Júlio César e concluído durante o império de Augusto, que exibe traços gregos quase completamente ausentes em Orange. A *cavea*, precariamente conservada, é maior que a de Aspendos, com cerca de 103 m de diâmetro. É parcialmente encravada na encosta, mas uma passagem subterrânea corre entre sua parede posterior e um sólido muro de arrimo que se ergue na encosta. Escadarias externas conduziam até essa parte do topo da *cavea*, coroada em toda sua extensão por uma colunata coberta. As partes do teatro que não se apóiam na encosta formam uma estrutura alveolar composta por galerias e escadarias cobertas. Tal era a prática romana usual nos teatros e anfiteatros que não tinham a *cavea* escavada em uma encosta. A parede externa dessas estruturas exibe como que um conjunto de pilastras interligadas por duas ou mais séries sobrepostas de arcos e normalmente decoradas com colunas embutidas e entablamentos, tais como aqueles da galeria dórica do Tabulário[18]. A banda superior da parede é normalmente a face externa de uma galeria coberta acima da *cavea*, e pode ser maciça ou vazada por janelas quadradas. Tal sistema de construção se mostrava econômico em termos de material e facilitava sobremodo o acesso às diversas fileiras de assentos, além de permitir a criação de passagens cobertas para os espectadores durante as tempestades. As passagens eram cobertas de diversas maneiras, via de regra através de abóbadas cilíndricas de pedra ou concreto; vez por outra, nos anfiteatros de Arles e Nîmes, por exemplo, encontramos pequenos trechos de abóbadas cilíndricas em ângulos retos com relação à passagem e apoiadas em vigas transversais de pedra; por vezes adotavam-se tetos planos de pedra. Procuraremos deixar claros os principais elementos de tal estrutura na descrição do Coliseu[19].

Em Orange, bem como em Aspendos, a característica mais notável é a *scaena* (Lâms. XX*a*, *b*). À primeira vista as duas *scaenae* parecem muito semelhantes, porém as diferenças entre ambas são consideráveis. A de Orange não é, como aquela de Aspendos, uma construção retangular com paredes frontal e posterior retilíneas. Consiste essencialmente em uma parede posterior retilínea com uma série de projeções à maneira de pequenas torres, de contornos diversos, na parte dianteira, a maioria das quais contém ambientes isolados porém acessíveis. Essas pequenas torres, que constituem a *scaenae frons*, formavam um fundo bem mais dinâmico para uma decoração colunar do que a parede lisa de Aspendos. Em Orange, ainda, a parede posterior se prolonga de maneira contínua por toda a extensão da *cavea*, com os ângulos que ultrapassam os limites do palco preenchidos por imensos blocos retangulares atrás das versuras. As dimensões da parede dos fundos, à qual Luís XIV se referia como "la plus belle muraille de mon royaume" ["o mais belo paredão de meu reino"], são, portanto, bem maiores do que as de Aspendos: cerca de 103 m de largura por 36,5 m de altura. Possui externamente, ao nível do chão, uma série de aberturas em arco, com as pilastras e o entablamento habituais, e a mesma decoração corre ao longo das laterais dos blocos angulares, onde há duas aberturas em arco ao nível do chão e duas no primeiro pavimento. O número de aberturas em arco propriamente ditas ao nível do chão na parede dos fundos é dezessete, além de quatro arcos cegos. Três das aberturas conduziam ao palco e se distinguem das demais por ostentarem lintéis do arco reto encimados por arcos de descarga vedados; em duas aberturas o lintel se encontra no mesmo nível que os topos dos arcos semicirculares das outras aberturas, mas o central é bem mais alto. O resto das aberturas conduzia a pequenos recintos fechados, salvo as duas em cada extremidade, que conduziam para os blocos retangulares situados atrás das versuras. Apesar da decoração das pilastras, é nítido que a parte inferior dessa parede, incluindo uma faixa lisa acima das aberturas, originalmente ficava encoberta por alguma estrutura hoje perdida, que deixou vestígios de suas paredes laterais e também da posição do telhado, que era horizontal na maior parte de sua extensão, mas apresentava um declive nas extremidades. Mesmo na ausência de tais vestígios, seria necessário admitir a existência de ao menos um pórtico aberto ao longo da parede a fim de proteger e ocultar aqueles atores que pisavam o palco vindos dos fundos; os teatros norte-africanos de Duqqa e Timgad[20], datados do século II d.C. e que, tal como o de Orange, eram desprovidos de uma *scaena* verdadeira, ostentavam, ambos, um pórtico desses na parte posterior. Acima do telhado vinha uma arcada cega, seguindo-se uma cornija e então, a um intervalo considerável, uma faixa projetada de alvenaria, arredondada no topo e, por fim, a um intervalo ainda mais largo, a cornija que rematava a parede. Existe uma fileira de consolos com orifícios, ligeiramente abaixo do topo, e uma segunda fileira mais abaixo, imediatamente acima da cornija por sobre a arcada cega. As duas fileiras de consolos, bem como a faixa arredondada de alvenaria entre elas, serão discutidas mais adiante.

As versuras, ou paredes que ladeiam o palco, propriamente ditas, são de mesma altura que a parede dos fundos, mas as outras paredes dos blocos retangulares são mais baixas, salvo em alguns pequenos trechos nas quinas. As mais baixas são as paredes laterais externas, enquanto os cimos daquelas defronte à *cavea* apresentam uma inclinação do nível mais alto para o mais baixo; essas inclinações e níveis revelam o modo como era solucionada a cobertura dos blocos angulares. Tudo indica que o topo da *cavea* propriamente dita fosse ligeiramente mais baixo do que a parte mais baixa das paredes externas dos blocos laterais e, portanto, consideravelmente mais baixo que a *scaenae frons*; trata-se de um desenho pouco habitual e seu significado será discutido em poucas linhas.

Aparentemente a *scaenae frons* era ornada com três lances de decoração colunar, exceto na parte central, que ladeava a porta principal, onde havia apenas dois lances na parte superior, acima da porta, um grande nicho, provavelmente para abrigar a estátua de um imperador. Um pódio, que acompanhava a linha das diversas projeções, sustinha o lance inferior de colunas, localizado a uma distância maior das paredes do que o sugere a maioria das reconstituições publicadas; ainda se pode encontrar alguns fragmentos das cornijas de mármore embutidos nas paredes. O palco tinha cerca de 13 m de largura total e uma mureta frontal retilínea; aqui, a exemplo de vários outros teatros romanos[21], são claros os vestígios dos aparatos para fazer descer até um fosso, atrás da mureta, a cortina que ocultava o palco dos espectadores. O palco era coberto por um tablado, e havia quatro degraus que conduziam até ele a partir das portas dos fundos. Havia camarotes acima das entradas em arco que davam para a orquestra em cada lado, enquanto nesta provavelmente havia três amplos degraus, semelhantes aos quatro de Pompéia[22], para acomodar as cadeiras dos espectadores proeminentes.

Resta considerar os consolos vazados e a faixa arredondada na parte de trás, bem como os indícios da existência de uma cobertura sobre o palco. Os elementos, embora nítidos, são usualmente, apresentados de modo equivocado. O sistema geral se assemelhava estreitamente àquele de Aspendos. Embutidos na face interna da parede traseira da *scaena* havia uma série de nichos retangulares simples, cujos topos estavam no mesmo nível que a faixa arredondada na face externa. Tal como em Aspendos, as versuras contêm vestígios de uma cobertura com um declive voltado para os fundos, em um nível tal que suas telhas estariam imediatamente acima dos topos desses nichos; toda a extensão da parede externa nesse nível é vazada com uma série de pequenas aberturas próximas umas das outras, que conduziam até canais encravados na superfície superior da faixa arredondada, destinados a lançar as águas das chuvas da cobertura do palco para longe da parede: a superfície inferior, chata, da faixa arredondada, é socavada a fim de impedir o refluxo da água em direção à parede. Não há dúvidas de que os nichos abrigavam uma estrutura de madeira, com vigas que sustentavam um teto de inclinação mais acentuada, como em Aspendos, a correr da beirada frontal do telhado superior à parte inferior dos nichos, sendo o telhado e o teto interligados por tirantes de madeira. Todo esse sistema era auto-suportante, uma vez que as vigas inferiores apoiavam-se no topo da *scaenae frons*, a qual, onde quer que se encontre preservada, exibe entalhes com a inclinação própria para acomodá-las, a uma altura que varia segundo sua distância em qualquer ponto da parede dos fundos, e que é sempre aquele exigido pelas vigas com tal inclinação. Era impossível que o telhado apresentasse um declive para a frente, mesmo sobre o centro do palco, exceto alavancando-se para o alto toda a parte superior da parede dos fundos, que consiste em uma sólida massa de alvenaria com 7 m de altura e mais de 1,2 m de profundidade. Afirma-se com freqüência a existência de mastros nos consolos da face externa da parede dos fundos que portariam cabos ou correntes cavilhadas à parte dianteira desse telhado como uma sustentação adicional. A teoria é intrinsecamente implausível e Caristie, em meados do século XIX, sequer foi o primeiro a demonstrar sua impossibilidade. Com efeito, embora todos os consolos sejam vazados, salvo três a leste e dois a oeste, a faixa arredondada entre eles é vazada, a fim de permitir a ereção de mastros, em apenas doze pontos, a saber, entre os seis pares de consolos que se iniciam no quarto a partir da extremidade de cada lado; e é somente nesses doze pontos que foram feitos os entalhes necessários na cornija projetada que remata a parede. Não resta dúvida, portanto, de que haveria apenas doze mastros na parede dos fundos, todos para além dos limites do palco, e é provável que toda a extensão da *cavea* fosse percorrida por consolos e mastros semelhantes e que a única função desses mastros fosse a de firmar cabos que sustentaram velários por sobre o auditório. Ao mesmo tempo, a desnecessária perfuração de quase todos os consolos remanescentes provavelmente indica uma mudança de planos durante a construção do teatro. Caristie supunha que a *scaena* teria sido originalmente projetada para não ser mais elevada que a *cavea*, com um sistema de velários sobre o palco, bem como sobre o auditório, e que a instalação de uma cobertura de madeira teria sido uma idéia posterior que envolvia a elevação da *scaena*.

283 O alto grau de requinte na decoração permanente da *scaenae frons* do teatro romano certamente distrairia a atenção dos espectadores, mas tinha o mérito de inviabilizar qualquer cenografia realística. É verdade que, em sua descrição do teatro romano, Vitrúvio[23] faz menção a aparatos triangulares colocados nos espaços em cada uma das laterais do palco, "espaços esses", diz ele, "que os gregos denominam περίακτοι'; essas estruturas possuíam diferentes telões cenográficos pintados em cada uma de suas três faces, e eram viradas quando de uma mudança de cena. Pólux[24], que fornece uma descrição mais detalhada, aplica, com mais plausibilidade, o termo περίακτοι ("girante") aos próprios engenhos: a palavra era feminina e parece denotar o substantivo μηχαναί ("máquinas"). É improvável, no entanto, que tais máquinas fossem efetivamente empregadas nos elaborados teatros de pedra do período imperial romano, muito embora tenham, aparentemente, deixado vestígios em alguns teatros do final do período helenístico[25], por exemplo em Élida e Erétria. A origem do esquema colunar é controversa. Imaginou-se que as colunas da *scaenae frons* representassem o proscênio, impelido para trás, digamos assim, contra a face da *skene*, porém talvez o mais provável é que constituam a tradução em pedra da decoração pintada aplicada à própria *skene* no período helenístico tardio; tudo indica que essa decoração seja imitada em alguns relevos posteriores e em pinturas murais de Herculano e Pompéia.

O anfiteatro é um tipo de estrutura sem precedentes gregos conhecidos. Tal não é surpreendente, uma vez que sua finalidade fundamental era a de acomodar os espectadores de lutas entre gladiadores e outras exibições violentas às quais Atenas por muito tempo se recusou a tolerar. Os anfiteatros jamais foram comuns na Grécia ou na Ásia, embora não tardassem em se tornar, durante o império, presença obrigatória no Ocidente latino. É provável, todavia, que os romanos tenham tomado emprestado o modelo das populações semigregas da Campânia, que, a exemplo dos etruscos, eram entusiastas desse gênero de esportes muito antes que estes se tornassem conhecidos em Roma, onde inicialmente ocorriam no fórum, sem nenhuma estrutura especial para acomodar os espectadores. Vitrúvio não menciona o anfiteatro e aconselha aos arquitetos terem os combates gladiatórios em mente ao projetarem um fórum[26]. O mais antigo anfiteatro remanescente está situado na Campânia, em Pompéia, e é mais antigo do que qualquer outro mencionado por autores antigos, pois foi erguido, tal como o Pequeno Teatro, nos primeiros tempos da colônia de Sila, implantada em 80 a.C. O mais antigo anfiteatro de pedra construído em Roma surge em 30 a.C. Dentre os vários exemplares remanescentes, deverá bastar-nos descrever esse de Pompéia, e a culminância desse tipo de edificação, o gigantesco Coliseu de Roma.

O anfiteatro de Pompéia localiza-se exatamente dentro do ângulo leste dos muros da cidade, e tem uma planta oval, com seus eixos principais aproximadamente orientados na direção norte-sul; suas dimensões extremas são de cerca de 139,5 m por 104,5 m. Sua capacidade é maior do que aparenta o exterior, uma vez que a arena está encravada abaixo do nível do terreno circunjacente. As arquibancadas estão apoiadas em uma sólida massa de terra e terminam em um amplo terraço, sustentado por uma parede externa reforçada por uma série de volumosos contrafortes interligados no alto por arcos simples. A massa de terra é perfurada apenas por um amplo corredor em cada extremidade[27], que conduz à arena; por uma passagem estreita em um dos lados – pelo qual eram removidos os cadáveres através do "Portão da Morte" –; por um corredor oval, ao nível da arena, atrás da primeira fileira de assentos e sob a segunda; e por duas passagens no lado sul que conduziam a esse corredor oval. O terraço superior, que sustinha uma série de camarotes arqueados, podia ser alcançado através de escadarias externas. De tempos em tempos foram sendo acrescidos assentos de pedra, mas, por um período de cerca de um século, alguns espectadores acomodavam-se no chão ou em bancos de madeira; havia locais especiais de honra onde os espectadores eminentes eram acomodados em cadeiras móveis. Tal como nos teatros, eram estendidos velários suspensos por mastros. Os espectadores ficavam protegidos da arena por uma parede dotada de uma grade metálica.

O Coliseu (Figs. 118, 118a e Lâm. XVIb), que talvez tivesse capacidade para abrigar algo em torno de 45.000 espectadores, é um exemplo supremo do engenho romano em apoiar um auditório em uma vasta estrutura de corredores e escadarias. Combinam-se aqui, de maneira esplêndida, uma estrutura sólida e eco-

BASÍLICAS E OUTROS MONUMENTOS ROMANOS 337

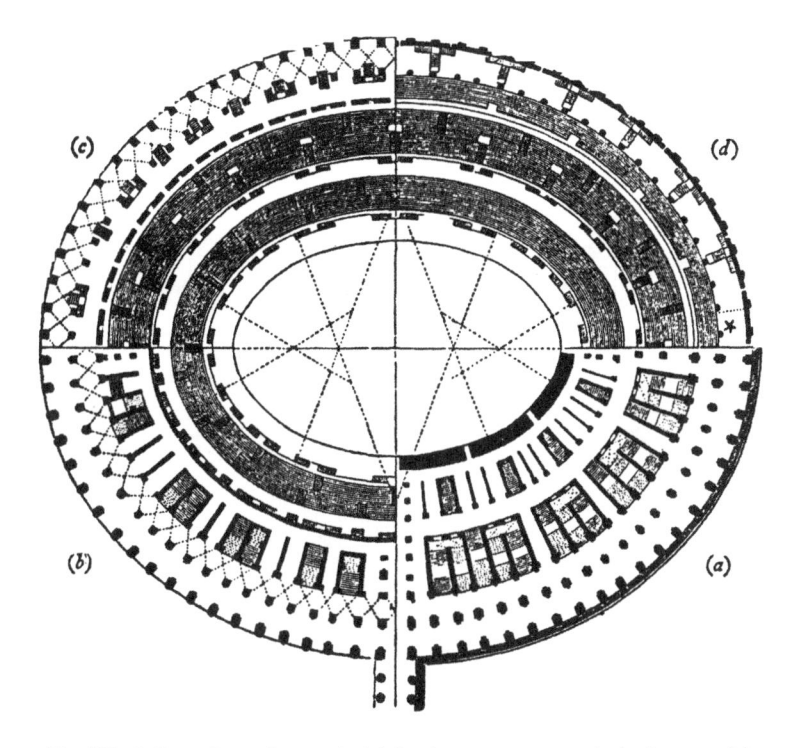

Fig. 118. Coliseu, Roma (reconstituição): planta em quatro níveis diversos: (*a*) piso térreo, (*b*) primeiro piso, (*c*) segundo piso, (*d*) piso superior. Os elementos que se vêem em (*c*) e (*d*) diferem daqueles descritos no texto do presente livro

nômica com a facilidade de circulação. A construção foi iniciada por Vespasiano entre 69 e 79 d.C., no local em que se localizava outrora o grande lago da Mansão Áurea de Nero, e continuada e concluída por seus filhos, Tito e Domiciano. A parte superior foi danificada mais de uma vez por raios na antigüidade, e são diversos os registros de restaurações antigas. A forma oval da planta mede aproximadamente 187 m por 155 m; as dimensões correspondentes da arena são 87,5 m por 54,5 m. Da mesma forma como em Pompéia e alhures, uma parede com uma grade metálica protegia os espectadores. O edifício contava com um elaborado sistema de câmaras e passagens subterrâneas abaixo da arena, tal como vários outros anfiteatros, embora não em Pompéia.

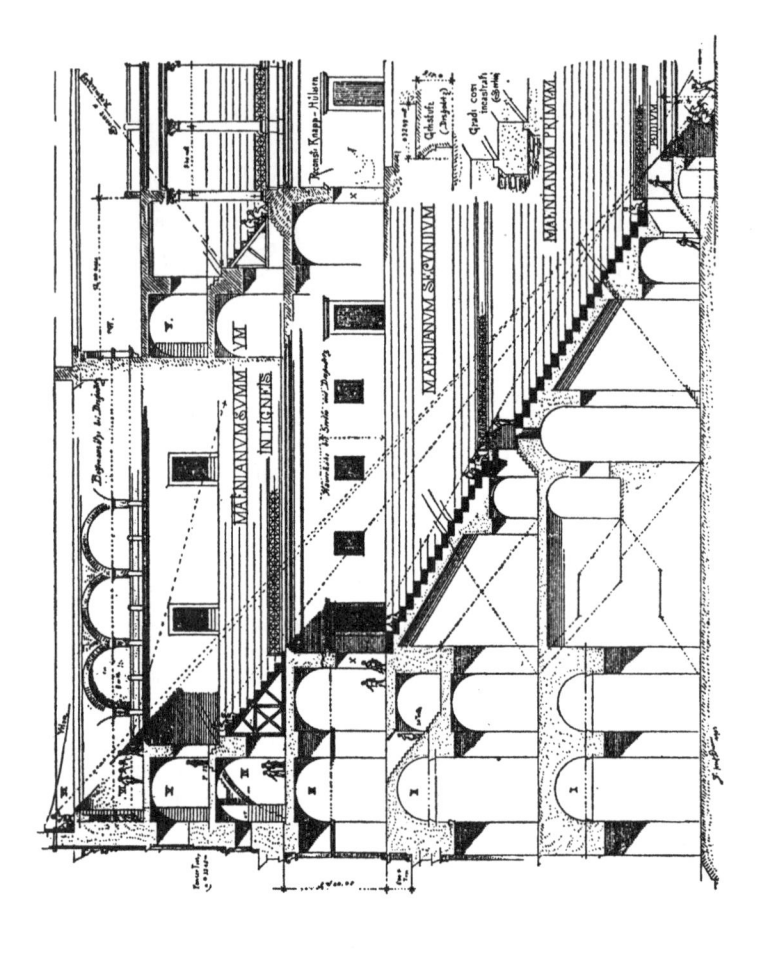

Fig. 118a. Corte do Coliseu, Roma (reconstituição de Durm), mostrando reconstituições alternativas da parte superior. A solução adotada no presente livro é aquela que se vê no canto superior direito ("Reconst.: Knapp-Hülsen"). As colunas dóricas embutidas do piso térreo não estão aqui representadas. (Extraído do *Handbuch der Architektur*, Vol. II, J. M. Gebhardt's Verlag, Leipzig, Alemanha)

A parede externa do edifício repousava sobre oitenta pilares interligados por abóbadas cilíndricas de pedra e paramentadas externamente com colunas dóricas ou toscanas com um quarto do diâmetro embutido[28] que sustentavam um entablamento jônico, que percorria toda a extensão do edifício, e, internamente, com pilastras dóricas; concêntrico a estes havia um segundo anel de pilares semelhantes, decorados com pilastras dóricas, seguindo-se um terceiro. Entre esses três anéis de pilares, dois corredores paralelos com abóbadas cilíndricas de concreto corriam por toda a volta do edifício; essas abóbadas eram nitidamente mais elevadas que os arcos que se abriam entre os pilares. Os pilares do anel mais interno dentre os três concêntricos não eram livres como os externos, mas formavam as partes inferiores das extremidades externas de oitenta paredes[29] que se irradiavam a partir da arena e sustentavam os dois principais setores da arquibancada, o meniano primeiro e o meniano segundo, ambos de mármore; todos os setores mais elevados de acomodações eram em madeira, de sorte que a pesada arquibancada de mármore era inteiramente sustentada por essas paredes radiantes. Tais paredes eram interrompidas no nível térreo por mais dois corredores abobadados concêntricos, mais próximos à arena, sendo os espaços entre estes utilizados para escadarias e passagens, todas abobadadas. À frente do meniano primeiro estendia-se um terraço ou pódio, acima da mureta que delimitava da arena. Os pilares aparentes do piso térreo apoiavam-se em pilares subterrâneos de travertino, de área maior, enterrados a uma profundidade aproximada de 6 m.

O corredor externo e a arcada externa eram duplicados quase exatamente no primeiro pavimento, salvo em que as colunas com um quarto de diâmetro embutido eram jônicas em vez de dóricas. A abóbada cilíndrica do corredor térreo, como vimos, era mais elevada que as abóbadas que conduziam até ela a partir dos arcos externos; era tão mais elevada que o piso do corredor do primeiro pavimento situava-se bem acima da cornija do entablamento sustentado pelas colunas do piso térreo, e todo o segundo sistema de arcos, colunas e entablamento era separado do primeiro por uma faixa de parede, a qual era tratada como um pódio, prolongando-se à frente como pedestais por sob as colunas da segunda série. Uma vez que o corredor do primeiro pavimento era coberto por uma abóbada cilíndrica, exatamente da mesma forma que o corredor abaixo deste, havia um espaço semelhante, tratado de maneira idêntica, entre a cornija acima das colunas jônicas e o terceiro sistema de arcadas no segundo pavimento, cujas colunas eram coríntias. O corredor externo do primeiro pavimento era o único corredor elevado existente na parte superior do edifício; o corredor interno no mesmo pavimento, diferentemente daquele abaixo deste, era coberto com abóbadas de aresta, quase de mesma altura que os arcos que nelas se introduziam a partir das laterais, e um segundo corredor, ainda mais baixo, se estendia entre sua cobertura e o piso do segundo pavimento, contendo escadarias. O topo do meniano segundo era contínuo ao piso do segundo pavimento, e se prolongava para trás até atingir a parede interna de seu segundo corredor concêntrico, provido de portas e janelas. Acima deste ponto existe alguma incerteza quanto às feições do edifício. O corredor externo do segundo pavimento era tratado de forma semelhante ao interno do primeiro pavimento: possuía uma abóbada de aresta de pouca altura e sustentava uma segunda passagem acima, contendo escadarias. Tudo indica que o corredor interno desse piso sustentasse, em sua cobertura, um lance de arquibancadas em madeira, coberto por um telhado plano em madeira sustentado por uma colunata aberta. A parte externa do pavimento mais elevado diferia por completo dos três já descritos. Acima da cornija que encimava as colunas coríntias vinha um pódio com pedestais, como aqueles abaixo, mas a parede acima deste era contínua, sem arcada, e, sobre os pedestais, pilastras coríntias chatas ocupavam o lugar das colunas com um quarto de diâmetro embutido; o conjunto era coroado por uma pesada cornija sustentada por consolos. Em partes alternadas do pódio mais elevado e nas outras partes da parede lisa entre as pilastras existiam janelas retangulares; aparentemente, essas duas séries de janelas serviriam para iluminar dois corredores externos sobrepostos, as mais elevadas estruturas arqueadas do edifício. Tudo indica que a cobertura do corredor superior formaria uma plataforma emparelhada com a cobertura de madeira por sobre a arquibancada mais elevada, abaixo do nível do cimo da parede externa. Tal plataforma provavelmente era utilizada pelos marujos que manipulavam os velários estendidos por sobre o auditório. A face externa da parede ainda hoje exibe os consolos para a fixação dos mastros. A altura total é de aproximadamente 48 m.

As paredes externas e as partes vitais das internas eram de travertino[30], reforçadas com grampos de ferro fixados em chumbo; mas para as partes menos importantes utilizaram-se alvenaria menos resistente e concreto revestido com tijolos, enquanto todas as estruturas arqueadas, com exceção dos arcos externos, eram em concreto. As abóbadas cilíndricas dos corredores elevados contêm nervuras de tijolo, um dos exemplares mais antigos desse artifício; a maior parte dos corredores inferiores é dotada de simples abóbadas de aresta em concreto.

Será agradável passarmos de tais monumentos da brutalidade romana para o tema das bibliotecas romanas[31], mas, do ponto de vista arquitetônico, são elas bem menos importantes, e uma breve descrição do exemplar mais bem conservado deverá bastar-nos. Trata-se da biblioteca de Éfeso, erguida, tal como o revelam duas inscrições, pelo cônsul Tibério Júlio Áquila, em honra de seu pai, Tibério Júlio Celso Polemeno, que fora governador da Ásia próximo ao final do principado de Trajano, por volta de 115 d.C. As plantas das bibliotecas romanas foram tomadas de empréstimos dos gregos posteriores, porém a única grande biblioteca helenística até o momento descoberta, a de Pérgamo, está mal conservada. A biblioteca efésia era um retângulo (Fig. 119), cujo acesso se dava por um dos lados maiores, e está voltada para o leste, seguindo o conselho de Vitrúvio. Estava confinada por outras construções e parcialmente encravada no terreno em aclive, de sorte que apenas a fachada (Fig. 120) era importante do ponto de vista externo. Esta, no entanto, era decorada com suntuosidade e extravagância, de uma forma que sugeria marcadamente uma *scaenae frons*. Foi descoberta em ruínas, porém a reconstituição é bastante segura. No topo de nove degraus que se estendiam por toda a largura do edifício, delimitados por pedestais de estátuas, erguiam-se oito colunas, de cerca de 60 cm de diâmetro

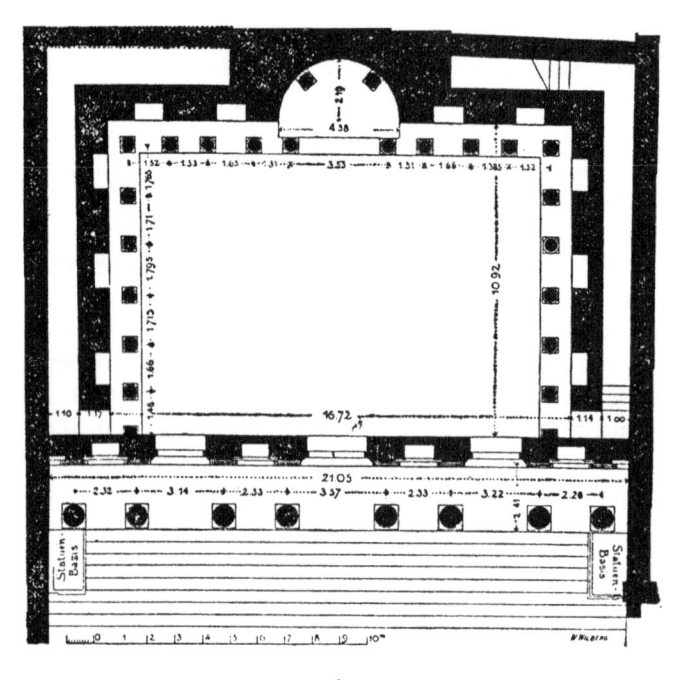

Fig. 119. Biblioteca, Éfeso (reconstituição)

inferior, sobre pedestais baixos e quadrados diante da fachada, onde se abriam uma porta grande e duas pequenas, acima das quais havia bandeiras com gelosias de mármore. As colunas estavam agrupadas em quatro pares interligados por segmentos isolados do entablamento, sendo os espaços entre os pares situados diante das portas. As colunas de cada par distavam entre si cerca de 2,30 m de eixo a eixo, porém as dimensões interaxiais entre os pares eram de aproximadamente 3,6 m à frente da porta central e de aproximadamente 3,20 m à frente das portas laterais. As colunas exibiam bases áticas, fustes lisos e capitéis compósitos. As frações de entablamento retrocediam em direção a pilastras existentes na parede, ao longo da qual se prolongavam embutidas; entre as pilastras havia nichos retangulares que abrigavam estátuas. Acima de cada um desses quatro segmentos livres de entablamento erguiam-se duas colunas coríntias sem caneluras,

Fig. 120. Biblioteca, Éfeso (reconstituição)

mas, num desenho surpreendente, o agrupamento aos pares das oito colunas superiores não correspondia àquele das colunas inferiores. As colunas situadas nas extremidades eram avulsas, cada qual interligada à parede detrás por um bloco isolado de entablamento projetado, enquanto as seis colunas centrais eram agrupadas em três pares por três frações de entablamento que corriam à maneira de pontes por sobre os vãos existentes entre os pares inferiores. O segmento central, situado diretamente acima da porta principal, sustinha um frontão retilíneo, enquanto as outras duas portavam frontões curvilíneos; as colunas isoladas das laterais nada traziam acima de suas cornijas horizontais. Havia pilastras e um entablamento embutido contínuo na metade superior da parede, assim como na inferior, e entre cada par de colunas reunidas abria-se uma janela. É clara a configuração interna no piso térreo, mas a reconstituição das partes superiores é hipotética. As paredes eram duplas, salvo na fachada principal e exceto pela espessura adicional de um bloco na parte central da parede oeste, oposta à porta central, que continha uma abside semicircular com mais de 4,3 m de diâmetro. Entre as paredes externas e internas estendiam-se passagens com aproximadamente 90 cm de largura, cada qual acessível através de uma porta estreita situada em sua extremidade leste; a passagem norte termina, na face oeste, em escadas que descem até uma câmara abobadada abaixo da abside, na qual foi encontrado um sarcófago de mármore, sem dúvida pertencente ao pai do fundador. Podemos encontrar paredes duplas semelhantes na biblioteca de Pérgamo; o objetivo era nitidamente o de preservar os papiros da ação da umidade, que podia ser particularmente perigosa quando o edifício estava encravado na terra. O interior das paredes internas abrigava dez nichos retangulares à guisa de prateleiras para livros, três no lado sul, três no norte e quatro no oeste; esses nichos tinham cerca de 46 cm de profundidade, cerca de 1,80 m de altura e cerca de 90 cm de largura. Com exceção do leste, um pódio contínuo percorria todo o interior do recinto, no qual, próximo à parede, erguia-se uma fileira de pequenas colunas, que provavelmente sustentavam uma fileira superior. É provável que essas colunas sustentassem duas galerias sobrepostas que davam acesso a duas fileiras superiores de nichos para livros; o acesso a essas galerias poderia se dar por escadas de madeira situadas nas passagens ocultas já descritas. O grande nicho situado opostamente à porta continha duas colunas contra a parede e provavelmente uma grande estátua de Atena; Juvenal[32] resume os artigos necessários à restauração da biblioteca incendiada de um nobre: "livros, prateleiras e uma Minerva para se colocar no meio".

Antes de passarmos às residências particulares gregas e romanas, dois elementos caracteristicamente romanos merecem uma breve menção: as vias colunadas e os arcos monumentais, ambos típicos do esplendor algo pretensioso do Império; e em relação à primeira, deve-se dizer uma palavra acerca dos fóruns imperiais de Roma. A origem da prática de guarnecer vias públicas de colunatas é alvo de controvérsias acirradas. Os mais célebres exemplos estão localizados em cidades sírias do final do império, como Palmira, Gerasa e Bostra. Em Timgad, fundada em 100 d.C., o cardo e o decumano são ladeados por tais colunatas (visíveis na planta da Fig. 86), interrompidas, porém, a cada cruzamento de ruas, ao passo que nas cidades sírias as mesmas são por vezes interligadas nesses pontos por meio de arcos e por vezes apresentam arcos quadrifacetados nas intersecções importantes; nem sempre as colunatas se restringem às duas vias públicas principais. Admite-se normalmente que o costume tenha surgido na Síria ou Ásia Menor durante o período helenístico, e a configuração dessas ruas não dista muito de esquemas como o do prolongamento para o leste da ágora de Priene[33], com seu arco monumental. Não dispomos, todavia, de nenhum testemunho literário ou monumental satisfatório do tipo que viria a predominar nessa região até o fim do período helenístico. Josefo, nascido em 37 d.C.,[34] declara que Herodes, o Grande, que morreu em 4 a.C., pavimentou de mármore e ornou com uma colunata em cada lado uma célebre via pública de grande comprimento em Antioquia, às margens do Oronte, e existem inscrições que comprovam claramente que as ruas colunadas de Olba e Pompeiópolis, na Cilícia, costa sul da Ásia Menor, já existiam nos tempos de Augusto e Tibério, muito embora a maior parte das colunas seja bastante posterior. Por outro lado, havia, aparentemente, uma rua colunada em Óstia[35], o porto de Roma, já na primeira parte do século I a.C., e seguramente outra em Herculano antes de 79 d.C. Os testemunhos de que dispomos na atualidade são insuficientes para elucidar a questão de se tais vias eram uma invenção romana ou helenística, mas é certo que antingiram seu desenvolvimento mais significativo durante o Império Romano. Nas cidades sírias já mencionadas essas colunas via de regra sustentavam consolos para estátuas que se projetavam de seus fustes.

Possivelmente o espírito expresso pelas vias públicas colunadas encontrou sua manifestação mais esplendorosa na série de fóruns através dos quais Júlio César e sucessivos imperadores estenderam a limitada área do antigo *Forum Romanum*, terminando por interligá-lo ao Campo de Marte, junto às encostas do monte Quirinal. As principais características comuns dessas imensas praças era seu planejamento estritamente axial e simétrico, com templos ou outros monumentos quer no meio de um dos lados, quer no centro do espaço aberto, e a prática de cercá-las com muros de grande altura que as isolavam das ruas circunvizinhas. Eram todos providos livremente de pórticos circundantes. O mais recente, mais vasto e suntuoso fórum foi aquele construído para Trajano, nas primeiras décadas do século II d.C., por Apolodoro de Damasco, e que fazia parte de um grande traçado simétrico. Para além do fórum propriamente dito estende-se uma basílica, a Basílica Úlpia, seguindo-se um pátio ladeado por bibliotecas, que abrigava a célebre coluna dórica de mármore com 100 pés romanos de altura – em cujo interior havia uma escada em caracol, ornada com um relevo que descrevia uma espiral contínua, comemorativo das guerras dácias – encimada pela estátua do imperador. Por último vinha um acréscimo introduzido pelo sucessor de Trajano, Adriano, um pátio circundado por pórticos, tendo ao centro o templo do Trajano deificado. O fórum propriamente dito tinha por acesso um magnífico portão, cujas laterais eram arqueadas de modo a formar imensas curvas semicirculares. A largura total era superior a 188 m. A basílica consistia em um imenso salão retangular coberto, do mesmo tipo geral que a Basílica Júlia, porém com colunas em lugar de pilastras retangulares. O espaço central livre tinha 25 m de largura, aproximadamente 6 m a mais que a parte correspondente na Basílica Júlia. Seu eixo principal está em ângulo reto com relação àquele do fórum e para além de cada um de seus extremos menores há um imenso semicírculo, talvez não coberto. A Coluna de Trajano é o ancestral de uma extensa linhagem de monumentos semelhantes, desde aquela de Marco Aurélio, em Roma, à Colonne Vendôme, em Paris. Trata-se de um tipo pouco satisfatório e pouco imaginativo de monumento, sobretudo quando ornado, como nos três casos citados, com espirais em relevo, impossíveis de apreciar exceto em uma série de desenhos ou fotografias.

    O arco monumental ou triunfal é outra invenção romana individual pouco atraente.

Conforme vimos, os portões municipais arqueados[36] surgem nos séculos IV e III a.C. na Ásia Menor e na Itália, e Priene fornece o mais antigo exemplar remanescente[37], datado do século II a.C., de um arco puramente ornamental na entrada de um mercado; era, porém, uma realização muito simples. Quanto a Roma, existem testemunhos literários da construção, por parte de seus magistrados, de arcos monumentais sobre os quais se erguiam estátuas já no início do século II a.C., porém os mais antigos ainda existentes datam, com algumas exceções duvidosas, do período augustiano.

Desse período, vinte, aproximadamente, chegaram até nós, sobretudo na Itália e na Gália, embora existam dois na Ístria e na Dalmácia, e talvez um ou dois na Grécia. Exemplares mais recentes são mais comuns no norte da África, sobretudo pertencentes aos séculos II e III d.C. O termo "arco do triunfo" é romano porém tardio e, na verdade, foram erguidos em ocasiões diversas. Alguns foram localizados internamente aos muros de colônias recém-fundadas a fim de assinalar o limite do pomérito[38]; outros conduziam para os fóruns ou situavam-se nos extremos de pontes, e uns poucos eram portas de cidades; muitos não tinham nenhuma finalidade prática. Normalmente sustentavam estátuas, via de regra em bronze dourado, e eram freqüentemente decorados com relevos, usualmente comemorativos de acontecimentos históricos.

Os exemplares mais antigos são, em sua maioria, simples aberturas arqueadas; os pilares eram sempre ornados com quatro ou mais colunas ou pilastras embutidas distribuídas de modo variado, e não era incomum a existência de um frontão embutido em cada face principal. Identificamos pela primeira vez a presença de colunas livres durante o principado de Adriano, no século II d.C. As colunas são sempre coríntias ou compósitas, mas ocasionalmente, como no Arco de Augusto em Aosta, sustentam um entablamento dórico[39]. Raros são os arcos com duas aberturas de tamanhos iguais, mas existe um exemplar datado do período de Tibério em Saintes, às margens do rio Charente.

A combinação de uma grande abertura arqueada e duas menores é rara antes do século II d.C. Exceção notável é o arco de

Orange (Lâm. XXI*a*), que recebeu uma dedicatória em bronze dirigida a Tibério, talvez não planejada originalmente, em 21 d.C., e que pode datar do período de Augusto ou mesmo do final da era republicana. Trata-se de uma obra elaborada porém excessivamente ornada e por demais complicada para ser descrita aqui na íntegra. As colunas coríntias embutidas erguiam-se em pódios e sustinham um entablamento horizontal completo, que corria à volta da construção toda. Havia frontões sustentados por duas colunas embutidas acima do arco central em cada face principal, cujo vão era superior a 4,80 m, e também, de maneira singular, nas faces laterais da construção, onde eram sustentados por quatro colunas embutidas. O entablamento apresentava um recuo acima dos arcos laterais em cada face principal da construção, bem como entre as colunas centrais nas faces laterais, onde existiam arcos no tímpano do frontão, abaixo do qual, no entanto, o entablamento horizontal prolongava-se embutido, de modo que é duvidoso se o arquiteto pretendia imitar o entablamento em arco tal como tivemos oportunidade de encontrar em Baalbek e alhures[40]. Talvez os arcos representem aqui janelas em arco existentes no tímpano, um artifício inteiramente diverso, mas constituem provavelmente um mero adorno desse monumento, sem nenhum antecessor em construções genuínas. Acima dos ápices dos quatro frontões corria uma segunda cornija e, acima desta[41], um ático de altura considerável a rematar o todo, tratado como uma série de pedestais de largura e graus de projeção variáveis. O friso principal exibia uma decoração figurativa, e a quase totalidade da superfície disponível era coberta por relevos. As abóbadas dos arcos eram ornadas com caixotões hexagonais. Sabe-se, com base em sua representação em moedas, que o arco erigido no *Forum Romanum* em honra a Augusto em 19 a.C., após a retomada dos padrões partos, tinha três aberturas, porém o monumento desapareceu.

Como exemplo de obra mais simples do período de Augusto, datada de aproximadamente 8 a.C., podemos mencionar a de Susa (Segúsio) no sopé de um desfiladeiro alpino, 56 km a oeste de Turim, talvez o mais belo existente: possui um único arco, com um vão de aproximadamente 5,7 m, e sua altura total é de cerca de 14 m. Os arcos posteriores eram freqüentemente muito elaborados, por exemplo o chamado Arco de Trajano, em Timgad[42], com três aberturas, que pertence provavelmente à segunda metade do século II d.C., e ostentado como a porta oeste da cidade. Tinha aproximadamente 12 m de altura, o arco central com um vão de cerca de 4,3 m e os outros dois de cerca de 2,4 m. A existência de arcos quadrifacetados na junção de vias públicas já foi mencionada[43] em conexão com as ruas colunadas da Síria romana e o melhor exemplo conhecido é o Arco de Jano, em Roma[44].

Por fim, será conveniente dizer uma palavra acerca dos portões municipais genuinamente defensivos, embora seja inexeqüível empreender qualquer esforço no sentido de esgotar o assunto. Trata-se, via de regra, de simples arcos, embora encontremos em Pompéia, já no século II a.C., portões formados por uma passagem abobadada externa e uma interna, separadas por um pátio descoberto. Esse tipo também figura entre as obras do período de Augusto, como em Aosta, em que existe uma pequena abertura arqueada em cada lado da abertura maior, sendo o conjunto ladeado por torres. Durante o início do Império, com sua promessa de uma paz duradora, os portões municipais freqüentemente foram construídos ou remodelados com uma ênfase mais acentuada no fausto do que na solidez, mas podemos encerrar com um explêndido exemplar tardio, decorativo porém sólido, a célebre Porta Nigra (Figs. 121 e 122, e Lâm. XXI*b*) em Trier[45], que data, aparentemente, do final do século III ou início do IV d.C. Foi convertida em uma igreja de dois pavimentos no século XI, mas restaurada no XIX, mantendo-se, contudo, uma abside do século XII da face leste. O portão original, que integrava o anel das muralhas da cidade, consistia em um pátio central aberto, no qual se ingressava de cada lado através de dois arcos de alturas idênticas, ladeado por duas grandes torres, arredondadas ao norte, na parte externa da cidade, mas de resto com faces retilíneas. Os arcos externos apenas podiam ser vedados por portas levadiças[46], mas os arcos internos tinham sólidos portões. A largura total do conjunto da estrutura é de cerca de 36 m, sua profundidade de aproximadamente 16 m, excluindo-se as torres, e de aproximadamente 22 m incluindo-as. Externamente, três lances sobrepostos

350 ARQUITETURA GREGA E ROMANA

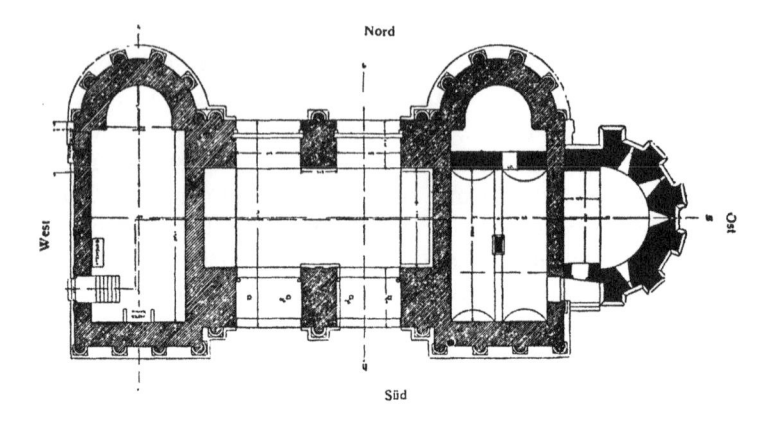

Fig. 121. Porta Nigra, Trier: planta do pavimento térreo (os trechos em preto e as abóbadas cilíndricas da Torre Leste são medievais)

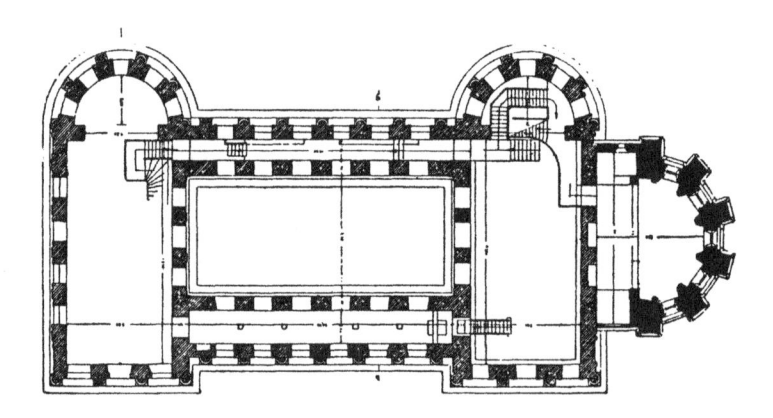

Fig. 122. Porta Nigra, Trier: planta do primeiro pavimento (os trechos em preto são medievais e as escadarias, modernas)

de colunas embutidas, com entablamentos, se estendem por toda a volta da construção, formando três pavimentos nitidamente demarcados: o lance inferior, de maior altura, sustenta o entablamento acima dos arcos do portão. As torres de cada lado possuíam um pavimento adicional, com um quarto lance de colunas, exceto no lado que dava para o pátio; a torre leste perdeu seu último pavimento. Todos os intercolúnios, exceto na fileira inferior, abrigam grandes janelas em arco. Internamente as torres continham cinco pavimentos, pois havia um piso intermediário, meia-altura acima do pavimento externo inferior; os pisos, que desapareceram, eram de madeira, material que também deve ter sido empregado para as escadarias internas. Cada pavimento de cada torre era um recinto absidal que media internamente cerca de 6,7 m por 16,7 m. Todos os recintos, exceto o mais elevado, possuíam janelas em arco também no lado que dava para o pátio, mas não havia colunas embutidas nas faces internas. Os dois recintos do terceiro pavimento e os dois do quarto comunicavam-se por galerias que corriam por trás das janelas arqueadas situadas acima dos arcos do portão; tais galerias também tinham janelas que davam para o pátio. A construção é em arenito, com a utilização de argamassa apenas nas fundações; os encaixes são admiráveis, mas o trabalho decorativo das colunas e entablamento era moldado apenas superficialmente; aparentemente as colunas teriam sido dóricas.

CAPÍTULO XVII
Habitações e palácios gregos e romanos

O tema das residências particulares é intrincado, pois era grande a variedade de soluções adotadas e qualquer generalização é enganosa. Os testemunhos de que dispomos, sejam literários ou arqueológicos, sugerem que até o período helenístico as moradias urbanas eram predominantemente despretensiosas, embora mereça pouca ênfase o fato de serem construídas, via de regra, em tijolo seco ao sol, uma vez que este, embora barato, se mostrava um excelente material se mantido seco e foi empregado, como o observa Vitrúvio, por Mausolo de Cária em seu célebre palácio. Temos notícia, todavia, de dispendiosos domicílios rurais nos séculos V e IV a.C., e as moradas de reis, tiranos e homens muito abastados sem dúvida exibiam, em todos os períodos, um luxo moderado. A partir da época de Alexandre, o Grande, contamos com suficientes elementos arqueológicos provenientes de diversos sítios, mas, no que toca ao período clássico mais recuado, dependemos largamente de alusões encontradas em Aristófanes, Xenofonte, Platão e os oradores, uma vez que os vestígios existentes estão, em sua maior parte, mal conservados ou insuficientemente investigados[1]. Tudo leva a crer que as moradias gregas dos tempos mais primitivos fossem baixas, usualmente em dois pavimentos, talvez, e que todo aquele que pudesse permitir-se possuiria algum tipo de pátio interno (αὐλή) para o qual se abriam os cômodos principais. Via de regra existia um pórtico (πρόθυρον) aberto para a rua à frente da porta principal (αὔλειος θύρα) e, por vezes, uma segunda porta (talvez denominada μέταυλος θύρα) na extremidade de um passadiço que conduzia ao αὐλή. As melhores residências tinham uma ou mais colunatas nas laterais do pátio, porém são muito escassos os indícios da existência de peristilos completos antes do período helenístico. Um ambiente amplo, ou *loggia*, inteiramente aberto para o pátio e situado, freqüentemente, atrás de uma das colunatas, era uma característica comum. Havia jardins e nem sempre a porta da frente era o único acesso. Seguramente existiam alas reservadas para as mulheres (γυναικωνῖτις), sendo que nas habitações rurais estas por vezes[2] podiam ser isoladas por uma sólida porta que se podia trancar. Não se deve exagerar, contudo, o significado disto, e nas casas pequenas o γυναικωνῖτις consistia, provavelmente, em um único cômodo. Um dos motivos para tais precauções, passível de escapar a um observador moderno e mencionado por Xenofontes, é o desejo de manter os escravos de sexo masculino e feminino afastados durante a noite. Os pisos superiores eram por vezes dotados de balcões projetados. Conta-se que tais projeções teriam sido submetidas a taxação pelo tirano Hípias[3] perto do final do século VI a.C., sendo mais tarde[4] proibidas de todo. São grandes os indícios da existência de fileiras de casas geminadas. A planta aqui apresentada (Fig. 123) é a de uma residência bastante singular, em pedra, atribuída ao século V a.C., em

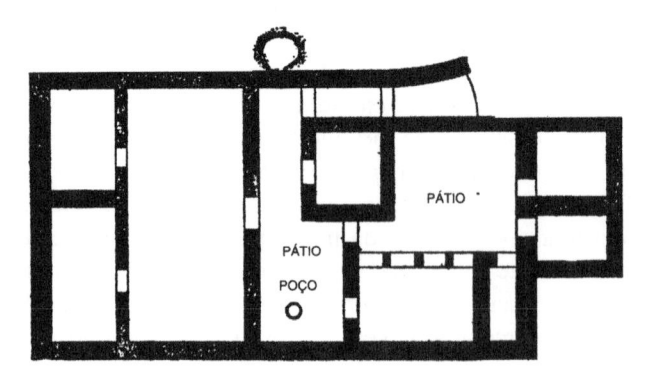

Fig. 123. Casa em Disto, Eubéia

Disto, na Eubéia. Elementos notáveis são o pórtico aberto, as duas portas existentes no passadiço e os dois pátios, dos quais o interno possui uma espécie de *loggia*, com três pilares à sua frente. O piso superior encontra-se parcialmente conservado.

Dentre os vários sítios urbanos helenísticos conhecidos, os mais importantes são os de Priene[5] e Delos. As casas de Priene, muitas das quais datam do final do século IV a.C., eram construídas em um singular estilo monumental: suas fachadas eram em grande parte revestidas com uma alvenaria de cantaria bossada, enquanto as paredes internas, ao menos em suas partes inferiores, eram igualmente de alvenaria, porém de uma qualidade mais rudimentar; provavelmente as partes superiores se utilizavam de tijolos secos ao sol. Os ambientes eram normalmente de altura considerável, chegando a alcançar 5,5 m ou 6 m. A característica mais interessante dessas moradias é a predominância de um esquema que lembra acentuadamente o mégaron do palácio micênico. Eram dotadas de pátios internos, mas nunca, até um período bastante adiantado, de peristilos completos, e havia quase sempre, na face norte, um aposento, mais largo que profundo, completamente aberto para o pátio. Tal aposento era delimitado por antas, entre as quais se erguiam, nas residências maiores, duas colunas; uma porta central interligava esse aposento com um espaçoso ambiente de mesma largura, porém mais profundo que largo, o cômodo principal da casa. Em planta, o conjunto desses dois ambientes é quase exatamente igual a um mégaron e seu pórtico, salvo em que os ambientes laterais normalmente têm seu acesso a partir do maior. As ilustrações mostram a planta de uma dessas residências – a de número XXXIII – em sua forma original (Fig. 124) e a sua reconstituição elaborada por Wiegand (Fig. 125). Podemos atentar para o πρόθυρον recuado, a passagem para o αὐλή, que se prolonga pela lateral deste como um pequeno pórtico, e o esquema dos dois ambientes principais, à maneira de um mégaron. A reconstituição é consistente no que toca às delgadas colunas dóricas e seu entablamento, mas nada garante que o "mégaron" fosse enfatizado por um telhado especial de duas águas e frontões, e é possível que a habitação tivesse, no todo ou em parte, dois pavimentos. Essa casa foi posteriormente

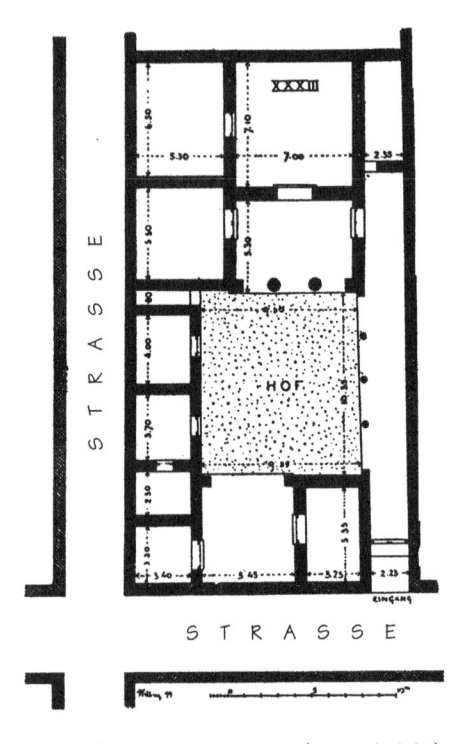

Fig. 124. Casa XXXIII, Priene (reconstituição)

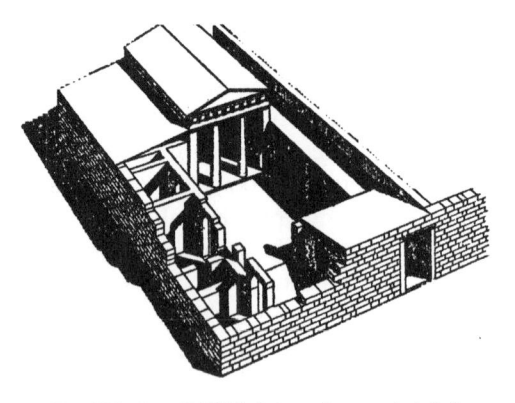

Fig. 125. Casa XXXIII, Priene (reconstituição)

interligada com sua vizinha, com a criação de uma espécie de pátio peristilo, de colunas mais largas e altas ao norte; um tipo denominado ródio (de Rodes) por Vitrúvio e encontrado tanto em Delos como em Pompéia.

Em Delos, bem como em Tera, as moradias eram em grande parte pobres e densamente habitadas, com somente aqueles pátios internos irregulares que se podiam forjar com criatividade, sem o luxo de colunatas ou *loggias*; o peristilo autêntico, todavia, já é encontrado desde o século III a.C., data que corresponde àquela das mais antigas habitações délias conhecidas, introduzido freqüentemente como acréscimo em casas originalmente mais simples, quando o proprietário tinha recursos para isto. O peristilo era também uma característica dos palácios de Pérgamo e Alexandria do século III a.C.; havia ao menos dois em cada um destes, mas o primeiro, o único que foi escavado, era uma estrutura comparativamente pequena e aparentemente despretensiosa, em que pese a proverbial abastança do reino; algumas das casas particulares de Pompéia chegavam a ultrapassá-lo em termos de tamanho.

As moradias délias, ricas ou pobres, tinham em sua maior parte dois pavimentos, porém não mais que isso; as janelas do piso térreo localizavam-se a uma altura suficiente para frustrar os curiosos, mas os pisos superiores tinham muitas janelas, de diferentes formatos e tamanhos. A maioria dessas residências possuía latrinas simples e desprovidas de portas[6] situadas nas proximidades da rua, cujos dejetos afluíam diretamente para um escoadouro de pedra mais abaixo; a descarga era feita unicamente com águas servidas, e a água superficial das ruas não invadia os escoadouros. No tocante à água potável as casas dependiam das chuvas, que eram cuidadosamente coletadas e transportadas para cisternas abobadadas abaixo dos pátios; os poços não eram confiáveis, pois a ilha é deficitária em fontes naturais. Um pequeno número de casas tinha aposentos em mais que dois ou três lados do pátio, mas a porta de entrada era freqüentemente situada de modo a dar para uma passagem entre ambientes. Podemos ilustrar o tipo mais rico, o de peristilo, através da "Maison de la Colline" (Lâms. XXIII*a*, *b*), que ocupava uma área isolada entre ruas. A planta era excepcionalmente regular. A casa era um quadrado quase exato, com o pátio situado no centro da parte sul, ocupando, com seus pórticos, cerca de metade da largura total da construção. Os pórticos leste, oeste e sul eram excepcionalmente estreitos; o pórtico sul situava-se junto à parede externa da casa. O pórtico norte tinha o dobro da profundidade dos demais, bem como o dobro do comprimento, pois se prolongava a leste e a oeste até as paredes externas da moradia, uma configuração rara, que lembra aquele das asas do átrio de Pompéia, a ser descrito pouco adiante[7]. As seções sudoeste e sudeste, delimitadas pelas paredes externas, o peristilo e os prolongamentos laterais do pórtico norte, eram divididos, cada qual, em um recinto espaçoso e outro menor. Na seções sudoeste, o recinto menor, ao norte, era o vestíbulo, com indicações de uma porta em cada extremo; o ambiente espaçoso, no vértice da casa, era a cozinha. No bloco sudeste as posições relativas do ambiente maior e do menor eram invertidas: o ambiente menor ficava no vértice e continha uma escadaria em madeira que conduzia até o piso superior. Ao norte do extenso pórtico norte situavam-se os principais cômodos do piso térreo. Essa seção setentrional dividia-se em duas metades idênticas: a oeste situava-se um único e espaçoso ambiente, com duas janelas para o pórtico e uma para a rua, a oeste; era este o cômodo principal da casa. A metade leste do bloco dividia-se em um cômodo quadrado, com duas janelas para o pórtico e uma para a rua ao norte, e um aposento mais estreito, com uma janela para o norte, no vértice nordeste. Cada um desses três cômodos tinha uma porta que dava para o pórtico, e os dois menores comunicavam-se através de outra porta. O pórtico propriamente dito era iluminado por uma janela situada na parede oeste; aquela na parede leste, representada na planta, é de existência duvidosa; durante a noite instalavam-se lâmpadas em seis nichos, que aparecem representados na planta. As paredes eram decoradas com estuque pintado, o qual se conservou de modo satisfatório, mas a pintura que se vê na Lâm. XXII*b*, de um setor reconstituído, é imaginária, embora seja comum esse tipo de trabalho em Delos. Havia, no entanto, um mosaico simples, preto e branco, em forma de xadrez, na região aberta do pátio, abaixo do qual se alojava uma típica cisterna abobadada. O pavimento superior desapareceu quase por completo, mas é evidente que a maioria, se não a totalidade, dos dormitórios, além da latrina, situavam-se nesse piso. Seguramente existiria uma galeria em torno do pátio e uma série superior de pequenas colunas, mas estas se perderam.

É óbvio que essa moradia difere fundamentalmente do tipo daquela de Priene, o que também se aplica aos exemplares délios, menos simétricos. Sua semelhança com o átrio de Pompéia, na verdade superficial, será discutida mais adiante[8]. Pode-se perceber que a moradia em questão não possui nenhum ambiente inteiramente aberto na frente; tais ambientes ocorrem em Delos, mas são raros em casas com peristilos e também estão ausentes naquelas muito pobres. Nesse caso, os prolongamentos do pórtico norte serviam de certa forma ao mesmo propósito.

Um exemplo do peristilo ródio em Delos é a Casa do Tridente. Uma das colunatas (no caso aquela a oeste) ostentava colunas mais altas que as restantes e a junção ficava a cargo de consolos que se projetavam do fustes das colunas angulares dessa colunata, ao nível dos capitéis dos outros três lados[9]. Cumpre acrescentar que em Delos o pavimento superior, não raro, era bem mais luxuoso que o inferior e, freqüentemente, consistia em um piso independente, com uma escadaria à parte.

Vitrúvio[10] descreve uma residência grega altamente elaborada e luxuosa, com dois pátios de acessos independentes. O primeiro, o qual denomina gineceu, continha o que ele chama prosta e eco, aparentemente os dois ambientes do esquema tipo "mégaron" de Priene; na verdade, esse pátio é uma fusão do tipo encontrado em Priene com o esquema peristilo. O segundo, o androceu, é puramente peristilo e admite a variante ródia. Também são descritas as alas reservadas aos hóspedes, que talvez se localizassem entre os dois pátios.

No tocante às moradias romanas o volume de testemunhos é avassalador, porém, quanto ao período pré-imperial, dependemos principalmente de Pompéia, onde as casas eram, em sua origem, mais oscas que romanas, embora exibam um tipo italiano claramente definido.

Algumas palavras acerca das moradias pré-históricas e etruscas na Itália deverão bastar-nos. São claros os indícios da existência de cabanas circulares; tal, por exemplo, era a moradia de Rômulo, preservada ou mantida mediante reformas até um período adiantado no Capitólio; contamos também com diversas urnas circulares, que obviamente imitam cabanas. Contudo, há igualmente indícios de plantas retangulares já na Idade do Bronze já mencionados[11] *terremare*. Pouco conhecemos em detalhe acerca das plantas primitivas das moradias etruscas ou italianas. Algumas urnas e túmulos que permitem elucidar algo acerca dos métodos de cobertura serão mencionados posteriormente.

As residências mais antigas de Pompéia, datadas do século IV ou início do III a.C., compõem-se de diversos aposentos agrupados axial e simetricamente em torno de um espaço central, obviamente aquele descrito por Vitrúvio[12] como o átrio, elemento este, declara ele, desconhecido dos gregos. Vitrúvio distingue cinco tipos de *cavum aedium*, distinção pela qual se refere claramente a cinco métodos alternativos de cobertura do átrio, quais sejam, o toscano, o coríntio, o tetrastilo, o despluviado e o testudíneo. Vitrúvio e Varrão[13] consideram o átrio, ou *cavum aedium*, um aposento, o principal aposento da casa. Tal idéia foi posta em dúvida nos tempos modernos, porém, antes que se discuta o problema, será mais conveniente descrever um exemplo quase puro do tipo de construção que se utiliza do átrio, uma das mais antigas moradias proeminentes de Pompéia, a chamada Casa do Cirurgião (Fig. 126). Originalmente a casa era simétrica[14], pois a parte que se vê na planta à direita correspondia, de início, àquela à esquerda. À parte esse acréscimo, a construção mede, até o fundo do tablino (4), cerca de 16 m por 20 m. A porta da frente conduzia, através da fauce (1), até o átrio (2), que media cerca de 8 m por 10 m, para o qual diversos ambientes se abriam, três dos quais de caráter especial: o tablino (4), no lado oposto à porta, e as duas alas (5) à direita e à esquerda do mesmo. O tablino lembra a prosta grega: era sempre aberto por toda a extensão do átrio, sendo este lado normalmente ladeado por pilastras e encimado por um entablamento. Ao fundo existia quer uma grande porta, como no presente caso, quer uma janela; a parte da frente podia ser guarnecida de cortinas e o fundo vedado por portas ou venezianas. As alas se estendiam por todo o átrio até a pare-

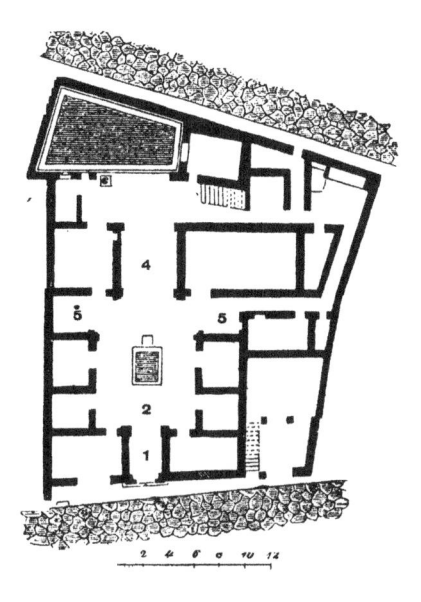

Fig. 126. "Casa do Cirurgião", Pompéia

de externa e eram totalmente abertas no lado que dava para o pátio. Havia aposentos superiores, exceto acima do tablino, iluminados por janelas existentes nas paredes externas e por vezes dotados de balcões[15]. Existia por vezes uma colunata aberta contínua no primeiro pavimento e por vezes uma *loggia*, com duas colunas entre antas; nesses casos, os cômodos superiores deveriam ser banhados de luz e bastante ventilados. Exceção feita aos exemplares mais antigos – como este, em que se utilizou alvenaria de cantaria –, as casas eram normalmente revestidas de estuque, com freqüência vivamente pintado, ou ornado com relevos decorativos. Atrás do tablino existia amiúde um pequeno jardim, cujo acesso, vez por outra – como originalmente no presente caso –, dava-se pelo tablino através de um pórtico.

Tal era a configuração geral. O que podemos deduzir dela? Devemos observar, em primeiro lugar, que as casas mais antigas não possuíam colunas ou pilares no átrio, embora houvesse um tanque com escoadouro no centro de seu piso, ao qual sem dúvida corresponderia uma abertura no telhado¹⁶. As próprias denominações adotadas por Vitrúvio sugerem a posterioridade dos tipos colunares, pois enquanto os tipos desprovidos de colunas internas são designados pelos termos latinos *testudinate* (testudíneo), *displuviate* (despluviado) e *tuscanicus* (toscano), aquele com quatro colunas é denominado tetrastilo e o de mais de quatro, coríntio; ambas as denominações sugerem a Grécia. Vitrúvio nos informa que no cavédio toscano, tal como no tetrastilo e no coríntio, o telhado, cuja estrutura ele descreve, apresenta um declive para dentro nas quatro direções, de modo que a chuva escoava pela abertura (complúvio) para o tanque (implúvio). Ele parece sugerir que esse tipo de cobertura teria sido inventado para evitar possíveis danos causados às paredes pela evasão de águas pluviais das calhas: o simples despejar dessas águas através dos beirais seria condenável nas condições de concentração populacional da vida urbana. Trata-se de uma explicação sensata e parece não haver fundamentos para pôr em dúvida a afirmativa de Vitrúvio quanto à existência de um tipo denominado despluviado, provido de complúvio e implúvio, mas com um telhado comum inclinado para fora. Ele enaltece esse tipo por sua iluminação satisfatória, especialmente no inverno, mas critica suas desvantagens da maneira já descrita. Algumas urnas em forma de casa etruscas (Fig. 127) e tetos tumulares parecem representar moradias erguidas com base no princípio despluviado. Tais construções talvez fossem modificações da última categoria de Vitrúvio, o testudíneo, ou "dorso de tartaruga", que consiste em uma casa toda coberta, supostamente com um salão central que se elevava até a cobertura¹⁷, muito embora Vitrúvio se refira a aposentos superiores na construção e talvez, como alguns o presumem, tenha em mente o tipo óstio descrito abaixo. É possível que as alas, que invariavelmente se prolongam até a parede externa, tivessem a finalidade de iluminar o espaço central desse tipo de residência, embora em Pompéia raramente contenham janelas¹⁸. Esta, a concepção tradicional, não reina absoluta, e existe uma teoria rival que tem arrecadado numerosos adeptos¹⁹. Segundo tal teoria, o átrio não é um cômodo que tende a se converter em um pátio, mas um pátio reduzido de forma tal que pode ser confundido

Fig. 127. Urna em forma de casa proveniente de Chiusi (Clúsio), no R. Museo Archeologico, Florença. (Extraído do *Handbuch der Architektur*, Vol. II, J. M. Gebhardt's Verlag, Leipzig, Alemanha)

com um cômodo; o tablino é considerado a casa propriamente dita, o verdadeiro centro vital do complexo, e o esquema como um todo, um descendente contraído de um grupo como o do grande pátio de Tirinto, com seu mégaron que dá para um pátio enclaustrado. Em que pese a engenhosidade de tal concepção, parece mais provável que o antigo tipo encontrado em Pompéia seja, em sua origem, uma residência rural ou de vilarejo, com aposentos menores agrupados em torno de um salão central, adaptada às condições mais limitadas da vida urbana e que começa, quando a encontramos pela primeira vez, a sentir a influência do tipo peristilo grego, inteiramente diverso.

Fiechter[20] aceita a origem do átrio toscano a partir de uma residência rústica italiana despluviada, que consistia em um único recinto de grandes dimensões com um telhado de quatro águas, mas considera o tipo encontrado em Pompéia uma fusão desta com uma habitação etrusca mais suntuosa, retangular e com cobertura de duas águas, à maneira de um templo, da qual teriam sido herdados o tablino e as alas. Essa teoria encontra algum apoio na arquitetura tumular etrusca e há um pequeno número de urnas em forma de casa que evidentemente representam palácios etruscos de desenho semelhante a um templo. As Lâms. XXIII*a*, *b* mostra a mais notável dentre estas, que talvez tenha sido encontrada em Chiusi (Clúsio) e que se encontra atualmente no R. Museo Archeologico de Florença. É entalhada em pedra macia e reproduz uma construção em alvenaria sólida, com um frontão e uma grande porta arqueada em cada extremidade. Há pilastras "eólicas" nos vértices e o que parece uma *loggia* ao longo de uma das laterais, embora sua interpretação em detalhe seja difícil. É atribuída, com reservas, como sendo o século IV a.C. Cumpre acrescentar que algumas tumbas e urnas etruscas parecem representar moradias de cobertura plana e que um telhado do gênero, provido de uma abertura central, foi recentemente descoberto em Pompéia.

Uma importante característica da casa de Pompéia é sua planta estritamente axial, que não encontra paralelos na Grécia; as duas metades são absolutamente simétricas e a intersecção dos eixos da fauce e do tablino com aquele das alas nos lembra o cardo e o decumano da cidade romana. Será proveitoso comparar a Casa do Cirurgião, de Pompéia (Fig. 126), com a Maison de la Colline, em Delos (Lâm. XXII*a*), de uma regularidade pouco comum para uma moradia grega e que possivelmente tenha recebido alguma influência italiana. Embora o esquema das paredes principais da Maison de la Colline seja perfeitamente axial, com espaços simétricos correspondentes às alas, encontramos no eixo principal, em lugar do tablino, a parede divisória entre dois aposentos, e todas as subdivisões substituem a simetria axial por uma alternância harmoniosa; a entrada se dá por uma lateral, sequer situada no centro desta.

No século II a.C., e em uma proporção cada vez menor depois, encontramos freqüentemente em Pompéia, nas grandes residências, um peristilo grego acrescido ao átrio, geralmente atrás deste, com um passadiço situado em um dos lados do tablino interligando o átrio e o peristilo. Hoje este recebe, usualmente, a denominação *andron*, com base em Vitrúvio, que todavia afirma[21], na verdade, que o termo era empregado para designar uma passagem entre dois peristilos. Os cômodos principais, ao que parece, continuavam a localizar-se via de regra em torno do átrio e talvez o peristilo consistisse, na maior parte dos casos, em um jardim, embora parcialmente cercado de cômodos; tinha, porém, a vantagem de uma maior privacidade. Uma residência posterior de Pompéia surpreentemente luxuosa é a Casa do Fauno (Fig. 128), provida de um átrio toscano (1), um átrio tetrastilo (2), um peristilo (3) e um jardim peristilo (4); trata-se, na verdade, de duas casas unidas em uma. Podemos observar diversos depósitos incluídos no bloco, mas não relacionados com a residência. Trata-se de uma característica comum[22].

A casa de Pompéia de modo algum era o único tipo romano, e o legítimo átrio[23] raramente aparece fora da Itália. Afora as moradias rurais, de que falaremos em breve, as habitações urbanas das províncias orientais e africanas tinham normalmente uma planta grega, enquanto aquelas da Óstia e da própria Roma exibem uma forma inteiramente diversa. Tanto o átrio como o peristilo são pródigos em termos de espaço. Adequavam-se com folga aos assentamentos rurais, onde a terra era barata, mas nas grandes cidades impunha-se a todos, salvo os muito ricos, reduzir ao mínimo necessário à iluminação e à ventilação os espaços descobertos e elevar as residências bem acima do limite tradicional de dois pavimentos.

Esse tipo de casa, que pode ser adequadamente denominada óstia, tem as características enumeradas a seguir. Eram habitações de múltiplos pavimentos, provavelmente quatro ou cinco, e cada pavimento reproduzia a planta dos pavimentos inferiores. É

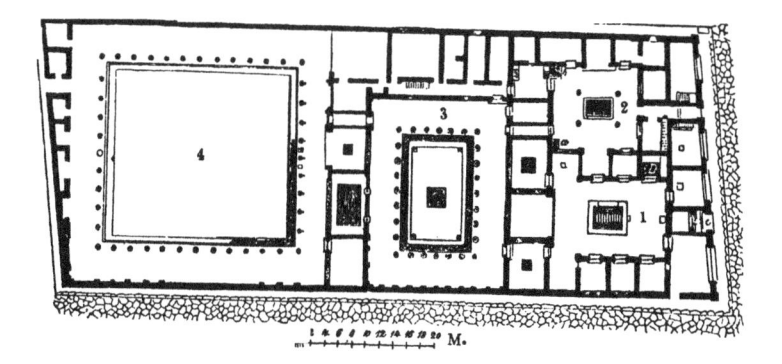

Fig. 128. "Casa do Fauno", Pompéia

possível deduzir com alguma segurança o número original de pavimentos a partir da espessura das paredes que se conservaram, da altura dos pavimentos remanescentes e do limite legal de aproximadamente 21 m[24] fixado por Augusto para Roma e reduzido por Trajano[25] para aproximadamente 17,5 m; é possível que Nero[26] tenha renovado o primeiro ou antecipado o segundo limite após o grande incêndio de 64 d.C. As casas formavam normalmente fileiras contínuas de planta quase idêntica e presumivelmente idêntica altura, com estreitos becos cobertos (angiportos) colocados a determinados intervalos, apenas no nível térreo. Os ambientes de formato tradicionalmente especial e altura anormal, como o tablino, foram eliminados. Os diferentes pavimentos eram totalmente independentes, formando pisos muitas vezes subdivididos, eles próprios, em conjuntos separados, cada qual com um ou dois cômodos principais maiores que os restantes. Havia escadarias de pedra em intervalos regulares, que davam diretamente para a rua. Outras características eram o número e as grandes dimensões das janelas, normalmente vitrificadas com gipsita[27]; a ausência de quartos de banho, cozinhas, chaminés ou latrinas identificáveis; e o fato de que embora as ruas fossem servidas de água, esta não chegava acima do piso térreo. Tais residências tinham em comum com as de Pompéia uma predileção por balcões (menianos) nos pavimentos superiores. Provavelmente os telhados consistiam, em sua maior parte, em terraços planos, comuns a toda uma seqüência de moradias; poucas telhas foram encontradas.

  O piso térreo consistia total ou parcialmente, de hábito, em depósitos ou armazéns, e era grande a variedade na disposição geral. Não era incomum a existência de um longo pátio estreito atrás de uma fileira de casas, paralelo à rua; também havia pequenos pátios internos, por vezes decorados com fontes. Vez por outra encontramos uma viela de armazéns a interceptar a esquina de uma rua; por vezes a moradia consiste em dois blocos paralelos separados por um pátio estreito paralelo à rua e interligados no primeiro pavimento por uma ponte arqueada. As casas eram predominantemente revestidas com tijolo, talvez normalmente não estucado; o arco, semicircular, segmentar ou reto, era empregado livremente, não apenas em portas e janelas, como também para finalidades tais como a sustentação de escadarias, em sua maior parte em pedra e que muito raramente tinham "poços" abertos. Os cômodos do piso térreo eram normalmente abobadados, o que também poderia se verificar, com menor freqüência, no primeiro pavimento, mas não acima deste. Os pisos em mosaico são encontrados mesmo nos cômodos superiores. Podemos ilustrar esta descrição através de duas reconstituições (Figs. 129 e 130); talvez os telhados devessem ser representados planos e as paredes de tijolo não revestidas com estuque.

Algumas das melhores e mais antigas residências óstias eram do tipo encontrado em Pompéia, por vezes bastante alterado. Algumas das ruas eram margeadas por arcadas de pilares, com colunatas abertas na parte superior. A impressão geral da cidade como um todo, segundo o parecer unânime dos observadores, é surpreendentemente moderna; é evidente que a Roma

Fig. 129. Casas na "Via di Diana", Óstia (reconstituição)

Fig. 130. Casa na "Via dei Vigili", Óstia: parte central (reconstituição)

do fim do período imperial diferia muito menos, em termos de aparência externa, de uma cidade do século XX do que normalmente se presume.

As ruínas de casas desse tipo em Óstia pertencem predominantemente ao século III d.C., porém muitas são mais antigas, e há indícios de uma transformação geral ocorrida na primeira metade do século I d.C., quando, segundo se sabe, algumas casas do tipo existente em Pompéia foram substituídas por outras do novo modelo. Na própria Roma os vestígios de moradias desse tipo são escassos e tardios, embora fossem familiares a Marcial e Juvenal os edifícios residenciais de grande altura no final do século I d.C., e Vitrúvio descreva-os como típicos da Roma augustiana.

As habitações rurais romanas exibem, naturalmente, tendências bastante diversas. Nosso conhecimento dificilmente remonta aquém do último século da República. Nesse período, bem como no primeiro século do Império, já encontramos dois tipos distintos, que todavia se entremesclam, a vila aristocrática suburbana ou campestre e a genuína habitação rural. Melhor será descrever primeiro a habitação do tipo rural, uma vez que constitui um dos elementos que contribuíram para a criação da vila mais sofisticada. Uma casa rural em Boscoreale, próximo a Pompéia (Fig. 131), datada, aparentemente, da primeira metade do século I a.C., servirá como ilustração, muito embora seja um tanto luxuosa. Sua área total, excluindo a eira (*T*) era de aproximadamente 23,5 m por 40 m. O pátio ou terreiro (*A*), cujo acesso se dava pela parte sudoeste, era contornado em três lados por pórticos. O ambiente *B* é a cozinha, *H* é o estábulo e o conjunto *C* e *F* uma pequena ala de banho, com uma latrina (*G*); *C* é a sala da fornalha, *D* o apoditério, *E* o tepidário a *F* o caldário. O ambiente *O* é a padaria, *N* é a sala de jantar, *P* abriga prensas de lagar e *R* era um pátio aberto para a fermentação do vinho. *Y* e *Z* contêm a prensa para extração de óleo e o triturador de olivas, e *S* é um celeiro. *K*, *L*, e os três *V* eram dormitórios, mas provavelmente as melhores salas de estar ficavam no piso superior, especialmente na parte sudeste. Em *A*, 1 e 5 são cisternas, 2 uma pia e 3 um reservatório de chumbo sobre um pilar, que supria de água os banhos e o estábulo, através de um segundo reservatório, 2, situado na cozinha (*B*).

A vila aristocrática guarda muita semelhança com a habitação urbana do tipo mais nobre, porém o átrio é normalmente omitido, ou mantido em uma forma adulterada; o núcleo da casa, via de regra, é um grande peristilo em torno do qual se agrupam os cômodos principais, normalmente de uma forma casual

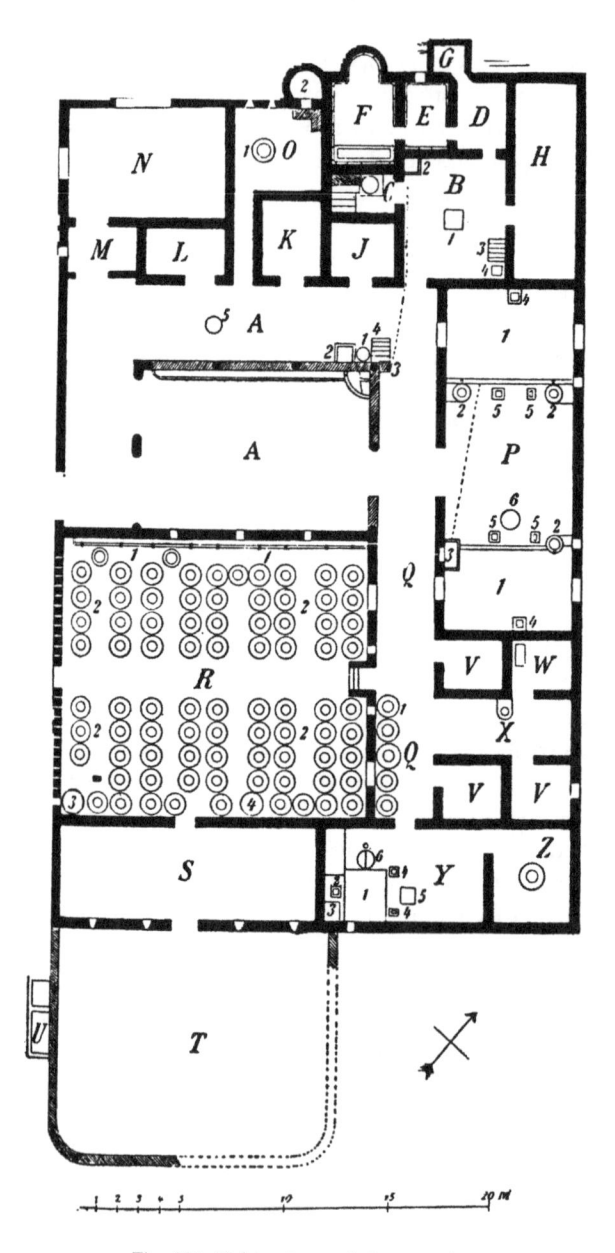

Fig. 131. Habitação rural, Boscoreale

ou irregular. É comum a existência de um espaçoso jardim peristilo adjunto. O palácio de Domiciano no Palatino era algo desse tipo – as salas de uso comum estavam agrupadas em torno de um grande peristilo, e havia ainda duas outras áreas peristilas: a primeira, o espaçoso jardim já mencionado[28], entre a sala do trono e a ala do triclínio, e a segunda, um jardim rebaixado mais reservado, com uma extremidade curva, o chamado "Estádio Palatino", para além dos apartamentos particulares ao leste. A célebre "Vila dos Papiros", nas proximidades de Herculano, datada do século I a.C., tinha um átrio degenerado, um peristilo quadrado e um imenso jardim peristilo oblongo. Encontramos, nesse tipo de "vilas de perstilo", uma tendência a enfatizar-se o exterior através de elaborados pórticos de entrada, como nas vilas de Diomedes e Fânio Sinistor, nas cercanias de Pompéia, ou de colunatas externas contínuas. Essa segunda característica foi prefigurada no Leonideu de Olímpia, uma espaçosa residência oficial, erguida originalmente no século IV a.C., que consistia em um retângulo medindo externamente 80 m por 74 m, com cômodos agrupados em torno de um peristilo interno de 44 colunas dóricas, e que também possuía uma colunata externa baixa formada por 138 colunas jônicas. Esse fato sugere que talvez a vila de peristilo romana tenha tido alguma inspiração helenística.

A ênfase crescente no exterior e um sentido progressivamente agudo da liberdade possível no planejamento da residência rural parecem haver-se combinado para eliminar o peristilo interno, que é raro nas vilas comuns posteriores ao século I d.C. Havia, com efeito, um gigantesco peristilo, a Piazza d'Oro, na vila de Adriano, a ser descrita pouco adiante, construído entre 120 e 140 d.C., mas que, na verdade, era um jardim peristilo, com as construções importantes concentradas em uma das extremidades.

Já no século I d.C., se não antes, encontramos habitações rurais em que a idéia do pátio interno foi abandonada por completo e que consistem em um bloco retangular único, com um corredor fechado ao longo de um dos lados, ou um pórtico aberto, seja em um dos lados, seja contornando toda a extensão do edifício. Temos um prenúncio da "vila de corredor" em Tera, no período helenístico, e tanto os tipos que adotam o corredor como o pórtico são encontrados entre as vilas da Campânia, destruídas pela erupção de 29 d.C.; ambos os tipos estão claramente representados também nas pinturas murais do mesmo período. Encontramos casos em que tais vilas possuem duas alas em ângulos retos, ou mesmo três, quando começam a se assemelhar novamente ao antigo tipo caracterizado pelo peristilo. Ambos os tipos, o de corredor e o de pórtico, ocorrem na Síria e são característicos da Gália e da Bretanha. Em Silchester (Fig. 132), fundada na segunda metade do século I d.C., as ínsulas quadradas determinadas pelo traçado romano das ruas eram tratadas extensamente como terrenos destinados a acomodar vilas dos tipos corredor e pórtico; é patente que a população rural se recusava em ser urbanizada totalmente. Chegamos mesmo a encontrar aqui casas com corredores nos quatro lados (por exemplo, a Ínsula XIV na Fig. 132), enclausurando por completo um pátio central.

É impossível nos embrenharmos aqui por todas as variantes assumidas por essas formas. Por vezes, a fachada do tipo que consistia em um bloco único era enfatizada por uma torre em cada extremidade, como na fachada para o mar do palácio de Diocleciano[29]; por vezes, sobretudo no tipo de três lados, o centro da parte posterior apresentava uma curvatura para trás. Pode-se acrescentar que era comum, no norte da Europa, adotar, nas salas de uso comum[30] o sistema de aquecimento por meio de paredes e pisos vazados, o que na Itália se restringia aos estabelecimentos de banho.

Podemos dizer uma palavra, neste ponto, acerca das moradias muito curiosas da Síria, encontradas especialmente no Hauran[31]. Devido à falta de madeira, muitas casas foram construídas ali inteiramente em pedra, mesmo os batentes de portas e as persianas; conseqüentemente estão bem preservadas e muitas ainda são habitadas. Situam-se, em sua maior parte, fora dos limites cronológicos do período tratado no presente livro, uma vez que datam do século IV ao VII d.C., quando a região foi arruinada pela invasão árabe, mas algumas remontam ao século III. Reproduzimos aqui uma típica habitação de Duma (Fig. 133)[32], que mede externamente cerca de 10 m por 12,5 m. Não há nenhuma espécie de peristilo. A planta é retangular e a maior parte principal da

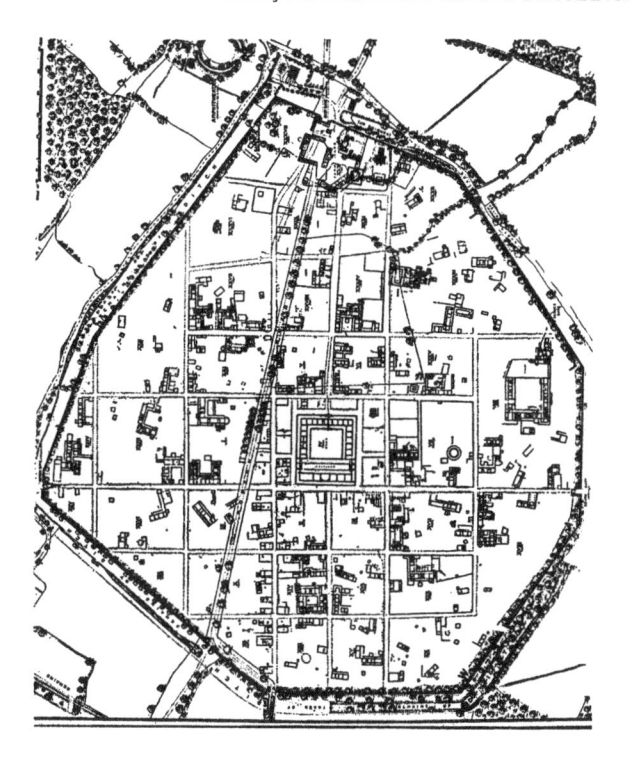

Fig. 132. Planta de Silchester (Caleva Atrebatum). (Escala em pés ingleses, canto direito superior)

casa é em dois pavimentos, mas a grande sala de estar ocupava a altura total da construção. Os tetos e coberturas são de placas de pedra, com o reforço de arcos onde necessário e um terraço de argila no topo; o interior e o exterior são dotados de escadarias de pedra. A iluminação penetra unicamente através das portas e das estreitas janelas.

Tais moradias, contudo, estão à margem da corrente principal da tradição, de modo que devemos retornar à Europa Ocidental. Diversas vilas luxuosas, como aquelas descritas por Plínio, o Jovem, tinham plantas dispersas e irregulares, e compunham-se de uma grande variedade de blocos desconexos e pórticos de vários tipos, destinados a ser utilizados em estações distintas e di-

Fig. 133. Casa em Duma, mostrando a construção interna

ferentes estados de espírito; as dependências de banho, obviamente, eram uma característica comum. A mais extraordinária coleção de estruturas isoladas é encontrada da célebre Vila de Adriano nas proximidades de Tívoli, mencionada em mais de uma ocasião[33], especialmente com respeito a seus avanços estruturais.

As diferentes partes da vila foram batizadas em homenagem a algumas cidades e santuários de renome que o imperador visitara, mas, ao que tudo indica, não houve intenção de reproduzir suas verdadeiras características. A vila abrigava duas alas domiciliares principais, atualmente conhecidas como o "Grande Palácio" e o "Pequeno Palácio" ou a "Academia". Havia ainda dependências para banhos e banhos de sol, no mínimo três teatros, um estádio ou jardim fechado, além de diversas estruturas de grandes dimensões e caráter inexplicado ou obscuro.

O grupo que formava a "Piazza d'Oro" (Fig. 134), já mencionada, consistia em um bloco autônomo situado na parte meridional do Grande Palácio. O edifício principal situa-se na extremida-

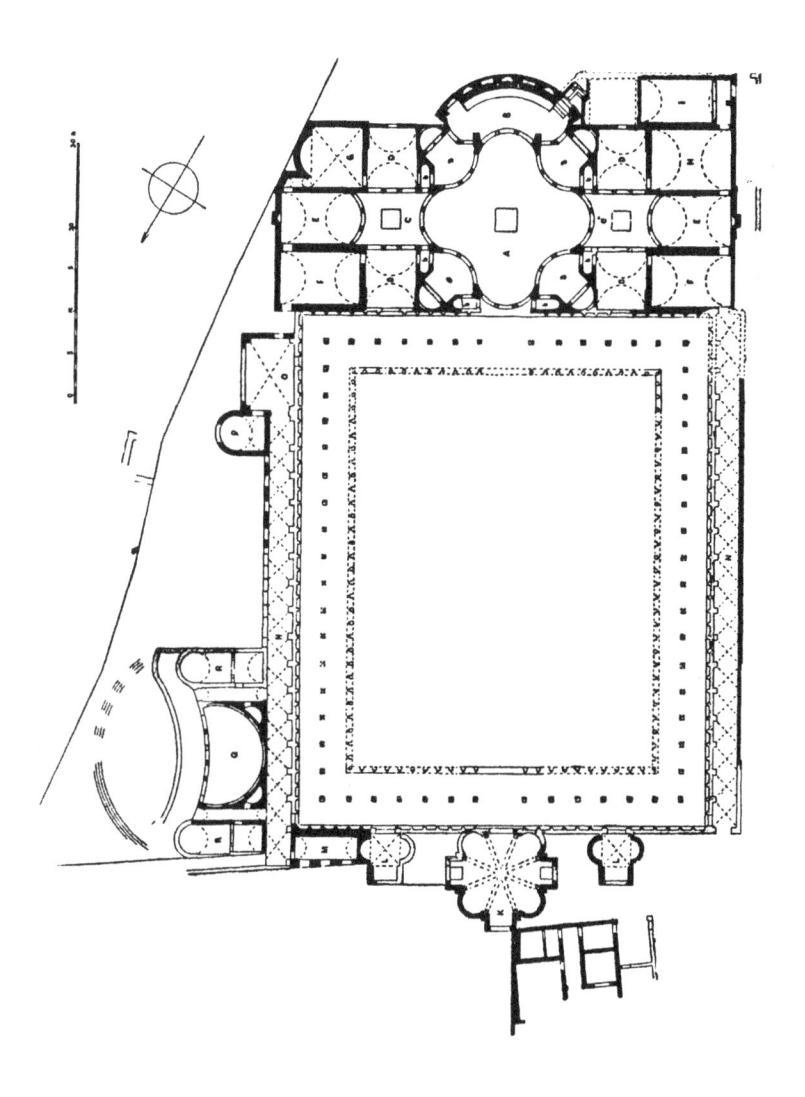

Fig. 134. Vila de Adriano, Tívoli: "Piazza d'Oro" (paredes preservadas representadas em preto)

de sul de um imenso jardim contornado por uma colunata de nível único, com uma fileira interna de colunas, à maneira de uma estoa grega comum. Externamente a essa colunata, a leste e a oeste, corriam passadiços cobertos com abóbadas de aresta (*N*, *N*) e que talvez sustentassem um segundo pavimento. O vestíbulo cupular ao norte (*K*) já foi descrito[34]. O bloco principal, ao sul, era formado por diversos apartamentos abobadados dispostos ao redor de um grande cômodo central (*A*), de formato bastante curioso. Aparentemente, oito pilastras principais sustinham arcos, acima dos quais provavelmente assentava uma cúpula dotada de uma abertura central; o empuxo dessa cúpula era absorvido por quatro absides situadas nos vértices (3, 3, 3, 3), e entre as pilastras corria uma estranha colunata sinuosa. A construção, todavia, encontra-se totalmente em ruínas e os detalhes de sua reconstituição são hipotéticos.

Não podemos empreender aqui uma descrição completa do restante da vila adriânica, pois esta resultaria ininteligível sem a enumeração de um grande volume de detalhes. O arquiteto deu largas à criatividade em fantásticas concepções, mas havia alguns ambientes espaçosos de desenho surpreendentemente simples, sobretudo um grande salão de banquetes semelhante a uma basílica com um esquema peristilo de colunas internas, aparentemente provido de uma cobertura de madeira.

O primeiro edifício importante descrito neste livro foi o palácio de Cnosso. Examinamos suscintamente até este ponto a história arquitetônica de aproximadamente três mil anos e será pertinente encerrarmos o presente estudo com outro palácio, uma das últimas grandes obras arquitetônicas da Roma pagã, o palácio de Diocleciano em Salona, na Dalmácia, concluído nos primeiros anos do século IV d.C. A moderna cidade de Espalato, ou Split, está largamente circunscrita a sua colossal muralha, de cerca de 2,10 m de espessura e 18,2 m de altura, que formava um retângulo ligeiramente irregular com aproximadamente 800 metros de perímetro. O contraste entre essa fortaleza poderosa e o palácio tão irregular de Adriano lembra aquele entre Tirinto e Cnosso. A construção de Tívoli espelha a serena confiança de um império incontestе. O complexo de Espalato conheceu invasões bárbaras e o horror da destruição.

HABITAÇÕES E PALÁCIOS GREGOS E ROMANOS 377

A planta do palácio, do qual se pode ver uma resconstituição na Fig. 135, baseava-se em um traçado de duas grandes vias a cruzando-se em ângulos retos e interligando quatro portões localizados no centro dos quatro muros; na face sul, todavia, que se estende ao longo da orla marítima – no topo da Fig. 135 – a efetiva residência do imperador estendia-se por toda a área en-

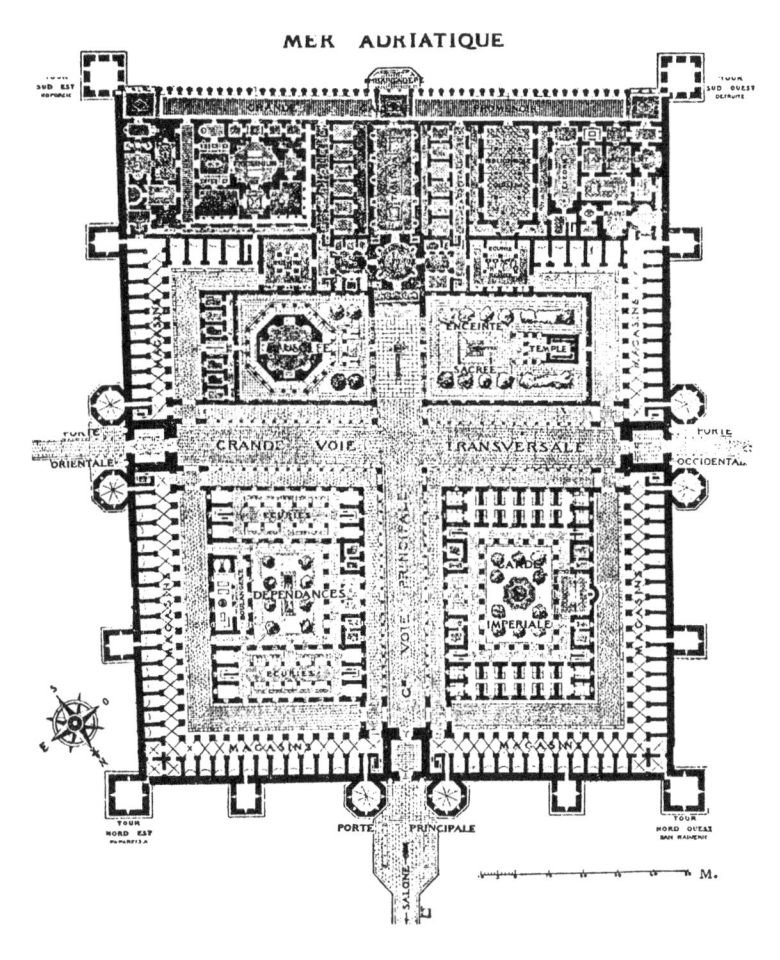

Fig. 135. Palácio de Diocleciano, Espalato (reconstituição de Hébrard)

tre-muros, de leste a oeste, e a parte meridional da via norte-sul, embora sua linha estivesse claramente demarcada, era substituída por um vestíbulo encimado por uma cúpula e um salão retangular. Será conveniente descrever o restante do sítio antes de considerarmos essa parte meridional. Externamente à muralha, mas interligadas a seus quatro vértices, havia grandes torres quadradas, enquanto os portões oeste, norte e leste eram ladeados por torres octogonais dispostas de maneira semelhante; seis torres retangulares menores erguiam-se no centro dos segmentos complementares de cada um desses três muros. Os portões oeste, norte e leste[35] eram muito semelhantes, cada qual consistindo em um portão interno e externo separados por um pátio aberto. As porções das grandes vias a leste, norte e oeste do cruzamento central eram margeadas por colunatas. O limite setentrional do palácio propriamente dito está demarcado, grosso modo, pelas torres retangulares situadas a meio-caminho entre os vértices sudeste e sudoeste e os portões leste e oeste. O restante da área era circundado por uma série contínua de cômodos retangulares em dois pavimentos, a parte posterior voltada para a face interna da muralha; tais cômodos eram, provavelmente, as dependências da guarda imperial. Os cômodos situados no piso térreo tinham acesso através de um pórtico de pilares quadrados interligados por arcos e coberto por abóbadas de aresta, que dava para uma rua contínua; cada um dos cômodos situados no piso superior tinha uma grande janela em arco na parede externa. As duas vias de circulação principais eram margeadas por colunatas coríntias, com entablamentos horizontais, exceto no cruzamento central, onde havia arcos. As quadras nordeste e noroeste da área, ao norte da via leste-oeste, eram ocupadas por grandes blocos residênciais dos quais pouco se conhece. Imediatamente ao sul da via leste-oeste localizavam-se dois precintos abertos, a leste e a oeste da via norte-sul. Aquele ao leste abrigava o Mausoléu[36], já descrito, e aquele a oeste abrigava um templo coríntio tetrastilo prostilo, atribuído normalmente a Esculápio, mas provavelmente consagrado a Júpiter.

O templo erguia-se em um pódio e as dimensões externas de sua cela eram de aproximadamente 9,1 m por 9,7 m; as paredes tinham cerca de 1,2 m de espessura. Possuía uma abóbada cilíndrica de pedra com aproximadamente 60 m de espessura, ornada com caixotões profundos, que se manteve intacta até os dias atuais. Atualmente se encontra descoberta, mas é provável que tivesse uma cobertura externa acompanhando o contorno dos frontões. Sob a cela existia uma cripta, com uma abóbada cilíndrica em concreto.

Entre o precinto do Mausoléu e aquele do templo de Júpiter, imediatamente ao sul do cruzamento central, a última porção da via norte-sul era orlada por uma colunata coríntia bastante notável (Lâm. XXIVa), com arcos que se originavam diretamente dos capitéis; o conjunto formava um longo átrio defronte ao verdadeiro pórtico do palácio propriamente dito, que consistia em quatro colunas coríntias de granito vermelho, com um entablamento arqueado por sobre o intercolúnio central, sustentando um frontão. Esse átrio tinha cerca de 13 m de largura e cerca de 24 m de comprimento. Havia seis colunas de cada lado, com cerca de 5,15 m de altura; eram todas monolíticas e, exceto as duas situadas no lado norte, feitas em cipollino (mármore branco e verde da Eubéia), todas do mesmo granito que aquelas do pórtico; as colunas eram interligadas por uma tela e, em cada lado, um portão situado no intercolúnio central dava acesso aos dois precintos situados a leste e a oeste.

O pórtico conduzia a um vestíbulo cupular, externamente quadrado. A cúpula, que se encontra em ruínas, era em tijolo e concreto, e seu diâmetro interno era de aproximadamente 11 m. Nascia cerca de 17 m acima do chão e era decorada com um mosaico. Atrás desse vestíbulo, o palácio propriamente dito se estendia a leste, oeste e sul até a muralha. O terreno apresenta aqui um rápido declive em direção ao mar e havia um piso térreo abobadado, atualmente nossa principal referência para a reconstituição do pavimento superior – em sua maior parte perdido –, em que se localizavam os cômodos principais. Hébrard e Zeiller exploraram e mediram tudo quanto é possível resgatar desses cômodos inferiores, muitas vezes sob condições de extremo desconforto. A descrição que se segue tratará principalmente do pavimento superior, até onde sua reconstituição é razoavelmente segura.

O vestíbulo cupular dava para um amplo salão cuja forma prolongava o traçado da via norte-sul. Tinha cerca de 11 m de largura e cerca de 31 m de profundidade, e certamente erguia-se bem acima das construções circunvizinhas; sua cobertura era provavelmente de madeira. Ao sul, a exemplo dos demais cômodos principais, o salão dava para uma grande galeria, de cerca de 7,3 m de largura e 157,5 m de comprimento, que corria exatamente ao longo da orla marítima, de torre angular a torre angular. Cada extremidade, bem como o centro, abrigava uma *loggia* aberta contendo duas colunas coríntias em mármore, com o entablamento arqueado acima do intercolúnio central. Em cada uma das duas extensões, a leste e oeste da *loggia* central, a galeria tinha 21 janelas em arco, entre as quais, apoiadas em consolos lisos e interligadas por uma faixa ornamental com perfil em gola direita, erguiam-se colunas embutidas de um tipo coríntio extremamente simplificado. Essas colunas sustinham um entablamento horizontal, arqueado em um determinado ponto em cada extensão, em ambos os casos um intercolúnio a leste do centro. As janelas existentes sob esses arcos eram maiores e atrás de cada uma encontrava-se um dos apartamentos principais do palácio. Aquele situado atrás do arco da extensão oeste era o aposento mais espaçoso de todos, medindo cerca de 13,5 m por 32 m, provavelmente com cobertura de madeira e talvez cerca de 13,5 m de altura; aquele a leste era talvez uma sala de jantar, onde se combinavam abóbadas cilíndricas e uma cúpula. Pátios estreitos ladeavam todos os grandes salões e havia ainda salas de estar, salas de banho e outros apartamentos de diversos tipos. Seguramente o muro se alçava a uma altura considerável acima das arcadas na face sul da galeria, porém as construções principais deviam elevar-se bem acima dele, resultando em um interessante contraste com a quase exata regularidade da fachada. Abaixo da galeria existia um corredor inferior, ao nível do mar, iluminado por somente aberturas estreitas e que formava externamente um pódio simples para a arcada. Chegava-se a esse corredor inferior através de uma passagem que se abria no vestíbulo cupular, e sua parte central abrigava uma pequena e simples comporta (o "Portão Brônzeo"), com um arco de descarga vazado acima do lintel e que conduzia a um ancoradouro.

A semelhança da fachada sul com aquela de um determinado tipo de vila romana já foi apontada[37], e a conformação da área residencial segue a tradição da vila, embora o desenho do complexo murado como um todo se baseie claramente no esquema do acampamento fortificado de fronteira. O paralelo mais próximo é a fortaleza de Mogorjelo[38], na região fronteiriça entre a Dalmácia e a Herzegovina, provavelmente pouco anterior ao palácio de Diocleciano. As fortificações são extremamente semelhantes e existe uma residência palaciana em uma das extremidades do complexo murado, a qual, todavia, não se prolonga até as muralhas e cuja fachada principal, com alas projetadas, está voltada para a parte interna. A descrição por Libânio[39] do palácio da "Cidade Nova" de Antioquia, escrita em 360 d.C., revela que essa construção, ao que tudo indica iniciada por Galeno e concluída por Diocleciano, tinha grande semelhança com Espalato. A "Cidade Nova", situada em uma ilha, era circular, mas tinha duas ruas colunadas que se interceptavam, enquanto o palácio, que se estendia às margens do rio, situava-se transversalmente a uma das vias principais, deixando uma pequena extensão de rua entre o cruzamento central e sua entrada, que era mais bela que o restante e que funcionava como Propileus. Não se deve esquecer[40] que, nos acampamentos romanos, o pretório localizava-se, de hábito, transversalmente de uma das vias principais.

Em termos de detalhe, as características mais notáveis do palácio são os arcos originados diretamente dos capitéis das colunas, as colunas embutidas apoiadas em consolos isolados e os arcos de descarga vazados e ornamentados acima dos lintéis de arco reto. Nenhum desses elementos é inédito, com a possível exceção do segundo. Já discutimos a questão dos arcos originados diretamente dos capitéis[41]; encontramos com freqüência o uso de arcos de descarga vazados e ornamentados nos séculos II e III d.C. na Síria, por exemplo no grande palácio de Inkhil, no Hauran, e no templo de Isria (Seriane) ao norte de Palmira. Todas essas características, salvo a primeira, encontradas apenas no acesso ao portal do palácio, podem ser vistas no "Portão Áureo", ao norte, aqui reproduzido (Lâm. XXIV*b*). Logo à primeira vista fica patente que o estilo dessa construção revela um novo espírito decorativo. Um sopro de renovação areja a exaurida tradição clássica e nos vemos no limiar do estilo bizantino e do romanesco.

APÊNDICE I
Quadros cronológicos selecionados de construções gregas, etruscas e romanas de 1000 a.C. a 330 d.C.

NOTA: – *Todas as medidas estão indicadas em metros. Com exceção da Listagem G, que inclui edifícios de todos os tipos, os templos associados a uma divindade específica são descritos pelo nome da divindade apenas, sem o acréscimo da palavra* templo.

A.
TEMPLOS E TESOUROS PRIMITIVOS QUE NÃO PERMITEM A ATRIBUIÇÃO DE NENHUMA CARACTERÍSTICA DEFINIDAMENTE DÓRICA, EÓLICA OU JÔNICA.
(Nenhuma das construções relacionadas é em mármore.)

I. Grécia propriamente dita e Ocidente

Data a.C.	Local	Dedicatória ou nome	Dimensões em planta	Observações
Sec. X (?)	Termo	"Mégaron B"	7,30 (norte) por 21,40	Ver **53** e Fig. 20
Sec. IX	Peracora	Hera Akraia	*c.* 5,50 × *c.* 8,00	Absidal: ver **61**
Sec. IX (?)	Tebas	Apolo Ismênio (?) (o mais antigo)	?	Incendiado no sec. VIII a.C. Provavelmente sem colunas; paredes de pedra e tijolo seco ao sol; talvez curvilíneo
Sec. IX ou VIII (?)	Esparta	Órtia (o mais antigo)	*c.* 4,50 × ?	Ver **53** e Lâm. II*a*
Sec. VIII ou VII	Corona (Longá) na Messênia	Apolo Coríntio ("Templo Δ")	*c.* 5,05 × mais de 10,00	Ver **54** e Pausânias, IV, 34,6. Uma única fileira de colunas internas. Integra um grupo de construções muito antigas no local
c. 580	Gagera, próximo a Selinunte	"Mégaron" de Deméter Maláfora	9,52 × 20,41	Ver **55**
c. 580	Olímpia	Tesouro de Gela	*c.* 11,00 × *c.* 13,20	Ver **55**. O acréscimo de um pórtico dórico a um dos lados maiores no início do sec. V a.C. ampliou as dimensões para *c.* 13,20 × *c.* 13,40
Séc. VI (?)	Basse (Monte Cotílio)	(*a*) Afrodite (?)	6,47 × 15,43	Ver **55**
		(*b*) Ártemis (?)	5,74 × 9,25	

II. Ilhas Egéias e Oriente

Data a.C.	Local	Dedicatória ou nome	Dimensões em planta	Observações
Séc. X (?)	Cárfi	Templo	?	Retangular, mas de planta complexa e obscura; ver **61**
Séc. VIII	Dreros	Templo	5,50 x 9,50	Retangular; ver **61**
Séc. VII	Prínia	(*a*) "Templo A"	5,925 (frente) e 6,35 (fundo) x 9,70	Ver **56** e Fig. 21
		(*b*) "Templo B"	*c.* 5,50 x *c.* 18,00	Ver **57**. Forma bastante irregular
Séc. VII	Gortino	Apolo Pítio	*c.* 19,00 x 16,70	Ver **57**
Séc. VII	Vrulia (Rodes)	Capela	4,66 e 4,70 x 8,38	Traços da tradição minóica. Altar localizado a dois-terços da distância entre a face frontal e a posterior, com uma plataforma baixa atrás. Paredes de tijolo seco ao sol
Séc. VII (?)	Dreros	Templo de Apolo Delfíneo	10,70 x 24,00	Semelhante aos templos de Prínia; bases de coluna do tipo minóico
Séc. VII (?)	Delos	"Oikos dos Naxianos"	10,30 (oeste) e 9,70 (leste) x 25,50	Destinação obscura. Tinha, de início, um fileira central de oito pares de colunas em madeira, lado a lado e muito próximas, cravadas em aberturas na rocha. No início do séc. VI a.C., foram substituídas por oito colunas jônicas em mármore; pórtico (distilo *in antis*) talvez de mesma data. Posteriormente, inclusão de opistódomo prostilo e outras modificações
Final do Séc. VII (?)	Delos	"Primeiro Templo Norte" (Apolo (?): πώρινος νεώς)	*c.* 10,00 x *c.* 15,60	Mal preservado. Quatro colunas entre antas no pórtico (?)
Séc. VI (?)	Palaicastro, Creta	Zeus Dícteo	?	Pouco subsiste afora ornamentos em terracota

B. TEMPLOS "EÓLICOS"
(*Nenhuma das construções relacionadas é em mármore.*)

Data a.C.	Local	Dedicatória ou nome	Dimensões em planta	Observações
Séc. VII	Neandria	Templo	*c.* 9,30 x *c.* 21,00	Ver **57** e Figs. 22 e 23
Séc. VII ou início do VI (cela mais antiga)	Larissa, na Eólia	Templo	3,25 x 6,25	Ver **59** e Cap. IV - n. c. e Lâm. II*b*
Séc. VII	Napes	Apolo Napaios (?)	?	Ver **58**; capitéis encontrados em Columdado

APÊNDICE I   385

C.
TEMPLOS E TESOUROS DÓRICOS ATÉ 150 a.C.
(*Os casos em que o edifício relacionado é predominantemente em mármore são indicados de maneira expressa.*)
[Todos os templos assinalados com um asterisco (*) possuem pronaos e opistódomo, cada qual distilo *in antis*.]

Data a.C.	Local	Dedicatória ou nome	Dimensões da cela incluindo pórticos e áditos	Número de colunas no pteroma	Colunas internas	Dimensões do estilóbato	Observações
Início do séc. VII	Tebas	Apolo Ismênio (segundo templo)	?	?	?	?	Conservação precária: parte de um tambor de coluna (c. 0,08 de altura) de uma peça com estilóbato Ver **66** e Fig. 20. Sobre templos semelhantes no mesmo precinto ver **67**
c. 640	Termo	Apolo	c. 4,60 x c. 32,00	5 x 15	1 fileira	12,13 x 38,23	
c. 640	Delfos (Marmaria)	Atena Pronaia	?	Provavelmente períptero	?		Ver **65** e Fig. 25; a forma mais antiga desse templo
Final do séc. VII	Olímpia	Hera (Hereu)	* 10,72 x 40,62	6 x 16	Ver **63**	18,75 x 50,01	Sobre esse templo e seus predecessores ver **62** e Fig. 24
Final do séc. VII (?)	Delfos	Tesouro de Quípselo	6,50 x 13,00	Nenhuma	Nenhuma		Converteu-se posteriormente no Tesouro de Corinto
Séc. VII (?)	Gonos, na Tessália	Templo	c. 8,00 x c. 10,00 (dim. máx.)				Sobre este e o de Homólio, ver **55**. Planta em forma de ferradura
c. 600	Cirene	Apolo (o mais antigo)	c. 10,00 x c. 23,25	6 X 11	2 fileiras	c. 16,75 x c. 30,05	Ver **67**
Início séc. VI	Corcira (Garitsa)	Ártemis	9,40 x 34,66	8 X ?	?	c. 21,94 x c. 47,50	Ver **69** e Fig. 26
c. 580 (?)	Delfos	Antigo Tholos	Diâm. 3,54	13 (em anel)	Nenhuma	Diâm. 6,32	Ver **85**. Friso de 20 tríglifos e 20 métopas
c. 575	Siracusa (Ortígia)	Apolo (?) (mais provável, talvez, Ártemis)	c. 11,60 x (?)	6 x 17 (?)	Nenhuma	c. 21,60 x (?)	Ver **69**. Pronaos distilo *in antis*; fundo incerto [ver C. Picard, R.A. 6ᵉ sér. X, 1937, 115]
c. 575	Siracusa (junto ao Anapos)	Zeus Olímpio (Olimpieu)	?	6 x 17	Nenhuma	c. 22,10 x c. 62,40	Ver **69**
c. 575	Tarento	Templo	?	?	?	?	Ver **71**
c. 575	Mégara Hibléia	Templo	7,75 x 28,40	6 (?) x 15 (?)	Nenhuma	17,55 x 41,40	Conservação precária
†c. 570	Selinunte	"Templo C"	10,48 x 41,63	6 X 17	Nenhuma	23,93 x 63,765	Ver **71** e Figs. 27 e 28

[† E. Gàbrici in *Mon. L.* XXXV, 1933, 67, sustenta essa data, porém muitos críticos situam a construção em meados ou na segunda parte do século VI: ver E. Langlotz, *Zur Zeitbestimmung der... Vasenmalerei*, 1920, 37; B. Ashmole, *Proc. Brit. Acad.* XX, 1934; W. Darsow, *Sizil. Dachterrakotten*, 1938, 110. A controvérsia se estende também às datas de outros templos de Selinunte. E. Pfuhl in *A.M.* XLVIII, 1923, p. 169 n. 2, aceita a data mais tardia atribuída por Langlotz às métopas dos templos C e F, mas sugere que são posteriores ao resto da estrutura. As datas deste quadro são provavelmente muito recuadas, mas é difícil determinar alternativas.]

ARQUITETURA GREGA E ROMANA

Data a.C.	Local	Dedicatória ou nome	Dimensões da cela incluindo pórticos e áditos	Número de colunas no pteroma	Colunas internas	Dimensões do estilóbato	Observações
c. 570(?)	Egina	Afaia (mais antigo)	c. 7,00 (?) x c. 14,50 (?)	Nenhuma	2 fileiras (?)		Ver 69. Fundações perdidas; distilo *in antis*. Elementos remanescentes muito arcaicos. Presença de terracotas originárias de um santuário ainda mais antigo (meados do séc. VII?)
c. 565	Pesto (=Poseidônia)	Poseidon (?) ("Basílica")	13,37 e 13,52 x 42,95	9 x 18	1 fileira	24,525 x 54,295	Ver 75 e Figs. 30 e 30a. [Sobre outros templos arcaicos próximos a Pesto, ver 81, n. 23-Cap. VI]
†c. 560	Selinunte	"Templo D"	9,87 x 39,28	6 x 17	Nenhuma	23,53 x 55,96	Ver 73, 75. Pórtico frontal distilo *in antis*, mas as antas são colunas embutidas, de modo que o efeito é o de um tetrastilo prostilo; ádito
†c. 560	Selinunte	"Templo F" ou "S"	9,20 x (?)	6 x 14	Nenhuma	24,23 x 61,83	Ver 73, 75 e Fig. 29. Provavelmente ante-sala fechada; ádito
c. 560 (?)	Selinunte (Gagera)	Santuário	3,02 x 5,22	Nenhuma	Nenhuma		Ver 54, 55. Duas colunas monolíticas no prostilo; entablamento em uma única peça, arquitrave em duas faixas, sem friso, cornija sem mútulos
c. 560 (?)	Asso	Templo	7,97 x 22,33	6 x 13	Nenhuma	14,03 x 30,31	Ver 84 e Fig. 36
c. 560 (?)	Atenas (Acrópole)	Atena Pólia	12,30 x 33,50	Nenhum [?]	Ver 83		Ver 82 e Figs. 34 e 35. Posteriormente convertido em períptero (ver c. 520 a.C.). [Sobre recentes hipóteses de que esse templo fosse períptero desde o início, ver 84, n. 30-Cap. VI]
c. 550	Pompéia	Templo Grego	c. 8,00 (?) x c. 16,00 (?)	7 (?) x 11 (?)	Nenhuma	17,24 x 17,779	Em ruínas antes de 79 d.C. Possivelmente mais comprido no passado. Bases trabalhadas de algumas colunas no estilóbato (não seguramente originais)
c. 550 (?)	Erétria	Apolo Dafnéforo	?	Talvez períptero	1 fileira (em madeira?)		Ver 72. Esculturas c. 520 a.C. Assenta sobre construções curvilíneas. Reconstruído sob forma de períptero (c. 21,00 x c. 43,00) no início do séc. V a.C.

[† Ver nota na p. 385]

APÊNDICE I   387

Data a.C.	Local	Dedicatória ou nome	Dimensões da cela incluindo pórticos e áditos	Número de colunas no pteroma	Colunas internas	Dimensões do estilóbato	Observações
Primeira metade do séc. VI	Súnio	Atena (mais antigo)	c. 5,15 × c. 8,40	Nenhuma	Nenhuma		Ver **55**. Pórtico prostilo de duas colunas
†c. 540 (a c. 470)	Selinunte	Apolo ("Templo G" ou "T")	c. 25,00 × c. 85,00	8 × 18	2 fileiras	50,10 × 110,36	Ver **85** e Figs. 37 e 38
c. 540	Corinto	Apolo	*c. 12,26 × c. 42,00	6 × 15	2 fileiras	21,36 × 53,30	Ver **87**. [Data confirmada através de cerâmica, S. S. Weinberg, *Hesperia*, VIII, 1939, 191.] Sobre ruínas de um templo dórico maior, ver 425
c. 530	Pesto	"Templo de Ceres"	7,814 × 23,627	6 × 13	Nenhuma	14,527 × 32,875	Ver **76** e Figs. 31 e 32
c. 530	Orcômeno, na Arcádia	Templo na cidade baixa	c. 5,93 × c. 26,50	6 × 13	Nenhuma	13,33 × 31,22	Distilo *in antis*; sem ádito ou opistódomo
c. 520 (?)	Atenas (Acrópole)	Atena Pólia (Períptero)	*12,30 × 33,50	6 × 12	Ver **83**	21,34 × 43,44	Ver **88** e Fig. 34 (Ver também c. 560 a.C.)
c. 520	Metaponto	Templo ("Tavole Paladine")	?	6 × 12	?	c. 15,80 × c. 33,20	Ver **75**
c. 513 a 505	Delfos	Apolo (Quinto templo ou templo dos alcmeônidas)	?	6 × 15	?	c. 21,65 × c. 58,00	Ver **89**. A mais antiga construção dórica com elementos substanciais em mármore. O "Quarto" templo, incendiado em 548 a.C., talvez formasse o núcleo do "Quinto"
c. 510	Olímpia	Tesouro de Mégara	6,40 × 13,40	Nenhuma	Nenhuma		Ver **45**, n. 23-Cap. IV. Distilo *in antis*
c. 510 (?)	Delfos	Tesouro de Atenas	6,68 × 9,75	Nenhuma	Nenhuma		Distilo *in antis*. Mármore. [A visão oficial (J. Audiat in *F. de D.* II, 1933) ainda defende a data de c. 489 a.C.]
c. 510	Agrigento (=Ácragas)	"Hércules"	*13,90 × 47,65	6 × 15	Nenhuma	25,34 × 67,00	Ver **85, 86**, III
c. 510	Locros Epizefíria (Casa Marafioti)	Templo	?	?	?	c. 20,00 (?) × c. 40.00 (?)	Ver **103**
c. 505	Delfos (Marmaria)	Atena Pronaia (segundo)	7,71 × 20,57	6 × 12	Nenhuma	13,25 × 27,449	Anfidistilo *in antis* (?)
c. 500 (?)	Corcira (Cadáquio ou Cardaque)	Templo	7,38 × (?)	6 × ?	Nenhuma	11,90 × ?	Ver **71**. Sem friso. Fachada leste com pórtico desabou sobre penhasco e desapareceu. Presumiu-se datar do período helenístico

[† Ver nota na p. 385]

388 ARQUITETURA GREGA E ROMANA

Data a.C.	Local	Dedicatória ou nome	Dimensões da cela incluindo pórticos e áditos	Número de colunas no pteroma	Colunas internas	Dimensões do estilóbato	Observações
c. 500 (?)	Ramno	Têmis (ou Nêmesis, mais antigo)	6,40 x 10,70	Nenhuma	Nenhuma		Ver 42, n. 17-Cap. IV. Distilo *in antis*. Paredes poligonais, *pedra calcária semelhante ao mármore*; colunas e detalhes em *pedra calcária*
c. 490	Caulônia	Templo	*c. 9,00 x c. 29,00	6 (?) x 14 (?)	Nenhuma	18,20 x 41,20	
c. 490	Súnio	Poseidon (mais antigo) (anteriormente dedicado a Atena)	*c. 9,00 x c. 21,20	6 x 13	2 fileiras (?) (parede próxima; embutida (?))	13,12 x 30,34	Destruído pelos persas antes de sua conclusão
c. 490 (?)	Atena (Acrópole)	Atena Partenos (Partenon primitivo)	?	6 x 16	Provavelmente 2 fileiras	23,510 x 66,888	Ver 113 [e 114, n. 16-Cap. VIII, sobre data alternativa, 479 a.C.]. *Mármore*
c. 490	Egina	Afaia (posterior) (anteriormente dedicado a Atena ou "Júpiter Panhelênio")	*8,01 x 22,54	6 x 12	2 fileiras	13,80 x 28,50	Ver 112. O "templo de Afrodite" [provavelmente Apolo] em Egina, pouco anterior (c. 500 a.C.), ainda não foi publicado na íntegra; de seu predecessor (c. 600 a.C.) restou uma grande antefixa circular e um capitel muito arcaico. [Ver, sobre tudo isso, G. Welter, *Aigina*, Berlim, 1938, e, sobre o capitel, *A. A.* 1938, 17.]
c. 490	Selinunte	"Templo A"	*8,80 x c. 28,70	6 x 14	Nenhuma	16,235 x 40,237	Tem ádito. "Templo O", mal conservado, era muito semelhante
c. 490	Selinunte	Hera (?) ("Templo E" ou "R")	*14,23 x c. 49,70	6 x 15	Nenhuma	25,324 x 67,823	Tem ádito
c. 480	Agrigento	Zeus Olímpio (Olimpieu)	Pseudoperíptero	7 x 14 (embutidas)	Ver 122 e Fig. 52	52,85 x 110,00	Ver 122 e Fig. 52. Alguns situam a data de seu início anteriormente a 480
c. 475-450 (e c. 325-300)	Delos	Grande Templo de Apolo	*7,20 x 20,55	6 x 13	Nenhuma	13,72 x 29,78 (fundações)	Longo intervalo na construção. *Mármore*
c. 470	Siracusa	Atena (atualmente Catedral)	*c. 12,50 x c. 42,00	6 x 14	Nenhuma	c. 22,00 x c. 55,00	
c. 470	Agrigento	"Juno Lacinia"	*9,45 x c. 28,00	6 x 13	Nenhuma	16,895 x 38,13	
c. 460	Olímpia	Zeus	*16,03 x 48,68	6 x 13	2 fileiras	27,68 x 64,12	Ver 112 e Fig. 17
c. 450 (?)	Pesto	"Poseidon"	*13,485 x c. 46,00	6 x 14	2 fileiras	24,285 x 59,99	Ver 136

APÊNDICE I 389

Data a.C.	Local	Dedicatória ou nome	Dimensões da cela incluindo pórticos e áditos	Número de colunas no pteroma	Colunas internas	Dimensões do estilóbato	Observações
†c. 450-440 (?)	Atenas	Hefesto (?) ("Teseum")	*c. 8,00 x c. 22,55	6 x 13	Nenhuma	13,72 x 31,77	Ver **118**. *Mármore*
447-432	Atenas (Acrópole)	Atena Partenos (Partenon posterior)	21,72 (L) e 22,34 (O) x 59,02 (N) e 58,83 (S)	8 x 17	Ver **114** e Fig. 49	30,86 x 69,51	Ver **113**, Fig. 49 e Lâm. IV*a*. *Mármore*
c. 440	Agrigento	"da Concórdia"	*9,68 x c. 27,40	6 x 13	Nenhuma	16,23/16,91 x 39,44/ 39,35	Ver **110**, **112**, **120**, n. 30-Cap. VIII e **136**
†c. 435 (?)	Ramno	Nêmesis	*c. 6,50 x c. 15,00	6 x 12	Nenhuma	c. 10,10 x c. 21,30	Ver **115**. Inacabado. Friso jônico acima de cada pórtico da cela, semelhante àquele do "Teseum" de Atenas (**118**). *Mármore*
c.430	Segesta	Templo	Cela destruída?	6 x 14	?	c. 23,25 x c. 57,50	Ver **136**. Inacabado
†c. 425 (?)	Súnio	Poseidon (posteriormente)	*c. 9,00 x c. 21,20	6 x 13	Nenhuma (?)	13,48 x 31,15	Ver **115**. Calcado em seu predecessor (ver c. 490). Friso jônico acima de cada pórtico a correr por todo o pteroma e estendendo-se pela parte interna de cada face do mesmo. *Mármore*
c. 420	Delos	"Primeiro Templo Norte", "Templo dos Atenienses"	9,686 x 17,01	Nenhuma	Nenhuma		Ver **125**, n. 2-Cap. IX. Anfiprostilo hexastilo; planta curiosa. *Mármore*. [Ver atualmente, sobre este e o Grande Templo de Apolo, *Expl. Arch. de Délos*, XII, 1931]
c. 420 (?)	Basse, próximo a Figaléia	Apolo Epícuro	c. 9,00 x c. 29,50	6 x 15	Ver **138** e Fig. 58	14,63 x 38,29	Ver **136** e Figs. 58, 59 e 59*a*. De um templo mais antigo (final do séc. VII) restaram apenas telhas
c. 410	Argos (cercanias)	Hera (Hereu)	c. 10,00 x c. 27,00	?	?	c. 17,40 x c. 38,00	Ver **145**. Seu predecessor (final do séc. VII (?)), incendiado em 423, deixou poucos vestígios
c. 405	Delfos	Tesouro de Sícion (posterior)	6,35 x 8,43	Nenhuma	Nenhuma		Sobre vestígios mais antigos abaixo deste, ver **71** e **89** ("Antigo Tesouro de Siracusa") e o Antigo Tholos (c. 580 (?))

[† Atualmente, Dinsmoor situa o "Teseum", ou Santuário de Teseu, em 449-4, o edifício de Súnio em 444-0 e o de Ramno em 436-2. Ver *Hesperia*, IX, 1940, 47, e *Proc. Amer. Philol. Soc.* LXXX, 1939, 152 e 163-5. Shoe, in *Mouldings*, situa o "Teseum" em 450-40, o edifício de Ramno em c. 435 e o do Súnio em c. 423.]

390 ARQUITETURA GREGA E ROMANA

Data a.C.	Local	Dedicatória ou nome	Dimensões da cela incluindo pórticos e áditos	Número de colunas no pteroma	Colunas internas	Dimensões do estilóbato	Observações
c. 400	Delfos (Marmaria)	"Grande Tholos"	Diâmetro externo 8,41	20 (em anel)	10, coríntias, ligeiramente embutidas	Diâmetro 13,50	Ver **141** e Lâm. V*b*. *Mármore*
c. 390	Oropo	Anfiaro	c. 14,25 x c. 28,50	Nenhuma	2 fileiras (jônicas (?), sem caneluras)		Pronaos com seis colunas dóricas entre antas com meias colunas dóricas afixadas. Ausência de ádito e opistódomo. Vestígios de reconstrução; data obscura
c. 380	Epidauro	Asclépio	c. 7,00 x c. 16,40	6 x 11	Nenhuma	c. 11,90 x c. 23,00	Ver **146**. Pronaos distilo *in antis*; ausência de opistódomo
c. 375	Olímpia	Mãe dos Deuses (Métron)	*7,12 x 13,80	6 x 11	2 fileiras paredes próximas	10,62 x 20,67	Ver **146**
c. 370	Tebas	Apolo Ismênio (terceiro templo)	*9,30 x 21,60	6 x 12	Nenhuma	22,83 x 46,25	
c. 360-c. 330	Delfos	Apolo ("Sexto" e último templo)	?	6 x 15	Provavelmente nenhuma	c. 21,65 x c. 58,00	Obedece planta do "quinto" templo (ver c. 513 a c. 505). *Mármore* apenas nos detalhes
c. 360	Tegéia	Atena Aléia	*10,80 x 33,284	6 x 14	Ver **143** e Fig. 60	19,16 x 47,52	Ver **143** e Figs. 60 e 61. [E. Pfhul, *J.D.A.I.* XLIII, 1928, considera que as formas decorativas são posteriores (após 350 a.C.).] *Mármore*
c. 350	Epidauro	Tholos (Timele)	Diâmetro externo c. 14,65	26 em anel	14 coríntias em anel	Diâmetro 21,82	Ver **144** e Lâm. V*c*. *Mármore*. O friso do entablamento das colunas coríntias é de perfil convexo; frisos convexos ou de curvatura dupla são comuns no estilo coríntio romano, mas nunca dominantes
c. 330	Neméia	Zeus	*c. 11,60 x c. 31,10	6 x 12	Ver *Observações*	c. 20,00 x c. 42,50	Ver **145**. Seis colunas coríntias internas em cada lado, próximas à parede, às quais se juntam outras duas transversalmente à cela, formando uma espécie de ádito, tal como em Basse (ver Fig. 58)
c. 330	Epidauro	Ártemis	c. 8,20 x c. 12,10	Nenhuma	Ver *Observações*		Ver **146**. Pórtico hexastilo prostilo, 8 colunas no total. Colunas internas jônicas em três lados, as do fundo próximas à

APÊNDICE I 391

Data a.C.	Local	Dedicatória ou nome	Dimensões da cela incluindo pórticos e áditos	Número de colunas no pteroma	Colunas internas	Dimensões do estilóbato	Observações
c. 325-300	Delos	Apolo					parede. Dois templos semelhantes, mais precariamente conservados (Têmis (?) e Afrodite (?)) Obra retomada (ver c. 475-450)
c. 320	Estrato	Zeus	*9,59 x 20,49	6 x 11	Ver *Observações*	16,64 x 32,44	Caneluras incompletas. Provavelmente colunas internas jônicas em três lados, talvez sustentando friso e dentículos. Cela possivelmente hípetra
c. 290 (?)	Pérgamo	Atena Pólia	*7,25 x c. 16,80	6 x 10	Nenhuma	12,27 x 21,77	Ver **146**
c. 280	Samotrácia	Arsineu: dedicado aos "Grandes Deuses" por Arsínoa, filha do primeiro Ptolomeu	Diâmetro externo c. 19,00	Nenhuma	Ver *Observações*		Circular; parede simples embaixo, anel com 44 antas dóricas acima interligadas por paredes-cortinas e sustentando entablamento dórico. A essas antas correspondiam, internamente, meias-colunas coríntias. Cobertura aparentemente baixa e cônica. *Mármore*
c. 260 (?)	Samotrácia	Cabiros (novo templo)	As dimensões extremas das fundações são 13,12 x 39,61, ampliadas para 14,50 para o pórtico, cujos degraus situam-se externamente à linha das paredes da cela	Nenhuma	2 fileiras		Cela estreita, externamente retangular, com acesso pelo sul, com uma abside segmentar pouco profunda internamente à extremidade norte. Pórtico prostilo anormal com duas fileiras de 6 colunas cada uma; as fileiras distanciadas em dois intercolúnios e estão dispostas tal como as 14 colunas perípteras mais ao leste do "Templo C" de Selinunte na Fig. 27. *Mármore*
c. 250 (?)	Agrigento	Dióscuros	?	6 x 13	?	c. 14,00 (?) x c. 31,50 (?)	Restauro de edifício do séc. V (?); ver *Rev. Arch.* 5e sér. XXVIII, 1928, p. 138
c. 180	Licosura	Despoina	11,15 x 21,34	Nenhuma	Nenhuma		Ver **235**, n. 15-Cap. XV. Hexastilo prostilo. Tijolo grego, mal cozido, e argamassa pobre
c. 150	Pérgamo	Hera Basiléia	c. 7,00 x c. 11,80	Nenhuma	Nenhuma		Ver **159**. Fachada em *mármore*

D.

(Todas as construções relacionadas são essencialmente em mármore, salvo quando indicados outros materiais.)

TEMPLOS E TESOUROS JÔNICOS E CORÍNTIOS ATÉ 150 a.C.

(*a*) Jônicos

Data a.C.	Local	Dedicatória ou nome	Dimensões da cela incluindo pórticos e áditos	Número de colunas no pteroma	Colunas internas	Dimensões do estilóbato	Observações
c. 565 (?)	Náucratis	Apolo	?	?	?	?	Sobre este e outros templos de Náucratis, ver **98** e Fig. 45. Colunas em *pedra calcária* (posteriormente em *mármore*). Cela provavelmente em tijolo seco ao sol
c. 565	Delfos	Tesouro de Cnido	?	Nenhuma	Nenhuma		Ver **100**
c. 560	Éfeso	Ártemis ("templo de Creso")	c. 25,40 x c. 80,50	Díptero: 8 x 20 (9 ao fundo (?))	2 fileiras (?)	55,10 x 109,20	Ver **90** e Figs. 39 a 42. Sobre seus estágios mais antigos, ver **91**
c. 560	Samos	"Edifício Sul"	c. 13,10 x c. 39,00	8 x 17	1 fileira	c. 23,80 x c. 45,60	Para detalhes adicionais, ver **98**. *Pedra calcária*
c. 560	Samos	Hera (primeiro Hereu)	c. 25,00 x c. 71,00	Díptero 10 x 21	2 fileiras	c. 50,50 x c. 103.00	Sobre esse "templo de Reco" e seus predecessores, ver **95**. Parcialmente em *pedra calcária* e parcialmente em *mármore*
c. 550	Delfos	Tesouro de Clazômenas (?)	?	Nenhuma	Nenhuma		Ver **100**
c. 530	Delfos	Tesouro de Massália	c. 6,25 x c. 8,55(?)	Nenhuma	Nenhuma		Ver **101** e Fig. 46
c. 530	Delfos	Tesouro de Sifno	6,134 x 8,547	Nenhuma	Nenhuma		Ver **100** e Lâm. III*a*
c. 510	Atenas	Zeus Olímpio (Olimpieu primitivo)	?	Díptero e Tríptero 8 x 20 (?)	?	42,90 x 107,70	Ver **102**. *Pedra calcária*. Inacabado; projeto não comprovadamente jônico; ver adiante, em c. 170 a.C. (Construções coríntias)
Final do séc. VI	Paros	Templo	c. 16,50 x (?)	Nenhuma	?		Pórtico c. 7,70 de profundidade. Detalhes requintados
Final do séc. VI	Naxos	Templo	13,77 x 34,92	Nenhuma	2 fileiras		Ver **90**. Dois pórticos distilos *in antis*, duas celas. Inacabado
Final do séc. VI	Quios (Fanai)	Apolo Fanaio	?	?	?	?	Ver **150**. Diâmetro das bases de colunas cerca de 1/2 daquele do "templo de Creso" em Éfeso e cerca de 1½ daquele do Tesouro de Massália em Delfos

APÊNDICE I 393

Data a.C.	Local	Dedicatória ou nome	Dimensões da cela incluindo pórticos e áditos	Número de colunas no pteroma	Colunas internas	Dimensões do estilóbato	Observações
Final do séc. VI	Quios (Pirgi)	?	?	Provavelmente nenhuma	Provavelmente nenhuma	?	Diâmetro das bases de coluna ligeiramente maior do que aquele do Tesouro de Massália, em Delfos
c. 525 e posteriormente	Samos	Hera (Hereu)	c. 27,40 x c. 81,00	Díptero e tríptero. 8 e 9 x 24	Nenhuma	54,58 x 111,50	Ver **95** e Figs. 43 e 44. Parte em *pedra calcária*, parte em *mármore*
c. 470 (?)	Locros Epizefíria	Templo de Marasa	c. 9,60 x c. 33,60	7 (?) x 17 (?) Possivelmente 6 na frente e 7 atrás	Provavelmente nenhuma	c. 17,40 x c. 43,80	Ver **103**. *Pedra calcária*. Sobre a versão mais antiga, de estilo desconhecido (*pedra calcária*, 8,43 x 25,86), provavelmente do início do século VI, ver **90** e **103**
c. 470 (?) e posteriormente	Súnio	Atena (posteriormente)	11,50 x 16,00	Ver *Observações*	4, em um quadrado	14,78 x 19,34	Mencionado por Vitrúvio, IV, 8, 4. Pteroma apenas nas faces L. e S., número de colunas incerto, mas provavelmente jônicas. Todas as colunas provavelmente posteriores à cela. Data incerta. Paredes talvez de tijolo seco ao sol. Colunas em *mármore*
c. 450	Atenas	Templo junto ao Ilisso	c. 5,70 x c. 12,40	Nenhuma	Nenhuma		Ver **125**. Talvez o Métron em Agrai
meados do séc. V (?)	Mileto	Templo de Atena	?	6 (?) x 10 (?)	?	16,764 (?) x 24,628 (?)	Ver **104**, Cap. VII, n. 25. Erguia-se em um pódio. Testemunhos extremamente escassos
c. 425	Atenas	Atena Nikê ("Nikê Apteros")	5,381 x 8,268	Nenhuma	Nenhuma		Ver **125** e Fig. 53
c. 421-407 (predominantemente)	Atenas	Erecteu	13,004 x 24,073, na base do degrau mais inferior	Nenhuma	Nenhuma		Ver **127** e Figs. 16, 54 a 57 e Lâms. III*b* e V*a*
c. 365 (?)	Samotrácia	Cabiri (reconstrução de antigo templo)	c. 11,00 x c. 27,50	Nenhuma	?		Ampliação em mármore, em estilo jônico, de um pequeno templo dórico arcaico, com mútulos primitivos (ver **44**, Cap. IV, n. 21)
c. 356	Éfeso	Ártemis (templo posterior)					Ver **147** e Fig. 63. Planta aproximadamente idêntica à do "Templo de Creso" (ver em *c*. 560), exceto quanto aos degraus adicionais

394 ARQUITETURA GREGA E ROMANA

Data a.C.	Local	Dedicatória ou nome	Dimensões da cela incluindo pórticos e áditos	Número de colunas no pteroma	Colunas internas	Dimensões do estilóbato	Observações
c. 335 (e posteriormente)	Priene	Atena Pólia	11,84 x 29,48	6 x 11	Nenhuma	19,55 x 37,20	Ver **147** e Cap. X (n.c.) e Figs. 18, 19 e 64
c. 335	Olímpia	Filipeu	c. 8,30	18 em anel	12 meias-colunas coríntias	Diâmetro c. 14,00 (fundações c. 15,50)	Ver **145** e Fig. 62. *Pedra calcária*
Final do séc. IV	Priene	Asclépio	6,97 x 12,02	Nenhuma	Nenhuma		Pórtico tetrastilo prostilo
c. 330 (e posteriormente)	Didima, próximo a Mileto	Apolo Didimeu	c. 28,90 x c. 80,75	Díptero 10 x 21	Ver **152** e Fig. 66	51,13 x 109,41	Ver **152**, Fig. 66 e Lâm. VI. O Naíco (ver **153**) media 8,590 x 14,536
c. 325	Sárdis	Ártemis ou Cibele	22,50 x 67,50	Peseudodíptero 8 x20	2 fileiras	c. 48,50 x c. 104,00	Ver **149**. As dimensões do estilóbato apresentadas não consideram as disposições especiais dos degraus na extremidade oeste
c. 280 (?)	Messa, em Lesbos	Templo	14,91 x 32,67	Pseudodíptero 8 x 14	Nenhuma	22,214 x 39,974	Ver **145**, n. 38-Cap. IX. Data altamente controversa. *Pedra calcária*
c. 250 (?)	Esminta	Apolo Esminteu	c. 10,00 x c. 28,00	Pseudodíptero 8 x 14	Nenhuma	c. 23,00 x c. 40,00	Dez degraus por toda a volta
Após 197	Magnésia, junto ao Meandro	Zeus Sosipólio	7,38 x 15,82	Nenhuma	Nenhuma		Ver **48**, n. 42-Cap. IV. Pronaos tetrastilo prostilo, opistódomo distilo *in antis*. Talvez obra da escola que formou Hermógenes
c. 175	Delos	Ártemis (?) ("Templo D")	c. 10,00 x c. 15,00	Nenhuma	Nenhuma		Anfiprostilo hexastilo. *Mármore*, mas paredes internas de *gnaisse*, atribuídas, com reservas, a um templo mais antigo
c. 130	Magnésia, junto ao Meandro	Ártemis Leucofriena	c. 14,75 x c. 41,00	Pseudodíptero 8 x 15	2 fileiras	31,30 x 57,70	Ver **155** e Figs. 67 e 68. Escassos vestígios de predecessor jônico arcaico
c. 130	Teos	Dioniso	c. 11,00 x c. 28,00	6 x 11	Nenhuma	c. 18,50 x c. 35,00	Ver **154** ss.

APÊNDICE I 395

(b) Coríntios

Para referência a construções com colunas ou meias-colunas coríntias *internas*, ver (I) em *Dóricos*, Basse c. 420, Delfos ("Grande Tholos") c. 400, Tegéia c. 360, Epidauro (Tholos) c. 350, Neméia c. 330 e Samotrácia c. 280; também (II) em *Jônicos*, Olímpia (Filipeu) c. 335. Ver ainda o Monumento Corégico de Lisícrates (Listagem E (b) em 334) e o Bouleutério de Mileto (Listagem E (b) em c. 170).

Data a.C.	Local	Dedicatória ou nome	Dimensões da cela incluindo pórticos e áditos	Número de colunas no pteroma	Colunas internas	Dimensões do estilóbato	Observações
c. 290 (?)	Diocesaréia (Uzundja Burdj), algumas milhas a oeste de Olba, na Cilícia	Zeus Olbios	?	6 × 12	?	c. 22,00 × c. 40,00	Ver nota de rodapé[1] e **160**, n. 33-Cap. X
c. 170	Atenas	Zeus Olímpio (Olimpieu posterior)	c. 19,00 × c. 75,00	Díptero e tríptero 8 × 20	?	41,10 × 107,75	Ver **160**. Concluído durante o império de Adriano, c. 130 d.C.

[1] O templo de Zeus Olbios é conhecido somente com base em alguns relatos sucintos e uma pequena fotografia (*Jahreshefte d. österr. arch. Inst* XVIII, 1915, Beiblatt, p. 27, Fig. 9). Uma inscrição comprova que um pórtico existente na face oeste do precinto recebeu originalmente sua cobertura de Seleuco Nicator (306-281 a.C.); o templo não data necessariamente do mesmo período, mas tanto a descrição dos capitéis por Herzfeld e Guyer (*Arch. Anz.* 1909, 434 ss.) como a fotografia sugerem uma data recuada. A terça parte inferior das colunas (c. 12,75 m de altura) dificilmente seria canelada. Seleuco era antepassado de Antíoco Epífane, que construiu o primeiro templo seguramente coríntio, o Templo de Zeus Olímpio de Atenas, c. 170 a.C. [Atualmente descrito resumidamente por J. Keil e A. Wilhelm in *Mon. As. Min. Antiq.* III, Manchester, 1931, 47, Figs. 67 e 68. Ambos concordam com a data referente a Seleuco e o desenho do capitel (Fig. 67) confirma-o plenamente. O sr. A. W. Lawrence, que conheceu o templo, considera que pode remontar ao período de Alexandre, o que determinadas considerações históricas mostrariam ser provável.]

E.
ESTRUTURAS GREGAS QUE NÃO TEMPLOS, TESOUROS OU RESIDÊNCIAS PARTICULARES ATÉ 150 a.C.

(a) Teatros a Céu Aberto [Ver também Cap. XI (n.c.)]

(Em quase todos os casos a *skene*, ao menos, foi freqüentemente remodelada em datas posteriores.)

Data a.C.	Local	Observações
A partir do séc. VI (especialmente c. 330)	Atenas (Teatro de Dioniso)	Ver **164**
c. 400	Siracusa	Ver **166**, n. 7-Cap. XI
c. 400 (?)	Tórico	Auditório de formato irregular, talvez baseado em antigo local de reuniões; nenhum vestígio de *skene*

396 ARQUITETURA GREGA E ROMANA

Data a.C.	Local	Observações
c. 350	Megalópolis	Skene etc. de madeira até um período adiantado, por razões de conveniência local
c. 330	Epidauro	Ver **165** e Fig. 71
c. 300	Priene	Ver **167** e Figs. 72, 73 e 84
c. 300	Sícion	
c. 300-260	Delos	
c. 300 (?)	Erétria	Data provável da skene mais antiga; teatro inteiramente reconstruído no séc. III (?) a.C.
c. 280	Éfeso	Reconstruído no final do período helenístico (c. 150 a.C.) e com freqüência na era romana (a partir de 40 d.C.)
c. 230 (?)	Pleuron (nova), na Etólia	Skene construída junto aos muro da cidade, talvez desprovida de pavimento superior. Data presumível, séc. II a.C.
c. 230 (?)	Segesta	
c. 210 (?)	Tíndaro	
c. 200	Magnésia, no Meandro	Pertencente em parte ao séc. IV a.C. Skene mal conservada
c. 200	Pompéia (Grande Teatro)	Talvez pouco posterior
c. 170	Pérgamo	Skene etc. de madeira até o séc. I a.C.
c. 160	Delfos	
c. 150 (?)	Oropo	

(b) Estruturas outras que não Teatros a Céu Aberto

Data a.C.	Local	Nome	Observações
Final do séc. VII (?)	Elêusis	Telestério (primeiro)	Ver **169** e Fig. 74
c. 525	Elêusis	Telestério (dos Pisistrátidas)	*Ibid.*
c. 525 (?)	Amicle	Trono de Apolo	Ver **105** e Fig. 47
Final do séc. VI	Atenas	Antigo Bouleutério	Ver **169**, n. 10
séc. VI (?) e séc. V	Olímpia	Bouleutério	Ver **163**
c. 490 (?)	Atenas	Propileus (primitivos)	Ver **89** e **118**
c. 475 (?)	Delfos	Estoa ou Colunata dos Atenienses	Ver **127**. Medida interaxial, 3,57
c. 470	Atenas	Tholos	Ver **169**, n. 10-Cap. XI
c. 468-465	Delfos	Agremiação dos Cnídeos	Ver **164**
437-432	Atenas	Propileus (de Mnesicle)	Ver **118**, Figs. 50, 51 e Lâm. IV*b*
c. 435 (?)	Atenas	Odeom de Péricles	Ver **174**
c. 430	Elêusis	Telestério (de Péricles)	Ver **171** e Figs. 74 a 76
c. 405 (?)	Xantós	"Monumento às Nereidas"	Ver **135**
Final do séc. V	Atenas	Novo Bouleutério	Ver **169**, n. 10-Cap. XI
c. 370	Megalópolis	Tersílion	Ver **174** e Fig. 77
c. 353	Halicarnasso	Mausoléu	Ver **150** e Fig. 65
c. 347-329	Pireu	Arsenal de Filo	Ver **182** e Fig. 82
c. 340 (?)	Delfos	Coluna das Donzelas Dançarinas	Ver **141**. Alguns a situam no primeiro quartel do séc. IV
334	Atenas	Monumento Corégico de Lisícrates	Ver **144**
319	Atenas	Monumento Corégico de Nícias	Interessante enquanto exemplar datado do final do século IV. Estilo dórico
c. 300 (?)	Messena	Sede da Assembléia	Semelhante ao Eclesiastério de Priene, mas tem orquestra circular

APÊNDICE I 397

Data a.C.	Local	Nome	Observações
c. 300	Priene	Portões da cidade em arco	Ver **231**
c. 290 (?)	Alexandria	Farol	Ver **184**
Entre 285 e 247	Samotrácia	"Ptolemaion": propylon consagrado por Ptolomeu II	Anfiprostilo hexastilo com capitéis jônicos ricamente decorados; existência de um arco na subestrutura
c. 210	Delos	Salão Hipostilo	Ver **180** e Fig. 81
c. 200	Priene	Eclesiastério	Ver **176**, Fig.78 e Lâm. VII. Nócio, próximo a Cólofon, possuía um edifício algo semelhante, provavelmente helenístico; ver também Messena (c. 300 (?)), *supra*
c. 180	Pérgamo	Grande Altar	Ver **157, 158**
c. 175 (?)	Tiro (=Araq al Amir), na Síria	Palácio de Hircano	Notável mistura dos estilos helenístico e oriental. Data e atribuição incertas. É possível que seja um século mais antigo
c. 170	Mileto	Bouleutério	Ver **159, 161, 179, 180, 210** n. 11-Cap. XIII, Figs. 70, 79, 80 e Lâm. VIII*a*
c. 160 (?)	Pérgamo	Biblioteca	Edifício em condições precárias. Talvez date do séc. III a.C.

F.
TEMPLOS DA TRADIÇÃO ETRUSCO-LATINA ATÉ 150 a.C.

A existência de um grande número desses templos pode ser deduzida com base em descobertas de terracotas arquitetônicas. Buscamos aqui tão-somente uma seleção daqueles que deixaram indicações de sua planta ou terracotas de excepcional riqueza.

Data a.C.	Local	Nome	Observações
Meados do séc. VI	Sátrico (= Conca)	Mater Matuta	Ver **200**. Cela única e estreita; colunata externa, exceto nos fundos; c. 12,00 × c. 24,00. Reconstruído com área maior e orientação diferente em c. 500 a.C. Reformado em c. 200 a.C.
Final do séc. VI	Faleres (?) Veteres (=Cività Castellana)	Mercúrio (?) ("Sassi Caduti")	Planta obscura; ricas terracotas, algumas dos séculos IV a II a.C. Vários outros templos, inclusive um de Apolo (**201**), alguns do final do séc. VI a.C.
Final dos sécs. VI e IV	Marzabotto,	Três (cinco ?) templos Acrópole	Ver **200**. Dois (*c*) e (*e*) tinham cela tríplice; (*c*) media 19,00 × 22,80. Outro (*d*) era um quadrado com 9,00 de lado e uma projeção com 2,80 de extensão na face S, terminando em três degraus; pódio com molduras pesadas; mas talvez (*b*) e (*d*) fossem altares e não templos
Final do séc.VI	Sígnia (=Segni)	Capitólio	Ver **200**. Cela tríplice; reconstruído em c. 300 a.C.
Final do séc. VI	Roma	Capitólio	Ver **200**. Cela tríplice. Várias terracotas arquitetônicas primitivas foram encontradas em Roma e a tradição registra que existiram ali outros templos dessa escola
Final do séc. VI (?)	Veii	Apolo	Ver **200**. Cela tríplice, c. 18,50 de largura. Terracotas

ARQUITETURA GREGA E ROMANA

Data a.C.	Local	Nome	Observações
V	Lanúvio (=Cività Lavinia)	Juno Sospita	Cela tríplice (?). Terracotas
Início do V a início do III	Orvieto (=Volsinii, provavelmente), Pozzo della Rocca	Templo	Cela tríplice. Terracotas sobretudo do início do séc. IV (?). Pódio mede 16,0 x 21,91, com o acréscimo de 6,15 referente aos degraus. Dimensões internas das três celas: 3,80, 5,48, 3,80
Final do IV/III	Faleri Veteres (=Cività Castellana)	Juno Curite ("Celle")	Cela tríplice. Detalhes obscuros
III	Alétrio (=Alatri)	Templo	Ver **199**. Cela única, com duas colunas no prostilo, *c.* 8,00 x *c.* 15,00
Final do III (?)	Gabi	Templo	Ver **204**
II (?)	Pesto	Templo "Dórico-Coríntio"	Ver **204** e Figs. 90, 91. Possivelmente séc. III

Podem-se acrescentar a essa relação os templos de cela tríplice de Florentia (Florença) e Fesule (Fiesole), provavelmente capitólios, mas suas ruínas remanescentes não datam aquém do século I a.C. A versão mais primitiva do Templo de Júpiter em Pompéia (ver **212**) tinha provavelmente um entablamento de madeira e talvez pertencesse ao século III ou II a.C. [Acrescente-se o templo de Dea Marica no sítio de Minturnas, do final do século VI; ver P. Mingazzini in *Mon. L.* XXXVII, 1938, 693.]

G.
EDIFÍCIOS GREGOS E ROMANOS DE TODO TIPO
DE 150 a.C. A 330 d.C.
(Todos os templos têm colunas coríntias, salvo quando indicados outros estilos.)
I. Período Romano Republicano (150-31 a.C.)

Data a.C.	Local	Nome	Observações
144	Roma	Aqueduto Márcio	Ver **236**
Segunda metade do séc. II (?)	Ancira (=Ankara, antes Angora)	Templo de Roma e Augusto	[Inicialmente situado em *c.* 1-10 d.C., mas ver atualmente D. Krencker e M. Schede, *Der Tempel in Ankara*, 1937]
c. 120	Pompéia	Templo de Apolo	Ver **206** e Fig. 92. Originalmente jônico "diagonal"
c. 120 (?)	Pompéia	Termas Estabianas	Ver **243**
109	Roma (proximidades)	Ponte Múlvia	Ver **236**
c. 105	Pompéia	Basílica	Ver **268** e Fig. 113
c. 100	Pompéia	Templo de Ísis	Reconstruído, em parte com materiais antigos, após terremoto de 63 d.C. Planta singular
c. 100 (?)	Roma	Cárcere ou Tuliano (a rigor, somente a câmara inferior era o Tuliano)	Curiosa estrutura circular subterrânea, de aproximadamente 7,00 de diâmetro, com abóbada chata em pedra com muitos reparos; na parte superior existe uma câmara trapezoidal abobadada (lados

Data a.C.	Local	Nome	Observações
			menores entre 3,60 e 5,00), de c. 100 a.C. Câmara inferior talvez datada do séc. III a.C., mas freqüentemente considerada bem mais antiga
c. 90	Roma	Dois templos jônicos sob S. Nicola in Carcere	Ver **207**
c. 85	Agrigento	"Oratório de Falaris"	Posteriormente comprovado, através de uma inscrição, por tratar-se de um héron dedicado a uma matrona romana por volta dessa data. Tetrastilo prostilo em que se combinam colunas jônicas com entablamento dórico
c. 80	Roma	Templo próximo a S. Nicola ai Cesarini. (Hercules Magnus Custos ?)	Períptero circular (16 colunas (?)), 14,82 de diâmetro
c. 80	Tibur (=Tívoli)	Templo circular junto a queda d'água ("Templo de Vesta")	Ver **210** e Lâm. IX*a*
c. 80	Tibur (=Tívoli)	Templo retangular junto a queda d'água ("Templo da Sibila")	Jônico, pseudoperíptero
c. 80	Preneste (=Palestina)	Templo da Fortuna	Um complicado grupo de construções, em uma série de terraços, de grande interesse estrutural e decorativo
c. 80	Cora (=Cori)	Templo dórico	Ver **209** e Fig. 93
c. 80	Pompéia	Templo de Júpiter (forma posterior)	Ver **212**
c. 80 (?)	Lagina	Templo de Hécate	Pseudodíptero, 8 × 11. [Talvez cerca de 40 anos anterior; ver Schober, A., *Der Fries des Hekataions von Lagina*, Baden bei Wien, 1933, p. 26.]
78	Roma	Tabulário	Ver **240** e Figs. 100 e 101
c. 75	Pompéia	Pequeno Teatro	Ver **273** e Fig. 114
c. 70	Pompéia	Anfiteatro	Ver **283**
c. 70	Suaida	Túmulo de Hamrat	Ver **221**
62	Roma	Ponte Fabrícia	Ver **236** e Lâm. XIV*a*
55	Roma	Teatro de Pompéia	Pouco subsiste além de subestruturas; planta em *Forma Urbis* (sobre a qual, ver Cap. I, n. 2)
c. 54-34	Roma	Basílica Emília	Ver **269**. Talvez a data se refira às linhas principais da estrutura remanescente; algumas partes datam de 78 a.C. e outras de restauros em 14 a.C. e 22 d.C. Data original era 179 a.C.
c. 50	Atenas	Horológio de Andrônico de Cirro ("Torre dos Ventos")	Ver nota de rodapé[1]. Descrito por Vitrúvio (I, 6, 4) e mencionado por Varrão (*R.R.* III, 5, 17)

[1] Edifício octogonal em mármore, *c.* 7 m de diâmetro interno, 12,80 m de altura; coberto por um telhado cônico auto-suportante de 24 ladrilhos de mármore convergindo para uma abertura preenchida por uma espécie de capitel Coríntio. Esses ladrilhos seguem extensamente o contorno octogonal das paredes, mas são arredondados na parte interna; as paredes são octogonais tanto interna como externamente. Há uma cornija circular, com o perfil de uma arquitrave jônica, no topo da parede, na parte interna, e outra cornija circular pouco abaixo; entre essas duas cornijas, em cada quina, existe uma pequena coluna dórica. Há, ainda, duas

Data a.C.	Local	Nome	Observações
49	Elêusis	Propileus Internos	Ver **230**
c. 40 (?)	Roma	Templo da "FortunaViril" (?)	Ver **211** e Lâm. X*b*. Jônico
c. 40 (?)	Augusta Pretória (=Aosta)	Teatro coberto	Ver **274**
c. 40 (?)	Asisio (=Assis)	Templo de Minerva	Ver **215**. Hexastilo prostilo, degraus avançam por entre as colunas, que, portanto, erguem-se em pedestais
c. 40 (?)	Glano (=S. Rémy)	Monumentos dos Júlios	
36	Roma	Regia	Estrutura muito antiga, reconstruída em 148 a.C. e novamente (em mármore) em 36 a.C. Planta trapezoidal, mas com parte retangular à maneira de um templo, com pilastras embutidas e janelas falsas
c. 35 (?)	Suaida (talvez a antiga Soada ou Dionísias)	Templo períptero	Ver **220**. Capitéis do tipo coríntio porém incomuns, da mesma forma que as bases; o mesmo se verifica em Si
33/32-13/12	Si	(*a*) Templo de Ba'al Samin	Ver **220**. Partes posteriores, em estilo puramente oriental, d.C. 50-100
		(*b*) Templo de Dushara (deus nabateano do vinho) (provavelmente posterior a (*a*))	Ver Cap. XIV, n. 18. Mais antigo exemplar conhecido de arquitrave em arco

NOTA: – Podem-se acrescentar aos templos de Si outros dois templos nabateanos de caráter parcialmente oriental no Hauran: os de Sur e Sahr, que devem pertencer ao final do séc. I a.C. ou início do séc. I. d.C.

II. Augusto e Tibério (31 a.C.-37 d.C.)

Data a.C.	Local	Nome	Observações
31 a.C.	Roma	Circo Máximo	Existia anteriormente e sofreu freqüentes restauros
c. 31 a.C. (?)	Roma	Templo dórico sob S. Nicola in Carcere	Ver **207**
c. 31 a.C. (?)	Roma	Templo circular às margens do Tibre (Templo de Portuno (?))	Ver **211** e Lâm.X*a*
c. 30 a.C. (?)	Arausio (=Orange)	"Arco de Tibério"	Ver **293** s. e Lâm. XXI*a*. Foi situado em 49-44 a.C. e mesmo posteriormente
c. 30 a.C. (?)	Arelate (=Arles)	Teatro. Anfiteatro	Ver **279**. Ambos talvez iniciados durante o governo de Júlio César
c. 30 a.C.(?)	Nemauso (=Nîmes)	Anfiteatro	Marcante semelhança com o de Arles. [Data controversa; Espérandieu, *L'Amphithéâtre de Nîmes*, 1933, afirma pertencer à

cornijas mais ricas em pontos mais rebaixados e que obedecem as linhas das paredes; a mais elevada destas tem dentículos e é uma das mais antigas cornijas sustentadas por consolos, estes de um tipo antigo. O edifício era um relógio de sol e relógio d'água combinados, tinha uma orientação exata e sustinha um Triton de bronze à guisa de cata-vento. Dois pórticos distilos prostilos, as colunas providas de capitéis de uma variedade coríntia posterior bastante comum: ausência de espirais, fileira única de folhas de acanto embaixo, folhas em posição vertical na campana. O mesmo Andrônico construiu um relógio de sol descoberto em Tenos.

APÊNDICE I   401

Data a.C.	Local	Nome	Observações
29 a.C.	Roma	Templo de Divo Júlio	era augustiana, enquanto Naumann (ver 266) o situa no início do séc. II d.C.] Iniciado em c. 40 a.C.
28 a.C.	Roma	Mausoléu de Augusto	Ver 266
27 a.C.	Arimino (=Rimini)	Arco de Augusto	O mais antigo arco monumental datado remanescente; serviu ambém de porta da cidade
c. 25 a.C.	Augusta Pretória (=Aosta)	Arco de Augusto	Ver 230 e 293
c. 20 a.C.	Roma	Túmulo de Cecília Metella	Ver 266
16 a.C.	Nemauso (=Nîmes)	"Maison Carrée"	Ver 213 e Lâm. XI b
25-12 a.C.	Roma	Termas de Agripa	Ver 258
13-9 a.C.	Roma	Ara Pacis Augustae	
13 a.C.	Roma	Teatro de Marcelo	Planejado por Júlio César. Ruínas talvez em parte de 40-30 a.C. Planta em Forma Urbis
8 a.C.	Segúsio (=Susa)	Arco de Augusto	Ver 294
7 a.C.–10 d.C.	Roma	Templo da Concórdia	Ver 215 e Lâm. XII a
2 a.C.	Roma	Templo de Marte Ultor	Ver 216
c. 1 d.C.	Pola	Templo de Augusto	Ver 214
Antes de 3 d.C.	Pompéia	Templo da Fortuna Augusta	
Entre 31 a.C. e 1 d.C. (?)	Esparta	Teatro	Ver 272. Inicialmente do tipo grego, romanizado provavelmente no período antonino e modificado com freqüência a partir de então
c. 1 d.C. (?)	Áscalon	Bouleutério e peristilo de Herodes, o Grande	Pequeno recinto à maneira de um teatro delimitado por um estreito peristilo coríntio (colunas sobre plintos e pedesais)
c. 1 d.C. (?)	Palmira	Templo de Bel	Ver 222; anteriormente "Templo do Sol"
c. 1 d.C. (?)	Antioquia na Pisídia	Templo de Augusto e Men	Ver 210, n. 11-Cap. XIII
6 d.C.	Roma	Templo dos Dióscuros	Ver 216
A partir de 10 d.C. (?)	Heliópolis (=Baalbek)	Templo de Júpiter	Ver 222 e Figs. 95 e 96
Entre 54 a.C e 12 d.C.	Roma	Basílica Júlia	Sobre história posterior, ver 269
Entre 27 a.C. e 14 d.C.	Viena (=Viene)	Templo de Augusto e Lívia (anteriormente de Roma e Augusto)	Ver 214. Provavelmente esta é a data original da fachada, de início com a dedicatória ROMAE ET AVGVSTO CAESARI DIVI F., mas a parte posterior do templo é mais antiga que o resto; a fachada foi rededicada por ocasião da apoteose de Lívia em 42 d.C. Sobre os testemunhos (semelhantes àqueles da Maison Carrée), ver Formigé, J., R.A. 5e sér. XXI, 1925, 153
Entre 27 a.C e 14 d.C.	Atenas	Templo de Roma e Augusto	Ver 127 e 218. Jônico
19 d.C	Saintes	Arco Monumental	Ver 293. Originalmente a entrada para uma ponte
c. 20 d.C. (?)	Pola	Templo de Poseidon	Semelhante ao Templo de Augusto na mesma cidade (c. 1 d.C.)

III. De Calígula a Vitélio (37-69 d.C.)

Data a.C.	Local	Nome	Observações
Entre 40 e 50	Sidima	Augusteu	Ver **209**. Estilo dórico incomum
c. 50 (?)	Nemauso (=Nîmes) (proximidades)	Pont du Gard	Ver **236** e Lâm. XIV b. A data é incerta. Formigé e Espérandieu situam-na no período de Augusto, Rivoira, em c. 150 d.C., e Stübinger deixa data em aberto
c. 50 (?)	Arausio (=Orange)	Teatro	Ver **279** e Lâm. XXa e b
c. 50	Roma	"Basílica" junto à Porta Maggiore	Ver **245** e Fig. 103
c. 50	Jerusalém	"Túmulo de Absalão", "Túmulo dos Reis" etc.	Ver **221**. Em sua maior parte entalhado na rocha; o "Túmulo dos Reis" provavelmente foi construído, ainda quando em vida, para a rainha Helena de Adiabene, que morreu em c. 60 d.C.
62	Roma	Termas de Nero	Ver **258**. Planta baixa conhecida
64-69	Roma	Mansão Áurea de Nero	Destruída após a morte de Nero, mas bem preservada por sob construções posteriores
c. 66	Roma	Atrium Vestae (Casa das Vestais)	Data da primeira reconstrução imperial após o incêndio de 63 d.C. O edifício republicano, que absorveu a *Domus Publica* em 12 d.C., deixou alguns vestígios. Havia um pátio com um peristilo no mínimo desde a era dos Flávios; obteve sua forma final ampliada, familiar aos visitantes do Fórum, durante o império de Sétimo Severo. Em tempos primitivos, *Atrium Vestae* tinha um significado mais amplo

IV. Imperadores Flavianos (69-96 d.C.)

Data a.C.	Local	Nome	Observações
c. 75-82	Roma	Coliseu	Ver **285**, Figs. 118 e 118a, e Lâm. XVI b
c. 80	Roma	Termas de Tito	Mal conservadas; dispunham de amplos recintos com abóbadas de aresta, um deles com um vão de 23,10 m
c. 80	Roma	Templo de Vespasiano	Ver **216** e Lâm. XII b
c. 82	Roma	Arco de Tito	Ver **220** e Lâm. IX c
c. 90 (?)	Puteoli (=Pozzuoli)	Anfiteatro	
c. 90	Roma (Palatino)	Palácio	Ver **244, 310** e Fig. 102. Algumas partes são mais antigas (sobretudo do período de Tibério) e outras mais recentes (sobretudo do período de Sétimo Severo)
c. 90-97	Roma	Fórum de Nerva	Construído na sua maior parte por Domiciano; vestígios importantes

APÊNDICE I 403

V. Nerva, Trajano e Adriano (96-138 d.C.)

Data a.C.	Local	Nome	Observações
c. 100 (?)	Roma	Anfiteatro Castrense	Concreto revestido com tijolo; pilastras etc. de tijolo. Também foi situado no início do séc. I d.C. e início do séc.III d.C.
c. 100 (?)	Sagalasso	Templo de Apolo Clário	Jônico
c. 100 (?)	Heliópolis (=Baalbek)	Início do "Templo de Baco" e possivelmente do Templo Circular (ver em c. 245 d.C. (?))	Ver 228 e 264, Figs. 95 e 112, e Lâms. XIII e XIXa
105-116	Alcântara, Espanha	Ponte sobre o Tajo	Ver 237. Em todo caso, essa é a data do arco monumental no centro da ponte
c. 110 (?)	Tamugadi (=Timgad)	Capitólio	
c. 113	Roma	Fórum, Basílica (Úlpia) e Coluna de Trajano	Ver 292. Templo de Divo Trajano acrescido em 119 d.C. ou mais tarde
114-117	Benevento	Arco de Trajano	Imitação ampliada do Arco de Tito
c. 115	Éfeso	Biblioteca	Ver 289, Figs. 119 e 120
c. 115 (?)	Roma	Termas de Trajano	Ver 258
c. 120	Roma	Panteon	Ver 246, Figs. 104 e 105, e Lâms. XVIa e XVII
c. 120-200 (?)	Heliópolis (=Baalbek)	Grandes pátios e boa parte da decoração do "Templo de Baco"	Ver 225 e 228, Figs. 95 e 97, e Lâm. XIII
c. 120 (?) (ou antes)	Petra	Khazna	Ver 221 e Lâm. XIa (Talvez anterior)
123-124	Tibur (=Tívoli)	Vila de Adriano	Ver 252, 312, 316 e Figs. 107 e 134. A data indicada é a da maioria das inscrições nos tijolos
c. 125	Ezânia	Templo de Zeus	Ver 218 e Fig. 94. Jônico e compósito
c. 125 (?)	Lambises	"Pretório"	Estrutura em pedra do tipo Jano com portões arqueados, no centro de um acampamento
c. 125 (?)	Pérgamo	Trajaneu	
c. 125 (?) a c. 200	Lepcis ou Leptis Magna	Basílica	Dupla fileira de colunas internas, abside em cada extremidade; comprimento total c. 90 m
c. 126	Roma	Palácio no Horto Salustiano	[Contém estrutura circular com cúpula semelhante àquela da Piazza d'Oro e mais ainda àquele do "Canopo" de Tívoli (ver K. Lehmann-Hartleben e J. Lindros, Opusc. Archaeol. 1, 1935, 197)]
c. 130	Atenas	Olimpieu (finalização)	Ver 160
c. 130	Tamugadi (=Timgad)	Basílica	Ver 270
131	Palmira (=Tadmor)	Templo de Baalsamin	Ver 230 n. 23-Cap. XIV. Weigand considera que tenha sido iniciado no séc. I d.C.
135	Roma	Templo de Vênus e Roma	Ver 263. Reconstruído por Maxêncio em 307 d.C.
c. 135	Roma	Mausoléu de Adriano	Ver 266
c. 135 (?)	Afrodisias, em Cária	Templo de Afrodite	Jônico
c. 138	Cízico	Templo de Adriano	Destruído, salvo subestruturas; provavelmente se assemelhava ao templo de Ezânia (ver c. 125 d.C.), porém bem maior (c. 40,3 × 76,4 m); é provável que Adriano tenha concluído um projeto abandonado, tal como no Olimpieu (Templo de Zeus Olímpio) de Atenas

ARQUITETURA GREGA E ROMANA

VI. Imperadores Antoninos (138-193 d.C.)

Data a.C.	Local	Nome	Observações
Entre 133 e 161	Sagalasso	Templo de Antonino Pio	
c. 140	Sufétula (=Subaitila)	Capitólio	Três templos pseudoperípteros lado a lado, o central compósito e os demais coríntios
c. 140 (?)	Nemauso (=Nîmes)	"Templo de Diana"	Ver 237 e Lâm. XV. [Talvez, antes, c. 120.]
Após 141	Roma	Templo de Antonino e Faustina	Ver 217
145	Roma	Templo de Divo Adriano	
c. 150 (?)	Tugga (=Duqqa)	Teatro	Ver 280
c. 150 (?)	Cuicul (=Jamila)	Teatro	
c. 150	Tamugadi (=Timgad)	Teatro	Ver 280
c. 150 (?)	Bostra (=Bosra eski Sham)	Teatro	O teatro romano mais bem preservado depois de Aspendo
c. 150 (?)	Filadélfia, Amonite (=Aman)	Teatro	
c. 150	Gerasa (=Jarash)	Templo de Ártemis	[Provido de pátio e Propileus, concluído em 180 d.C. Ver C. H. Kraeling, *Gerasa*, New Haven, 1938]
c. 155	Aspendos	Teatro	Ver 276 e Figs. 115, 116 e 117
155	Hebran	Templo	Ver 211 n. 13-Cap. XIII. Jônico
161-166	Gerasa (=Jarash)	Templo de Zeus	
161 ou 162	Lambises	Templo de Esculápio	Dórico com fustes do tipo grego (canelados e desprovidos de bases); planta baixa curiosa
c. 162	Atenas	Odeom de Herodes Ático	Ver 276
163	Tripolis (Trípoli)	Arco de Jano	O exemplar mais bem conservado, juntamente com aquele de Lepcis Magna (c. 200 d.C.)
c. 165	Tamugadi (=Timgad)	"Arco de Trajano"	Ver 294
c. 165	Filadélfia, Amonite (=Aman)	Templo de Zeus (?) na acrópole	
c. 167	Tugga (=Duqqa)	Capitólio	
Entre 161 e 169	Cuicul (=Jamila)	Basílica	Semelhança genérica com a Basílica de Timgad
c. 176-193	Roma	Coluna de Marco Aurélio	Ver 293
c. 180	Saquéia (=Shaqqa)	Basílica	Ver 238 e Fig. 99 Ver 231
c. 180 (?)	Seriane (=Isria)	Templo	Ver 321
c. 190 (?)	Inkil	Palácio	Ver 321
191	Aere (=As-Sanamain)	Templo de Tiche	
195	Tugga (=Duqqa)	Templo de Saturno	Cela tríplice atrás de elaborado pátio enclaustrado

VII. De Pertinax a Alexandre Severo (193-235 d.C.)

Data a.C.	Local	Nome	Observações
c. 200	Roma (Palatino)	Parte de palácio	Ver em c. 90 d.C.
c. 200	Damasco	Precinto do templo de Júpiter Damasceno	Contém os célebres propileus com entablamento em arco
c. 200	Kiakta	Ponte	Data determinada através de inscrição; vão único de 34,20. Duas grandes colunas livres ladeiam o caminho em cada extremo da ponte. Kiakta se localiza c. 56 km ao norte de Samosata, às margens de um afluente do Eufrates
c. 200 (?)	Cízico	Anfiteatro	Um dos poucos conhecidos na Grécia ou Ásia Menor; descobriu-se outro em Pérgamo. Para uma relação dos que estão registrados, ver Friedländer, s.v. *Amphitheatres*, 412 *infra*
c. 200	Rusucuru (=Taugzut)	Templo do Gênio do Municipium Rusucuru	Ver **218**
c. 200	Lepcis ou Leptis Magna	Arco de Sétimo Severo	Arco de Jano; muito bem preservado
203	Roma	Arco de Sétimo Severo	
204	Roma	Porta Argêntea	[Ver atualmente D. E. L. Haynes e P. E. D. Hirst, Supplementary *B.S.R. Pap.*, 1939]
208	Lambises	Capitólio	Templo duplo, engenhosamente planejado
c. 210 (?)	Teveste (=Tebessa)	"Templo de Minerva"	Ver **218**
c. 210 (?)	Tugga (=Duqqa)	Templo de Celeste	
211	Atil	Templo Ocidental	Ver **230**
209-211	Atil	Templo Setentrional	Quase idêntico ao anterior
212	Vazi Sarra (=Henchir-Bez)	Templo de Mercúrio Sóbrio	
214	Teveste (=Tebessa)	Arco de Jano	
c. 215	Roma	Termas de Caracala	Ver **252, 258-260**, Figs. 106 e 110, e Lâm. XVIII
216	Cuicul (=Jamila)	Arco Triunfal de Caracala	Denominado *arcus triumphalis* em sua inscrição (*C.I.L.* VIII, 8321)
219	*Ibid.*	Grande Templo	

VIII. De Maximiano à Fundação de Constantinopla (235-330 d.C.)

Data a.C.	Local	Nome	Observações
c. 240	Tisdro (=Al-Jam)	Anfiteatro	Inspirado no Coliseu. Inacabado
c. 240	Roma	"Torre de 'Schiavi" (Mausoléu)	Estrutura circular coberta por cúpula; cripta com coluna central cercada por abóboda cilíndrica circular. Imitada em c. 307 d.C. no Mausoléu de Rômulo, filho de Maxêncio
c. 245 (?)	Heliópolis (=Baalbek)	Templo Circular	Ver **264**, Fig. 112 e Lâm. XIXa. Sobre uma possível data anterior, ver em c. 100 d.C. (?) e também **264**
c. 245	Filipópolis, no Hauran (=Shuba)	Templo de Felipe, o Árabe	Além de várias outras construções, incluindo teatro, palácio, termas etc.

Data a.C.	Local	Nome	Observações
c. 250	Roma	"Templo de Minerva Médica" (ninfeu)	Ver **254**
c. 275	Roma	Templo do Sol	
282	Umm az-Zaitun	"Kálibe"	Ver **252** n. 45-Cap. XV. Santuário aberto, cúpula de concreto com material de preenchimento leve sobre ambiente quadrado convertido ineptamente em octágono e, por fim, em um polígono irregular de 32 faces. Denominado na inscrição (datada) τὴν ἱερὰν καλύβην. A cúpula, em sua maior parte desaparecida, devia ou possuir um tambor cilíndrico de grande altura ou ter uma forma ovalada vertical
Séc. III	Saquéia (=Shaqqa)	Palácio	Ver **240**
Final do séc. III (?)	Tamugadi (=Timgad)	Biblioteca	
c. 300	Salona (=Espalato ou Split)	Palácio de Diocleciano	Ver **227**, **255**, **312** e **316**, Figs. 108 e 135, e Lâms. XXIV*a* e *b*
c. 300 (?)	Augusta Treverorum (=Trier ou Trèves)	Porta Nigra	Ver **295**, Figs. 121 e 122, e Lâm. XXI*b*
306	Roma	Termas de Diocleciano	Ver **260**
307	Roma	Mausoléu de Rômulo, filho de Maxêncio	Ver Roma, "Torre de' Schiavi", c. 240 d.C.
c. 307-315	Roma	Templo de Rômulo, filho de Maxêncio	Edifício circular coberto por cúpula, ladeado por dois retângulos com absides. [Talvez, na verdade, o "Urbis Fanum."]
c. 310 (?)	Augusta Treverorum (=Trier ou Trèves)	Basílica	Ver **270**
310-313 e c. 320	Roma	Basílica Nova	Ver **261** e Fig. 111
311	Roma	Circo de Rômulo, filho de Maxêncio	
c. 315	Roma	Arco de Constantino	Incorpora material bem mais antigo
c. 315	Roma	Arco de Jano Quadrifronte	Ver **295**
c. 320 (?)	Roma	Templo de Saturno	Ver **217**. Incorporados detalhes do Fórum de Trajano
c. 325 (ou posterior)	Roma	Sta. Constância (Mausoléu)	Ver **257**, Fig. 109 e Lâm. XIX*b*

APÊNDICE II
Bibliografia selecionada (até 1928) referente à arquitetura pré-histórica, grega, etrusca e romana desde os tempos mais primitivos até 330 d.C.

NOTA: – *Os algarismos arábicos depois de topônimos referem-se a páginas do presente livro; em negrito, à numeração na margem do texto; em itálico, a ilustrações do texto; e os romanos em maiúsculas, a lâminas. Onde o texto agora menciona publicações posteriores a 1928 existe um asterisco junto ao título do tópico, com o acréscimo de uma referência à página entre colchetes. A abreviação n.c. significa notas complementares.*

A. RELAÇÃO DOS PRINCIPAIS PERIÓDICOS, DICIONÁRIOS E COLETÂNEAS CITADAS, COM ABREVIAÇÕES (EM ORDEM ALFABÉTICA DE ABREVIAÇÕES)

A.A.	*Archäologischer Anzeiger* (em *J.D.A.I.*).
A.D.	*Antike Denkmäler* (seqüência de *Mon. Inediti*).
Ἀ. Δελτ.	Ἀρχαιολογικὸν Δελτίον.
A.J.A.	*American Journal of Archaeology* (Série Nova).
A.M.	*Mitteilungen d. deutsch. Arch. Inst., Athenische Abteilung.*
Acc. L. Mem.	*Memoire d. r. Accad. dei Lincei (classe di scienze morali etc.).*
Acc. L. Rend.	*Rendiconti d. r. Accad. dei Lincei (classe di scienze morali etc.)*
Acc. Nap. Atti	*Atti d. r. Accad. di archeologia* etc., *Soc. R. di Napoli.*
Acc. Nap. Mem.	*Memorie d. r. Accad. di archeologia* etc., *Soc. R. di Napoli.*
Acc. Pont. Mem.	*Memorie d. Pontificia Accad. Romana di Archeologia.*
Acc. Pont. Rend.	*Rendiconti d. Pontificia Accad. Romana di Archeologia.*
Afr. It.	*Africa Italiana* (seqüência do *Notiziario archeologico*).
Ann. Inst.	*Annali dell'Inst. di Corrispondenza archeologica.*
Ann. R.S.A.	*Annuario d. r. Scuola archeologica di Atene.*
Archaeol.	*Archaeologia.*
B.C.H.	*Bulletin de correspondance hellénique.*

408 ARQUITETURA GREGA E ROMANA

B.S.A.	Annual of the British School at Athens.
B.S.J. Bull.	British School of Archaeology at Jerusalem, Bulletin.
B.S.R. Pap.	Papers of the British School at Rome.
Bay. Abh.	Abhandlungen d. bayer. Akad. d. Wissenschaften.
Berl. Abh.	Abhandlungen d. preuss. Akad. d. Wissenschaften zu Berlin (Philos.-hist. Klasse).
Berl. S.B.	Sitzungsberichte d. preuss. Akad. d. Wissenschaften zu Berlin.
Boll. Arte.	Bolletino d'Arte del Ministero della pubblica Istruzione.
Bull. Comm.	Bullettino della commissione archeologica municipale.
Byz.	Byzantion.
C.I.L.	Corpus Inscriptionum Latinarum.
C.R. Ac.	Comptes rendus de l'Acad. des Inscriptions.
D.S.	Daremberg et Saglio, Dictionnaire des antiquités grecques et romaines
Denk. Ak. Wien.	Denkschriften d. Akad. d. Wissenschaften, Viena.
Ditt.	Dittenberger, W., Sylloge Inscriptionum Graecarum, 3ª ed., 1915-1924.
Ἐ.Ἀ.	Ἐφημερὶς ἀρχαιολογική.
Gnom.	Gnomon.
I.G.	Inscriptiones Graecae.
Ist. Lomb. Mem.	Memoire d. r. ist. lombardo di scienze e lettere.
Ist. Lomb. Rend.	Rendiconti d. r. ist. lombardo di scienze e lettere.
J.D.A.I.	Jahrbuch d. deutsch. arch. Inst.
J.H.S.	Journal of Hellenic Studies.
J.R.I.B.A.	Journal of the Royal Institute of British Architects.
J.R.S.	Journal of Roman Studies.
Jahresh.	Jahreshefte d.österr. arch. Inst. in Wien.
Kl.	Klio.
Mem. Amer. Ac. Rom.	Memoirs of the American Academy in Rome.
Mém. Ac. Inscr.	Mémoires de l'Acad. des Inscriptions.
Mon. Inediti.	Monumenti inediti pubbl. dall'Inst. di Corrispondenza archeologica (prossegue como Antike Denkmäler).
Mon. L.	Monumenti antichi pubbl. p. cura della r. Accad. dei Lincei.
N.S.	Notizie degli scavi di antichità.
Neap.	Neapolis.
Not. Arch.	Notiziario archeologico (prossegue como Africa Italiana).
P.W.	Real-Encyclopädie d. class. Altertumswissenschaft, de Pauly-Wissowa.
Phil. Woch.	Philologische Wochenschrift.
Philol.	Philologus.
Πρ.	Πρακτικὰ τῆς ἐν Ἀθηναῖς ἀρχ. ἑταιρίας.
R.A.	Revue archéologique.
R.E.G.	Revue des études grecques.
R.M.	Mitteilungen d. deutsch. Arch. Inst., Römische Abteilung.

Syr. Syria.
Y.W. Year's Work in Classical Studies.
Z.G.A. Zeitschrift f. Geschichte d. Architektur.

NOTA: – Os avanços em termos de pesquisas arqueológicas e publicações são sintetizados regularmente ou a intervalos em diversos periódicos, incluindo A.A., A.J.A., B.C.H., Gnom., J.D.A.I., J.H.S., R.A., R.E.G., Y.W. e no Jahresbericht üb. d. Fortschritte d. klass. Altertumswissenschaft, de Bursian, com sua Bibliotheca Philologica Classica.
É possível encontrar uma bibliografia completa referente aos anos de 1914 a 1924 em Marozeau, J., Dix années de bibliographie classique, II, Paris, 1928, especialmente pp. 624-788. [Prosseguiu como L'année philologique, de periodicidade anual.]

B. OBRAS DE CARÁTER GERAL

(1) História geral da arquitetura antiga e livros voltados para importantes problemas de construção e decoração.

*(a) Grega e Greco-Romana (e Etrusca). [xi]

Borrmann, R. Die Baukunst des Altertums. Lepzig, 1904.
Marquand, A. Handbook of Greek Architecture. 1909.
Noack, F. Die Baukunst des Altertums. Berlim, 1910.
Durm, J. Die Baukunst der Griechen. 3ª ed. Lepzig, 1910. (Handbuch der Architektur, Parte II, Vol. I.) A 2ª ed., Leipzig, 1892, contém um valioso Índice bibliográfico elaborado por von Duhn, F.
Benoit, F. L'Architecture: Antiquité. Paris, 1911.
Bell, E. Hellenic Architecture. 1920.
Anderson, W. J. e Spiers, R. P. The Architecture of Greece and Rome. A 3ª ed. é em dois volumes, 1927; Parte I, The Architecture of Ancient Greece, revista e reescrita por Dinsmoor, W. B.; Parte II, The Architecture of Ancient Rome, revista e reescrita por Ashby, T.

(b) Romana (e etrusca).

Durm, J. Die Baukunst der Etrusker: Die Baukunst der Römer. 2ª ed. Stutgart (atualmente Lepzig), 1905. (Handbuch der Architektur, II, 2.)
Cagnat, R. e Chapot, V. Manuel d'Archéologie Romaine. 2 vols. Paris, 1916, 1920. (Especialmente vol. 1.)
Toebelmann, F. Römische Gebälke. Ed. Fiechter, E. e Hülsen, C. Heidelberg, 1923 (texto e lâminas). (Trata principalmente de decoração.)
  Ver também Weigand, E. (1914 e 1924), em Heliópolis (=Baalbek), 443 infra; e ver ainda em Roman materials and methods, (2) (d) infra.
  Strzygowski, J., abordou o legado oriental e outras influências estrangeiras na arquitetura romana em uma série de publicações a partir de Orient oder Rom?, Leipzig, 1901. Basta-nos mencionar aqui seu Ursprung der christlichen Kirchenkunst, traduzido por O. M. Dalton e H. J. Braunholtz como Origin of Christian Church Art, 1923.

410 ARQUITETURA GREGA E ROMANA

*(2) Aspectos especiais da construção e decoração. [Paredes áticas, xi]

(*a*) *O ferro na arquitetura grega.*

Dinsmoor, W. B. *A.J.A.* XXVI, 1922, 148.

*(*b*) *A terracota na arquitetura grega e etrusca.* [xi]

Koch, H. *Dachterrakotten aus Campanien.* Berlim, 1912: *R.M.* XXX, 1915, 1.

Van Buren, E. D. *Figurative Terracotta Revetments in Etruria and Latium.* 1921.

——, *Archaic Fictile Revetments in Sicily and Magna Graecia in the VI and V centuries B.C.* 1923.

——, *Greek Fictile Revetments in the Archaic Period.* 1926.

Luce, S. B. e Holland, L. B., artigos in *A.J.A.* (ver listagem *A.J.A.* XXV, 1921, 266).

Robinson, D. M. *A.J.A.* XXVII, 1923, 1.

(*c*) *A cor nos templos gregos.*

Fenger, L. Die *Dorische Polychromie.* Berlim, 1886. (Sobre estudos mais recentes, ver especialmente no item *Egina*, Furtwängler, 1906, no item *Atenas* (*b*) (ii), Wiegand, 1904, e no item *Olímpia*, Curtius, 1890-7, pp. 355, 360 e 369 *infra*.)

*(*d*) *Materiais e métodos romanos.* [Cap. XV (n.c.)]

(α) NO PERÍODO REPUBLICANO

Delbrück, R. *Hellenistische Bauten in Latium.* 2 vols. Estrasburgo, 1907, 1912. (Especialmente, II, 42.)

Frank, T. "Roman Buildings of the Republic." *Papers and Monographs of the American Academy in Rome*, III. Roma, 1924.

(β) NO PERÍODO IMPERIAL

Choisy, A. *L'Art de Bâtir chez les Romains.* Paris, 1873.

Van Deman, E. *A.J.A.* XVI, 1912, 230, 387.

Rivoira, G. T. *Architettura Romana.* Milão, 1921. (Tradução para o inglês por Rushforth, G. McN.: *Roman Architecture*, 1925.)

Cozzo, G. *Ingegneria Romana.* Roma, 1928.

Ver também Durm, J., em *General histories* (*b*), 409 *supra*.

(*e*) *Frontões dos templos romanos.*

Colini, A. M. *Bull. Comm.* LI (1923) 1924, 299.

*(3) Os tipos de planta baixa e sua evolução. [26 n. 27-Cap. II, Cap. XV (n.c.) e Cap. XVII (n.c.)]

Ver em *Orcômeno* (Bulle, 1907), 415 *infra* e também:

Altmann, W. *Die italischen Rundbauten.* Berlim, 1906 Leroux, G. "Les Origines de l'Édifice Hypostyle", *Bibl. des Écoles Franç. d'Athènes et de Rome*, Fasc. 108, Paris, 1913. (Especialmente quanto à Basílica.)

Boethius, C. A. *B.S.A.* XXIV, 1919-21, 161.

Pace, B. *Mon. L.* XVIII, 1922, 327. (Para uma relação de edifícios com um única fileira de colunas internas.)

Schultze, R. *Basilika.* Berlim e Leipzig, 1928.

APÊNDICE II 411

(4) Elementos específicos, molduras etc.
*(a) Colunas minóicas e micênicas. [xii]
   Meurer, M. J.D.A.I. XXIX, 1914, 1.
(b) Colunas dóricas. [Cap. V (n.c.)]
   Kawerau, G. Z.G.A. II, 1908-9, 227.
   Bühlmann, M. Z.G.A. VI, 1913, 229.
   Wilberg, W. In Jahresh. XIX-XX, 1919, 167.
*(c) Colunas jônicas. [60 n. 70-Cap. IV]
   Puchstein, O. Die ionische Säule. Lepzig, 1907.
   Von Luschan, F. "Entstehung und Herkunft der ionischen Säule." (Der alte Orient, XIII.) 1912.
   Lehmann-Haupt, C. F. "Zur Herkunft der ionischen Säule". Kl. XIII, 1913, 648.
   Braun-Vogelstein, J. "Die ionische Säule". J.D.A.I. XXV, 1920, 1.
   Wurz, E. e Wurz, R. "Die Entstehung der Säulenbasen des Altertums unter Berücksichtigung verwandter Kapitelle." Z. G. A. Beiheft 15. Heidelberg, 1925.
   Butler, H. C. Sardis, 1925 (s.v. Sárdis, 441 infra).
*(d) O capitel coríntio e o capitel com motivo de palma. [101 n. 21-Cap. VII]
   Homolle, T. R.A. 5ᵉ Sér. IV, 1916, 17.
   Weigand, E. Vorgeschichte des kor. Kapitells. Würzburg, 1920.
(e) O capitel compósito.
   Patroni, G. In Miscellanea di studi critici in onore di Ettore Stampini. Turim e Gênova, 1921, 151.
   Murray, S. B. Hellenistic Architecture in Syria. 1921, 19.
(f) A sima e sua decoração.
   Schede, M. Antikes Traufleisten-Ornament. Estrasburgo, 1909.
   Marconi, P. Boll. Arte, VI, Sér. 2, 1927, 385 (para referência a gárgulas dóricas em forma de cabeça de leão).
*(g) Molduras. [Cap. IV (n.c.)]
   Dinsmoor, W. B. A.J.A. XIV, 1910, 178, *Bucrania [Cap. XIII (n.c.)]
   Weickert, C. Das lesbische Kymation. Leipzig, 1913.
   [Acrescentar *Acrotérios [49 n. 45-Cap. IV], *Mútulos [43 n. 21-Cap. IV], *Tríglifos [517], *Paredes [xi] e *Janelas [51 n. 48-Cap. IV]].

* (5) Êntase e outros "refinamentos" [116 n. 20-Cap. VIII]
   Ver adiante (422) em Atenas (a) Geral, Penrose, 1882, e em Atenas (b) (viii), Erechtheum, Stevens e Paton, 1927, e ainda:
   Goodyear, W. H. Greek Refinements. 1912.
   Dombart, T. In P.W. Suppl. IV, 1924, s.v. Entasis.
   Stevens, G. P. "Entasis in Roman Architecture", Mem. Amer. Ac. Rome, IV, 1924, 121.
   Balanos, N. C.R. Ac. 1925, 167 (sobre o Partenon).
   Browne, A. D. Architecture, V, 1927, 296.

*(6) Teatros. [Cap. XI (n.c.)]
   Ver adiante, nos topônimos, e também:

412 ARQUITETURA GREGA E ROMANA

Dörpfeld, W. e Reisch, E. *Das griechische Theater.* Atenas, 1896.
Puchstein, O. *Die griechische Bühne.* Berlim, 1901.
Haigh, A. E. *The Attic Theatre.* Ed. 3 de Pickard-Cambridge, A.W. 1907.
Fiechter, E. *Die baugeschichtliche Entwicklung des antiken Theaters.* Munique, 1914.
Frickenhaus, A. *Die altgriechische Bühne.* Estrasburgo, 1917.
Bieber, M. *Die Denkmäler zum Theaterwesen im Altertum.* Berlim e Leipzig, 1920. (Inclui bibliografias bastante completas.)
Frickenhaus, A. In *P.W.* III, A, 1927, s.v. *Skene.*
Sobre a decoração das *scaenae* romanas, Hörmann, H., *J.D.A.I.* XXVIII-XXIX, 1923-4, 275, é de grande valia.

(7) Anfiteatros.

Encontramos a relação mais completa em Friedländer, L., *Darstellungen aus der Sittengeschichte Roms*, Parte II, 8ª ed., 1910, 567, mas esta não foi atualizada desde suas primeiras edições.

Ver também Leclercq, H. in *Dictionnaire d'Archéologie Chrétienne*, s.v., e *P.W.* e *D.S.* s.v.

(8) Portões municipais romanos.

Schultze, R. Bonner Jahrbücher, CXVIII, 1909, 280.

*(9) Arcos monumentais romanos. [295 n. 44-Cap. XVI]

Frothingham, A. L. *A.J.A.* VIII, 1904, 1.
Curtis, C. D. *Suppl. Papers of Amer. School of Class. Studies in Rome* II. Nova York, 1908.
Spano, G. *Neapolis*, I, 1913, 144.
Nilsson, M. P. *B.C.H.* XLIX, 1925, 143.
Noack, F. *Triumph und Triumphbogen*, Bibliothek Warburg, Vorträge 1925-6, Leipzig, 1928, 147.

(10) Residências particulares e palácios.

*(a) Gregos. [Cap. XVII (n.c.)]

Ver adiante, 427, 428, 437 e 445 em *Delos, Disto, Priene* e *Tera*, e ainda:
Fiechter, E. In *P.W.* VII, 1912, s.v. Haus.
Rider, B. C. *The Greek House.* 1916.

*(b) Romanos. [Cap. XVII (n.c.)]

Ver adiante, em *Caleva* (425), *Óstia* (435), *Pompéia* (436), *Roma* (438), *Salona* (440), *Tamugadi* (417), *Tibur* (445) e ainda:
Fiechter, E. *Das italische Atriumhaus*, in *Festgabe Hugo Blümner*, Zurique, 1914, 210, e s.v. *Römisches Haus* in *P.W.* I, A, 1920, 961 e, para referência a habitações rurais e palácios:
Swoboda, K. M. *Römische und Romanische Paläste.* 2ª ed. Viena, 1924.
Tanzer, H. H. *The Villas of Pliny the Younger.* Nova York, 1924.

*(11) Planejamento urbano. [**186** n. 1, Cap. XII (n.c.)]
  Haverfield, F. *Ancient Town-Planning.* 1913.
  Cultrera, G. *Acc. L. Mem.* Ser. V, XVII, 1923, 359.
  von Gerkan, A. *Griechische Städteanlangen,* Berlim e Leipzig, 1924.
  Tscherikower, V. *Philol.* Supl. Vol. XIX, Fascículo 1, 1927.
  Tritsch, F. *Kl.* XXII (N.F. IV), 1928, 1.

(12) Influência oriental na Grécia arcaica.
  Poulsen, F. *Der Orient und die frühgriechische Kunst.* Leipzig, 1912.
  Karo, G. *A.M.* XLV, 1920, 106.

(13) Fontes antigas.
(*a*) *Pausânias.*
  (1) Somente o texto.
    Ed. Spiro, F. 3 vols. Leipzig, 1903.
  (2) Texto, tradução e comentários.
    Hitzig, H. e Blümner, H. 3 vols., Berlim, 1896-1910.
    Jones, W. H. S. Loeb Library. 6 vols. (Em curso.)
      Com referência aos capítulos atenienses, acrescentar Jahn e Michaelis, *Arx Athenarum,* 1901 (ver em "Acrópole (Geral)", 423).
  (3) Tradução e comentário, com bibliografias completas.
    Frazer, J. *Pausania's Description of Greece.* 6 vols. 1898.
(*b*) *Vitrúvio.*
  (1) Somente o texto.
    Ed. Krohn, F. Leipzig. 1912.
  (2) Texto, tradução e comentários.
    Choisy, A. 4 vols. Paris, 1909.
  (3) Tradução.
    Morgan, M. H. Harvard, 1914.
  (4) Índice Remissivo de palavras.
    Nohl, H. *Index Vitruvianus.* Leipzig, 1876.
  *(5) Tratados etc. [**3** n. 1-Cap. I, **196** n. 16-Cap. XII]
    Birnbaum, A. "Vitruvius und die griechische Architektur", *Denk. Ak. Wien.* Viena, 1914.
    Sackur, W. *Vitruv und die Poliorketiker. Vitruv und die christliche Antike.* Berlim, 1925.
    Rhys Carpenter. *A.J.A.* XXX, 1926, 259.
(*c*) *Plínio, o Velho.*
  Jex-Blake, K. e Sellers, E. *The Elder Pliny's Chapter on the History of Art.* 1896.
    (Texto e tradução, com comentários, dos principais trechos referentes à arte e arquitetura.)
(*d*) *Forma Urbis* (planta em mármore da Roma do período de Sétimo Severo).
  (a) Bibliografia completa e discussão:
    Kubitschek, W. In *P.W.* X, 1919, 2029-40.

(b) Edição:
Jordan, H. *Forma Urbis Romae*. 1874. Diversos fragmentos foram encontrados desde então.

(*e*) *Inscrições de Edifícios.*
(1) Gregos:
Entre as mais importantes encontram-se aquelas relacionadas com o Erecteu (ver p. 423), com o Arsenal de Filo no Pireu (ver 436) e com o templo de Apolo, em Delfos, do século IV (ver 426).
Fabricius, E. *De architectura Graeca commentationes epigraphicae*, Berlim, 1881.
Lattermann, H. *Griechische Bauinschriften*. Estrasburgo, 1908.
Ebert, F. *Fachausdrücke d. griechischen Bauhandwerks*, 1, *Der Tempel*, Würzburg, 1910.
(2) Latinos:
Ver especialmente Wiegand, T. (1894) em *Puteoli*, 437.

C. BIBLIOGRAFIA GERAL E DETALHADA COM REFERÊNCIA AO PERÍODO ANTERIOR A 1000 a.C.

I. Antes de 1000 a.C.
Segue-se apenas uma curta seleção de locais e publicações.
*(*a*) *Geral*. [Cap. II (n.c.)]
Schuchhardt, C. *Schliemann's Excavations*. 1891.
Tsountas, C. e Manatt, J. I. *The Mycenaean Age*. 1897.
Maraghiannis, G. *Antiquités Crétoises*. Candia. I (texto de Pernier, L. e Karo, G.), 1906; II (texto de Karo, G.), 1911; III (texto de Seager, R. B.), 1915; com bibliografias completas; cada volume com 50 lâminas. O vol. III trata exclusivamente de Cnosso.
Burrows, R. *The Discoveries in Crete*. 2ª ed. 1908.
Noack, F. *Ovalhaus und Palast in Kreta*. Leipzig e Berlim, 1908.
Dussaud, R. *Civilisations préhelléniques*. 2ª ed. 1914.
Fimmen, D. *Die kretisch-mykenische Kultur*. 1921.
Karo, G. e Bürchner, L. In *P.W.* XI, 1922, 1718, s.v. Kreta.
Glotz, G. *La Civilisation Égéenne*. Paris, 1923. Traduzido para o inglês por Dobie, M. R. e Riley, E. M. como *The Aegean Civilization*, 1925.
Bossert, H. T. *Altkreta*. Berlim, 1923.
Wace, A. J. B. In *Cambridge Ancient History*, I, 1923, 589; II, 1923, 431.
Bell, E. *Prehellenic Architecture in the Aegean*. 1926.
Hall, H. R. *The Civilization of Greece in the Bronze Age*. 1927.
(*b*) *Localidades individuais por ordem alfabética.*
Cameze (casa oval, **7**, *1*).
Xanthoudides, S. Ἐ.Ἀ. 1906, 126. (Comentada pela maioria dos autores que tratam de Creta.)

APÊNDICE II   415

Cnosso (**8**, *2a, 2b, 3* e *4*).
  *(i) Palácio de Minos. [Cap. II (n.c.)]
    Evans, A. J. *The Palace of Minos at Knossos.* I, 1921; II (em duas partes), 1928. (Em elaboração.)
  (ii) "Pequeno Palácio".
    Evans, A. J. *Archaeol.* LXV, 1914, 59.
  (iii) Túmulos.
    Evans, A. J. *Archaeol.* LIX, 1905, 2; LXV, 1914, 1.
Coracu.
  Blegen, C. W. *Korakou.* Boston e Nova York, 1921.
Festo (**16**, *5*).
  Pernier, L. *Ann. R.S.A.* 1, 1914, 357.
Gla (**33**).
  Frazer, J. G. *Pausanias.* V, 1898, 120.
  Gomme, A.W. In *Essays and Studies presented to William Ridgeway*, 1913, 116.
Gúrnia.
  Hawes, C. H. e Boyd, H. *Gournia.* Filadélfia, 1912.
Hagia Triada (**16**).
  Halbherr, F. *Ist. Lomb. Mem.* XXI, 1899-1907, 235.
Málla.
  B.C.H. XLVIII, 1924, 492; XLIX, 1925, 470; L, 1926, 574; LI, 1927, 495.
Melos, Filacope (**20**).
  Atkinson, T. D. e outros. *Excavations at Phylakopi.* 1904.
*Micenas (palácio, **27**; tholos funerários, **32**, *15*). [x, xii, **32** n. 10-Cap. III]
  Schliemann, H. *Mycenae.* 1898.
  Wace, A. J. B. e outros. *B.S.A.* XXIV, 1919-21, 185; XXV, 1921-3.
Moclo.
  Seager, R. B. *Explorations in the island of Mochlos.* Boston e Nova York, 1912.
Niru-cani.
  Xanthoudides, S. 'E.'A. 1922, 1.
Orcômeno na Beócia (casas, **24**; tholos funerários, **32**).
  Frazer, J. *Pausanias,* V 1898, 187.
  Bulle, H. "Orchomenos I", *Bay. Abh.* XXIV, 1907, 2.
Palaicastro.
  Bosanquet, R. C. e Dawkins, R. M. Estudos in *B.S.A.* VIII, 1901-2 a XII, 1905-6 e Supp. Paper 1 de *B.S.A.*, 1923.
Psira.
  Seager, R. B. *Excavations in the island of Pseira.* Filadélfia, 1910.
Tera, v. *infra* 445.
Termo ("Mégaron A", **51**, *20*), v. *infra* 445.
Tessália ("mégarons", **25**, *12*).
  Tsountas, C. Αἱ προϊστορικαὶ Ἀκροπόλεις Διμηνίου καὶ Σέσκλου. Atenas, 1908.
  Wace, A. J. B. e Thompson, M. S. *Prehistoric Thessaly.* 1912.

416 ARQUITETURA GREGA E ROMANA

Tirinto.
*(a) Palácio (**27**, *13* e *14*) e geral. [**27** n. 3-Cap. III]
   Schliemann, H. e Dörpfeld, W. *Tiryns.* Leipzig, 1886. Tradução para o inglês, 1886.
   Frickenhaus, A. e Rodenwaldt, G. Tiryns, *Die Ergebnisse.* I, II. Atenas, 1912.
*(b) Construção circular (**24**). [**24** n. 21-Cap. II]
   Dragendorff, H. *A.M.* XXXVIII, 1913, 334.
*Tróia (**21**, *9, 10* e *11*). [Cap. II (n.c.)]
   Dörpfeld, W. *Troja und Ilion.* Atenas, 1902.
   Leaf, W. *Troy.* 1912.
[Acrescentar *Ásina* [Cap. II (n.c.)], *Eutrese* [**5** n. 8-Cap. I], *Cárfi* [Cap. II (n.c.)] e *Térmi* [*ib.*].]

D. BIBLIOGRAFIA DETALHADA REFERENTE AO PERÍODO APÓS 1000 a.C.
(*Organizada em ordem alfabética de distritos e localidades.*)

NOTAS.

(i) *Teatros, Anfiteatros e Arcos Monumentais*, bem como localidades que exigem menção unicamente por conta destes não foram incluídos, exceto no caso de publicações especiais de importância extraordinária; quanto ao resto, será preciso reportar-se às obras gerais sobre esses tipos de construção, anteriormente relacionadas (411).

(ii) Muitas das obras de âmbito geral acima relacionadas (409) incluem notas bibliográficas adicionais, em especial os dois manuais de Durm, bem como o *Pausânias* de Frazer (ver 413).

(iii) Os nomes modernos de localidades árabes são, na medida do possível, transliterados segundo um sistema uniforme; com vistas ao conveniente em termos de referência, as grafias mais comumente encontradas nos livros de arqueologia, que obedecem a sistemas diversos, estão colocadas na lista alfabética, com remissões às denominações antigas.

Acarnânia (arcos primitivos, **231**).
   Heuzey, L. *Le Mont Olympe et Acarnanie.* Paris, 1860.
   Noack, F. *A.A.* 1916, 215.
Ácragas, v. Agrigento, s.v. *Magna Grécia e Sicília*, 433.
África Romana.
   (a) *Geral.*
      (i) *Argélia e Marrocos.*
         Gsell, S. *Les Monuments Antiques de l'Algérie.* 2 vols. Paris, 1901. Doravante referido como *Gsell.*
         Periódicos especiais incluem a *Revue Africaine* e o *Bulletin arch. du Comité des Travaux historiques.*
      (ii) *Trípoli.*
         Consultar *A.A.*. 1926, 127 e *Afr. It.* 1, 1927, 159-162.

(iii) *Túnis*.
  Guérin, V. *Voyage Archéologique dans la Régence de Tunis*. 2 vols. Paris, 1862. Doravante referido como *Guérin*.
  Cagnat, R. e Gauckler, P. *Les Monuments Historiques de la Tunisie*; 1ᵉ Partie, *Les Monuments Antiques*: (i) *Les Temples Païens*. Paris, 1898. Doravante referido como *Cagnat-Gauckler*.
  Periódicos especiais incluem a *Revue Tunisienne*.
(b) *Localidades individuais*.
  (i) *Cuicul* (=*Jamila*) (teatro, 404; basílica, 404; arco monumental, 405).
    Ballu, A. *Les Ruines de Djemila* (*antiga Cuicul*). Argel, 1921.
    Cagnat, R. *Musée Belge*, XXVII, 1923, 113.
  (ii) *Lambises*.
    (α) Geral (**193**).
      Ballu, A. *Tébessa, Lambèse, Timgad*. Paris, 1894.
      Gsell, 1, **115** n. 18-Cap. VIII (Para referência à literatura mais antiga.)
    (β) Acampamento e "Pretório" (**193**, 403). O acampamento localizava-se a aproximadamente 1 quilômetro da cidade de Lambises.
      Gsell, 1, 76.
      Cagnat, R. *L'Armée romaine d'Afrique*. Paris, 1892, 497.
      ——, *Mém. Ac. Inscr.* XXXVIII, 1909, 217.
    (γ) Capitólio (404).
      Gsell, 1, 143.
    (δ) Templo de Esculápio (404).
      Gsell, 1, 140.
      Cagnat, R. *Acc. Pont. Mem.* I, parte I, 1923, 81.
  *(iii) *Lepcis* ou *Leptis Magna* (basílica, 403; Arco de Sétimo Severo, 405). [arcada do Fórum, **227** n. 21-Cap. XIV]
    Romanelli, P. *Leptis Magna*. Roma, 1926. A principal publicação.
    Bartoccini, R. *Afr. It.* 1, 1927, 53.
    ——, *Guida di Lepcis* (*Leptis Magna*). Roma e Milão, 1927.
  (iv) *Rusucuru* (=*Taugzut*) (templo, **218**, 405).
    Gsell, 1, 148.
  (v) *Sábrata*.
    Bartoccini, R. *Guida di Sabratha*. Roma e Milão, 1927.
  (vi) *Sufétula* (=*Subaitila*) (Capitólio, 404).
    Cagnat-Gauckler, 1, 14 ss.
  (vii) *Tamugadi* (=*Timgad*) ("Arco de Trajano", **294** e 404; basílica, **270** e 403; Capitólio, 403; teatro, **280** e 404).
    (α) Geral (**193**, 86).
      Boeswillwald, E., Cagnat, R. e Ballu, A. *Timgad*. Paris, 1905.
      Ballu, A. *Les Ruines de Timgad*. Paris, 1911. (Descreve as descobertas de 1903-10.)
      Omitimo-nos de fornecer aqui referências especiais a esses livros, mas ver também:
    (β) Teatro e basílica.
      Ballu, A. *Théâtre et forum de Timgad*. Paris, 1902.

418 ARQUITETURA GREGA E ROMANA

(γ) Biblioteca (406).
Cagnat, R. "Les Bibliothèques Municipales de l'Empire Romain", *Mém. Ac. Inscr.* 1909, I.
(viii) *Teveste* (=*Tebessa*) (arco de Jano, 405; "Templo de Minerva", **218** e 405).
Gsell, I, 133.
(ix) *Tugga* (=*Duqqa*) (Capitólio, 404; outros templos, 404 e 405; teatro, 404).
Cagnat-Gauckler, 1, 1, 25 e 82.
(x) *Tisdro* (=*Al-Jam*) (anfiteatro, 405).
Canina, L. *Ann. Inst.* XXIV, 1852, 241.
——, *Mon. Inediti*, V, Lâms. 42-44.
Guérin, 1, 90.
(xi) *Trípoli* (arco de Jano, 404).
Strong, E. *Scultura Romana*, II, Florença, 1926, 260.
Aurigemma, S. *Boll. Arte*, II, 1926, 554.
(xii) *Vazi Sarra* (=*Henchir-Bez*) (Templo de Mercúrio Sóbrio, 405).
Cagnat-Gauckler, I, 6.

Afrodisias, em Cária, v. Ásia Menor, 420.
Agrigento, v. Magna Grécia e Sicília, 432.
Al-Jam, v. Tisdro, s.v. África Romana, 418.
Alatri, v. Alétrio, s.v. Etrúria, 430.
Alcântara, na Espanha (ponte romana, **237**, 403).
Hübner, E. *Ann. Inst.* XXXV, 1863, 173.
——, *Mon. Inediti*, VI, VII, 1857-63, Lâms. 73-75.
Alétrio, v. Etrúria, 429.
Alexandria, no Egito.
(a) Geral.
Breccia, E. *Alexandrea ad Aegyptum*. Bérgamo, 1914.
*(b) Farol (**184** e 397). [Cap. XI (n.c.)]
Adler, F. *Der Pharos von Alexandria*. Berlim, 1901.
Thiersch, H. *Pharos: Antike Islam und Occident*. Leipzig e Berlim, 1909.
Rivoira, G. T. *In Architettura Musulmana*, 1914, 148. (Tradução para o inglês, *Moslem Architecture*, por Rushforth, G. McN., 1918.)
Aman, v. Filadélfia em Amonite, s.v. Síria, 443.
Amicle (trono de Apolo, **105** e 396, 47).
Fiechter, E. *J.D.A.I.* XXXIII, 1918, 107.
Klein, W. *A.A.* 1922, 6.
Buschor, E. *A.M.* LII, 1927, 1.
Ancira (=*Ankara, antes Angora*), *v. Ásia Menor*, 420.
Angora (atual Ankara), *v. Ancira, s.v. Ásia Menor*, 420.
Antioquia, na Psídia, v. Ásia Menor, 420.
Antioquia, no Oronte, v. Síria, 442.
Aosta, v. Augusta Pretória, 424.
Araq al-Amir, v. Tiro, s.v. Síria, 444.
Aráusio (=*Orange*).
(a) Geral.
Caristie, A. N. *Monuments antiques à Orange*. Paris, 1856-7.

Peyre, R. *Nîmes, Arles, Orange, Saint-Rémy.* 4ª ed. Paris, 1923.
(b) Teatro (**279** e 402, XX*a* e *b*).
    Formigé, J. *C.R. Ac.* 1916, 155.
(c) "Arco de Tibério" (**293**, **294** e 400, XXI*a*).
    Couissin, P. *R.A.* 5ᵉ sér. XIX, 1924, 29.
*[*Arcades* (=*Frati*), v. *Creta*, 426]
Arelate (=*Arles*) (teatro, **279** e 400, anfiteatro, 400).
    Constans, L. A. *Arles antique.* Paris, 1921.
Argos e imediações.
(a) Hereu (**54**, **145** e 389).
    Waldstein, C. e outros. *The Argive Heraeum.* 2 vols. Boston e Nova York, 1902.
    Frickenhaus, A. e Müller, W. *A.M.* XXXVI, 1911, 27.
*(b) Maquetes do Templo de Hera (Hereu) em terracota (**54**, 1*b* e *c*). [Cap. IV (n.c.)]
    Müller, K. *A.M.* XLVIII, 1923, 52.
Arles, v. *Arelate*.
As-Sanamain, v. *Aere*, s.v. *Síria*, 442.
Áscalon, v. *Síria*, 442.
Ásia Menor, ver *Asso, Éfeso, Magnésia no Meandro, Mileto, Priene e Sárdis.*
    Também:
(*a*) *Geral.*
    (i) *Antiquities of Ionia*, de vários autores (Society of Dilettanti), I, 1769; II, 1797; III, 1840; IV, 1881; V, 1915. Doravante referido como *Ant. Ion.*
    (ii) Texier, C. *Description de l'Asie Mineure.* 3 vols. Paris, 1839-49 (não confiável). Doravante referido como *Texier.*
    (iii) Fellows, C. *Journal written during an excursion in Asia Minor.* 1839. Doravante referido como *Fellows, Asia.*
    (iv) Fellows, C. *An account of discoveries in Lycia.* 1841. Doravante referido como *Fellows, Lycia.*
    (v) Newton, C. T. *Halicarnassus, Cnidus, Branchidae*, I (Lâminas), 1862; II (Texto em duas partes), 1862, 1863. Doravante referido como *Newton.*
    (vi) Texier, C. e Pullan, A. P. *The Principal Ruins of Asia Minor.* 1865. Doravante referido como *Texier-Pullan.*
    (vii) Perrot, G. e Guillaume, E. *Exploration archéologique de la Galatie et de la Bithynie.* 2 vols. Paris, 1872. Doravante referido como *Perrot-Guillaume.*
    (viii) *Reisen in Südwestlichen Kleinasien.*
        I. Benndorf, O. e Niemann, G. *Reisen in Lykien und Karien.* Viena, 1884. Doravante referido como *Benndorf-Niemann.*
        II. Petersen, E. e von Luschan, F. *Reisen in Lykien, Milyas und Kibyratis.* Viena, 1889. Doravante referido como *Petersen-Luschan.*
    (ix) Lebas, P. e Landron, E. *Voyage Archéologique en Grèce et en Asie Mineure.* Paris, 1851 e mais tarde. Aqui citado com base em sua reimpressão por Reinach, S. Paris, 1888. Doravante referido como *Lebas-Reinach.*
    (x) Humann, K. e Puchstein, O. *Reisen in Kleinasien und Nordsyrien.* (Texto e Atlas.) Berlim, 1890. Doravante referido como *Humann-Puchstein.*

(xi) Lanckoroński, Graf K., Niemann, G. e Petersen, E. *Städte Pamphyliens und Pisidiens*. Viena, I (Pamfília), 1890; II (Pisídia), 1892. Doravante referido como *Lanckoroński*.

(xii) Heberdey, R. e Wilhelm, A. "Reisen in Kilikien", *Denk. Ak. Wien, Philos. Hist. Kl.* XLIV, Abt. VI, Viena, 1896. Doravante referido como *Heberdey-Wilhelm*.

NOTA: – Referências especiais às *Lâminas* dessas publicações aparecem somente quando o texto citado não tem remissões claras.

(b) *Localidades individuais*.

Afrodísias, em Cária (Templo de Afrodite, 403).
    Ant. Ion. III, 68.
    Fellows, Lycia, 33.
    Texier, III, 160, Lâm. 150.
    Texier-Pullan, 47.
    Mandel, G. *C.R. Ac.* 1906, 179.
    Vagts, R. *Aphrodisias in Karien*. Borna-Leipzig, 1920.

Ancira (=*Ankara, antes Angora*) (Templo de Roma e Augusto, 398). [398]
    Texier, 1, 172, Lâms. 64-69.
    Texier-Pullan, 45.
    Perrot-Guillaume, 1, 295, 313.

Antioquia, na Psídia (Templo de Augusto e Men, **210** n. 11-Cap. XIII, e 401).
    Robinson, D. M. *Art Bulletin,* IX, 1926, 5.

Aspendos (teatro, **276**, 404, *115, 116* e *117*).
    Lanckoroński, I, 102.

Cízico (anfiteatro, 405; Templo de Adriano, 403).
    Hasluck, F. W. *Cyzicus,* 1910, 187.

Cretópolis (Odeom, **274**).
    Lanckoroński. II, 101.

Esminta (Templo de Apolo Esminteu, 394).
    Ant. Ion. IV, 40; V, 30.

Euromo, v. Labranda.

Ezânia (Templo de Zeus, **218** e 403, *94*).
    Texier, 1, 97, Lâm. 23.
    Fellows, Ásia, 137.
    Texier-Pullan, 42.
    Lebas-Reinach, 142.
    Körte, A. In *Festschrift für Otto Benndorf,* Viena, 1898, 209.

Halicarnasso (Mausoléu, **150** e 396, *65*). [**151** n. 12-Cap. X.]
    Newton, I, 72.
    Smith, A. H. *Catalogue of Sculpture in the British Museum,* II, 1900, 65.
    Adler, F. *Das Mausoleum zu Halikarnassos*. Berlim, 1900.
    Lethaby, W. R. *Greek Buildings represented by Fragments in the British Museum,* 1908, 37.
    Bühlmann, J. *Z.G.A.* II, 1908-9, 1.

APÊNDICE II 421

Krüger, E. *Bonner Jahrbücher*, CXXVII, 1922, 84.
Krischen, F. *Ibid*. CXXVIII, 1923, 1.
Kiakta (ponte, 405).
Humann-Puchstein, 393.
Labranda (Templo de Zeus Labrando, com janelas, **51** n. 48-Cap. IV).
(Não confundir com *Euromo*, no passado erroneamente identificado com Labranda, que possui um templo coríntio romano de Zeus, publicado como "Iackly" in *Ant. Ion*. I, 55 e alhures.)
Lebas-Reinach, 47.
*Lagina (Templo de Hécate, 399). [399]
Newton, II, 2, 554.
Chamonard, J. *B.C.H.* XIX, 1895, 235.
Larissa, na Eólia* (capitéis eólicos e friso em terracota, **45 e **59**, II*b*; palácio, Cap. XVII (n.c.); templo, Cap. IV (n.c.) e 384). [xiii, Cap. IV (n.c.) e Cap. XVII (n.c.)]
Kjellberg, L. *Uppsala Universitets Arsskrift*, 1903, 30; *A.A.*. XXI, 1906, 265.
Koch, H. *R.M.* XXX, 1915, 1.
Lícia (túmulos entalhados na rocha, **48** n. 38-Cap. IV). Ver *Xantós*, abaixo (421), com respeito ao Monumento às Nereidas.
Fellows, Lycia; Benndorf-Niemann; Petersen-Luschan.
Neandria (templo com capitéis eólicos, **57** e 384, *22* e *23*).
Koldewey, R. LI *Programm zum Winckelmannsfeste*, 1891.
*Olba (vias públicas colunadas, **292**; Templo de Zeus em Diocesaréia, **160** n. 33-Cap. X, 395). [395]
Heberdey-Wilhelm, 84.
Bent, T. *J.H.S.* XII, 1892, 220.
Herzfeld, E. e Guyer, S. *A.A.*. 1909, 434.
Keil, J. e Wilhelm, A. *Jahresh*. XVIII, 1915, *Beibl.* 7.
Weickert, E. *Gnom.* III, 1927, 88.
Paflagônia (túmulos entalhados na rocha, **48** n. 38-Cap. IV).
Leonhard, R. *Paphlagonia*. Berlim, 1915.
Pompeiópolis (vias públicas colunadas, **292**).
Heberdey-Wilhelm, 87.
Sagalasso (templos, 403 e 404, e teatro).
Lanckoroński, II, 127.
Sidima (Augusteu, **209** e 402).
Benndorf-Niemann, I, 61.
Teos (Templo de Dioniso, **154** e 394).
Ant. Ion. IV, 35; V, 10, 13 e 28.
Béquignon, Y. e Laumonier, A. *B.C.H.* XLIX, 1925, 281.
Ver também **157** n. 23-Cap. X *supra*.
Termesso (templo, **227**, *98*; Odeom, **274**).
Lanckoroński, II, 43 e 99.
*Xantós (Monumento às Nereidas, **135** e 396). [Cap. IX (n.c.)]
Benndorf-Niemann.
Smith, A. H. *Catalogue of Sculpture in the British Museum*, II, 1900, I.

Lethaby, W. R. *Greek Buildings represented by Fragments in the British Museum*, 1908, 178.

——, *J.H.S.* XXXV, 1915, 208.

Niemann, G. *Das Nereiden-Monument in Xanthos*. Viena, 1922.

Krischen, F. *A.M.* XLVIII, 1923, 69.

Schuchhardt, W. H. *A.M.* LIII, 1927, 94.

Com respeito a problemas de data, ver também Schröder, B. *J.D.A.I.* XXIX, 1914, 154 (referências a hipóteses anteriores); Körte, A. *J.D.A.I.* XXXI, 1916, 274; Neugebauer, K. A. *J.D.A.I.* XXXV, 1920, 31.

Aspendos, v. Ásia Menor, 420.

Asso (templo, **84** e 386, *36*).

Clarke, J. T. e outros. *Report on the Investigations at Assos*, 1881. *Papers of the Arch. Inst. of America, Class. Series I*. Boston, 1882.

——, *Report on the Investigations at Assos*, 1882, 1883. *Papers of the Arch. Inst. of America, Class. Series II*. Boston, 1898.

——, *Investigations at Assos*: desenhos e fotografias dos edifícios e demais objetos descobertos durante as escavações de 1881-1882-1883, editado por Bacon, F. H. Cambridge, Mass., 1902-21.

Sartiaux, F. *R.A.* 4ᵉ sér. XXII, 1913, I, 359; XXIII, 1914, 381.

Atenas.

*(a) Geral. [xi]

Com respeito à literatura anterior a 1905, ver Judeich, W., *Topographie von Athen*, Munique, 1905, e Frazer, J. G., *Pausania's Description of Greece*, I, 1898, publicação que inclui, ainda, valiosas descrições da maior parte dos edifícios.

Cumpre, todavia, fazer menção especial a:

Stuart, J. e Revett, N. (e outros autores nos volumes mais recentes). *The Antiquities of Athens*, I, 1762; II, 1787; III, 1794; IV, 1816; Supl. 1830.

Penrose, F. C. *An Investigation of the Principles of Athenian Architecture*. 2ª ed. 1888.

(Especialmente com referência ao Partenon, os Propileus, o "Teseum" e o Olimpieu.)

Smith, A. H. *Catalogue of Sculpture in the British Museum*, I, 1892; e II, 1900.

As obras de âmbito geral editadas depois de 1905 incluem:

Lethaby, W. R. *Greek Buildings represented by Fragments in the British Museum*. 1908.

Weller, C. H. *Athens and its Monuments*. 1913.

NOTA: – As construções tratadas no *Catalogue*, de Smith, e no *Greek Buildings* de Lethaby, aparecem com as notas *Smith* ou *Lethaby*.

(b) Acrópole: *(i) Geral. [Cap. VIII (n.c.)]

Sobre a Acrópole em geral, consultar:

Jahn, O. e Michaelis, A. *Arx Athenarum a Pausania descripta*. 2 vols. 3ª ed. Bonn, 1901 (texto, comentários, inscrições e ilustrações).

D'Ooge, M. L. *The Acropolis of Athens*. 1908.

Schede, M. *Die Burg von Athen*. Berlim, 1922.
*(ii) Edifícios arcaicos, exceto o primitivo Partenon e os primitivos Propileus (**81, 88**, 386, 387). [**84** n. 30-Cap. VI, **88** nn. 35 e 36-Cap. VI]
Wiegand, T. e outros. *Die archaische Poros-Architektur der Akropolis zu Athen*. Cassel e Leipzig, 1904.
Dickins, G. *Catalogue of the Acropolis Museum*, I, 1912.
Heberdey, R. *Altattische Porosskulptur*. Viena, 1919.
von Duhn, F. *A.M.* XLVI, 1921, 70.
Buschor, E. *A.M.* XLVII, 1922, 53, 81, 92, 106.
*(iii) Primitivo Partenon (**113**, 388). [**84** n. 30-Cap. VI, **113** n. 13-Cap. VIII, **114** n. 16-Cap. VIII]
Hill, B. H. *A.J.A.* XVI, 1912, 535.
(iv) Partenon Posterior (**113, 135**, 388, *49*, IV*a*).
Michaelis, A. *Der Parthenon*. 2 vols. Leipzig, 1870, 1871.
Collignon, M. *Le Parthénon*. Ed. 2, revisada por Fougères, G., 1926.
Smith, Lethaby.
(v) Propileus Primitivos (**89, 118**, 396).
Weller, C. H. In *A.J.A.* VIII, 1904, 35.
(vi) Propileus Posteriores (**118**, 396, *50*, *51*, IV*b*).
Bohn, R. *Die Propyläen der Akropolis zu Athen*. Berlim e Stutgart, 1882.
Dörpfeld, W. *A.M.* X, 1885, 38, 131.
Dinsmoor, W. B. *A.J.A.* XIV, 1910, 143.
Smith, Lethaby.
(A prometida monografia de Dinsmoor, que tem por tema *Os Propileus e a Entrada para a Acrópole*, deverá substituir todas as obras anteriores.)
*(vii) Templo de Atena Nikê (**116** n. 21-Cap. VIII, **125**, 393, *53*). [Cap. IX (n.c.)]
Stevens, G. P. *A.J.A.* XII, 1908, 398.
Orlandos, A. K. *A.M.* XL, 1915, 27.
Welter, G. *A.M.* XLVIII, 1923, 190.
Blümel, C. *Der Fries des Tempel der Athena Nike*. Berlim, 1923.
Dinsmoor, W. B. *A.J.A.* XXX, 1926, I (para referência ao parapeito esculturado, não discutido no presente livro).
Smith, Lethaby.
(viii) Erecteu (**127**, 393, *16*, *54-57*, III*b*, V*a*).
Dörpfeld, W. *A.M.* XXVIII, 1903, 465; XXIX, 1904, 101; XXXVI, 1911, 39.
——, *J.D.A.I.* XXXIV, 1919, I.
Weller, C. H. *A.J.A.* XXV, 1921, 130.
Stevens, G. P. e Paton, J. M. *The Erechtheum*. Cambridge, Mass., 1927; fornece o texto de todas as inscrições.
Elderkin, G. W. *A.J.A.* XXXI, 1927, 522.
Dörpfeld, W. *Phil. Woch.*, 1928, 1062.
Smith, Lethaby.
(ix) Templo de Roma e Augusto (**127, 218**, 401).
Dörpfeld, W. *A.M.* XII, 1887, 264.

—, *A.D.* I, 1888, 3.

Snijder, G. A. S. *R.A.* 5e sér., XIX, 1924, 223 ss.

*(c) Construções não situadas na Acrópole. [Sobre construções na Ágora, ver **169** n. 10-Cap. XI; sobre a Pnice, **164** n. 2-Cap. XI.]

(i) Horológio de Andrônico (Torre dos Ventos) (399).

Stuart, J. e Revett, N. *The Antiquities of Athens*, I, 1762, 13.

Gräf, B. In Baumeister, A. *Denkm. des klass. Altertums*, III, 1888, 2114.

Rehm, A. *P.W.* VIII, 1913, 2426.

Orlandos, A. K. 'Α. Δελτ. V, 1919, Παράρτ. 14.

Graindor, P. *Byz.* III, 1926, 29.

Kubitschek, W. *Grundriss d. antiker Zeitrechnung*. Munique, 1928, 195.

*(ii) Ilisso, Templo em (**127**, 393). [**127** n. 5-Cap. IX]

Stuart, J. e Revett, N. *The Antiquities of Athens*, I, 1762, 7.

Dörpfeld, W. *A.M.* XXII, 1897, 227.

Studniczka, F. *J.D.A.I.* XXXI, 1916, 169, e in A.D. III, 3, 1914-15, 36.

Lethaby.

(iii) Odeom de Herodes Ático (**276**, 404).

Versakis, F. 'E.'A. 1912, 161.

(iv) Monumento de Lisícrates (**144**, 396).

Philadelpheus, A. 'E.'A. 1921, 83 ss.

Smith, Lethaby.

(v) Monumento de Nícias (396).

Dörpfeld, W. *A.M.* X. 1885, 219; XIV, 1889, 62.

*(vi) Odeom de Péricles (**174**, 396). [**174** n. 16-Cap. XI]

Kastriotis, P. 'E.'A. 1922, 5.

—, *A.A..* 1927, 345.

(vii) Olimpieu (**102**, **160**, p. 392, 395, 69).

Weigand, E. *J.D.A.I.* XXIX, 1914, 77 n. 1.

Gütschow, M. *J.D.A.I.* XXXVI, 1921, 60.

Welter, G. *A.M.* XLVII, 1922, 61 e XLVIII, 1923, 182.

*(viii) Teatro de Dioniso (**164**, 395). [Cap. XI (n.c.)]

Welter, G. *A.A..* 1925, 311.

*(ix) "Teseum" (**118**, 389). [389 n.]

Sauer, B. *Das sogenannte Theseion*. Berlim e Leipzig, 1899.

Bates, W. N. *A.J.A.* V, 1901, 37.

Smith, Lethaby.

Atil, *v.* Síria, 442.

Augusta Pretória (=*Aosta*) (Arco de Augusto, **230**, **293**, 401; Portão Municipal Augustino, **295**; teatro coberto, **274**, 400).

Promis, C. *Le Antichità di Aosta*. Turim, 1862.

Augusta Treverorum (=*Trier, Trèves*) (basílica, **270**, **312** n. 30-Cap. XVII, 406; e Porta Nigra, **295**, 406, *121, 122*, XXI*b*).

Schmidt, C. W. *Baudenkmäler Triers, Röm. Periode.* Trier, 1845.

von Behr, H. *Zeitschrift für Bauwesen*, LVIII, 1908, 361, 574.

Krüger, E. *Die Trierer Römerbauten*. Trier, 1909.

APÊNDICE II   425

Baalbek, v. *Heliópolis*, s.v. *Síria*, 443.
Basse, v. *Figaléia*.
Benevento (Arco de Trajano, 403).
   Snijder, G. A. S. *J.D.A.I.* XLI, 1926, 94.
Bosra, v. *Bostra* (=*Bosra eski Sham*), v. *Síria*, 442.
Cadáquio, v. *Corcira*.
Calâuria (capitel jônico em diagonal, **212** n. 14-Cap. XIII).
   Wide, S. e Kjellberg, L. *A.M.* XX, 1895, 277.
Calleva Atrebatum (=*Silchester*) (planta da cidade e moradias, **193**, **312**, *132*).
   Uma série de artigos em *Archaeol.*; planta mais recente no vol. LXI, 1909, 2.
   Fox, G. E. e St John Hope, W. H. In *Victoria History of Hampshire*, I, 1900, 350.
Cálidon (Templo de Ártemis, **65** n. 14-Cap. V, métopas em terracota, **67** n. 22-Cap. V). v. *Etólia*.
   Também Poulsen, F. e Rhomaios, K. *Erster vorläufiger Bericht über die dänisch-griechischen Ausgrabungen v. Kalydon*. Copenhagen, 1927.
Caulônia, v. *Magna Grécia*, 433.
Chipre (capitéis "eólicos", **60**), v. *coluna jônica*, 441.
*[Acrescente-se *Vuni* (palácio) [Cap. XVII (n.c.)].]
Cirene (templo de Apolo, **67**, 385). [**68** n. 24-Cap. V]
   Pernier, L. *Afr. It.* 1927, 126.
Cività Castellana, v. *Falerii Veteres*, s.v. *Etrúria*, 430.
Cività Lavinia, v. *Lanúvio*, s.v. *Etrúria*, 432.
Cízico, v. *Ásia Menor*, 420.
Conca, v. *Sátrico*, s.v. *Etrúria*, 430.
Cora (=*Cori*) (templo dórico) (**111**, **209**, 399, *93*).
   Delbrück, R. *Hellenistische Bauten in Latium*. II. Estrasburgo, 1912, 23.
   von Gerkan, A. *R.M.* XL, 1925, 167.
Corcira
   *(a) Garitsa (Frontão do Templo da Górgona, **69**, 385, *26*). [**69** n. 4-Cap. VI]
      Versakis, F. Πρ. 1911, 164.
      Dörpfeld, W. *A.M.* XXXIX, 1914, 161, e (com Loeschke, G.) *A.A..* 1914, 46.
      Rhomaios, K. A. 'Α. Δελτ. VI, 1920-1, 165.
   *(b) Cadáquio *ou* Cárdaque (templo dórico sem friso, **71**, 387). [**71** n. 7-Cap. VI]
      Railton, W. In *Antiquities of Athens*, Supl. vol. 1830.
      Dörpfeld, W. *A.A..* 1912, 248; 1914, 48.
      Dinsmoor, W. B. *B.C.H.* XXXIV, 1912, 472, n. 2.
Cori, v. *Cora*.
Corinto.
   *(a) Templo de Apolo (**87**, 387). [387]
      Powell, B. *A.J.A.* IX, 1905, 44.
   (b) Templo maior (387).
      Frazer, J. G. *Pausania's Description of Greece*, 1898, III, 37.
      Cook, A.B. *Zeus*, II. 2, 1925, 915.
   (c) Abóbadas helenísticas em concreto (**233** n. 8-Cap. XV.

B.C.H. L, 1926, 543.
J.H.S. 1927, 234.
Corona (=*Longá*) (templos primitivos, 54, 383).
Versakis, F. 'A. Δελτ. II, 1916, 65.
Cotílio, v. Figaléia.
Creta. Sobre o período minóico, ver 414, 415 *supra.*
  (a) Dreros (templos primitivos, Cap. IV (n.c.), 384). [Cap. IV (n.c.)]
    Xanthoudides, S. 'A. Δελτ. IV, 1918, Παράρτ. 25.
  (b) Gortino (Templo de Apolo Pítio, **57**, 384).
    Savignoni, L. *Mon. L.* XVIII, 1907, 181.
  (c) Palaicastro (templo de Zeus Dícteo, 384).
    Bosanquet, R. C. *B.S.A.* XI, 1904-5, 298.
    Sieveking, J. *A.A..* 1921, 349.
  (d) Prínia (templos primitivos, **56**, 384, *21*). [Cap. V (n.c.)]
    Pernier, L. *Ann. R.S.A.* 1, 1914, 18.
  *[Acrescentar *Arcades* (=*Frati*) (capitel primitivo) [**101** n. 21-Cap. VII].]
Cretópolis, v. Ásia Menor, 420.
Cuicul (=*Jamila*), *v. África Romana,* 417.
Damasco, v. Síria, 442.
Delfos
  (a) Geral.
    Homolle, T. e outros. *Les Fouilles de Delphes.* 1902-. (Em elaboração.) Doravante referido como *F.D.*
    Poulsen, F. *Delphi.* Traduzido para o inglês por Richards, G. C., 1920.
    Pomtow, H. In *P.W.* Supl. IV, 1924, 1189. (Em elaboração.) Doravante referido como *Pomtow.*
  (b) Templo de Apolo (**89, 145**, 387, 390).
    F.D. II Fasc. I, 1915; Fasc. II, 1921; Lâminas, 1920.
    Replat, J. *B.C.H.* XLVI, 1922, 435.
    Sobre as inscrições que tratam do templo do século IV, ver *Ditt.* 236-253.
  (c) Outras construções dóricas.
    *(i) Antigo Tholos (**85**, 385), "Antigo Tesouro de Siracusa" (**71**, 389), Tesouro de Sícion (389) e outros. [**85** n. 31, Cap. VI (n.c.)]
      Courby, F. *B.C.H.* XXXV, 1911, 132.
      Dinsmoor, W. B. *B.C.H.* XXXVI, 1912, 439.
      B.C.H. XLVI, 1922, 510; XLVIII, 1924, 480.
      Pomtow, 1248.
    (ii) Marmaria, Templos de Atena Pronaia (**65**, 385, 387, *25*) e outros, e o "Grande Tholos" (**141**, 389, V*b*).
      F.D. II, Fasc. IV, 1925.
    *(iii) Tesouro de Atenas (387). [387]
      Agard, W. *A.J.A.* XXVII, 1923, 17 e 322. (Com bibliografia completa.)
      Pomtow, 1278.
  (d) Os quatro Tesouros Jônicos.
    Dinsmoor, W. B. *B.C.H.* XXXVII, 1913, 1.

APÊNDICE II 427

(i) Tesouros de Clazômenas (?) e Massália (?) (**100**, 392, *46*).
   Dinsmoor, W. B. *A.J.A.* XXVII, 1923, 164.
   F.D. II, Fasc. III, 1923, 1 (Especialmente Massália.)
   Pomtow, 1377. (Clazômenas.)
(ii) Tesouros de Cnido e Sifno (**100**, 392, III*a*).
   Nenhuma publicação adequada; devemo-nos contentar em mencionar aqui os seguintes artigos, que colocarão o estudioso na trilha do restante.
   Courby, F. *R.A.* 4ᵉ sér. XVII, 1911, 197 ss.
   Pomtow, 1252 (Sifno); 1270 (Cnido).
   Daux, G. e de la Coste-Messelière, P. *B.C.H.* LI, 1927, I.
(*e*) Agremiação dos Cnídios (**164**, 396).
   Homolle, T. *B.C.H.* XX, 1896, 637.
   Bourguet, E. In *D.S.* 1904, s.v. *Lesché*.
(*f*) Colunata Ateniense (**127**, 396).
   Pomtow, 1299.
(*g*) Coluna das Donzelas Dançarinas (**141**, 396).
   Melhor discussão se encontra em Poulsen, *Delphi* (ver acima), **246**.
   Ver também Lawrence, A. W. *Later Greek Sculpture*, 1927, 95.
(*h*) Parede de terraço em construção poligonal (**42**).
   Pomtow, 1394.

Delos.
*(*a*) Geral. [389]
   Homolle, T. e outros. *Exploration archéologique de Délos.* 1902 (inacabado).
   Essa publicação será, fundamentalmente, a fonte principal. Até o momento, limitou-se apenas a abordar superficialmente um pequeno número das construções mais importantes (ver abaixo).
   O melhor livro de âmbito geral é:
   Roussel, P. *Délos*. Paris, 1925. (Sucinto em termos de arquitetura.)
   O melhor resumo geral é:
   Courby, F. "Le Sanctuaire d'Apollon Délien", in *B.C.H.* XLIV, 1921, 174, proveitosamente analisado por Picard C. e Replat, J. in *B.C.H.* XLVIII, 1924, 217, e por Vallois, R. *ibid.* 411. Podem-se encontrar, nesses artigos, indicações da bibliografia referente à maior parte dos templos e tesouros, inclusive o "Oicos dos Naxianos" (384).
   Sobre outras construções:
(*b*) Salão Hipostilo (**180**, 397, *81*).
   Expl. arch. de Délos (ver anteriormente), Fasc. I, 1909, e Fasc. II, 1914.
(*c*) Residências Particulares (**300**, XXII*a*, *b*).
   Ibid. Fasc. VIII, 1922 e 1924.

Didima, v. Mileto.
Dionísia, v. Suaida, s.v. *Síria*, 444.
Disto (residência, **298**, *123*)
   Wiegand, T. *A.M.* XXIV, 1899, 458.
Djemila, v. Cuicul (=*Jamila*), s.v. *África Romana*, 417.

428 ARQUITETURA GREGA E ROMANA

Doura-Europos, v. Síria, 442.
Dreros, v. Creta, 426.
Dugga, v. Tugga (Duqqa), s.v. *África Romana,* 418.
Duma, v. Síria, 442.
Duqqa, v. Tugga, s.v. *África Romana,* 418.
Éfeso.
    (*a*) *Geral.*
        Picard, C. "Éphèse et Claros", *Bibl. éc. fr. d'Ath. et de Rome,* Fasc. 123, 1922.
    *(*b*) Artemísio Primitivo* (**90**, 392, *39, 40, 41, 42*). [Cap. VII (n.c.)]
        Benndorf, O. e outros. *Forschungen in Ephesos.* I. Viena, 1906.
        Hogarth, D. G. e outros. *Excavations at Ephesus.* 1908.
        Lethaby, W. R. *J.H.S.* XXXVII, 1917, 1.
    (*c*) *Artemísio Posterior* (**147**, 393, *63*).
        Wood, J. T. *Discoveries at Ephesus.* 1877.
        Smith, A. H. *Catalogue of Sculpture in the British Museum,* II, 1900, 165.
        Lethaby, W. R. *Greek Buildings represented by Fragments in the British Museum,* 1908, 1.
        Fyfe, T. *J.R.I.B.A.* 1914.
        Henderson, A. E. *Ibid.* 1915, 130.
    (*d*) *Biblioteca* (**289**, 403, *119, 120*).
        Wilberg, W. *Jahresh.* VIII, 1905, *Beibl.* 61; IX, 1906, *Beibl.* 59; XI, 1908, 118.
    (*e*) *Teatro* (396).
        Benndorf, O. e outros. *Forschungen in Ephesos.* II. Viena, 1912.
        Hörmann, H. *J.D.A.I.* XXVIII-IX, 1923-4, 275.
Egina.
    *(*a*) Templo de Afaia* (**69, 75, 86, 112**, 386 e 388) e geral. [**232** n. 6-Cap. XV, 388]
        Furtwängler, A. e outros. *Aegina.* 2 vols. Munique, 1906.
    *(*b*) Templo de Apolo* ("Afrodite") (388). [388]
        A.J.A. XXIX, 1925, 107.
        Gnom. II, 1926, 120.
El Djem, v. Tisdro (*=Al-Jam*), s.v. *África Romana,* 418.
*Elêusis (Telestério, **42, 169**, 396, *74, 75, 76*). [**174** n. 15-Cap. XI]
    Noack, F. *Eleusis, die baugeschichtliche Entwicklung des Heiligtums.* Texto e lâminas. Berlim e Leipzig, 1927.
    *[Acrescentar *Propileus, Internos* [**230** n. 25-Cap. XIV].]
Élida (tríglifos em terracota).
    Ver referências **67** n. 22-Cap. V.
Enade, v. Etólia.
Epidauro.
    (*a*) *Geral* (incluindo *Propileus,* **210** n. 11-Cap. XIII).
        Defrasse, A. e Lechat, H. *Épidaure.* 1895.
        Kavvadias, P. *Fouilles d'Épidaure.* I. Atenas, 1893.
        —— Τὸ ἱερὸν τοῦ Ἀσκληπιοῦ ἐν Ἐπιδαύρῳ, Atenas, 1900.
    (*b*) *Tholos* (**144**, 390, V*c*).

Kavvadias, P. *Berl. S.B.* 1909, 536.
Noack, F. *J.D.A.I.* XLII, 1927, 75.
(c) Templo de Asclépio, Templo de Ártemis e congêneres (**146**, 390).
Kavvadias, P. Πρ. 1905, 44; 1906, 91.
*(d) Teatro (**166**, 395, *71*). [**166** n. 6-Cap. XI]
Fossum, A. *A.J.A.* XXX, 1926, 70.
Ere (=*As-Sanamain*), *v. Síria*, 442.
Erétria (Templo de Apolo Dafnéforo, **72**, 386).
Kourouniotis, K. Πρ. 1900, 53.
——, *A.D.* III, 1914-15, 3.
Karo, G. *A.A..* 1911, 122.
Studniczka, F. *A.A..* 1921, 323. (Para uma descrição do vértice da cornija inclinada.)
Esminta, v. Ásia Menor, 420.
Espalato, v. Salona.
Esparta.
(a) Templo de Atena Calquióica (**57** n. 64-Cap. IV).
B.S.A. XIII, 1906-7, 137.
*(b) Templo de (Ártemis) Órtia (**53**, 383, II*a*). [**53** n. 54-Cap. IV]
Dawkins, R. M. *B.S.A.* XIV, 1907-8, I.
*(c) Teatro (**272**, 401). [Cap. XI (n.c.)]
Woodward, A. M. *B.S.A.* XXVI, 1923-5, 119; XXVII, 1925-6, 175.
Estrato (Templo de Zeus, 391).
Courby, F. e Picard, C. *Recherches archéologiques à Stratos.* Paris, 1924.
Etólia, v. Cálidon, Termo
Também Woodhouse, W. J. *Aetolia.* 1897.
Powell, B. *A.J.A.* VIII, 1904, 137. (Sobre os muros de *Eníade*.)
*[Acrescentar-se *Taxiarque* (templos) [Cap. IV (n.c.)]]
Etrúria (incluindo o Lácio primitivo e localidades etruscas situadas fora da *Etrúria*).
(a) Geral.
Dennis, G. *The Cities and Cemeteries of Etruria.* 2ª ed. revista, 1878. Reeditado a partir de então.
Martha, J. *L'Art Étrusque.* Paris, 1889.
Wiegand, T. In "La Glyptopthèque Ny-Carlsberg", de Jacobsen, II, *Les Monuments Étrusques et Égyptiens.* Livr. XVIII. Munique, 1904.
Fenger, L. *Le Temple Étrusque.* Copenhagen, 1909.
Rizzo, G. E. *Bull. Comm.* XXXVIII (1910) 1911, 281; XXXIX (1911) 1912, 23. (Sobre maquetes de templos.)
Milani, L. A. *Il R. Museo Archeologico di Firenze,* Florença, 1911 (e reedições posteriores; recomendações à edição de 1923). Doravante referido como *Milani.*
Van Buren, A. W. *A bibliographical guide to Latium and Southern Etruria.* Roma, 1916. Doravante referido como *A.W. v. Buren.*
Della Seta, A. *Museo di Villa Giulia.* I. Roma, 1918. Doravante referido como *Seta.*
Solari, A. *Topografia storica dell'Etruria,* Pisa, I, 1918, II, 1914; III (com bibliografia), 1915; Apêndice Bibliográfico, 1915.

Van Buren, E. D. *A.J.A.* XXIII, 1919, 158. (Sobre cronologia geral.)
—, *Figurative Terracotta Revetments in Etruria and Latium.* 1921.
Fell, A. A. L. *Etruria and Rome.* 1924.
Ducati, P. *Etruria Antica.* 2 vols. Turim, etc. 1925. (Especialmente II, 127.) Doravante referido como *Ducati.*
Patroni, G. *Ist. Lomb.Rend.* Sér. ii, LXIX, 1926, 343.
Rosi, G. *J.R.S.* XV, 1925, e XVII, 1927, 59. (Sobre túmulos entalhados na rocha.)
Randall-Maciver, D. *The Etruscans*, 1927. Os livros mais volumosos do mesmo autor, *Villanovans and Early Etruscans*, 1924, e *The Iron Age in Italy*, 1927, são de grande importância, mas raramente abordam qualquer obra arquitetônica afora túmulos; ver especialmente *Villanovans*, p. 255.

(*b*) *Localidades individuais*: onde aparecem as indicações *A. W. Van Buren, Seta, Milani* ou *Ducati*, o estudante é remetido àquelas obras para referências bibliográficas.

(i) *Alétrio* (=*Alatri*) (templo, **199**, 398).
Winnefeld, H. *R.M.* IV, 1889, 143.
Seta, 213; *Ducati*, II, 126.

(ii) *Clúsio* (=*Chiusi*) (urna talvez originária de Chiusi, **305**, XXIII).
Milani, 159.
Bandinelli, R. Bianchi. *Mon. L.* XXX, 1925, 210-552, esp. 482.

(iii) *Fesule* (=*Fiesole*) (templo, **200**, 398).
Galli, E. *Fiesole, gli Scavi, il Museo Civico.* Milão, *n.d.* (Registra escavações até 1912.) *N.S.* 1925, 28. (Sobre as escavações retomadas de 1923-4.)
Ducati, II, 131.

(iv) *Falerii Veteres* (=*Città Castellana*) (templos, **201**, 397).
Taylor, M. e Bradshaw, H.C. *Papers of B.S.R.* VIII, 1916, I.
A.W. Van Buren, 13; *Seta*, 166; *Ducati*, II, 130.

(v) *Florentia* (=*Florença*) (templo, 398).
Ducati, 131.

(vi) *Gabii* (templo, **204**, 398).
Delbrück, R. *Hellenistische Bauten in Latium*, II, 1912, 5.
A.W. Van Buren, 19.

(vii) *Lanúvio* (=*Città Lavinia*) (Templo de Juno Sóspita, 398).
A.W. Van Buren, 13; *Seta*, 230; *Ducati*, 130.
Mon. L. XXVII, 1922, 293.

(viii) *Marzabotto*.
(*a*) Planta geral (**191**).
Brizio, E. *Mon. L.* I, 1891, 249.
(*b*) Templos (**200**, 397).
Ducati, 132.

(ix) *Orvieto* (=*Volsinii*, provavelmente) (templo, 398).
Pernier, L. e Stefani, E. *N.S.* 1925, 133, 158.

(x) *Sátrico* (=*Conca*) (Templo de Mater Matuta, **200**, 397).
Seta, 251; *Ducati*, 130.

APÊNDICE II 431

(xi) *Sígnia* (=*Segni*) (Capitólio, **200**, 397).
   Delbrück, R. *Das Capitolium von Signia*. Roma, 1903.
   Seta, 216; Ducati, 138.
(xii) *Veii* (templo de Apolo, **200**, 397).
   Giglioli, G. Q. *N.S.* 1919, 35.
   Ducati, 140.
(xiii) *Volci* (=*Vulci*) (santuário em terracota, **198**, VIII*b*).
   Ducati, P. *Storia dell'Arte Etrusca*, 384, 388; *Milani*, 265.
*[Acrescentam *Minturnas* (templo) [398], *Perúgia* (portões em arco, **232**) [Cap. XV (n.c.)].]
Euromo, *v. Labranda*, s.v. *Ásia Menor*, 421.
Ezânia, *v. Ásia Menor*, 420.
Falerii Veteres (=*Civitá Castellana*), *v. Etrúria*, 430.
Fesule (=*Fiesole*), *v. Etrúria*, 430.
Fiesole, *v. Fesule*, s.v. *Etrúria*, 430.
Figaléia.
   (*a*) Templos do Monte Cotílio (**55**, 383).
      Kourouniotis, K. 'E. 'A. 1903, 151.
   (*b*) Basse, templo primitivo de Apolo (**138**, 389).
      Kourouniotis, K. 'E. 'A. 1910, 271.
*(*c*) Basse, templo posterior de Apolo (**75**, **136**, 389, *58*, *59*, *59a*). [Cap. IX (n.c.)]
      Cockerell, C. R. *The Temples...at Aegina...and Bassae*. 1860.
      Lethaby, W. R. *Greek Buildings represented by Fragments in the British Museum*, 1908, 171.
      Rhomaios, K. A. 'E. 'A. 1914, 57. (Especialmente para referência aos capitéis jônicos.)
      Gütschow, M. *J.D.A.I.* XXXVI, 1921, 44. (Para referência ao capitel coríntio.)
      Wurz, E. e Wurz, R. *Die Entstehung der Säulenbasen etc.* Heidelberg, 1925, 108. (Para referência ao capitel coríntio.)
Filadélfia em *Amonite* (=*Aman*), *v. Síria*, 443.
Filipópolis, no *Hauran* (=*Shuba*), *v. Síria*, 443.
Florença, *v. Florentia*, s.v. *Etrúria*, 430.
Florentia, *v. Etrúria*, 430.
Gabii, *v. Etrúria*, 430.
Gerasa (*Jarash*), *v. Síria*, 443.
Glano (=*S. Rémy*) (Monumento dos Júlios, 400).
   A.D. I, 1891.
Gonos e Homólion (templos primitivos curvilíneos e métopas em terracota, **55**, **67** n. 22-Cap. V, 385).
   Arvanitopoullos, A. S. Πρ. 1910, 241; 1911, 286, 315.
Gortino, *v. Creta*, 426.
Halicarnasso, *v. Ásia Menor*, 420.
Hebran, *v. Síria*, 443.
Heliópolis, *v. Síria*, 443.
Henchir-Bez, *v. Vazi Sarra*, s.v. *África Romana*, 418.

432 ARQUITETURA GREGA E ROMANA

Herculano (via pública colunada, **292**; Vila dos Papiros, **310**).
   (*a*) Geral.
      Ruggiero, M. *Storia degli scavi di Ercolano*. 1885.
      Furchheim, F. *Bibliografia di Pompei Ercolano e Stabia*. Nápoles, 1891.
      Waldstein, C. e Shoobridge, L. *Herculaneum Past, Present and Future*. 1908.
      (Bibliografia completa.)
      Gall, R. In *P.W.* VIII, 1913, 532.
   (*b*) Vila dos Papiros (**310**).
      Comparetti, D. e De Petra, G. *La Villa Ercolanese dei Pisoni*. Turim, 1883.
Hipônio, *v. Magna Grécia e Sicília*, 433.
Homolion, *v. Gonos*.
Inkil, *v. Síria*, 443.
Isria, *v. Seriane*, s.v. *Síria*, 444.
Jamila, *v. Cuicul*, s.v. *África Romana*, 417.
Jarash, *v. Gerasa*, s.v. *Síria*, 443.
Jerusalém, *v. Síria*, 443.
Kiakta, *v. Ásia Menor*, 421.
Labranda, *v. Ásia Menor*, 421.
Lagina, *v. Ásia Menor*, 421.
Lambises, *v. África Romana*, 417.
Lanúvio (=*Città Lavinia*), *v. Etrúria*, 430.
Larissa, na Eólia, *v. Ásia Menor*, 421.
Lepcis ou *Leptis Magna*, *v. África Romana*, 417.
Lesbos.
   (*a*) Napes (templo eólico, capitéis originários de Columdado, **58**, 384).
      Wace, A. J. B. *J.H.S.* XLI, 1921, 275.
   (*b*) Messa (templo, **145** n. 38-Cap. IX, 394).
      Koldewey, R. *Die Antiken Baureste der Insel Lesbos*. Berlim, 1890, 47.
      Lattermann, H. *Griechische Bauinschriften*. Estrasburgo, 1908, 96.
      Schede, M. *Antikes Traufleisten-Ornament*. Estrasburgo, 1909, 73.
      Krischen, F. *A.M.* XLVIII, 1923, 89.
   *[Acrescentar *Térmi* (mégarons) [Cap. II (n.c.)]]
Lícia, *v. Ásia Menor*, 421.
Licosura (Templo de Despoina, **235** n. 15-Cap. XV, 391).
   Leonardos, B. Πρ. 1896, 93.
   Dickins, G. *B.S.A.* XII, 1905-6, 109.
Locros Epizefíria, *v. Magna Grécia e Sicília*, 433.
Longá, *v. Corona*.
Magna Grécia e Sicília.
   (*a*) Geral.
      Koldewey, R. e Puchstein, O. *Die griechischen Tempel in Unteritalien und Sicilien*. 2 vols. Berlim, 1899.
      Van Buren, E. D. *Archaic fictile revetments in Sicily and Magna Graecia*. 1923. Doravante referido como *Van Buren, Sic.*

(b) *Localidades individuais.* Ver Koldewey e Puchstein com referência a *Agrigento* (*Ácragas*), *Locros Epizefíria, Metaponto, Pesto* (*Poseidônia*), *Pompéia, Segesta, Selinunte, Siracusa* e *Tarento*, bem como:

*(i) *Agrigento* (*Ácragas*). [**124** n. 38-Cap. VIII]
   (α) Olimpieu (**122**, 388, 52).
      Pace, B. *Mon. L.* XXVIII, 1922, 173.
      Marconi, P. *Boll. Arte*, Sér. ii, vol. 6, 1926-7, 33.
   (β) "Oratório de Faláris" (399).
      Marconi, P. *N.S.* 1926, 106.

(ii) *Caulônia* (templo, 388).
   Orsi, P. *Mon. L.* XXIII, 1916, 685.

(iii) *Hipônio* (templo jônico, **103**).
   Orsi, P. *N.S.* 1921, 476.

(iv) *Locros Epizefíria*
   (α) Geral.
      Oldfather, W. A. In *P.W.* XIII, 1927, 1289.
   (β) Templo jônico de Marasa (**103**, 393).
      von Gerkan, A. In *Milet*. I, 8, 1925, 64.
   (γ) Templos dóricos (**103**, 387).
      Orsi, P. *N.S* 1915, 175.
      ——, *Mon. L.* XXV, 1918, 353.

(v) *Mégara Hibléia* (templo, 385).
   Orsi, P. *Mon. L.* XXVII, 1922, 154.

(vi) *Pesto* (*Poseidônia*) [e *Silares* (*Foce del Sele*)] [**81** n. 23-Cap. VI].

(vii) *Pompéia* (templo grego, **122** n. 33-Cap. VIII, 386, e coluna etrusca, **201**).
   Patroni, G. e Cozzi, S. *Acc. Nap. Mem.* N.S. I, Parte I, 1911, 211.
   Com referência a outras construções de Pompéia, ver *Pompéia*, 436, *infra*.

(viii) *Régio* (=*Régio Calabria*) (terracota arquitetônica, **67** n. 22-Cap. V).
   Putortì, N. *Rivista Indo-greco-italiana*, X, 1926, 59, 95 [=*Italia antichissima*, I, 1929, 1].

*(ix) *Selinunte* [Cap. IV (n.c.), **73** n. 9-Cap. VI, 385]
   (*a*) Geral.
      Hulot, J. e Fougères, G. *Sélinonte*. 1910. Pode-se encontrar nesse livro (271) o santuário prostilo de tipo simples do precinto de Gagera (**54**, **55**, 386).
      Gàbrici, E. *N.S.* 1920, 69; 1923, 104.
   *(*b*) "Templo C" (**72**). [**73** n. 9-Cap. VI]
      Montuoro, P. *Acc. L. Mem.* Ser. vi, I, 1925, 282.
      Van Buren, *Sic.* 55.

*(x) *Siracusa*. [385, Templo de Apolo ou Ártemis]
   (α) Templo de Atena (**112**, 388).
      Orsi, P. *N.S.* 1915, 175.
      ——, *Mon. L.* XXV, 1918, 353 ss., esp. 715.
   (β) Teatro (**166** n. 7-Cap. XI, **281** n. 21-Cap. XVI, 395).
      Rizzo, G. E. *Il Teatro Greco di Siracusa*. 1923.

434 ARQUITETURA GREGA E ROMANA

*Magnésia, no Meandro (templo de Ártemis, **154**, 394, 67, 68; templo de Zeus Sosipólio, **48** n. 42-Cap. IV, 394; teatro, 396). [**154** n. 16, Cap. X (n.c.)]
    Humann, C. *Magnesia am Maeander.* Berlim, 1904.
Marzabotto, v. Etrúria, 430.
Megalópolis.
    (a) Geral.
        Gardner, E. A. e outros. *Excavations at Megalopolis.* 1892.
    (b) Tersílion (**174**, 396, 77).
        Benson, E. F. e Bather, A. G. *J.H.S.* XIII, 1892-3, 319, 328.
    *[Acrescentar Teatro, Cap. XI (n.c.)]
Mégara Hibléia, v. Magna Grécia e Sicília, 432.
Messa, v. Lesbos, 432.
Messena.
    Sede da Assembléia (396).
    A.J.A. XXX, 1926, 360.
Metaponto, v. Magna Grécia e Sicília, 433.
Micenas.
    (a) Sobre o período micênico, ver 415 *supra.*
    *(b) Templo dórico (**69**). [**69** n. 5-Cap. VI]
    Ver as publicações de âmbito geral acerca de Micenas (415 *supra*), e também:
        Kourouniotis, K. *J.D.A.I.* XVI, 1901, 19.
        Koch, H. *A.M.* XXXIX, 1914, 251.
Mileto (incluindo *Didima*).
    (a) Geral.
        Wiegand, T. e outros. Milet. *Die Ergebnisse der Ausgrabungen und Untersuchungen.* Berlim, 1906-. (Em elaboração.) Doravante referido como *Milet.*
    (b) *Ágora, capitéis compósitos da Porta Norte* (**220**).
        Milet, I, 7, 1924, 93.
    (c) *Bouleutério* (**161**, **179**, 397, 70, 79, 80, VIIIa).
        Milet, 1, 2, 1908 (Knackfuss, H.).
        Ibid. 1, 7, 1924, 279. (Correções de Knackfuss.)
    (d) *Templo de Apolo Didimeu* (**152**, **218**, 394, 66, VI).
        Rayet, O. e Thomas, A. *Milet et le golfe latmique.* 2 vols e atlas. Paris, 1877-80.
        Pontremoli, O. e Haussoulier, B. *Didymes.* Paris, 1904.
        Wiegand, T. 7er *und* 8er *vorläufiger Bericht. Berl. Abh.* V, 1911, e I, 1924.
    (e) *Templo de Atena* (**103** n. 24-Cap. VII, 393).
        Milet, I, 8, 1925, 52.
Napes, v. Lesbos, 432.
Náucratis (templos jônicos primitivos, **98**, 392, 45).
    Flinders Petrie, W. M. e outros. *Naukratis.* Parte I, 1886; Parte II, 1888.
    Prinz, H. *Funde aus Naukratis,* VII^{er} Beiheft zu *Kl.* Leipzig, 1908.
Naxos (templo, **90**, 392).
    Welter, G. *A.M.* XLIX, 1924, 17.
Neandria, v. Ásia Menor, 421.
Nemauso (=*Nîmes*).

(a) *Geral.*
   Peyre, R. Nîmes, *Arles, Orange, Saint-Rémy.* 4ª ed. Paris, 1923. Doravante referido como *Peyre.*
*(b) *Anfiteatro* (400). [400]
   Peyre, 9.
(c) *Maison Carrée* (**213**, 401, XI*b*).
   Espérandieu, E. *La Maison Carrée.* Nîmes, 1922.
   Peyre, 14.
(d) *Pont du Gard* (**236**, 402, XIV*b*).
   Stübinger, O. *Die römische Wasserleitungen von Nîmes und Arles.* Z.G.A. Beiheft 3, Heidelberg, 1910.
   Espérandieu, E. *Le Pont du Gard.* Paris, 1926.
   Peyre, 34.
*(e) *"Templo de Diana"* (**237**, 404, XV). [Cap. XV (n.c.)]
   Pelet, A. *Essai sur le Nymphée de Nîmes.* Nîmes, 1852.
   Peyre, 28.
Neméia (Templo de Zeus, **145**, 390).
   Clemmensen, M. e Vallois, R. *B.C.H.* XLIX, 1925, I.
   A.J.A. XXXI, 1927, 421.
Nîmes, v. *Nemauso.*
Olba (com *Diocesaréia* = *Uzundja Burdj*), v. *Ásia Menor,* 421.
Olímpia.
*(a) *Geral.* [Cap. IV (n.c.) Tesouro de Gela]
   Curtius, E. e outros. *Olympia: Die Ergebnisse der vom Deutschen Reich veranstalteten Ausgrabungen.* Texto 5 vols. e Atlas 5 vols. Berlim, 1890-7. (Em especial Texband II, Tafelband I, 1892. *Die Baudenkmäler*, de Dörpfeld, W. e outros.)
   Gardiner, E. N. *Olympia, its History and Remains.* 1925.
   As duas obras abordam todos os edifícios, e as seguintes referências adicionais a publicações posteriores ao Ergebnisse deverão ser suficientes:
*(b) *Hereu* (**62**, 385, *24*). [Cap. V (n.c.)]
   Weege, F. *A.M.* XXXVI, 1911, 163.
   Dörpfeld, W. *A.M.* XLVII, 1922, 30.
(c) *Templo de Zeus* (**41**, **75**, **112**, 388, *17*).
   Smith, J. K. *Mem. Amer. Ac. Rom.* IV, 1924, 153.
*[*Olinto* (planejamento urbano, residências particulares). [Cap. XII (n.c.), Cap. XVII (n.c.)]]
Orange, v. *Aráusio.*
Orcômeno, na *Arcádia* (templo, 387).
   Blum, G. e Plassart, A. *B.C.H.* XXXVIII, 1914, 71.
Oropo (Templo de Anfiaro, 390).
   Versakis, F. *A.M.* XXXIII, 1908, 247; 369. 1909, 119; 1913, 113.
   B.C.H. XLVI, 1922, 491.
Orvieto, v. *Etrúria*, 430.
Óstia (planta da cidade e vias públicas colunadas, **191**, **292**; residências, **307**, *129*, *130*).

Calza, G. *Mon. L.* XXIII, 1916, 541; XXVI, 1920. *N.S.* 1923, 177; 1925, 54; e *Ostia: Guida Storico-monumentale*, também disponível em tradução para o inglês por Wreden-Cooke, R., *Ostia: Historical Guide to the Monuments*. Milão-Roma, n.d. (A planta data de 1925.) Para uma discussão acerca dos tipos óstio e pompéico, ver especialmente Patroni, G. *Acc. L. Rend.* 1902, 210.

Paflagônia, v. *Ásia Menor*, 421.
Palaicastro, v. 415 e *Creta*, 426.
Palmira (=*Tadmor*), v. *Síria*, 443.
Paros (templo, 392).
    Welter, G. *A.M.* XLIX, 1924, 23.
*[*Peracora* (Cap. IV (n.c.), 383). [Cap. IV (n.c.)]]
Pérgamo.
    Conze, A. e outros. *Altertümer von Pergamon*. 8 vols., com vários mapas. Berlim, 1885-. (Em elaboração.)
    Pontremoli, E. e Collignon, N. *Pergame*. Paris, 1900.
    Desnecessárias referências detalhadas, salvo quanto aos volumes do *Altertümer*, a saber, Grande Altar (**157**, 397), III, i, 1906; Biblioteca (**289**, 397), II, 1885; Templo de Atena Pólia (**146**, 391), II, 1885; Templo de Hera Basiléia (**159**, 391), VI, 1923; Teatro (396), IV, 1896; Trajaneu (403), V, ii, 1895.
Perúgia, v. *Etrúria*, 431.
Pesto, v. *Magna Grécia* e *Sicília*, 433.
Petra, v. *Síria*, 443.
Pireu.
    (*a*) Arsenal de Filo (**182**, 396, *82*).
    Choisy, A. *Études sur l'architecture grecque*. I. 1883. (Fornece texto das inscrições deste e de outros edifícios, com tradução e comentários.)
    Dörpfeld, W. *A.M.* VIII, 1883, 147.
    Marstrand, V. *Arsenalet i Piraeus*. Copenhagen, 1922.
    A inscrição é *I.G.* II, 2, 1054; Ditt. 69; Roberts, E. S. e Gardner, E. A. *Introduction to Greek Epigraphy*, II, 1905, 360. Ver também *I.G.* II, 2, 807.
    (*b*) Planta da cidade (**187**).
    Ver *planejamento urbano*, 413 *supra*.
Pola (templos, **214**, 401).
    Tamaro, G. *N.S.* XX, 1923, 211.
Pompéia. Sobre o *templo grego* e a *coluna etrusca*, v. *supra*, em *Magna Grécia* e *Sicília*, 433.
    *(*a*) Geral*. Relacionada apenas uma pequena seleção da literatura. [Cap. XVII (n.c.)]
    Bibliografia completa até 1891 in Furchheim, F. *Bibliografia di Pompei, Ercolano e Stabia*. Nápoles, 1891.
    Mazois, F. *Les Ruines de Pompéi*. 4 vols. Paris, 1824-38. (Muito importante.)
    Overbeck, J. *Pompeji*. 4ª ed. revista por Mau, A. Leipzig, 1884.
    Mau, A. *Pompeji in Leben und Kunst*. 2ª ed. Leipzig, 1908. (Tradução para o inglês, *Pompeii, its Life and Art*, por Kelsey, F. W.) Contém notas bibliográficas completas; um complemento bibliográfico (*Anhang*) à segunda edição alemã foi publicado em Leipzig em 1913.

Van Buren, A. W. "The Past Decade of Pompeian Studies", *Class. Journal*, XV, 1920, 404.

Della Corte, M. *Pompeji, Die Neuen Ausgrabungen*. Valle di Pompei, 1926.

Van Buren, A. W. *A Companion to Pompeian Studies*, Roma, 1927. (Reunião de fontes e inscrições antigas.)

A bibliografia recente inclui:

Ippel, A. *Pompeji*. Leipzig, 1925, e edição revista (6ª) de Mau, A., *Führer durch Pompeji*. Leipzig, 1928.

Pernice, E. *Pompeji*. 1926.

(*b*) *Estudos especiais*.

(i) Planta da cidade (**191**).

Van Buren, A. W. *Mem. Amer. Ac. Rome*, II, 1918, 67; V, 1925, 106.

Sogliano, A. *Acc. L. Mem.* Sér. vi, I, 1925, 221.

*(ii) Basílica (**268**, 398, *113*). [**269** n. 7-Cap. XVI]

Sogliano, A. *Acc. Nap. Mem.* N.S. II, 1913, Parte I, 117.

Schultze, R. *Basilika*. Berlim e Leipzig, 1928, I.

(iii) Templo de Júpiter (**212**, 398, 399).

Sogliano, A. *Acc. L. Mem.* Sér. vi, I, 1925, 230.

*[Acrescentar *Pequeno Teatro* (**273**, *114*) [**274** n. 13-Cap. XVI].]

Pompeiópolis, *v. Ásia Menor*, 421.

Poseidônia (*Pesto*), *v. Magna Grécia e Sicília*, 433.

Pozzuoli, *v. Puteoli*, 437.

Preneste (Templo da Fortuna, 399).

Delbrück, R. *Hellenistische Bauten in Latium*, I, 1907, 47.

Bradshaw, H. C. *B.S.R. Pap.* IX, 1920, 233.

Priene.

*(*a*) Geral e Templo de Atena. [Cap. X (n.c.)]

Wiegand, T. e Schrader, H. *Priene*. Berlim, 1904, no qual é possível encontrar todas as construções discutidas ou mencionadas no presente livro; acrescentar, com referência à questão do friso do templo de Atena:

Wilberg, W. *A.M.* XXXIX, 1914, 72.

von Gerkan, A. *A.M.* XLIII, 1918, 165.

Ver também Lethaby, W. R. *Greek Buildings...in the British Museum*, 1908, 185.

(*b*) Teatro (**167**, 395, *72, 74, 84*).

von Gerkan, A. *Das Theater von Priene*. Munique, 1921.

Dörpfeld, W. *A.M.* XLIX, 1924, 50.

Prínia, *v. Creta*, 426.

Puteoli (=*Pozzuoli*) (importante inscrição relacionada à ereção de um portão em 105 a.C.).

Wiegand, T. *Jahrbücher f. class. Philologie*, Supl. XX, 1894, 659.

C.I.L. X, 1781.

*Quios (templos jônicos primitivos, **150**, 392). [**150** n. 11-Cap. X]

Kourouniotis, K. Ἀ. Δελτ. I, 1915, 64.

*Ramno (templo, **42** n. 17-Cap. IV, **115**, 388, 389). [389 n.]

The Unedited Antiquities of Attica (Society of Dilettanti), 1817, 41.

438 ARQUITETURA GREGA E ROMANA

Lethaby, W. R. *Greek Buildings represented by Fragments in the British Museum*, 1908, 148.

Orlandos, A. K. *B.C.H.* XLVIII, 1924, 305.

Régio, v. Magna Grécia e Sicília, 433.

Rodes (santuário primitivo em *Vrulia*, 384).

Kinch, K.F. e Kinch, H. *Fouilles de Vroulia*, Berlim, 1914, 8.

Roma.

Somente é possível apresentar uma seleção bastante reduzida.

*(*a*) *Geral.* [xi]

(i) As obras relacionadas nos itens *História Geral da Arquitetura Antiga* (*Romana*) e *Materiais e Métodos Romanos no período republicano e no período imperial*, 410 *supra*. Sobre construções circulares, ver Altmann, W., *Die italischen Rundbauten*. Berlim, 1906.

(ii) Jordan, H. *Topographie der Stadt Rom im Altertum*, Berlim, I, 1, 1878; I, 2, 1885; I, 3, revisado por Hülsen, C., 1907; II, 1871. (De valor incalculável, sobretudo I, 3, que contém um excelente índice remissivo.)

Middleton, J. H. *The Remains of Ancient Rome.* 2 vols. 1892.

Lanciani, R. *Ruins and Excavations of Ancient Rome.* 1897.

——, *Ancient and Modern Rome.* 1925.

Hülsen, C. *The Roman Forum.* Tradução para o inglês de Carter, J. B., Roma, 1906. (Revisto com base na segunda edição alemã, 1905.) Suplemento, *Die neuesten Ausgrabungen auf dem Forum Romanum.* Roma, 1910.

Kiepert, H. e Hülsen, C. *Formae Urbis Romae Antiquae.* 2ª ed. Berlim, 1912. (Três plantas da Roma antiga com um valioso *Nomenclator Topographicus* de monumentos, com referências exaustivas a fontes antigas e investigações modernas.)

(*b*) *Monumentos isolados.* (Doravante *Delbrück* = Delbrück, R. *Hellenistische Bauten in Latium*, 2 vols., Estrasburgo, 1907, 1912; *Toeb.* = Toebelmann, F. *Römische Gebälke*, 1923; *Frank* = Frank, T. *Roman Buildings of the Republic*, 1924, obras sobre as quais, ver 409 *supra*.)

(α) *Agripa, Termas de* (**248**, **258**, 401).

Hülsen, C. *Die Thermen des Agrippa.* Roma, 1910.

(β) *Antonino e Faustina, Templo de* (**217**, 404).

Bartoli, P. *Mon. L.* XXIII, 1914, 949.

(γ) *Aqueduto Márcio* (**236**, 398).

Delbrück, I, I.

Frank, 137.

(δ) *Átrio das Vestais* (402).

Van Deman, E. B. *Atrium Vestae.* Washington, 1909.

(ε) *Augusto, Arco de, no Fórum* (**294**).

Toeb. 13.

(ζ) *Augusto, Mausoléu de* (**266**, 401).

Cordingley, R. A. e Richmond, I. A. *B.S.R. Pap.* X. 1927.

Colini, A. M. e Giglioli, G. Q. *Bull. Comm.* LIV (1926) 1927, 192.

(η) *Basílica Emília* (**269**, 399).
   Van Deman, E. B. *A.J.A.* XVII, 1913, 14.
   McDaniel, W. B. *A.J.A.* XXXII, 1928, 155.
   Toeb. 27.
   Frank, 66.
(θ) *"Basílica" subterrânea junto à Porta Maggiore* (**245**, 402, *103*). (Edifício que já conta com uma vasta literatura, sobre a qual, e para uma boa descrição e discussão, ver Carcopino, J. *La Basilique Pythagoricienne de la Porte Majeure.* Paris, 1927.)
   Bendinelli, G. *Mon. L.* xxxi, 1926, 601.
(ι) *Cecília Metella, Túmulo de* (**266**, 401).
   Toeb. 9.
   Frank, 144.
(κ) *Capitólio* (Templo de Júpiter Capitolino) (**200**, 397).
   Paribeni, R. *N.S.* 1921, 38.
(λ) *Dióscuros, Templo dos* (**216**, **234**, 401).
   Frank, T. e Stevens, G. P. *Mem. Amer. Ac.* Rome, V, 1925, 79.
(μ) *Coliseu* (**285**, 402, *118*, *118a*, XVI*b*).
   Cozzo, G. *Ingegneria Romana.* Roma, 1928, 203.
(ν) *Concórdia, Templo da* (**215**, **234**, 401, XII*a*)
   Robert, H. F. e Marceau, H. *Mem. Amer. Ac.* Rome, V, 1925, 53.
   Toeb. 42.
(ξ) *Constantina, Mausoléu de* (?) (=*Sta. Constância*) (**257**, *109*, XIX*b*). Ver **257** n. 52-Cap. XV.
(ο) *Constantino, Arco de* (406).
   Walton, A. *Mem. Amer. Ac.* Rome, IV, 1924, 169.
   Buschor, E. *R.M.* XXXVIII-IX, 1923-4, 52.
(π) *"Fortuna Viril", Templo da* (**211**, 400, X*b*).
   Fiechter, E. *R.M.* XXI, 1906, 220.
   Frank, 134.
   von Gerkan, A. *Gnom.* I, 1925, 366.
(ρ) *Fórum Holitório* (*Mercado de hortaliças*), *templos sob S. Nicola in Carcere* (**207**, 399, 400).
   Delbrück, R. *Die Drei Tempel am Forum Holitorium in Rom.* Roma, 1903.
   Frank, 126.
(σ) *Adriano, Mausoléu de* (**266**, 403).
   Pierce, S. R. *J.R.S.* XV, 1925, 75.
(τ) *S. Nicola ai Cesarini, Templo* (399).
   Marchetti-Longi, G. *Bull. Comm.* XLVI (1918) 1920, 127.
   Frank, 130.
*(υ) *Panteon* (**246**, 403, *104*, *105*, XVI*a*, XVII). [Cap. XV (n.c.)]
   Beltrami, L. *Il Pantheon.* Milão, 1898.
   Borrmann, R. Conferência reproduzida em *A.A..* 1921, 249. (Em particular para referência à decoração interna.)
   Colini, A. M. e Gismondi, I. *Bull. Comm.* LIV (1926) 1927, 67.

Cozzo, G. *Ingegneria Romana*. Roma, 1928, 257.
(φ) *Ponte Emília, Ponte Fabrícia* e *Ponte Múlvia* (**236**, 398, 399, XIV*a*).
   Delbrück, I, 3, 12 (também II, Lâm. II).
   Frank, 139-42.
(χ) *Portuno* (?), *Templo de* (*Templo Circular próximo ao Tibre*) (**211**, 400, X*a*).
   Delbrück, II, 43.
   Frank, 136.
(ψ) *Regia* (400).
   Toeb. 1.
   Frank, 81.
(ω) *Sol, Templo do* (406).
   Toeb. 108.
(αα) *Tabulário* (**240**, 399, *100*, *101*).
   Delbrück, I, 23 (também II, Lâm. III).
(ββ) *Trajano, Coluna de* (**292**, 403).
   Lehmann-Hartleben, K. *Die Trajanssäule*. 2 vols. Atlas. Leipzig, 1926.
(γγ) *Tuliano* (398).
   Frank, 39.
*Acrescentar *Basílica Nova* (**261**, *111*) [Cap. XV (n.c.)], *Mercado de Trajano* [*ib.*], *Palácio no Horto Salustiano* [403] e *Porta Argêntea* [405].
Rusucuru (=*Taugzut*), *v. África Romana*, 417.
S. Rémy, *v. Glano*, 431.
Sábrata, *v. África Romana*, 417.
Sagalasso, *v. Ásia Menor*, 421.
Sahr, *v. Síria*, 444.
Salona (=*Espalato, Split*) (Palácio de Diocleciano, incluindo Mausoléu e Templo de Esculápio, **227**, **255**, **312**, **316**, 406, *108*, *135*, XXIV*a*, *b*).
   Adam, R. *Ruins of the Palace of the Emperor Diocletian at Spalato*. 1764.
   Niemann, G. *Der Palast Diokletians in Spalato*. Viena, 1910.
   Hébrard, E. e Zeiller, J. Spalato, *Le Palais de Dioclétien*. Paris, 1912.
   A questão da influência síria e oriental em Espalato é mais bem apresentada por: Strzygowski, J. In *Studien aus Kunst und Geschichte Friedrich Schneider zum siebzigsten Geburtstage gewidmet*. 1906, 325.
   Em oposição a esse estudo, Wiegand, E. considera que os detalhes dos motivos ornamentais relacionam-se mais estreitamente com a Ásia Menor e em menor proporção com a cidade de Roma; ver *J.D.A.I.* XXIX, 1914, 88.
*Samos (Hereu e edifício períptero independente, **90**, **95**, **98**, **103**, 392, 393, *43*, *44*). [Cap.VII (n.c.)]
   Wiegand, T. e outros. *Erster vorläufiger Bericht über die von dem Königl. Mus. unternommenen Ausgrabungen in Samos*. Berl. Abh. V, 1911.
   Buschor, E. *Gnom*. III, 1927, 188.
Samotrácia (Cabírio, 391, 393, Arsineu, 391, Crânios de boi, **210**, n. 11-Cap. XIII).
   Conze, A. e outros. *Archäologische Untersuchungen auf Samothrake*, Viena, 1875.
   ——, *Neue arch. Untersuch. auf Samothrake*, Viena, 1880.

Thiersch, H. *Z.G.A.* II, 1908-9, 88.
Saquéia (=*Shaqqa*), *v. Síria*, 444.
Sárdis (Templo de Ártemis ou Cibele, **149, 150**, 394).
  Butler, H. C. *Sardis*. Vol. II. Parte I. Leiden, 1925.
  Vallois, R. *R.E.G.* XXXIX, 1926, 367.
Sátrico (=*Conca*), *v. Etruria*, 430.
Sbeitla, *v. Sufétula* (=*Subaitila*), s.v. *África Romana*, 417.
Segni, *v. Sígnia*, s.v. *Etrúria*, 430.
Segúsio (=*Susa*) (Arco de Augusto, **294**, 401).
  Ferrero, E. *L'Arc d'Auguste à Suse*. Turim, 1901.
  Studniczka, F. *J.D.A.I.* XVIII, 1903, 1.
Selinunte v. Magna Grécia e Sicília, 433.
Seriane (=*Isria*), *v. Síria*, 444.
Shaqqa, *v. Saquéia*, s.v. *Síria*, 444.
Shuba, *Filipópolis*, s.v. *Síria*, 443.
Si, *v. Síria*, 444.
Sicília, *v. Magna Grécia e Sicília*, 432.
Sidima, *v. Ásia Menor*, 421.
Sígnia (=*Segni*), *v. Etrúria*, 430.
Silchester, *v. Calleva Atrebatum*, 425.
Siracusa, *v. Magna Grécia e Sicília*, 433.
Síria (incluindo Palestina e regiões vizinhas).
  (a) Geral.
    (i) Vogüé, C. J. M., Comte de. *La Syrie Centrale*. Paris, 1865-77. (Doravante referido como *Vogüé*.)
    (ii) Brünnow, R. E. e Domaszewski, A. *Die Provincia Arabia*. 3 vols. Estrasburgo. 1904, 1905, 1909. (Doravante referido como *B.D.*)
    (iii) As publicações da Expedição Arqueológica Americana à Síria em 1899-1900, e das Expedições Arqueológicas da Universidade de Princeton à Síria em 1904-5 e 1909.
      (α) Parte I das publicações da Expedição Americana:
        Garrett, R. *Topography and Itinerary*. Nova York, 1914. (Doravante referido como *Amer. I.*)
      (β) Parte II do mesmo:
        Butler, H. C. *Architecture and the other Arts*. Nova York, 1904. (Doravante referido como *Amer. II.*)
      (γ) Parte III do mesmo:
        Prentice, W. K. *Greek and Latin Inscriptions*. Nova York, 1908 (Doravante referido como *Amer. III.*)
      (δ) Parte IV do mesmo:
        Littmann, E. *Semitic Inscriptions*. Nova York, 1904. (Doravante denominado *Amer. IV.*)
      (ε) Divisão II das publicações das Expedições de Princeton:
        Butler, H. C. *Ancient Architecture in Syria*. Leiden, 1907-20. Dividido em Seção A (*Síria Meridional*) em sete partes, e Seção B (*Síria Setentrional*) em seis partes. (Doravante referido como *Princeton II.*)

(ζ) Divisão III do mesmo:
Greek and Latin Inscriptions in Syria. Leiden, 1907-22. Dividido exatamente como a Divisão II, a Seção A de autoria de Littmann, E. e outros, a Seção B, de Prentice, W. K. (Doravante referido como *Princeton III.)*
(η) Divisão IV do mesmo:
Semitic Inscriptions. Seção A, *Nabataean Inscriptions*, por Littmann, E. 114. (Doravante referido como *Princeton IV.)*
(iv) Murray, S. B. *Hellenistic Architecture in Syria.* 1921. (Um breve resumo de grande utilidade. Doravante referido como *Murray.)*
(b) *Localidades Individuais.*
Aere (=*As-Sanamain*) (Templo de Tiche, 404).
Princeton II, A, 5, 316.
Antioquia no Oronte (vias públicas colunadas, **292**; palácio, **320, 321**), *v. Planejamento urbano* (413 *supra*); também:
Müller, K. O. *Antiquitates Antiochenae.* Göttingen, 1839.
Förster, R. *J.D.A.I.* XII, 1897, 103.
Ascalon (Bouleutérion e Peristilo, 401).
Palestine Exploration Fund Quarterly Statement. Janeiro, 1924, 24.
Atil (templos, **230**, 405).
Amer. II, 343.
B.D. III, 103. (Corrige as datas estabelecidas por Butler.)
Weigand, E. *J.D.A.I.* XXIX, 1914, 59 n. 2.
Murray, 15.
Bostra (=*Bosra eski Sham*).
(i) Templo (?) com dois tipos de concha (**230** n. 24-Cap. XIV).
Princeton II, A, 4, 247.
B.D. III, 22.
(ii) Teatro (404).
Vogüe, 40.
B.D. III, 47.
Princeton II, A, 4, 273.
Damasco (precinto do templo de Júpiter Damasceno, 405).
Watzinger, C. e Wulzinger, K. *Damaskus, die antike Stadt.* Berlim e Leipzig, 1921. (Fascículo 4 de *Wiss. Veröff. d. deutsch-türk. Denkmalschutzkommandos*, ed. por Wiegand, T.)
Doura-Europos (planta da cidade, **190**). [**190** n. 2-Cap. XII]
Cumont, F. *Fouilles de Doura Europos.* Paris, 1926.
Tscherikowe, V. *Philol.* Supl. vol. XIX, Fasc. 1, 1927, 88. (O autor ressalta que a atribuição das fundações a Selêuco Nicator apóia-se em uma corruptela, em Isidoro de Charax, de Νικάνορος para Νικάτορος. Ele as atribui a Nicanor, um general de Antígono, morto em 313, o que resultaria em um recuo de alguns anos na data das fundações.)
Duma (residência, **314**, *133*).
Vogüé, 52.

APÊNDICE II 443

Princeton II, A. 5, 342. (Registra seu desaparecimento.)
Filadélfia em *Amonite* (=*Aman*) (templo, 404; teatro, 404).
  Princeton II, A, I, 38, 47.
Filipópolis no *Hauran* (=*Shuba*) (templo, teatro, palácio e termas, 405).
  Amer. II, 376.
  B.D. III, 147.
*Gerasa (=*Jarash*) (vias públicas colunadas, templos, propileus, **291**, 404, 404). [**252**, 404]
  Schumacher, G. *Zeitschrift d. deutsch.* Palaestina-Vereins, XXV, 1902, 109.
  B.D. II, 233, 253.
  B.S.J. Bull. 3, 1923, Lâms. II-V: 7, 1925, 98, Lâms. I, II.
Hebran (templo jônico, **211** n. 13-Cap. XIII, 404).
  Princeton II, A, 5, 323.
Heliópolis (=*Baalbek*) (templos e pátios, **222**, **263**, **264**, 401, 403, 405, *95*, *96*, *97*, *112*, XIII, XIX*a*).
  Weigand, E. *J.D.A.I.* 1914, 37. *Jahrb. f. Kunstwissenschaft*, 1924, 77, 165.
  Wiegand, T. e outros. *Baalbek.* Berlim e Leipzig. I texto e I lâminas, 1921 (Templo de Júpiter e pátios). II, 1923 (Templo de Baco e Templo Circular). III, 1925 (período medieval). Ver também **228** n. 22-Cap. XIV *supra.*
Inkil (Palácio, **321**, 404).
  Princeton II, A, 5, 312.
Jerusalém (túmulos entalhados na rocha, **221**, 402).
  Durm, J. *Bauk. der Römer.* 2ª ed. 1905, 759. (Referências à literatura anterior.)
  Delbrück, R. *Hellenistische Bauten in Latium*, II, 1912, 148.
  Otto, W. In *P.W.* VII, 1912, 2837, s.v. Helena, 6.
Kiakta, v. *Ásia Menor*, 421.
*Palmira (=*Tadmor*) (Templo de Bel, **222**, 401. Templo de Baalsamin, **230** n. 23-Cap. XIV, 403; vias públicas colunadas, **291**). [**222** n. 15-Cap. XIV]
  Wood, R. *Ruins of Palmyra.* 1758. (Sobre as inscrições, ver o item seguinte.)
  Amer. I, 73; II, 49; IV, 57.
  Murray, S. B. *A.J.A.* XIX, 1915, 268.
  Murray, 24.
  Wiegand, T. *Kunstchronik*, 1923, 807.
  Gabriel, A. *Syr.* VII, 1926, 71.
  Hutton, C.A. *J.H.S.* XLVII, 1927, 102. (Com referência aos cadernos de anotações de Wood, ora na biblioteca da Society for the Promotion of Hellenic Studies.)
*Petra (fachadas entalhadas na rocha e outras estruturas, incluindo o Khazna, **220**, **221**, 403, XI*a*). [**221** n. 13-Cap. XIV]
  Dalman, G. *Petra.* Leipzig, 1908.
  ——, *Neue Petra-Forschungen.* Leipzig, 1912.
  B.D. I, 125-424, 480-510. (Bibliografia completa.)
  Bachmann, W., Watzinger, C. e Wiegand, T. *Petra.* Berlim e Leipzig, 1921.

(Fasc. 3 da publicação citada no item *Damasco, supra.*)
Kennedy, Sir A. B. W. *Petra, its History and Monuments.* 1925.
Saquéia (=*Shaqqa*) (basílica, **238**, 404, *99*; palácio, **240**, 406).
   Vogüé, 47, 55.
   Amer. II, 365, 370.
Sahr (templo, 400).
   Princeton II, A, 7, 441.
Seriane (=*Isria*) (templo, **321**, 404).
   Amer. II, 76.
Si (Templo de Baal Shamin, **220**, 400; Templo de Dushara, **227** n. 18-Cap. XIV, 400).
   Vogüé, 31.
   Amer. II, 334.
   Princeton II, A, 6, 374 (Baal Shamin), 385 (Dushara).
   Murray, II.
Sur (templo, 400).
   Princeton II, A, 7, 428.
Suaida (talvez a antiga *Soada* ou *Dionísia*) (túmulo de Hamrat, **221**, 399; templo, **220**, 400).
   Vogüé, 29, 39.
   Amer. II, 324, 327.
   B.D. III, 88.
   Murray, 8.
Tiro (=*Araq al-Amir*) (Palácio de Hircano, 397).
   Otto, W. In. *P.W.* IX, 1916, 532 (s.v. *Hyrkanos*).
   Princeton II, A. I, I.
   Murray, 6.
Umm az-Zaitun ("kálibe", **252** n. 45-Cap. XV, 406).
   Vogüé, 43.
   Princeton II, A, 5, 361. (Contém detalhes adicionais acerca do domo.)
Soada, *v.* Suaida, s.v. *Síria*, 444.
Split, *v.* Salona.
Suaida, *v. Síria*, 444.
Subaitila, *v.* Sufétula, s.v. *África Romana*, 417.
Sufétula (=*Subaitila*), *v. África Romana*, 417.
Sunamin, *v.* Aere (=*As-Sanamain*), s.v. *Síria*, 442.
*Súnio (Templos de Atena e Poseidon, **55**, **115**, 386, 388, 389, 393). [389 n.]
   Dörpfeld, W. *A.M.* IX, 1884, 324.
   Staïs, B. 'E.'A. 1900, 112; 1917, 168.
   Orlandos, A. K. 'A. Δελτ. I, 1915, I.
   ——, 'E.'A. 1917, 213.
Sur, *v. Síria*, 444.
Susa, *v.* Segúsio.
Tadmor, *v.* Palmira, s.v. *Síria*, 443.
Tamugadi (=*Timgad*), *v. África Romana*, 417.

APÊNDICE II 445

Taugzut, v. Rusucuru, s.v. *África Romana,* 417.
Taxiarque, v. Etólia, 429.
Tebas (Templo de Apolo Ismênio, 383, 385, 390).
  Keramopoullos, A. D., 'A. Δελτ. III, 1917, 33.
Tebessa, v. Teveste, s.v. *África Romana,* 418.
*Tegéia (Templo de Atena Aléia, **143**, 390, *60, 61*). [390]
  Dugas, C. e outros. *La Sanctuaire d'Aléa Athéna à Tégée au IVe siècle.* 1924.
Teos, v. Ásia Menor, 421.
Tera (residências, incluindo prefigurações do tipo que emprega o corredor, **299, 312**).
  Hiller von Gaertringen e outros. *Thera.* 3 vols. Berlim, 1899-1904, especialmente III, 137.
  Ver Swoboda, K. M. *Römische und Romanische Paläste.* Viena, 1924, 30.
Termesso, v. Ásia Menor, 421.
*Termo ("Mégaron A", "Mégaron B", templos, **51-53, 65-67**, 383, 385, *20*). [**67** n. 20-Cap. V.] *v. Etólia*; também:
  Kawerau, G. e Sotiriades, E. *A.D.* II, 1902-8, 5.
  Rhomaios, K. 'A. Δελτ. I, 1915, 225; VI, 1920-1, 158.
  Dörpfeld, W. *A.M.* XLVII, 1922, 43.
  Van Buren, E. D. *Greek Fictile Revetments in the Archaic Period,* 1926, 64.
Teveste (=*Tebessa*), *v. África Romana,* 418.
Tgzirt, v. Rusucuru (=*Taugzut*), s.v. *África Romana,* 417.
Tibur (=*Tivoli*)
  (*a*) Vila de Adriano (**252, 312, 316**, 403, *107, 134*).
    Winnefeld, H. Die Villa des Hadrian bei Tivoli (III *Ergänzungsheft des J.D.A.I.*). 1895.
    Gusman, P. *La Villa Impériale de Tibur (Villa Hadriana).* Paris, 1904.
    Reina, V. *N.S.* 1906, 313. (Planta oficial dos vestígios materiais.)
    Lanciani, R. *La Villa Adriana.* Roma, 1906.
    Taramelli, A. *N.S.* XIX, 1922, 287.
    Chillman, J. *Mem. Amer. Ac.* Rome, IV, 1924.
  (*b*) "Templo da Sibila" e "Templo de Vesta" (**210**, 399).
    Delbrück, R. *Hellenistische Bauten in Latium,* II, 16.
Timgad, v. Tamugadi, s.v. *África Romana,* 417.
Tirinto.
  (*a*) Sobre o período micênico, ver 416 *supra.*
  *(*b*) "Templo dórico" e detalhes dóricos (**36, 67** n. 21-Cap. V). [**36** n. 22-Cap. III, Cap. V (n.c.)]
    Ver as obras de âmbito geral relacionadas a 416, em especial:
    Dörpfeld, W. *In Schliemann Tiryns,* 1886, 293.
    Frickenhaus, A. *Tyrins.* I. Atenas, 1912.
    Rodenwaldt, G. *J.D.A.I.* XXXIV, 1919, 93 n. 2.
    Blegen, C. W. *Korakou.* Boston e Nova York, 1921, 130.
Tiro (=*Araq al-Amir*), *v. Síria,* 444.
Tisdro (=*Al-Jam*), *v. África Romana,* 418.

Tívoli, v. *Tibur*.
Trèves, v. *Augusta Treverorum*.
Trier, v. *Augusta Treverorum*.
Trípoli, v. *África Romana*, 418.
Tugga (=*Duqqa*), v. *África Romana*, 418.
Umm az-Zaitun, v. *Síria*, 444.
Vazi Sarra (=*Henchir-Bez*), v. *África Romana*, 418.
Veii, v. *Etrúria*, 431.
Viena (=*Viene*) (Templo de Augusto e Lívia, **214**, 401).
   Formigé, J. *R.A.* 5ᵉ sér. XXI, 1925, 153.
Volci (=*Vulci*), v. *Etrúria*, 431.
Volsini (=*Orvieto*, provavelmente), v. *Etrúria*, 430.
Vrúlia, v. *Rodes*, 438.
Vulci, v. *Volci* s.v. *Etrúria*, 431.
Vuni, v. *Chipre*, 425.
Xantós, v. *Ásia Menor*, 421.

APÊNDICE III
Glossário selecionado de termos arquitetônicos

NOTA: – A presente listagem restringe-se principal, mas não inteiramente, aos termos empregados neste livro, com seus equivalentes antigos. Não há o menor intuito de relacionar todos os termos técnicos conhecidos a partir de autores ou inscrições antigas.

    A cada termo moderno seguem-se, entre parêntesis, seus equivalentes latinos e gregos. Um óbelo (†) antecede os vocábulos gregos *cuja exata correspondência da acepção moderna* não pode ser confirmada pelas fontes antigas, os vocábulos que carecem *por completo* de fundamentação direta em fontes antigas, mas que permitem ser razoavelmente deduzidos por meio de uma estreita analogia a partir de termos autênticos; e os termos gregos conhecidos unicamente a partir de autores latinos ou transcrições latinas. Quando o vocábulo latino é idêntico ao termo moderno a letra (L) substitui a repetição da palavra.

LISTAGEM GERAL

ÁBACO (*abacus*; †ἄβαξ). Ver **42**, **46**. Vitrúvio, a única fonte autorizada afora os glossógrafos, restringe o termo ábaco aos capitéis jônicos e coríntios, e designa plinto o "ábaco" dórico.

ABÓBADA (*camera* ou *camara, arcus, fornix*; καμάρα, ἁψίς, ψαλίς). Cobertura ou teto de tijolo ou pedra sustentada com base no princípio do arco (*q.v.*), ou cobertura de forma similar construída com uma massa de concreto. Os principais tipos antigos são a abóbada cilíndrica, na forma de um semicilindro, a abóbada de aresta, formada pela interseção de duas abóbadas cilíndricas, e a cúpula e a meia-cúpula. Ver **231** ss. Também se podem encontrar "falsas abóbadas", com base no princípio da misulagem, por exemplo em túmulos etruscos. À exceção de *camera* e καμάρα, os termos antigos também podem significar "arco".

448   ARQUITETURA GREGA E ROMANA

ABÓBADA DE ARESTA. Ver **240**. A interseção de duas abóbadas cilíndricas. Ver também ARESTA e ABÓBADA.

ABÓBADA CILÍNDRICA. Ver ABÓBADA.

ABSIDE (*apsis*, sobretudo tardiamente; o grego ἁψίς, lit. "roda", é empregado para designar arcos e abóbadas e as arquibancadas recurvas de um teatro). Um recesso curvo, geralmente semicircular, projetando-se de ou em substituição a uma das paredes retas de uma construção.

ACANTO (*acantus*; ἄκανθα). Ver **135**.

ACROTÉRIO (*acroterium*; ἀκρωτήριον). Ver **49**. Os blocos do pedestal onde se apoiavam são chamados βάθρα. O termo fastígio por vezes é sinônimo de "acrotério", especialmente na História Natural de Plínio.

ADELGAMENTO (*contractura*). Ver **41**.

ADIECTIO. Ver ÊNTASE.

ÁDITO (*adytum*; ἄδυτον). Santuário recôndito, sacrário. O termo é aplicado pelos autores contemporâneos, geralmente em sua forma grega, sobretudo para se referirem a uma dependência interna com acesso a partir da cela de um templo. Ver **39**.

ADUELA (*cuneus*). Pedra em forma de cunha empregada na construção de um arco. A aduela central recebe o nome de "pedra-chave" (ὀμφαλός em [Aristóteles], Do Mundo 399 B 30, obra supostamente datada de c. 100 d.C.).

ÁGORA (*fórum*; ἀγορά). Espaço aberto em uma cidade grega ou romana que funciona como praça do mercado e local de encontro; a ágora ou fórum era normalmente circundada, ou parcialmente circundada, por pórticos, sobretudo nos períodos helenístico e romano. Existem diferenças entre os tipos grego e romano e o mais prudente é não intercambiar as designações.

ALA (L.). (*a*) Ver **199**. (*b*) Ver **303**.

ALBARIUM. Ver ESTUQUE.

ANÁCTORON (ἀνάκτορον). Construção sagrada ou uma parte especialmente sacra de tal edifício; utilizada principalmente no contexto dos Mistérios. Ver **171** sobre o anáctoron do Telestério de Elêusis.

ANATIROSE (†ἀναθύρωσις; o verbo ἀναθυροῦν é empregado nesse sentido nas inscrições). Ver **42**.

ANCON. Ver CONSOLO.

ANDROCEU (*andronitis*; ἀνδρωνῖτις) = ANDRON (*a*), ou, em sentido mais amplo, "dependências masculinas."

ANDRON (L; ἀνδρών). (*a*) em grego, dependência de uma casa reservada aos homens, em especial uma sala de refeições; (*b*) em latim, ver **306**. Vitrúvio (VI, 7, 5) expressa surpresa ante a acepção latina.

ANFIDISTILO, *anfiprostilo* etc. Nessa família de termos compostos o prefixo *anfi-* implica que a mesma forma é utilizada na parte anterior e posterior. Vitrúvio usa o termo *amfiprostylos* (†ἀμφιπρόστυλος).

ANFITEATRO (*amphiteatrum*; ἀμφιθέατρον). Ver **283**.

ANTA (L; παραστάς, que também significa "pilastra" de modo geral, ou "jamba". Ver **39**. A designação grega para *in antis*, segundo Vitrúvio, era †ἐν παραστάσιν.

ANTEFIXA (*antefixum*) Ver **49**. As telhas de junção que terminam em antefixas pa-

APÊNDICE III 449

recem ser descritas em inscrições atenienses como καλυπτῆρες ἀνθεμωτοί (lit. "telhas de junção ornadas com motivos florais"). Plínio, *N.H.* XXXV, 152, afirma que Butade de Sícion *primus personas tegularum extremis imbricibus imposuit* – "foi o primeiro a colocar máscaras nas extremidades das telhas de junção" – numa clara referência às antefixas.

ANTEMION (ἀνθέμιον). Faixa de ornamento floral, normalmente lótus (*q.v.*) alternado com palmetas (*q.v.*).

ANTEPAGMENTUM. Ver JAMBA e **197**.

ANTITEMA (ἀντίθημα ou ἀντίθεμα: as inscrições do século V a.C. não fazem distinção entre ε e η mas nas inscrições posteriores lê-se ἀντίθεμα; não existe nenhum testemunho literário). Ver **43**; o termo é utilizado para designar a parte posterior, e.g. de degraus, bem como o da arquitrave e do friso. Nas inscrições, o termo via de regra figura no plural (ἀντιθέματα = os blocos que formam a parte posterior); nas inscrições do Erecteu, tais blocos são designados por ἀντίμοροι (*sc.* λίθοι ou πλίνθοι).

APODITÉRIO (*apodyterium*; ἀποδυτήριον, ἀπόθεσις). Ver **243**.

APÓFIGE (os termos empregados por Vitrúvio são *apophysis*: † ἀπόφυσις e *apothesis* † ἀπόθεσις. O vocábulo moderno parece uma corruptela de *apophysis*). Ver **46**.

APÓFISE. Ver APÓFIGE.

APÓTESE. (*a*) Ver APODITÉRIO. (*b*) Ver APÓFIGE.

APSIS. Ver ABSIDE.

ARCO (*arcus*, *fornix*; ἀψίς, ψαλίς. Os termos gregos e latinos também são aplicados a abóbadas (*q.v.*)). Uma série de pedras ou tijolos dispostos lado a lado com suas juntas em posição radiante de maneira tal que lhes permita sustentar uma à outra e também uma carga sobreposta, cobrindo, ao mesmo tempo, um vão muito largo para ser coberto por qualquer uma delas isoladamente. Normalmente os arcos cobrem uma abertura em uma parede ou o espaço livre entre dois apoios isolados, mas também podem ser embutidos em paredes como arcos de "descarga" ou "alívio", a fim de desviar a pressão de arcos ou lintéis em um ponto inferior. Ver **231** ss., e ver **293** ss. sobre arcos "triunfais"; ver também ADUELA.

ARCO DE DESCARGA. Ver ARCO.

ARCUS. Ver ARCO.

AREOSTILO (*araeostylos*; † ἀραιόστυλος). Ver **154**.

ARESTA. O bordo ou canto vivo resultante da interseção de duas abóbadas.

ARQUITRAVE (*epistylium*; ἐπιστύλιον). Ver **43**. Vitrúvio designa *trabes compactiles* as arquitraves de madeira dos templos toscanos. Ver **196**.

ASSER. Ver COBERTURA.

ASTRÁGALO (*astragalus*; ἀστράγαλος). Ver **38**. Nas inscrições gregas, as molduras boleadas por vezes recebem o nome de ἀστράγαλοι, mesmo antes de serem entalhadas com o motivo de contas de rosário, embora a designação (= "falanges") sugira esse ornamento. Nas inscrições do Erecteu esse tipo de astrágalo inacabado é chamado ἀργοί ("não-trabalhado"). Ver também GOLA e GOLA LÉSBIA.

450   ARQUITETURA GREGA E ROMANA

Ático (adjetivo); (*atticurges*, †Ἀττικουργής). Ver **46** sobre o tipo ático de base de coluna jônica; também aplicado por Vitrúvio (IV, 6, 6) para designar um determinado tipo de porta.

Ático (substantivo): (*a*) Pavimento acima da cornija principal, e.g. em arcos "triunfais" (ver **294**). (*b*) Por extensão, nas residências particulares, o último pavimento abaixo do telhado ou um ambiente de tal pavimento. Nenhuma das acepções é confirmada por fontes da antigüidade.

Aticurgo, *v.s.* Ático (adjetivo).

Atlantes (ἄτλαντες). Figuras masculinas utilizadas como suportes arquitetônicos; esse era o termo grego, substituído pelos romanos, segundo Vitrúvio (VI, 7, 6), por *télamons*. Há indícios de que Télamon fosse uma denominação alternativa de Atlas, o que sustentava o céu.

Átrio (*atrium*). Ver **302**.

Balteu (*balteus*). Faixa entalhada que normalmente circunda o pulvino (*q.v.*) do capitel jônico, parecendo comprimi-lo; representado na Fig. 51.

Banhos (*balneae*, plural irregular de *balneum*, que é raro; βαλανεῖον, mais comum no plural, βαλανεῖα). Ver **243** etc., e ver também Termas.

Base (*basis* e βάσις significam "base", "suporte", "pedestal" e elementos congêneres, por vezes vagamente "pé", mas raramente, se não jamais, "base de coluna": a base circular da coluna jônica e coríntia é denominada espira (*spira*, σπεῖρα); o termo Base pode restringir-se a uma simples moldura tipo toro mas pode também estender-se de modo a incluir um plinto quadrado sob a base propriamente dita; também pode ser aplicado à base de uma anta ou a seu prolongamento como uma base de parede). Ver **46**.

Basílica (L; †βασιλική). Ver **267**. Não existem casos claros do uso de βασιλική ou βασιλικὴ στοά para designar uma basílica antes do período romano.

Beiral. A aba projetada de um telhado em declive.

Bico de falcão. Ver **37**.

Bipedales (L.). Ver **235**.

Bouleutério (βουλευτήριον). Local de reunião da βουλή ou senado em uma cidade grega. Ver **174**, n. 17-Cap. XI, **179**.

Bucrânio (*bucranium*; †βουκράνιον, βουκεφάλιον). Cabeça ou caveira de boi em relevo utilizada como motivo decorativo, freqüentemente combinada com guirlandas ou alternando-se com rosetas ou *phialai* (pequenos frascos). Ver **210**.

Caementicium. Ver Concreto.

Caibro. Ver Cobertura.

Caixotão (*lacunar*, *laquear*; φάτνωμα). Os tetos planos, quer em pedra ou madeira, normalmente eram construídos pelo método de se instalar pequenas vigas que interceptavam as vigas principais em ângulos retos e de revestir as aberturas quadradas assim formadas com estruturas quadradas vedadas com tampos planos. Na inscrição que descreve o teto de madeira da Cela Leste do Erecteu as vigas principais são designadas σελίδες, a armação de pequenas vigas, κλιμακίς (lit. "escada"), as estruturas quadradas, πλαίσια e os tampos, καλύμματα no mesmo sentido figuram os termos κλιμακίς e πλαίσιον em uma inscrição délia. Os tetos de pedra dos pórticos do Erecteu estão ilustrados nas Figs. 54 e 56.

CALDÁRIO (*caldarium*). Ver **243**.

CÂMARA ou CÂMERA. Ver ABÓBADA.

CANAL (*canalis*). Ver **46**.

CANALIS (L.). Ver CANAL.

CANELURA (*stria*; †ράβδος, sugerido por ῥάβδωσις, "canelamento", ῥαβδωτός, e ἀ(ρ)ράβδωτος, "canelado" e "não-canelado"). Ver **41** etc. O canelamento horizontal do toro da base jônica, designado pelos mesmos termos gregos nas inscrições, recebe por vezes o nome de "junco". Ver também MOLDURA DE PREENCHIMENTO.

CANTARIA (*opus quadratum*; os blocos são denominados *saxa quadrata* em latim e em grego πλίνθοι, lit. "tijolos", ou πλινθίδες). Blocos retangulares de pedra lavrada ou peça de alvenaria formada por tais blocos.

CANTÉRIO (*cantherius*; κανθήλιος encontrado em inscrições áticas; o equivalente grego usual é σφηκίσκος. Um caibro. Ver **197** e ver também COBERTURA.

CANTO VIVO. O bordo pronunciado formado pelo contato angular de duas superfícies planas ou curvas; termo empregado principalmente para designar o encontro de duas caneluras dóricas (ver **41**).

CAPITEL (*capitulum*; ἐπίνκρανον, κιόκρανον). Ver **42**, **46**, **139** etc.; ἐπίκρανον também pode ser equivalente a ἐπικρανῖτις, sobre o qual ver EPICRANITE.

CAPITULUM. Ver CAPITEL.

CAPREOLI. Ver COBERTURA.

CARDO (L.). Ver **191**.

CARIÁTIDE (*caryatides* [plural], Vitrúvio: καρυάτιδες. As cariátides do Erecteu são chamadas κόραι nas inscrições do edifício, mas a palavra, nessa ou numa acepção muito semelhante, remonta ao século IV a.C.; ver Ateneu, VI, 241 e). Ver **100**.

CAULÍCULO (*cauliculus*). Ver **140**, **144** etc.

CAVEA (L; *theatrum* e θέατρον são igualmente empregados para designar "auditório", bem como na acepção mais ampla de "teatro"; nenhum outro termo grego parece ter fonte idônea. Ver **271**.

CAVÉDIO. Ver CAVUM AEDIUM.

CAVILHA (*subscus*; γόμφος, πόλος; ἧλος normalmente significa antes "prego", "cravo", mas todos esses termos gregos possuem uma variedade de acepções). Ver **4**, **42**.

CAVILHA DE MADEIRA. Ver GOTAS.

CAVUM AEDIUM (L, também *cavaedium*). Ver **302**.

CELA (*cella*; ναός corresponde aos vocábulos áticos νεώς e σηκός; os termos gregos via de regra não se restringem à acepção mais limitada de "cela", embora o termo "naos" seja, com freqüência, utilizado nesse sentido pelos autores contemporâneos). Ver **39**.

CIMA (κῦμα, muito raro nesse sentido, exceto no diminutivo, κυμάτιον; ver em GOLA LÉSBIA). Ver **37** n. 4, Cap. IV (n.c.).

CIMBRE, CÍMBRIO OU CAMBOTA. Estrutura temporária, normalmente de madeira, instalada abaixo de arcos, abóbadas e cúpulas para dar sustentação a estes durante sua construção.

CIMENTO (*caementum*). Ver **232**. Por vezes livremente empregado por autores antigos no sentido de "concreto", *q.v.* Também adotado na forma feminina, *caementa*.

COBERTURA. As coberturas antigas, de cujas formas dispomos de testemunhos, normalmente diferem de tal modo das formas modernas habituais que é aconselhável evitar o uso de expressões técnicas como "pendural (da tesoura)", "terça" etc. As inscrições gregas fornecem uma série de termos técnicos, incluindo μεσόμναι "principais travessas horizontais", κορυφαῖα "cumeeiras" (provavelmente), σφηκίσκοι ou δοκίδες "caibros inclinados", ἐπιβλῆτες, στρωτῆρες ou ἱμάντες "ripas ou pranchas assentadas tranversalmente aos caibros", καλύμματα "revestimento de madeira sob as telhas ou sob a base de argila em que repousavam as telhas". O grau de elaboração e o significado exato dos termos parecem ter sofrido variações, uma vez que encontramos armações de coberturas formadas por (*a*) σφηκίσκοι, ἱμάντες, καλύμματα, telhas; (*b*) δοκίδες, ἐπιβλῆτες, ἱμάντες, telhas; (*c*) σφηκίσκοι, ἱμάντες, telhas. Ver Stevens e Paton, *The Erechtheum*, 1927, p. 368, e também **182** e Fig. 82 do presente livro. Sobre coberturas etruscas, ver **196** e Fig. 89. De modo geral, as equações *columen* = κορυφαῖον, *cantherius* = σφηκίσκος, *templum* = ἱμάς, *asser* = κάλυμμα podem ser aceitas como corretas; a expressão na qual se supõe que Vitrúvio descreve a armação triangular auto-suportante é *transtra et capreoli* (IV, 2, 1) ou *transtra cum capreolis* (V, 1, 9). Na inscrição de Puteoli (ver 437), as telhas assentam em *opercula*, que assentam em *asseres*, que assentam em *trabiculae*, que assentam em *mutuli*.

COLARINHO ou HIPOTRAQUÉLIO. (*hypotrachelium*; αὐχήν, ὑποτραχήλιον). A parte mais elevada do fuste de uma coluna, imediatamente abaixo do capitel, quando diferenciada do restante pela ausência de caneluras ou pela presença de ranhuras ou de uma moldura convexa como limite inferior; freqüentemente ornada com motivos entalhados. Ver **98** etc.

COLARINHO SULCADO. Ver **44**.

COLUMEN. Ver **197** e também COBERTURA.

COLUNA (*columna*; κίων, στῦλος). Ver **5**, **41** ss., **64** etc. As designações latina, inglesa e portuguesa não se aplicam aos suportes de seção quadrada ou retangular, que recebem o nome de pilares, *q.v.*, mas, aparentemente, κίων e στῦλος teriam um caráter de ambigüidade.

COLUNAS EMBUTIDAS. Colunas de tal modo encaixadas na parede que parte de seu diâmetro (normalmente entre um quarto e metade) é suprimido pela face da parede. Os pilares retangulares embutidos de maneira semelhante recebem o nome de "pilastras".

COLUNATA (*pórticus*; στοά). (*a*) Fileira de colunas que sustentam um entablamento. (*b*) Edifício de acesso amplo cuja cobertura é sustentada por uma ou mais fileiras de colunas, uma das quais, no mínimo, normalmente substitui uma das principais paredes externas, à maneira de um claustro. Os termos pórticus e στοά também podem significar "pórtico".

COMPACTILIS (L.). "Afixado conjuntamente"; sobre *trabes compactiles* ver **196**.

COMPLÚVIO (*compluvium*). Ver **304**. Plauto *Mil. Glor.* 287 usa *impluvium* (*q.v.*) para se referir à abertura no telhado, normalmente denominada *compluvium*.

COMPÓSITO. Ver **222**.

CONCRETO (*structura caementicia, structura, opus structile, caementicium*). Ver **232**; vez por outra os autores romanos empregam livremente o termo *caementum* (*q.v.*) para se referir a "concreto".

CONSOLO (*ancon, parotis*; † ἀγκών, †παρωτίς, οὖς). Ver **100**. Os consolos horizontais abaixo de uma cornija (ver **214, 225**) são chamados "modilhões"; um termo pouco mais genérico para designar um suporte ou braço de pedra ou madeira em projeção é "mísula".

CONTRACTURA. Ver ADELGAMENTO.

CORÍNTIO (*corinthius*; Κορίνθιος). (*a*) Capitel, ver **139** ss. (*b*) Cavédio, ver **302, 304**. (*c*) Friso, ver **390**.

CORNIJA (*corona, q.v.*, também usado em sentido mais estreito; γεῖσον). Ver **43, 47**. As cornijas "inclinadas" ou oblíquas acima dos frontões, ou os blocos que as compõem, são chamadas nas inscrições γεῖσα ἐπὶ τοὺς ἀιετούς, γεῖσα καταιέτια. Na inscrição referente ao pórtico dórico de Filo em Elêusis (ver **174**) os blocos das cornijas horizontal e inclinada são distinguidos como γεῖσα Δωρικά e γεῖσα Ἰωνικά, presumivelmente porque a cornija inclinada é desprovida de mútulos. (I.G. II5, 1054 b/c).

CORNIJA INCLINADA. Ver CORNIJA.

CORNIJA, revestimento. Ver **68**.

COROA (*corona*). Ver **43, 47**. Em latim, o termo *corona* designa quer a cornija como um todo, quer (como na acepção moderna) unicamente seu elemento projetado.

CRÉPIDO. Ver CREPIDOMA.

CREPIDOMA (*crepido*; κρηπίδωμα, κρηπίς). Ver **41**. Em grego esses termos normalmente se restringiam ao bordo externo, em degraus, da plataforma de um templo, cujo restante era denominado στρῶμα em Atenas e στοιβά no Peloponeso.

CRÉPIS. Ver CREPIDOMA.

CRIPTA (*crypta*; κρυπτή). Ver CRIPTOPÓRTICO.

CRIPTOPÓRTICO (*cryptoporticus*) Corredor subterrâneo abobadado. *Crypta* (κρυπτή) tem um sentido semelhante porém mais amplo.

CUNEU (*cuneus*; κερκίς). (*a*) Um dos setores em forma de cunha da platéia de um teatro ou anfiteatro, delimitada por degraus e passagens horizontais. (*b*) Uma aduela. (*q.v.*) Não há comprovação do uso de κερκίς no sentido (*b*).

CÚPULA (*hemisphaerium*, Vitrúvio; †ἡμισφαίριον; aparentemente, não havia nenhum termo antigo estabelecido, sendo as cúpulas normalmente descritas através de expressões perifrásticas).

Abóbada que converge para o alto e para dentro em direção a um centro único, tendo por base um anel de alvenaria, comumente circular mas por vezes elíptico ou poligonal, situado normal mas não necessariamente a uma determinada altura do piso. Na nomeclatura estrita, o termo "cúpula" por vezes se restringe às abóbadas desse tipo quando construídas de blocos, as juntas entre os quais irradiam-se de um ou mais centros segundo o princípio do arco, sendo aquelas construídas segundo algum outro princípio, como o da "misulagem" (*q.v.*) denominadas "falsas cúpulas"; a denominação, todavia, jamais é negada às cúpulas de concreto, muito embora sejam estas, com efeito, sólidas massas homogêneas.

CÚRIA (L). Ver **271**.

DADO. A porção inferior de uma parede quando nitidamente diferenciada da porção superior, por exemplo pelo uso de painéis ou molduras na parte superior e inferior, como aqueles de um pedestal.

DECASTILO (*decastylos*; †δεκάστυλος). Com dez colunas em uma linha; termo empregado especialmente para designar um templo períptero com dez colunas nas partes frontal e posterior. (e.g. Fig. 66).

DECUMANO (decumanus). Ver **191**.

DENTÍCULO (*denticulus*). Ver **47**. Os autores modernos por vezes dão γεισήποδες e γεισηπόδισμα como equivalentes gregos de "dentículos", mas, de acordo com Pólux (I, 81), γεισιποδίσματα são pavimentos superiores projetados e γεισίποδες as vigas que os sustentam, sendo que nas inscrições (que apresentam a grafia correta, com η) os termos se restringem às extremidades de vigas e cornijas de madeira, ou outros elementos semelhantes por elas sustentados. Ver também MÉTOPA.

DESPLUVIADO (*cavum aedium displuviatum*). Ver **302**, **304**.

DIÁSTILO (*diastylos*; †διάστυλος). Ver **154**.

DIAZOMA (L.; διάζωμα). Passagem horizontal que separa os setores da arquibancada de um teatro ou anfiteatro.

DÍPTERO (*dipteros*; †δίπτερος).Com um duplo pteroma ou colunata externa; ver **72** n. 8-Cap. VI.

DÍSTILO (*distylos*; †δίστυλος). Provido de duas colunas; mais habitualmente empregado com referência aos pórticos "distilos *in antis*" (*v.s.* ANTA).

DODECÁSTILO (*dodecastylos*; †δωδεκάστυλος). Com doze colunas em uma linha. Ver DECASTILO.

DÓRICO (*doricus*; Δωρικός). Ver **39** ss. etc. É duvidoso o significado de *cymatium doricum* em Vitrúvio IV, 6, 2. Ver também CORNIJA, FRISO.

ECLESIASTÉRIO (ἐκκλησιαστήριον). Sala de reuniões da ἐκκλησία ou assembléia soberana de uma cidade grega. Ver **176**. Vitrúvio define o ἐκκλησιαστήριον como *minusculum theatrum*, "um teatro minúsculo" (VII, 5, 5).

ECO (*oecus*; οἶκος). Ver **302**. O termo grego possui diversos significados, incluindo "morada" e "templo", mas a partir de Homero designa, com freqüência, um cômodo; Vitrúvio e os autores gregos posteriores adotam-no em um sentido técnico para se referir a cômodos de residências particulares especialmente espaçosos e importantes. O οἶκος dos Naxianos (ver 384) tem sentido obscuro.

EMPÓLIO (ἐμπόλιον). Ver **42**.

ENEÁSTILO (†*enneastylos*; †ἐννεάστυλος). Com nove colunas em uma linha. Ver DECASTILO.

ENTABLAMENTO. Ver **37** e n. 1-Cap. IV. Não há nenhum termo abrangente, grego ou latino.

APÊNDICE III 455

ÊNTASE (*adiectio quae adictur in mediis columnis*; Vitrúvio, III, 3, 13; †ἔντασις, *ibid.*) Ver **116**. As palavras de Vitrúvio sugerem o tipo romano em "forma de charuto" (ver **116**), mas quando se trata de descrevê-la, ele remete o leitor a um diagrama, hoje perdido.

EPICRANITE (ἐπικρανῖτις, *s.c.* πλίνθος ou λίθος, ἐπίκρανον). Ver **48**, **50**.

EPISTÍLIO. Ver ARQUITRAVE.

EQUINO (*echinus*; ἐχῖνος). Ver **42**, **46**. O termo *echinus* não é aplicado por Vitrúvio à gola do capitel jônico, como é o caso no presente livro. Em grego, é encontrada somente nos lexicógrafos e de maneira ambígua. A faixa plana com aberturas entalhadas na parte inferior do equino dórico (ver **42**) é chamada *annuli* ("anéis") por Vitrúvio.

ESCÓCIA (*scotia*; †σκοτία, †τροχίλος). Ver **46**. Vitrúvio (III, 5, 2) diz *scotia quam Graeci* τροχίλον *dicunt*.

ESPIRA (*spira*; σπεῖρα) Ver BASE, TORO.

ESTÁDIO (*stadium*; στάδιον). Ver **185**.

ESTEREÓBATA (*stereobata*; †στερεοβάτης). Vitrúvio (III, 4, 1) define *stereobatae* como as paredes situadas abaixo das colunas acima do nível do solo; aparentemente ele trata o *estilóbato* (*stylobata*; στυλοβάτης), o nível do piso sobre a qual assentam efetivamente as colunas, como um elemento separado, acima da estereóbata. Possivelmente estivesse pensando no pódio dos templos romanos. Os autores modernos empregam o termo com acepções variadas, e o mais prudente é evitá-lo.

ESTILÓBATO. Ver ESTEREÓBATA, e também **41**.

ESTRIA. Ver CANELURA.

ESTUQUE (*opus albarium* ou *tectorium*; κονία, κονίαμα). Revestimento aplicado ao tijolo seco ao sol, pedra bruta, armações leves de madeira etc. O estuque mais fino era feito de mármore em pó, mas havia numerosas variedades. Ver especialmente Vitrúvio, VII, 2, 1-7.

EUSTILO (*eustylos*; †εὔστυλος). Ver **154**.

EUTINTÉRIO (εὐθυντηρία). Ver **41**.

ÊXEDRA (L.; ἐξέδρα). (*a*) Recesso aberto destinado a reuniões, normalmente provido de bancos de pedra; pode ter planta retangular ou curvilínea. (*b*) Uma arquibancada. Os termos antigos têm um espectro algo mais amplo de acepções do que o habitual na linguagem contemporânea.

EXTRADORSO. Superfície superior de um arco ou abóbada.

FAIXA (*fascia*). Ver **47**.

FASTÍGIO. Ver ACROTÉRIO e FRONTÃO.

FAUCE (*fauces*). Ver **303** e Fig. 126. O significado de *fauces* aqui apresentado é aquele advogado por A. Mau e outros, mas são ambíguas as palavras de Vitrúvio (VI, 3, 6), que talvez designe por *fauces* a passagem abaixo do *tablinum*, normalmente hoje denominada *andron*, *q.v.* As casas romanas de grande porte têm, por vezes, a porta da frente embutida em uma abertura: em casos assim, o espaço externo à porta era denominado *uestibulum* (*q.v.*), o interno *prothyra*, segundo Vitrúvio, VI, 7, 5, que iguala o πρόθυρα grego à *ante ianuas uestibula* romana e o †διάθυρα grego (em seu único registro)

456 ARQUITETURA GREGA E ROMANA

à *prothyra* romana. No linguajar latino comum tanto *fauces* como *uestibulum* são adotados livremente em uma variedade de sentidos.

FILETE, LISTEL (*quadra*; ταινία). Estreita faixa em relevo, de perfil reto. Ver **37**. A fonte que menciona a ταινια refere-se apenas a trabalhos em madeira. Ver também TÊNIA.

FOLHA-E-DARDO. Ver **38** e também GOLA.

FORNIX. Ver ARCO, ABÓBADA.

FÓRUM. Ver ÁGORA.

FRIGIDÁRIO (*frigidarium*). Ver **243**.

FRISO. (*a*) Dórico. (Nenhum termo latino específico; o grego τρίγλυφος, pl. τρίγλυφα, significa (i) um tríglifo, (ii) um friso dórico de tríglifos e métopas.) Ver **43**. (*b*) Jônico e Coríntio (*zophorus*; †ζωοφόρος, εἰδοφόρο, κοσμοφόρο. As inscrições do Erecteu não contêm nenhuma palavra específica para designar "friso", mas a expressão ὁ Ἐλευσινιακὸς λίθος πρὸς ᾧ τὰ ζῷα ("o calcário (preto) de Elêusis que serve de fundo para as figuras"), está relacionada a ele (ver **134**) e é coerente com o termo ζωοφόρος sugerido pelo termo *zophorus*, empregado por Vitrúvio). Ver **74** ss.

FRONTÃO (*fastigium*; ἀ(ι)ετός, α(ἀ)έτωμα). Ver **48**. Os termos antigos também podem significar, genericamente, "telhado de duas águas"; *fastígio* também pode ter significado de "acrotério", enquanto αἰετός pode significar *tímpano*, *q.v.*; as estátuas que adornavam frontões eram chamadas τὰ ἐναιέτια. Ver também PTEROMA.

FUNDAÇÕES (*fundamentum*; θεμέλιον; ambos freqüentemente no plural). A subestrutura enterrada sobre a qual repousam as partes visíveis de uma construção.

GEISON. Ver CORNIJA.

GILOCHÊ. Ver GUILHOCHÊ.

GINÁSIO (*gymnasium*; γυμνάσιον). Ver **185** e também PALESTRA.

GINECEU (*gynaeconitis*; γυναικωνῖτις). Ver **297**.

GOLA (*cymatium*, também na forma *cumatium*; κυμάτιον). Uma moldura: termo adotado por Vitrúvio e vários autores contemporâneos, sobretudo com referência ao "equino" do capitel jônico. Nas inscrições (e.g. aquelas do Erecteu), κυμάτιον é empregado tanto com referência ao óvalo, como à gola reversa, e esses κυμάτια são considerados não-trabalhados (ἀργά) até serem entalhados respectivamente com os motivos do óvalo-e-dardo e o da folha-e-dardo. Ver também GOLA LÉSBIA.

GOLA LÉSBIA (*cymatium Lesbium*, Vitrúvio, IV, 6, 2; λέσβιον κῦμα, Ésquilo Fr. 73; Nauck; mas há dúvidas quanto ao significado exato em qualquer uma das passagens). A moldura em gola reversa; ver **37** e n. 4-Cap. IV. Na mesma passagem, Vitrúvio adota a obscura expressão *astragalus Lesbius*.

GOTAS (*guttae*). Ver **43**. Também chamadas "cavilhas".

GRAMPO (*securicula*; πελεκῖνος; ambas as palavras sugerem estritamente o tipo "cauda de andorinha"; entre os termos de acepção mais geral estão δεσμός (plural δεσμά) e δέμα). Ver **4**, **42**.

GUILHOCHÊ. Ornato composto por duas ou mais faixas entrelaçadas com espaços circulares vazios no centro; também chamado "gilochê". Ver exemplo na Fig. 96.

HÉLICE (*helix*; ἕλιξ). Uma espiral. Vitrúvio utiliza o termo apenas com referência às espirais internas do capitel coríntio, denominando suas espirais externas *uolutae*, que também é o termo por ele empregado para designar as volutas do capitel jônico. Calíxeno, citado por Ateneu (V, 206 b), também adota ἕλι-κες com referência às espirais do capitel coríntio.

HEMICICLO (*hemicyclus*, *hemicyclum*; ἡμίκυκλον, ἡμικύκλιον). Recesso semicircular; nos autores modernos, embora não nos antigos, normalmente limitado a recessos, como aqueles do Fórum de Trajano (**292**), por demais espaçosos para serem chamados *êxedras* (*q.v.*)

HEMISFÉRIO. Ver CÚPULA.

HEPTASTILO (†*heptastylos*; †ἑπτάστυλος). Com sete colunas em uma linha. Ver DECASTILO.

HÉRON (*heroum*; ἡρῷον). Santuário ou capela dedicada a um morto deificado ou semideificado.

HEXASTILO (*hexastylos*; †ἑξάστυλος). Com seis colunas em uma linha. Ver DECASTILO.

HIPERTHYRUM. Ver LINTEL.

HÍPETRO (*hypaethros*; ὕπαιθρος). A céu aberto, sem cobertura.

HIPÓDROMO (*hippodromos*; ἱππόδρομος). Ver **185**.

HIPOTRAQUÉLIO. Ver COLARINHO.

IMBREX. Ver TELHA DE JUNÇÃO.

IMPLÚVIO (*impluvium*). Ver **304** e COMPLÚVIO.

IMPOSTA. Qualquer estrutura sólida que recebe o empuxo de um arco ou abóbada.

INTERAXIAL. Medidas "interaxiais" são aquelas de centro para centro, e.g. de colunas adjacentes, e não de superfície para superfície, como nas medidas "intercolunares". Ver **154**.

INTERCOLUNAR. Ver INTERAXIAL.

INTERCOLÚNIO (*intercolumnium*; μετακιόνιον, μεταστύλιον). O espaço "intercolunar" entre duas colunas adjacentes.

INTERSECTIO. Ver MÉTOPA.

INTRADORSO. A superfície inferior de um arco ou abóbada.

JAMBA (*antepagmentum*, *postis*; σταθμός, pl. σταθμοί, ou σταθμά, παραστάς, que também significa "anta" ou "pilastra"). O elemento lateral da armação de uma porta ou janela; *antepagmentum*, que na verdade significa "revestimento" é empregado com relação a suportes menos sólidos do que *postis*.

JÔNICO (*Ionicus*; Ἰωνικός). Ver **45** ss. etc., e também CORNIJA, FRISO.

JUNCO. Ver CANELURA.

K. Os termos derivados de palavras gregas iniciadas com K devem ser procurados na letra C.

LACÔNICO (*Laconicum*; †Λακωνικόν). Ver **243**.

LACUNAR. Ver CAIXOTÃO.

LAQUEAR. Ver CAIXOTÃO.

LATER. Ver TIJOLO.

LIMEN. Ver LINTEL.

LINTEL (*supercilium*, *limen*, que também significa "limiar"; onde existe ambigüidade, *limen superum*; ὑπερπόναιον, ὑπέρθυρον. Em Vitrúvio IV, 6, *hyperthyrum* é um friso que corre entre o lintel de uma porta e uma cornija mais elevada). Peça única de madeira ou pedra disposta horizontalmente acima de uma porta, janela, ou outra abertura em uma parede, para sustentar a carga sobreposta.

LÓTUS. Motivo ornamental favorito entre os gregos, normalmente combinado com a palmeta. Podemos ver flores de lótus em alternância com botões de lótus no colarinho arcaico na Fig. 45 e lótus em alternância com palmetas na sima e na face inferior da cornija do Tesouro de Massália (?), Fig. 46.

MÁRMORE (*marmor*, λίθος). Calcário cristalino. No linguajar arquitetônico grego a palavra λίθος, sem epíteto, normalmente significa "mármore", muito embora possa ser aplicada a todo tipo de pedras. Os nomes dos mármores particularmente preferidos pelos romanos, como "cipollino", não aparecem no presente livro sem a explicação de seu significado.

MEANDRO (μαίανδρος). Padrão chave; ver um exemplo na Fig. 96.

MÉGARON (μέγαρον). Sobre o uso moderno convencional, ver **20**. Em Homero, provavelmente μέγαρον significa "grande sala", mas tem diversos outros significados no idioma grego posterior, inclusive "templo", "santuário interno" e "caverna subterrânea."

MEIA-COLUNA. Pilastra ou pilar embutido em uma parede, que sustenta uma das extremidades de uma arquitrave ou arco, sendo a outra sustentada por um suporte, via de regra livre, que não faz parte da mesma parede.

MENIANO (*maenianum*; δρύφακτος, que também significa "treliça"; τὰ ὑπερέχοντα τῶν ὑπερῴων "as partes projetadas dos ambientes superiores"). Balcão ou pavimento superior projetado. Termo também adotado para designar as arquibancadas de um anfiteatro; ver **286**.

MÉTOPA (*metope*; μετόπη, μετόπιον). Ver **43**. Vitrúvio (III, 5, 11) também afirma que os gregos empregavam a palavra μετόπη como equivalente de *intersectio*, termo este que aplica de uma forma algo obscura à fileira jônica de dentículos, aparentemente no sentido dos intervalos entre eles; contudo, a palavra "métopa" jamais é utilizada nesse sentido pelos autores modernos. O termo μέτωπον, inteiramente distinto, por vezes figura nas inscrições com o significado de um pilar ou segmento de parede que divide as duas metades de uma porta ou janela duplas.

MÍSULA. Ver CONSOLO.

MISULAGEM. Vedação de uma abertura em uma parede ou a ação de se cobrir um espaço fechado por meio de uma série de fiadas horizontais sobrepostas, sem o uso do princípio do arco. Ver, como exemplo, a "cúpula" do "Tesouro de Atreu", Fig. 15.

MODILHÃO. Ver CONSOLO.

MÓDULO (*modulus*; †ἐμβάτης, segundo Vitrúvio, IV, 3, 3). Unidade de medida adotada ao se planejarem as proporções de um edifício. Vitrúvio obtém os módulos de seus templos dividindo o comprimento do estilóbato em um determinado número de partes iguais (e.g. $11^{1/2}$ para um templo jônico tetrastilo eustilo, $24^{1/2}$ para um templo jônico octastilo eustilo e 42 para um templo dórico hexastilo); nos templos jônicos eustilos o diâmetro inferior das colunas deve medir 1 módulo, nos templos dóricos 2 módulos, sendo o módulo aplicado de maneira semelhante em todas as outras dimensões importantes. Ver Vitrúvio, III, 3, 7, IV, 3, 3 etc.

MOLDURA. Cercadura ou contorno contínuo de forma bem-definida aplicado ao bordo ou superfície de um elemento arquitetônico. Ver GOLA.

MOLDURA DE PREENCHIMENTO. Moldura convexa freqüentemente utilizada para preencher as caneluras côncavas das colunas romanas na terça parte inferior do fuste.

MOLDURA EM CONTAS DE ROSÁRIO. Ver ASTRÁGALO e **38**.

MOLDURA EM TALÃO. Uma faixa abaixo de um elemento saliente qualquer, especialmente aquele abaixo da coroa da cornija; sua face pode ser um liso filete plano, como usual no estilo dórico, ou moldada e decorada de diversas maneiras, como de hábito no jônico.

MONOLÍTICO (μονόλιθος). Formado por um único bloco de pedra. Sobre a aplicação desse termo a colunas, ver **42**.

MONÓPTERO (*monopteros*; †μονόπτερος). Com um telhado sustentado por colunas, mas desprovido de cela. Assim define Vitrúvio o termo em IV, 8, I (*aedes rotundae... monopteroe sine cella columnatae*), mas em VII, Praef. 12, a ser o texto autêntico, aplica o termo ao templo de Hermógenes dedicado a Dioniso em Teos, aparentemente no sentido de "com um pteroma único, períptero".

MÚTULO (*mutulus*, também no sentido de "mutulus", *q.v.*). Ver **43**.

MUTULUS (L). Ver **196**.

NAOS (ναός, ou na forma ática νεώς). Termo técnico comumente adotado na atualidade como equivalente de "cela", embora o vocábulo grego signifique "templo". Ver CELA.

NINFEU (*nymphaeum*; νυμφαῖον). Literalmente um "Templo das Ninfas", mas adotado, de modo um tanto vago, para as casas de veraneio romanas, especialmente quando providas de flores, fontes e estátuas.

OCTÁSTILO (*octastylos*; †ὀκτάστυλος). Com oito colunas em uma linha. Ver DECÁSTILO.

ÓCULO. Ver OLHO.

ODEOM (*odeum*; ᾠδεῖον). Ver **174, 274**.

OLHO (*oculus*; ὀφθαλμός). Disco ou botão no centro da espiral de uma voluta. Ver **46**.

OPAION (ὀπαῖον). Ver **174**. "Lanterna"; parte central de um telhado, vazada e elevada para a admissão de luz. A palavra é o neutro de ὀπαῖος, aplicada às telhas vazadas da Comédia Grega, em que o substantivo ὀπή é também comum no sentido de "abertura para fumaça", "abertura de chaminé".

OPISTÓDOMO (*posticum*; ὀπισθόδομος). Ver **39**. O uso comum grego confirma o sentido dado a "opistódomo" no presente livro, acepção comumente sugerida nos livros modernos; todavia, os autores franceses e italianos adotam por vezes "opistódomo" no sentido de "ádito" (*q.v.*).

OPUS ALBARIUM. Ver ESTUQUE.

OPUS CAEMENTICIUM, OPUS STRUCTILE. Ver CONCRETO.

OPUS QUADRATUM. Ver CANTARIA.

OPUS RETICULATUM. Ver RETICULADO.

OPUS TECTORIUM. Ver ESTUQUE.

ORTOSTATE (ὀρθοστάτης). Ver **50**.

ÓVALO. Moldura cuja seção corresponde a um quarto de circunferência, ou uma variação desta, como no "equino" do capitel grego jônico; seu ornamento típico é o padrão óvalo-e-dardo. Ver **38** e também GOLA.

ÓVALO-E-DARDO, ÓVALO-E-LÍNGUA. Ver **38** etc. A denominação "óvalo-e-dardo" restringe-se com mais propriedade à forma tardia da ponta de seta (ver **217** n. 7-Cap. XIV). O termo *gola*; κυμάτιον (*q.v.*) sugere, por vezes, a presença do motivo óvalo-e-língua ou folha-e-dardo, conforme o caso; v. GOLA.

PALESTRA (*palaestra*; παλαίστρα). Ver **185**. Em sentido estrito, "palestra" tem um significado mais restrito do que "ginásio", a saber, "escola de luta corporal", mas é usado com freqüência em um sentido muito amplo.

PALMETA. Ver **60**. Podem-se ver palmetas e lótus alternados no ornamento da sima e do lado inferior da cornija do Tesouro de Massália (?), Fig. 46. Ver também ANTEMION.

PARASCÊNIO (*parascaenium*; παρασκήνιον). Ver **165**.

PAROTIS. Ver CONSOLO.

PASTA (*pastas*; παστάς). Termo empregado por Vitrúvio como alternativa a *prosta*, *q.v.* Tem uma variedade de acepções no grego comum, mas normalmente significa um recinto ou pórtico aberto em um dos lados; o nome talvez seja uma derivação de παστός, no sentido de "cortina". [Ver atualmente **161** de J. W. Graham, *op. cit.* p. 321 n. *supra*]

PENDENTE OU PENDENTIVO. Ver **251**.

PENTASTILO (*pentastylos*; †πεντάστυλος). Com cinco colunas em uma linha. Ver DECASTILO.

PERIAKTOI (περίακτοι). Ver **283**.

PERÍPTERO (*peripteros*; περίπτερος). Ver **39**. Termo ocasionalmente empregado por autores antigos para designar um "peristilo" *interior*.

PERISTILO (*peristylum, peristylion*; περίστυλος, περίστυλον). Ver **297** ss. Tanto nos autores antigos como modernos, termo usualmente restrito a uma colunata que contorna a parte *interna* de um pátio ou cômodo, ou a um pátio ou cômodo adornados dessa forma, mas empregado ocasionalmente para designar uma colunata "períptera" *externa*.

PICNOSTILO (*pycnostylos*; †πυκνόστυλος). Ver **154**.

PILA. Ver PILAR.

PILAR. Em sentido estrito, o termo "pilar" pode ser aplicado a qualquer suporte arquitetônico livre, mas convém diferenciá-lo de "coluna" e restringi-lo ao suporte livre de seção quadrada ou oblonga, especialmente quando tratado como elemento decorativo comparável, em importância, à coluna. É rara a presença desse tipo de pilar na arquitetura clássica e aparentemente não havia denominações técnicas claramente definidas, muito embora κίων e στῦλος provavelmente pudessem ser aplicados a ele. O latim *pila* se refere aos suportes livres de alvenaria de seção quadrada ou oblonga, mas sobretudo a pilares desprovidos de qualquer pretensão decorativa.

PILASTRA (*anta*; παραστάς). Um pilar embutido. Ver COLUNAS EMBUTIDAS.

PLINTO (*plinthus*; πλίνθος). Ver **46**. (*a*) Bloco quadrado colocado abaixo de uma base de coluna jônica. (*b*) Uma fiada baixa saliente, lisa ou moldada, na base de uma parede. O termo latino é empregado por Vitrúvio também para designar o ábaco do capitel dórico. As acepções mais comuns do vocábulo grego são (*a*) tijolo (seco ao sol ou cozido), (*b*) um bloco retangular de alvenaria de pedra lavrada, também chamado πλινθίς.

PÓDIO (*podium*; †πόδιον, βάθρον, βάσις). Um pedestal; termo usado em especial por Vitrúvio e por autores contemporâneos para designar a base elevada, emoldurada na parte superior e inferior, e provida de degraus apenas na extremidade principal, característica dos templos etruscos e romanos (**200** etc.), também presente em obras gregas, e.g. no Grande Altar de Pérgamo (**158**).

POLIGONAL. Ver **42**. Aparentemente, a construção poligonal é descrita por Aristóteles, *Ét. Nic.* V, 14, 1137 b 30, na frase ὥσπερ καὶ τῆς Λεσβίας οἰκοδομῆς ὁ μολίβδινος κανών· πρὸς γὰρ τὸ σχῆμα τοῦ λίθου μετακινεῖται καὶ οὐ μένει ὁ κανών ("tal como a faixa de chumbo empregada na construção lésbia; pois a faixa é flexionada de modo a se ajustar à forma da pedra, e não se mantém inalterada".) A passagem sugere que a forma exata de cada pedra à qual uma outra deveria ser ajustada era reproduzida através da pressão de uma faixa de chumbo contra sua extremidade; o comentário de Michel de Éfeso (séc. XI ou XII d.C.) confirma essa interpretação. Ver C. Weickert, *Das lesbische Kymation*, 1913, 8.

POLITRÍGLIFO. Com mais de um tríglifo em um mesmo intercolúnio.

PÓLO (πόλος). (*a*) Elemento cilíndrico na cabeça das cariátides, e.g. em Delfos (**101**); até onde o linguajar grego justifica esse significado é alvo de controvérsia. (*b*) Uma cavilha, *q.v.*

PORO (πῶρος, πώρινος λίθος). Termo normalmente empregado pelos autores antigos e modernos como uma vaga designação de calcários mais grosseiros que o mármore. Ver J. G. Frazer, *Pausania's Description of Greece*, 1898, III, p. 502. Há definições antigas exatas, mas não se aplicam ao uso comum.

PÓRTICO. (*a*) Colunata (*q.v.*). (*b*) Em templos: ver PRONAOS. (*c*) Em residências, ver FAUCE e PRÓTIRO.

POSTIGO (*posticum*). Ver OPISTÓDOMO.

PRECINTO (*praecinctio*). Ver **276**.

PRITANEU (*prytaneum*; πρυτανεῖον). Sede oficial do corpo administrativo de uma cidade grega, normalmente contendo uma "lareira comum" e uma pira perpétua. Tinha habitualmente o formato de uma residência particular, como por exemplo em Priene, cujo pritaneu pode ser visto na planta da cidade, Fig. 84, assinalado com a letra "D", à direita do Eclesiastério, assinalado com a letra "C"; os dois edifícios podem ser identificados facilmente com a ajuda da Fig. 78. Alguns autores contemporâneos identificam erroneamente o pritaneu ateniense com o Tholos circular em que os prítanes ceavam.

PRONAOS (L; πρόναος, πρόδομος, πρόστασις, προστάς). Ver **39**. Alguns termos vagos para designar "pórtico", como *porticus* e στοά, são por vezes empregados no mesmo sentido. Afirma-se ocasionalmente que πρόστασις e προστάς são usados apenas para designar pórticos prostilos, mas os testemunhos não o estabelecem em definitivo.

Propileus (*propylaea, propylaeum, propylon*; πρόπυλον, προπύλαιον, ambos normalmente no plural). Ver **13, 29, 118**.

Proscênio (*proscaenium*; προσκήνιον). Ver **166**.

Prosta (*prostas*; †προστάς). Ver **302** e também Pronaos. Vitrúvio somente adota prosta ao se referir a residências particulares, indicando *pasta* (*q.v.*) como denominação alternativa.

Prostilo (*prostylos*; †πρόστυλος). Ver **39**.

Prótiro (*prothyron*; πρόθυρον; ambos normalmente no plural). Ver **297, 299** e também Fauce. O grego πρόθυρον seguramente situava-se do lado externo da porta principal; ver Platão, *Banq.* 175 A e D, onde o mesmo pórtico é denominado tanto πρόθυρον como πρόθυρα, e *Protág.* 314 C.

Pseudodíptero (*pseudodipteros*; †ψευδοδίπτερος). Ver **73** etc.

Pseudoperíptero (*pseudoperipteros*; †ψευδοπερίπτερος). Ver **123, 206, 213**.

Pteroma (*pteron, pteroma*; πτερόν, †πτέρωμα, περίστασις). Ver **39** etc. O simples *pteroma*, sugerido por *perípteros* e termos congêneres, é raro e posterior nesse sentido nos autores antigos, mas trata-se de uma expressão convenientemente breve para designar uma "colunata períptera". Afirmam os lexicógrafos antigos que as denominações πτερόν e πτέρωμα também teriam sido aplicadas para designar coberturas ou frontões de templos. Ver também Períptero.

Púlpito (*pulpitum*). Ver **271**.

Pulvino ou Pulvínulo (*pulvinus*). A voluta do capitel jônico em sua vista lateral. Ver **47**.

Quadra. Ver Listel, Filete.

Quadratum. Ver Cantaria.

Quase-reticulado. Ver **234**.

Rampa. Caminho elevado ou trilha inclinada que conduz de um nível inferior a um nível superior. Ver **41**.

Régua (*regula*). Ver **43**.

Reticulado (*opus reticulatum*). Ver **234**.

Rodela. Ver **37, 38**.

Roseta (κάλχη). Ornato floral de forma circular, e.g. nas jambas e no lintel da porta Norte do Erecteu (Fig. 57).

Scaena (L; σκηνή). Ver **164, 271**.

Scandulae. Ver Telhas de Madeira.

Scapus. Ver Tambor.

Securícula. Ver Grampo.

Sima (L; σιμή, somente em Hesíquio. Os nomes legitimados por inscrições são ἡγεμόνες λεοντοκέφαλοι, para as partes da sima localizadas acima da cornija horizontal, e παραιετίδες ἡγεμόνες λεοντοκέφαλοι para os blocos angulares inferiores da sima localizada por sobre a cornija inclinada. Presumivelmente, παραιετίδες ἡγεμόνες seria a descrição das partes restantes sem orifícios da sima localizada por sobre a cornija inclinada. Vitrúvio, III, 5, 13, dá *epitidas* (acusativo) como a denominação grega, sem dúvida uma corruptela de ἐπαιετίδας). Ver **48**.

Sistilo (*systylos*; †σύστυλος). Ver **154**.

SKENE (*scaena*; σκηνή). Ver **164**.
SÓFITO. A superfície inferior exposta de algum elemento arquitetônico, especialmente de uma arquitrave ou cornija.
STRUCTURA e STRUCTURA CAEMENTICIA. Ver CONCRETO.
SUBSCUS. Ver CAVILHA.
SUPERCILIUM. Ver LINTEL.
TABLINO (*tab(u)linum*). Ver **303**.
TAMBOR (*a*) *de uma coluna* (*scapus*; σφόνδυλος). Ver **41**.
   (*b*) *de uma cúpula*. Anel cilíndrico de parede vertical que eleva a parte curva de uma cúpula acima da base circular ou poligonal obtida através de pendentes ou algum outro artifício sobre um espaço de planta não circular; termo normalmente não empregado com referência a edifícios como o Panteon, no qual a cúpula repousa em um anel circular de parede vertical que se inicia ao nivel do chão. Ver **251** ss.
TEATRO (*theatrum*; θέατρον). Ver **164** ss. e **291** ss., e ver também CAVEA.
TECTORIUM. Ver ESTUQUE.
TEGULA. Ver TIJOLO, TELHA.
TÉLAMONS. Ver ATLANTES.
TELHA (*tegula, testa*; κεραμίς, κεραμίδιον; as telhas eram por vezes referidas no conjunto, ὁ κέραμος, "telhado", lit. "a cerâmica"). Ver **49** e também ANTEFIXA, TELHA DE JUNÇÃO, TELHA DE ESCOAMENTO e SIMA. Tanto *tegula* como κεραμίς são por vezes aplicadas a telhas que não sejam de terracota, sobretudo às de mármore. As telhas próximas ao beiral recebem o nome de ἡγεμόνες (*primores*).
TELHA DE ESCOAMENTO (*tegula*, quando em oposição a *imbrex*; os termos gregos σωλήν e στεγαστήρ carecem de fundamentação em fontes antigas abalizadas nesse sentido, enquanto "estroter"; στρωτήρ, empregado com freqüência por autores contemporâneos, aparentemente se referia apenas ao madeirame do telhado (ver COBERTURA). As telhas de escoamento normalmente são chamadas simplesmente κεραμίδες ou κεραμίδες ἀγελαῖαι ("telhas comuns"). Ver **49** e ver também TELHA.
TELHA DE JUNÇÃO (*imbrex*; καλυπτήρ). Ver **49**.
TELHADO DE DUAS ÁGUAS. Cobertura com dois declives, de secção triangular, também conhecido como "telhado inclinado". Ver também FRONTÃO.
TELHADO INCLINADO. Ver TELHADO DE DUAS ÁGUAS.
TELHAS CHATAS; ver TELHAS DE ESCOAMENTO.
TELHAS DE MADEIRA (*scandulae*). Ver **49**. Placas de madeira utilizadas como telhas. Cornélio Nepo, citado por Plínio, *N.H.* XVI, 36, afirma que o uso de telhas de madeira em coberturas era regra geral em Roma até a guerra com Pirro (c. 280 a.C.).
TEMENO (τέμενος). Pedaço reservado de um solo, especialmente um precinto sagrado.
TEMPLUM (L.). Além da acepção comum ("templo") *templum*, possui dois significados técnicos, sobre os quais ver (*a*) **197** (cobertura etrusca) e também COBERTURA; ver (*b*) **200** (augúrio etrusco).

TÊNIA (*taenia*; †ταινία). Ver **43**. As fontes confiáveis apenas confirmam o uso do termo grego ταινία na acepção de um "filete" em uma peça de madeira.

TEPIDÁRIO (*tepidarium*). Ver **243**.

TERMAS (*thermae*; †θέρμαι). Ver **258**. Em Roma, o termo restringia-se a um número limitado de estabelecimentos de grande porte, sendo as termas menores conhecidas como *banhos* (*balneae*), *q.v.*

TESTA. Ver TELHA.

TESTUDÍNEO (*cavum aedium testudinatum, testudo*). Ver **302, 304**.

TETRASTILO (*tetrastylos*; τετράστυλος). (*a*) (Com referência a um templo.) Com quatro colunas em uma linha. Ver DECASTILO. (*b*) (Com referência a um átrio.) Com quatro colunas internas dispostas em um quadrado. Ver **302, 304**.

THOLOS (*tholus*; θόλος). Construção circular.

TIJOLO (*later*; πλίνθος). Ambos os termos antigos, quando empregados isoladamente, via de regra designam um tijolo seco ao sol (*later crudus*; πλίνθος ὠμή ou γηίνη); um tijolo cozido é *later coctus* ou *testaceus, testa*; πλίνθος ὀπτή. Os tijolos ou telhas cozidos utilizados pelos romanos para revestir o concreto normalmente são chamados *tegulae*. Ver **4, 234** etc. Ver também PLINTO e CANTAVIA com referência a outros significados de πλίνθος e de sua transcrição latina, *plinthus*.

TÍMPANO (*tympanum*; †τύμπανον, ἀ(ι)ετός). Ver **48** n. 40-Cap. IV.

TORO (*torus*; σπεῖρα). Ver **46** e BASE.

TOSCANO (*tuscanicus*). Denominação latina de "etrusco". Ver ÁTRIO.

TRABES COMPACTILES (L.) Ver ARQUITRAVE.

TRANSTRA. Ver COBERTURA.

TRAVERTINO. Calcário resistente utilizado como material de construção em Roma. Ver **207**.

TRIÂNGULO DE DESCARGA. Espaço triangular (vazado ou preenchido com uma placa leve) localizado acima dos lintéis na arquitetura micênica, para aliviar a carga. Os lados do triângulo eram formados pela convergência misulada dos blocos da parede. Ver **27, 33**.

TRICLÍNIO (*triclinium*; τρίκλινος, τρικλίνιον). Refeitório com estritamente três leitos inclinados.

TRÍGLIFO (*triglyphus*; τρίγλυφος). Ver **43** e FRISO. [Sobre o uso de tríglifos para a decoração de altares, fontes e outros elementos próximos ao nível do chão, ver Demangel, R. *B.C.H.* LXI, 1937, 421.]

TRÍPTERO (†*tripteros*; †τρίπτερος). Com um pteroma ou colunata externa triplos.

TRISTILO (†*tristylos*; †τρίστυλος). Com três colunas em uma linha, como em alguns pórticos (e.g. a "Basílica" de Pesto, Fig. 30).

TROMPAS. Pequenos arcos colocados diagonalmente aos ângulos internos de uma estrutura retangular a fim de converter o retângulo em um octágono. Ver **252**.

TRÓQUILO. Ver ESCÓCIA.

TUFO. Pedra de uso comum na construção romana, formada por poeira vulcânica. Suas muitas variedades diferem em termos de qualidade.

VERSURA (L). Ver **276**.

VESTIBULUM. Ver FAUCE.

Via (L). Ver **43**.
Voluta (*uoluta*; †ἕλιξ). Ver **46** e também Hélice. É possível que ἕλιξ fosse empregado para designar a voluta jônica, mas os testemunhos parecem insuficientes.
Zoóforo. Ver Friso.

Notas

CAPÍTULO I

1. Ver atualmente A. Boëthius em ΔΡΑΓΜΑ *Martino P. Nilsson...dedicatum*, Lund, 1939, 114: *Vitruvius and the Roman Architecture of his Age*.

2. Sobre os importantes fragmentos da Planta de Roma (*Forma Urbis*) em mármore, datada do início do século III d.C., ver Apêndice II, p. 413, p. 415.

3. Um exemplo é a construção circular do período "Heládico Antigo" em Tirinto (**24**), que empregava ao mesmo tempo pedras delgadas e lajotas de terracota provavelmente em seu telhado chato, embora as lajotas pudessem formar um pavimento. Lajotas semelhantes, datadas do mesmo período, foram encontradas em Ásina.

4. Ver **235**.

5. As paredes "ciclópicas" são características das fortificações micênicas; são construídas em pedras não-lavradas, grandes e pequenas; é preciso distinguir cuidadosamente essa técnica antiga da "poligonal", a cujo respeito ver **42**.

6. Ver **42**.

7. Ver **232** ss.

8. Uma casa de E.H.III em Eutrese, na Beócia, apresentava uma coluna de tijolos secos ao sol que sustentava o madeirame da cobertura; ver H. Goldman, *Eutresis*, Harvard, 1931, p. 25.

9. Ver **60**.

CAPÍTULO II

1. Não se deve considerar o quadro como mais que uma referência genérica. Sobre discussões recentes, ver *Cambridge Ancient History*, I, 1923 e II, 1924, e H. R. Hall, *The Civilization of Greece in the Bronze Age*, 1927. É ignorada aqui

468 ARQUITETURA GREGA E ROMANA

uma classificação paralela da cronologia insular em termos de períodos "cicládicos", bem como as subdivisões dos períodos minóicos, por demais técnicas para o presente livro. Ver n.c.

2. A partir daqui serão adotadas as abreviações M.P., M.M. etc.
3. Devido à redução da escala, as distinções de tonalidades nas Figs. 2*a* e 2*b* estão parcialmente obscurecidas.
4. Deve-se isso principalmente ao fato de os construtores do M.M. haverem aplainado a superfície até o estrato neolítico.
5. Um terremoto muito violento ocorreu também ao fim do M.M.II.
6. Originalmente estava voltado para o oeste e comunicava-se de um modo mais direto com o Pátio Central.
7. Em decorrência da inclinação da colina ao sul, o Corredor das Procissões, que se inicia no nivel térreo, torna-se parte do pavimento superior: para acompanhar as descrições da parte sul do palácio, deve-se utilizar ao mesmo tempo as duas plantas, 2*a* e 3.
8. Os detalhes do Pórtico Sudoeste são hipotéticos e a escadaria não está representada nas plantas.
9. Ver **20** ss., **25** e **29** ss.
10. Ver n.c.
11. Ver **30** ss.
12. Ver **33**.
13. Ver **42**.
14. Ver **47**.
15. Ver n.c.
16. Ver **21** ss., **25** e **29**; em sua acepção técnica, o termo *mégaron* é moderno.
17. Ver **39**.
18. Ver **39**.
19. Ver **13** s., **29** e **118**.
20. Ver n.c.
21. Sobre essa construção circular, ver *Tiryns*, III, 1930, pp. 80 ss.
22. Ver **32** ss.
23. Sobre exemplos desse tipo na Etólia, ver **51** ss.
24. *Orchomenos* I, *Abh, Bayr, Akad.* XXIV, 1907, ii, pp. 47 ss.: Bulle não imaginava que tal evolução houvesse efetivamente ocorrido em Orcômeno.
25. *Les Origins de l'Edifice Hypostyle*, 1913, pp. 17 ss.
26. *B.S.A.* XXIV, 1919/1921, pp. 161 ss.
27. Alguns estudiosos são mais inclinados a buscar as origens do mégaron nas regiões central e setentrional da Ásia Menor. Os exemplares troianos mais antigos se encaixariam em qualquer uma das hipóteses, e a própria Ásia Menor mantinha intensos contatos com o norte europeu, sobretudo por intermédio da Trácia e do Helesponto. Atualmente se conhecem habitações do tipo mégaron no sul da Palestina, datadas do período dos hicsos (ver **7**): W. F. Albright, *A.J.A.* XXXVI, 1932, p. 559.

NOTAS 469

Notas complementares

Nn. 1 e 15. Sobre a Creta minóica, ver atualmente o restante da obra de Evans, *Palace of Minos*, e J. D. S. Pendlebury, *The Archaeology of Crete*, 1939.
N. 10. Mas ver Cap. IV (n.c.), sobre o importante templo pré-minóico em Carfi, Creta. Um importante santuário do M.R. é o de Ásina (5 m x 7 m, com dois suportes internos): ver A. W. Persson, *Uppsala Universitets Årsskrift*, 1930, Progr. 3. p. 23, n. 4. No tocante a Tróia, sete campanhas promovidas pela expedição arqueológica da Universidade de Cincinnati, capitaneada por C. W. Blegen, trouxeram à luz uma série de novos elementos. Modifiquei o texto do capítulo presente em alguns detalhes (especialmente quanto à Tróia homérica), mas o estudante deverá consultar o *A.J.A.*, de XXXVI, 1932, em diante. A construção classificada como "VI*F*" ultrapassa hoje em interesse a "VI*C*". Suas dimensões internas eram de c. 8,50 m por c. 11,70 m, e tinha dois pavimentos, com doze colunas internas de madeira sobre bases de pedra: ver o *A.J.A.* XXXIX, 1935, p. 577.

Construções do tipo mégaron, ainda mais antigas que Tróia I, foram encontradas em Térmi, Lesbos: ver W. Lamb, *Excavations at Thermi*, 1936.

CAPÍTULO III

1. Sobre o "triângulo de descarga" ver **33** e Fig. 15.
2. Ver **32** ss.
3. Ver atualmente *Tiryns*, III, 1930.
4. Havia assentamentos na colina também nos períodos H.P. e H.M.
5. Propilon e Propileu são sinônimos: os termos apresentados no texto são de uso comum.
6. Ver **36**.
7. Ver **43**.
8. Ver **33**. O fragmento de Micenas apresentado na Fig. 14 foi desenterrado por Schliemann no interior da cidadela e é em brecha vermelha. Para um apanhado das incidências desse ornamento, ver *A.J.A.* 1917, p. 126 (L. B. Holland), e *B.S.A.* XXV, p. 236 (W. Lamb), e para uma discussão ver Fyfe e Evans em *The Palace of Minos*, II, pp. 605 ss.
9. Ver *The Palace of Minos*, II, pp. 591 ss. e Figs. 368 e 370.
10. Wace fornece uma sólida base para essa conclusão, porém Evans situa o "Tesouro de Atreu" no fim do M.M. Ver *B.S.A.* XXV, 1921/1923, *J.H.S.* XLV, 1925, pp. 45 e 74, e XLVI, 1926, pp. 110 ss., e *The Palace of Minos*, II, p. 697. Ver também *Wace em Royal Tombs at Dendra near Midea*, de A. W. Persson, 1931, p. 140. Ver também Evans, *The Shaft Graves and Bee-Hive Tombs of Mycenae*, 1929; as escavações posteriores de Wace, todavia, terminaram por confirmar sua hipótese de que o Tesouro de Atreu foi erguido por volta de 1350 a.C. Ver *Antiquity*, 1940, pp. 233 ss.
11. IX, 38,2
12. Ver **18**.

470 ARQUITETURA GREGA E ROMANA

13. Ver **30**.
14. Este parágrafo e o anterior baseiam-se no estudo de Wace em *B.S.A.* XXV. Ver também **XII** *supra*.
15. *e.g. Od.* XXII, 239.
16. *Il.* XXIII, 712.
17. *Od.* XI, 62.
18. *Il.* I, 39.
19. *Il.* VI, 297 ss.
20. Ver **53**.
21. Ver **91**.
22. às referências na p. 445 acrescentar agora K. Müller em *Tiryns*, III, 1930, p. 215: ele imagina que o mégaron em si subsistiu como templo até ser incendiado c. 750 a.C., depois do que foi erguido o templo dórico, e que o capitel e as telhas remanescentes (**67** e **69**) datam de uma reconstrução do final do século VII a.C.

CAPÍTULO IV

1. Estritamente falando, a sima ou calha, não é considerada parte do entablamento.
2. Ver n.c.
3. Os termos técnicos como *equino*, empregados nestes parágrafos, estão definidos em **41** ss.
4. Os nomes *cima recta* (gola direita) e *cima reversa* (gola reversa) são barbarismos instituídos; o vocábulo cima (κῦμα) deveria ser neutro. Importante não confundir *cima* e *sima*.
5. Os bicos de falcão mais antigos não apresentam curva convexa na parte de baixo.
6. O próprio termo "rodela" é freqüentemente empregado no sentido de indicar a presença desse ornamento.
7. Ver **310**. Ictino parece ter planejado uma colunata períptera ao longo de três faces do Telestério em Elêusis (ver **171**), mas este era, em certo sentido, um templo.
8. Ver **112**.
9. Os gregos restringiam o termo κρηπίς à extremidade externa: ver p. 453 *s.v.* Crepidoma.
10. Ver Fig. 66
11. Ver Fig. 60.
12. Diversos exemplares dentre os primeiros templos dóricos apresentam 16 caneluras, mas esse número é raro após o início do século VI a.C. Também são encontradas em número de 24 e 18 (Cap. VI, n. 23) na ordem dórica, mas muito raramente. Sobre uma primitiva exceção à regra das 24 caneluras na ordem jônica ver **94**.
13. Ver **116**.

14. Por exemplo, o templo C em Selinunte, sobre o qual ver **71** e Fig. 28.

15. Na ordem jônica a base é geralmente um bloco separado.

16. O chumbo era também empregado ocasionalmente para reforçar juntas de fundações – no Erecteu de Atenas, do século V, por exemplo.

17. Ver Cap. XI, n. 11. Outro exemplo, talvez de c. 500 a.C., é o templo dórico de Têmis (?) em Ramno, sobre o qual ver o Apêndice I na referência a essa data. Alguns exemplos admiráveis são helenísticos, e a alvenaria poligonal foi também utilizada na Itália, para os muros de cidades e terraços, já em um período avançado, o início do Império. Ver também p. 461.

18. Entre os poucos capitéis dóricos providos de equino completamente liso estão alguns do Templo de Hera em Olímpia (ver **63**); sobre decorações mais elaboradas ver **78** (os templos de Pesto).

19. Ver p. 22, Fig. 6, e Lâm. I*a* sobre o tipo minóico, e p. 87, Fig. 28 para um exemplo de ranhuras na ordem dórica arcaica.

20. São muito raras as juntas horizontais na arquitrave.

21. Os mútulos do Cabírio arcaico de Samotrácia (ver **393**) tinham gotas incrustadas, talvez de bronze. Sobre mútulos arcaicos sem gotas, ver E. Gàbrici, *Mon. L.* XXXV, 1933, pp. 148, 218.

22. Para alguns exemplos, ver **72** e **83**, Figs. 28 e 35.

23. O Tesouro de Mégara em Olímpia, do século VI a.C., é uma exceção, porém dificilmente se poderia saber como eram as laterais. Apenas a parte dianteira das colunas eram aqui propriamente acaneladas. Os tesouros eram pequenas estruturas semelhantes a templos erguidas em santuários pan-helênicos por diversas cidades, cada qual em seu próprio estilo habitual.

24. Ver p. 115, Fig. 44.

25. Ver **122** e **125**.

26. Em algumas obras arcaicas, convexo.

27. Ver p. 110, Fig. 40 e p. 144, Fig. 51.

28. Em obras ulteriores, os dentículos tornaram-se apenas partes da moldura em talão da cornija.

29. Ver **100** ss.

30. Ver **56**.

31. Ver **59**.

32. Ver E. D. Van Buren, *Greek Fictile Revetments*, 1926, p. 187.

33. Ver **198**.

34. Ver **84**.

35. Ver **135**.

36. Ver **94**.

37. Ver **151**.

38. Alguns túmulos entalhados na rocha existentes na Lícia, na Paflagônia e outros locais na Ásia Menor são copiados de estruturas de madeira que parecem exemplificar essa origem dos dentículos.

39. Assim também no Tesouro de Sifno em Delfos (ver **100** ss.)

40. O frontão era vedado por uma parede de fundos vertical, o tímpano. Na ordem dórica, esta normalmente continha algum trabalho em escultura, o que,

no entanto, era raro no jônico. Será possível encontrar detalhes ao longo do presente livro. Ver n.c.

41. Para um exemplo datado de aproximadamente 150 a.C., ver **160**.

42. Por exemplo no templo de Zeus em Magnésia, no Meandro, após 197 a.C.

43. O Tesouro de Gela em Olímpia, no entanto, apresenta uma sima desse tipo: ver **55** e n.c.

44. Sobre isso, ver p. 154, Fig. 56 (Pórtico Norte do Erecteu, reconstituição)

45. Sobre os acrotérios ver atualmente K. Volkert, *Das Akroter...I.Teil: Archaische Zeit*, Düren-Rhld, 1932.

46. Ver Cap. I, n. 1.

47. Ver **67**, o Templo de Apolo em Termo.

48. Por exemplo, a sala leste do Erecteu (ver **130**) tinha uma janela em ambos os lados da porta; o templo de Zeus em Labranda, na Ásia Menor, talvez datado do período helenístico, tinha janelas por todo o seu perímetro. Havia também uma série de janelas na parede da cela do Templo de Bel em Palmira (ver **222**), do século I d.C., bem como no templo de Baalsamin, no mesmo sítio, e em alguns outros templos romanos. Ver atualmente R. Herbig em *J.D.A.I.* XLIV, 1929, pp. 224 ss.

49. Alguns templos colossais, não totalmente cobertos, como o Templo de Apolo Didimeu em Mileto (**153**), são uma exceção facilmente compreensível.

50. Ver, porém, n.c. e Cap. VII, n. 26.

51. Ver **66**.

52. Ver **24**.

53. Dizia-se que o templo de Deméter Tesmófora em Tebas fora o palácio de Cadmo (Pausânias IX, 16, 5).

54. Rodenwaldt (*Ath. Mitt.* XLIV, 1919, pp. 175 ss.) sugere que podem datar até do século VII, mas está buscando comprovar o aparecimento tardio dos templos na Grécia. Ver atualmente R. M. Dawkins, *The Sanctuary of Artemis Orthia at Sparta*, 1929.

55 e 56. Ver n.c.

57. Sobre ambos, ver p. 396.

58. Ver **199**.

59. Sobre construções de planta similar na acrópole de Atenas ver **84** e **113**. Ver também **163** sobre a "Sede do Conselho" de Olímpia.

60. Ver também n.c.

61. Ver n. 43 e n.c.

62 e 63. Ver n.c.

64. R. J. H. Jenkins em *Dedalica*, 1936, 79, argumenta que o estilo das "deusas" é bem posterior ao do friso de cavaleiros (que ele situa anteriormente a 650 a.C.) e podem ser uma restauração.

65. Tal prática era bastante comum: o melhor exemplo conhecido é o templo de Atena Calquióica em Esparta.

66. Ver n.c.

67. Koldewey chamava-o "proto-jônico", mas tal denominação implica uma teoria. O recente uso por Dinsmoor do adjetivo "eólico" com respeito aos capitéis com motivo de palma originários de Delfos (ver **101**) causa confusão.

NOTAS 473

68. Weickert sugeriu que as espirais jônicas representam a vista em perfil de um padrão de folhas pendentes nas laterais do capitel: ver *Das lesbische Kymation*, 1913, p. 44.

69. O ábaco no templo de Creso em Éfeso é oblongo estreito; ver **94**.

70. Sobre o Irã, ver E. E. Herzfeld, *Archaeological History of Iran*, 1935, p. 32.

71. Ver Sir George Hill, *A History of Cyprus*, Vol. I, Cambridge, 1940, que situa os exemplares cipriotas mais antigos no século VI a.C.

Notas complementares

N. 2. Sobre molduras, ver atualmente Lucy T. Shoe, *Profiles of Greek Mouldings*, Editora da Universidade de Harvard, 1936, que trata de todas as ruínas em pedra e mármore do leste do Adriático datadas entre os séculos VII e II a.C. Argumenta ela, de forma persuasiva, que a gola reversa, que surge pela primeira vez em Éfeso em c. 560 a.C., e desconhecida em Mileto, Mios, Samos ou Náucratis no século VI, é derivada do perfil em "óvalo", essencialmente jônico, pelo acréscimo de uma curva reversa à sua extremidade não-saliente e que, da mesma forma, a gola direita deriva do essencialmente dórico e muito antigo "caveto", uma superfície vertical que termina em uma pronunciada curvatura côncava voltada para fora e encimada por um filete liso. A gola direita surge pela primeira vez no início do século VI, em Garitsa, na ilha de Corcira, e o bico de falcão um pouco mais tarde, em Atenas.

N. 40. Pode-se acrescentar que a altura do frontão grego guardava uma proporção de 1:7 e 1:9 com sua largura e que a prática do século V a.C., tanto na ordem dórica como na jônica, inclinava-se a uma proporção de 1:8 ou ligeiramente superior a 8. Isso é freqüentemente expresso em termos de uma inclinação de 1 para 4. O desenvolvimento se deu irregularmente no sentido de uma inclinação maior para uma menor.

N. 43. São conhecidos alguns outros exemplos sicilianos de localização da sima sobre uma cornija horizontal nessa mesma época; ver W. Darsow, *Sizil. Dachterrakotten*, Berlin, 1938, p. 38.

N. 55. Outros templos muito primitivos são conhecidos; por exemplo, o templo absidal de Hera Acraia em Peracora, nas proximidades de Corinto, que data do século IX a.C. Ver Humfry Payne, *Perachora*, 1940, pp. 27 ss. e p. 322 *infra*.

N. 56. Ver G. P. Oikonomos, 'E.'A. 1931 e também as importantes maquetes de templos de Peracora, datadas do século VIII a.C., publicadas em Humfry Payne, *op. cit.* pp. 34 ss., bem como a listagem de P. Mingazzini em *Mon. L* XXXVIII, 1938, p. 921; também D. Burr, *Hesperia*, II, 1933, p. 547.

N. 60. Acrescentar agora dois templos do final do século VI a.C. em Taxiarque, na Etólia, ambos em pedra e divididos em dois ambientes, o mais interno com maior profundidade. O templo maior, de 7,32 m x 11,25 m, conta, em sua ampla porta de entrada, com dois pilares retangulares de pedra com bases e capitéis simples. Havia um telhado de duas águas com cornijas horizontais lisas e cornijas inclinadas, mas nenhum traço definidamente dórico. As proporções são meticulosas (*e.g.* comprimento : largura :: 1¹/₂ : 1). Ver K. Rhomaios, Ἀ. Δελτ. X, 1926 (1929), pp. 1 ss.

N. 62. Sobre essas construções "pré-dóricas" e outras semelhantes em Selinunte, ver atualmente E. Gàbrici em *Mon. L.* XXXV, 1933, pp. 137 ss.: há indícios de que algumas das terracotas primitivas de Selimunte provêm de templos inteiramente construídos em madeira.

N. 63. Sobre Creta, acrescentar agora o templo retangular de Drero (5,50 m x 9,50 m), do início do século VIII a.C., publicado por Sp. Marinatos em *B.C.H.* LX, 1936, pp. 214 ss., e o templo ainda mais antigo de Cárfi, datado de c. 1000 a.C., uma cidade também notável por suas moradias do tipo mégaron, escavadas por J. D. S. Pendlebury e outros, e publicada em *B.S.A.* XXXVIII, 1937-38, pp. 57 ss.

N. 66. Sobre o capitel de Larissa, ver atualmente L. Kjellberg em Corolla *Archaeologica Principi Hereditario Regni Sueciae...dedicata*, 1932, pp. 238 ss. Kjellberg situa-o em c. 575 a.C. e o considera o exemplar mais tardio desse tipo. Sobre o templo ver *A.A.* 1934, cc. 363 ss. – o edifício foi reconstituído com um pódio e uma cela semelhantes aos de Neandria, e com a mesma orientação, mas a cela é proporcionalmente menos longa e presume-se que tivesse um pteroma, reconstituído em 9 por 6, díptero na fachada mas sem colunas internas. A cela provém de um estágio mais antigo. Sobre as terracotas, ver L. Kjellberg em *Eranos*, XXVIII, 1930, pp. 49 ss.

CAPÍTULO V

1. V, 16, 1
2. Ver n.c.
3. Tais templos são chamados *hexastilos*, independentemente do número de colunas nas laterais; da mesma forma tetrastilos, octastilos etc.
4. A decomposição desse tijolo salvou da destruição o célebre Hermes de Praxíteles que se erguia no templo.
5. Ver **23** e **30**.
6. V, 16, I Pausânias não sugere, como a maioria dos escritores modernos insinua, que soubesse ou imaginasse que qualquer uma das outras colunas tivesse alguma vez sido construída em madeira.
7. Ver **111**.
8. V, 20, 4.
9. Ver **30** ss.
10. Os capitéis de algumas colunas arcaicas do tipo dórico existentes no centro da Itália se assemelham muito àqueles do "Tesouro de Atreu": ver R. Delbrück em *Röm. Mitt.* XVIII, 1903, p. 160, Fig. 7.
11. Ver n.c.
12. Tal hipótese existe desde o período helenístico: cf. Vitrúvio, IV, 2, 2.
13. L. B. Holland em *Am. Journ. Arch.* XXI, 1917, pp. 117 ss., XXIV, 1920, pp. 323 ss.
14. Outros templos dóricos que parecem haver tido um estágio em madei-

NOTAS 475

ra foram encontrados em Fere, na Tessália (*Arch. Anz.* 1926, col. 249) e Cálidon na Etólia (ver p. 425).

15. Ver **53**.
16. V, 20, 6.
17. VIII, 10, 2.
18. Plínio, *Nat. Hist.* XIV, 9.
19. Essa forma conveniente de indicar o número de colunas na parte frontal e nas laterais de um períptero será adotada daqui para diante; as colunas angulares são contadas duas vezes.
20. Sobre essas métopas, ver atualmente Humfry Payne, *B.S.A.* XXVII, 1926, pp. 124 ss.
21. Uma telha de cobertura semelhante, encontrada em Tirinto, talvez pertença ao templo possivelmente erguido sobre as ruínas do mégaron (ver **36**). As construções absidais possuíam um único frontão.
22. São raros os tríglifos e métopas em terracota: tais tríglifos ocorrem em construções primitivas na Élida e em Olímpia, e tais métopas, em Cálidon, na Etólia (atribuídas ao século VII ou VI) e em Gonos, na Tessália; ver E. D. van Buren, *Greek Fictile Revetments*, 1926, p. 35 etc., e as referências sob Gonos e Cálidon no Apêndice II. O relevo em terracota da segunda metade do século VI a.C. de Régio Calábria, a antiga Régio, ilustrado e discutido por N. Putortì (ver 367, *s.v. Régio*), por certo é arquitetônico, mas não seguramente uma métopa.
23. Ver **13**.
24. O templo de Cirene foi agora publicado por L. Pernier, *Il Tempio e l'Altare di Apollo a Cirene*, Bérgamo, 1935. As dimensões indicadas em 324 foram calculadas a partir das plantas apresentadas nesse livro.
25. Em épocas posteriores, as colunatas perípteras com espaço entre colunas excepcionalmente extenso tinham, por vezes, vigas de madeira; por exemplo, no templo pseudodíptero de Hermógenes dedicado a Ártemis, em Magnésia, construído aproximadamente em 130 a.C., em que a distância entre duas colunas era de cerca de 6 m; Hermógenes aparentemente também teria usado vigas de madeira no pteroma, sem nenhuma razão especial, em seu templo períptero de Dioniso, em Teos. Ver **154** ss.
26. Ver **72** e Fig. 28.

Notas complementares

N. 2. Sobre o Templo de Hera, ver atualmente W. Dörpfeld e outros, *Alt-Olympia*, Berlim, 1935, 2v.

N. 11. H. Sulze em *A.A.* 1936, p. 14, argumenta que o capitel dórico arcaico de Tirinto, bem como um capitel semelhante do Museu de Agrigento, apoiavam-se em fustes de madeira, e que tal era a prática habitual primitiva, a qual está representada em pinturas de vasos. Ele não menciona o primitivo capitel cretense com motivo de palma a que me refiro no Cap. VII, n. 21. R. Hampe em *A.A.* 1938, p. 359, identifica uma placa de bronze descoberta em Olímpia em 1936 como o ornamento da moldura côncava abaixo do equino de um capitel dórico em madeira.

CAPÍTULO VI

1. Ver Cap. IV, n. 23.
2. Ver **65** e Fig. 25.
3. Ver **36**.
4. Atualmente publicado ou em vias de publicação por G. Rodenwaldt em *Korkyra, Archaische Bauten und Bildwerke*, mas apenas tive acesso a um pequeno esboço do Vol. II desse livro (*Altdorische Bildwerke in Korfu*, 1938). O templo possuía um friso jônico acima do pronaos, mas provavelmente tríglifos acima do opistódomo; sobre o estilo e a data das esculturas, ver também Humfry Payne, *Necrocorinthia*, 1931, 244 ss., que conclui por c. 590-580 a.C.
5. Ver atualmente G. Rodenwaldt em *Corolla Ludwig Curtius...dargebracht*, Stutgart, 1937, pp. 63 ss., e R. J. H. Jenkins, *Dedalica*, 1936, p. 50. Também obtive dados informais do professor A. J. B. Wace, que põem em dúvida o seu caráter arquitetônico.
6. Ver Dinsmoor em *Bull. corr. hell.* 1912, p. 471. Ver n.c.
7. Esse templo também está publicado ou em vias de publicação no vol. III do *Korkyra*, de Rodenwaldt, sobre o qual ver n. 4.
8. O esquema díptero inclui um pteroma duplo por toda a volta, *e.g.* Fig. 39 (Éfeso).
9. E. Gàbrici, *Mon. L.* XXXV, 1933, p. 167, comprovou que Koldewey e Puchstein estavam corretos quanto à cornija e também que a cabeça da Górgona pertence a C e o "templo primitivo" é muito questionável.
10. Ver **41**.
11. Ver **61**.
12. Ver **76**.
13. Na "Basílica" de Pesto (Fig. 30), aproximada, e no templo G de Selinunte (Fig. 37), exata. Acrescentem-se a estes Garitsa, em Corcira e Foce del Sele, próximo a Pesto: ver **69** e n. 23.
14. No estilo dórico, a regra para os lados maiores é normalmente a de que as faces externas das paredes laterais da cela devem estar alinhadas com os eixos da penúltima ou antepenúltima colunas da fachada. No jônico, a regra é a correspondência axial das antas e paredes laterais com as colunas correspondentes do pteroma.
15. Ver **106** ss.
16. Sobre a composição do primitivo templo dórico de Samos ver **95** ss.
17. Ver também **111**.
18. Tradicionalmente, esse nome está associado ao templo de Pesto do século V a.C., mencionado acima, sobre o qual ver **136**.
19. Não há indícios de que esse templo fosse o de Deméter (Ceres), mas sua denominação ficou assim estabelecida.
20. Sobre uma provável correção da Fig. 32, ver n. 23.
21. Ver **201**.
22. Para um paralelo parcial nos Propileus atenienses, ver **120**.
23. Deve-se acrescentar aos dois templos antigos de Pesto dois importan-

NOTAS 477

tes templos descobertos em Foce del Sele (antiga Silare) cerca de 21 quilômetros ao norte. A data do menor (8,90 m x 17,22 m, tetrastilo prostilo) foi estipulada em c. 575 a.C., e a do maior (18,65 m x 38,97 m no eutintério, com cela de 6,14 m x 14,92 m, pseudodíptero, 8 x 17) em c. 500 a.C. Ambos nos legaram detalhes bem preservados, inclusive capitéis de colunas e antas. Os capitéis de coluna mais antigos apresentam uma profunda moldura côncava abaixo do equino, enquanto os mais recentes estão decorados como aqueles do "Templo de Ceres", em Pesto. O templo posterior exibe notáveis molduras entalhadas do tipo jônico e suas colunas têm 18 caneluras. Para mais detalhes e sobre as métopas entalhadas também encontradas, ver P. Zancani-Montuoro e U. Zanotti-Bianco em *N.S.* 1937, pp. 207 ss. ("Heraion alla Foce del Sele").

24. Com exceção daquele dos primitivos Propileus, sobre os quais, ver **89**.

25. Mas ver n. 30, sobre recentes ataques a essa opinião.

26. O pé ático utilizado em todas as construções atenienses até o período romano era de 0,328 metros; o pé inglês é de 0,3048 metros. Ver **149** sobre o pé "ático" romano.

27. Ver **113**.

28. Ver **88**. Também n. 30.

29. Ver **113**.

30. W. H. Schuchhardt defende energicamente, em *A.M.* LX/LXI, 1935/36, 1-99, que o templo original de Pólia (cuja data situa-se entre 580 e 570 a.C.) era períptero. Entre os grupos de Héracles com Tritão e o monstro de três corpos, ele coloca dois leões trucidando um boi e, no outro frontão, dois leões deitados, com a cabeça erguida, cada qual ladeado por uma serpente; segundo sua reconstituição também haveria, acima da arquitrave do pronaos, um friso de leões em terracota aplicados a um fundo de poro. Ele admite, ainda, a existência de um "Partenon mais primitivo" (datado de c. 600 a.C.) como o único outro edifício de grandes dimensões da acrópole, seguindo a concepção de H. Schrader, *J.D.A.I.* XLIII, 1928, 54 ss. Ver também W. Züchner, *A.A.*, 1936, 305 ss. O. Broneer, em *Hesperia*, VIII, 1939, 91 ss., aceita as idéias de Schuchhardt e fornece novos esclarecimentos sobre as esculturas de frontões.

31. Ver **211**. Sobre o antigo Tholos, ver atualmente P. de la Coste-Messelière, *Au Musée de Delphes*, 1936, pp. 50 ss.

32. Ver **73**.

33. O templo de Afaia, em Egina, tinha um opistódomo, mas é evidente que os sacerdotes desejavam um ádito e, durante a construção, foi aberta uma porta na parede dos fundos do opistódomo, cujo pórtico estava tão solidamente encerrado em uma grade metálica que se tornou uma espécie de ádito. Havia uma grade similar no pronaos, mas esta tinha portas, ao passo que aquela do opistódomo mantinha-se permanentemente fechada.

34. A retomada romana dessa prática, para os fustes de materiais valiosos, não está em questão aqui. [Sobre a data do templo coríntio, ver também p. 387.

35. A teoria é vigorosamente defendida por H. Schrader em *Die archaischen Marmor-bildwerke der Akropolis*, 1939, pp. 387 ss., um trabalho também importante no tocante às esculturas de frontões.

36. Ver atualmente W. B. Dinsmoor, *A.J.A.* XXXVI, 1932, pp. 143 ss., 307 ss.

37. Ver **169** ss.

Notas complementares

N. 6. Afigura-se agora que o "Velho Tesouro de Siracusa" era sicioniano, mas monóptero (4 x 5) e não um Tesouro; sua base media c. de 4,29 m x c. 5,57 m, e sua data remonta a c. 560 a.C.; ver P. de la Coste-Messelière, *Au Musée de Delphes*, 1936, 41 ss.

N. 20. F. Krauss em *R.M.* XLVI, 1931, pp. 1 ss., contesta a saliência da cornija inclinada do "Templo de Ceres", mostrado na Fig. 32; parece que ela seria reta.

CAPÍTULO VII

1. Ver **103**.
2 e 4. Ver n.c.
3. Possivelmente, como sugere Lethaby, havia nove na parte posterior, como em Samos (ver **97**).
5. *Nat. Hist.* XXXVI, 95.
6. É difícil conciliar a tentadora sugestão de que as arquitraves fossem em madeira (como Noack, *Eleusis*, 1927, p. 145 admite, ao menos no caso do Templo de Hera sâmio, em que os vãos eram ligeiramente menores) com as detalhadas descrições do transporte e instalação das arquitraves fornecidas por Vitrúvio (X, 2, 11) e Plínio (*N.H.* XXXVI, 96), baseados, quase seguramente, no tratado perdido de Quersifronte e seu filho Metagene (Vitrúvio VII, *praef.* 12). Pai e filho foram arquitetos do templo, e provavelmente daquele de Creso, embora Hogarth os relacione às mais recentes dentre as construções mais antigas.
7. Ver Fig. 18, p. 54.
8. Tal reconstituição não deve ser aceita em detalhe; ver F. N. Pryce, *Catalogue of Sculpture in...the British Museum*, 1, i, 1928, p. 49.
9. III, 60.
10. VII, 5, 4.
11. Ver n.c.
12. Também é encontrado no Erecteu: ver **134**.
13. Ver **46** e, mais adiante, **122** e **125**.
14. Sobre todas essas construções sâmias ver n.c. A. W. Lawrence (*Herodotus*, 1935, p. 274) sugere que algumas das colunas helenísticas do Templo de Hera teriam substituído aquelas arcaicas vistas por Heródoto.
15. Ver Fig. 53, p. 148.
16. Ver **78**.
17. Ainda não foi conclusivamente publicado.
18. Ver, por exemplo, a Porta Norte do Erecteu, Fig. 57.
19 e 20. Ver **47**.
21. Sobre as razões para se rejeitar a proposta de Dinsmoor no sentido de classificar como "eólico" esse tipo, ver **59**. Para um exemplo muito primevo de

um capitel grego com motivo de palma, de Frati (Arcades), Creta, com um ábaco notável, ver D. Levi em *Ann. R.S.A.* X-XII, 1931, p. 451, e *A.A.* XLVI, 1931, c. 301 e Fig. 38. Embora o capitel fosse em poro, aparentemente o fuste e o epistilo seriam em madeira.

22. Ver **160**.

23. Hipônio conta com um períptero aparentemente jônico, mal conservado de 18,10 m x 27,50 m. Sobre a tradição jônica no Ocidente, ver N. Putortì, artigo citado na p. 433 *s.v. Régio* p. 27 em *Ital. antich.* 1.

24. Com referência a esse esquema de pórtico podemos estabelecer uma comparação com o "Templo A" de Prínia (ver **56** e Fig. 21) e um santuário do final do século IV a.C., de Agrigento (*Not. degli Scavi*, 1925, 437 ss.), que teve um predecessor, de planta desconhecida.

25. Tal forma é rara porém não excepcional: encontra paralelo em um pequeno capitel de Samos (*Ant. of Ionia*, I, cap. V, Lâm. VI) e em um fragmento do templo de Atena em Mileto (*Milet*, I, 8, Fig. 37); possivelmente ambos datam do século V a.C.

26. Existe alguma dificuldade em encaixar essa cornija ao friso, porém todos os fragmentos foram encontrados juntos na parte nordeste do templo: ver Orsi em *Not. degli Scavi*, Anno 1911 – Supplemento 1912, p. 34, e Figs. 24-26.

Notas complementares

Nn. 2 e 4. Para uma crítica ao estudo de Hogarth sobre os vestígios mais antigos de Éfeso ver Weickert, *Typen der archaischen Architektur*, 1929, p. 16, e sobre o extremo ceticismo que cerca todos os vestígios atribuídos a datas anteriores a Creso, ver E. Löwy, *Zur Chronologie der frühgriechischen Kunst. Die Artemistempel von Ephesos: S.B. Ak. d. Wiss. in Wien, Phil. hist. Kl.* CCXII, 4, 1932.

Nn. 11 e 14. Muito foi divulgado acerca das construções de Samos desde a primeira publicação do presente capítulo: ver especialmente E. Buschor, *Heraion von Samos, Frühe Bauten*, A.M. LV, 1930, pp. 1 ss. – alterei meu texto de modo a incorporar esses estudos mais recentes, mas não tive espaço para mencionar que o templo de Reco foi precedido por um templo períptero do século VII, com colunas em madeira, provavelmente de 5 x 17, e que o mesmo sucedeu a um templo períptero anterior, do século VIII, igualmente com colunas de madeira, o qual, por sua vez não é o santuário mais antigo do sítio. Aparentemente a cela de cada um desses templos primitivos media 100 pés locais de comprimento.

CAPÍTULO VIII

1. Duas, em um pórtico prostilo, embora seja mais fácil falar apenas em construções perípteras.

2. A fórmula de Koldewey era E-T/2, mas foi modificada aqui para A-T/2, uma vez que o epistilo é chamado arquitrave no presente livro.

3. Ver Koldewey e Puchstein, *Griech. Temp. in Unterit. und Sic.*, p. 163.

4. Ver **117**.
5. IV, 3, 1.
6. Ver **119**.
7. Ver **209**.
8. Ver Cap. XIV, n. 1 e p. 404.
9. É impossível ter segurança absoluta de que tal contração seja realmente significativa.
10. Ver Cap. VI, n. 33.
11. Ver **39** ss. e Fig. 17.
12. V, 10, 10.
13. Sobre a configuração geral da acrópole ao tempo de Péricles ver n.c.
14. *Ath. Mitt.* XLVII, 1922, p. 98. Alguns críticos rejeitam as teorias de Buschor, e.g. W. Kolbe, *Phil. Woch.* 1931, cc. 14 ss. e W. B. Dinsmoor, *A.J.A.* XXXVI, 1932, p. 380: ver também W. Dörpfeld, *J.D.A.I.* LII, 1938, p. 14; mas ver também as obras relacionadas na p. 84, n. 30 *supra*.
15. Ver **83**.
16. W. Kolbe, *J.D.A.I.* LI, 1936, pp. 1 ss. situa esse Partenon anterior em 479 a.C., em seguida às guerras persas.
17. Cabe acrescentar, talvez, que a pequena réplica, encontrada em Varvaqueu, da Atena em ouro e marfim desse templo inclui uma coluna que sustenta a mão direita da deusa e que parece possuir um capitel duplo semelhante àqueles do Tesouro de Massália em Delfos (ver **101** e Fig. 46). Se tal coluna for uma cópia fiel do original, é interessante o uso desse tipo de capitel.
18. Ver **88**.
19. Sobre o friso do Teseum, ver **118**; sobre aqueles de Ramno e Súnio, ver p. 389. No Partenon e em Ramno há réguas e gotas sob o friso jônico. Ver também Garitsa, Cap. VI, n. 4.
20. Ver atualmente G. P. Stevens em *A.J.A.* XXXVIII, 1934, 533 ss., sobre a curvatura nos degraus do Partenon.
21. Há quem negue a existência da êntase na tradição jônica grega, mas é certa ocorrência no pórtico norte do Erecteu, embora esteja ausente de seu pórtico leste, bem como do templo de Atena Nikê. Seguramente estava presente no templo de Atena Pólia em Priene (século IV a.C., ver **147** ss.) e é comum nas obras romanas.
22. A exemplo da êntase e da curvatura, a inclinação é freqüentemente omitida, especialmente no jônico, embora o Erecteu apresente inclinação nos pórticos leste e norte. No pórtico norte, todas as colunas apresentam uma inclinação dupla, em direção ao centro e à parede; no pórtico leste somente as colunas angulares apresentam inclinação dupla.
23. III, 6, 13.
24. Ver N. Balanos, em *C. R. Ac. Inscr.* 1925, p. 167.
25. A. D. Browne recentemente forneceu dados esclarecedores sobre os efeitos mecânicos da acomodação em construções colunares e defendeu a hipótese de que a inclinação das colunas e as curvaturas horizontais foram projetadas

para antecipar e neutralizar os efeitos indesejáveis de tal acomodação. (*Architecture*, V, 1927, pp. 296 ss.)

26. Em alguns templos, por exemplo o de Atena Pólia em Priene (estilo jônico, século IV a.C., ver **147** ss.), o estilóbato apresenta um declive em direção ao exterior, embora não seja curvo, supostamente para fins de drenagem.

27. Ver nota na p. 389.

28. Ver **89**.

29. As colunas do pórtico leste eram quase 30 cm menores do que aquelas do pórtico oeste: Dinsmoor em *Anderson and Spiers*, ed. III, p. 133.

30. Havia aberturas semelhantes acima dos pórticos da cela no "Templo da Concórdia", em Agrigento.

31. Ver **80**.

32. O que se pode ver na planta reconstituída (Fig. 50), porém Dinsmoor afirma que investigações americanas ainda não publicadas demonstraram que a parede leste fora planejada para ser sólida; também afirma que as fachadas leste dos salões nordeste e sudeste haviam sido planejadas como paredes sólidas (*Anderson and Spiers*, ed. III, p. 134).

33. Abaixo dos tambores da coluna mais baixa do templo dórico arcaico de Pompéia, existia um disco ligeiramente elevado, acanelado de modo a formar uma continuidade com o fuste acima dele, muito embora seja raro qualquer elemento de uma coluna ser parte estrutural do estilóbato. Ver, contudo, p. 386.

34. Sobre Samos, ver Fig. 44. Sobre essa visão, cf. Krischen, *Ath. Mitt.* XLVI-II, 1923, p. 87. Todavia, as fundações do templo de Atena Nikê (ver **125** e Fig. 53), sugerem antes que o primeiro degrau consistisse no simples acréscimo de um pequeno toro abaixo do grande elemento côncavo.

35. Ver também **157** e **211** sobre as tendências helenísticas.

36. O "Templo de Poseidon", em Pesto, embora provavelmente anterior à deflagração da Guerra do Peloponeso, foi incluído, juntamente com alguns outros templos ocidentais, no capítulo seguinte, **136**.

37. Ver **122**.

38. Ver **302**. Sobre o Templo de Zeus Olímpio e todos os templos de Agrigento, ver atualmente P. Marconi, *Agrigento, Topografia ed Arte*, Florença, 1929.

Nota complementar

N. 13. Sobre a configuração geral da Acrópole ao tempo de Péricles, ver atualmente G. P. Stevens, *Hesperia*, v, 1936, pp. 443 ss., e sobre os novos fragmentos de acrotérios e outros detalhes do Partenon ver W. Züchner, *A.A.* 1936, cc. 305 ss.

CAPÍTULO IX

1. Tais equívocos estão sendo corrigidos em uma nova reconstrução a cargo das autoridades gregas.

2. Com respeito a essa configuração, estabelecer uma comparação com o "Templo dos Atenienses", em Delos (ver p. 389)

3. Ver Cap. VIII, n. 34.

4. Ver n.c.

5. Ver atualmente H. Möbius em *Ath. Mitt.* LX/LXI, 1935/36, 234 ss.

6. Possivelmente antes de 431 a.C., mas *Inscr. Graec.* 1, 32, ainda que restaurado, não o prova, como assevera Dörpfeld em *Phil. Woch.* 1928, col. 1073.

7. Ver **135**.

8. Ver **218**.

9. Nessa planta, uma reconstituição, os caixotões de mármore do tetos dos pórticos, os capitéis das colunas e as cariátides são representados como que vistos de baixo.

10. O que se segue baseia-se principalmente em Stevens e Paton, *The Erechtheum*, 1927. Podem-se encontrar detalhadas resenhas dessa valiosa obra, por G. W. Elderkin e W. Dörpfeld, em *Am. Journ. Arch.* XXXI, 1927, pp. 522 ss., e em *Philol. Woch.* 1928, coll. 1062 ss.

11. A posição do pteroma do templo de Pólia está indicada por linhas pontilhadas na Fig. 54; ver também Fig. 34, p. 97.

12. Existem algumas dúvidas quanto a essa distribuição.

13. Na tradição jônica, o diâmetro inferior é medido imediatamente acima da apófige.

14. A parede transversal interna oeste deveria estar posicionada 1 pé ático à frente na direção oeste, de modo que a divisória mais a oeste do templo seria 1 pé ático mais extensa do que é hoje.

15. A escadaria não é visível na Fig. 54, já que está oculta pelos caixotões do teto do pórtico.

16. O que subsiste é uma reconstrução romana, talvez do final do século I a.C., na qual havia uma parede contínua que se elevava até o teto, com colunas embutidas na parte externa e pilastras na parte interna, além de janelas localizadas nos três intercolúnios centrais. Os detalhes da configuração original, sobre os quais não se tem muita segurança, são por demais complicados para serem discutidos aqui.

17. Sobre a inclinação dessas colunas, ver Cap. VIII, n. 22.

18. Ver **97**.

19. Ver Stevens e Paton, *The Erechtheum*, p. 455, n. 1.

20. Ver n.c.

21. Koldewey e Puchstein datavam-no em c. 440 a.C. Dinsmoor (*Anderson and Spiers*[5]) situa-o em 460 a.C.

22. O consenso geral é que a cela jamais chegou a ser construída e que isto comprova que, nos templos perípteros, o pteroma era normalmente erguido em primeiro lugar, o que pode estar correto. Cumpre observar, no entanto, que a pilhagem quase completa das paredes de celas é um fenômeno corriqueiro.

23. Ver **110** e **112**, e Cap. VIII, n. 30.

24. Sobre as ideias de Dinsmoor acerca da data e outras questões, ver n.c.

25. O Templo de Neméia foi planejado de modo semelhante: ver **390**.

26. Dinsmoor presume que também as colunas embutidas que ladeavam a coluna livre fossem dotadas de capitéis coríntios; ver n.c.

27. Uma orientação aproximadamente norte-sul, todavia, é comum nas obras mais antigas, e.g., em Neandria, Termo, Cálidon e Erétria.

28. Cockerell estava equivocado ao conjecturar (ver as linhas pontilhadas na Fig. 59) que essas faces laterais possuíssem duas volutas completas.

29. Ver **212** e Lâm. IX*b*.

30. Ver **220** e Lâm. IX*c*.

31. Ver n.c.

32. Ver n.c.

33. Para um exemplo, ver Fig. 69, p. 187.

34. Por exemplo, o Templo de Bel, em Palmira (ver **222**).

35. VII, *praef.* 12.

36. Ver *Baukunst der Griechen*, de Durm, 3ª ed., 1910, Fig. 310.

37. Ver **210** e Lâm. IX*a*. Encontramos, no século III a.C., capitéis em que as espirais externas são independentes, enquanto as internas originam-se nos caulículos; ver Breccia, *Alexandrea ad Aegyptum*, 1922, Fig. 36.

38. Para um outro exemplo primitivo, ver o Templo de Apolo Didimeu, em Mileto, 153. O templo jônico pseudodíptero de Messa, Lesbos, (oito por catorze) foi situado no início do século IV e parece exibir essa combinação, mas é provável que seja posterior, embora dificilmente de um período mais recente que 300 a.C. (ver p. 394). O proscênio do teatro de Epidauro (ver **166**), do século IV a.C., apresentava uma combinação de friso e dentículos, mas talvez seja um acréscimo helenístico. O exemplo mais antigo talvez seja a forma reconstruída do antigo Cabírion, da Samotrácia (ver p. 393), datado, aparentemente, de cerca de 365 a.C.

39. Ver **89** e p. 387.

40. Ver **174**.

Notas complementares

N. 4. Sobre o parapeito esculturado, não discutido no presente livro, ver atualmente Rhys Carpenter, *The Sculpture of the Nike Temple Parapet*, Cambridge, Mass., 1929, e W. B. Dinsmoor, *A.J.A.* XXXIV, 1930, pp. 281 ss.

N. 20. G. Rodenwaldt, *Griechische Reliefs in Lykien, Sitz.-Ber. Preuss. Ak. d. Wiss., Phil.-Hist. Kl.*, 1933, XXVII, p. 1031 (6), considera a data atribuída ao Monumento às Nereidas, o final do século V, como segura.

Nn. 24 e 26. W. B. Dinsmoor (*The Temple of Apollo at Bassae*, Metrop. Mus. Studies, IV, 2, 1933, p. 225) situa o corpo da parte externa em c. 450 a.C., porém os capitéis, frisos, métopas de mármore e outros detalhes jônicos e coríntios, em c. 420 a.C. L. T. Shoe, *Profiles of Greek Mouldings*, 1936, p. 120, situa alguns elementos (e.g. os capitéis das antas), datados por Dinsmoor em c. 450 a.C., em 420 a.C.

N. 31. Meias colunas jônicas com capitéis semelhantes àqueles de Basse, presumivelmente datadas do final do século V ou início do século IV a.C., foram encontradas no interior de uma estoa dórica no Templo de Hera de Peracora – ver Humfry Payne em *J.H.S.* LII, 1932, p. 242. Dinsmoor considera que as duas

484 ARQUITETURA GREGA E ROMANA

colunas embutidas situadas em cada lado da coluna livre também apresentavam capitéis coríntios. Oferece fundamentos, ainda, para que se presuma que a estátua estivesse localizada na cela propriamente dita.

N. 32. Dinsmoor apontou que esse desenho não é um dos de Haller, conforme afirmei, baseado em E. e R. Wurz, mas uma reconstituição mais recente inspirada em seus desenhos.

CAPÍTULO X

1. *Meteor.* III, 371a, 30. Aristóteles nasceu em 384 a.C.
2. Ver **90** e Fig. 39.
3. Ver Henderson, *J.R.I.B.A.*, 1915, p. 130.
4. Ver **150**.
5. *Nat. Hist.* XXXVI, 95
6. Ver **45** e Figs. 18 e 19.
7. Ver n.c.
8. Esse pé "ático" não foi utilizado nas construções atenienses antes do período romano; ver Cap. VI, n. 25.
9. III, 3, 7; ver, ainda, **155**.
10. Até o fim da descrição desse templo, o termo "pé" significa "pé grego de 0,295 metros".
11. Ver **392**: [também Shoe, *Greek Mouldings*, p. 14].
12. Uma recente tentativa de reconstituição é a de H. W. Law, *J.H.S.* LIX, 1939, 92 ss.
13. VII, *praef.* 12.
14. XIV, 1, 40 (c. 467).
15. VII, *praef.* 17.
16. Hermógenes foi anteriormente situado na virada do século III para o II a.C., mas ver A. von Gerkan, *Der Altar des Artemis-Tempels in Magnesia am Mäander*, Berlim, 1929, pp. 27 ss.
17. Não as dimensões interaxiais, que são, obviamente, maiores em 1 diâmetro inferior: *i.e.*, picnostilo 2, 5, sistilo 3 etc. Esta é uma fonte comum de confusão. É provável que Hermógenes e seus predecessores, tal como a maior parte dos estudiosos modernos, pensasse em termos interaxiais, porém as dimensões de Vitrúvio são sempre intercolunares.
18. O uso de tetos de madeira no pteroma dos templos de Hermógenes já foi mencionado (Cap. V, n. 25).
19. Ver **149**. Hermógenes empregava o antigo pé ático de 0,328 m. Ver, contudo, n.c.
20. Existe alguma controvérsia acerca do friso de Teos e o mais prudente é deixá-lo à parte da discussão.
21. Ver **122** e **211**.
22. Ver **145**.
23. Hipótese formulada por A. Birnbaum, *Vitruvius und die griechische Ar-*

chitektur, Viena, 1914, e analisada por Rhys Carpenter em *Am. Journ. Arch.* XXX, 1926, pp. 259 ss. Minha discussão de Hermógenes deve muito a ambos esses estudiosos, bem como à publicação oficial de Magnésia.

24. De menor importância é o fato de tabiques de pedra interligarem as colunas e antas de ambos os pórticos; cada um dos quais tinha por único acesso um elaborado corredor de pedras entre as colunas. Esses tabiques e portas foram, provavelmente, uma concepção posterior do arquiteto original.

25. Ver **227** e também **120** sobre aberturas semelhantes em edifícios gregos mais antigos.

26. Uma moeda da época de Sétimo Severo (cerca de 200 d.C.) aparentemente apresenta uma vista oeste da estrutura com a omissão dessas colunas e pilares, e com o altar propriamente dito plenamente exposto; trata-se, porém, de uma simplificação compreensível e o testemunho das fundações confirma enfaticamente a descrição acima apresentada.

27. Ver **179**.

28. Em obras romanas posteriores da Síria o segundo tipo, com óvalo-e-dardo no equino, por vezes apresenta um colarinho decorado com acantos, separado do equino por uma faixa de coluna com caneluras; uma espécie de "compósito" dórico-jônico-coríntio.

29. A construção circular da Samotrácia (c. 280 a.C.) possuía meias-colunas internas em estilo coríntio com capitéis do mesmo tipo geral que aquelas do templo ateniense de Zeus Olímpio. Ver p. 391.

30. Ver **210**.

31. É possível que o Templo Circular, nas proximidades do Tibre, seja de um período anterior; ver **211**.

32. Ver Cap. XII, n. 21.

33. Contudo, o grande templo coríntio de Zeus Ólbio, próximo a Olba, na Cilícia, parece remontar ao período mais recuado de Seleuco Nicator; até agora não foi publicado adequadamente. Ver p. 395 [incluindo novos testemunhos].

34. Ver **102**.

35. Vitrúvio, VII, *praef.* 15, e *Inscr. Att.* III, 561.

36. Ver **179**.

37. IV, 1, 12.

38. IV, 1, 2.

39. 1, 2, 6.

40. Ver **230**.

Notas complementares

N. 7. M. Schede, *J.D.A.I.* XLIX, 1934, p. 97, mostra, com base no estilo dos detalhes, que todos os elementos existentes a oeste da parede entre o pronaos e a cela foram concluídos somente no século II a.C.

N. 19. A. von Gerkan (ver n. 16), Cap. I, n. 1, afirma que Hermógenes empregava o pé "ático" de 0,2957 m. (ver **149**) Ignoro de que modo pode-se conciliar tal afirmação com os fatos apresentados em **155**.

CAPÍTULO XI

1. Ver **297** ss.
2. Ver atualmente K. Kourouniotis e H. A. Thompson, *Hesperia*, 1, 1932, p. 90.
3. Ver n.c.
4. Reproduzimos fielmente aqui a forma original grega do vocábulo *skene* e seus derivativos, pois a *scaena* romana e seus derivativos eram muito diferentes.
5. Ver n.c.
6. O proscênio de Epidauro combinava friso e dentículos jônicos; sobre essa particularidade ver **145** e Cap. IX, n. 38. [Shoe, em *Mouldings*, p. 32, situa-o no século II a.C.]
7. O teatro de Siracusa, talvez construído antes do final do século V a.C., tinha de início uma *skene* com parascênios, mas sem proscênio. Os parascênios foram removidos e erguido um proscênio de pedra na segunda metade do século III a.C. Entre esses períodos foi construído, aparentemente, um proscênio de madeira, mas suas feições são obscuras. Ver G. E. Rizzo, *Il Teatro Greco di Siracusa*, 1923.
8. Pode-se ver uma planta geral do teatro na Fig. 84 (planta da região central de Priene).
9. Sobre o teatro do final do período helenístico, ver **283**; e sobre outros teatros gregos, ver p. 395.
10. Tema este enriquecido com novos dados trazidos à luz pelas escavações americanas na Ágora ateniense, que revelaram diversas e importantes construções primitivas desse tipo. Ver especialmente *Hesperia*, VI, 1937, sobre os bouleutérios Antigo e Novo (final do século VI e final do V, respectivamente). O segundo assemelhava-se ao Bouleutério de Mileto. O *tholos* circular (c. 470 a.C.) também é importante (*Hesperia*, Suppl. IV, 1940, por mim analisado em *Class. Rev.* LV, 1941, p. 41). Ver também p. XIII *supra*.
11. Os escassos vestígios da primeira forma, talvez pertencente ao final do século VII a.C., podem ser vistos na parte interna da construção pisistrátida na Fig. 74; partes das paredes sul e leste subsistiram e a alvenaria é parcialmente poligonal (ver **42**).
12. Na verdade é o norte do oeste, contudo será mais simples, para efeito de descrição, tratá-lo como propriamente oeste.
13. Vitrúvio, VII, *praef.* 16.
14. As feições desse telhado, bem como a posição do pórtico de Filo, estão indicadas na Fig. 76.
15. Sobre investigações posteriores em Elêusis, ver K. Kourouniotis, Ἐλευσινιακά, Atenas, 1932, e *Eleusis, a guide...* por K. Kourouniotis, traduzido por O. Broneer, Atenas, 1936. Sobre o pórtico de Filo, ver P. H. Davis, *A.J.A.* XXXIV, 1930, p. 1.
16. Uma parede acrescida muito *a posteriori* foi, de certa feita, tomada erroneamente pela legítima parede sul do Odeom, porém meu texto segue agora o estudo mais recente que tive em mãos, *A.A.* 1930, c. 89.

NOTAS 487

17. VIII, 32, 1. Ele o descreve como um *bouleutério*, denominado "Tersílion" segundo sua dedicatória.
18. Ver, porém, n. 10, sobre o Novo Bouleutério de Atenas.
19. Não há indício conclusivo algum de que o edifício fosse conhecido por esse nome, porém, ainda que pequeno, provavelmente tinha capacidade para abrigar a população cidadã de Priene, uma cidade com cerca de quatro mil habitantes. Para uma descrição geral de Priene, ver **189** s.
20. Sobre a história dos arcos gregos, ver **231** s.
21. Sobre o Arsenal de Filo ver **182** e Fig. 82, e sobre Vitrúvio (IV, 2, 1) ver **389**. Alguns templos gregos possuíam telhados dessa largura já no século VI a.C.; ver as dimensões da cela no Apêndice I.
22. Não há testemunho particular algum para a atribuição desse nome aqui, mas é assim que o edifício é descrito pelos autores modernos.
23. Ver **161** e Fig. 70.
24. Ver **159**.
25. Ver também **267** ss.
26. *Inscr. Graec.* II, 1054.
27. Tais medidas estão todas em pés áticos, provavelmente o de 0,328 m, quase 1 polegada (2,54 cm) maior que o inglês.
28. W. Marstrand, *Arsenalet i Piraeus*, Copenhagen, 1922, recentemente pôs em dúvida a existência dessa cumeeira, mas a interpretação usual da inscrição parece acertada.
29. Sobre o Faro, ver G. Reincke, *P.W.* XIX, 1937, c. 1869, e a resenha, em *Proc. Brit. Acad.* XIX, 1933, p. 277, da obra de M. Asin e M. Lopez Otrero sobre as afirmações de Ibn al-Shaikh de Málaga (1132-1207 d.C.), ignoradas por Thiersch.
30. Outro tipo, a Casa da Fonte, anterior a 300 a.C., é discutido por B. Dunkley em *B.S.A.* XXXVI, 1935-36, p. 142.
31. Ver **243** ss. e **258** ss.

Notas complementares

Nn. 3 e 5. Com referência a estudos recentes acerca de teatros gregos e romanos, ver: (i) H. Bulle, *Untersuchungen an griechischen Theatern, Abh. Bay. Akad.* XXXIII, 1928, e *Das Theater zu Sparta, S.-B. Bay. Akad.* 1933, e a série de estudos detalhados de Leipzig (*Antike griechische Theaterbauten*), iniciada em 1930, especialmente o nº 4 (1931), em que E. Fiechter trata da Megalópolis, e os n°s 5, 6 e 7 (1935 e 1936) em que trata do teatro de Dioniso, em Atenas; todos estes foram analisados por mim em *J.H.S.* (LIII, 1933, pp. 126 e 303, LIV, 1936, p. 242, LIX, 1939, p. 147), enquanto as idéias de Fiechter sobre o teatro de Atenas foram analisadas por H. Schleif, *A.A.* 1937, c. 26; e (ii) M. Bieber, *The History of the Greek and Roman Theater*, Princeton, 1939.

488 ARQUITETURA GREGA E ROMANA

CAPÍTULO XII

1. As páginas que se seguem devem muito ao estudo de A. von Gergkan, *Griechische Städteanlagen*, 1924, embora nem todas as suas conclusões sejam acatadas aqui. Ver atualmente Fabricius e Lehmann-Hartleben no artigo Städtebau em *P.W.* III A, 1929, c. 1982 ss.: ver n.c.

2. Ver **298**.

3. Ver, porém, p. 442. Ver atualmente M. Rostovtzeff, *Doura-Europos and its Art*, 1938 (especialmente p. 137, referente à cronologia).

4. XII, 10

5. Aparentemente a planta de Marzabotto teria sido hipodamiana: continha, ao menos, uma via larga no sentido norte-sul com ruas mais estreitas paralelas a esta e no mínimo três ruas no sentido leste-oeste com a mesma largura surpreendente (cerca de 4,5 m) que a via larga no sentido norte-sul. Muito pouco, todavia, veio à luz.

6. XII, 4, 7 (c. 565).

7. ἀφ' ἑνὸς λίθου κατὰ μέσον ἱδρυμένου τὸ γυμνάσιον. Embora a posição do ginásio seja surpreendente, é impossível a tradução de von Gerkan como "de uma pedra próxima ao ginásio central", a menos que se leia ἱδρυμένου, (οὗ) τὸ γυμνάσιον.

8. Ver **212**.

9. É elucidativo comparar a planta mecânica das Termas de Caracala (Fig. 110) com o desenho assimétrico das Termas de Faustina, a Jovem (século II d.C.), em Mileto, cidade de tradições helenísticas, que, em termos de técnicas construtivas, são romanas (*Milet*. I, 9, 1928, Fig. 115).

10. Ver **292**.

11. Ver **222**.

12. Ver **302** ss. Sobre os túmulos etruscos, ver **265**.

13. Temos conhecimento de meia dúzia; entre as melhores incluem-se a de Nemi, reproduzida aqui, e uma de Conca, a antiga Sátrico.

14. III, 3, 5.

15. IV, 7.

16. Essa reconstituição admite a existência de uma empena também na parte posterior. Há quem defenda a hipótese de que o templo etrusco de Vitrúvio possuía um telhado de três águas na parte posterior, a exemplo do templo de Termo descrito em **66**; todavia, nem o texto nem os testemunhos arqueológicos dão grande sustentação a essa idéia, sobre a qual ver A. Sogliano em *Acc. Lincei Mem.*, Ser. VI, Vol. 1, 1925, p. 237. Ver também E. Wistrand, p. 305, n. 1 *infra*.

17. Contudo, os frisos concebidos como uma composição contínua somente aparecem no século III a.C.

18. Para um paralelo grego das cortinas, ver *Ath. Mitt.* XXXIX, 1914, p. 166, Fig. 4 (Corcira).

19. Ver a ilustração referente ao templo "dórico-coríntio" de Pesto, p. 202, Fig. 90.

20. Ver **54**.

21. Foi depois desse incêndio que Sila o ornou com colunas provenientes do Templo de Zeus Olímpio de Atenas.

Nota complementar

N. 1. Olinto, arrasada por Felipe em 348 a.C., é agora um notável exemplo do planejamento urbano hipodamiano pré-helenístico; ver seu escavador, D. M. Robinson, em *A.J.A.* desde XXXVI, 1932, e em *P.W.* XVIII, 1939, cc. 325 ss.

CAPÍTULO XIII

1. Ver **200**.
2. Ver **204**.
3. Ver **268**.
4. Ver **211, 212**.
5. Ver **213**.
6. Ver **209**.
7. Ver **210**.

8. Estabelecer uma comparação, por exemplo, com as bases das colunas jônicas do Salão Hipostilo em Delos, **182**.

9. Sobre a ornamentação com elementos convexos das caneluras romanas, ver p. 451.

10. Ver **159**.

11. Encontramos, porém, caveiras de boi alternadas com rosetas no friso acima das colunas jônicas dos Propileus Norte, em Epidauro, presumivelmente datados do final do século IV a.C., e caveiras de boi interligadas por guirlandas, no Bouleutério de Mileto (**179** ss.), no túmulo existente no pátio, e caveiras de boi, normalmente alternando-se com *fialai* (pequenos frascos) ou rosetas, em construções do século III na Samotrácia e em Pérgamo. Também ocorrem cabeças de boi não-descarnadas e interligadas por guirlandas em obras augustianas, *e.g.*, no templo de Antioquia, na Pisídia. Ver n.c.

12. Ver **160**.

13. Ver **157**. Temos bons exemplares tardios no templo existente em Hebran, no Hauran, cuja data, revelada por uma inscrição, é 155 d.C.

14. Parcialmente antecipado em Basse (**138**). Um exemplar provavelmente helenístico foi encontrado em Caláuria (ver p. 425).

15. Ver **220** e Lâm. IXc.

16. Ver, especialmente, A. Sogliano, in *Atti. Acc. Lincei*, Ser. VI, vol. 1, 1925, pp. 230 ss.

17. A construção de estruturas arqueadas é discutida no Capítulo XV.

490 ARQUITETURA GREGA E ROMANA

Nota complementar

N. 11. Os padrões de caveiras de boi alternadas com rosetas ou pequenos frascos também são encontrados em vasos com figuras vermelhas do século IV a.C.; sobre estes e para uma discussão da origem do motivo, ver J. D. Beazley, *J.H.S.* LIX, 1939, p. 36.

CAPÍTULO XIV

1. Para referência a um templo dórico de c. 161 ou 162 d.C., ver p. 404 (Templo de Esculápio em Lambises); datado aproximadamente do mesmo havia outro em Lepcis Magna período.

2. Outro tipo primitivo é mais simples ainda, é o das pontas de vigas retangulares com molduras lisas.

3. *C.I.L.* II, 74, do teatro de Merida, na Espanha, é um paralelo muito próximo.

4. O templo de Viena tem uma história complicada: ver p. 401.

5. Sobre tais paredes, ver **292**.

6. Ver **246**.

7. Esse tratamento de ponta-de-lança, entretanto a darmos crédito a Pullan, foi empregado no óvalo-e-dardo do equino dos capitéis do templo de Dioniso em Teos, construído por Hermógenes por volta de 125 a.C.: ver *Antiquities of Ionia*, IV, 1881, Lâm. XXV, e V, 1915, p. 12 (Lethaby). O único exemplo desse tratamento existente em Magnésia – um capitel de uma estoa – é provavelmente um restauro romano (*Humann, Magnesia am Maeander*, 1904, Fig. 103 e p. 100), e talvez o mesmo se aplique aos capitéis de Teos: cf. *B.C.H.* XLVIII, 1924, p. 506 (relato de uma expedição francesa a Teos em 1924): "La dédicace monumentale de la façade avait été refaite à l'époque romaine imperiale, ainsi probablement que les parties hautes." ["A dedicatória monumental da fachada fora refeita na época imperial romana, da mesma forma, provavelmente, que as partes superiores."]

8. Um tipo de templo de pequenas dimensões, talvez de origem celta, encontrado na Bretanha e no norte da Gália – uma cela quadrada ou retangular cercada por um pórtico coberto – não é importante do ponto de vista arquitetônico. Ver F. Haverfield, *The Romanization of Roman Britain*, 3ª ed., 1915, p. 37, n. 1.

9. Ver **220**.

10. Por exemplo, o templo existente em Sidima, mencionado em **219**.

11. Ver **153**.

12. Por exemplo, a seta pontiaguda no óvalo-e-dardo do ábaco, se desenhado corretamente; ver **217**.

13. Atualmente, os arqueólogos tendem a situar o Khazna em uma data não posterior ao século I d.C., mas não há nenhuma certeza. A. Rumpf, em *Einleitung in die Altertumswissenschaft*, II, 3, 1931, p. 97, de Gercke-Norden, aparentemente o atribui ao período de Adriano.

14. A divindade era um Baal nativo, identificado com Zeus ou Hélio.

15. Atualmente afirma-se com segurança que todos esses elementos são originais, o que, no entanto, parece-me difícil de acreditar. É sem dúvida verdadeiro que o motivo era dotar de áditos fechados cada extremidade do templo. Ver B. Schulz na publicação oficial, *Palmyra*, de T. Wiegand, 2 v., Berlim, 1932, que substitui as referências que figuram em minha Bibliografia.

16. Uma outra divindade rebatizada. Os livros mais antigos atribuem esse templo ao Sol.

17. Weigand copiaria o "Templo de Baco" com mais fidelidade do que o que se vê na Fig. 95.

18. O templo de Dushara em Si, no Hauran, provavelmente construído entre 33 a.C. e 30 d.C. Sobre o Arco de Orange, freqüentemente citado com referência a essa questão, ver **293** e **294**.

19. Ver **120**.
20. Ver **157**.
21. Ver **319**. Uma magnífica arcada desse tipo, construída por volta de 200 d.C., foi encontrada recentemente no Fórum Severiano de Lepcis Magna; ver *A.A.* 1938, c. 737 e Fig. 47.

22. Nome que substituiu o de Júpiter na publicação oficial alemã; depois disso, contudo, Thiersch defendeu a hipótese de que era dedicado (*Magna Mater*) à Grande Mãe síria (*Gött. Nachr.* 1925, pp. 1 ss.)

23. Mesmo os pórticos prostilos com uma coluna na lateral, tão comuns nas obras gregas, são muito raros; temos um exemplo em Palmira, o Templo de Baalsamin.

24. Ver E. Weigand, *Jahrb. deutsch. arch. Inst.* XXIX, 1914, 64 ss. Ambos os tipos, todavia, ocorrem conjuntamente em Bostra, na Síria, no século II d.C. (ver p. 442) e em um túmulo em Óstia, do século II ou III d.C. (*Ñot. Scavi.*, 1928, 150).

25. Ver atualmente H. Hörmann, *Die inneren Propyläen von Eleusis*, Berlim, 1932.

CAPÍTULO XV

1. Ver **235**.
2. XVI, I, 5 (c. 738)
3. Delbrück, *Hellenistische Bauten in Latium*, II, p. 103.
4. Ver **153**.
5. Ver **178**.
6. Sobre arcos e abóbadas primitivas, ver atualmente G. Welter, *Aigina*, 1938, p. 57 (túmulo do século V), e A. W. Lawrence, *Herodotus*, 1935, n. em 1, 93 (túmulo de Aliate, do século VI).

7. Portas arqueadas são imitadas em uma urna etrusca, datada, sem muita certeza, no século IV a.C., sobre a qual ver **305** e Lâm. XXIII. Ver n.c.

8. Uma abóbada cilíndrica de concreto sobre uma casa de fontes em Co-

rinto, recentemente relatada (*Bull. corr. hell.* L, 1926, p. 543, e *Journ. Hell. Stud.* 1927, p. 234), é situada, com segurança, no século III a.C. Se a data é correta, trata-se de um fato importante.

9. Ver especialmente, a esse respeito, R. A. Cordingley e I. A. Richmond in *Papers of the British School at Rome*, vol. X, 1927, p. 34.

10. Com respeito a todos esses aspectos, ver especialmente A. Choisy, *L'Art de Bâtir chez les Romains*, Paris, 1873. Choisy foi um brilhante pioneiro e exagerou a importância de alguns pontos sobre os quais foi o primeiro a chamar atenção. Muitas de suas conclusões foram criticadas por Rivoira e outros, por exemplo por G. Cozzo, em seu estudo *Ingegneria Romana*, Roma, 1928.

11. Ver n.c.

12. Em Roma, o autêntico padrão reticulado aparentemente é introduzido nos primórdios do século I a.C.; ver Tenney Frank, *Roman Buildings of the Republic*, 1924, p. 58.

13. Ver **268**.

14. *Am. Journ. Arch.* 1905, pp. 7 ss.

15. Ver *Not. d. Scavi*, 1920, pp. 186 ss. O mesmo se verifica na Grécia, no templo de Despoina, em Licosura, c. 180 a.C.

16. Os tetos de estuque, planos ou recurvos, suspensos a partir das traves acima de uma estrutura leve de madeira, eram comuns em Pompéia; ver Vitrúvio VII, 3, 1-4 e A. W. Van Buren, *Journ. Rom. Stud.* XIV, 1924, 112.

17. A ponte vizinha não é antiga; as partes antigas foram em boa parte restauradas.

18. Espérandieu (*Le Pont du Gard*, 1926, p. 10) a situa no final do século I a.C. Ver também **341**. Sobre os aquedutos de Roma, ver atualmente T. Ashby, *The Aqueducts of Ancient Rome*, editado por I. A. Richmond, 1935.

19. Quatro no nível inferior, três no segundo e um no superior.

20. Mas não exatamente, uma vez que a via normalmente se eleva em direção ao centro da ponte.

21. Possivelmente o "Templo de Diana" date do século II d.C. Espérandieu (*Le Pont du Gard*, 1926, p. 9) situa-o no período de Augusto, porém dificilmente os capitéis compósitos poderão ser tão antigos. Para outro exemplo de estrutura arqueada em pedra, ver **319**, e para referência a uma cúpula de pedra, ver **263** ss.

22. Ilustrado no estudo de Durm, *Baukunst der Römer*, 2ª ed., Fig. 270. Ver n.c.

23. Ver **314** e Fig. 133, e comparar com o templo de Atil, **230**.

24. Sobre exemplos mais antigos de estrutura arqueada em Pompéia, ver **212** (primeiro Templo de Júpiter) e **243** ss. (Termas Estabianas).

25. Comparar com o "templo de Diana", em Nîmes, **238**, e contrastar com o templo helenístico de Apolo Didimeu, **153**.

26. Sobre o tratamento decorativo dado posteriormente a tais arcos, ver **321**.

27. Ver **209**.

28. Os romanos também empregavam algumas vezes o arco em forma de ferradura, em especial na Síria e Espanha, porém jamais em obras importantes e raramente com função estrutural.

29. Para um precedente helenístico, estabelecer uma comparação com o Bouleutério de Mileto, **179** e Fig. 80.

30. Os nichos de função puramente estrutural freqüentemente ficavam ocultos, embutidos em uma parede.

31. Para referência a uma simples instalação particular, ver a casa de Boscoreale, **310**. Os estabelecimentos de banhos gregos pré-romanos eram bem menos elaborados.

32. Ashby, na terceira edição da publicação de Anderson e Spiers, *Architecture*, 1927 (p. 113), mantém o postulado que figura na segunda edição (1907, p. 262) de que a cúpula do frigidário era "construída em alvenaria disposta em fiadas horizontais", mas Delbrück, in *Hellenistische Bauten in Latium*, II, 1912, p. 50, indica que essa cúpula é em concreto. [Em 1937, em Pompéia, constatei que a cúpula é em concreto.]

33. Ver **210**.

34. Atualmente, a maior parte dos arqueólogos prefere admitir a existência de coberturas de madeira por toda a extensão do palácio; ver A. Boethius, *Göteborg Högskolas Årsskrift*, XLVII, 1941; 8, p. 13.

35. Ver **310**.

36. Ver **237**.

37. Somente a extremidade inferior desse passadiço está representada na Fig. 103.

38. *Annals*, XII, 59.

39. Sobre a basílica civil, ver **267** ss.

40. Ver Leroux, *Les Origines de l'Édifice Hypostyle*, pp. 322 ss. (escrito anteriormente à descoberta da basílica subterrânea).

41. O valor desse testemunho foi recentemente questionado por G. Cozzo in *Ingegneria Romana*, 1928, que atribui a rotunda à construção original de Agripa; contudo, os tijolos testados foram colhidos de várias partes diferentes da estrutura e todas contam a mesma história. É realmente impossível presumir que todos eles pertencem a restaurações ulteriores. Ademais, o caráter geral dos tijolos e do trabalho em concreto são definitivamente da época adriânica.

42. Publicado por L. Beltrami, *Il Pantheon*, Milão, 1898.

43. Ver, especialmente, A. M. Colini e I. Gismondi in *Bull. Comm.* 1927, e G. Cozzo, *Ingegneria Romana*, Roma, 1928.

44. Cozzo (*Ingegneria Romana*, 1928, p. 237), assevera que tais arcos de escarção devem ter existido, porém Beltrami (*Il Pantheon*, 1898, p. 27) afirma que testes de perfuração realizados em 1892 e 1893 comprovaram sua ausência. Ver n.c.

45. Por exemplo, no "kálibe" de Umm az-Zaitun, no Hauran, de 282 d.C. (p. 406). Ver também a descrição da "Torre dos Ventos", em Atenas, de c. 50 a.C., p. 338.

46. Em *J.R.S.*, XXXIV, 1944, 149, o sr. Marshall Sisson chama atenção para a existência, em Gerasa, de cúpulas apoiadas em pendentes; ver *J.R.I.B.A.* 1927. G. Horsfield, no *Guide to Jarash* oficial, situa-os no século II d.C.

47. Ver **234**.

48. Como o mais antigo exemplar conhecido, Ashby cita uma vila datada de c. 123 d.C., na Campanha romana (*The Roman Campagna in Classical Times*, 1927, p. 155).

49. Que o edifício fosse o Mausoléu de Diocleciano é provável, mas não seguro.

50. Ver **317** ss.

51. Ver **319**. Aparentemente a mais antiga cúpula decorada dessa forma que se conhece é aquela de um santuário subterrâneo de Hércules na Campanha romana, situado por Ashby, seu descobridor, no século II d.C. Era de formato semicircular, de aproximadamente 6 m de diâmetro, e possuía uma abertura central; o mosaico era branco, sem padrão decorativo algum. Ver *Papers of the British School at Rome*, III, 1906, p. 204. Espalato fornece os primeiros exemplos conhecidos de cúpulas de grandes proporções decoradas dessa forma.

52. Rivoira (*Roman Architecture*, ed. inglesa, pp. 238 ss.) considera haver Constantino construído o mausoléu entre 324 e 326 d.C., com a intenção de ser ele próprio ali sepultado; a idéia mais comum é a de que tenha sido erguido como o mausoléu de sua filha Constantina, morta em 354 d.C. e que, quase seguramente, foi ali sepultada. Constantino morreu em 337 d.C. Ver Hülsen na publicação de Toebelmann, *Römische Gebälke*, 1923, p. 137.

53. Sobre os salões octogonais situados nas êxedras e sobre o amplo caldário, ou lacônico, ver **252** e **254**.

54. Sobre a basílica em geral, ver o capítulo seguinte, **267** ss.

55. Ver n.c.

56. Existem alguns belos exemplares de estruturas arqueadas posteriores em concreto, que bem merecem ser visitados, nas termas romanas incorporadas ao Hôtel de Cluny, em Paris.

57. Ver **230**.

58. Antes de deixarmos para trás o tema da construção é preciso dizer uma palavra acerca de uma importante característica da alvenaria romana, embora a falta de espaço impeça uma ampla discussão desse ponto. No mínimo a partir do século III d.C., os construtores romanos mostravam-se inclinados a utilizar um bloco-padrão de aproximadamente 4 pés romanos por 2 por 2 (cerca de 1,20 x 0,60 x 0,60 m). Nas paredes livres esses blocos eram assentados em fiadas alternadas de blocos "perpianhos" e "ao comprido", *i.e.* fiadas que consistiam em duas fileiras de blocos dispostas na direção da espessura alternadas com fiadas que consistiam em blocos únicos dispostos na direção do comprimento da parede. Tal método poupava esforço na fase de lavragem e era estruturalmente seguro. Nas obras gregas era esporádico e excepcional até o período helenístico.

Notas complementares

N. 7. A data atribuída a esses portões é cada vez mais tardia. Ver o sumário de Chandler Shaw, *Etruscan Perugia*, Baltimore, 1939, p. 25, que pessoalmente situa os portões de Perúgia no século II ou início do I a.C.; I. A. Richmond, *J.R.S.* XXIII, 1933, acredita que datem do período de Sila; p. J. Riis, *Acta Archaeol.*

V, 1934, p. 65, data-os em 100 a.c. ou um pouco antes e resiste em admitir a presença do arco verdadeiro na Itália antes do século III a.C.

N. 11. Sobre as origens da construção romana de estruturas arqueadas, ver atualmente H. Glück, *Der Ursprung des römischen und abendländischen Wölbungsbaues*, Viena, 1933 (comentado por mim in *J.R.S.* XXV, 1935, p. 111).

N. 22. Sobre o "Templo de Diana", ver atualmente R. Naumann, *Der Quellbezirk v. Nîmes*, Berlim e Leipzig, 1937 (comentado por mim in *J.R.S.* XXVIII, 1938, p. 106).

N. 44. Supõe-se hoje que esses arcos menores avançavam internamente somente até o ponto de onde a verdadeira cúpula estrutural, mais achatada que a superfície visível com caixotões, partia; ver A. v. Gerkan, *Gnom.* V, 1929, p. 277, e também *A.A.* 1932, c. 486, mas comparar com T. Ashby, *J.R.I.B.A.* XXXVII, 1930, p. 115. Parece não haver dúvidas, atualmente, de que a cúpula propriamente dita é inteiramente em concreto, com o cimento composto por lava e tufo amarelo em camadas horizontais alternadas, enquanto os arcos elaborados ali presentes aparentemente são mito; ver G. Rosi, *Bull. Comm.* LIX, 1932, p. 227, e T. Ashby, *J.R.S.* XXIII, 1933, p. 4.

N. 55. Sobre a Basílica Nova, ver atualmente A. Minoprio, *B.S.R. Pap.* XII, 1932, p. 1, onde são corrigidas algumas das reconstituições de Durm. V. Müller, *A.J.A.* XLI, 1937, p. 250, enfatiza, com base em A. Boethius, a influência de um antigo tipo italiano de complexos arquitetônicos destinados a abrigar mercados, tanto no notável mercado abobadado de Trajano (ilustrado em *J.R.S.* XXIII, 1933, Lâm. III) como, de forma menos direta, na Basílica Nova, embora, pessoalmente, eu ainda prefira enfatizar a influência das termas. O artigo de Müller ("The Roman Basilica") contém um eficiente apanhado de descobertas e teorias recentes, com novas sugestões; ele considera o gosto por um "eixo em cruz" uma característica itálica a influenciar o desenvolvimento das basílicas.

CAPÍTULO XVI

1. O circo não será descrito; sobre seus predecessores gregos, ver **185**.
2. Ver **180**.
3. Ver **261**.
4. Ver **245**.
5. *Les Origines de l'Édifice Hypostyle*, 1913, pp. 280 ss.
6. Ver **180** e Fig. 81.
7. Ver A. Sogliano in *Acc. Nap. Mem.*, N.S. II, 1913, pp. 117 ss. Existem indícios de instalações para drenagem ao redor dos limites do espaço central, onde foram encontradas uma ou duas telhas; contudo, a presença de janelas na parede externa, admitida por Sogliano, talvez seja suficiente para justificar a precaução com a drenagem e é um fato difícil de conciliar com a ausência de uma cobertura. V. Müller (ver **266**) sustenta que existiria uma cobertura.
8. Ver **235**.
9. Ver **261**.

10. Ver **164** ss.
11. V, 5, 7.
12. *Die baugeschichtliche Entwicklung des antiken Theaters*, 1914, pp. 78, 83 etc.
13. H. Bulle, *Untersuchungen an griech. Theatern*, 1928, p. 205, sustenta que os degraus e o palco amplos são acréscimos posteriores a uma orquestra que chegava até a parede dos fundos.
14. Ver **179**; também Cap. XI, n. 10.
15. Ver **174**.
16. Ver **174**.
17. Na planta, Fig. 115, as paredes da *scaena* e da *cavea* estão representadas ao nível dessas aberturas.
18. Ver **242**.
19. Ver **285**.
20. Pode-se vê-lo na Fig. 86.
21. Sobre um possível predecessor grego em Siracusa, ver G. E. Rizzo, *Il Teatro Greco di Siracusa*, p. 79.
22. Ver **274**.
23. V, 6, 8.
24. IV, 126.
25. Ver Frickenhaus in Pauly-Wissowa, *Real-Encyclopädie*, s.v. *Skene*, vol. IIIa, col. 491.
26. V, I, I.
27. Aquele do sul dá uma guinada de 90° na direção oeste a fim de desviar-se dos muros da cidade.
28. Essas colunas possuem bases, que consistem em um toro sobre um plinto, colarinhos convexos e ábacos emoldurados; o entablamento é do tipo jônico. Não há elementos suficientes para concluir que fossem toscanas e não dóricas.
29. Aparentemente tais paredes foram erguidas, com vistas à rapidez de construção, como uma série de toscos pilares, interligados por arcos de tijolo, que não eram contínuos senão em um estágio posterior da obra. Ver G. Cozzo, *Ingegneria Romana*, 1928, pp. 216 ss.
30. A porção mais elevada da parede externa difere em termos de construção do restante. Apenas sua metade externa é em travertino sólido; a metade interna é uma massa espessa de concreto repleta de lascas de travertino; além disso, o revestimento em travertino é parcialmente formado por blocos trabalhados extraídos de outras construções. É possível que tais particularidades remontem, em sua maior parte, à construção original, no período de Tito ou Domiciano. Cozzo apontou que seria conveniente reduzir o número de blocos sólidos a serem alçados a essa altura, bem como aproveitar das sobras do trabalho de alvenaria dos pavimentos inferiores; é possível que a alvenaria reutilizada proviesse da Mansão Áurea de Nero; ela contém, entretanto, materiais que datam de um período, comprovavelmente, posterior – por exemplo, um bloco que contém uma inscrição do período de Nerva, sucessor de Domiciano (*C.I.L.* VI, 332-54).
31. Sobre bibliotecas provinciais romanas em geral, e em particular aquela

de Timgad (final do século III d.C. ?), ver R. Cagnat in *C.R. Ac. Inscr.* XXXVIII, 1909, I, I ss.

32. III, 219.
33. Ver **189** e Fig. 84.
34. *Bell. Jud.* 1, 425 (21, 11); *Ant. Jud.* XVI, 148 (5, 3). Malalas, um autor posterior mas originário de Antioquia, parece atribuir as ruas colunadas ali existentes a Tibério (**232**, = Migne, XCVII, 360 A); ver R. Förster in *Jahrb. deutsch. arch. Inst.*, XII, 1897, pp. 121 ss.
35. Ver G. Calza, *Ostia* (edição inglesa), p. 92, e C. Weickert in *Gnomon*, III, 1927, p. 88.
36. Ver **231** s.
37. Ver **189** e Fig. 85.
38. Ver **191**.
39. Ver **162** e **230**.
40. Ver **227**.
41. E. Fiechter sugere que esse ático seja um acréscimo posterior; ver F. Noack in *Vorträge der Bibliothek Warburg* (1925/6), 1928, p. 170.
42. Assinalado com o número 41 na Fig. 86.
43. Ver **291**.
44. Sobre arcos monumentais, ver atualmente o exaustivo artigo de Kähler, *P.W.* VII A, 1939, cc. 373-493, que esgota o assunto.
45. Ver **270**.
46. Podem-se identificar, nas Figs. 121 e 122, talhos para a acomodação dessas portas levadiças, e orifícios para a colocação de estacas de madeira a fim de reforçar os portões internos quando fechados.

CAPÍTULO XVII

1. Ver n.c.
2. Xenofonte, *Oecon.* 9, 5.
3. [Aristóteles], *Oecon.* 2, 1347 a, 4.
4. Aristóteles, ’Αθ. Πολ. 50.
5. Sobre a planta geral de Priene, ver **189** s. e Figs. 83 e 84.
6. Latrinas semelhantes foram encontradas em Priene.
7. Ver **303**.
8. Ver **305**.
9. Sobre o peristilo ródio de Palmira, ver *Syria*, VII, 1926, p. 86. [Outro em Delos é a "Maison des Masques"; ver nota seguinte.]
10. VI, 7. [A. Rumpf in *J.D.A.I.* L, 1935, pp. 1 ss., identifica a ínsula na parte sudeste do teatro de Delos, contendo a "Maison des Masques" (ver J. Chamonard in *B.C.H.* LVII, 1933, pp. 98 ss., e *Expl. Arch. de Délos*, XIV, 1933), como uma habitação grega vitruviana, mas é provável que os escavadores estivessem corretos ao dividirem a ínsula em três ou quatro moradias distintas.]
11. Ver **191**.

12. VI, 3 ss.
13. L.L. V, 161 ss.
14. Posteriormente foi ampliada e convertida em uma hospedaria. O cômodo à esquerda da entrada foi acrescido de uma porta para a rua.
15. Determinadas urnas em forma de casa etruscas exibem imitações de balcões (menianos).
16. Ver, contudo, n.c.
17. O que fica muito claro na descrição de Varrão (*L.L.* V, 161 s.): ele dá ao salão central o nome de testudo.
18. Existe uma grande janela na ala esquerda da "Casa de Salústio", datada do século II a.C., mas que talvez não seja original.
19. Ver especialmente Patroni, *Rendic. Lincei*, 1902, pp. 467 ss. [E. Wistrand, *Eranos*, XXXVII, 1939, p. 1, defende Patroni com novos argumentos.]
20. In *Festgabe Hugo Blümner*, 1914, pp. 210 ss., e in Pauly-Wissowa, *Real-Encyclopädie* s.v. *Römisches Haus*, vol. 1A, col. 985.
21. VI, 7, 5.
22. Ver n.c.
23. Para referência a um átrio em Olímpia, ver *Olympia, die Baudenkmäler*, 1892, p. 75, Fig. 36.
24. Estrabão, V, 3, 7 (c. 235): 70 pés romanos (de 0,296 m.)
25. [Aurélio Vitor], *Epit.* 13, 13: 60 pés romanos.
26. Tácito, *Ann.* XV, 43, *cohibita aedificiorum altitudine*.
27. Os romanos também usavam vidros em suas janelas, *e.g.* em Herculano e Pompéia; exemplares de Silchester encontram-se no Reading Museum.
28. Ver **244**.
29. Ver **319**.
30. O sistema é encontrado até mesmo em edifícios como a Basílica de Trier (**270**).
31. Sobre essa região, ver também **238**.
32. Posteriormente a sua divulgação por de Vogüé, a casa foi totalmente destruída.
33. Ver **252** ss. e **312**.
34. Ver **254** e Fig. 107.
35. O portão norte está reproduzido na Lâm. XXIV*b*. Os nomes tradicionais dos portões, "Áureo" no norte, "Argênteo" no leste, "Férreo" no oeste e "Brônzeo" no sul, datam somente do século XVI.
36. Ver **255** ss. e Fig. 108.
37. Ver **312**.
38. Ver Hébrard e Zeiller in *Spalato*, 1912, p. 157, e Swoboda in *Römische und Romanische Paläste*, 2ª ed., 1924, Fig. 69, ambos segundo C. Patsch, *Bosnien und Herzegovinen in römischer Zeit*.
39. *Or.* XI, 204-206.
40. Ver **191**.
41. Ver **227** e n. 21-Cap. XIV.

Notas complementares

N. 1. Sobre a habitação grega, ver atualmente D. M. Robinson, *P.W.* 1938, col. 223 (complementar ao artigo *Haus* in *P.W.* VII, 1912, col. 2523; tive em mãos apenas uma separata gentilmente enviada a mim pelo autor), *Prähistorische u. griechische Häuser.* As casas de Olinto (séculos V e IV a.C.) são muito importantes e revelam um nítido tipo de "prosta", com um cômodo amplo ao norte, aberto como um pórtico para um pátio, mas estendendo-se para além deste; o tipo está relacionado a estruturas délias como a "Maison de la Colline" (Lâm. XXII): ver também J. W. Graham in *Excavations at Olynthus*, parte VIII (*The Hellenic House*, autor adjunto D. M. Robinson), 1938, e E. Wistrand, *Om grekernas och romarnas hus, Eranos*, XXXVII, 1939, p. 1.

Sobre palácios dos períodos arcaico e clássico, ver atualmente Larissa, na Eólia (*P.W. l.c.* c. 251) e o magnífico edifício em Vuni, próximo a Soli, em Chipre (*ib.* c. 254, e E. Gjerstad, *A.J.A.* XXXVII, 1933, p. 588, e *The Swedish Cyprus Expedition*, III, Estocolmo, 1937), mas nenhum é total ou originalmente helênico: o de Vuni abrange dois períodos principais – entre c. 500 e c. 380 a.C. –, o primeiro no estilo cipriota nativo e o segundo com o acréscimo de elementos helênicos, incluindo a transformação de alguns ambientes em um mégaron, por volta de meados do século V.

Nn. 16 e 22. As escavações revelaram que alguns dos mais antigos átrios de Pompéia, incluindo aquele da "Casa do Cirurgião", de início não apresentavam implúvios e levantou-se a hipótese de que constituíssem então pátios descobertos. Deu-se ênfase, também, ao uso, a partir do século III a.C., de colunatas externas com grandes janelas que contribuíam para iluminar o átrio. O tipo tetrastilo tendia, através do acréscimo de balcões superiores, a se converter em um simples poço de iluminação: ver R. C. Carrington, *J.R.I.B.A.* XLI, 1934, p. 393, e em seu excelente Pompeii, Oxford, 1936. Sobre o Egito helenístico, ver A. R. Schütz, *Der Typus des hellenistisch-ägyptischen Hauses*, Würzburg, 1936.

Índice remissivo

Os algarismos arábicos referem-se a páginas do presente livro em negrito, à numeração na margem do texto; os algarismos em itálico, a ilustrações no texto e os algarismos romanos em maiúsculas, a lâminas. A abreviação n.c. significa notas complementares.

Ábaco, 447
　Coríntio, **140** ss., **213**
　Dórico, **42**
　Jônico, **46**, **60**
Abóbada cilíndrica, 448
Abóbada de aresta, **240**, 448
Abóbada, **231** ss., 447
　romana, com peso reduzido por recipientes ocos, **255**
Abside, 448
Acanto, ornato, **135**, 448
Acarnânia, arcos primitivos, **231**, 416
Ácragas, *ver* Agrigento
Acrotério, **49**, 448
Adelgamento, 448
Ádito, **39**, 448
Aduela, 448
Aere (=As-Sanamain), Templo de Tiche, **404**, 442
África Romana, 416
Afrodisías (em Cária), Templo de Afrodite, 403, 420
Ágora, 448
Agrigento (Ácragas), **124** n. 38-Cap. VIII, 433
　edificação "pré-dórica", **53**, Cap. IV (n.c.)
　Olimpieu (Templo de Zeus Olímpio), **74**, **110**, **122**, **124** n. 38-Cap. VIII, **388**, *52*
　"Oratório de Faláris", 399
　"Templo da Concórdia", **110**, **112**, **136**, 389
　"Templo de Hércules", **85**, **86**, **11**, 387
　"Templo de Juno Lacínia", 388
　Templo dos Dióscuros, 391
Al-jam, *ver* Tisdro
Ala, **199**, **303**
Alatri, *ver* Alétrio
Alcântara (Espanha), ponte romana, **237**, 403, 418
Alétrio (=Alatri), Templo, **199**, 398, 430
Alexandria (Egito), 418
　Farol, **184** s., 397
　palácio, **300**
Alvenaria, de cantaria, clássica, ciclópica, **4**
　poligonal, **4** n. 5-Cap. I, **42**, **169** n. 11-Cap. XI, 461
　romana, **235** ss., **265** n. 58-Cap. XV

502 ARQUITETURA GREGA E ROMANA

Aman, *ver* Filadélfia em Amonite
Amicle, Trono de Apolo, **105**, 396, *47*
Anáctoron, **171**, 448
Anatirose, **42**, 448
Ancira (=Ankara, ex-Angora), 420
   Templo de Roma e Augusto, 398
Anfiteatro, **283-289**, 412, 448
Angiporto, **307**
Angora, *ver* Ancira
Anta, **23, 39**, 448
Antefixa, **49, 67**, 448
Antemion, 449
Antepagmentum, **197**, 449
Antioquia (na Pisídia), Templo de Augusto e Men, **210** n. 11-Cap. XIII, 401, 420
Antioquia (no Oronte), 442
   palácio, **320, 321**
   ruas colunadas, **292**
Antitema, **43**, 449
Aosta, *ver* Augusta Pretória
Apoditério, **243**, 449
Apófige, **46**, 449
Apolodoro de Damasco, **258**
Aquedutos romanos, **236** s., XIV*b*
Araq al-Amir, *ver* Tiro
Aráusio (=Orange), 418
   Arco de Tibério, **293, 294**, 400, XXI*a*
   teatro, **279-282**, 402, XX*a, b*
Arcades (Frati), capitel primitivo, **101** n. 21
Arco, 449
   apoiado em colunas, **227, 319, 321**
   de descarga, vazado e decorado, **321**
   em frontões, **227**
   monumental, **293-295**, 412
   primitivo, **231, 232**
Arco de descarga, 449
Arelate (=Arles), 419
   anfiteatro, 400
   teatro, **279**, 400
Areostilo, **154**, 449
Aresta, 449
Argamassa, cal, **4, 42, 232** ss.
Argos, 419

Hereu (Templo de Hera), **54, 145**, 389
   maquetes de templos em terracota, **54**, Cap. IV (n.c.), I*b, c*
Arles, *ver* Arelate
Arquitrave (Epistilo), 449
   de madeira, **68, 94** n. 6-Cap. VII, **196**
   dórica, **43**
   entalhada como friso, **47, 85, 135**, *36*
   jônica, **47**
   jônica lisa, **101**
As-Sanamain, *ver* Aere
Áscalon, Bouleutério, 401, 442
Ásia Menor, 419 ss.
Ásina, santuário, Cap. II (n.c.); tholos funerário, **33**
Asísio (=Assis), templo, **215**, 400
Aspendos, teatro, **276-279**, 404, 420, *115, 116, 117*
Asser, 449
Assis, *ver* Asísio
Asso, templo, **47, 84**, 386, 422, *36*
Astrágalo, **38**, 449
Atenas, 422 ss.
   Ágora, **169** n. 10-Cap. XI
   Bouleutérios, **169** n. 10-Cap. XI
   Capitéis jônicos primitivos, **60**
   construções curvilíneas, **83, 113**
   Erecteu, **38, 51** n. 48-Cap. IV, **98, 116** n. 21-Cap. VIII, **127** ss., 393, *16, 54, 55, 56, 57*, III*b*, V*a*
   Hecatompedon, **82, 113**
   Horológio de Andrônico (Torre dos Ventos), 399
   Monumento de Lisícrates, **144** s., 396
   Monumento de Nícias, 396
   Odeom de Herodes Ático, **276**, 404
   Odeom de Péricles, **174**, 396
   Palácio micênico, **82**
   Partenon, primitivo, **113, 114, 116**, 388; posterior, **113-118, 135**, 389, *49*, IV*a*
   Pnice, **164**
   Propileus, primitivos, **89, 118**, 396; posteriores, **117, 118-122**, 396, *50, 51*, IV*b*

ÍNDICE REMISSIVO 503

Teatro de Dioniso, **164**, **165**, Cap. XI (n.c.)., 395
templo às margens do Ilisso, **125** ss., 393
Templo de Atena Nikê, **116** n. 21-Cap. VIII, **120**, **122** n. 34-Cap. VIII, **125**, 393, *53*
Templo de Atena Pólia, forma primitiva, **82**, 386, *34*, *35*; forma posterior, **88**, **111** s., 386
Templo de Roma e Augusto, **127**, **218**, 401
Templo de Zeus (Olimpieu), forma primitiva, **102** s., 392; forma posterior, **160** s., 395, *69*
templos primitivos que não o Partenon primitivo e os Propileus primitivos, **81** ss., **88**
"Teseum" (Templo de Hefesto ?), **115**, **116**, **118**, 389
Tesouro de, em Delfo, *ver* Delfo
Tholos, **169** n. 10-Cap. XI
Ático, 450
Atil, templos, **230**, 405, 442
Atlantes, **124**, 450
"Atreu, Tesouro de", *ver* Micenas
Átrio, **302**
Augusta Pretória (=Aosta), 424
  Arco de Augusto, **230**, **293**, 401
  teatro coberto, **274**, 400
  porta da cidade, **295**
Augusta Treverorum (=Trier, Trèves), 424
  basílica, **270** s., **312** n. 30-Cap. XVII, 406
  Porta Nigra, **295**, **296**, 406, *121*, *122*, XXI*b*

Baalbek, *ver* Heliópolis
Babilônia, **60**
Babilônia, Jardins Suspensos, **231**
Balcões, *ver* Meniano
Balteu, 450
Banhos, **243**, 450
Bases de coluna, 450

dóricas, romanas, **209**, **285** n. 28-Cap. XVI
jônicas, tipo ático, **46**, **122**, **125**, **134**, **157**; tipo efésio, **46**, **94**, **101**, **135**; tipos excepcionais, **100**, **127**, **138**; tipo sâmio, **46**, **98**, **122**, **125**
tipo eólico, **59**
tipos minóico e micênico, **5**, **14**, **23**
Basílica, **180**, **238**, **261-263**, **267-271**, **292**, 450, *99*, *111*, *113*
Basse (Figaléia), 431
  Templo de Apolo, **75**, **136-138**, Cap. IX (n.c.), 389, *58*, *59*, *59a*
  Templos do Monte Cotílio, **55**, **322**
Batentes de porta, mármore, **134**, *57*
Baticles de Magnésia, **105**
Beiral, 450
Benevento, Arco de Trajano, 403, 425
Beni-Hasan, **64**
Bibliotecas, **289**, *119*, *120*
Bipedales, **235**
Bloco-padrão, romana, **265** n. 58-Cap. XV
Boscoreale, habitação rural, **310**, *131*
Bosra, *ver* Bostra
Bostra (=Bosra eski Sham), 442
  ruas colunadas, **291**
  teatro, 404
  templo (?), **230** n. 24
Bouleutério, **169** n. 10-Cap. XI, **174**, **179**, 397, 450, *79*, *80*, VIII*a*
Bucrânio, **210**, 450

Cabeças de boi, *ver* Bucrânio
Cadáquio, *ver* Corcira
Caibro, **49**, 450
Caixotão, 450
Cal, **4**, **42**, **232** ss.
Caláuria, capitel jônico diagonal, **212** n. 14, 425
Calcário eleusiano, **119**, **127**, **134**
Caldário, **243**
Caleva Atrebatum (=Silchester), planta da cidade e residências, **193**, **312**, 425, *132*

Calícrates, **114, 125**
Cálidon, 425
   métopas em terracota, **67** n. 22-Cap. V
   Templo de Ártemis, **65** n. 14-Cap. V
Calímaco, **141**
Câmara, 451
Cameze, residência oval, **7**, 414, *1*
Campanha romana, santuário, **257** n. 51- Cap. XV
Canalis, **46**
Caneluras, 451
   dóricas e jônicas, **41**
   jônicas, primitivas, **94**
   minóicas e micênicas, **19**
   parciais, **160, 209**
Cantaria, 451
Canto vivo, 451
Capitéis com motivo de palma, **101, 46**
Capitéis, 451
   capitel ornado com palma e tipos afins, **101**
   compósito, **139, 159** n. 28-Cap. X, **220**, 411
   coríntio, **136, 142** ss., **161, 180, 210, 216, 320**, 411; com ornamentação em metal, **222**
   dórico, **42, 143, 159, 207, 209, 285**, 411; fusão com consolos jônicos, **105**
   eólico, **59, 101** n. 21-Cap.VII; origem do, **60**
   jônico, **46, 94, 97, 122, 125, 134, 138, 150, 157, 211**, 411; angular, **47**; diagonal, **139, 212**; origem do, **60**; com rosetas, **94**; tipo sâmio, **134**
Capitel tipo "Consolo", **60**
Cardaque, *ver* Cadáquio *em* Corcira
Cárfi, Cap. II (n.c.), Cap. IV (n.c.), 384
Cariátide, **100, 101, 124, 132, 134**, 451, III*a, b*
Casas de Fontes, gregas, **185** n. 30-Cap. XI
Castelo de Santo Ângelo, **266**
Caulículo, **140, 144**

Cavea, **271**, 451
Cavédio, cavum aedium, **302**, 451
Cavilha, **4, 42**, 451
Cela, **39**, 451
Chipre, capitéis eólicos, **60**, 425
   Palácio de Vuni, Cap. XVII (n.c.)
Chiusi, *ver* Clúsio
Chumbo, **42**
Cima **37**, Cap. IV (n.c.), **412**, 451
Cimento, **232**, 452
Cirene, Templo de Apolo, **67, 385**, 425
Cività Castellana, *ver* Falerii Veteres
Cività Lavinia, *ver* Lanúvio
Cízico, 420
   anfiteatro, 405
   Templo de Adriano, 403
Clazômenas, tesouro de (?), *ver* Delfos
"Clitemnestra, túmulo de", *ver* Micenas
Clúsio (=Chiusi), urna em forma de casa, **304**, *127*
   urna em forma de casa talvez originária de, **305, 430**, XXIII
Cnido, tesouro de, *ver* Delfos
Cnosso, 415
   grande escadaria, **14** s., *4*
   palácio, **8** ss., *2a, 2b, 3*
   plaquetas de porcelana, **19**, *8*
   santuários, **16**, *6*
Coberturas e telhados, 452
   homéricos, **36**
   micênicos, **30**
   minóicos, **19, 20**
Colarinho, **98, 103, 134**, 452, *45*, V*a*
Colarinho sulcado, **41** s., 452, *17, 35*
Coliseu, *ver* Roma
Columdado, *ver* Napes *em* Lesbos
Columen, **197**, 452
Coluna e entablamento, geral, **37, 39** ss., 411, 452, 454
Colunas angulares, jônicas, **47**
Colunas embutidas, 452
Colunas, internas, fileira central de, **54, 58, 66, 76**
   dóricas, **41, 64**, Cap. V (n.c.), 411

ÍNDICE REMISSIVO 505

em madeira, **5, 25, 54, 63, 66, 67**, Cap. V (n.c.)
em tijolo seco ao sol, **5** n. 8-Cap. I
embutidas, 452
espaçamento entre, **75**
etruscas, 201 ss.
jônicas, **46, 60**, 411
minóicas e micênicas, xii, **18**, 411
monolíticas, **42, 88, 125, 217, 319**, 459
pedra, introdução da, **5, 57, 64**
tambores entalhados, **94**; estrutura de, **42**
Ver também Bases, Molduras de Preenchimento, Capitéis, Caneluras
Colunata, 452
Complúvio, **304**, 453
Compósito, *ver* Capitéis
Conca, *ver* Sátrico
Concreto, **232**, 453
Condutos, *ver* Terracota
Consolo, **100, 101, 214, 225**, 453, *57*, XII*a, b*
Contas de rosário, **38**, 459
Contração dos intercolúnios angulares, **110**
Cor nos templos gregos, **50, 349**
Cora (=Cori)
templo dórico, **111, 209**, 399, 425, *93*
Coracu, 415
Corcira, 425
templo em Cadáquio ou Cardaque, **71**, 387, templo em Garitsa, **69, 115** n. 19-Cap. VIII, 385, *26*
Cori, *ver* Cora
Coríntio, *ver* Capitel, Cavédio, Friso
Corinto, 425
abóbada helenística em concreto, **233** n. 8-Cap. XV
templo de Apolo, **75, 87, 116**, 387
templo dórico maior, 387
Cornija, **43, 47** s., 453
anormal, **55, 72, 81**
com revestimento em terracota, **68, 72**, *28*

minóica, **19**
Coroa, **43, 47**, 453
Corona (=Longá, templos primitivos, **54**, 383, 426
Cossútio, **160**
Cotílio, Monte, *ver* Basse
Crépido ou Crepidoma, **41**, 453
Creso da Lídia, **89, 90**
Creta, minóica, **6-20**, Cap. II (n.c.), 414 s.
cronologia minóica, **6, 7**
templos primitivos, **56, 57**, Cap. IV (n.c.), 384, 426, *21*
túmulos, **32**
Cretópolis, Odeom, **274**, 420
Criptopórtico, 453
Cronologia, egípcia, heládica, minóica, **6, 7**
Cuicul (=Jamila), 417
arco monumental, 405
basílica, 404
teatro, 404
Cuneu, 453
Cúpula, 453
micênica, **33**, *15*
romana, **244-258, 263** ss., *105, 106, 107, 108*, XVII, XIX*a, b*
Curvatura, horizontal, **116**
em planta, **117, 209**

Dado, 454
Damasco, precinto de templo, 405, 442
Degraus, **41**
Delfos, 426
Agremiação dos Cnídeos, **164**, 396
Coluna das Donzelas Dançarinas, **141**, 396
colunata ateniense, **127**, 396
parede de terraço em construção poligonal, **42**
teatro, 396
Templo de Apolo, Alcmeonídeo, **89**, 387
Templo de Apolo, séc. IV, **145**, 390
Templo de Atena Pronaia, **65**, 385, 387, *25*

Terraço de Marmaria, Precinto de Atena Pronaia, **65**, **100**, **141**
Tesouro de Atenas, 387
Tesouro de Clazômenas (?), **100**, **101**, 392
Tesouro de Cnido, **100**, **101**, 392
Tesouro de Massália (?), **100**, **115**, 392, *46*
Tesouro de Sícion, ruínas primitivas por sob, **71**, Cap. VI (n.c.), 389; posterior, 389
Tesouro de Sifno, **48** n. 39-Cap. IV, **90**, **100**, **101**, 392, III*a*
"Tesouro de Siracusa, antigo", **71**, Cap. VI (n.c.)
Tholos, antigo, **85**, 385
Tholos em terraço, Marmaria **141**, 390, V*b*
Delos, 427
  capitéis jônicos primitivos, **60**
  "Maison de la Colline", **300** s., **305**, XXII*a, b*
  "Maison des Masques", **302** nn. 9, 10-Cap. XVII
  "Oikos dos Naxianos", 384
  residências, **299-302**, **305**
  Salão Hipostilo, **180-182**, 396, *81*
  teatro, 396
  templos e tesouros, **90**, **125** n. 2-Cap. IX, 388, 389, 391, 394
Dentículo, **47**, **48**, 454
  combinado com friso de tríglifos, **159**
  sob cornija inclinada, **48**
Despluviado, **302**, **304**, 454
Diastilo, **154**, 454
Diazoma, 454
Didima, *ver* Mileto
Dimensões interaxiais, **154**, 457
Dinastias, egípcias, **7**
Diocesaréia, *ver* Olba
Dionísia, *ver* Suaida
Díptero, **72** n. 8-Cap. VI, **91**, **95**, **102**, **153**, 454
Distilo, 454
Disto, habitação, **298**, 427, *123*

Djemila, *ver* Cuicul
Dórico, estilo, **39** ss., 411, 454, *17*
  helenístico, **158** ss., romano, **207** ss.
  Ver também Bases, Capitéis, Colunas, Entablamento, Caneluras, Friso
Doura-Europos, planta da cidade, **190**, 442
Drero, templos primitivos, Cap. IV (n.c.), 384
Duma, casa, **314**, 442, *133*
Duqqa, *ver* Tugga

Eclesiastério, **176**, 454, *78*, VII
Eco, **302**, 454
Éfeso, 428
  Artemísio, primitivo, **48**, **90**, **91**, Cap. VII (n.c.), 392, *39, 40, 41, 42*; posterior, **147**, 393, *63*
  biblioteca, **289** ss., 403, *119, 120*
  teatro, 396
Egina, 428
  Templo de Afaia, primitivo, **69**, 386; posterior, **75**, **86**, **112**, 388
  Templo de Afrodite, 388
Egito, arco e abóbada, **231** ss.
  cronologia, **6** s.
  influência, **5**, **60**, **64** s.
El Djem, *ver* Tisdro
Elêusis, Propileus Internos, **230**
  Telestério, **42**, **169**, 396, 428, *74, 75, 76*
Élida, tríglifo em terracota, **67** n. 22-Cap. V
  construção em madeira, **66**
  teatro, 283
Empólio, **42**, 454
Eníade, muros, 429
Enomau, palácio de, **66**
Entablamento, **37**, 454
  dórico, **43** ss.
  em arco, **227**, **230**, *97, 98*
  entalhada como friso, **47**, **85**, **135**, *36*
  etrusco, **196** ss.
  jônico, **45** ss.

ÍNDICE REMISSIVO 507

romano, **214** ss.
Êntase, **116**, 411, 455
Eólia, **57**
Eólico, *ver* Capitel
Epicranite, **48**, **50**, 455
Epidauro, 428
    teatro, **145** n. 38-Cap. IX, **165**, **166**, 395, *71*
    templos, **146**, 390
    tholos, **144**, 390, V*c*
Epistilo, *ver* Arquitrave
Equino, 455
    dórico, **42**, **78**
    jônico, **46**, **60**
Erecteu, *ver* Atenas
Erétria, 429
    teatro, **283**, 395
    templo de Apolo, **72**, 386
Escócia, **46**, 455
Escopa, **143**
Esminta, Templo de Apolo, 394, 420
Espalato, *ver* Salona
Esparta, 429
    teatro, **272**, 401
    Templo de (Ártemis) Órtia, **53**, 383, II*a*
    Templo de Atena Calquióica, **57** n. 65-Cap. IV
Espira, 455
Estádio, **185**, 455
Estereóbata, 455
Estilóbato, **41**, 455
Estratos, Templo de Zeus, 391, 429
Estria, 455
Estrutura em madeira, **5**, **54**
Estuque, **50**, 455
Etólia, 429
Etrúria e Lácio primitivo, 429
    templos, **195-204**, 397, *87*, *88*, *89*, VIII*b*
    túmulos, **265**
Euromo, 420
Eustilo, **154**, 455
Eutintério, **41**, 455
Eutrese, coluna em tijolo seco ao sol, **5** n. 8-Cap. I

Êxedra, 455
Extradorso, 455
Ezânia, Templo de Zeus, **218-220**, 403, 420, *94*

Faixa, **47**
Falerii Veteres (=Cività Castellana), templos, **201**, 397, 430
Fastígio, 455
Fauce, **303**, 455, *126*
Fenícia, **233**
Fere, **65** n. 14-Cap. V
Festo, palácio, **16**, 415, *5*
Fesule (=Fiesole), templo, **200**, 398, 430
Fídias, **114**
Fiesole, *ver* Fesule
Figaléia, *ver* Basse
Filacope, 415
Filadélfia em Amonite (=Aman), 431
    teatro, 404
    templo, 404
Filete, Listel, **37**, 456
Filipópolis, no Hauran (=Shuba), templo, teatro etc., 405, 431
Florença, *ver* Florentia
Florentia (=Florença), Templo, 398, 430
Foce del Sele, *ver* Silare
Folha-e-dardo, **38**, 456, *16a*
Forma Urbis, **3** n. 2-Cap. I, 413
Fornix, 456
Frati, *ver* Arcades
Frigidário, **243**
Friso, 456
    construção em balanço, **80**, **120**
    convexo coríntio, 390, XIX*b*
    dórico, **32**, **43**; em cela, **49** s.; origem do, **64**; liso, **207**, **209**
    em pódio, **48**, **135**, **151**
    etrusco e latino, **47**, **198**
    jônico, **47**, **100**; em cela, **49** s.; em cela dórica, **88**, **115**; origem do, **48**
Frontão, **41**, Cap. IV (n.c.), 456
    apenas na fachada, **50**, **67**
    arcos em, **227**

decoração em terracota, **72**
escultura, **69**, **82** ss., **101**, *26*
etrusco, **198**, *87*, *89*, VIII*b*
portas em, **157**
romano, 410

Gabii, templo, **204**, 398, 430
Gagera (próximo a Selinunte),
  santuário prostilo primitivo, **54**, **55**, Cap. IV (n.c.), 386, 433
  templo de Deméter, **55**, Cap. IV (n.c.), 383
Galerias laterais nos templos gregos, **112**
Garitsa, *ver* Corcira
Geison, 456
Gela, Tesouro de, *ver* Olímpia
Gerasa (=Jarash), **252**, 431
  propileus, 403
  ruas colunadas, **291**
  templo de Ártemis, 404
  templo de Zeus, 404
Ginásio, **185**, 456
Gineceu, **297**, 456
Gla, **33**, 415
Glano (=S. Rémy), monumento aos Júlios, 339, 431
Gola lésbia, **37**, 456
Gola, 412, 456
Gonos, 431
  métopas em terracota, **67** n. 22-Cap. V
  templo curvilíneo, **55**, 385
Gortino, templo de Apolo Pítio, **57**, 384
Gotas, **43**, 456
Grampo, **4**, **42**, 456
Guilhochê, 456, *96*
Guilochê, 456
Gúrnia, 415

Habitações rurais romanas, **309-312**, 412
Habitações,
  circulares em Orcômeno, Beócia, **24**, 415
  cretenses, **7**, **19**, *1*, *8*
  curvilíneas, **24**, *1*

gregas, **297-302**, 412, *123-125*, XXII
romanas, **302-321**, 412, *126*, *128-133*
Hagia Triada, Vaso dos Pugilistas, **19**, *7*
  palácio, **16**, 415
Halicarnasso, 420
  Mausoléu, **48**, **150** s., 396, *65*
  Palácio de Mausolo, **297**
Hauran, **220**, **238**, **312** ss., **321**, *99*, *133*
  Sobre localidades individuais, *ver* Síria, 441 ss.
Hebran, templo, **211** n. 13-Cap. XIII, 404, 443
Hélice, 457
Heliópolis (=Baalbek), 443
  pátios, **225** ss., 403, *95*, *97*
  templo circular, **264**, 405, *112*, XIX*a*
  "Templo de Baco", **228** ss., 403, *95*, XIII
  Templo de Júpiter, **222** ss., 401, *95*, *96*
Hemiciclo, 457
Hemisfério, 457
Henchir-Bez, *ver* Vazi Sarra
Herculano, 431
  rua colunada, **292**
  vidro em janela, **307** n. 27-Cap. XVII
  Vila dos Papiros, **310**
Hermógenes, **68** n. 25-Cap. V, **153-157**
Héron, 457
Hexastila, fachada, origem de, **73**
Hiperthyrum, 457
Hípetro, 457
Hipodamo, **187** ss.
Hipódromo, **185**, 457
Hipônio, templo jônico, **103**, 432
Hipotraquélio, 457
Homérica, arquitetura, **33** ss.
Homolion, templo curvilíneo, **55**, 385, 432

Ictino, **114**, **117**, **136**, **171**
Iluminação de templos, **51**
Ilusões de ótica, correção de, **117**
Imbrex, 457

Implúvio, **304**, 457
Imposta, 457
Inclinação, **115**
"Incrustado", estilo, **269**
Inkil, palácio, **321**, 404, 443
Inscrições de edifícios, 414
Inscrições, edifício, 414
Intercolúnio, 457
   central, alargamento de, **94**, **97**, **112**, **154**
   equivalência de, **75**, **111**, **149**
Intersectio, 457
Isria, *ver* Seriane

Jamba, 457
Jamila, *ver* Cuicul
Janelas em templos, **51**
Jarash, *ver* Gerasa
Jerusalém, túmulos, **221**, 402, 443
Jônico, estilo 457, *18, 19*
   ver também Bases, Capitéis, Colunas, Entablamento, Canelura, Friso
Junco, 457

K. Topônimos gregos iniciados em K devem ser procurados em C
Kiakta, ponte, 405, 421

Labranda, Templo de Zeus, **51** n. 48-Cap. IV, 421
Lacônico, **243**, 457
Lacunar, 457
Lagina, Templo de Hécate, 399, 421
Lambises, **193**, 417
   Capitólio, 405
   planta de acampamento, **193**, 403
   "Pretório", 403
   Templo de Esculápio, 404
Lanúvio (=Cività Lavinia), Templo de Juno, 398, 432
Laquear, 457
Larissa, na Eólia, templo, capitéis "eólicos", palácio etc., xiii, **47**, **59**, Cap. IV (n.c.), Cap. XVII (n.c.), 384, 421, II*b*

Later, 457
Lepcis ou Leptis Magna, 417
   arcada no Fórum Severiano, **227** n. 21-Cap. XIV
   Arco de Sétimo Severo, 405
   basílicas, **342**
Lesbos, 432
   capitéis eólicos, **58**
   Napes (capitéis de Columdado), **58**, 384
   templo jônico em Messa, **145** n. 38-Cap. IX, 394
   Térmi, magarons, Cap. II (n.c.)
Lícia e Paflagônia, túmulos entalhados na rocha, **48** n. 38-Cap. IV, 422
   ver também Xantós
Licosura, Templo de Despoina, **235** n. 15-Cap. XV, 391, 432
Limen, 457
Lintel, 457
Locros Epizefíria, **134**, 432
   templos dóricos, **103**, 387
   templos jônicos, **90**, **98**, **103**, 393
Longá, *ver* Corona
Lótus e palmeta, **38**, 458, 460

Madeira, *ver* Arquitrave, Teto, Colunas. *Também* uso tardio em entablamentos na Itália, **5**, **195** ss.
Magna Grécia e Sicília, 432 s.
Magnésia, no Meandro, 433
   teatro, 396
   templo de Ártemis, **68** n. 25-Cap. V, **154**, **155**, Cap. X (n.c.), 394, *67, 68*
   templo de Zeus, **48** n. 42-Cap. IV, 394
Mália, 415
Mantinéia, templo de Poseidon Hípio, **66**
Maquetes, de habitações, **304**, **305**, *127*, XXIII*a, b*
   de templos, **54**, Cap. IV (n.c.), **195** s., *87*, I*b, c*
Mármore, **5**, 458
Marzabotto, próximo a Bolonha, 430

planta da cidade, **191**
templos, **200**, 397
Massália (?), tesouro de, *ver* Delfos
Mausoléu, Halicarnasso, **48, 150** s., 396, 420, *65*
  de Adriano, **266**, 403, 439
  de Augusto, **266**, 401, 438
  de Cecília Metela, **266**, 401, 439
  de Constantina (?), **257** s., 406, 439 *109*, XIX*b*
  de Diocleciano, **255** s., 406, 439, *108, 135*
Mausoléus etruscos, **265**
Meandro, padrão, 458, *96*
Megalópolis, 434
  teatro, 395
  Tersílion, **146, 174-176**, 396, *77*
Mégara Hibléia, templo, 385, 433
Mégara, Tesouro de, *ver* Olímpia
Mégaron, 458
  Melos, **20**
  origem, **26**
  Térmi, Cap. II (n.c.)
  Termo, **51, 53**, *20*
  Tessália, **25**, *12*
  Tirinto e Micenas, **29** s., *13*
  Tróia, **26**, *9, 11*
Megido, capitéis "eólicos", **60**
Meia-coluna, 458
Melos, **20**, 415
Meniano, **286, 303** n. 15-Cap. XVII, **307**, 458
Mesopotâmia, **231** ss., **235**
Messa, *ver* Lesbos
Messena, 434
  sede da assembléia, 396
Metagene, **94** n. 6
Metaponto, **116**, 432
  "Tavole Paladine", **75**, 387
  Templo de Juno (Hera), **66**
Métopa, **43**, 458
  em terracota, **67**
  oblonga, **71**
Mica em janelas, **307**
Micenas, 415, 434

coluna de marfim em miniatura, **19**
micênica, **33**, *15*
palácio, **27**
Porta dos Leões, **27**
templo dórico, **69**
"Tesouro de Atreu", x, xii, **32** s., *15*, I*a*
"Túmulo de Clitemnestra", **19**
Mileto, incluindo Didima, 434
  ágora, capitéis compósitos, **220**
  bouleutério, **159, 161, 179, 180, 210** n. 11-Cap. XIII, 397, *70, 79, 80*, VIII*a*
  planta da cidade, **187**
  propileu de bouleutério, **161**, *70, 79*
  templo de Apolo Didimeu, **51** n. 49-Cap. IV, **145** n. 38-Cap. IX, **152, 218**, 394, *66*, VI
  templo de Atena, **103** n. 25-Cap. VII, 393
Mistura de estilos, **103, 162, 180, 204, 206, 230**
Mísula, 458
Misulagem, 458
Mnesicles, **118, 135**
Moclo, 415
Modilhão, 458
Módulo, 458
Mogorjelo, fortaleza, **320**
Moldura em Bico de Falcão, **37-39, 43**, *17*
Moldura em talão, 459
Moldura, **37**, Cap. II (n.c.), 459
Molduras de Preenchimento, 459
Molduras de rodapé, **50**
Monolítico, 459
Monóptero, 459
Monumento das Nereidas, *ver* Xantós
Mosaico, em cúpulas, **257, 319**
Múcio, C., **154**
Mútulo, **43**, 459
  reduzido, **73, 82**, *28, 35*
  sob cornija inclinada, **42, 160**
Mutulus, **196**, 459

Nabateanos, **220**

Naos, 459
Napes, *ver* Lesbos
Náucratis, templos jônicos, **90**, **98**, **134**, 392, 434, *45*
Naxos, templo jônico, **90**, 392, 434
Neandria, templo, **57** s., **98**, 384, 421, *22*, *23*
Nemauso (=Nîmes), 435
　anfiteatro, 400
　Maison Carrée, **213**, **214**, 401, XI*b*
　Pont du Gard, **236**, 402, XIV*b*
　"Templo de Diana", **237** s., Cap. XV (n.c.), 404, XV
Neméia, Templo de Zeus, **65**, **145**, 390, 435
Nemi, maquete de templo, **195**, **196**, *87*
Neolítico, arquitetura, **4**
　Creta, **7**
　Grécia, **23** ss.
Nicéia, planta da cidade, **193**
Nichos, concha, **230**
Nîmes, *ver* Nemauso
Ninfeu, 459
Nipur, palácio helenístico, **235**
Niru-cani, 415

Óculo, 459
Odeom, **174**, **274**, 459
Olba, incluindo Diocesaréia, 421
　ruas colunadas, **292**
　templo de Zeus, **160** n. 33-Cap. X, 395
Olímpia, 435,
　átrio, **306** n. 23-Cap. XVII
　bouleutério, **163**, 396
　Filipeu, **145**, **157**, 393, *62*
　Hereu, **62** ss., Cap. V (n.c.), **75**, **111**, 385, *24*
　Leonideu, **310**, **312**
　Métron, **146**, 390
　Templo de Zeus, **41**, **75**, **112**, 388, *17*
　Tesouro de Gela, **53**, 383
　Tesouro de Mégara, **45** n. 23-Cap. IV, 387
　tríglifos em terracota, **67** n. 22-Cap. V

Olinto, Cap. XII (n.c.), Cap. XVII (n.c.)
Opaion, **174**, 459
Opistódomo, **23**, **39**, **62**, 459
Opus alabarium, caementicium, quadratum, reticulatum, structile, tectorium, 459
Orange, *ver* Aráusio
Orcômeno (Arcádia), templo, 387, 435
Orcômeno, (Beócia),
　habitações circulares e em forma de "ferradura", **24** s., 415
　tholos funerário, **32**
Oriente, influência sobre a Grécia arcaica, 412, sobre Roma, 409
　origem, **26**
Oropo, 435
　teatro, 396
　Templo de Anfiaro, 390
Ortostate, **50**, 460
Orvieto, *ver* Volsinii
Óstia, 435
　habitações, **307-309**, *129*, *130*
　planta da cidade, **191**
　ruas colunadas, **292**
Óvalo, **38**, 460
Óvalo-e-dardo, **38**, **39**, 460, *16b*
　tipo ponta de lança, **217**, 460, *94*
Oxílo, suposto fundador de Hereu de Olímpia, **62**
　túmulo de, na Élida, **66**

Padrão "Palmeta", **60**, 460
Paflagônia e Lícia, túmulos entalhados na rocha, **48** n. 38-Cap. IV, 421
Palaicastro, micênica, 415
　Templo de Zeus Dícteo, 384, 426
Palestra, **185**, 460
Palha, colmo, **49**
Palmira (=Tadmor), 443
　peristilo ródio, **302** n. 9-Cap. XVII
　ruas colunadas, **291**
　templo de Baalsamin, **230** n. 23-Cap. XIV, 403
　templo de Bel, **51** n. 48-Cap. IV, **141** n. 34-Cap. IV, **222**, 401

Parascênio, **2, 165**, 460
Paredes, inclinação de, **117**
Paros, templo jônico, 392, 436
Parotis, 460
Partenon, *ver* Atenas
Pasta, 460
Pausânias, **3**, 413
Pé, grego, **82** n. 26-Cap. VI, **149, 183**
  romano, **149, 307** n. 24-Cap. XVII
Pedestal jônico entalhado, **94, 147, 150**
Pendentes, **251, 252**
Peracora, Templo de Hera Acraia e maquetes, Cap. IV (n.c.), 383
Pérgamo, 436
  biblioteca, **289**, 397
  Construção helenística de estruturas arqueadas, **232**
  Grande Altar, **157** s., 397
  palácio, **300**
  teatro, 396
  Templo de Atena Pólia, **146**, 391
  Templo de Hera Basiléia, **159**, 391
  Trajaneu, 403
Periaktoi, **283**
Períptero, 460
Peristilo ródio, **299, 301, 302**
Peristilo, 460
  grego, **297-300**, XXII
  minóico, **16**, *5*
  romano, **306, 316**, *128, 134*
Perpianhos e ao comprido, blocos, **265** n. 58-Cap. XV
Perúgia, portas da cidade, Cap. XV (n.c.)
Pesto (Poseidônia), 433. *Ver também* Silare
  "basílica", **73** n. 12-Cap. VI, **75** ss., 386, *30, 30a*
  templo coríntio-dórico, **204**, 398, *90, 91*
  "Templo de Ceres", **75** ss., Cap. VI (n.c.), **110, 120**, 387, *31, 32, 33*
  "Templo de Poseidon", **75, 136**, 388
Petra, 443
  Khazna, **226**, 403, XI*a*

  outras fachadas entalhadas na rocha, **220, 221**
Picnostilo, **154**, 460
Pila, 460
Pilar, 460
  minóico e micênico, **5, 27**
Pireu, 436
  arsenal de Filo, **182-184**, 396, *82*
  planta da cidade, **187**
Pisos em terracota, **4** n. 3-Cap. I
Píteo, **111, 148, 156, 157**
Placas de porcelana, Cnosso, **19**, *8*
Planejamento urbano, **186-194**, Cap. XII (n.c.), 413
Plantas baixas curvilíneas, origem, **25**
  plantas baixas que não circulares, **55**, Cap. IV (n.c.), **83, 113, 163**
Pleuron (nova), teatro, 396
Plínio, o Velho, 413
Plínio, o Jovem, vilas, **314, 316**, 413
Plinto, **46**, 461
Pódio, **58, 195** ss., **209** ss., 461
Pola, Templos de Augusto e Poseidon, **214**, 401, 436
Policlito, o Jovem, **144, 166**
Poligonal, *ver* Alvenaria
Politríglifo, 461
Pólo, **42, 101**, 461
Pompéia, Cap. XVII (n.c.), 436
  anfiteatro, **283** ss., 399
  arcos com origem em colunas, **227**
  basílica, **268** s., 398, *113*
  capitel "diagonal", **212**, IX*b*
  Casa de Salústio, **304** n. 18-Cap. XVII
  Casa do Cirurgião, **303**, Cap. XVII (n.c.), *126*
  Casa do Fauno, **306**, *128*
  casa com átrio de cobertura plana, **305**
  coluna etrusca, **201**, 433
  Grande Teatro, **272**, 396
  Pequeno Teatro, **273, 274**, 399, *114*
  planta da cidade, **191**
  portas da cidade, **295**

Templo da Fortuna Augusta, 401
Templo de Apolo, **206**, **207**, 398, *92*
Templo de Júpiter, **212**, 398, 399
templo dórico grego, **122** n. 33-Cap. VIII, 386, 433
Termas Estabianas, **243**, **244**, 398
vidro em janela, **307** n. 27-Cap. XVII
Vila de Diomedes, **310**
Vila de Fânio Sinistor, **310**
Pompeiópolis, ruas colunadas, **292**, 421
Pont du Gard, **236**, 402, 435, XIV*b*
Pont Saint-Martin, ponte, 402
Pontes romanas, **236** s., XIV
Poro, 461
Portas municipais, etruscas, **232**, Cap. XV (n.c.)
    gregas, **231**, 416 (s.v. *Acarnania*)
    romanas, **295**, **296**, 412
Pórtico prostilo, de duas colunas, **54** s.
Pórtico, 461
Poseidônia, *ver* Pesto
Postigo, 461
Pozzuoli, *ver* Puteoli
"Pré-dórico", **55**, Cap. IV (n.c.)
Precinto, **276**
Preneste, Templo da Fortuna, 399, 437
Priene, 437
    arco ornamental, **190**, *85*
    Eclesiastério, **176-179**, 397, *78*, VII
    em frontões, **227**
    habitações, **298**, **299**, *124*, *125*
    planta da cidade, **189** ss., *83*, *84*
    portas da cidade, **231**, 397
    teatro, **167-169**, 395, *72*, *73*
    Templo de Asclépio, 394
    Templo de Atena Pólia, **45-48**, **111**, **116** n. 21-Cap. VIII, **117** n. 26-Cap. VIII, **147** ss., **155**, Cap. X (n.c.), 394, *18*, *19*, *64*
Prínia, "Templos A e B", **47**, **56** s., 384, *21*
Pritaneu, 461
Pronaos, **39**, 461
Propileus, Propileu, 462
    Atenas, de Mnesicles, **118** ss., 396, *50*, *51*, IV*b*, Mais antigos, **89**, **118**, 396
Cnosso, **14**, *2a*, *3*
Mileto, Bouleutério, **161**, **179** s., 397, *70*, *79*, VIII*a*
Tirinto, **29**, *13*
Tróia, **23**, *9*
Proscênio, **166-169**, 462
Prosta, 462
Prostilo, **39**, 462
Prótiro, **297**, **299**, 462
"Protojônico", **59** n. 67-Cap. IV
Pseudodíptero, **73**, **76**, **85**, **150**, **154**, **220**, 462
Pseudoperíptero, **123**, **206**, **213**, 462
Psira, 415
Pteroma, **39**, 462
    colunas angulares, alargamento, **117**
    colunas, inclinação, **117**
    parede-cortina, **73**, **123**
    teto, **50**, **68**
Pulvino, Pulvínulo, **47**, 462
Puteoli (=Puzzuoli)
    anfiteatro, 402
    inscrição em edifício, **371**

Quadra, 462
Quadratum, 462
Quase-reticulado, padrão, **234**
Quersifronte, **94** n. 6-Cap. VII
Quios, templos jônicos primitivos, **150**, 392, 437

Rabirio, **244**
Ramno, 437
    templo posterior, **115**, 389
    templo primitivo, **42** n. 17, 387
Rampa, **41**, 462
Reco de Samos, **95**
Refinamentos, **115** ss., **151**
Régio, **67** n. 22-Cap. V, 433
Régua, **43**
Reticulado, padrão, **234**, 462
Rodela, **37**, **38**

Rodes, planta da cidade, **187**. *Ver também* Vrúlia

Roma, 438 ss.
Anfiteatro Castrense, 398
Aqueduto Márcio, **236**, 398
Ara Pacis Augustae, 401
Arco de Augusto, **294**
Arco de Constantino, 406
Arco de Jano, **295**, 406
Arco de Sétimo Severo, 405
Arco de Tito, **220**, 402, IX*c*
Átrio das Vestais, 402
Basílica Emília, **269**, 399
Basílica Júlia, **269**, 401
Basílica Nova, **261** ss., Cap. XV (n.c.), 406, *111*
Basílica Pórcia, **268**
Basílica Úlpia de Trajano, **292**, 403
"basílica" subterrânea próxima à Porta Maggiore, **245**, 402, *103*
Capitólio, **160, 200**, 397
Circo de Rômulo, filho de Maxêncio, 406
Circo Máximo, 400
Coliseu, **285-289**, 402, *118, 118a*, XVI*b*
Coluna de Marco Aurélio, **293**, 404
Coluna de Trajano, **292** s., 403
Constantina (?), Mausoléu de (Sta. Constância), **257** s., 406, *109*, XIX*b*
Fórum de Nerva, 402
Fórum de Trajano, **292**, 403
Fóruns Imperiais, **292**
Mansão Áurea de Nero, 402
Mausoléu de Adriano, **266**, 403
Mausoléu de Augusto, **266**, 401
Mercado de Trajano, Cap. XV (n.c.)
Palácio no Horto Salustiano, 403
Palatino, **244, 252, 310**, 403, 405, *102*
Panteon, **246-251**, Cap. XV (n.c.), 403, *104, 105*, XVI*a*, XVII
Ponte Emília, **236**
Ponte Fabrícia, **236**, 399, XIV*a*
Ponte Múlvia, **236**, 398
Porta Argêntea, 405
Régia, 400

residências, **309**
S. Nicola ai Cesarini, Templo de Hércules Magnus Custos (?), 399
S. Nicola in Carcere, templo dórico sob, **207**, 400; templos jônicos sob, **207**, 399
Tabulário, **240-243**, 399, *100, 101*
Teatro de Pompeu, **272**, 399
Templo da Concórdia, **215, 234**, 401 XII*a*
Templo da Fortuna Viril (?), **211**, 400, X*b*
Templo de Adriano, 403
Templo de Antonino e Faustina, **217**, 404
Templo de Ceres Liber e Libera, **196**
Templo de Divo Júlio, 401
Templo de Hércules junto ao Circo Máximo, **208**
Templo de Hércules Magno Custo (?), 399
Templo de Honos e Virtus, **154**
Templo de Marte Ultor, **216**, 401
"Templo de Minerva Médica", **254**, 405
Templo de Portuno (?), **211**, 400, X*a*
Templo de Rômulo, filho de Maxêncio, 406
Templo de Saturno, **217**, 406
Templo de Trajano, **292**, 403
Templo de Vênus e Roma, **263**, 403
Templo de Vespasiano, **216, 217**, 402, XII*b*
Templo do Sol, 406
Templo dos Dióscuros, **216, 234**, 401
Termas de Agripa, **248, 258**, 401
Termas de Caracala, **252, 254, 255, 258-260**, 405, *106, 110*, XVIII
Termas de Diocleciano, **260, 261**, 406
Termas de Nero, **258**, 402
Termas de Tito, 402
Termas de Trajano, **258**, 403
"Torre de' Schiavi", 405
Tuliano, 398
Túmulo de Cecília Metela, **266**, 401

ÍNDICE REMISSIVO   515

Roseta, 462
Ruas colunadas, **291**, **292**, **318**
Rusucuru (=Taugzut), 417; templo, **218**, 405

S. Rémy, *ver* Glano
Sábrata, 417
Sagalasso, 421
   teatro, 421
   Templo de Antonino Pio, 404
   Templo de Apolo, 403
Sahr, templo, 400, 444
Saintes, arco monumental, **293**, 401
Sala de Banhos, Tirinto, **32**
Salona (=Espalato *ou* Split)
   Palácio de Diocleciano, **227**, **255**, **316-321**, 406, *108*, *135*, XXIVa, b
Samaria, capitéis "eólicos", **60**
Samos, 440
   capitel jônico, **103** n. 25-Cap. VII
   Hereu, **90**, **95**, **103**, Cap. VII (n.c.), 392, 393, *43*, *44*
   períptero independente, **90**, **98**, 392
Samotrácia, 440
   Arsineu, 391
   Cabírio, 391, 393
   crânios bovinos, **210** n. 11-Cap. XIII
Saquéia (=Shaqqa), 444
   basílica, **238-240**, 404, *99*
   palácio, **240**, 406
Sárdis, Templo de Ártemis ou Cibele, **111**, **147**, **149**, **150**, 394, 441
Sátrico (=Conca), Templo de Mater Matura, **200**, 397, 441
Sbeitla, *ver* Sufétula
Scaena, **271** ss.
Scandulae, 462
Scapus, 462
Securícula, 462
Segesta, templo, **112**, **136**, 389, 432
Segni, *ver* Sígnia
Segúsio (=Susa), Arco de Augusto, **294**, 401, 441
Selinunte, 433; planta da cidade, **193**
   Precinto de Deméter, *ver* Gagera

"Templo A", 388
"Templo C", **71**, **75**, **108**, 385, *27*, *28*
"Templo D", **73**, **75**, **108**, 386
"Templo E", 388
"Templo F", **71**, **73**, 386, *29*
"Templo G", **75**, **85**, **112**, 386, *37*, *38*
"Templo O", 388
Seriane (=Isria), templo, **321**, 404, 444
Shaqqa, *ver* Saquéia
Shuba, *ver* Filipópolis no Hauran
Si, **220**, 444
   Templo de Baal Shamin, 400
   Templo de Dushara, **227** n. 18-Cap. XIV, 400
Sicília, 432
Sícion, teatro, 396
   Tesouro de, *ver* Delfos
Sidima, Augusteu, **209**, 402, 421
Sifno, Tesouro de, *ver* Delfos
Sígnia (=Segni), Capitólio, **200**, 397, 430
Silare (=Foce del Sele), templos primitivos, **81** n. 23-Cap. VI
Silchester, *ver* Calleva Atrebatum
Sima, **48**, **49**, Cap. IV (n.c.), 411, 462
Siracusa, 433
   Olimpieu, **69**, 385
   teatro, **166** n. 7-Cap. XI, **281** n. 21-Cap. XVI, 395
   Templo de Apolo ou Ártemis, **69**, 385
   Templo de Atena (catedral), **112**, 388
Síria, 441
   arquitetura devocional, **220-230**
   residências e edifícios civis, **312-314**, *99*, *133*
Sistilo, **154**, 462
Skene, **164** ss.
Soada, *ver* Suaida
Sófito, 463
Sóstrato, **184**
Split, *ver* Salona
Structura (caementicia), 463
Suaida (? =Soada ou Dionísia), **220**, 444
   Templo, 400
   Túmulo de Hamrat, **221**, 399

Subaitila, *ver* Sufétula
Subscus, 463
Sufétula (=Subaitila), Capitólio, 404, **356**
Súnio, 444
    Templo de Atena, primitivo (prostilo com duas colunas), **55**, 387; posterior, 393
    Templo de Poseidon, primitivo, 388; posterior, **115**, 389
Supercilium, 463
Suportes de ferro na arquitetura grega, **122**, **124**, 409
Sur, templo, 400, 444
Susa, *ver* Segúsio

Tablino, **303**, 463
Tadmor, *ver* Palmira
Tambor (*a*) coluna, **41**, 463
    (*b*) cúpula, **251** ss., 463
Tamugadi (=Timgad), 417
    "Arco de Trajano", **294**, 404
    basílica, **270**, 403
    biblioteca, 406
    Capitólio, 403
    planta da cidade, **193**, *86*
    ruas colunadas, **291**
    teatro, **280**, 404
Tarento, templo, **71**, 385, 432
Taugzut, *ver* Rusucuru
Taxiarque, Cap. IV (n.c.)
Teatro, 411, 463
    grego, **164-169**, Cap. XI (n.c.), 395 ss.
    romano, **271-283**, 398 ss.
Tebas, 445
    Templo de Apolo Ismênio, 383, 385, 390, 444
Tebessa, *ver* Teveste
Tectorium, 363
Tegéia, Templo de Atena Aléia, **143**, 390, 445, *60*, *61*
Tegula, 463
Télamons, 463
Telestério, *ver* Elêusis
Telha de escoamento, **49**, 463
Telha de junção, **49**, 463

Telhado inclinado, 463
Telhas, **4**, **49**, **57**, **63**, **67**, 463
Telhas de cumeeira, **49**
Telhas de madeira, **49**, 463
Temeno, 463
Templo de Caulônia, 388, 433
Templos, coloração aplicada aos, **50**, **410**
    duplos, **39**, **82**, **114**, **263**
    homéricos, **36**
    iluminação dos, **51**
    janelas em, **51**
    maquetes de, **54**, Cap. IV (n.c.), **195**, **196**
    Ver também segundo os topônimos
Templum, 463
Tênia, **43**, 464
Teodoro da Fócia, **141**
Teos, Templo de Dioniso, **68** n. 25-Cap. V, **154**, **155**, **156**, **157** n. 20-Cap. X, **217** n. 7-Cap. XIV, 394, 421
Tepidário, **243**
Tera, **299**, **312**, 415, 445
Termas, **258**, 464
Termas romanas, **243**, **244**, **248**, **252**, **254**, **255**, **258-262**, **310**, *110*, XVIII
Termesso, 421
    Odeom, **274**
    templo, **227**, *98*
Térmi, *ver* Lesbos
Termo, 415, 445
    "Mégaron A", **51**, *20*
    "Mégaron B", **53**, 383, *20*
    Templo de Apolo, **1**, **65-67**, 385, *20*
Termos técnicos, **37** ss., 447 ss.
Terracota na arquitetura grega e etrusca, 410
    acrotério, **63**
    antefixas, **49**
    condutos, **4**
    decoração, **72**
    em templos etruscos, **198**
    métopas, **67**
    pisos, **4**
    revestimento de cornijas, **72**, *28*

sima, **57**
telhas, **5**, **49**, **57**, **63**, **67**
tríglifos, **67**
"Tesouro de Atreu", *ver* Micenas
Tesouros, **45** n. 23; *ver também* segundo topônimos
Tessália, "mégarons" primitivos, **25**, 415, *12*
  fileira interna única de colunas, **54**
Testa, 464
Testudíneo, **302**, **304**, 464
Teto, de madeira, **51**, **68**, **73**; estuque, **235** n. 16-Cap. XV
Tetrastilo, 464
Teveste (=Tebessa), Arco de Jano e "Templo de Minerva", **218**, 405, 418
Tholos, 464
  antigo tholos de Delfos, *ver* Delfos
  Atenas, **169** n. 10-Cap. XI
  Epidauro, **144**
  homérico, **36**
  tholos em terraço de Marmaria, *ver* Delfos
  Ver também túmulos em forma de colméia
Tibur (=Tívoli), 445
  "Templo da Sibila", 399
  "Templo de Vesta", **210**, 399, IX*a*
  Vila de Adriano, **252**, **312**, **316**, 403, *107, 134*
Tigzirt, *ver* Rusucuru
Tijolo, 464
  cozido, **4**, **232** ss.
  levemente cozido, **235** e n. 15-Cap. XV
  seco ao sol, **4**, **50**, **54**, **62**, **67**, **232**, **297**
Timgad, *ver* Tamugadi
Tímpano, **48** n. 40-Cap. IV, 464
Tíndaro, teatro, 396
Tirinto, **27** ss., 416, 445, *13, 14*
  altar, **30**
  edifício circular, **4** n. 3-Cap. I, **24**, 416
  mégaron, **30**
  palácio, **27**, *13*

ruínas dóricas, **36**, **67** n. 21-Cap. V, Cap. V (n.c), **69**
sala de banhos, **32**
"tríglifos" de palácio micênico, **30** s., *14*
Tiro (=Araq al-Amir), Palácio de Hircano, 397, 444
Tisdro (=Al-Jam), anfiteatro, 405, **418**
Tívoli, *ver* Tibur
Tórico, teatro, 396
Toro, **46**, 464
Toscano, 464
Trabes compactiles, **196**
Transtra, 464
Travertino, **207**, **208**, 464
Trèves, *ver* Augusta Treverorum
Triângulo de descarga, **27**, **33**, 464
Triclínio, 464
Trier, *ver* Augusta Treverorum
Tríglifo, **43**, 464
  multiplicação, **111**
  problema do elemento angular, **106**, *48*
  terracota, **67**
"Tríglifo", minóico e micênico, **30** s., *14*
Trípoli, Arco de Jano, 404, 418
Tríptero, **95**, **102**, 464
Tróia, **21** ss., Cap. II (n.c.), **54**, 416, *9, 10, 11*
Trompas, **252**, 464
Tróquilo, **46**, 464
Tufo, 464
Tugga (=Duqqa), 418
  Capitólio, 404
  teatro, **280**, 404
  Templo de Celeste, 405
  Templo de Saturno, 404
Túmulos circulares ou em forma de colméia, **37** ss., *15*
Turi, **187**
  planta da cidade, **191**

Ulisses, palácio de, **35**
Umm az-Zaitun, Kálibe, **252** n. 45-Cap. XV, 406, 377

Urnas em forma de casa, etruscas, **303** n. 15-Cap. XVII, **305**, *127*, XXIII*a*, *b*

Vaso dos Pugilistas, Hagia Triada, **19**, 7

Vazi Sarra (=Henchir-Bez), Templo de Mercúrio Sóbrio, 405, 418

Veii, Templo de Apolo, **200**, 397, 431

Versura, **276**

Vestibulum, 464

Via, **43**

Vidro de janela, romano, **307** n. 27-Cap. XVII

Viena, Templo de Augusto e Lívia, **214**, 401, **378**

Vila com pórtico, **312**

Vila com uso do corredor, **312**

Vitrúvio, **3**, **10** s., **115** ss., **149**, **153** ss., **161** s., **196** ss., **302**, 413

Volci (=Vulci), santuário de, **198** s., 431, VIII*b*

Volsinii (=Orvieto?), templo, 398, 430

Voluta, **46**, 465

Vrúlia, santuário, 384, 446

Vulci, *ver* Volci

Xantós, na Lícia, Monumento às Nereidas, **48**, **98**, **127**, **135**, Cap. IX (n.c.), 396, 421

Zoóforo, 465